Zivilprozessordnung 2002

Sonderausgabe
Zivilprozessreform

TEXTAUSGABE
mit Einführung von Dr. Fabian Reuschle

2. Auflage
Stand: 11. Januar 2002

Verlag C.H. Beck München 2002

ISBN 3 406 49201 0

© 2002 Verlag C. H. Beck oHG
Wilhelmstraße 9, 80801 München
Satz und Druck: Druckerei C. H. Beck, Nördlingen
(Adresse wie Verlag)

Gedruckt auf säurefreiem, alterungsbeständigem Papier
(hergestellt aus chlorfrei gebleichtem Zellstoff)

Inhaltsverzeichnis

Einführung von Richter Dr. Fabian Reuschle IX

1. **Zivilprozeßordnung** vom 30. Januar 1877 in der Fassung
   der Bekanntmachung vom 12. September 1950 1
2. **Gesetz, betreffend die Einführung der Zivilprozeßordnung**
   vom 30. Januar 1877 305
3. **Gerichtsverfassungsgesetz (GVG)** in der Fassung der
   Bekanntmachung vom 9. Mai 1975 (Auszug) 317
4. **Gegenüberstellung der geänderten Vorschriften
   ZPO, EGZPO, GVG neu/alt** 347

Sachverzeichnis 469

Abkürzungsverzeichnis

Abs.	Absatz
ÄndG	Änderungsgesetz
angef.	angefügt
Anm.	Anmerkung
Art.	Artikel
aufgeh.	aufgehoben
AVAG	Anerkennungs- und Vollstreckungsausführungsgesetz
Bek.	Bekanntmachung
ber.	berichtigt
BGBl. I bzw. II	Bundesgesetzblatt Teil I bzw. II (ab 1951)
BGBl. III	Bereinigte Sammlung des Bundesrechts, abgeschlossen am 31. 12. 1968 (in Nachweisform fortgeführt durch FNA)
BGH	Bundesgerichtshof
BRAGO	Bundesgebührenordnung für Rechtsanwälte
BVerfG	Bundesverfassungsgericht
EGGVG	Einführungsgesetz zum Gerichtsverfassungsgesetz
EGZPO	Gesetz, betreffend die Einführung der Zivilprozeßordnung
eingef.	eingefügt
EUGVÜ	Übereinkommen über die gerichtliche Zuständigkeit und die Vollstreckung gerichtlicher Entscheidungen in Zivil- und Handelssachen
EVertr.	Einigungsvertrag
FGG	Gesetz über die Angelegenheiten der freiwilligen Gerichtsbarkeit
FNA	Bundesgesetzblatt Teil I, Fundstellennachweis A (Bundesrecht ohne völkerrechtliche Vereinbarungen)
G	Gesetz
geänd.	geändert
GKG	Gerichtskostengesetz
GVG	Gerichtsverfassungsgesetz
idF	in der Fassung
InsO	Insolvenzordnung
iVm	in Verbindung mit
mWv	mit Wirkung vom
neugef.	neu gefaßt
nF	neue Fassung
Nr.	Nummer
RGBl.	Reichsgesetzblatt (ab 1922 Teil I)
RPflG	Rechtspflegergesetz

Abkürzungsverzeichnis

S.	Seite
SchuVVO	Schuldnerverzeichnisverordnung
v.	von, vom
VO	Verordnung
ZPO	Zivilprozeßordnung
ZSEG	Gesetz über die Entschädigung von Zeugen und Sachverständigen
ZVG	Gesetz über die Zwangsversteigerung und die Zwangsverwaltung

Einführung

von Richter Dr. Fabian Reuschle,
Referent im BMJ (Abteilung Handels- und Wirtschaftsrecht), Berlin

I. Vorgeschichte

Ende Dezember 1999 legte das Bundesministerium der Justiz einen Referentenentwurf zur Reform des Zivilprozesses vor. Als dessen Ziele sind die Funktionsdifferenzierung der Instanzen und – davon abgeleitet – die Stärkung der ersten Instanz, die Beschleunigung der Berufungs- und Beschwerdeverfahren sowie die Fortbildung des Rechts und die Wahrung der Rechtseinheitlichkeit als Aufgabe der Revisions- und Rechtsbeschwerdeinstanz bestimmt. Eine wichtige Entscheidungsgrundlage für den Referentenentwurf bildete dabei die seitens des Bundesministeriums der Justiz in Auftrag gegebene rechtstatsächliche Untersuchung *Rimmelspachers* zur Funktion und Ausgestaltung des Berufungsverfahrens im Zivilprozess.

Dieser Entwurf löste bei den Bundesländern, den beteiligten Berufsgruppen, den Medien sowie der Wissenschaft eine umfangreiche und heftige Diskussion aus. Die Diskussion betraf dabei nicht nur die Frage nach dem Reformbedarf, sondern auch die Zielvorstellungen und Lösungsansätze. Am 7. Juli 2000 wurde von den Koalitionsfraktionen SPD und Bündnis 90/Die Grünen eine überarbeitete Fassung des Referentenentwurfs als Gesetzesentwurf zur Reform des Zivilprozesses (ZPO-RG) – BT-Dr 14/3750 – in den Deutschen Bundestag eingebracht und an dessen Rechtsausschuss zur weiteren Beratung überwiesen. Der vom Bundeskabinett am 6. September 2000 beschlossene Entwurf eines Gesetzes zur Reform des Zivilprozesses – BT-Dr 14/4722 – wurde nach Anhörung und Stellungnahme des Bundesrates am 10. November 2000 – BR-Dr 536/00 – in den Bundestag eingebracht und an den Rechtsausschuss zur weiteren Beratung überwiesen. Am 9. Mai 2001 wurde der Entwurf der Koalitionsfraktionen für erledigt erklärt und der Regierungsentwurf insbesondere hinsichtlich der vorgesehenen Konzentration der Berufungs- und Beschwerdeverfahren beim Oberlandesgericht in den Beratungen des Rechtsausschusses abgeändert – BT-Dr 14/6036. In dieser Fassung wurde er vom Deutschen Bundestag am 17. Mai 2001 verabschiedet – BR-Dr 397/01. Der Bundesrat stimmte in seiner Sitzung vom 22. Juni 2001 dem abgeänderten Gesetzesentwurf vollumfänglich zu, so dass das Gesetz am 2. August 2001 (BGBl. I S. 1887) im Bundesgesetzblatt veröffentlicht werden konnte. Am 1. Januar 2002 tritt das Gesetz zur Reform des Zivilprozesses in Kraft.

II. Schwerpunkte der Zivilprozessrechtsreform

Das Hauptziel der Zivilprozessrechtsreform ist es, den Zivilprozess bürgernäher, effizienter und transparenter zu gestalten. Zur Erreichung dieses Ziels sieht die Reform im Wesentlichen vier Schwerpunkte vor. Zunächst wird die

Einführung

streitbeendende Funktion der ersten Instanz inhaltlich unter anderem durch die Einführung einer Güteverhandlung, durch die neu gefassten richterlichen Aufklärungs- und Hinweispflichten und weitere Maßnahmen gestärkt (unten 1). Sodann wird das Berufungsverfahren durch die Neudefinition der Berufung als ein Instrument der Fehlerkontrolle und -beseitigung grundlegend umgestaltet (unten 2). Ferner wird ein einheitlicher Zugang zur Revisionsinstanz durch Abschaffung der Streitwertrevision geschaffen (unten 3). Im Hinblick auf die konzeptionellen Änderungen des Rechtsmittelrechts in der Hauptsache wird das Beschwerderecht als Rechtsmittel gegen Nebenentscheidungen vereinfacht und zum Zwecke der Verfahrensbeschleunigung gestrafft (unten 4). Davon abgesehen sieht die Reform eine Experimentierklausel zur Schaffung eines einheitlichen Berufungsrechtszuges sämtlicher Berufungs- und Beschwerdeverfahren auf der Ebene der Oberlandesgerichte vor (unten 5).

1. Stärkung der ersten Instanz

Einen Schwerpunkt der Reform bildet die Neuregelung des Verfahrens erster Instanz. Unter effizientem Richtereinsatz soll der Rechtsstreit möglichst in erster Instanz endgültig erledigt und dabei zugleich die Transparenz sowie die Akzeptanz der richterlichen Entscheidung erhöht werden. Zur Stärkung der streitbeendenden Funktion wird die Möglichkeit der Verhandlung im Wege einer Videokonferenz geschaffen, die richterliche Prozessleitung gestärkt, die streitschlichtende Güteverhandlung verfahrensmäßig stärker betont, eine originäre Entscheidungskompetenz des Einzelrichters beim Landgericht begründet sowie ein Abhilfeverfahren bei Verletzung des Anspruchs auf rechtliches Gehör bei unanfechtbaren, erstinstanzlichen Entscheidungen eingeführt.

a) *Verhandlungen im Wege der Bild- und Tonübertragung.* Im Zeitalter der Informations- und Kommunikationstechnologie sieht § 128a ZPO unter Durchbrechung des Grundsatzes der mündlichen Verhandlung vor dem erkennenden Gericht die Möglichkeit vor, mündliche Verhandlungen unter Beteiligung einer per Videokonferenz zugeschalteten Partei bzw. ihres Vertreters durchzuführen. Darüber hinaus ermöglicht die Vorschrift im Interesse der Prozessökonomie, Zeugen, Sachverständige und Parteien per Videokonferenz zu vernehmen.

b) *Materielle Prozessleitungsbefugnis.* Die zum Zwecke der Transparenz und Akzeptanz der richterlichen Entscheidung stärker akzentuierte materielle Prozessleitungsbefugnis steht in engem Zusammenhang mit der Umgestaltung der Berufung in ein Instrument zur Fehlerkontrolle und -beseitigung. Da das Berufungsverfahren in seiner Neukonzeption in erster Linie auf die Kontrolle und Beseitigung von Fehlern der ersten Instanz zugeschnitten ist (vgl. § 529 Abs. 1 Nr. 1 ZPO), sind Parteien und Gericht gehalten, den entscheidungserheblichen Sachverhalt in der ersten Instanz möglichst abschließend vorzutragen bzw. festzustellen. Das Gericht wird durch die in § 139 ZPO getroffene Regelung der Prozessleitung verpflichtet, die Parteien und ihre Prozessvertreter mehr als bisher durch eine offene und rechtzeitige Information zu einer stärkeren, gleichzeitig aber auch gezielteren Aktivität im Hinblick auf den entscheidungserheblichen Sachverhalt zu veranlassen. Mit der frühen und ge-

Einführung

zielten Informationspflicht durch das Gericht wird zugleich der Gefahr vorgebeugt, dass die Parteien in der Sorge einer etwaigen Präklusion von Tatsachen die erste Instanz mit unnötigem und nicht entscheidungserheblichen Vorbringen überfrachten und dadurch das Verfahren unnötig in die Länge gezogen wird. Durch die gezielte Prozessleitungspflicht des Gerichts vermögen die Parteien zu erkennen, worauf das Gericht seine Entscheidung stützen wird. Dadurch wird der Entscheidungsfindungsprozess für die Parteien transparenter. Dies wird letztlich zu einer höheren Akzeptanz der gefällten Entscheidung führen.

c) *Güteverhandlung.* Als eine weitere Maßnahme zur Stärkung der streitbeendenden Funktion der ersten Instanz sieht die Reform in Anlehnung an den Gütetermin im arbeitsgerichtlichen Verfahren (§ 54 ArbGG) eine obligatorische Güteverhandlung vor. Der mündlichen Verhandlung geht nunmehr stets eine Güteverhandlung zum Zwecke der gütlichen Beilegung des Rechtsstreits voraus, es sei denn, dass eine streiterledigende Einigung aussichtslos erscheint oder bereits ein Einigungsversuch vor einer außergerichtlichen Gütestelle stattgefunden hat. Mit dieser Neuregelung setzt der Gesetzgeber die bereits durch den neuen § 15a EGZPO eingeleitete Linie einer stärkeren Betonung der gütlichen Streitbeilegung nach dem Motto „Schlichten ist besser als Richten" fort.

d) *Originäre Zuständigkeit des Einzelrichters beim Landgericht.* §§ 348, 348 a ZPO verteilen die Entscheidungskompetenzen zwischen Zivilkammer und Einzelrichter am Landgericht neu. Die Zuständigkeit des Einzelrichters ist nunmehr automatisch gegeben, sofern nicht einer der normierten Fälle einer originären Kammerzuständigkeit vorliegt. Dieser Ausnahmetatbestand knüpft anders als der Referentenentwurf nicht mehr an die Höhe des Streitwerts, sondern an bestimmte, im Gesetz einzeln aufgeführte Rechtsmaterien an. Bei diesen Spezialmaterien handelt es sich um Streitigkeiten über Ansprüche aus Veröffentlichungen in Medien, um Streitigkeiten aus Bank- und Börsengeschäften, aus Bau- und Architektenverträgen, um Streitigkeiten über Schadensersatzansprüche gegen Angehörige der rechts-, steuer- und wirtschaftsberatenden Berufe, um Streitigkeiten über Ansprüche aus Heilbehandlungen, Streitigkeiten aus Handelssachen im Sinne des § 95 GVG, Streitigkeiten über Ansprüche aus Fracht-, Speditions- und Lagergeschäften, Streitigkeiten aus Versicherungsvertragsverhältnissen, Streitigkeiten auf dem Gebiet des Urheber- und Verlagsrechts sowie aus dem Bereich der Kommunikationstechnologie und schließlich Streitigkeiten, die dem Landgericht ohne Rücksicht auf den Streitwert zugewiesen sind.

Daneben wird die originäre Kammerzuständigkeit begründet, wenn der Einzelrichter ein Proberichter ist, der noch nicht länger als ein Jahr geschäftsverteilungsplanmäßig Rechtsprechungsaufgaben in bürgerlichen Rechtsstreitigkeiten wahrgenommen hat. Soweit eine originäre Einzelrichterzuständigkeit nicht begründet ist, überträgt die Kammer den Rechtsstreit durch Beschluss nach § 348a ZPO auf eines ihrer Mitglieder als Einzelrichter, wenn nicht die benannten Ausnahmen der besonderen Schwierigkeiten oder grundsätzlichen Bedeutung gegeben sind oder die Sache bereits in einem Haupttermin vor der Kammer verhandelt worden ist.

e) *Abhilfeverfahren bei Verletzung des Anspruchs auf rechtliches Gehör.* Mit der Einführung des § 321a ZPO wird erstmals dem erstinstanzlichen Gericht die

Einführung

Möglichkeit einer Selbstkorrektur seines Urteils eröffnet, wenn gegen sein Urteil keine Berufung zulässig ist und eine Verletzung des Anspruchs auf rechtliches Gehör geltend gemacht wird. Nach bisherigem Recht konnte der Betroffene nur noch die Verfassungsbeschwerde zum Bundesverfassungsgericht gemäß Artikel 93 Abs. 1 Nr. 4a GG iVm §§ 13 Nr. 8a, 90 BVerfGG einlegen. Die Einführung dieses Abhilfeverfahrens wird sowohl dem Bedürfnis des erstinstanzlichen Gerichts, vorwiegend unbeabsichtigte Verletzungen des Anspruchs auf rechtliches Gehör bei Beanstandung korrigieren zu können, Rechnung tragen als auch eine Entlastung des Bundesverfassungsgerichts ermöglichen.

2. Neugestaltung des Berufungsverfahrens und seiner Funktion

Ein zweiter Schwerpunkt der Zivilprozessrechtsreform stellt die Neukonzeption des Berufungsverfahrens als Instrument der Fehlerkontrolle und -beseitigung dar. Darüber hinaus sieht die Reform in Fällen unbegründeter Rechtsmittel zur Verfahrensbeschleunigung die Möglichkeit des Zurückweisungsbeschlusses vor. Schließlich werden die Zugangsbarrieren zum Rechtsmittel der Berufung durch die Möglichkeit der Zulassungsberufung aufgehoben.

a) *Neukonzeption des Berufungsverfahrens.* Die Reform gestaltet die Berufungsinstanz vornehmlich zu einem Instrument der Fehlerkontrolle und -beseitigung um. Aufgabe des Berufungsgerichts ist es daher in erster Linie, das erstinstanzliche Urteil auf die korrekte Anwendung des materiellen Rechts sowie auf die Richtigkeit und Vollständigkeit der getroffenen Feststellungen zu überprüfen und Fehler zu beseitigen. Die Neukonzeption hat zur Folge, dass die fehlerfrei getroffenen Feststellungen der ersten Instanz für das weitere Verfahren grundsätzlich bindend sind. Daneben bestimmt § 529 Abs. 1 Nr. 1 ZPO die Voraussetzungen, unter denen die erstinstanzlichen Tatsachenfeststellungen im Berufungsverfahren ausnahmsweise in Frage gestellt und erneut geprüft werden müssen. Dies ist der Fall, wenn konkrete Anhaltspunkte Zweifel an der Richtigkeit oder Vollständigkeit der entscheidungserheblichen Feststellungen begründen und deshalb eine erneute Feststellung gebieten. Die Bindung an die in der ersten Instanz festgestellten Tatsachen entfällt erst, wenn aus der Sicht des Berufungsgerichts eine gewisse – nicht notwendig überwiegende – Wahrscheinlichkeit gegeben ist, dass im Falle der erneuten Beweiserhebung die erstinstanzliche Feststellung keinen Bestand haben wird. Anders als im Regierungsentwurf wird als Maßstab für die Überprüfung von Tatsachen nicht mehr der Begriff des „ernstlichen" Zweifels gewählt, um zu verdeutlichen, dass die Anforderungen einer erneuten Überprüfung im Interesse einer zutreffenden Tatsachenfeststellung und einer materiell gerechten Entscheidung nicht überspannt werden dürfen.

b) *Zurückweisungsbeschluss.* Als Maßnahme zur Beschleunigung des Berufungsverfahrens sieht die Reform eine vereinfachte Erledigungsmöglichkeit für substanzlose Berufungen vor. Nach bisherigem Recht hatte das Berufungsgericht keine Möglichkeit, über eine zulässige, aber im Ergebnis aussichtslose Berufung ohne mündliche Verhandlung abschließend zu entscheiden. Durch die in § 522 Abs. 2 ZPO getroffene Neuregelung wird zukünftig vermieden, dass die rechtskräftige Erledigung der Streitigkeit zu Lasten der in der ersten Instanz obsiegenden Partei verzögert wird. Insoweit wird auf Verfahrensverzögerung angelegten Rechtsmitteln wirksam begegnet.

c) *Zulassungsberufung.* Die Reform senkt die Berufungssumme auf 600 Euro ab und führt bei den darunter liegenden Beschwerdewerten eine Zulassungsberufung ein. Die Zulassung ist von Amts wegen durch das erstinstanzliche Gericht auszusprechen, wenn die Rechtssache grundsätzliche Bedeutung hat. Mit der Aufgabe des bisherigen generellen Ausschlusses des Rechtsmittels der Berufung bei Beschwerdewerten unter 1 500 DM werden die Zugangschancen für das Rechtsmittel der Berufung grundsätzlich bei allen Urteilen gleichermaßen gewährleistet.

3. Neugestaltung des Revisionsrechts

Ein weiterer besonderer Schwerpunkt der Zivilprozessrechtsreform stellt die Neubestimmung der formellen und materiellen verfahrensrechtlichen Zugangsvoraussetzungen der Revision dar. Das bisherige Mischsystem von Zulassungs- und Streitwertrevision wird durch eine generelle Zulassungsrevision mit Nichtzulassungsbeschwerde ersetzt. Die Revision findet statt, wenn das Berufungsgericht oder auf Beschwerde gegen die Nichtzulassung das Revisionsgericht die Revision zulässt.

Die Reform berücksichtigt bei der Neuordnung des Zugangsrechts zur Revision deren Zweck und Aufgabe. Die Revision dient zwar auch den Parteiinteressen, sie ist aber in erster Linie zur Wahrung der Rechtseinheit und zur Rechtsfortbildung gegeben und das Interesse der Parteien hat demgegenüber im Kollisionsfalle zurückzutreten. Von dieser Überlegung ausgehend wurden die Zulassungskriterien in Anlehnung an die Formulierungen von § 74 Abs. 2 GWB, § 219 BEG, § 83 MarkenG, § 100 PatG und § 80 OWiG neu ausgestaltet. Danach ist die Revision zuzulassen, wenn die Rechtssache grundsätzliche Bedeutung hat oder die Fortbildung des Rechts oder die Sicherung einer einheitlichen Rechtsprechung die Entscheidung des Revisionsgerichts erfordert (§ 543 Abs. 2 ZPO).

Grundsätzliche Bedeutung im Sinne von § 543 Abs. 2 Satz 1 Nr. 1 ZPO kommt einer Rechtssache nur dann zu, wenn eine klärungsbedürftige Rechtsfrage zu entscheiden ist, deren Auftreten in einer unbestimmten Vielzahl von Fällen denkbar ist. In Betracht kommen beispielsweise Musterprozesse und Verfahren, in denen die Auslegung typischer Vertragsbestimmungen, Tarife, Formularverträge oder allgemeiner Geschäftsbedingungen erforderlich wird oder in denen die Entscheidung einer Einzelfrage die Rechtsentwicklung fördert. Die Revisionszulassungskriterien „Fortbildung des Rechts" und „Sicherung der Einheitlichkeit" gewährleisten dagegen, dass auch Berufungsurteile, die eine Leitentscheidung von allgemeiner Bedeutung erfordern, die auf einer Verletzung von Verfahrensgrundrechten beruhen oder die offensichtlich unrichtig sind, ebenfalls mit der Revision anfechtbar sind. Danach ist die Revision zur Fortbildung des Rechts zuzulassen, wenn der Einzelfall Veranlassung gibt, Leitsätze für die Auslegung von Gesetzesbestimmungen des materiellen Rechts oder des Verfahrensrechts aufzustellen oder Gesetzeslücken auszufüllen. Zur Sicherung einer einheitlichen Rechtsprechung ist die Revision zuzulassen, wenn die Entstehung und der Fortbestand

Einführung

von schwer erträglichen Unterschieden in der Rechtsprechung unterbunden werden soll, wobei maßgeblich ist, welche Bedeutung die angefochtene Entscheidung für die Rechtsprechung im Ganzen hat. Materielle oder formelle Fehler bei der Anwendung und Auslegung des revisiblen Rechts berühren beispielsweise über den Einzelfall hinaus nachhaltig allgemeine Interessen, wenn sie von erheblichem Gewicht und geeignet sind, das Vertrauen in die Rechtsprechung zu beschädigen.

4. Neugestaltung des Beschwerderechts

Als Folge der Neugestaltung des Rechtsmittelrechts in der Hauptsache wird das Beschwerderecht als Rechtsmittel gegen Nebenentscheidungen konzeptionell angepasst, vereinfacht und zum Zwecke der Verfahrensbeschleunigung gestrafft. Gleichzeitig wird der Zugang zum obersten Zivilgericht erweitert.

a) *Sofortige Beschwerde.* Die Zivilprozessrechtsreform hebt die bisherige Differenzierung zwischen einfacher (unbefristeter) und der sofortigen (befristeten) Beschwerde auf und führt eine generelle Befristung der Beschwerde ein, wie dies in anderen Verfahrensordnungen der Fall ist, vgl. z. B. § 147 VwGO, § 129 FGO, § 173 SGG. Durch die generelle Befristung der Beschwerde wird dem berechtigten Interesse der Beteiligten nach Beschleunigung des Verfahrens und der Schaffung möglichst frühzeitig klarer Rechtsverhältnisse Rechnung getragen.

Im Vergleich zum bisherigen Recht sind neu der notwendige Inhalt der Beschwerdeschrift (§ 569 Abs. 2 Satz 2 ZPO), das in § 571 Abs. 1 ZPO statuierte Begründungserfordernis, die generelle Abhilfemöglichkeit des Ausgangsgerichts (§ 572 Abs. 1 ZPO), die Präklusion von Angriffs- und Verteidigungsmitteln nach Fristsetzung seitens des Gerichts (§ 571 Abs. 3 ZPO), die Möglichkeit, sich auch durch einen nicht beim zuständigen Oberlandesgericht zugelassenen Rechtsanwalt in mündlicher Verhandlung vertreten zu lassen (§ 571 Abs. 4 Satz 1 ZPO) sowie der originäre Einzelrichter im Beschwerdeverfahren (§ 568 ZPO).

b) *Rechtsbeschwerde.* In den §§ 574 bis 577 ZPO ist gegen Nebenentscheidungen im zweiten Rechtszug erstmals das Instrument der Rechtsbeschwerde in der Zivilprozessordnung vorgesehen. Damit ist eine höchstrichterliche Klärung grundsätzlicher Rechtsfragen auch im Beschwerderecht möglich. Die Rechtsbeschwerde, welche revisionsähnlich ausgestaltet ist, findet in den gesetzlich ausdrücklich vorgesehen Fällen und bei Zulassung durch das Gericht statt.

5. Experimentierklausel in Bezug auf einen einheitlichen Berufungs- und Beschwerderechtszug

Während der Regierungsentwurf noch vorsah, alle Berufungen und Beschwerden im Bereich des Zivilprozessrechts wegen der gebotenen Transparenz des Rechtsmittelzuges bei den Oberlandesgerichten zu konzentrieren, sieht die Zivilprozessrechtsreform eine bundesweite Konzentration der Berufungs- und Beschwerdeverfahren – wie bisher – nur in den von den Familiengerichten entschiedenen Sachen sowie – neu – in Sachen mit Auslandsbezug bei den Oberlandesgerichten vor. Im Gegensatz zum bisherigen Recht

Einführung

sind die Oberlandesgerichte nunmehr auch für die Verhandlung und Entscheidung über Rechtsmittel der Berufung und Beschwerde gegen amtsgerichtliche Entscheidungen zuständig, wenn das Amtsgericht ausländisches Recht angewandt hat. Durch diese Neufassung des § 119 Abs. 1 GVG wird dem Umstand Rechnung getragen, dass durch die Internationalisierung des Rechts und des grenzüberschreitenden Rechtsverkehrs ein großes Bedürfnis nach Rechtssicherheit durch eine obergerichtliche Spruchpraxis besteht.

Im Übrigen sieht die Reform vor, dass die Länder eine Konzentration der Berufungs- und Beschwerdeverfahren bei den Oberlandesgerichten in dem jeweils für sachgerecht erachteten Umfang einführen und erproben können. Diese Erprobungsphase ist einschließlich bis zum Jahr 2007 beschränkt. Durch diese Experimentierklausel sollen unter wissenschaftlicher Begleitung rechtstatsächliche Erkenntnisse darüber gewonnen werden, welche bundeseinheitliche Regelung des Instanzenzuges hinsichtlich der Berufungen und Beschwerden die größeren Vorteile bietet. Die Bundesregierung hat im Zeitraum von 2004 bis einschließlich 2006 den Deutschen Bundestag über Erfahrungen und wissenschaftliche Erkenntnisse derjenigen Länder zu unterrichten, die von der Experimentierklausel Gebrauch gemacht haben.

III. Ausblick

Der vorstehende Überblick sollte lediglich die wesentlichen Schwerpunkte der Zivilprozessrechtsreform darstellen. Daneben enthält die Zivilprozessordnung zahlreiche weitere Änderungen gegenüber dem geltenden Recht. Erwähnt seien hier nur exemplarisch die Neuregelung der prozessualen Pflicht zur Vorlegung von Urkunden (§ 142 ZPO), insbesondere die gerichtliche Anordnungskompetenz zur Vorlegung von Augenscheinsobjekten durch die Parteien oder Dritte (§ 144 ZPO), die Neuregelung der Kostentragungspflicht bei Wegfall des Klagegrundes vor Rechtshängigkeit (§ 269 Abs. 3 Satz 3 ZPO), die Neufassung der Anforderungen an die Berufungsbegründung (§ 520 ZPO), die Neugestaltung der in § 538 ZPO enthaltenen Regelungen zur Zurückverweisung des Rechtsstreits an das erstinstanzliche Gericht. Eine umfassende Ausführung aller Neuerungen muss monographischen Darstellungen und Aufsätzen vorbehalten bleiben.

Für eine abschließende Würdigung des Reformwerkes ist es sicher noch zu früh. Vieles muss seine Bewährungsprobe erst noch in der Praxis bestehen. Das gilt zum einen für die konzeptionelle Neugestaltung der Berufungsinstanz, derzufolge die Prüfung und gegebenenfalls die Aufhebung an die Stelle der Fortsetzung des Rechtsstreits in der zweiten Instanz tritt. Ob die mit der Reform verfolgten personellen und sachlichen Synergieeffekte auf der Ebene der Berufungsinstanz zugunsten der Stärkung der ersten Instanz eintreten werden, bleibt ebenfalls abzuwarten. Zum anderen ist es den Ländern erstmals in einer Versuchsphase anheimgestellt, die Entscheidungen über Berufungen beim Oberlandesgericht zusammenzufassen. Dies stellt ein gewisses, aber abschätzbares Risiko dar, weil die auf den Versuchszeitraum beschränkte Experimentierklausel in jedem Bundesland zu verschiedenen Zuständigkeiten der Rechtsmittelgerichte führen wird. Diese Rechtszersplitterung wird jedoch während des Versuchszeitraums durch die in § 119 Abs. 4 GVG vorgesehene Belehrung über das zuständige Rechtsmittelgericht abgemildert. Eines lässt

Einführung

sich aber mit Sicherheit jetzt bereits vorhersagen: Der Traum von der Einführung der Dreistufigkeit des Gerichtsaufbaus ist nicht ad acta gelegt; vielmehr wird der Gesetzgeber diese Frage erneut nach Auswertung der Ergebnisse und Erfahrungen, welche die Länder mit der landesrechtlichen Bestimmung zur Oberlandesgerichtskonzentration gewonnen haben, spätestens Ende 2007 entscheiden. Dafür kann die jetzige Reform den Weg bereiten.

IV. Zustellungsreformgesetz

Mit dem Gesetz zur Reform des Verfahrens bei Zustellungen im gerichtlichen Verfahren (Zustellungsreformgesetz) vom 25. Juni 2001 (BGBl. I S. 1206), das zum 1. Juli 2002 in Kraft treten wird, wird das gesamte Zustellungsrecht komplett neu gefasst. Die förmliche Zustellung im gerichtlichen Verfahren wird vereinfacht und modernisiert.

a) *Zustellungen im Inland.* Von Bedeutung ist vor allem der Wegfall der Unheilbarkeit eines Zustellungsmangels bei Beginn einer Notfrist nach § 187 S. 2 ZPO a. F. Nach § 189 ZPO n. F. gilt nunmehr auch eine mangelhafte Zustellung zwecks Notfristbeginns durch einen tatsächlichen Zugang als geheilt.

Dem neuen Zustellungsrecht unterliegen jetzt auch Zeugen, Sachverständige und andere Prozessbeteiligte, soweit es sich nicht ausdrücklich auf die Parteien und die Prozessbevollmächtigten beschränkt.

Schließlich erleichtert das Gesetz die Ersatzzustellung (§§ 178, 180, 181 ZPO), reduziert die kosten und zeitaufwendige Beurkundung der Zustellung und eröffnet die Möglichkeit, an Behörden oder besonders zuverlässige Personen mittels Telekopie oder elektronisches Dokument zuzustellen.

b) *Zustellungen im Ausland.* Die Zustellungen im Ausland soll nach dem Vorbild des § 37 Abs. 2 der Strafprozessordnung auch im Zivilverfahren durch Einschreiben mit Rückschein bewirkt werden können, soweit aufgrund völkerrechtlicher Vereinbarungen Schriftstücke unmittelbar durch die Post übersandt werden dürfen (§ 183 ZPO). § 183 Abs. 3 S. 1 ZPO n. F. lässt die seit 31. Mai 2001 geltenden Vorschriften der VO (EG) Nr. 1348/2000 des Rates vom 29. Mai über die Zustellung gerichtlicher und außergerichtlicher Schriftstücke in Zivil- und Handelssachen in den Mitgliedstaaten unberührt. Eine nach Artikel 14 Abs. 1 dieser Verordnung zulässige Zustellung unmittelbar durch die Post ist gemäß § 183 Abs. 3 S. 2 ZPO nur durch Einschreiben mit Rückschein erlaubt. Zur Durchführung dieser Verordnung ist das EG-Zustellungsdurchführungsgesetz; vom 9. Juli 2001 (BGBl. I S. 1536) erlassen worden. Es enthält unter anderem Einzelheiten zur Zustellung durch diplomatische oder konsularische Vertretungen, durch die Post, im Parteibetrieb und zur Zuständigkeit deutscher Übermittlungsstellen.

1. Zivilprozeßordnung

Vom 30. Januar 1877 (RGBl. S. 83),
in der Fassung der Bekanntmachung vom 12. September 1950
(BGBl. S. 533)

BGBl. III/FNA 310-4

zuletzt geändert durch Art. 2 Gesetz zur Reform des Zivilprozesses (Zivilprozessreformgesetz – ZPO-RG)[1] vom 27. 7. 2001 (BGBl. I S. 1887, geänd. durch Art. 5 Abs. 1 a Gesetz zur Modernisierung des Schuldrechts vom 26. 11. 2001 (BGBl. I S. 3138), Art. 5 Abs. 3 Gesetz zur Modernisierung des Schuldrechts vom 26. 11. 2001, BGBl. I S. 3138), Art. 4 Gesetz zur Verbesserung des zivilgerichtlichen Schutzes bei Gewalttaten und Nachstellungen sowie zur Erleichterung der Überlassung der Ehewohnung bei Trennung vom 11. 12. 2001 (BGBl. I S. 3513), Art. 30 Gesetz zur Einführung des Euro in Rechtspflegegesetzen und in Gesetzen des Straf- und Ordnungswidrigkeitenrechts, zur Änderung der Mahnvordruckverordnungen sowie zur Änderung weiterer Gesetze vom 13. 12. 2001 (BGBl. I S. 3574), Art. 1 Siebtes zur Änderung der Pfändungsfreigrenzen vom 13. 12. 2001 (BGBl. I S. 3638) und Art. 2 Gesetz über rechtliche Rahmenbedingungen für den elektronischen Geschäftsverkehr (Elektronischer Geschäftsverkehr-Gesetz – EGG) vom 14. 12. 2001 (BGBl. I S. 3721)

Inhaltsübersicht

Buch 1. Allgemeine Vorschriften (§§ 1–252)   §§

Abschnitt 1. Gerichte **1–49**

Titel 1. Sachliche Zuständigkeit der Gerichte und Wertvorschriften 1–11

Sachliche Zuständigkeit	1
Bedeutung des Wertes	2
Wertfestsetzung nach freiem Ermessen	3
Wertberechnung; Nebenforderungen	4
Mehrere Ansprüche	5
Besitz; Sicherstellung; Pfandrecht	6
Grunddienstbarkeit	7
Pacht- oder Mietverhältnis	8
Wiederkehrende Nutzungen oder Leistungen	9
(aufgehoben)	10
Bindende Entscheidung über Unzuständigkeit	11

Titel 2. Gerichtsstand 12–37

Allgemeiner Gerichtsstand; Begriff	12
Allgemeiner Gerichtsstand des Wohnsitzes	13
(weggefallen)	14
Allgemeiner Gerichtsstand für exterritoriale Deutsche	15
Allgemeiner Gerichtsstand wohnsitzloser Personen	16
Allgemeiner Gerichtsstand juristischer Personen	17
Allgemeiner Gerichtsstand des Fiskus	18
Mehrere Gerichtsbezirke am Behördensitz	19

---

[1] Eine Gegenüberstellung ZPO neu/ZPO alt siehe unter Nr. **4**.

	§§
Allgemeiner Gerichtsstand des Insolvenzverwalters	19a
Besonderer Gerichtsstand des Aufenthaltsorts	20
Besonderer Gerichtsstand der Niederlassung	21
Besonderer Gerichtsstand der Mitgliedschaft	22
Besonderer Gerichtsstand des Vermögens und des Gegenstands	23
Besonderer Gerichtsstand für Unterhaltssachen	23a
Ausschließlicher dinglicher Gerichtsstand	24
Dinglicher Gerichtsstand des Sachzusammenhanges	25
Dinglicher Gerichtsstand für persönliche Klagen	26
Besonderer Gerichtsstand der Erbschaft	27
Erweiterter Gerichtsstand der Erbschaft	28
Besonderer Gerichtsstand des Erfüllungsorts	29
Ausschließlicher Gerichtsstand bei Miet- oder Pachträumen	29a
Besonderer Gerichtsstand bei Wohnungseigentum	29b
Besonderer Gerichtsstand für Haustürgeschäfte	29c
(aufgehoben)	30
Besonderer Gerichtsstand der Vermögensverwaltung	31
Besonderer Gerichtsstand der unerlaubten Handlung	32
Ausschließlicher Gerichtsstand der Umwelteinwirkung	32a
Besonderer Gerichtsstand der Widerklage	33
Besonderer Gerichtsstand des Hauptprozesses	34
Wahl unter mehreren Gerichtsständen	35
Besonderer Gerichtsstand bei Unterhaltsklagen	35a
Gerichtliche Bestimmung der Zuständigkeit	36
Verfahren bei gerichtlicher Bestimmung	37
Titel. 3. Vereinbarung über die Zuständigkeit der Gerichte	38–40
Zugelassene Gerichtsstandsvereinbarung	38
Zuständigkeit infolge rügeloser Verhandlung	39
Unwirksame und unzulässige Gerichtsstandsvereinbarung	40
Titel 4. Ausschließung und Ablehnung der Gerichtspersonen	41–49
Ausschluss von der Ausübung des Richteramtes	41
Ablehnung eines Richters	42
Verlust des Ablehnungsrechts	43
Ablehnungsgesuch	44
Entscheidung über das Ablehnungsgesuch	45
Entscheidung und Rechtsmittel	46
Unaufschiebbare Amtshandlungen	47
Selbstablehnung; Ablehnung von Amts wegen	48
Urkundsbeamte	49
Abschnitt 2. Parteien	**50–127a**
Titel 1. Parteifähigkeit; Prozessfähigkeit	50–58
Parteifähigkeit	50
Prozessfähigkeit; gesetzliche Vertretung; Prozessführung	51
Umfang der Prozessfähigkeit	52
Prozessunfähigkeit bei Betreuung oder Pflegschaft	53
Vertretung eines Kindes durch Beistand	53a
Besondere Ermächtigung zu Prozesshandlungen	54

Inhaltsübersicht **ZPO 1**

	§§
Prozessfähigkeit von Ausländern	55
Prüfung von Amts wegen	56
Prozesspfleger	57
Prozesspfleger bei herrenlosem Grundstück oder Schiff	58

Titel 2. Streitgenossenschaft	**59–63**
Streitgenossenschaft bei Rechtsgemeinschaft oder Identität des Grundes	59
Streitgenossenschaft bei Gleichartigkeit der Ansprüche	60
Wirkung der Streitgenossenschaft	61
Notwendige Streitgenossenschaft	62
Prozessbetrieb; Ladungen	63

Titel 3. Beteiligung Dritter am Rechtsstreit	**64–77**
Hauptintervention	64
Aussetzung des Hauptprozesses	65
Nebenintervention	66
Rechtsstellung des Nebenintervenienten	67
Wirkung der Nebenintervention	68
Streitgenössische Nebenintervention	69
Beitritt des Nebenintervenienten	70
Zwischenstreit der Nebenintervention	71
Zulässigkeit der Streitverkündung	72
Form der Streitverkündung	73
Wirkung der Streitverkündung	74
Gläubigerstreit	75
Urheberbenennung bei Besitz	76
Urheberbenennung bei Eigentumsbeeinträchtigung	77

Titel 4. Prozessbevollmächtigte und Beistände	**78–90**
Anwaltsprozess	78
(aufgehoben)	78a
Notanwalt	78b
Auswahl des Rechtsanwalts	78c
Parteiprozess	79
Prozessvollmacht	80
Umfang der Prozessvollmacht	81
Geltung für Nebenverfahren	82
Beschränkung der Prozessvollmacht	83
Mehrere Prozessbevollmächtigte	84
Wirkung der Prozessvollmacht	85
Fortbestand der Prozessvollmacht	86
Erlöschen der Vollmacht	87
Mangel der Vollmacht	88
Vollmachtloser Vertreter	89
Beistand	90

Titel 5. Prozeßkosten	**91–107**
Grundsatz und Umfang der Kostenpflicht	91
Kosten bei Erledigung der Hauptsache	91a

1 ZPO — Inhaltsübersicht

	§§
Kosten bei teilweisen Obsiegen	92
Kosten bei sofortigem Anerkenntnis	93
Kosten in Ehesachen	93 a
Kosten bei Räumungsklagen	93 b
Kosten bei Klage auf Anfechtung der Vaterschaft	93 c
Kosten bei Unterhaltsklagen	93 d
Kosten bei übergegangenem Anspruch	94
Kosten bei Säumnis oder Verschulden	95
Kosten erfolgloser Angriffs- oder Verteidigungsmittel	96
Rechtsmittelkosten	97
Vergleichskosten	98
Anfechtung von Kostenentscheidungen	99
Kosten bei Streitgenossen	100
Kosten einer Nebenintervention	101
(aufgehoben)	102
Kostenfestsetzungsgrundlage; Kostenfestsetzungsantrag	103
Kostenfestsetzungsverfahren	104
Vereinfachter Kostenfestsetzungsbeschluss	105
Verteilung nach Quoten	106
Änderung nach Streitwertfestsetzung	107

Titel 6. Sicherheitsleistung	108–113
Art und Höhe der Sicherheit	108
Rückgabe der Sicherheit	109
Prozesskostensicherheit	110
Nachträgliche Prozesskostensicherheit	111
Höhe der Prozesskostensicherheit	112
Fristbestimmung für Prozesskostensicherheit	113

Titel 7. Prozeßkostenhilfe und Prozeßkostenvorschuß	114–127 a
Voraussetzungen	114
Einsatz von Einkommen und Vermögen	115
Partei kraft Amtes; juristische Person; parteifähige Vereinigung	116
Antrag	117
Bewilligungsverfahren	118
Bewilligung	119
Festsetzung von Zahlungen	120
Beiordnung eines Rechtsanwalts	121
Wirkung der Prozesskostenhilfe	122
Kostenerstattung	123
Aufhebung der Bewilligung	124
Einziehung der Kosten	125
Beitreibung der Rechtsanwaltskosten	126
Entscheidungen	127
Prozesskostenvorschuss in einer Unterhaltssache	127 a

Abschnitt 3. Verfahren	**128–252**
Titel 1. Mündliche Verhandlung	128–165
Grundsatz der Mündlichkeit; schriftliches Verfahren	128
Verhandlung im Wege der Bild- und Tonübertragung	128 a

Inhaltsübersicht ZPO 1

	§§
Vorbereitende Schriftsätze	129
Anträge und Erklärungen zu Protokoll	129 a
Inhalt der Schriftsätze	130
Elektronisches Dokument	130 a
Beifügung von Urkunden	131
Fristen für Schriftsätze	132
Abschriften	133
Einsicht von Urkunden	134
Mitteilung von Urkunden unter Rechtsanwälten	135
Prozessleitung durch Vorsitzenden	136
Gang der mündlichen Verhandlung	137
Erklärungspflicht über Tatsachen; Wahrheitspflicht	138
Materielle Prozessleitung	139
Beanstandung von Prozessleitung oder Fragen	140
Anordnung des persönlichen Erscheinens	141
Anordnung der Urkundenvorlegung	142
Anordnung der Aktenvorlegung	143
Augenschein; Sachverständige	144
Prozesstrennung	145
Beschränkung auf einzelne Angriffs- und Verteidigungsmittel	146
Prozessverbindung	147
Aussetzung bei Vorgreiflichkeit	148
Aussetzung bei Verdacht einer Straftat	149
Aufhebung von Trennung, Verbindung oder Aussetzung	150
(aufgehoben)	151
Aussetzung bei Eheaufhebungsantrag	152
Aussetzung bei Vaterschaftsanfechtungsklage	153
Aussetzung bei Ehe- oder Kindschaftsstreit	154
Aufhebung der Aussetzung bei Verzögerung	155
Wiedereröffnung der Verhandlung	156
Ungeeignete Vertreter; Prozessagenten	157
Entfernung infolge Prozessleitungsanordnung	158
Protokollaufnahme	159
Inhalt des Protokolls	160
Vorläufige Protokollaufzeichnung	160 a
Entbehrliche Feststellungen	161
Genehmigung des Protokolls	162
Unterschreiben des Protokolls	163
Protokollberichtigung	164
Beweiskraft des Protokolls	165
Titel 2. Verfahren bei Zustellungen	166–213 a
Untertitel 1. Zustellung auf Betreiben der Parteien	166–207
Zustellung durch Gerichtsvollzieher	166
Zustellungsauftrag der Partei	167
Vermittlung der Zustellung durch Geschäftsstelle	168
Schriftstücke zum Zustellungsauftrag	169
Zustellung durch Übergabe; Beglaubigung	170
Zustellung an Prozessunfähige	171

1 ZPO

Inhaltsübersicht

	§§
(weggefallen)	172
Zustellung an Bevollmächtigte	173
Notwendigkeit eines Zustellungsbevollmächtigten	174
Benennung des Zustellungsbevollmächtigten; Zustellung durch Aufgabe zur Post	175
Zustellung an Prozessbevollmächtigten	176
Unbekannter Aufenthalt des Prozessbevollmächtigten	177
Umfang des Rechtszugs	178
(weggefallen)	179
Ort der Zustellung	180
Ersatzzustellung in Wohnung und Haus	181
Ersatzzustellung durch Niederlegung	182
Ersatzzustellung im Geschäftslokal	183
Ersatzzustellung bei juristischen Personen	184
Verbotene Ersatzzustellung	185
Zustellung bei verweigerter Annahme	186
Heilung von Zustellungsmängeln	187
Zustellung zur Nachtzeit und an Sonn- und Feiertagen	188
Anzahl der Ausfertigungen oder Abschriften	189
Zustellungsurkunde	190
Inhalt der Zustellungsurkunde	191
Zustellungsurkunde bei Aufgabe zur Post	192
Zustellung durch die Post	193
Zustellungsersuchen des Gerichtsvollziehers	194
Ausführung der Zustellung durch die Post	195
Niederlegung bei fehlendem Postbestelldienst	195a
Zustellungsersuchen der Geschäftsstelle	196
Mehrkosten durch Gerichtsvollzieher	197
Zustellung von Anwalt zu Anwalt	198
Zustellung im Ausland	199
Zustellung an exterritoriale Deutsche	200
(weggefallen)	201
Ersuchungsschreiben; Nachweis der Auslandszustellung	202
Öffentliche Zustellung; Zulässigkeit	203
Bewilligung und Ausführung der öffentlichen Zustellung	204
Inhalt des Auszugs für den Bundesanzeiger	205
Wirkungszeitpunkt der öffentlichen Zustellung	206
Rückwirkung der Zustellung	207
Untertitel 2. Zustellungen von Amts wegen	208–213a
Verweisung auf Vorschriften über Parteizustellung	208
Aufgabe der Geschäftsstelle	209
Beglaubigung der Abschrift	210
Zustellung einer Rechtsmittelschrift	210a
Ausführung der Zustellung	211
Beurkundung der Zustellung	212
Zustellung gegen Empfangsbekenntnis	212a
Aushändigung an der Amtsstelle	212b
Aktenvermerk bei Zustellung durch Aufgabe zur Post	213
Bescheinigung des Zeitpunktes der Zustellung	213a

Inhaltsübersicht **ZPO 1**

	§§
Titel 3. Ladungen, Termine und Fristen	214–229
Ladung zum Termin	214
Ladung im Anwaltsprozess	215
Terminsbestimmung	216
Ladungsfrist	217
Entbehrlichkeit der Ladung	218
Terminsort	219
Aufruf der Sache; versäumter Termin	220
Fristbeginn	221
Fristberechnung	222
(aufgehoben)	223
Fristkürzung; Fristverlängerung	224
Verfahren bei Friständerung	225
Abkürzung von Zwischenfristen	226
Terminsänderung	227
(weggefallen)	228
Beauftragter oder ersuchter Richter	229
Titel 4. Folgen der Versäumung; Wiedereinsetzung in den vorigen Stand	230–238
Allgemeine Versäumungsfolge	230
Keine Androhung; Nachholung der Prozesshandlung	231
(aufgehoben)	232
Wiedereinsetzung in den vorigen Stand	233
Wiedereinsetzungsfrist	234
(weggefallen)	235
Wiedereinsetzungsantrag	236
Zuständigkeit für Wiedereinsetzung	237
Verfahren bei Wiedereinsetzung	238
Titel 5. Unterbrechung und Aussetzung des Verfahrens	239–252
Unterbrechung durch Tod der Partei	239
Unterbrechung durch Insolvenzverfahren	240
Unterbrechung durch Prozessunfähigkeit	241
Unterbrechung durch Nacherbfolge	242
Aufnahme bei Nachlasspflegschaft und Testamentsvollstreckung	243
Unterbrechung durch Anwaltsverlust	244
Unterbrechung durch Stillstand der Rechtspflege	245
Aussetzung bei Vertretung durch Prozessbevollmächtigten	246
Aussetzung bei abgeschnittenem Verkehr	247
Verfahren bei Aussetzung	248
Wirkung von Unterbrechung und Aussetzung	249
Form von Aufnahme und Anzeige	250
Ruhen des Verfahrens	251
Säumnis beider Parteien; Entscheidung nach Lage der Akten	251 a
Rechtsmittel bei Aussetzung	252

1 ZPO

Inhaltsübersicht

Buch 2. Verfahren im ersten Rechtszug (§§ 253–510 b)   §§

Abschnitt 1. Verfahren vor den Landgerichten .... **253–494 a**

Titel 1. Verfahren bis zum Urteil .... 253–299 a

Klageschrift	253
Stufenklage	254
Fristbestimmung im Urteil	255
Feststellungsklage	256
Klage auf künftige Zahlung oder Räumung	257
Klage auf wiederkehrende Leistungen	258
Klage wegen Besorgnis nicht rechtzeitiger Leistung	259
Anspruchshäufung	260
Rechtshängigkeit	261
Sonstige Wirkungen der Rechtshängigkeit	262
Klageänderung	263
Keine Klageänderung	264
Veräußerung oder Abtretung der Streitsache	265
Veräußerung eines Grundstücks	266
Vermutete Einwilligung in die Klageänderung	267
Unanfechtbarkeit der Entscheidung	268
Klagerücknahme	269
Zustellung; formlose Mitteilung	270
Zustellung der Klageschrift	271
Bestimmung der Verfahrensweise	272
Vorbereitung des Termins	273
Ladung der Parteien; Einlassungsfrist	274
Früher erster Termin	275
Schriftliches Vorverfahren	276
Klageerwiderung; Replik	277
Gütliche Streitbeilegung, Güteverhandlung, Vergleich	278
Mündliche Verhandlung	279
Abgesonderte Verhandlung über Zulässigkeit der Klage	280
Verweisung bei Unzuständigkeit	281
Rechtzeitigkeit des Vorbringens	282
Schriftsatzfrist für Erklärungen zum Vorbringen des Gegners	283
Beweisaufnahme	284
Verhandlung nach Beweisaufnahme	285
Freie Beweiswürdigung	286
Schadensermittlung; Höhe der Forderung	287
Gerichtliches Geständnis	288
Zusätze beim Geständnis	289
Widerruf des Geständnisses	290
Offenkundige Tatsachen	291
Gesetzliche Vermutungen	292
Anscheinsbeweis bei qualifizierter elektronischer Signatur	292 a
Fremdes Recht; Gewohnheitsrecht; Statuten	293
Glaubhaftmachung	294
Verfahrensrügen	295
Zurückweisung verspäteten Vorbringens	296

Inhaltsübersicht **ZPO 1**

	§§
Vorbringen nach Schluss der mündlichen Verhandlung	296 a
Form der Antragstellung	297
(aufgehoben)	298
Akteneinsicht; Abschriften	299
Datenträgerarchiv	299 a
Titel 2. Urteil	**300–329**
Endurteil	300
Teilurteil	301
Vorbehaltsurteil	302
Zwischenurteil	303
Zwischenurteil über den Grund	304
Urteil unter Vorbehalt erbrechtlich beschränkter Haftung	305
Urteil unter Vorbehalt seerechtlich beschränkter Haftung	305 a
Verzicht	306
Anerkenntnis	307
Bindung an die Parteianträge	308
Entscheidung ohne Antrag in Mietsachen	308 a
Erkennende Richter	309
Termin der Urteilsverkündung	310
Form der Urteilsverkündung	311
Anwesenheit der Parteien	312
Form und Inhalt des Urteils	313
Weglassen von Tatbestand und Entscheidungsgründen	313 a
Versäumnis-, Anerkenntnis- und Verzichtsurteil	313 b
Beweiskraft des Tatbestandes	314
Unterschrift der Richter	315
(weggefallen)	316
Urteilszustellung und -ausfertigung	317
Bindung des Gerichts	318
Berichtigung des Urteils	319
Berichtigung des Tatbestandes	320
Ergänzung des Urteils	321
Abhilfe bei Verletzung des Anspruchs auf rechtliches Gehör	321 a
Materielle Rechtskraft	322
Abänderungsklage	323
Nachforderungsklage zur Sicherheitsleistung	324
Subjektive Rechtskraftwirkung	325
Rechtskraft bei Nacherbfolge	326
Rechtskraft bei Testamentsvollstreckung	327
Anerkennung ausländischer Urteile	328
Beschlüsse und Verfügungen	329
Titel 3. Versäumnisurteil	**330–347**
Versäumnisurteil gegen den Kläger	330
Versäumnisurteil gegen den Beklagten	331
Entscheidung nach Aktenlage	331 a
Begriff des Verhandlungstermins	332
Nichtverhandeln der erschienenen Partei	333
Unvollständiges Verhandeln	334

1 ZPO

Inhaltsübersicht

	§§
Unzulässigkeit einer Versäumnisentscheidung	335
Rechtsmittel bei Zurückweisung	336
Vertagung von Amts wegen	337
Einspruch	338
Einspruchsfrist	339
Einspruchsschrift	340
Zustellung der Einspruchsschrift	340a
Einspruchsprüfung	341
Einspruchstermin	341a
Wirkung des zulässigen Einspruchs	342
Entscheidung nach Einspruch	343
Versäumniskosten	344
Zweites Versäumnisurteil	345
Verzicht und Zurücknahme des Einspruchs	346
Verfahren bei Widerklage und Zwischenstreit	347
Titel 4. Verfahren vor dem Einzelrichter	**348–354**
Originärer Einzelrichter	348
Obligatorischer Einzelrichter	348a
Vorsitzender der Kammer für Handelssachen	349
Rechtsmittel	350
(weggefallen)	351–354
Titel 5. Allgemeine Vorschriften über die Beweisaufnahme	**355–370**
Unmittelbarkeit der Beweisaufnahme	355
Beibringungsfrist	356
Parteiöffentlichkeit	357
(aufgehoben)	357a
Notwendigkeit eines Beweisbeschlusses	358
Beweisbeschluss und Beweisaufnahme vor mündlicher Verhandlung	358a
Inhalt des Beweisbeschlusses	359
Änderung des Beweisbeschlusses	360
Beweisaufnahme durch beauftragten Richter	361
Beweisaufnahme durch ersuchten Richter	362
Beweisaufnahme im Ausland	363
Parteimitwirkung bei Beweisaufnahme im Ausland	364
Abgabe durch beauftragten oder ersuchten Richter	365
Zwischenstreit	366
Ausbleiben der Partei	367
Neuer Beweistermin	368
Ausländische Beweisaufnahme	369
Fortsetzung der mündlichen Verhandlung	370
Titel 6. Beweis durch Augenschein	**371–372a**
Beweis durch Augenschein	371
Beweisaufnahme	372
Untersuchungen zur Feststellung der Abstammung	372a

Inhaltsübersicht **ZPO 1**

§§

Titel 7. Zeugenbeweis	373–401
Beweisantritt	373
(weggefallen)	374
Beweisaufnahme durch beauftragten oder ersuchten Richter	375
Vernehmung bei Amtsverschwiegenheit	376
Zeugenladung	377
Aussageerleichternde Unterlagen	378
Auslagenvorschuss	379
Folgen des Ausbleibens des Zeugen	380
Genügende Entschuldigung des Ausbleibens	381
Vernehmung an bestimmten Orten	382
Zeugnisverweigerung aus persönlichen Gründen	383
Zeugnisverweigerung aus sachlichen Gründen	384
Ausnahmen vom Zeugnisverweigerungsrecht	385
Erklärung der Zeugnisverweigerung	386
Zwischenstreit über Zeugnisverweigerung	387
Zwischenstreit über schriftliche Zeugnisverweigerung	388
Zeugnisverweigerung vor beauftragtem oder ersuchtem Richter	389
Folgen der Zeugnisverweigerung	390
Zeugenbeeidigung	391
Nacheid; Eidesnorm	392
Uneidliche Vernehmung	393
Einzelvernehmung	394
Wahrheitsermahnung; Vernehmung zur Person	395
Vernehmung zur Sache	396
Fragerecht der Parteien	397
Wiederholte und nachträgliche Vernehmung	398
Verzicht auf Zeugen	399
Befugnisse des mit der Beweisaufnahme betrauten Richters	400
Zeugenentschädigung	401
Titel 8. Beweis durch Sachverständige	402–414
Anwendbarkeit der Vorschriften für Zeugen	402
Beweisantritt	403
Sachverständigenauswahl	404
Leitung der Tätigkeit des Sachverständigen	404 a
Auswahl durch den mit der Beweisaufnahme betrauten Richter	405
Ablehnung eines Sachverständigen	406
Pflicht zur Erstattung des Gutachtens	407
Weitere Pflichten des Sachverständigen	407 a
Gutachtenverweigerungsrecht	408
Folgen des Ausbleibens oder der Gutachtenverweigerung	409
Sachverständigenbeeidigung	410
Schriftliches Gutachten	411
Neues Gutachten	412
Sachverständigenentschädigung	413
Sachverständige Zeugen	414

1 ZPO

Inhaltsübersicht

	§§
Titel 9. Beweis durch Urkunden	415–444
Beweiskraft öffentlicher Urkunden über Erklärungen	415
Beweiskraft von Privaturkunden	416
Beweiskraft öffentlicher Urkunden über amtliche Anordnung, Verfügung oder Entscheidung	417
Beweiskraft öffentlicher Urkunden mit anderem Inhalt	418
Beweiskraft mangelbehafteter Urkunden	419
Vorlegung durch Beweisführer; Beweisantritt	420
Vorlegung durch den Gegner; Beweisantritt	421
Vorlegungspflicht des Gegners nach bürgerlichem Recht	422
Vorlegungspflicht des Gegners bei Bezugnahme	423
Antrag bei Vorlegung durch Gegner	424
Anordnung der Vorlegung durch Gegner	425
Vernehmung des Gegners über den Verbleib	426
Folgen der Nichtvorlegung durch Gegner	427
Vorlegung durch Dritte; Beweisantritt	428
Vorlegungspflicht Dritter	429
Antrag bei Vorlegung durch Dritte	430
Vorlegungsfrist bei Vorlegung durch Dritte	431
Vorlegung durch Behörden oder Beamte; Beweisantritt	432
(weggefallen)	433
Vorlegung vor beauftragtem oder ersuchtem Richter	434
Vorlegung öffentlicher Urkunden in Urschrift oder beglaubigter Abschrift	435
Verzicht nach Vorlegung	436
Echtheit inländischer öffentlicher Urkunden	437
Echtheit ausländischer öffentlicher Urkunden	438
Erklärung über Echtheit von Privaturkunden	439
Beweis der Echtheit von Privaturkunden	440
Schriftvergleichung	441
Würdigung der Schriftvergleichung	442
Verwahrung verdächtiger Urkunden	443
Folgen der Beseitigung einer Urkunde	444
Titel 10. Beweis durch Parteivernehmung	445–477
Vernehmung des Gegners; Beweisantritt	445
Weigerung des Gegners	446
Vernehmung der beweispflichtigen Partei auf Antrag	447
Vernehmung von Amts wegen	448
Vernehmung von Streitgenossen	449
Beweisbeschluss	450
Ausführung der Vernehmung	451
Beeidigung der Partei	452
Beweiswürdigung bei Parteivernehmung	453
Ausbleiben der Partei	454
Prozessunfähige	455
(weggefallen)	456–477
Titel 11. Abnahme von Eiden und Bekräftigungen	478–484
Eidesleistung in Person	478

Inhaltsübersicht **ZPO 1**

	§§
Eidesleistung vor beauftragtem oder ersuchtem Richter	479
Eidesbelehrung	480
Eidesleistung; Eidesformel	481
(weggefallen)	482
Eidesleistung Stummer	483
Eidesgleiche Bekräftigung	484
Titel 12. Selbständiges Beweisverfahren	485–494a
Zulässigkeit	485
Zuständiges Gericht	486
Inhalt des Antrages	487
(weggefallen)	488, 489
Entscheidung über den Antrag	490
Ladung des Gegners	491
Beweisaufnahme	492
Benutzung im Prozess	493
Unbekannter Gegner	494
Frist zur Klageerhebung	494a

Abschnitt 2. Verfahren vor den Amtsgerichten — 495–510b

Anzuwendende Vorschriften	495
Verfahren nach billigem Ermessen	495a
Einreichung von Schriftsätzen; Erklärungen zu Protokoll	496
Ladungen	497
Zustellung des Protokolls über die Klage	498
Belehrung über schriftliches Anerkenntnis	499
(aufgehoben)	500
(weggefallen)	501–503
Hinweis bei Unzuständigkeit des Amtsgerichts	504
(weggefallen)	505
Nachträgliche sachliche Unzuständigkeit	506
(aufgehoben)	507, 508
(weggefallen)	509
Erklärung über Urkunden	510
Inhalt des Protokolls	510a
Urteil auf Vornahme einer Handlung	510b

Buch 3. Rechtsmittel (§§ 511–577)

Abschnitt 1. Berufung — 511–541

Statthaftigkeit der Berufung	511
Vorentscheidungen im ersten Rechtszug	512
Berufungsgründe	513
Versäumnisurteile	514
Verzicht auf Berufung	515
Zurücknahme der Berufung	516
Berufungsfrist	517
Berufungsfrist bei Urteilsergänzung	518

1 ZPO

Inhaltsübersicht

	§§
Berufungsschrift	519
Berufungsbegründung	520
Zustellung der Berufungsschrift und -begründung	521
Zulässigkeitsprüfung; Zurückweisungsbeschluss	522
Terminsbestimmung	523
Anschlussberufung	524
Allgemeine Verfahrensgrundsätze	525
Entscheidender Richter	526
Vorbereitender Einzelrichter	527
Bindung an die Berufungsanträge	528
Prüfungsumfang des Berufungsgerichts	529
Verspätet vorgebrachte Angriffs- und Verteidigungsmittel	530
Zurückgewiesene und neue Angriffs- und Verteidigungsmittel	531
Rügen der Unzulässigkeit der Klage	532
Klageänderung; Aufrechnungserklärung; Widerklage	533
Verlust des Rügerechts	534
Gerichtliches Geständnis	535
Parteivernehmung	536
Vorläufige Vollstreckbarkeit	537
Zurückverweisung	538
Versäumnisverfahren	539
Inhalt des Berufungsurteils	540
Prozessakten	541

Abschnitt 2. Revision **542–566**

Statthaftigkeit der Revision	542
Zulassungsrevision	543
Nichtzulassungsbeschwerde	544
Revisionsgründe	545
Begriff der Rechtsverletzung	546
Absolute Revisionsgründe	547
Revisionsfrist	548
Revisionseinlegung	549
Zustellung der Revisionsschrift	550
Revisionsbegründung	551
Zulässigkeitsprüfung	552
Terminsbestimmung; Einlassungsfrist	553
Anschlussrevision	554
Allgemeine Verfahrensgrundsätze	555
Verlust des Rügerechts	556
Umfang der Revisionsprüfung	557
Vorläufige Vollstreckbarkeit	558
Beschränkte Nachprüfung tatsächlicher Feststellungen	559
Nicht revisible Gesetze	560
Revisionszurückweisung	561
Aufhebung des angefochtenen Urteils	562
Zurückverweisung; eigene Sachentscheidung	563
Keine Begründung der Entscheidung bei Rügen von Verfahrensmängeln	564

Inhaltsübersicht

	§§
Anzuwendende Vorschriften des Berufungsverfahrens	565
Sprungrevision	566

Abschnitt 3. Beschwerde **567–577**

Titel 1. Sofortige Beschwerde 567–573

Sofortige Beschwerde; Anschlussbeschwerde	567
Originärer Einzelrichter	568
Frist und Form	569
Aufschiebende Wirkung; einstweilige Anordnungen	570
Begründung, Präklusion, Ausnahmen vom Anwaltszwang	571
Gang des Beschwerdeverfahrens	572
Erinnerung	573

Titel 2. Rechtsbeschwerde 574–577

Rechtsbeschwerde; Anschlussrechtsbeschwerde	574
Frist, Form und Begründung der Rechtsbeschwerde	575
Gründe der Rechtsbeschwerde	576
Prüfung und Entscheidung der Rechtsbeschwerde	577

Buch 4. Wiederaufnahme des Verfahrens (§§ 578–591)

Arten der Wiederaufnahme	578
Nichtigkeitsklage	579
Restitutionsklage	580
Besondere Voraussetzungen der Restitutionsklage	581
Hilfsnatur der Restitutionsklage	582
Vorentscheidungen	583
Ausschließliche Zuständigkeit für Nichtigkeits- und Restitutionsklagen	584
Allgemeine Verfahrensgrundsätze	585
Klagefrist	586
Klageschrift	587
Inhalt der Klageschrift	588
Zulässigkeitsprüfung	589
Neue Verhandlung	590
Rechtsmittel	591

Buch 5. Urkunden- und Wechselprozess (§§ 592–605 a)

Zulässigkeit	592
Klageinhalt; Urkunden	593
(weggefallen)	594
Keine Widerklage; Beweismittel	595
Abstehen vom Urkundenprozess	596
Klageabweisung	597
Zurückweisung von Einwendungen	598
Vorbehaltsurteil	599
Nachverfahren	600
(weggefallen)	601
Wechselprozess	602

1 ZPO

Inhaltsübersicht

	§§
Gerichtsstand	603
Klageinhalt; Ladungsfrist	604
Beweisvorschriften	605
Scheckprozess	605a

Buch 6. Verfahren in Familiensachen (§§ 606–687)

Abschnitt 1. Allgemeine Vorschriften für Verfahren in Ehesachen ... 606–620g

Zuständigkeit	606
Internationale Zuständigkeit	606a
Prozessfähigkeit; gesetzliche Vertretung	607
Anzuwendende Vorschriften	608
Besondere Prozessvollmacht	609
Verbindung von Verfahren; Widerklage	610
Neues Vorbringen; Ausschluss des schriftlichen Vorverfahrens	611
Termine; Ladungen; Versäumnisurteil	612
Persönliches Erscheinen der Ehegatten; Parteivernehmung	613
Aussetzung des Verfahrens	614
Zurückweisung von Angriffs- und Verteidigungsmitteln	615
Untersuchungsgrundsatz	616
Einschränkung der Parteiherrschaft	617
Zustellung von Urteilen	618
Tod eines Ehegatten	619
Einstweilige Anordnungen	620
Verfahren bei einstweiliger Anordnung	620a
Aufhebung und Änderung des Beschlusses	620b
Sofortige Beschwerde; Unanfechtbarkeit	620c
Begründung der Anträge und Entscheidungen	620d
Aussetzung der Vollziehung	620e
Außerkrafttreten der einstweiligen Anordnung	620f
Kosten einstweiliger Anordnungen	620g

Abschnitt 2. Allgemeine Vorschriften für Verfahren in anderen Familiensachen ... 621–621f

Zuständigkeit des Familiengerichts; Verweisung oder Abgabe an Gericht der Ehesache	621
Anzuwendende Verfahrensvorschriften	621a
Güterrechtliche Streitigkeiten	621b
Zustellung von Endentscheidungen	621c
Zurückweisung von Angriffs- und Verteidigungsmitteln	621d
Befristete Beschwerde; Rechtsbeschwerde	621e
Kostenvorschuss	621f
Einstweilige Anordnungen	621g

Abschnitt 3. Verfahren in Scheidungs- und Folgesachen . 622–630

Scheidungsantrag	622
Verbund von Scheidungs- und Folgesachen	623

Inhaltsübersicht **ZPO 1**

	§§
Besondere Verfahrensvorschriften	624
Beiordnung eines Rechtsanwalts	625
Zurücknahme des Scheidungsantrags	626
Vorwegentscheidung über elterliche Sorge	627
Scheidungsurteil vor Folgesachenentscheidung	628
Einheitliche Endentscheidung; Vorbehalt bei abgewiesenem Scheidungsantrag	629
Rechtsmittel	629 a
Zurückverweisung	629 b
Erweiterte Aufhebung	629 c
Wirksamwerden der Entscheidungen in Folgesachen	629 d
Einverständliche Scheidung	630

Abschnitt 4. Verfahren auf Aufhebung und auf Feststellung des Bestehens oder Nichtbestehens einer Ehe — 631–639

Aufhebung einer Ehe	631
Feststellung des Bestehens oder Nichtbestehens einer Ehe	632
(weggefallen)	633–639

Abschnitt 5. Verfahren in Kindschaftssachen — 640–641 i

Kindschaftssachen	640
Zuständigkeit	640 a
Prozessfähigkeit bei Anfechtungsklagen	640 b
Klagenverbindung; Widerklage	640 c
Einschränkung des Untersuchungsgrundsatz	640 d
Beiladung; Streitverkündung	640 e
Aussetzung des Verfahrens	640 f
Tod der klagenden Partei im Anfechtungsprozess	640 g
Wirkung des Urteils	640 h
(aufgehoben)	641–641 b
Beurkundung	641 c
Einstweilige Anordnung	641 d
Außerkrafttreten und Aufhebung der einstweiligen Anordnung	641 e
Außerkrafttreten bei Klagerücknahme oder Klageabweisung	641 f
Schadensersatzpflicht des Klägers	641 g
Inhalt der Urteilsformel	641 h
Restitutionsklage	641 i

Abschnitt 6. Verfahren über den Unterhalt — 642–660

Titel 1. Allgemeine Vorschriften	642–644
Zuständigkeit	642
Auskunftsrecht des Gerichts	643
Einstweilige Anordnung	644
Titel 2. Vereinfachte Verfahren über den Unterhalt Minderjähriger	645–660
Statthaftigkeit des vereinfachten Verfahrens	645
Antrag	646

1 ZPO

Inhaltsübersicht

	§§
Maßnahmen des Gerichts	647
Einwendungen des Antragsgegners	648
Feststellungsbeschluss	649
Mitteilung über Einwendungen	650
Streitiges Verfahren	651
Sofortige Beschwerde	652
Unterhalt bei Vaterschaftsfeststellung	653
Abänderungsklage	654
Abänderung des Titels bei wiederkehrenden Unterhaltsleistungen	655
Klage gegen Abänderungsbeschluss	656
Besondere Verfahrensvorschriften	657
Sonderregelungen für maschinelle Bearbeitung	658
Vordrucke	659
Bestimmung des Amtsgerichts	660

Abschnitt 7. Verfahren in Lebenspartnerschaftssachen — 661–687

Lebenspartnerschaftssachen	661
(weggefallen)	662–687

Buch 7. Mahnverfahren (§§ 688–703 d)

Zulässigkeit	688
Zuständigkeit; maschinelle Bearbeitung	689
Mahnantrag	690
Zurückweisung des Mahnantrags	691
Mahnbescheid	692
Zustellung des Mahnbescheids	693
Widerspruch gegen den Mahnbescheid	694
Mitteilung des Widerspruchs; Abschriften	695
Verfahren nach Widerspruch	696
Einleitung des Streitverfahrens	697
Abgabe des Verfahrens am selben Gericht	698
Vollstreckungsbescheid	699
Einspruch gegen den Vollstreckungsbescheid	700
Wegfall der Wirkung des Mahnbescheids	701
Form von Anträgen und Erklärungen	702
Kein Nachweis der Vollmacht	703
Urkunden-, Wechsel- und Scheckmahnverfahren	703 a
Sonderregelungen für maschinelle Bearbeitung	703 b
Vordrucke; Einführung der maschinellen Bearbeitung	703 c
Antragsgegner ohne allgemeinen inländischen Gerichtsstand	703 d

Buch 8. Zwangsvollstreckung (§§ 704–945)

Abschnitt 1. Allgemeine Vorschriften — 704–802

Vollstreckbare Endurteile	704
Formelle Rechtskraft	705
Rechtskraft- und Notfristzeugnis	706

Inhaltsübersicht ZPO 1

	§§
Einstweilige Einstellung der Zwangsvollstreckung	707
Vorläufige Vollstreckbarkeit ohne Sicherheitsleistung	708
Vorläufige Vollstreckbarkeit gegen Sicherheitsleistung	709
Ausnahmen von der Sicherheitsleistung des Gläubigers	710
Abwendungsbefugnis	711
Schutzantrag des Schuldners	712
Unterbleiben von Schuldnerschutzanordnungen	713
Anträge zur vorläufigen Vollstreckbarkeit	714
Rückgabe der Sicherheit	715
Ergänzung des Urteils	716
Wirkungen eines aufhebenden oder abändernden Urteils	717
Vorabentscheidung über vorläufige Vollstreckbarkeit	718
Einstweilige Einstellung bei Rechtsmittel und Einspruch	719
Hinterlegung bei Abwendung der Vollstreckung	720
Sicherungsvollstreckung	720a
Räumungsfrist	721
Vollstreckbarkeit ausländischer Urteile	722
Vollstreckungsurteil	723
Vollstreckbare Ausfertigung	724
Vollstreckungsklausel	725
Vollstreckbare Ausfertigung bei bedingten Leistungen	726
Vollstreckbare Ausfertigung für und gegen Rechtsnachfolger	727
Vollstreckbare Ausfertigung bei Nacherbe oder Testamentsvollstrecker	728
Vollstreckbare Ausfertigung gegen Vermögens- und Firmenübernehmer	729
Anhörung des Schuldners	730
Klage auf Erteilung der Vollstreckungsklausel	731
Erinnerung gegen Erteilung der Vollstreckungsklausel	732
Weitere vollstreckbare Ausfertigung	733
Vermerk über Ausfertigungserteilung auf der Urteilsurschrift	734
Zwangsvollstreckung gegen nicht rechtsfähigen Verein	735
Zwangsvollstreckung gegen BGB-Gesellschaft	736
Zwangsvollstreckung bei Vermögens- oder Erbschaftsnießbrauch	737
Vollstreckbare Ausfertigung gegen Nießbraucher	738
Gewahrsamsvermutung bei Zwangsvollstreckung gegen Ehegatten und Lebenspartner	739
Zwangsvollstreckung in das Gesamtgut	740
Zwangsvollstreckung in das Gesamtgut bei Erwerbsgeschäft	741
Vollstreckbare Ausfertigung bei Gütergemeinschaft während des Rechtsstreits	742
Beendete Gütergemeinschaft	743
Vollstreckbare Ausfertigung bei beendeter Gütergemeinschaft	744
Zwangsvollstreckung bei Eigentums- und Vermögensgemeinschaft	744a
Zwangsvollstreckung bei fortgesetzter Gütergemeinschaft	745
(aufgehoben)	746
Zwangsvollstreckung in ungeteilten Nachlass	747
Zwangsvollstreckung bei Testamentsvollstrecker	748

1 ZPO

Inhaltsübersicht

	§§
Vollstreckbare Ausfertigung für und gegen Testamentsvollstrecker	749
Voraussetzungen der Zwangsvollstreckung	750
Bedingungen für Vollstreckungsbeginn	751
Sicherheitsleistung bei Teilvollstreckung	752
Vollstreckung durch Gerichtsvollzieher	753
Vollstreckungsauftrag	754
Ermächtigung des Gerichtsvollziehers	755
Zwangsvollstreckung bei Leistung Zug um Zug	756
Übergabe des Titels und Quittung	757
Durchsuchung; Gewaltanwendung	758
Richterliche Durchsuchungsanordnung; Vollstreckung zur Unzeit	758 a
Zuziehung von Zeugen	759
Akteneinsicht; Aktenabschrift	760
(aufgehoben)	761
Protokoll über Vollstreckungshandlungen	762
Aufforderungen und Mitteilungen	763
Vollstreckungsgericht	764
Vollstreckungsgerichtliche Anordnungen bei Leistung Zug um Zug	765
Vollstreckungsschutz	765 a
Erinnerung gegen Art und Weise der Zwangsvollstreckung	766
Vollstreckungsabwehrklage	767
Klage gegen Vollstreckungsklausel	768
Einstweilige Anordnungen	769
Einstweilige Anordnungen im Urteil	770
Drittwiderspruchsklage	771
Drittwiderspruchsklage bei Veräußerungsverbot	772
Drittwiderspruchsklage des Nacherben	773
Drittwiderspruchsklage des Ehegatten	774
Einstellung oder Beschränkung der Zwangsvollstreckung	775
Aufhebung von Vollstreckungsmaßregeln	776
Erinnerung bei genügender Sicherung des Gläubigers	777
Zwangsvollstreckung vor Erbschaftsannahme	778
Fortsetzung der Zwangsvollstreckung nach dem Tod des Schuldners	779
Vorbehalt der beschränkten Erbenhaftung	780
Beschränkte Erbenhaftung in der Zwangsvollstreckung	781
Einreden des Erben gegen Nachlassgläubiger	782
Einreden des Erben gegen persönliche Gläubiger	783
Zwangsvollstreckung bei Nachlassverwaltung und -insolvenzverfahren	784
Vollstreckungsabwehrklage des Erben	785
Vollstreckungsabwehrklage bei beschränkter Haftung	786
See- und Binnenschifffahrtsrechtliche Haftungsbeschränkung	786 a
Zwangsvollstreckung bei herrenlosem Grundstück oder Schiff	787
Kosten der Zwangsvollstreckung	788
Einschreiten von Behörden	789
(weggefallen)	790

Inhaltsübersicht **ZPO 1**

	§§
Zwangsvollstreckung im Ausland	791
Erteilung von Urkunden an Gläubiger	792
Sofortige Beschwerde	793
Weitere Vollstreckungstitel	794
Zwangsvollstreckung aus Räumungsvergleich	794 a
Anwendung der allgemeinen Vorschriften auf die weiteren Vollstreckungstitel	795
Zwangsvollstreckung aus Kostenfestsetzungsbeschluss	795 a
Zwangsvollstreckung aus Vollstreckungsbescheiden	796
Voraussetzungen für die Vollstreckbarerklärung des Anwaltsvergleichs	796 a
Vollstreckbarerklärung durch das Prozessgericht	796 b
Vollstreckbarerklärung durch einen Notar	796 c
Verfahren bei vollstreckbaren Urkunden	797
Verfahren bei Gütestellenvergleichen	797 a
Wartefrist	798
Zwangsvollstreckung aus Unterhaltstiteln trotz weggefallener Minderjährigkeit	798 a
Vollstreckbare Urkunde bei Rechtsnachfolge	799
Vollstreckbare Urkunde gegen den jeweiligen Grundstückseigentümer	800
Vollstreckbare Urkunde bei Schiffshypothek	800 a
Landesrechtliche Vollstreckungstitel	801
Ausschließlichkeit der Gerichtsstände	802

Abschnitt 2. Zwangsvollstreckung wegen Geldforderungen ... **803–882 a**

Titel 1. Zwangsvollstreckung in das bewegliche Vermögen	803–863
Untertitel 1. Allgemeine Vorschriften	803–807
Pfändung	803
Pfändungspfandrecht	804
Klage auf vorzugsweise Befriedigung	805
Keine Gewährleistung bei Pfandveräußerung	806
Mitteilungen und Befragung durch den Gerichtsvollzieher	806 a
Gütliche und zügige Erledigung	806 b
Eidesstattliche Versicherung	807
Untertitel 2. Zwangsvollstreckung in körperliche Sachen	808–827
Pfändung beim Schuldner	808
Pfändung beim Gläubiger oder bei Dritten	809
Pfändung ungetrennter Früchte	810
Unpfändbare Sachen	811
Austauschpfändung	811 a
Vorläufige Austauschpfändung	811 b
Unpfändbarkeit von Haustieren	811 c
Vorwegpfändung	811 d
Pfändung von Hausrat	812
Schätzung	813
Aufschub der Verwertung	813 a

1 ZPO Inhaltsübersicht

	§§
Aussetzung der Verwertung	813b
Öffentliche Versteigerung	814
Gepfändetes Geld	815
Zeit und Ort der Versteigerung	816
Zuschlag und Ablieferung	817
Mindestgebot	817a
Einstellung der Versteigerung	818
Wirkung des Erlösempfanges	819
(aufgehoben)	820
Verwertung von Wertpapieren	821
Umschreibung von Namenspapieren	822
Außer Kurs gesetzte Inhaberpapiere	823
Verwertung ungetrennter Früchte	824
Andere Verwertungsart	825
Anschlusspfändung	826
Verfahren bei mehrfacher Pfändung	827
Untertitel 3. Zwangsvollstreckung in Forderungen und andere Vermögensrechte	828–863
Zuständigkeit des Vollstreckungsgerichts	828
Pfändung einer Geldforderung	829
Pfändung einer Hypothekenforderung	830
Pfändung einer Schiffshypothekenforderung	830a
Pfändung indossabler Papiere	831
Pfändungsumfang bei fortlaufenden Bezügen	832
Pfändungsumfang bei Arbeits- und Diensteinkommen	833
Keine Anhörung des Schuldners	834
Überweisung einer Geldforderung	835
Wirkung der Überweisung	836
Überweisung einer Hypothekenforderung	837
Überweisung einer Schiffshypothekenforderung	837a
Einrede des Schuldners bei Faustpfand	838
Überweisung bei Abwendungsbefugnis	839
Erklärungspflicht des Drittschuldners	840
Pflicht zur Streitverkündung	841
Schadenersatz bei verzögerter Beitreibung	842
Verzicht des Pfandgläubigers	843
Andere Verwertungsart	844
Vorpfändung	845
Zwangsvollstreckung in Herausgabeansprüche	846
Herausgabeanspruch auf eine bewegliche Sache	847
Herausgabeanspruch auf ein Schiff	847a
Herausgabeanspruch auf eine unbewegliche Sache	848
Keine Überweisung an Zahlungs statt	849
Pfändungsschutz für Arbeitseinkommen	850
Unpfändbare Bezüge	850a
Bedingt pfändbare Bezüge	850b
Pfändungsgrenzen für Arbeitseinkommen	850c
Pfändbarkeit bei Unterhaltsansprüchen	850d
Berechnung des pfändbaren Arbeitseinkommens	850e

Inhaltsübersicht ZPO 1

	§§
Änderung des unpfändbaren Betrages	850f
Änderung der Unpfändbarkeitsvoraussetzungen	850g
Verschleiertes Arbeitseinkommen	850h
Pfändungsschutz bei sonstigen Vergütungen	850i
Pfändungsschutz für Kontoguthaben aus Arbeitseinkommen	850k
Nicht übertragbare Forderungen	851
Pfändungsschutz für Landwirte	851a
Pfändungsschutz bei Miet- und Pachtzinsen	851b
Beschränkt pfändbare Forderungen	852
Mehrfache Pfändung einer Geldforderung	853
Mehrfache Pfändung eines Anspruchs auf bewegliche Sachen	854
Mehrfache Pfändung eines Anspruchs auf eine unbewegliche Sache	855
Mehrfache Pfändung eines Anspruchs auf ein Schiff	855a
Klage bei mehrfacher Pfändung	856
Zwangsvollstreckung in andere Vermögensrechte	857
Zwangsvollstreckung in Schiffspart	858
Pfändung von Gesamthandanteilen	859
Pfändung von Gesamtgutanteilen	860
(aufgehoben)	861, 862
Pfändungsbeschränkungen bei Erbschaftsnutzungen	863
Titel 2. Zwangsvollstreckung in das unbewegliche Vermögen	864–871
Gegenstand der Immobiliarvollstreckung	864
Verhältnis zur Mobiliarvollstreckung	865
Arten der Vollstreckung	866
Zwangshypothek	867
Erwerb der Zwangshypothek durch den Eigentümer	868
Zwangsversteigerung und Zwangsverwaltung	869
Grundstücksgleiche Rechte	870
Zwangsvollstreckung in ein Schiff oder Schiffsbauwerk	870a
Landesrechtlicher Vorbehalt bei Eisenbahnen	871
Titel 3. Verteilungsverfahren	872–882
Voraussetzungen	872
Aufforderung des Verteilungsgerichts	873
Teilungsplan	874
Terminsbestimmung	875
Termin zur Erklärung und Ausführung	876
Säumnisfolgen	877
Widerspruchsklage	878
Zuständigkeit für die Widerspruchsklage	879
Inhalt des Urteils	880
Versäumnisurteil	881
Verfahren nach dem Urteil	882
Titel 4. Zwangsvollstreckung gegen juristische Personen des öffentlichen Rechts	882a
Zwangsvollstreckung wegen einer Geldforderung	882a

1 ZPO

	§§
Abschnitt 3. Zwangsvollstreckung zur Erwirkung der Herausgabe von Sachen und zur Erwirkung von Handlungen oder Unterlassungen	**883–898**
Herausgabe bestimmter beweglicher Sachen	883
Leistung einer bestimmten Menge vertretbarer Sachen	884
Herausgabe von Grundstücken oder Schiffen	885
Herausgabe bei Gewahrsam eines Dritten	886
Vertretbare Handlungen	887
Nicht vertretbare Handlungen	888
Keine Handlungsvollstreckung bei Entschädigungspflicht	888a
Eidesstattliche Versicherung nach bürgerlichem Recht	889
Erzwingung von Unterlassungen und Duldungen	890
Verfahren; Anhörung des Schuldners; Kostenentscheidung	891
Widerstand des Schuldners	892
Unmittelbarer Zwang in Verfahren nach dem Gewaltschutzgesetz	892a
Klage auf Leistung des Interesses	893
Fiktion der Abgabe einer Willenserklärung	894
Willenserklärung zwecks Eintragung bei vorläufig vollstreckbarem Urteil	895
Erteilung von Urkunden an Gläubiger	896
Übereignung; Verschaffung von Grundpfandrechten	897
Gutgläubiger Erwerb	898
Abschnitt 4. Eidesstattliche Versicherung und Haft	**899–915h**
Zuständigkeit	899
Verfahren zur Abnahme der eidesstattlichen Versicherung	900
Erlass eines Haftbefehls	901
Eidesstattliche Versicherung des Verhafteten	902
Wiederholte eidesstattliche Versicherung	903
Unzulässigkeit der Haft	904
Haftunterbrechung	905
Haftaufschub	906
(aufgehoben)	907, 908
Verhaftung	909
Anzeige vor der Verhaftung	910
Erneuerung der Haft nach Entlassung	911
(weggefallen)	912
Haftdauer	913
Wiederholte Verhaftung	914
Schuldnerverzeichnis	915
Löschung	915a
Auskunft; Löschungsfiktion	915b
Ausschluss der Beschwerde	915c
Erteilung von Abdrucken	915d
Empfänger von Abdrucken; Auskünfte aus Abdrucken; Listen; Datenschutz	915e
Überlassung von Listen; Datenschutz	915f

Inhaltsübersicht **ZPO 1**

	§§
Löschung in Abdrucken, Listen und Aufzeichnungen	915 g
Verordnungsermächtigungen	915 h

Abschnitt 5. Arrest und einstweilige Verfügung 916–945

Arrestanspruch	916
Arrestgrund bei dinglichem Arrest	917
Arrestgrund bei persönlichem Arrest	918
Arrestgericht	919
Arrestgesuch	920
Entscheidung über das Arrestgesuch	921
Arresturteil und Arrestbeschluss	922
Abwendungsbefugnis	923
Widerspruch	924
Entscheidung nach Widerspruch	925
Anordnung der Klageerhebung	926
Aufhebung wegen veränderter Umstände	927
Vollziehung des Arrestes	928
Vollstreckungsklausel; Vollziehungsfrist	929
Vollziehung in bewegliches Vermögen und Forderungen	930
Vollziehung in eingetragenes Schiff oder Schiffsbauwerk	931
Arresthypothek	932
Vollziehung des persönlichen Arrestes	933
Aufhebung der Arrestvollziehung	934
Einstweilige Verfügung bezüglich Streitgegenstand	935
Anwendung der Arrestvorschriften	936
Zuständiges Gericht	937
Inhalt der einstweiligen Verfügung	938
Aufhebung gegen Sicherheitsleistung	939
Einstweilige Verfügung zur Regelung eines einstweiligen Zustandes	940
Räumung von Wohnraum	940 a
Ersuchen um Eintragungen im Grundbuch usw.	941
Zuständigkeit des Amtsgerichts der belegenen Sache	942
Gericht der Hauptsache	943
Entscheidung des Vorsitzenden bei Dringlichkeit	944
Schadensersatzpflicht	945

Buch 9. Aufgebotsverfahren (§§ 946–1024)

Statthaftigkeit; Zuständigkeit	946
Antrag; Inhalt des Aufgebots	947
Öffentliche Bekanntmachung	948
Gültigkeit der öffentlichen Bekanntmachung	949
Aufgebotsfrist	950
Anmeldung nach Aufgebotstermin	951
Ausschlussurteil; Zurückweisung des Antrags	952
Wirkung einer Anmeldung	953
Fehlender Antrag	954
Neuer Termin	955

1 ZPO Inhaltsübersicht

	§§
Öffentliche Bekanntmachung des Ausschlussurteils	956
Anfechtungsklage	957
Klagefrist	958
Verbindung mehrerer Aufgebote	959
(weggefallen)	960–976
Aufgebot des Grundstückseigentümers	977
Zuständigkeit	978
Antragsberechtigter	979
Glaubhaftmachung	980
Inhalt des Aufgebots	981
Aufgebot des Schiffseigentümers	981 a
Aufgebot des Grundpfandrechtsgläubigers	982
Zuständigkeit	983
Antragsberechtigter	984
Glaubhaftmachung	985
Besonderheiten im Fall des § 1170 des Bürgerlichen Gesetzbuchs	986
Besonderheiten im Fall des § 1171 des Bürgerlichen Gesetzbuchs	987
Aufgebot des Schiffshypothekengläubigers	987 a
Aufgebot des Berechtigten bei Vormerkung, Vorkaufsrecht, Reallast	988
Aufgebot von Nachlassgläubigern	989
Zuständigkeit	990
Antragsberechtigter	991
Verzeichnis der Nachlassgläubiger	992
Nachlassinsolvenzverfahren	993
Aufgebotsfrist	994
Inhalt des Aufgebots	995
Forderungsanmeldung	996
Mehrheit von Erben	997
Nacherbfolge	998
Gütergemeinschaft	999
Erbschaftskäufer	1000
Aufgebot der Gesamtgutsgläubiger	1001
Aufgebot der Schiffsgläubiger	1002
Aufgebot zur Kraftloserklärung von Urkunden	1003
Antragsberechtigter	1004
Gerichtsstand	1005
Bestelltes Aufgebotsgericht	1006
Antragsbegründung	1007
Inhalt des Aufgebots	1008
Öffentliche Bekanntmachung	1009
Wertpapiere mit Zinsscheinen	1010
Zinsscheine für mehr als 4 Jahre	1011
Vorlegung der Zinsscheine	1012
Abgelaufene Ausgabe der Zinsscheine	1013
Aufgebotstermin bei bestimmter Fälligkeit	1014
Aufgebotsfrist	1015
Anmeldung der Rechte	1016

Inhaltsübersicht **ZPO 1**

	§§
Ausschlussurteil	1017
Wirkung des Ausschlussurteils	1018
Zahlungssperre	1019
Zahlungssperre vor Einleitung des Verfahrens	1020
Entbehrlichkeit des Zeugnisses nach § 1010 Abs. 2	1021
Aufhebung der Zahlungssperre	1022
Hinkende Inhaberpapiere	1023
Vorbehalt für die Landesgesetzgebung	1024

Buch 10. Schiedsrichterliches Verfahren (§§ 1025–1066)

Abschnitt 1. Allgemeine Vorschriften **1025–1028**

Anwendungsbereich	1025
Umfang gerichtlicher Tätigkeit	1026
Verlust des Rügerechts	1027
Empfang schriftlicher Mitteilungen bei unbekanntem Aufenthalt	1028

Abschnitt 2. Schiedsvereinbarung **1029–1033**

Begriffsbestimmung	1029
Schiedsfähigkeit	1030
Form der Schiedsvereinbarung	1031
Schiedsvereinbarung und Klage vor Gericht	1032
Schiedsvereinbarung und einstweilige gerichtliche Maßnahmen	1033

Abschnitt 3. Bildung des Schiedsgerichts **1034–1039**

Zusammensetzung des Schiedsgerichts	1034
Bestellung der Schiedsrichter	1035
Ablehnung eines Schiedsrichters	1036
Ablehnungsverfahren	1037
Untätigkeit oder Unmöglichkeit der Aufgabenerfüllung	1038
Bestellung eines Ersatzschiedsrichters	1039

Abschnitt 4. Zuständigkeit des Schiedsgerichts **1040, 1041**

Befugnis des Schiedsgerichts zur Entscheidung über die eigene Zuständigkeit	1040
Maßnahmen des einstweiligen Rechtsschutzes	1041

Abschnitt 5. Durchführung des schiedsrichterlichen Verfahrens **1042–1050**

Allgemeine Verfahrensregeln	1042
Ort des schiedsrichterlichen Verfahrens	1043
Beginn des schiedsrichterlichen Verfahrens	1044
Verfahrenssprache	1045
Klage und Klagebeantwortung	1046
Mündliche Verhandlung und schriftliches Verfahren	1947
Säumnis einer Partei	1048
Vom Schiedsgericht bestellter Sachverständiger	1049

1 ZPO

Inhaltsübersicht

	§§
Gerichtliche Unterstützung bei der Beweisaufnahme und sonstige richterliche Handlungen	1050

Abschnitt 6. Schiedsspruch und Beendigung des Verfahrens ... **1051–1058**

Anwendbares Recht	1051
Entscheidung durch ein Schiedsrichterkollegium	1052
Vergleich	1053
Form und Inhalt des Schiedsspruchs	1054
Wirkungen des Schiedsspruchs	1055
Beendigung des schiedsrichterlichen Verfahrens	1056
Entscheidung über die Kosten	1057
Berichtigung, Auslegung und Ergänzung des Schiedsspruchs	1058

Abschnitt 7. Rechtsbehelf gegen den Schiedsspruch ... **1059**

Aufhebungsantrag	1059

Abschnitt 8. Voraussetzungen der Anerkennung und Vollstreckung von Schiedssprüchen ... **1060, 1061**

Inländische Schiedssprüche	1060
Ausländische Schiedssprüche	1061

Abschnitt 9. Gerichtliches Verfahren ... **1062–1065**

Zuständigkeit	1062
Allgemeine Vorschriften	1063
Besonderheiten bei der Vollstreckbarerklärung von Schiedssprüchen	1064
Rechtsmittel	1065

Abschnitt 10. Außervertragliche Schiedsgerichte ... **1066**

Entsprechende Anwendung der Vorschriften des Zehnten Buches	1066

Anlage (zu § 850 c)

Buch 1. Allgemeine Vorschriften

Abschnitt 1. Gerichte

Titel 1. Sachliche Zuständigkeit der Gerichte und Wertvorschriften

§ 1 Sachliche Zuständigkeit. Die sachliche Zuständigkeit der Gerichte wird durch das Gesetz über die Gerichtsverfassung[1]) bestimmt.

§ 2 Bedeutung des Wertes. Kommt es nach den Vorschriften dieses Gesetzes oder des Gerichtsverfassungsgesetzes[1]) auf den Wert des Streitgegenstandes, des Beschwerdegegenstandes, der Beschwer oder der Verurteilung an, so gelten die nachfolgenden Vorschriften.

§ 3 Wertfestsetzung nach freiem Ermessen. Der Wert wird von dem Gericht nach freiem Ermessen festgesetzt; es kann eine beantragte Beweisaufnahme sowie von Amts wegen die Einnahme des Augenscheins und die Begutachtung durch Sachverständige anordnen.

§ 4 Wertberechnung; Nebenforderungen. (1) Für die Wertberechnung ist der Zeitpunkt der Einreichung der Klage, in der Rechtsmittelinstanz der Zeitpunkt der Einlegung des Rechtsmittels, bei der Verurteilung der Zeitpunkt des Schlusses der mündlichen Verhandlung, auf die das Urteil ergeht, entscheidend; Früchte, Nutzungen, Zinsen und Kosten bleiben unberücksichtigt, wenn sie als Nebenforderungen geltend gemacht werden.

(2) Bei Ansprüchen aus Wechseln im Sinne des Wechselgesetzes sind Zinsen, Kosten und Provision, die außer der Wechselsumme gefordert werden, als Nebenforderungen anzusehen.

§ 5 Mehrere Ansprüche. Mehrere in einer Klage geltend gemachte Ansprüche werden zusammengerechnet; dies gilt nicht für den Gegenstand der Klage und der Widerklage.

§ 6 Besitz; Sicherstellung; Pfandrecht. ¹Der Wert wird bestimmt: durch den Wert einer Sache, wenn es auf deren Besitz, und durch den Betrag einer Forderung, wenn es auf deren Sicherstellung oder ein Pfandrecht ankommt. ²Hat der Gegenstand des Pfandrechts einen geringeren Wert, so ist dieser maßgebend.

§ 7 Grunddienstbarkeit. Der Wert einer Grunddienstbarkeit wird durch den Wert, den sie für das herrschende Grundstück hat, und wenn der Betrag, um den sich der Wert des dienenden Grundstücks durch die Dienstbarkeit mindert, größer ist, durch diesen Betrag bestimmt.

§ 8 Pacht- oder Mietverhältnis. Ist das Bestehen oder die Dauer eines Pacht- oder Mietverhältnisses streitig, so ist der Betrag der auf die gesamte

---

[1]) Nr. 3.

streitige Zeit entfallenden Pacht oder Miete und, wenn der 25fache Betrag des einjährigen Entgelts geringer ist, dieser Betrag für die Wertberechnung entscheidend.

§ 9 Wiederkehrende Nutzungen oder Leistungen. ¹Der Wert des Rechts auf wiederkehrende Nutzungen oder Leistungen wird nach dem dreieinhalbfachen Wert des einjährigen Bezuges berechnet. ²Bei bestimmter Dauer des Bezugsrechts ist der Gesamtbetrag der künftigen Bezüge maßgebend, wenn er der geringere ist.

§ 10. *(aufgehoben)*

§ 11 Bindende Entscheidung über Unzuständigkeit. Ist die Unzuständigkeit eines Gerichts auf Grund der Vorschriften über die sachliche Zuständigkeit der Gerichte rechtskräftig ausgesprochen, so ist diese Entscheidung für das Gericht bindend, bei dem die Sache später anhängig wird.

Titel 2. Gerichtsstand

§ 12 Allgemeiner Gerichtsstand; Begriff. Das Gericht, bei dem eine Person ihren allgemeinen Gerichtsstand hat, ist für alle gegen sie zu erhebenden Klagen zuständig, sofern nicht für eine Klage ein ausschließlicher Gerichtsstand begründet ist.

§ 13 Allgemeiner Gerichtsstand des Wohnsitzes. Der allgemeine Gerichtsstand einer Person wird durch den Wohnsitz bestimmt.

§ 14. *(weggefallen)*

§ 15 Allgemeiner Gerichtsstand für exterritoriale Deutsche.
(1) ¹Deutsche, die das Recht der Exterritorialität genießen, sowie die im Ausland beschäftigten deutschen Angehörigen des öffentlichen Dienstes behalten den Gerichtsstand ihres letzten inländischen Wohnsitzes. ²Wenn sie einen solchen Wohnsitz nicht hatten, haben sie ihren allgemeinen Gerichtsstand am Sitz der Bundesregierung.

(2) Auf Honorarkonsuln ist diese Vorschrift nicht anzuwenden.

§ 16 Allgemeiner Gerichtsstand wohnsitzloser Personen. Der allgemeine Gerichtsstand einer Person, die keinen Wohnsitz hat, wird durch den Aufenthaltsort im Inland und, wenn ein solcher nicht bekannt ist, durch den letzten Wohnsitz bestimmt.

§ 17 Allgemeiner Gerichtsstand juristischer Personen. (1) ¹Der allgemeine Gerichtsstand der Gemeinden, der Korporationen sowie derjenigen Gesellschaften, Genossenschaften oder anderen Vereine und derjenigen Stiftungen, Anstalten und Vermögensmassen, die als solche verklagt werden können, wird durch ihren Sitz bestimmt. ²Als Sitz gilt, wenn sich nichts anderes ergibt, der Ort, wo die Verwaltung geführt wird.

(2) Gewerkschaften haben den allgemeinen Gerichtsstand bei dem Gericht, in dessen Bezirk das Bergwerk liegt, Behörden, wenn sie als solche verklagt werden können, bei dem Gericht ihres Amtssitzes.

Gerichtsstand §§ 18–23 ZPO 1

(3) Neben dem durch die Vorschriften dieses Paragraphen bestimmten Gerichtsstand ist ein durch Statut oder in anderer Weise besonders geregelter Gerichtsstand zulässig.

§ 18 Allgemeiner Gerichtsstand des Fiskus. Der allgemeine Gerichtsstand des Fiskus wird durch den Sitz der Behörde bestimmt, die berufen ist, den Fiskus in dem Rechtsstreit zu vertreten.

§ 19 Mehrere Gerichtsbezirke am Behördensitz. Ist der Ort, an dem eine Behörde ihren Sitz hat, in mehrere Gerichtsbezirke geteilt, so wird der Bezirk, der im Sinne der §§ 17, 18 als Sitz der Behörde gilt, für die Bundesbehörden von dem Bundesminister der Justiz, im übrigen von der Landesjustizverwaltung durch allgemeine Anordnung bestimmt.

§ 19a Allgemeiner Gerichtsstand für Klagen des Insolvenzverwalters. Der allgemeine Gerichtsstand eines Insolvenzverwalters für Klagen, die sich auf die Insolvenzmasse beziehen, wird durch den Sitz des Insolvenzgerichts bestimmt.

§ 20 Besonderer Gerichtsstand des Aufenthaltsorts. Wenn Personen an einem Ort unter Verhältnissen, die ihrer Natur nach auf einen Aufenthalt von längerer Dauer hinweisen, insbesondere als Hausgehilfen, Arbeiter, Gewerbegehilfen, Studierende, Schüler oder Lehrlinge sich aufhalten, so ist das Gericht des Aufenthaltsortes für alle Klagen zuständig, die gegen diese Personen wegen vermögensrechtlicher Ansprüche erhoben werden.

§ 21 Besonderer Gerichtsstand der Niederlassung. (1) Hat jemand zum Betriebe einer Fabrik, einer Handlung oder eines anderen Gewerbes eine Niederlassung, von der aus unmittelbar Geschäfte geschlossen werden, so können gegen ihn alle Klagen, die auf den Geschäftsbetrieb der Niederlassung Bezug haben, bei dem Gericht des Ortes erhoben werden, wo die Niederlassung sich befindet.

(2) Der Gerichtsstand der Niederlassung ist auch für Klagen gegen Personen begründet, die ein mit Wohn- und Wirtschaftsgebäuden versehenes Gut als Eigentümer, Nutznießer oder Pächter bewirtschaften, soweit diese Klagen die auf die Bewirtschaftung des Gutes sich beziehenden Rechtsverhältnisse betreffen.

§ 22 Besonderer Gerichtsstand der Mitgliedschaft. Das Gericht, bei dem Gemeinden, Korporationen, Gesellschaften, Genossenschaften oder andere Vereine den allgemeinen Gerichtsstand haben, ist für die Klagen zuständig, die von ihnen gegen ihre Mitglieder als solche oder von den Mitgliedern in dieser Eigenschaft gegeneinander erhoben werden.

§ 23 Besonderer Gerichtsstand des Vermögens und des Gegenstands.
[1]Für Klagen wegen vermögensrechtlicher Ansprüche gegen eine Person, die im Inland keinen Wohnsitz hat, ist das Gericht zuständig, in dessen Bezirk sich Vermögen derselben oder der mit der Klage in Anspruch genommene Gegenstand befindet. [2]Bei Forderungen gilt als der Ort, wo das Vermögen sich befindet, der Wohnsitz des Schuldners und, wenn für die Forderungen eine Sache zur Sicherheit haftet, auch der Ort, wo die Sache sich befindet.

§ 23 a Besonderer Gerichtsstand für Unterhaltssachen. Für Klagen in Unterhaltssachen gegen eine Person, die im Inland keinen Gerichtsstand hat, ist das Gericht zuständig, bei dem der Kläger im Inland seinen allgemeinen Gerichtsstand hat.

§ 24 Ausschließlicher dinglicher Gerichtsstand. (1) Für Klagen, durch die das Eigentum, eine dingliche Belastung oder die Freiheit von einer solchen geltend gemacht wird, für Grenzscheidungs-, Teilungs- und Besitzklagen ist, sofern es sich um unbewegliche Sachen handelt, das Gericht ausschließlich zuständig, in dessen Bezirk die Sache belegen ist.

(2) Bei den eine Grunddienstbarkeit, eine Reallast oder ein Vorkaufsrecht betreffenden Klagen ist die Lage des dienenden oder belasteten Grundstücks entscheidend.

§ 25 Dinglicher Gerichtsstand des Sachzusammenhanges. In dem dinglichen Gerichtsstand kann mit der Klage aus einer Hypothek, Grundschuld oder Rentenschuld die Schuldklage, mit der Klage auf Umschreibung oder Löschung einer Hypothek, Grundschuld oder Rentenschuld die Klage auf Befreiung von der persönlichen Verbindlichkeit, mit der Klage auf Anerkennung einer Reallast die Klage auf rückständige Leistungen erhoben werden, wenn die verbundenen Klagen gegen denselben Beklagten gerichtet sind.

§ 26 Dinglicher Gerichtsstand für persönliche Klagen. In dem dinglichen Gerichtsstand können persönliche Klagen, die gegen den Eigentümer oder Besitzer einer unbeweglichen Sache als solche gerichtet werden, sowie Klagen wegen Beschädigung eines Grundstücks oder hinsichtlich der Entschädigung wegen Enteignung eines Grundstücks erhoben werden.

§ 27 Besonderer Gerichtsstand der Erbschaft. (1) Klagen, welche die Feststellung des Erbrechts, Ansprüche des Erben gegen einen Erbschaftsbesitzer, Ansprüche aus Vermächtnissen oder sonstigen Verfügungen von Todes wegen, Pflichtteilsansprüche oder die Teilung der Erbschaft zum Gegenstand haben, können vor dem Gericht erhoben werden, bei dem der Erblasser zur Zeit seines Todes den allgemeinen Gerichtsstand gehabt hat.

(2) Ist der Erblasser ein Deutscher und hatte er zur Zeit seines Todes im Inland keinen allgemeinen Gerichtsstand, so können die im Absatz 1 bezeichneten Klagen vor dem Gericht erhoben werden, in dessen Bezirk der Erblasser seinen letzten inländischen Wohnsitz hatte; wenn er einen solchen Wohnsitz nicht hatte, so gilt die Vorschrift des § 15 Abs. 1 Satz 2 entsprechend.

§ 28 Erweiterter Gerichtsstand der Erbschaft. In dem Gerichtsstand der Erbschaft können auch Klagen wegen anderer Nachlaßverbindlichkeiten erhoben werden, solange sich der Nachlaß noch ganz oder teilweise im Bezirk des Gerichts befindet oder die vorhandenen mehreren Erben noch als Gesamtschuldner haften.

§ 29 Besonderer Gerichtsstand des Erfüllungsorts. (1) Für Streitigkeiten aus einem Vertragsverhältnis und über dessen Bestehen ist das Gericht des Ortes zuständig, an dem die streitige Verpflichtung zu erfüllen ist.

(2) Eine Vereinbarung über den Erfüllungsort begründet die Zuständigkeit nur, wenn die Vertragsparteien Kaufleute, juristische Personen des öffentlichen Rechts oder öffentlich-rechtliche Sondervermögen sind.

Gerichtsstand **§§ 29a–33 ZPO 1**

§ 29a Ausschließlicher Gerichtsstand bei Miet- oder Pachträumen.
(1) Für Streitigkeiten über Ansprüche aus Miet- oder Pachtverhältnissen über Räume oder über das Bestehen solcher Verhältnisse ist das Gericht ausschließlich zuständig, in dessen Bezirk sich die Räume befinden.
(2) Absatz 1 ist nicht anzuwenden, wenn es sich um Wohnraum der in § 549 Abs. 2 Nr. 1 bis 3 des Bürgerlichen Gesetzbuchs genannten Art handelt.

§ 29b Besonderer Gerichtsstand bei Wohnungseigentum. Für Klagen Dritter, die sich gegen Mitglieder oder frühere Mitglieder einer Wohnungseigentümergemeinschaft richten und sich auf das gemeinschaftliche Eigentum, seine Verwaltung oder auf das Sondereigentum beziehen, ist das Gericht zuständig, in dessen Bezirk das Grundstück liegt.

§ 29c Besonderer Gerichtsstand für Haustürgeschäfte. [1] Für Klagen aus Haustürgeschäften (§ 312 des Bürgerlichen Gesetzbuchs) ist das Gericht zuständig, in dessen Bezirk der Verbraucher zur Zeit der Klageerhebung seinen Wohnsitz, in Ermangelung eines solchen seinen gewöhnlichen Aufenthalt hat. [2] Für Klagen gegen den Verbraucher ist dieses Gericht ausschließlich zuständig.
(2) § 33 Abs. 2 findet auf Widerklagen der anderen Vertragspartei keine Anwendung.
(3) Eine von Absatz 1 abweichende Vereinbarung ist zulässig für den Fall, dass der Verbraucher nach Vertragsschluss seinen Wohnsitz oder gewöhnlichen Aufenthalt aus dem Geltungsbereich dieses Gesetzes verlegt oder sein Wohnsitz oder gewöhnlicher Aufenthalt im Zeitpunkt der Klageerhebung nicht bekannt ist.

§ 30. *(aufgehoben)*

§ 31 Besonderer Gerichtsstand der Vermögensverwaltung. Für Klagen, die aus einer Vermögensverwaltung von dem Geschäftsherrn gegen den Verwalter oder von dem Verwalter gegen den Geschäftsherrn erhoben werden, ist das Gericht des Ortes zuständig, wo die Verwaltung geführt ist.

§ 32 Besonderer Gerichtsstand der unerlaubten Handlung. Für Klagen aus unerlaubten Handlungen ist das Gericht zuständig, in dessen Bezirk die Handlung begangen ist.

§ 32a Ausschließlicher Gerichtsstand der Umwelteinwirkung. [1] Für Klagen gegen den Inhaber einer im Anhang 1 des Umwelthaftungsgesetzes genannten Anlage, mit denen der Ersatz eines durch eine Umwelteinwirkung verursachten Schadens geltend gemacht wird, ist das Gericht ausschließlich zuständig, in dessen Bezirk die Umwelteinwirkung von der Anlage ausgegangen ist. [2] Dies gilt nicht, wenn die Anlage im Ausland belegen ist.

§ 33 Besonderer Gerichtsstand der Widerklage. (1) Bei dem Gericht der Klage kann eine Widerklage erhoben werden, wenn der Gegenanspruch mit dem in der Klage geltend gemachten Anspruch oder mit den gegen ihn vorgebrachten Verteidigungsmitteln in Zusammenhang steht.
(2) Dies gilt nicht, wenn für eine Klage wegen des Gegenanspruchs die Vereinbarung der Zuständigkeit des Gerichts nach § 40 Abs. 2 unzulässig ist.

§ 34 Besonderer Gerichtsstand des Hauptprozesses. Für Klagen der Prozeßbevollmächtigten, der Beistände, der Zustellungsbevollmächtigten und der Gerichtsvollzieher wegen Gebühren und Auslagen ist das Gericht des Hauptprozesses zuständig.

§ 35 Wahl unter mehreren Gerichtsständen. Unter mehreren zuständigen Gerichten hat der Kläger die Wahl.

§ 35 a Besonderer Gerichtsstand bei Unterhaltsklagen. Das Kind kann die Klage, durch die beide Eltern auf Erfüllung der Unterhaltspflicht in Anspruch genommen werden, vor dem Gericht erheben, bei dem der Vater oder die Mutter einen Gerichtsstand hat.

§ 36 Gerichtliche Bestimmung der Zuständigkeit. (1) Das zuständige Gericht wird durch das im Rechtszuge zunächst höhere Gericht bestimmt:
1. wenn das an sich zuständige Gericht in einem einzelnen Falle an der Ausübung des Richteramtes rechtlich oder tatsächlich verhindert ist;
2. wenn es mit Rücksicht auf die Grenzen verschiedener Gerichtsbezirke ungewiß ist, welches Gericht für den Rechtsstreit zuständig sei;
3. wenn mehrere Personen, die bei verschiedenen Gerichten ihren allgemeinen Gerichtsstand haben, als Streitgenossen im allgemeinen Gerichtsstand verklagt werden sollen und für den Rechtsstreit ein gemeinschaftlicher besonderer Gerichtsstand nicht begründet ist;
4. wenn die Klage in dem dinglichen Gerichtsstand erhoben werden soll und die Sache in den Bezirken verschiedener Gerichte belegen ist;
5. wenn in einem Rechtsstreit verschiedene Gerichte sich rechtskräftig für zuständig erklärt haben;
6. wenn verschiedene Gerichte, von denen eines für den Rechtsstreit zuständig ist, sich rechtskräftig für unzuständig erklärt haben.

(2) Ist das zunächst höhere gemeinschaftliche Gericht der Bundesgerichtshof, so wird das zuständige Gericht durch das Oberlandesgericht bestimmt, zu dessen Bezirk das zuerst mit der Sache befaßte Gericht gehört.

(3) [1]Will das Oberlandesgericht bei der Bestimmung des zuständigen Gerichts in einer Rechtsfrage von der Entscheidung eines anderen Oberlandesgerichts oder des Bundesgerichtshofs abweichen, so hat es die Sache unter Begründung seiner Rechtsauffassung dem Bundesgerichtshof vorzulegen. [2]In diesem Fall entscheidet der Bundesgerichtshof.

§ 37 Verfahren bei gerichtlicher Bestimmung. (1) Die Entscheidung über das Gesuch um Bestimmung des zuständigen Gerichts ergeht durch Beschluss.

(2) Der Beschluß, der das zuständige Gericht bestimmt, ist nicht anfechtbar.

Titel 3. Vereinbarung über die Zuständigkeit der Gerichte

§ 38 Zugelassene Gerichtsstandsvereinbarung. (1) Ein an sich unzuständiges Gericht des ersten Rechtszuges wird durch ausdrückliche oder stillschweigende Vereinbarung der Parteien zuständig, wenn die Vertragsparteien Kaufleute, juristische Personen des öffentlichen Rechts oder öffentlich-rechtliche Sondervermögen sind.

(2) ¹Die Zuständigkeit eines Gerichts des ersten Rechtszuges kann ferner vereinbart werden, wenn mindestens eine der Vertragsparteien keinen allgemeinen Gerichtsstand im Inland hat. ²Die Vereinbarung muß schriftlich abgeschlossen oder, falls sie mündlich getroffen wird, schriftlich bestätigt werden. ³Hat eine der Parteien einen inländischen allgemeinen Gerichtsstand, so kann für das Inland nur ein Gericht gewählt werden, bei dem diese Partei ihren allgemeinen Gerichtsstand hat oder ein besonderer Gerichtsstand begründet ist.

(3) Im übrigen ist eine Gerichtsstandsvereinbarung nur zulässig, wenn sie ausdrücklich und schriftlich
1. nach dem Entstehen der Streitigkeit oder
2. für den Fall geschlossen wird, daß die im Klageweg in Anspruch zu nehmende Partei nach Vertragsschluß ihren Wohnsitz oder gewöhnlichen Aufenthaltsort aus dem Geltungsbereich dieses Gesetzes verlegt oder ihr Wohnsitz oder gewöhnlicher Aufenthalt im Zeitpunkt der Klageerhebung nicht bekannt ist.

§ 39 Zuständigkeit infolge rügeloser Verhandlung. ¹Die Zuständigkeit eines Gerichts des ersten Rechtszuges wird ferner dadurch begründet, daß der Beklagte, ohne die Unzuständigkeit geltend zu machen, zur Hauptsache mündlich verhandelt. ²Dies gilt nicht, wenn die Belehrung nach § 504 unterblieben ist.

§ 40 Unwirksame und unzulässige Gerichtsstandsvereinbarung.
(1) Die Vereinbarung hat keine rechtliche Wirkung, wenn sie nicht auf ein bestimmtes Rechtsverhältnis und die aus ihm entspringenden Rechtsstreitigkeiten sich bezieht.

(2) ¹Eine Vereinbarung ist unzulässig, wenn
1. der Rechtsstreit nichtvermögensrechtliche Ansprüche betrifft, die den Amtsgerichten ohne Rücksicht auf den Wert des Streitgegenstandes zugewiesen sind oder
2. für die Klage ein ausschließlicher Gerichtsstand begründet ist.
²In diesen Fällen wird die Zuständigkeit eines Gerichts auch nicht durch rügeloses Verhandeln zur Hauptsache begründet.

Titel 4. Ausschließung und Ablehnung der Gerichtspersonen

§ 41 Ausschluss von der Ausübung des Richteramtes. Ein Richter ist von der Ausübung des Richteramtes kraft Gesetzes ausgeschlossen:
1. in Sachen, in denen er selbst Partei ist oder bei denen er zu einer Partei in dem Verhältnis eines Mitberechtigten, Mitverpflichteten oder Regreßpflichtigen steht;
2. in Sachen seines Ehegatten, auch wenn die Ehe nicht mehr besteht;
2a. in Sachen seines Lebenspartners, auch wenn die Lebenspartnerschaft nicht mehr besteht;
3. in Sachen einer Person, mit der er in gerader Linie verwandt oder verschwägert, in der Seitenlinie bis zum dritten Grad verwandt oder bis zum zweiten Grad verschwägert ist oder war;
4. in Sachen, in denen er als Prozeßbevollmächtigter oder Beistand einer Partei bestellt oder als gesetzlicher Vertreter einer Partei aufzutreten berechtigt ist oder gewesen ist;

5. in Sachen, in denen er als Zeuge oder Sachverständiger vernommen ist;
6. in Sachen, in denen er in einem früheren Rechtszuge oder im schiedsrichterlichen Verfahren bei dem Erlaß der angefochtenen Entscheidung mitgewirkt hat, sofern es sich nicht um die Tätigkeit eines beauftragten oder ersuchten Richters handelt.

§ 42 Ablehnung eines Richters. (1) Ein Richter kann sowohl in den Fällen, in denen er von der Ausübung des Richteramts kraft Gesetzes ausgeschlossen ist, als auch wegen Besorgnis der Befangenheit abgelehnt werden.

(2) Wegen Besorgnis der Befangenheit findet die Ablehnung statt, wenn ein Grund vorliegt, der geeignet ist, Mißtrauen gegen die Unparteilichkeit eines Richters zu rechtfertigen.

(3) Das Ablehnungsrecht steht in jedem Falle beiden Parteien zu.

§ 43 Verlust des Ablehnungsrechts. Eine Partei kann einen Richter wegen Besorgnis der Befangenheit nicht mehr ablehnen, wenn sie sich bei ihm, ohne den ihr bekannten Ablehnungsgrund geltend zu machen, in eine Verhandlung eingelassen oder Anträge gestellt hat.

§ 44 Ablehnungsgesuch. (1) Das Ablehnungsgesuch ist bei dem Gericht, dem der Richter angehört, anzubringen; es kann vor der Geschäftsstelle zu Protokoll erklärt werden.

(2) [1]Der Ablehnungsgrund ist glaubhaft zu machen; zur Versicherung an Eides Statt darf die Partei nicht zugelassen werden. [2]Zur Glaubhaftmachung kann auf das Zeugnis des abgelehnten Richters Bezug genommen werden.

(3) Der abgelehnte Richter hat sich über den Ablehnungsgrund dienstlich zu äußern.

(4) Wird ein Richter, bei dem die Partei sich in eine Verhandlung eingelassen oder Anträge gestellt hat, wegen Besorgnis der Befangenheit abgelehnt, so ist glaubhaft zu machen, daß der Ablehnungsgrund erst später entstanden oder der Partei bekanntgeworden sei.

§ 45 Entscheidung über das Ablehnungsgesuch. (1) Über das Ablehnungsgesuch entscheidet das Gericht, dem der Abgelehnte angehört, ohne dessen Mitwirkung.

(2) [1]Wird ein Richter beim Amtsgericht abgelehnt, so entscheidet ein anderer Richter des Amtsgerichts über das Gesuch. [2]Einer Entscheidung bedarf es nicht, wenn der abgelehnte Richter das Ablehnungsgesuch für begründet hält.

(3) Wird das zur Entscheidung berufene Gericht durch Ausscheiden des abgelehnten Mitglieds beschlußunfähig, so entscheidet das im Rechtszug zunächst höhere Gericht.

§ 46 Entscheidung und Rechtsmittel. (1) Die Entscheidung über das Ablehnungsgesuch ergeht durch Beschluss.

(2) Gegen den Beschluß, durch den das Gesuch für begründet erklärt wird, findet kein Rechtsmittel, gegen den Beschluß, durch den das Gesuch für unbegründet erklärt wird, findet sofortige Beschwerde statt.

§ 47 Unaufschiebbare Amtshandlungen. Ein abgelehnter Richter hat vor Erledigung des Ablehnungsgesuchs nur solche Handlungen vorzunehmen, die keinen Aufschub gestatten.

§ 48 Selbstablehnung; Ablehnung von Amts wegen. Das für die Erledigung eines Ablehnungsgesuchs zuständige Gericht hat auch dann zu entscheiden, wenn ein solches Gesuch nicht angebracht ist, ein Richter aber von einem Verhältnis Anzeige macht, das seine Ablehnung rechtfertigen könnte, oder wenn aus anderer Veranlassung Zweifel darüber entstehen, ob ein Richter kraft Gesetzes ausgeschlossen sei.

§ 49 Urkundsbeamte. Die Vorschriften dieses Titels sind auf den Urkundsbeamten der Geschäftsstelle entsprechend anzuwenden; die Entscheidung ergeht durch das Gericht, bei dem er angestellt ist.

Abschnitt 2. Parteien

Titel 1. Parteifähigkeit; Prozessfähigkeit

§ 50 Parteifähigkeit. (1) Parteifähig ist, wer rechtsfähig ist.

(2) Ein Verein, der nicht rechtsfähig ist, kann verklagt werden; in dem Rechtsstreit hat der Verein die Stellung eines rechtsfähigen Vereins.

§ 51 Prozessfähigkeit; gesetzliche Vertretung; Prozessführung.
(1) Die Fähigkeit einer Partei, vor Gericht zu stehen, die Vertretung nicht prozeßfähiger Parteien durch andere Personen (gesetzliche Vertreter) und die Notwendigkeit einer besonderen Ermächtigung zur Prozeßführung bestimmt sich nach den Vorschriften des bürgerlichen Rechts, soweit nicht die nachfolgenden Paragraphen abweichende Vorschriften enthalten.

(2) Das Verschulden eines gesetzlichen Vertreters steht dem Verschulden der Partei gleich.

§ 52 Umfang der Prozessfähigkeit. (1) Eine Person ist insoweit prozeßfähig, als sie sich durch Verträge verpflichten kann.

(2) *(aufgehoben)*

§ 53 Prozessunfähigkeit bei Betreuung oder Pflegschaft. Wird in einem Rechtsstreit eine prozeßfähige Person durch einen Betreuer oder Pfleger vertreten, so steht sie für den Rechtsstreit einer nicht prozeßfähigen Person gleich.

§ 53a Vertretung eines Kindes durch Beistand. Wird in einem Rechtsstreit ein Kind durch einen Beistand vertreten, so ist die Vertretung durch den sorgeberechtigten Elternteil ausgeschlossen.

§ 54 Besondere Ermächtigung zu Prozesshandlungen. Einzelne Prozeßhandlungen, zu denen nach den Vorschriften des bürgerlichen Rechts eine besondere Ermächtigung erforderlich ist, sind ohne sie gültig, wenn die Ermächtigung zur Prozeßführung im allgemeinen erteilt oder die Prozeßführung auch ohne eine solche Ermächtigung im allgemeinen statthaft ist.

§ 55 Prozessfähigkeit von Ausländern. Ein Ausländer, dem nach dem Recht seines Landes die Prozeßfähigkeit mangelt, gilt als prozeßfähig, wenn ihm nach dem Recht des Prozeßgerichts die Prozeßfähigkeit zusteht.

§ 56 Prüfung von Amts wegen. (1) Das Gericht hat den Mangel der Parteifähigkeit, der Prozeßfähigkeit, der Legitimation eines gesetzlichen Vertreters und der erforderlichen Ermächtigung zur Prozeßführung von Amts wegen zu berücksichtigen.

(2) ¹Die Partei oder deren gesetzlicher Vertreter kann zur Prozeßführung mit Vorbehalt der Beseitigung des Mangels zugelassen werden, wenn mit dem Verzuge Gefahr für die Partei verbunden ist. ²Das Endurteil darf erst erlassen werden, nachdem die für die Beseitigung des Mangels zu bestimmende Frist abgelaufen ist.

§ 57 Prozesspfleger. (1) Soll eine nicht prozeßfähige Partei verklagt werden, die ohne gesetzlichen Vertreter ist, so hat ihr der Vorsitzende des Prozeßgerichts, falls mit dem Verzuge Gefahr verbunden ist, auf Antrag bis zu dem Eintritt des gesetzlichen Vertreters einen besonderen Vertreter zu bestellen.

(2) Der Vorsitzende kann einen solchen Vertreter auch bestellen, wenn in den Fällen des § 20 eine nicht prozeßfähige Person bei dem Gericht ihres Aufenthaltsortes verklagt werden soll.

§ 58 Prozesspfleger bei herrenlosem Grundstück oder Schiff. (1) Soll ein Recht an einem Grundstück, das von dem bisherigen Eigentümer nach § 928 des Bürgerlichen Gesetzbuchs aufgegeben und von dem Aneignungsberechtigten noch nicht erworben worden ist, im Wege der Klage geltend gemacht werden, so hat der Vorsitzende des Prozeßgerichts auf Antrag einen Vertreter zu bestellen, dem bis zur Eintragung eines neuen Eigentümers die Wahrnehmung der sich aus dem Eigentum ergebenden Rechte und Verpflichtungen im Rechtsstreit obliegt.

(2) Absatz 1 gilt entsprechend, wenn im Wege der Klage ein Recht an einem eingetragenen Schiff oder Schiffsbauwerk geltend gemacht werden soll, das von dem bisherigen Eigentümer nach § 7 des Gesetzes über Rechte an eingetragenen Schiffen und Schiffsbauwerken vom 15. November 1940 (Reichsgesetzbl. I S. 1499) aufgegeben und von dem Aneignungsberechtigten noch nicht erworben worden ist.

Titel 2. Streitgenossenschaft

§ 59 Streitgenossenschaft bei Rechtsgemeinschaft oder Identität des Grundes. Mehrere Personen können als Streitgenossen gemeinschaftlich klagen oder verklagt werden, wenn sie hinsichtlich des Streitgegenstandes in Rechtsgemeinschaft stehen oder wenn sie aus demselben tatsächlichen und rechtlichen Grunde berechtigt oder verpflichtet sind.

§ 60 Streitgenossenschaft bei Gleichartigkeit der Ansprüche. Mehrere Personen können auch dann als Streitgenossen gemeinschaftlich klagen oder verklagt werden, wenn gleichartige und auf einem im wesentlichen gleichartigen tatsächlichen und rechtlichen Grunde beruhende Ansprüche oder Verpflichtungen den Gegenstand des Rechtsstreits bilden.

§ 61 Wirkung der Streitgenossenschaft. Streitgenossen stehen, soweit nicht aus den Vorschriften des bürgerlichen Rechts oder dieses Gesetzes sich ein anderes ergibt, dem Gegner dergestalt als einzelne gegenüber, daß die Handlungen des einen Streitgenossen dem anderen weder zum Vorteil noch zum Nachteil gereichen.

§ 62 Notwendige Streitgenossenschaft. (1) Kann das streitige Rechtsverhältnis allen Streitgenossen gegenüber nur einheitlich festgestellt werden oder ist die Streitgenossenschaft aus einem sonstigen Grunde eine notwendige, so werden, wenn ein Termin oder eine Frist nur von einzelnen Streitgenossen versäumt wird, die säumigen Streitgenossen als durch die nicht säumigen vertreten angesehen.

(2) Die säumigen Streitgenossen sind auch in dem späteren Verfahren zuzuziehen.

§ 63 Prozeßbetrieb; Ladungen. Das Recht zur Betreibung des Prozesses steht jedem Streitgenossen zu; zu allen Terminen sind sämtliche Streitgenossen zu laden.

Titel 3. Beteiligung Dritter am Rechtsstreit

§ 64 Hauptintervention. Wer die Sache oder das Recht, worüber zwischen anderen Personen ein Rechtsstreit anhängig geworden ist, ganz oder teilweise für sich in Anspruch nimmt, ist bis zur rechtskräftigen Entscheidung dieses Rechtsstreits berechtigt, seinen Anspruch durch eine gegen beide Parteien gerichtete Klage bei dem Gericht geltend zu machen, vor dem der Rechtsstreit im ersten Rechtszuge anhängig wurde.

§ 65 Aussetzung des Hauptprozesses. Der Hauptprozeß kann auf Antrag einer Partei bis zur rechtskräftigen Entscheidung über die Hauptintervention ausgesetzt werden.

§ 66 Nebenintervention. (1) Wer ein rechtliches Interesse daran hat, daß in einem zwischen anderen Personen anhängigen Rechtsstreit die eine Partei obsiege, kann dieser Partei zum Zwecke ihrer Unterstützung beitreten.

(2) Die Nebenintervention kann in jeder Lage des Rechtsstreits bis zur rechtskräftigen Entscheidung, auch in Verbindung mit der Einlegung eines Rechtsmittels, erfolgen.

§ 67 Rechtsstellung des Nebenintervenienten. Der Nebenintervenient muß den Rechtsstreit in der Lage annehmen, in der er sich zur Zeit seines Beitritts befindet; er ist berechtigt, Angriffs- und Verteidigungsmittel geltend zu machen und alle Prozeßhandlungen wirksam vorzunehmen, insoweit nicht seine Erklärungen und Handlungen mit Erklärungen und Handlungen der Hauptpartei in Widerspruch stehen.

§ 68 Wirkung der Nebenintervention. Der Nebenintervenient wird im Verhältnis zu der Hauptpartei mit der Behauptung nicht gehört, daß der Rechtsstreit, wie er dem Richter vorgelegen habe, unrichtig entschieden sei; er wird mit der Behauptung, daß die Hauptpartei den Rechtsstreit mangelhaft geführt habe, nur insoweit gehört, als er durch die Lage des Rechtsstreits zur Zeit seines Beitritts oder durch Erklärungen und Handlungen der Hauptpartei verhindert worden ist, Angriffs- oder Verteidigungsmittel geltend zu machen, oder als Angriffs- oder Verteidigungsmittel, die ihm unbekannt waren, von der Hauptpartei absichtlich oder durch grobes Verschulden nicht geltend gemacht sind.

§ 69 Streitgenössische Nebenintervention. Insofern nach den Vorschriften des bürgerlichen Rechts die Rechtskraft der in dem Hauptprozeß erlassenen Entscheidung auf das Rechtsverhältnis des Nebenintervenienten zu dem Gegner von Wirksamkeit ist, gilt der Nebenintervenient im Sinne des § 61 als Streitgenosse der Hauptpartei.

§ 70 Beitritt des Nebenintervenienten. (1) ¹Der Beitritt des Nebenintervenienten erfolgt durch Einreichung eines Schriftsatzes bei dem Prozeßgericht und, wenn er mit der Einlegung eines Rechtsmittels verbunden wird, durch Einreichung eines Schriftsatzes bei dem Rechtsmittelgericht. ²Der Schriftsatz ist beiden Parteien zuzustellen und muß enthalten:
1. die Bezeichnung der Parteien und des Rechtsstreits;
2. die bestimmte Angabe des Interesses, das der Nebenintervenient hat;
3. die Erklärung des Beitritts.

(2) Außerdem gelten die allgemeinen Vorschriften über die vorbereitenden Schriftsätze.

§ 71 Zwischenstreit über Nebenintervention. (1) ¹Über den Antrag auf Zurückweisung einer Nebenintervention wird nach mündlicher Verhandlung unter den Parteien und dem Nebenintervenienten entschieden. ²Der Nebenintervenient ist zuzulassen, wenn er sein Interesse glaubhaft macht.

(2) Gegen das Zwischenurteil findet sofortige Beschwerde statt.

(3) Solange nicht die Unzulässigkeit der Intervention rechtskräftig ausgesprochen ist, wird der Intervenient im Hauptverfahren zugezogen.

§ 72 Zulässigkeit der Streitverkündung. (1) Eine Partei, die für den Fall des ihr ungünstigen Ausganges des Rechtsstreits einen Anspruch auf Gewährleistung oder Schadloshaltung gegen einen Dritten erheben zu können glaubt oder den Anspruch eines Dritten besorgt, kann bis zur rechtskräftigen Entscheidung des Rechtsstreits dem Dritten gerichtlich den Streit verkünden.

(2) Der Dritte ist zu einer weiteren Streitverkündung berechtigt.

§ 73 Form der Streitverkündung. ¹Zum Zwecke der Streitverkündung hat die Partei einen Schriftsatz einzureichen, in dem der Grund der Streitverkündung und die Lage des Rechtsstreits anzugeben ist. ²Der Schriftsatz ist dem Dritten zuzustellen und dem Gegner des Streitverkünders in Abschrift mitzuteilen. ³Die Streitverkündung wird erst mit der Zustellung an den Dritten wirksam.

§ 74 Wirkung der Streitverkündung. (1) Wenn der Dritte dem Streitverkünder beitritt, so bestimmt sich sein Verhältnis zu den Parteien nach den Grundsätzen über die Nebenintervention.

Beteiligung Dritter am Rechtsstreit §§ 75–77 ZPO 1

(2) Lehnt der Dritte den Beitritt ab oder erklärt er sich nicht, so wird der Rechtsstreit ohne Rücksicht auf ihn fortgesetzt.

(3) In allen Fällen dieses Paragraphen sind gegen den Dritten die Vorschriften des § 68 mit der Abweichung anzuwenden, daß statt der Zeit des Beitritts die Zeit entscheidet, zu welcher der Beitritt infolge der Streitverkündung möglich war.

§ 75 Gläubigerstreit. [1] Wird von dem verklagten Schuldner einem Dritten, der die geltend gemachte Forderung für sich in Anspruch nimmt, der Streit verkündet und tritt der Dritte in den Streit ein, so ist der Beklagte, wenn er den Betrag der Forderung zugunsten der streitenden Gläubiger unter Verzicht auf das Recht zur Rücknahme hinterlegt, auf seinen Antrag aus dem Rechtsstreit unter Verurteilung in die durch seinen unbegründeten Widerspruch veranlaßten Kosten zu entlassen und der Rechtsstreit über die Berechtigung an der Forderung zwischen den streitenden Gläubigern allein fortzusetzen. [2] Dem Obsiegenden ist der hinterlegte Betrag zuzusprechen und der Unterliegende auch zur Erstattung der dem Beklagten entstandenen, nicht durch dessen unbegründeten Widerspruch veranlaßten Kosten, einschließlich der Kosten der Hinterlegung, zu verurteilen.

§ 76 Urheberbenennung bei Besitz. (1) [1] Wer als Besitzer einer Sache verklagt ist, die er auf Grund eines Rechtsverhältnisses der im § 868 des Bürgerlichen Gesetzbuchs bezeichneten Art zu besitzen behauptet, kann vor der Verhandlung zur Hauptsache unter Einreichung eines Schriftsatzes, in dem er den mittelbaren Besitzer benennt, und unter Streitverkündungsschrift die Ladung des mittelbaren Besitzers zur Erklärung beantragen. [2] Bis zu dieser Erklärung oder bis zum Schluß des Termins, in dem sich der Benannte zu erklären hat, kann der Beklagte die Verhandlung zur Hauptsache verweigern.

(2) Bestreitet der Benannte die Behauptung des Beklagten oder erklärt er sich nicht, so ist der Beklagte berechtigt, dem Klageantrage zu genügen.

(3) [1] Wird die Behauptung des Beklagten von dem Benannten als richtig anerkannt, so ist dieser berechtigt, mit Zustimmung des Beklagten an dessen Stelle den Prozeß zu übernehmen. [2] Die Zustimmung des Klägers ist nur insoweit erforderlich, als er Ansprüche geltend macht, die unabhängig davon sind, daß der Beklagte auf Grund eines Rechtsverhältnisses der im Absatz 1 bezeichneten Art besitzt.

(4) [1] Hat der Benannte den Prozeß übernommen, so ist der Beklagte auf seinen Antrag von der Klage zu entbinden. [2] Die Entscheidung ist in Ansehung der Sache selbst auch gegen den Beklagten wirksam und vollstreckbar.

§ 77 Urheberbenennung bei Eigentumsbeeinträchtigung. Ist von dem Eigentümer einer Sache oder von demjenigen, dem ein Recht an einer Sache zusteht, wegen einer Beeinträchtigung des Eigentums oder seines Rechtes Klage auf Beseitigung der Beeinträchtigung oder auf Unterlassung weiterer Beeinträchtigungen erhoben, so sind die Vorschriften des § 76 entsprechend anzuwenden, sofern der Beklagte die Beeinträchtigung in Ausübung des Rechtes eines Dritten vorgenommen zu haben behauptet.

Titel 4. Prozessbevollmächtigte und Beistände

§ 78[1] **Anwaltsprozess.** (1) Vor den Landgerichten müssen sich die Parteien durch einen bei einem Amts- oder Landgericht zugelassenen Rechtsanwalt und vor allen Gerichten des höheren Rechtszuges durch einen bei dem Prozessgericht zugelassenen Rechtsanwalt als Bevollmächtigten vertreten lassen (Anwaltsprozess).[2]

(2) [1] In Familiensachen müssen sich die Parteien und Beteiligten vor den Familiengerichten durch einen bei einem Amts- oder Landgericht zugelassenen Rechtsanwalt und vor allen Gerichten des höheren Rechtszuges durch einen bei dem Prozessgericht zugelassenen Rechtsanwalt nach Maßgabe der folgenden Vorschriften vertreten lassen:

1. die Ehegatten in Ehesachen und Folgesachen in allen Rechtszügen, am Verfahren über Folgesachen beteiligte Dritte nur für die Rechtsbeschwerde und die Nichtzulassungsbeschwerde nach § 621e Abs. 2 vor dem Bundesgerichtshof,

1a. die Lebenspartner in Lebenspartnerschaftssachen nach § 661 Abs. 1 Nr. 1 bis 3 und Folgesachen in allen Rechtszügen,

2. die Parteien und am Verfahren beteiligte Dritte in selbständigen Familiensachen des § 621 Abs. 1 Nr. 8 und § 661 Abs. 1 Nr. 6 in allen Rechtszügen, in selbständigen Familiensachen des § 621 Abs. 1 Nr. 4, 5, 10 mit Ausnahme der Verfahren nach § 1600e Abs. 2 des Bürgerlichen Gesetzbuchs, Nr. 11 sowie in Lebenspartnerschaftssachen nach § 661 Abs. 1 Nr. 4 nur vor den Gerichten des höheren Rechtszuges,

3. die Beteiligten in selbständigen Familiensachen des § 621 Abs. 1 Nr. 1 bis 3, 6, 10 in Verfahren nach § 1600e Abs. 2 des Bürgerlichen Gesetzbuchs sowie Nr. 12 nur für die Rechtsbeschwerde und die Nichtzulassungsbeschwerde nach § 621e Abs. 2 vor dem Bundesgerichtshof.

[2] Das Jugendamt, die Träger der gesetzlichen Rentenversicherungen sowie sonstige Körperschaften, Anstalten oder Stiftungen des öffentlichen Rechts und deren Verbände einschließlich der Spitzenverbände und ihrer Arbeitsgemeinschaften brauchen sich in den Fällen des Satzes 1 Nr. 1 und 3 nicht durch einen Rechtsanwalt vertreten zu lassen.

(3) Diese Vorschriften sind auf das Verfahren vor einem beauftragten oder ersuchten Richter sowie auf Prozesshandlungen, die vor dem Urkundsbeamten der Geschäftsstelle vorgenommen werden können, nicht anzuwenden.

(4) Ein Rechtsanwalt, der nach Maßgabe der Absätze 1 und 2 zur Vertretung berechtigt ist, kann sich selbst vertreten.

§ 78a. *(aufgehoben)*

§ 78b Notanwalt. (1) Insoweit eine Vertretung durch Anwälte geboten ist, hat das Prozeßgericht einer Partei auf ihren Antrag durch Beschluss für den Rechtszug einen Rechtsanwalt zur Wahrnehmung ihrer Rechte beizuordnen,

---

[1] Beachte hierzu die für das Gesetz zur Reform des Zivilprozesses vom 27. 7. 2001 geltende Übergangsvorschrift in § 26 Nr. 2 EGZPO; Nr. **2**.
[2] Vgl. auch § 143 Abs. 2 und 3 PatentG idF der Bek. v. 16. 12. 1980 (BGBl. 1981 I S. 1).

wenn sie einen zu ihrer Vertretung bereiten Rechtsanwalt nicht findet und die Rechtsverfolgung oder Rechtsverteidigung nicht mutwillig oder aussichtslos erscheint.

(2) Gegen den Beschluß, durch den die Beiordnung eines Rechtsanwalts abgelehnt wird, findet die sofortige Beschwerde statt.

(3) *(aufgehoben)*

§ 78c Auswahl des Rechtsanwalts. (1) Der nach § 78b beizuordnende Rechtsanwalt wird durch den Vorsitzenden des Gerichts aus der Zahl der bei dem Prozeßgericht zugelassenen Rechtsanwälte ausgewählt.

(2) Der beigeordnete Rechtsanwalt kann die Übernahme der Vertretung davon abhängig machen, daß die Partei ihm einen Vorschuß zahlt, der nach der Bundesgebührenordnung für Rechtsanwälte zu bemessen ist.

(3) [1]Gegen eine Verfügung, die nach Absatz 1 getroffen wird, steht der Partei und dem Rechtsanwalt die sofortige Beschwerde zu. [2]Dem Rechtsanwalt steht die sofortige Beschwerde auch zu, wenn der Vorsitzende des Gerichts den Antrag, die Beiordnung aufzuheben (§ 48 Abs. 2 der Bundesrechtsanwaltsordnung), ablehnt.

§ 79 Parteiprozess. Insoweit eine Vertretung durch Anwälte nicht geboten ist, können die Parteien den Rechtsstreit selbst oder durch jede prozeßfähige Person als Bevollmächtigten führen.

§ 80 Prozessvollmacht. (1) Der Bevollmächtigte hat die Bevollmächtigung durch eine schriftliche Vollmacht nachzuweisen und diese zu den Gerichtsakten abzugeben.

(2) [1]Das Gericht kann auf Antrag des Gegners die öffentliche Beglaubigung einer Privaturkunde anordnen. [2]Wird der Antrag zurückgewiesen, so ist dagegen kein Rechtsmittel zulässig. [3]Bei der Beglaubigung bedarf es weder der Zuziehung von Zeugen noch der Aufnahme eines Protokolls.

§ 81 Umfang der Prozessvollmacht. Die Prozeßvollmacht ermächtigt zu allen den Rechtsstreit betreffenden Prozeßhandlungen, einschließlich derjenigen, die durch eine Widerklage, eine Wiederaufnahme des Verfahrens und die Zwangsvollstreckung veranlaßt werden; zur Bestellung eines Vertreters sowie eines Bevollmächtigten für die höheren Instanzen; zur Beseitigung des Rechtsstreits durch Vergleich, Verzichtleistung auf den Streitgegenstand oder Anerkennung des von dem Gegner geltend gemachten Anspruchs; zur Empfangnahme der von dem Gegner oder aus der Staatskasse zu erstattenden Kosten.

§ 82 Geltung für Nebenverfahren. Die Vollmacht für den Hauptprozeß umfaßt die Vollmacht für das eine Hauptintervention, einen Arrest oder eine einstweilige Verfügung betreffende Verfahren.

§ 83 Beschränkung der Prozessvollmacht. (1) Eine Beschränkung des gesetzlichen Umfanges der Vollmacht hat dem Gegner gegenüber nur insoweit rechtliche Wirkung, als diese Beschränkung die Beseitigung des Rechtsstreits durch Vergleich, Verzichtleistung auf den Streitgegenstand oder Anerkennung des von dem Gegner geltend gemachten Anspruchs betrifft.

(2) Insoweit eine Vertretung durch Anwälte nicht geboten ist, kann eine Vollmacht für einzelne Prozeßhandlungen erteilt werden.

§ 84 Mehrere Prozessbevollmächtigte. [1]Mehrere Bevollmächtigte sind berechtigt, sowohl gemeinschaftlich als einzeln die Partei zu vertreten. [2]Eine abweichende Bestimmung der Vollmacht hat dem Gegner gegenüber keine rechtliche Wirkung.

§ 85 Wirkung der Prozessvollmacht. (1) [1]Die von dem Bevollmächtigten vorgenommenen Prozeßhandlungen sind für die Partei in gleicher Art verpflichtend, als wenn sie von der Partei selbst vorgenommen wären. [2]Dies gilt von Geständnissen und anderen tatsächlichen Erklärungen, insoweit sie nicht von der miterschienenen Partei sofort widerrufen oder berichtigt werden.

(2) Das Verschulden des Bevollmächtigten steht dem Verschulden der Partei gleich.

§ 86 Fortbestand der Prozessvollmacht. Die Vollmacht wird weder durch den Tod des Vollmachtgebers noch durch eine Veränderung in seiner Prozeßfähigkeit oder seiner gesetzlichen Vertretung aufgehoben; der Bevollmächtigte hat jedoch, wenn er nach Aussetzung des Rechtsstreits für den Nachfolger im Rechtsstreit auftritt, dessen Vollmacht beizubringen.

§ 87 Erlöschen der Vollmacht. (1) Dem Gegner gegenüber erlangt die Kündigung des Vollmachtvertrags erst durch die Anzeige des Erlöschens der Vollmacht, in Anwaltsprozessen erst durch die Anzeige der Bestellung eines anderen Anwalts rechtliche Wirksamkeit.

(2) Der Bevollmächtigte wird durch die von seiner Seite erfolgte Kündigung nicht gehindert, für den Vollmachtgeber so lange zu handeln, bis dieser für Wahrnehmung seiner Rechte in anderer Weise gesorgt hat.

§ 88 Mangel der Vollmacht. (1) Der Mangel der Vollmacht kann von dem Gegner in jeder Lage des Rechtsstreits gerügt werden.

(2) Das Gericht hat den Mangel der Vollmacht von Amts wegen zu berücksichtigen, wenn nicht als Bevollmächtigter ein Rechtsanwalt auftritt.

§ 89 Vollmachtloser Vertreter. (1) [1]Handelt jemand für eine Partei als Geschäftsführer ohne Auftrag oder als Bevollmächtigter ohne Beibringung einer Vollmacht, so kann er gegen oder ohne Sicherheitsleistung für Kosten und Schäden zur Prozeßführung einstweilen zugelassen werden. [2]Das Endurteil darf erst erlassen werden, nachdem die für die Beibringung der Genehmigung zu bestimmende Frist abgelaufen ist. [3]Ist zu der Zeit, zu der das Endurteil erlassen wird, die Genehmigung nicht beigebracht, so ist der einstweilen zur Prozeßführung Zugelassene zum Ersatz der dem Gegner infolge der Zulassung erwachsenen Kosten zu verurteilen; auch hat er dem Gegner die infolge der Zulassung entstandenen Schäden zu ersetzen.

(2) Die Partei muß die Prozeßführung gegen sich gelten lassen, wenn sie auch nur mündlich Vollmacht erteilt oder wenn sie die Prozeßführung ausdrücklich oder stillschweigend genehmigt hat.

Prozesskosten **§§ 90–92 ZPO 1**

§ 90 Beistand. (1) Insoweit eine Vertretung durch Anwälte nicht geboten ist, kann eine Partei mit jeder prozeßfähigen Person als Beistand erscheinen.

(2) Das von dem Beistand Vorgetragene gilt als von der Partei vorgebracht, insoweit es nicht von dieser sofort widerrufen oder berichtigt wird.

Titel 5. Prozesskosten

§ 91 Grundsatz und Umfang der Kostenpflicht. (1) [1]Die unterliegende Partei hat die Kosten des Rechtsstreits zu tragen, insbesondere die dem Gegner erwachsenen Kosten zu erstatten, soweit sie zur zweckentsprechenden Rechtsverfolgung oder Rechtsverteidigung notwendig waren. [2]Die Kostenerstattung umfaßt auch die Entschädigung des Gegners für die durch notwendige Reisen oder durch die notwendige Wahrnehmung von Terminen entstandene Zeitversäumnis; die für die Entschädigung von Zeugen geltenden Vorschriften sind entsprechend anzuwenden.

(2) [1]Die gesetzlichen Gebühren und Auslagen des Rechtsanwalts der obsiegenden Partei sind in allen Prozessen zu erstatten, Reisekosten eines Rechtsanwalts, der nicht bei dem Prozeßgericht zugelassen ist und am Ort des Prozeßgerichts auch nicht wohnt, jedoch nur insoweit, als die Zuziehung zur zweckentsprechenden Rechtsverfolgung oder Rechtsverteidigung notwendig war. [2]Der obsiegenden Partei sind die Mehrkosten nicht zu erstatten, die dadurch entstehen, daß der bei dem Prozeßgericht zugelassene Rechtsanwalt seinen Wohnsitz oder seine Kanzlei nicht an dem Ort hat, an dem sich das Prozeßgericht oder eine auswärtige Abteilung dieses Gerichts befindet. [3]Die Kosten mehrerer Rechtsanwälte sind nur insoweit zu erstatten, als sie die Kosten eines Rechtsanwalts nicht übersteigen oder als in der Person des Rechtsanwalts ein Wechsel eintreten mußte. [4]In eigener Sache sind dem Rechtsanwalt die Gebühren und Auslagen zu erstatten, die er als Gebühren und Auslagen eines bevollmächtigten Rechtsanwalts erstattet verlangen könnte.

(3) Zu den Kosten des Rechtsstreits im Sinne der Absätze 1, 2 gehören auch die Gebühren, die durch ein Güteverfahren vor einer durch die Landesjustizverwaltung eingerichteten oder anerkannten Gütestelle entstanden sind; dies gilt nicht, wenn zwischen der Beendigung des Güteverfahrens und der Klageerhebung mehr als ein Jahr verstrichen ist.

§ 91 a Kosten bei Erledigung der Hauptsache. (1) Haben die Parteien in der mündlichen Verhandlung oder durch Einreichung eines Schriftsatzes oder zu Protokoll der Geschäftsstelle den Rechtsstreit in der Hauptsache für erledigt erklärt, so entscheidet das Gericht über die Kosten unter Berücksichtigung des bisherigen Sach- und Streitstandes nach billigem Ermessen durch Beschluß.

(2) [1]Gegen die Entscheidung findet die sofortige Beschwerde statt. [2]Dies gilt nicht, wenn der Streitwert der Hauptsache den in § 511 genannten Betrag nicht übersteigt. [3]Vor der Entscheidung über die Beschwerde ist der Gegner zu hören.

§ 92 Kosten bei teilweisem Obsiegen. (1) [1]Wenn jede Partei teils obsiegt, teils unterliegt, so sind die Kosten gegeneinander aufzuheben oder verhältnismäßig zu teilen. [2]Sind die Kosten gegeneinander aufgehoben, so fallen die Gerichtskosten jeder Partei zur Hälfte zur Last.

(2)[1] Das Gericht kann der einen Partei die gesamten Prozesskosten auferlegen, wenn
1. die Zuvielforderung der anderen Partei verhältnismäßig geringfügig war und keine oder nur geringfügig höhere Kosten veranlasst hat oder
2. der Betrag der Forderung der anderen Partei von der Festsetzung durch richterliches Ermessen, von der Ermittlung durch Sachverständige oder von einer gegenseitigen Berechnung abhängig war.

§ 93 Kosten bei sofortigem Anerkenntnis. Hat der Beklagte nicht durch sein Verhalten zur Erhebung der Klage Veranlassung gegeben, so fallen dem Kläger die Prozeßkosten zur Last, wenn der Beklagte den Anspruch sofort anerkennt.

§ 93 a Kosten in Ehesachen. (1) ¹Wird auf Scheidung einer Ehe erkannt, so sind die Kosten der Scheidungssache und der Folgesachen, über die gleichzeitig entschieden wird oder über die nach § 627 Abs. 1 vorweg entschieden worden ist, gegeneinander aufzuheben; die Kosten einer Folgesache sind auch dann gegeneinander aufzuheben, wenn über die Folgesache infolge einer Abtrennung nach § 628 Abs. 1 Satz 1 gesondert zu entscheiden ist. ²Das Gericht kann die Kosten nach billigem Ermessen anderweitig verteilen, wenn
1. eine Kostenverteilung nach Satz 1 einen der Ehegatten in seiner Lebensführung unverhältnismäßig beeinträchtigen würde; die Bewilligung von Prozeßkostenhilfe ist dabei nicht zu berücksichtigen;
2. eine Kostenverteilung nach Satz 1 im Hinblick darauf als unbillig erscheint, daß ein Ehegatte in Folgesachen der in § 621 Abs. 1 Nr. 4, 5, 8 bezeichneten Art ganz oder teilweise unterlegen ist.

³Haben die Parteien eine Vereinbarung über die Kosten getroffen, so kann das Gericht sie ganz oder teilweise der Entscheidung zugrunde legen.

(2) ¹Wird ein Scheidungsantrag abgewiesen, so hat der Antragsteller auch die Kosten der Folgesachen zu tragen, die infolge der Abweisung gegenstandslos werden; dies gilt auch für die Kosten einer Folgesache, über die infolge einer Abtrennung nach § 623 Abs. 1 Satz 2 oder nach § 628 Abs. 1 Satz 1 gesondert zu entscheiden ist. ²Das Gericht kann die Kosten anderweitig verteilen, wenn eine Kostenverteilung nach Satz 1 im Hinblick auf den bisherigen Sach- und Streitstand in Folgesachen der in § 621 Abs. 1 Nr. 4, 5, 8 bezeichneten Art als unbillig erscheint.

(3) ¹Wird eine Ehe aufgehoben, so sind die Kosten des Rechtsstreits gegeneinander aufzuheben. ²Das Gericht kann die Kosten nach billigem Ermessen anderweitig verteilen, wenn eine Kostenverteilung nach Satz 1 einen der Ehegatten in seiner Lebensführung unverhältnismäßig beeinträchtigen würde oder wenn eine solche Kostenverteilung im Hinblick darauf als unbillig erscheint, daß bei der Eheschließung ein Ehegatte allein die Aufhebbarkeit der Ehe gekannt hat oder ein Ehegatte durch arglistige Täuschung oder widerrechtliche Drohung seitens des anderen Ehegatten oder mit dessen Wissen zur Eingehung der Ehe bestimmt worden ist.

---

[1]) Beachte hierzu die für das Gesetz zur Reform des Zivilprozesses vom 27. 7. 2001 geltende Übergangsvorschrift in § 26 Nr. 2 EGZPO; Nr. **2**.

Prozesskosten §§ 93b–94 ZPO 1

(4) Wird eine Ehe auf Antrag der zuständigen Verwaltungsbehörde oder bei Verstoß gegen § 1306 des Bürgerlichen Gesetzbuchs auf Antrag des Dritten aufgehoben, so ist Absatz 3 nicht anzuwenden.

(5) Die Absätze 1 und 2 gelten in Lebenspartnerschaftssachen nach § 661 Abs. 1 Nr. 1 entsprechend.

§ 93 b[1]) **Kosten bei Räumungsklagen.** (1) ¹Wird einer Klage auf Räumung von Wohnraum mit Rücksicht darauf stattgegeben, dass ein Verlangen des Beklagten auf Fortsetzung des Mitverhältnisses aufgrund der §§ 574 bis 574b des Bürgerlichen Gesetzbuchs wegen der berechtigten Interessen des Klägers nicht gerechtfertigt ist, so kann das Gericht die Kosten ganz oder teilweise dem Kläger auferlegen, wenn der Beklagte die Fortsetzung des Mietverhältnisses unter Angabe von Gründen verlangt hatte, und der Kläger aus Gründen obsiegt, die erst nachträglich entstanden sind (§ 574 Abs. 3 des Bürgerlichen Gesetzbuchs). ²Dies gilt in einem Rechtsstreit wegen Fortsetzung des Mietverhältnisses bei Abweisung der Klage entsprechend.

(2) ¹Wird eine Klage auf Räumung von Wohnraum mit Rücksicht darauf abgewiesen, daß auf Verlangen des Beklagten die Fortsetzung des Mietverhältnisses auf Grund der §§ 574 bis 574b des Bürgerlichen Gesetzbuchs bestimmt wird, so kann das Gericht die Kosten ganz oder teilweise dem Beklagten auferlegen, wenn er auf Verlangen des Klägers nicht unverzüglich über die Gründe des Widerspruchs Auskunft erteilt hat. ²Dies gilt in einem Rechtsstreit wegen Fortsetzung des Mietverhältnisses entsprechend, wenn der Klage stattgegeben wird.

(3) Erkennt der Beklagte den Anspruch auf Räumung von Wohnraum sofort an, wird ihm jedoch eine Räumungsfrist bewilligt, so kann das Gericht die Kosten ganz oder teilweise dem Kläger auferlegen, wenn der Beklagte bereits vor Erhebung der Klage unter Angabe von Gründen die Fortsetzung des Mietverhältnisses oder eine den Umständen nach angemessene Räumungsfrist vom Kläger vergeblich begehrt hatte.

§ 93 c Kosten bei Klage auf Anfechtung der Vaterschaft. ¹Hat eine Klage auf Anfechtung der Vaterschaft Erfolg, so sind die Kosten gegeneinander aufzuheben. ² § 96 gilt entsprechend.

§ 93 d Kosten bei Unterhaltsklagen. Hat zu einem Verfahren, das die gesetzliche Unterhaltspflicht betrifft, die in Anspruch genommene Partei dadurch Anlaß gegeben, daß sie der Verpflichtung, über ihre Einkünfte und ihr Vermögen Auskunft zu erteilen, nicht oder nicht vollständig nachgekommen ist, so können ihr die Kosten des Verfahrens abweichend von den Vorschriften der §§ 91 bis 93a und 269 Abs. 3 Satz 2 nach billigem Ermessen ganz oder teilweise auferlegt werden.

§ 94 Kosten bei übergegangenem Anspruch. Macht der Kläger einen auf ihn übergegangenen Anspruch geltend, ohne daß er vor der Erhebung der Klage dem Beklagten den Übergang mitgeteilt und auf Verlangen nachgewiesen hat, so fallen ihm die Prozeßkosten insoweit zur Last, als sie dadurch

---

[1]) Beachte hierzu Übergangsvorschrift in § 24 EGZPO; Nr. 2.

entstanden sind, daß der Beklagte durch die Unterlassung der Mitteilung oder des Nachweises veranlaßt worden ist, den Anspruch zu bestreiten.

§ 95 Kosten bei Säumnis oder Verschulden. Die Partei, die einen Termin oder eine Frist versäumt oder die Verlegung eines Termins, die Vertagung einer Verhandlung, die Anberaumung eines Termins zur Fortsetzung der Verhandlung oder die Verlängerung einer Frist durch ihr Verschulden veranlaßt, hat die dadurch verursachten Kosten zu tragen.[1]

§ 96 Kosten erfolgloser Angriffs- oder Verteidigungsmittel. Die Kosten eines ohne Erfolg gebliebenen Angriffs- oder Verteidigungsmittels können der Partei auferlegt werden, die es geltend gemacht hat, auch wenn sie in der Hauptsache obsiegt.

§ 97 Rechtsmittelkosten. (1) Die Kosten eines ohne Erfolg eingelegten Rechtsmittels fallen der Partei zur Last, die es eingelegt hat.

(2) Die Kosten des Rechtsmittelverfahrens sind der obsiegenden Partei ganz oder teilweise aufzuerlegen, wenn sie auf Grund eines neuen Vorbringens obsiegt, das sie in einem früheren Rechtszug geltend zu machen imstande war.

(3) Absatz 1 und 2 gelten entsprechend für Familiensachen der in § 621 Abs. 1 Nr. 1 bis 3, 6, 7, 9 bezeichneten Art, die Folgesachen einer Scheidungssache sind, sowie für Lebenspartnerschaftssachen der in § 661 Abs. 1 Nr. 5 und 7 bezeichneten Art, die Folgesache einer Aufhebungssache sind.

§ 98 Vergleichskosten. ¹Die Kosten eines abgeschlossenen Vergleichs sind als gegeneinander aufgehoben anzusehen, wenn nicht die Parteien ein anderes vereinbart haben. ²Das gleiche gilt von den Kosten des durch Vergleich erledigten Rechtsstreits, soweit nicht über sie bereits rechtskräftig erkannt ist.

§ 99 Anfechtung von Kostenentscheidungen. (1) Die Anfechtung der Kostenentscheidung ist unzulässig, wenn nicht gegen die Entscheidung in der Hauptsache ein Rechtsmittel eingelegt wird.

(2) ¹Ist die Hauptsache durch eine aufgrund eines Anerkenntnisses ausgesprochene Verurteilung erledigt, so findet gegen die Kostenentscheidung die sofortige Beschwerde statt. ²Dies gilt nicht, wenn der Streitwert der Hauptsache den in § 511 genannten Betrag nicht übersteigt. ³Vor der Entscheidung über die Beschwerde ist der Gegner zu hören.

§ 100 Kosten bei Streitgenossen. (1) Besteht der unterliegende Teil aus mehreren Personen, so haften sie für die Kostenerstattung nach Kopfteilen.

(2) Bei einer erheblichen Verschiedenheit der Beteiligung am Rechtsstreit kann nach dem Ermessen des Gerichts die Beteiligung zum Maßstab genommen werden.

(3) Hat ein Streitgenosse ein besonderes Angriffs- oder Verteidigungsmittel geltend gemacht, so haften die übrigen Streitgenossen nicht für die dadurch veranlaßten Kosten.

---

[1] Vgl. auch § 34 Gerichtskostengesetz; abgedruckt in **dtv 5005** „ZPO".

(4) ¹Werden mehrere Beklagte als Gesamtschuldner verurteilt, so haften sie auch für die Kostenerstattung, unbeschadet der Vorschrift des Absatzes 3, als Gesamtschuldner. ²Die Vorschriften des bürgerlichen Rechts, nach denen sich diese Haftung auf die im Absatz 3 bezeichneten Kosten erstreckt, bleiben unberührt.

§ 101 Kosten einer Nebenintervention. (1) Die durch eine Nebenintervention verursachten Kosten sind dem Gegner der Hauptpartei aufzuerlegen, soweit er nach den Vorschriften der §§ 91 bis 98 die Kosten des Rechtsstreits zu tragen hat; soweit dies nicht der Fall ist, sind sie dem Nebenintervenienten aufzuerlegen.

(2) Gilt der Nebenintervenient als Streitgenosse der Hauptpartei (§ 69), so sind die Vorschriften des § 100 maßgebend.

§ 102. *(aufgehoben)*

§ 103 Kostenfestsetzungsgrundlage; Kostenfestsetzungsantrag.
(1) Der Anspruch auf Erstattung der Prozeßkosten kann nur auf Grund eines zur Zwangsvollstreckung geeigneten Titels geltend gemacht werden.

(2) ¹Der Antrag auf Festsetzung des zu erstattenden Betrages ist bei dem Gericht des ersten Rechtszuges anzubringen. ²Die Kostenberechnung, ihre zur Mitteilung an den Gegner bestimmte Abschrift und die zur Rechtfertigung der einzelnen Ansätze dienenden Belege sind beizufügen.

§ 104 Kostenfestsetzungsverfahren. (1) ¹Über den Festsetzungsantrag entscheidet das Gericht des ersten Rechtszuges. ²Auf Antrag ist auszusprechen, daß die festgesetzten Kosten vom Eingang des Festsetzungsantrags, im Falle des § 105 Abs. 2 von der Verkündung des Urteils ab mit fünf Prozentpunkten über dem Basiszinssatz zu verzinsen sind. ³Die Entscheidung ist, sofern dem Antrag ganz oder teilweise entsprochen wird, dem Gegner des Antragstellers unter Beifügung einer Abschrift der Kostenrechnung von Amts wegen zuzustellen. ⁴Dem Antragsteller ist die Entscheidung nur dann von Amts wegen zuzustellen, wenn der Antrag ganz oder teilweise zurückgewiesen wird; im übrigen ergeht die Mitteilung formlos.

(2) ¹Zur Berücksichtigung eines Ansatzes genügt, daß er glaubhaft gemacht ist. ²Hinsichtlich der einem Rechtsanwalt erwachsenen Auslagen für Post- und Telekommunikationsdienstleistungen genügt die Versicherung des Rechtsanwalts, daß diese Auslagen entstanden sind. ³Zur Berücksichtigung von Umsatzsteuerbeträgen genügt die Erklärung des Antragstellers, daß er die Beträge nicht als Vorsteuer abziehen kann.

(3) ¹Gegen die Entscheidung findet sofortige Beschwerde statt. ²Das Beschwerdegericht kann das Verfahren aussetzen, bis die Entscheidung, auf die der Festsetzungsantrag gestützt wird, rechtskräftig ist.

§ 105 Vereinfachter Kostenfestsetzungsbeschluss. (1) ¹Der Festsetzungsbeschluß kann auf das Urteil und die Ausfertigungen gesetzt werden, sofern bei Eingang des Antrags eine Ausfertigung des Urteils noch nicht erteilt ist und eine Verzögerung der Ausfertigung nicht eintritt. ²Eine besondere Ausfertigung und Zustellung des Festsetzungsbeschlusses findet in diesem Falle nicht statt. ³Den Parteien ist der festgesetzte Betrag mitzuteilen, dem Gegner des Antragstellers unter Beifügung der Abschrift der Kostenberechnung. ⁴Die Verbindung des Festsetzungsbeschlusses mit dem Urteil soll unterbleiben, sofern dem Festsetzungsantrag auch nur teilweise nicht entsprochen wird.

(2) Eines Festsetzungsantrags bedarf es nicht, wenn die Partei vor der Verkündung des Urteils die Berechnung ihrer Kosten eingereicht hat; in diesem Fall ist die dem Gegner mitzuteilende Abschrift der Kostenberechnung von Amts wegen anzufertigen.

§ 106 Verteilung nach Quoten. (1) ¹Sind die Prozeßkosten ganz oder teilweise nach Quoten verteilt, so hat nach Eingang des Festsetzungsantrags das Gericht den Gegner aufzufordern, die Berechnung seiner Kosten binnen einer Woche bei Gericht einzureichen. ²Die Vorschriften des § 105 sind nicht anzuwenden.

(2) ¹Nach fruchtlosem Ablauf der einwöchigen Frist ergeht die Entscheidung ohne Rücksicht auf die Kosten des Gegners, unbeschadet des Rechts des letzteren, den Anspruch auf Erstattung nachträglich geltend zu machen. ²Der Gegner haftet für die Mehrkosten, die durch das nachträgliche Verfahren entstehen.

§ 107 Änderung nach Streitwertfestsetzung. (1) ¹Ergeht nach der Kostenfestsetzung eine Entscheidung, durch die der Wert des Streitgegenstandes festgesetzt wird, so ist, falls diese Entscheidung von der Wertberechnung abweicht, die der Kostenfestsetzung zugrunde liegt, auf Antrag die Kostenfestsetzung entsprechend abzuändern. ²Über den Antrag entscheidet das Gericht des ersten Rechtszuges.

(2) ¹Der Antrag ist binnen der Frist von einem Monat bei der Geschäftsstelle anzubringen. ²Die Frist beginnt mit der Zustellung und, wenn es einer solchen nicht bedarf, mit der Verkündung des den Wert des Streitgegenstandes festsetzenden Beschlusses.

(3) Die Vorschriften des § 104 Abs. 3 sind anzuwenden.

Titel 6. Sicherheitsleistung

§ 108 Art und Höhe der Sicherheit. (1) ¹In den Fällen der Bestellung einer prozessualen Sicherheit kann das Gericht nach freiem Ermessen bestimmen, in welcher Art und Höhe die Sicherheit zu leisten ist. ²Soweit das Gericht eine Bestimmung nicht getroffen hat und die Parteien ein anderes nicht vereinbart haben, ist die Sicherheitsleistung durch die schriftliche, unwiderrufliche, unbedingte und unbefristete Bürgschaft eines im Inland zum Geschäftsbetrieb befugten Kreditinstituts oder durch Hinterlegung von Geld oder solchen Wertpapieren zu bewirken, die nach § 234 Abs. 1 und 3 des Bürgerlichen Gesetzbuchs zur Sicherheitsleistung geeignet sind.

(2) Die Vorschriften des § 234 Abs. 2 und des § 235 des Bürgerlichen Gesetzbuchs sind entsprechend anzuwenden.

§ 109 Rückgabe der Sicherheit. (1) Ist die Veranlassung für eine Sicherheitsleistung weggefallen, so hat auf Antrag das Gericht, das die Bestellung der Sicherheit angeordnet oder zugelassen hat, eine Frist zu bestimmen, binnen der ihm die Partei, zu deren Gunsten die Sicherheit geleistet ist, die Einwilligung in die Rückgabe der Sicherheit zu erklären oder die Erhebung der Klage wegen ihrer Ansprüche nachzuweisen hat.

(2) ¹Nach Ablauf der Frist hat das Gericht auf Antrag die Rückgabe der Sicherheit anzuordnen, wenn nicht inzwischen die Erhebung der Klage nachgewiesen ist; ist die Sicherheit durch eine Bürgschaft bewirkt worden, so ordnet das Gericht das Erlöschen der Bürgschaft an. ²Die Anordnung wird erst mit der Rechtskraft wirksam.

(3) ¹Die Anträge und die Einwilligung in die Rückgabe der Sicherheit können vor der Geschäftsstelle zu Protokoll erklärt werden. ²Die Entscheidungen ergehen durch Beschluss.

(4) Gegen den Beschluß, durch den der im Absatz 1 vorgesehene Antrag abgelehnt wird, steht dem Antragsteller, gegen die im Absatz 2 bezeichnete Entscheidung steht beiden Teilen die sofortige Beschwerde zu.

§ 110 Prozesskostensicherheit. (1) Kläger, die ihren gewöhnlichen Aufenthalt nicht in einem Mitgliedstaat der Europäischen Union oder einem Vertragsstaat des Abkommens über den Europäischen Wirtschaftsraum haben, leisten auf Verlangen des Beklagten wegen der Prozeßkosten Sicherheit.

(2) Diese Verpflichtung tritt nicht ein:
1. wenn aufgrund völkerrechtlicher Verträge keine Sicherheit verlangt werden kann;
2. wenn die Entscheidung über die Erstattung der Prozeßkosten an den Beklagten aufgrund völkerrechtlicher Verträge vollstreckt würde;
3. wenn der Kläger im Inland ein zur Deckung der Prozeßkosten hinreichendes Grundvermögen oder dinglich gesicherte Forderungen besitzt;
4. bei Widerklagen;
5. bei Klagen, die aufgrund einer öffentlichen Aufforderung erhoben werden.

§ 111 Nachträgliche Prozesskostensicherheit. Der Beklagte kann auch dann Sicherheit verlangen, wenn die Voraussetzungen für die Verpflichtung zur Sicherheitsleistung erst im Laufe des Rechtsstreits eintreten und nicht ein zur Deckung ausreichender Teil des erhobenen Anspruchs unbestritten ist.

§ 112 Höhe der Prozesskostensicherheit. (1) Die Höhe der zu leistenden Sicherheit wird von dem Gericht nach freiem Ermessen festgesetzt.

(2) ¹Bei der Festsetzung ist derjenige Betrag der Prozeßkosten zugrunde zu legen, den der Beklagte wahrscheinlich aufzuwenden haben wird. ²Die dem Beklagten durch eine Widerklage erwachsenden Kosten sind hierbei nicht zu berücksichtigen.

(3) Ergibt sich im Laufe des Rechtsstreits, daß die geleistete Sicherheit nicht hinreicht, so kann der Beklagte die Leistung einer weiteren Sicherheit verlangen, sofern nicht ein zur Deckung ausreichender Teil des erhobenen Anspruchs unbestritten ist.

§ 113 Fristbestimmung für Prozesskostensicherheit. ¹Das Gericht hat dem Kläger bei Anordnung der Sicherheitsleistung eine Frist zu bestimmen, binnen der die Sicherheit zu leisten ist. ²Nach Ablauf der Frist ist auf Antrag des Beklagten, wenn die Sicherheit bis zur Entscheidung nicht geleistet ist, die Klage für zurückgenommen zu erklären oder, wenn über ein Rechtsmittel des Klägers zu verhandeln ist, dieses zu verwerfen.

Titel 7. Prozesskostenhilfe und Prozesskostenvorschuss

§ 114 Voraussetzungen. Eine Partei, die nach ihren persönlichen und wirtschaftlichen Verhältnissen die Kosten der Prozeßführung nicht, nur zum Teil oder nur in Raten aufbringen kann, erhält auf Antrag Prozßkostenhilfe, wenn die beabsichtigte Rechtsverfolgung oder Rechtsverteidigung hinreichende Aussicht auf Erfolg bietet und nicht mutwillig erscheint.

§ 115 Einsatz von Einkommen und Vermögen. (1)[1] ¹Die Partei hat ihr Einkommen einzusetzen. ²Zum Einkommen gehören alle Einkünfte in Geld oder Geldeswert. ³Von ihm sind abzusetzen:
1. die in § 76 Abs. 2, 2a des Bundessozialhilfegesetzes[2] bezeichneten Beträge;
2. für die Partei und ihren Ehegatten oder ihren Lebenspartner jeweils 64 vom Hundert und bei weiteren Unterhaltsleistungen auf Grund gesetzlicher Unterhaltspflicht für jede unterhaltsberechtigte Person 45 vom Hundert des Grundbetrags nach § 79 Abs. 1 Nr. 1, § 82 des Bundessozialhilfegesetzes, der im Zeitpunkt der Bewilligung der Prozeßkostenhilfe gilt; die Beträge sind entsprechend § 82 des Bundessozialhilfegesetzes zu runden; das Bundesministerium der Justiz gibt jährlich die vom 1. Juli des Jahres bis zum 30. Juni des nächsten Jahres maßgebenden Beträge im Bundesgesetzblatt bekannt.[3] Der Unterhaltsfreibetrag vermindert sich um eigenes Ein-

---

[1] Beachte hierzu die für das Gesetz zur Reform des Zivilprozesses vom 27. 7. 2001 geltende Übergangsvorschrift in § 26 Nr. 4 EGZPO; Nr. 2.

[2] § 76 Abs. 2 und 2a BSHG idF der Bek. v. 23. 3. 1994 (BGBl. I S. 646, ber. S. 2975), Abs. 2a geänd. durch G v. 23. 7. 1996 (BGBl. I S. 1088), Abs. 2 Nr. 5 angef. durch Art. 3 G v. 22. 12. 1999 (BGBl. I S. 2552) und geänd. durch Art. 3 G v. 16. 8. 2001 (BGBl. I S. 2074) lauten:

„**§ 76. Begriff des Einkommens.** (2) Von dem Einkommen sind abzusetzen
1. auf das Einkommen entrichtete Steuern,
2. Pflichtbeiträge zur Sozialversicherung einschließlich der Arbeitslosenversicherung,
3. Beiträge zu öffentlichen oder privaten Versicherungen oder ähnlichen Einrichtungen, soweit diese Beiträge gesetzlich vorgeschrieben oder nach Grund und Höhe angemessen sind,
4. die mit der Erzielung des Einkommens verbundenen notwendigen Ausgaben,
5. bis zum 30. Juni 2003 für minderjährige, unverheiratete Kinder ein Betrag in Höhe von monatlich 20 Deutsche Mark bei einem Kind und von monatlich 40 Deutsche Mark bei zwei oder mehr Kindern in einem Haushalt.

(2a) Bei Personen, die Leistungen der Hilfe zum Lebensunterhalt erhalten, sind von dem Einkommen ferner Beträge in jeweils angemessener Höhe abzusetzen
1. für Erwerbstätige,
2. für Personen, die trotz beschränkten Leistungsvermögens einem Erwerb nachgehen,
3. für Erwerbstätige,
   a) die blind sind oder deren Sehschärfe auf dem besseren Auge nicht mehr als ¹/₅₀ beträgt oder bei denen dem Schweregrad dieser Sehschärfe gleichzuachtende, nicht nur vorübergehende Störungen des Sehvermögens vorliegen, oder
   b) deren Behinderung so schwer ist, daß sie als Beschädigte die Pflegezulage nach den Stufen III bis VI nach § 35 Abs. 1 Satz 2 des Bundesversorgungsgesetzes erhielten."

[3] Bek. 13. 6. 2001 (BGBl. I S. 1204):

„Die vom 1. Juli 2001 bis zum 31. Dezember 2001 maßgebenden Beträge, die nach § 115 Abs. 1 Satz 3 Nr. 2 Satz 1 erster Halbsatz der Zivilprozessordnung vom Einkommen der Partei abzusetzen sind, betragen
1. für die Partei 689 Deutsche Mark,
2. für den Ehegatten 689 Deutsche Mark,
3. für jede weitere Person, der die Partei auf Grund gesetzlicher Unterhaltspflicht Unterhalt leistet, 484 Deutsche Mark."

Prozesskostenhilfe, Prozesskostenvorschuss § **116** ZPO 1

kommen der unterhaltsberechtigten Person. Wird eine Geldrente gezahlt, ist sie anstelle des Freibetrags abzusetzen, soweit dies angemessen ist;
3. die Kosten der Unterkunft und Heizung, soweit sie nicht in einem auffälligen Mißverhältnis zu den Lebensverhältnissen der Partei stehen;
4. weitere Beträge, soweit dies mit Rücksicht auf besondere Belastungen angemessen ist; § 1610a des Bürgerlichen Gesetzbuchs gilt entsprechend.

⁴Von dem nach den Abzügen verbleibenden, auf volle Euro abzurundenden Teil des monatlichen Einkommens (einzusetzendes Einkommen) sind unabhängig von der Zahl der Rechtszüge höchstens achtundvierzig Monatsraten aufzubringen, und zwar bei einem

einzusetzenden Einkommen (Euro)	eine Monatsrate von (Euro)
bis 15	0
50	15
100	30
150	45
200	60
250	75
300	95
350	115
400	135
450	155
500	175
550	200
600	225
650	250
700	275
750	300
über 750	300 zuzüglich des 750 übersteigenden Teils des einzusetzenden Einkommens

(2) ¹Die Partei hat ihr Vermögen einzusetzen, soweit dies zumutbar ist. ²§ 88 des Bundessozialhilfegesetzes gilt entsprechend.

(3) Prozeßkostenhilfe wird nicht bewilligt, wenn die Kosten der Prozeßführung der Partei vier Monatsraten und die aus dem Vermögen aufzubringenden Teilbeträge voraussichtlich nicht übersteigen.

§ **116 Partei kraft Amtes; juristische Person; parteifähige Vereinigung.** ¹Prozeßkostenhilfe erhalten auf Antrag
1. eine Partei kraft Amtes, wenn die Kosten aus der verwalteten Vermögensmasse nicht aufgebracht werden können und den am Gegenstand des Rechtsstreits wirtschaftlich Beteiligten nicht zuzumuten ist, die Kosten aufzubringen;
2. eine inländische juristische Person oder parteifähige Vereinigung, wenn die Kosten weder von ihr noch von den am Gegenstand des Rechtsstreits wirtschaftlich Beteiligten aufgebracht werden können und wenn die Unterlassung der Rechtsverfolgung oder Rechtsverteidigung allgemeinen Interessen zuwiderlaufen würde.

² § 114 letzter Halbsatz ist anzuwenden. ³ Können die Kosten nur zum Teil oder nur in Teilbeträgen aufgebracht werden, so sind die entsprechenden Beträge zu zahlen.

§ 117 Antrag. (1) ¹ Der Antrag auf Bewilligung der Prozeßkostenhilfe ist bei dem Prozeßgericht zu stellen; er kann vor der Geschäftsstelle zu Protokoll erklärt werden. ² In dem Antrag ist das Streitverhältnis unter Angabe der Beweismittel darzustellen. ³ Der Antrag auf Bewilligung von Prozeßkostenhilfe für die Zwangsvollstreckung ist bei dem für die Zwangsvollstreckung zuständigen Gericht zu stellen.

(2) ¹ Dem Antrag sind eine Erklärung der Partei über ihre persönlichen und wirtschaftlichen Verhältnisse (Familienverhältnisse, Beruf, Vermögen, Einkommen und Lasten) sowie entsprechende Belege beizufügen. ² Die Erklärung und die Belege dürfen dem Gegner nur mit Zustimmung der Partei zugänglich gemacht werden.

(3) Der Bundesminister der Justiz wird ermächtigt, zur Vereinfachung und Vereinheitlichung des Verfahrens durch Rechtsverordnung mit Zustimmung des Bundesrates Vordrucke für die Erklärung einzuführen.[1]

(4) Soweit Vordrucke für die Erklärung eingeführt sind, muß sich die Partei ihrer bedienen.

§ 118 Bewilligungsverfahren. (1) ¹ Vor der Bewilligung der Prozeßkostenhilfe ist dem Gegner Gelegenheit zur Stellungnahme zu geben, wenn dies nicht aus besonderen Gründen unzweckmäßig erscheint. ² Die Stellungnahme kann vor der Geschäftsstelle zu Protokoll erklärt werden. ³ Das Gericht kann die Parteien zur mündlichen Erörterung laden, wenn eine Einigung zu erwarten ist; ein Vergleich ist zu gerichtlichem Protokoll zu nehmen. ⁴ Dem Gegner entstandene Kosten werden nicht erstattet. ⁵ Die durch die Vernehmung von Zeugen und Sachverständigen nach Absatz 2 Satz 3 entstandenen Auslagen sind als Gerichtskosten von der Partei zu tragen, der die Kosten des Rechtsstreits auferlegt sind.

(2) ¹ Das Gericht kann verlangen, daß der Antragsteller seine tatsächlichen Angaben glaubhaft macht. ² Es kann Erhebungen anstellen, insbesondere die Vorlegung von Urkunden anordnen und Auskünfte einholen. ³ Zeugen und Sachverständige werden nicht vernommen, es sei denn, daß auf andere Weise nicht geklärt werden kann, ob die Rechtsverfolgung oder Rechtsverteidigung hinreichende Aussicht auf Erfolg bietet und nicht mutwillig erscheint; eine Beeidigung findet nicht statt. ⁴ Hat der Antragsteller innerhalb einer von dem Gericht gesetzten Frist Angaben über seine persönlichen und wirtschaftlichen Verhältnisse nicht glaubhaft gemacht oder bestimmte Fragen nicht oder ungenügend beantwortet, so lehnt das Gericht die Bewilligung von Prozeßkostenhilfe insoweit ab.

(3) Die in Absatz 1, 2 bezeichneten Maßnahmen werden von dem Vorsitzenden oder einem von ihm beauftragten Mitglied des Gerichts durchgeführt.

---

[1] Verordnung zur Einführung eines Vordrucks für die Erklärung über die persönlichen und wirtschaftlichen Verhältnisse bei Prozeßkostenhilfe (ProzeßkostenhilfevordruckVO – PKH-VV) vom 17. 10. 1994 (BGBl. I S. 3001).

§ 119 Bewilligung. (1) ¹Die Bewilligung der Prozeßkostenhilfe erfolgt für jeden Rechtszug besonders. ²In einem höheren Rechtszug ist nicht zu prüfen, ob die Rechtsverfolgung oder Rechtsverteidigung hinreichende Aussicht auf Erfolg bietet oder mutwillig erscheint, wenn der Gegner das Rechtsmittel eingelegt hat.

(2) Die Bewilligung von Prozeßkostenhilfe für die Zwangsvollstreckung in das bewegliche Vermögen umfaßt alle Vollstreckungshandlungen im Bezirk des Vollstreckungsgerichts einschließlich des Verfahrens auf Abgabe der eidesstattlichen Versicherung.

§ 120 Festsetzung von Zahlungen. (1) ¹Mit der Bewilligung der Prozeßkostenhilfe setzt das Gericht zu zahlende Monatsraten und aus dem Vermögen zu zahlende Beträge fest. ²Setzt das Gericht nach § 115 Abs. 1 Satz 3 Nr. 4 mit Rücksicht auf besondere Belastungen von dem Einkommen Beträge ab und ist anzunehmen, daß die Belastungen bis zum Ablauf von vier Jahren ganz oder teilweise entfallen werden, so setzt das Gericht zugleich diejenigen Zahlungen fest, die sich ergeben, wenn die Belastungen nicht oder nur in verringertem Umfang berücksichtigt werden, und bestimmt den Zeitpunkt, von dem an sie zu erbringen sind.

(2) Die Zahlungen sind an die Landeskasse zu leisten, im Verfahren vor dem Bundesgerichtshof an die Bundeskasse, wenn Prozeßkostenhilfe in einem vorherigen Rechtszug nicht bewilligt worden ist.

(3) Das Gericht soll die vorläufige Einstellung der Zahlungen bestimmen,
1. wenn abzusehen ist, daß die Zahlungen der Partei die Kosten decken;
2. wenn die Partei, ein ihr beigeordneter Rechtsanwalt oder die Bundes- oder Landeskasse die Kosten gegen einen anderen am Verfahren Beteiligten geltend machen kann.

(4) ¹Das Gericht kann die Entscheidung über die zu leistenden Zahlungen ändern, wenn sich die für die Prozeßkostenhilfe maßgebenden persönlichen oder wirtschaftlichen Verhältnisse wesentlich geändert haben; eine Änderung der nach § 115 Abs. 1 Satz 3 Nr. 2 Satz 1 maßgebenden Beträge ist nur auf Antrag und nur dann zu berücksichtigen, wenn sie dazu führt, daß keine Monatsrate zu zahlen ist. ²Auf Verlangen des Gerichts hat sich die Partei darüber zu erklären, ob eine Änderung der Verhältnisse eingetreten ist. ³Eine Änderung zum Nachteil der Partei ist ausgeschlossen, wenn seit der rechtskräftigen Entscheidung oder sonstigen Beendigung des Verfahrens vier Jahre vergangen sind.

§ 121 Beiordnung eines Rechtsanwalts. (1) Ist eine Vertretung durch Anwälte vorgeschrieben, wird der Partei ein zur Vertretung bereiter Rechtsanwalt ihrer Wahl beigeordnet.

(2) Ist eine Vertretung durch Anwälte nicht vorgeschrieben, wird der Partei auf ihren Antrag ein zur Vertretung bereiter Rechtsanwalt ihrer Wahl beigeordnet, wenn die Vertretung durch einen Rechtsanwalt erforderlich erscheint oder der Gegner durch einen Rechtsanwalt vertreten ist.

(3) Ein nicht bei dem Prozeßgericht zugelassener Rechtsanwalt kann nur beigeordnet werden, wenn dadurch weitere Kosten nicht entstehen.

(4) Wenn besondere Umstände dies erfordern, kann der Partei auf ihren Antrag ein zur Vertretung bereiter Rechtsanwalt ihrer Wahl zur Wahrnehmung eines Termins zur Beweisaufnahme vor dem ersuchten Richter oder zur Vermittlung des Verkehrs mit dem Prozeßbevollmächtigten beigeordnet werden.

(5) Findet die Partei keinen zur Vertretung bereiten Anwalt, ordnet der Vorsitzende ihr auf Antrag einen Rechtsanwalt bei.

§ 122 Wirkung der Prozesskostenhilfe. (1) Die Bewilligung der Prozeßkostenhilfe bewirkt, daß
1. die Bundes- oder Landeskasse
    a) die rückständigen und die entstehenden Gerichtskosten und Gerichtsvollzieherkosten,
    b) die auf sie übergegangenen Ansprüche der beigeordneten Rechtsanwälte gegen die Partei
    nur nach den Bestimmungen, die das Gericht trifft, gegen die Partei geltend machen kann,
2. die Partei von der Verpflichtung zur Sicherheitsleistung für die Prozeßkosten befreit ist,
3. die beigeordneten Rechtsanwälte Ansprüche auf Vergütung gegen die Partei nicht geltend machen können.

(2) Ist dem Kläger, dem Berufungskläger oder dem Revisionskläger Prozeßkostenhilfe bewilligt und ist nicht bestimmt worden, daß Zahlungen an die Bundes- oder Landeskasse zu leisten sind, so hat dies für den Gegner die einstweilige Befreiung von den in Absatz 1 Nr. 1 Buchstabe a bezeichneten Kosten zur Folge.

§ 123 Kostenerstattung. Die Bewilligung der Prozeßkostenhilfe hat auf die Verpflichtung, die dem Gegner entstandenen Kosten zu erstatten, keinen Einfluß.

§ 124 Aufhebung der Bewilligung. Das Gericht kann die Bewilligung der Prozeßkostenhilfe aufheben, wenn
1. die Partei durch unrichtige Darstellung des Streitverhältnisses die für die Bewilligung der Prozeßkostenhilfe maßgebenden Voraussetzungen vorgetäuscht hat;
2. die Partei absichtlich oder aus grober Nachlässigkeit unrichtige Angaben über die persönlichen oder wirtschaftlichen Verhältnisse gemacht oder eine Erklärung nach § 120 Abs. 4 Satz 2 nicht abgegeben hat;
3. die persönlichen oder wirtschaftlichen Voraussetzungen für die Prozeßkostenhilfe nicht vorgelegen haben; in diesem Falle ist die Aufhebung ausgeschlossen, wenn seit der rechtskräftigen Entscheidung oder sonstigen Beendigung des Verfahrens vier Jahre vergangen sind;
4. die Partei länger als drei Monate mit der Zahlung einer Monatsrate oder mit der Zahlung eines sonstigen Betrages im Rückstand ist.

§ 125 Einziehung der Kosten. (1) Die Gerichtskosten und die Gerichtsvollzieherkosten können von dem Gegner erst eingezogen werden, wenn er rechtskräftig in die Prozeßkosten verurteilt ist.

(2) Die Gerichtskosten, von deren Zahlung der Gegner einstweilen befreit ist, sind von ihm einzuziehen, soweit er rechtskräftig in die Prozeßkosten verurteilt oder der Rechtsstreit ohne Urteil über die Kosten beendet ist.

§ 126 Beitreibung der Rechtsanwaltskosten. (1) Die für die Partei bestellten Rechtsanwälte sind berechtigt, ihre Gebühren und Auslagen von dem in die Prozeßkosten verurteilten Gegner im eigenen Namen beizutreiben.

(2) [1] Eine Einrede aus der Person der Partei ist nicht zulässig. [2] Der Gegner kann mit Kosten aufrechnen, die nach der in demselben Rechtsstreit über die Kosten erlassenen Entscheidung von der Partei zu erstatten sind.

§ 127 Entscheidungen. (1) [1] Entscheidungen im Verfahren über die Prozeßkostenhilfe ergehen ohne mündliche Verhandlung. [2] Zuständig ist das Gericht des ersten Rechtszuges; ist das Verfahren in einem höheren Rechtszug anhängig, so ist das Gericht dieses Rechtszuges zuständig. [3] Soweit die Gründe der Entscheidung Angaben über die persönlichen und wirtschaftlichen Verhältnisse der Partei enthalten, dürfen sie dem Gegner nur mit Zustimmung der Partei zugänglich gemacht werden.

(2) [1] Die Bewilligung der Prozeßkostenhilfe kann nur nach Maßgabe des Absatzes 3 angefochten werden. [2] Im Übrigen findet die sofortige Beschwerde statt; dies gilt nicht, wenn der Streitwert der Hauptsache den in § 511 genannten Betrag nicht übersteigt, es sei denn, das Gericht hat ausschließlich die persönlichen oder wirtschaftlichen Voraussetzungen für die Prozesskostenhilfe verneint. [3] Die Notfrist des § 569 Abs. 1 Satz 1 beträgt einen Monat.

(3) [1] Gegen die Bewilligung der Prozeßkostenhilfe findet die sofortige Beschwerde der Staatskasse statt, wenn weder Monatsraten noch aus dem Vermögen zu zahlende Beträge festgesetzt worden sind. [2] Die Beschwerde kann nur darauf gestützt werden, daß die Partei nach ihren persönlichen und wirtschaftlichen Verhältnissen Zahlungen zu leisten hat. [3] Die Notfrist des § 569 Abs. 1 Satz 1 beträgt einen Monat und beginnt mit der Bekanntgabe des Beschlusses. [4] Nach Ablauf von drei Monaten seit der Verkündung der Entscheidung ist die Beschwerde unstatthaft. [5] Wird die Entscheidung nicht verkündet, so tritt an die Stelle der Verkündung der Zeitpunkt, in dem die unterschriebene Entscheidung der Geschäftsstelle übergeben wird. [6] Die Entscheidung wird der Staatskasse nicht von Amts wegen mitgeteilt.

(4) Die Kosten des Beschwerdeverfahrens werden nicht erstattet.

§ 127 a Prozesskostenvorschuss einer Unterhaltssache. (1) In einer Unterhaltssache kann das Prozeßgericht auf Antrag einer Partei durch einstweilige Anordnung die Verpflichtung zur Leistung eines Prozeßkostenvorschusses für diesen Rechtsstreit unter den Parteien regeln.

(2) [1] Die Entscheidung nach Absatz 1 ist unanfechtbar. [2] Im übrigen gelten die §§ 620 a bis 620 g entsprechend.

Abschnitt 3. Verfahren[1)]

Titel 1. Mündliche Verhandlung

§ 128[2)] **Grundsatz der Mündlichkeit; schriftliches Verfahren.** (1) Die Parteien verhandeln über den Rechtsstreit vor dem erkennenden Gericht mündlich.

(2) ¹Mit Zustimmung der Parteien, die nur bei einer wesentlichen Änderung der Prozeßlage widerruflich ist, kann das Gericht eine Entscheidung ohne mündliche Verhandlung treffen. ²Es bestimmt alsbald den Zeitpunkt, bis zu dem Schriftsätze eingereicht werden können, und den Termin zur Verkündung der Entscheidung. ³Eine Entscheidung ohne mündliche Verhandlung ist unzulässig, wenn seit der Zustimmung der Parteien mehr als drei Monate verstrichen sind.

(3) Ist nur noch über die Kosten zu entscheiden, kann die Entscheidung ohne mündliche Verhandlung ergehen.

(4) Entscheidungen des Gerichts, die nicht Urteile sind, können ohne mündliche Verhandlung ergehen, soweit nichts anderes bestimmt ist.

§ 128 a Verhandlung im Wege der Bild- und Tonübertragung.
(1) ¹Im Einverständnis mit den Parteien kann das Gericht den Parteien sowie ihren Bevollmächtigten und Beiständen auf Antrag gestatten, sich während einer Verhandlung an einem anderen Ort aufzuhalten und dort Verfahrenshandlungen vorzunehmen. ²Die Verhandlung wird zeitgleich in Bild und Ton an den Ort, an dem sich die Parteien, Bevollmächtigten und Beistände aufhalten, und in das Sitzungszimmer übertragen,

(2) ¹Im Einverständnis mit den Parteien kann das Gericht gestatten, dass sich ein Zeuge, ein Sachverständiger oder eine Partei während der Vernehmung an einem anderen Ort aufhält. ²Die Vernehmung wird zeitgleich in Bild und Ton in das Sitzungszimmer übertragen. ³Ist Parteien, Bevollmächtigten und Beiständen nach Absatz 1 gestattet worden, sich an einem anderen Ort aufzuhalten, so wird die Vernehmung zeitgleich in Bild und Ton auch an diesen Ort übertragen.

(3) ¹Die Übertragung wird nicht aufgezeichnet. ²Entscheidungen nach den Absätzen 1 und 2 sind nicht anfechtbar.

§ 129 Vorbereitende Schriftsätze. (1) In Anwaltsprozessen wird die mündliche Verhandlung durch Schriftsätze vorbereitet.

(2) In anderen Prozessen kann den Parteien durch richterliche Anordnung aufgegeben werden, die mündliche Verhandlung durch Schriftsätze oder zu Protokoll der Geschäftsstelle abzugebende Erklärungen vorzubereiten.

§ 129 a Anträge und Erklärungen zu Protokoll. (1) Anträge und Erklärungen, deren Abgabe vor dem Urkundsbeamten der Geschäftsstelle zuläs-

---

[1)] Vgl. §§ 169 bis 197 GVG idF der Bek. v. 9. 5. 1975 (BGBl. I S. 1077); Nr. **3**.
[2)] Beachte hierzu die für das Gesetz zur Reform des Zivilprozesses vom 27. 7. 2001 geltende Übergangsvorschrift in § 26 Nr. 2 EGZPO; Nr. **2**.

Mündliche Verhandlung **§§ 130–131 ZPO 1**

sig ist, können vor der Geschäftsstelle eines jeden Amtsgerichts zu Protokoll abgegeben werden.

(2) [1]Die Geschäftsstelle hat das Protokoll unverzüglich an das Gericht zu übersenden, an das der Antrag oder die Erklärung gerichtet ist. [2]Die Wirkung einer Prozeßhandlung tritt frühestens ein, wenn das Protokoll dort eingeht. [3]Die Übermittlung des Protokolls kann demjenigen, der den Antrag oder die Erklärung zu Protokoll abgegeben hat, mit seiner Zustimmung überlassen werden.

§ 130 Inhalt der Schriftsätze. Die vorbereitenden Schriftsätze sollen enthalten:
1. die Bezeichnung der Parteien und ihrer gesetzlichen Vertreter nach Namen, Stand oder Gewerbe, Wohnort und Parteistellung; die Bezeichnung des Gerichts und des Streitgegenstandes; die Zahl der Anlagen;
2. die Anträge, welche die Partei in der Gerichtssitzung zu stellen beabsichtigt;
3. die Angabe der zur Begründung der Anträge dienenden tatsächlichen Verhältnisse;
4. die Erklärung über die tatsächlichen Behauptungen des Gegners;
5. die Bezeichnung der Beweismittel, deren sich die Partei zum Nachweis oder zur Widerlegung tatsächlicher Behauptungen bedienen will, sowie die Erklärung über die von dem Gegner bezeichneten Beweismittel;
6. die Unterschrift der Person, die den Schriftsatz verantwortet, bei Übermittlung durch einen Telefaxdienst (Telekopie) die Wiedergabe der Unterschrift in der Kopie.

§ 130 a Elektronisches Dokument. (1) [1]Soweit für vorbereitende Schriftsätze und deren Anlagen, für Anträge und Erklärungen der Parteien sowie für Auskünfte, Aussagen, Gutachten und Erklärungen Dritter die Schriftform vorgesehen ist, genügt dieser Form die Aufzeichnung als elektronisches Dokument, wenn dieses für die Bearbeitung durch das Gericht geeignet ist. [2]Die verantwortende Person soll das Dokument mit einer qualifizierten elektronischen Signatur nach dem Signaturgesetz versehen.

(2) [1]Die Bundesregierung und die Landesregierungen bestimmen für ihren Bereich durch Rechtsverordnung den Zeitpunkt, von dem an elektronische Dokumente bei den Gerichten eingereicht werden können, sowie die für die Bearbeitung der Dokumente geeignete Form. [2]Die Landesregierungen können die Ermächtigung durch Rechtsverordnung auf die Landesjustizverwaltungen übertragen. [3]Die Zulassung der elektronischen Form kann auf einzelne Gerichte oder Verfahren beschränkt werden.

(3) Ein elektronisches Dokument ist eingereicht, sobald die für den Empfang bestimmte Einrichtung des Gerichts es aufgezeichnet hat.

§ 131 Beifügung von Urkunden. (1) Dem vorbereitenden Schriftsatz sind die in den Händen der Partei befindlichen Urkunden, auf die in dem Schriftsatz Bezug genommen wird, in Urschrift oder in Abschrift beizufügen.

(2) Kommen nur einzelne Teile einer Urkunde in Betracht, so genügt die Beifügung eines Auszugs, der den Eingang, die zur Sache gehörende Stelle, den Schluß, das Datum und die Unterschrift enthält.

(3) Sind die Urkunden dem Gegner bereits bekannt oder von bedeutendem Umfang, so genügt ihre genaue Bezeichnung mit dem Erbieten, Einsicht zu gewähren.

§ 132 Fristen für Schriftsätze. (1) [1]Der vorbereitende Schriftsatz, der neue Tatsachen oder ein anderes neues Vorbringen enthält, ist so rechtzeitig einzureichen, daß er mindestens eine Woche vor der mündlichen Verhandlung zugestellt werden kann. [2]Das gleiche gilt für einen Schriftsatz, der einen Zwischenstreit betrifft.

(2) [1]Der vorbereitende Schriftsatz, der eine Gegenerklärung auf neues Vorbringen enthält, ist so rechtzeitig einzureichen, daß er mindestens drei Tage vor der mündlichen Verhandlung zugestellt werden kann. [2]Dies gilt nicht, wenn es sich um eine schriftliche Gegenerklärung in einem Zwischenstreit handelt.

§ 133 Abschriften. (1) [1]Die Parteien sollen den Schriftsätzen, die sie bei dem Gericht einreichen, die für die Zustellung erforderliche Zahl von Abschriften der Schriftsätze und deren Anlagen beifügen. [2]Das gilt nicht für Anlagen, die dem Gegner in Urschrift oder in Abschrift vorliegen.

(2) Im Falle der Zustellung von Anwalt zu Anwalt (§ 198)[1]) haben die Parteien sofort nach der Zustellung eine für das Prozeßgericht bestimmte Abschrift ihrer vorbereitenden Schriftsätze und der Anlagen bei dem Gericht einzureichen.

§ 134 Einsicht von Urkunden. (1) Die Partei ist, wenn sie rechtzeitig aufgefordert wird, verpflichtet, die in ihren Händen befindlichen Urkunden, auf die sie in einem vorbereitenden Schriftsatz Bezug genommen hat, vor der mündlichen Verhandlung auf der Geschäftsstelle niederzulegen und den Gegner von der Niederlegung zu benachrichtigen.

(2) [1]Der Gegner hat zur Einsicht der Urkunden eine Frist von drei Tagen. [2]Die Frist kann auf Antrag von dem Vorsitzenden verlängert oder abgekürzt werden.

§ 135 Mitteilung von Urkunden unter Rechtsanwälten. (1) Den Rechtsanwälten steht es frei, die Mitteilung von Urkunden von Hand zu Hand gegen Empfangsbescheinigung zu bewirken.

(2) Gibt ein Rechtsanwalt die ihm eingehändigte Urkunde nicht binnen der bestimmten Frist zurück, so ist er auf Antrag nach mündlicher Verhandlung zur unverzüglichen Rückgabe zu verurteilen.

(3) Gegen das Zwischenurteil findet sofortige Beschwerde statt.

§ 136 Prozessleitung durch Vorsitzenden. (1) Der Vorsitzende eröffnet und leitet die Verhandlung.

(2) [1]Er erteilt das Wort und kann es demjenigen, der seinen Anordnungen nicht Folge leistet, entziehen. [2]Er hat jedem Mitglied des Gerichts auf Verlangen zu gestatten, Fragen zu stellen.

---

[1]) In § 133 Abs. 2 wird **mWv 1. 7. 2002** die Angabe „(§ 198)" durch die Angabe „(§ 195)" ersetzt.

(3) Er hat Sorge zu tragen, daß die Sache erschöpfend erörtert und die Verhandlung ohne Unterbrechung zu Ende geführt wird; erforderlichenfalls hat er die Sitzung zur Fortsetzung der Verhandlung sofort zu bestimmen.

(4) Er schließt die Verhandlung, wenn nach Ansicht des Gerichts die Sache vollständig erörtert ist, und verkündet die Urteile und Beschlüsse des Gerichts.

§ 137 Gang der mündlichen Verhandlung. (1) Die mündliche Verhandlung wird dadurch eingeleitet, daß die Parteien ihre Anträge stellen.

(2) Die Vorträge der Parteien sind in freier Rede zu halten; sie haben das Streitverhältnis in tatsächlicher und rechtlicher Beziehung zu umfassen.

(3) [1]Eine Bezugnahme auf Schriftstücke ist zulässig, soweit keine der Parteien widerspricht und das Gericht sie für angemessen hält. [2]Die Vorlesung von Schriftstücken findet nur insoweit statt, als es auf ihren wörtlichen Inhalt ankommt.

(4) In Anwaltsprozessen ist neben dem Anwalt auch der Partei selbst auf Antrag das Wort zu gestatten.

§ 138 Erklärungspflicht über Tatsachen; Wahrheitspflicht. (1) Die Parteien haben ihre Erklärungen über tatsächliche Umstände vollständig und der Wahrheit gemäß abzugeben.

(2) Jede Partei hat sich über die von dem Gegner behaupteten Tatsachen zu erklären.

(3) Tatsachen, die nicht ausdrücklich bestritten werden, sind als zugestanden anzusehen, wenn nicht die Absicht, sie bestreiten zu wollen, aus den übrigen Erklärungen der Partei hervorgeht.

(4) Eine Erklärung mit Nichtwissen ist nur über Tatsachen zulässig, die weder eigene Handlungen der Partei noch Gegenstand ihrer eigenen Wahrnehmung gewesen sind.

§ 139 Materielle Prozessleitung. (1) [1]Das Gericht hat das Sach- und Streitverhältnis, soweit erforderlich, mit den Parteien nach der tatsächlichen und rechtlichen Seite zu erörtern und Fragen zu stellen. [2]Es hat dahin zu wirken, dass die Parteien sich rechtzeitig und vollständig über alle erheblichen Tatsachen erklären, insbesondere ungenügende Angaben zu den geltend gemachten Tatsachen ergänzen, die Beweismittel bezeichnen und die sachdienlichen Anträge stellen.

(2) [1]Auf einen Gesichtspunkt, den eine Partei erkennbar übersehen oder für unerheblich gehalten hat, darf das Gericht, soweit nicht nur eine Nebenforderung betroffen ist, seine Entscheidung nur stützen, wenn es darauf hingewiesen und Gelegenheit zur Äußerung dazu gegeben hat. [2]Dasselbe gilt für einen Gesichtspunkt den das Gericht anders beurteilt als beide Parteien.

(3) Das Gericht hat auf die Bedenken aufmerksam zu machen, die hinsichtlich der von Amts wegen zu berücksichtigenden Punkte bestehen.

(4) [1]Hinweise nach dieser Vorschrift sind so früh wie möglich zu erteilen und aktenkundig zu machen. [2]Ihre Erteilung kann nur durch den Inhalt der Akten bewiesen werden. [3]Gegen den Inhalt der Akten ist nur der Nachweis der Fälschung zulässig.

(5) Ist einer Partei eine sofortige Erklärung zu einem gerichtlichen Hinweis nicht möglich, so soll auf ihren Antrag das Gericht eine Frist bestimmen, in der sie die Erklärung in einem Schriftsatz nachbringen kann.

§ 140 Beanstandung von Prozessleitung oder Fragen. Wird eine auf die Sachleitung bezügliche Anordnung des Vorsitzenden oder eine von dem Vorsitzenden oder einem Gerichtsmitgliede gestellte Frage von einer bei der Verhandlung beteiligten Person als unzulässig beanstandet, so entscheidet das Gericht.

§ 141 Anordnung des persönlichen Erscheinens. (1) [1]Das Gericht soll das persönliche Erscheinen beider Parteien anordnen, wenn dies zur Aufklärung des Sachverhalts geboten erscheint. [2]Ist einer Partei wegen großer Entfernung oder aus sonstigem wichtigen Grunde die persönliche Wahrnehmung des Termins nicht zuzumuten, so sieht das Gericht von der Anordnung ihres Erscheinens ab.

(2) [1]Wird das Erscheinen angeordnet, so ist die Partei von Amts wegen zu laden. [2]Die Ladung ist der Partei selbst mitzuteilen, auch wenn sie einen Prozeßbevollmächtigten bestellt hat; der Zustellung bedarf die Ladung nicht.

(3) [1]Bleibt die Partei im Termin aus, so kann gegen sie Ordnungsgeld wie gegen einen im Vernehmungstermin nicht erschienenen Zeugen festgesetzt werden. [2]Dies gilt nicht, wenn die Partei zur Verhandlung einen Vertreter entsendet, der zur Aufklärung des Tatbestandes in der Lage und zur Abgabe der gebotenen Erklärungen, insbesondere zu einem Vergleichsabschluß, ermächtigt ist. [3]Die Partei ist auf die Folgen ihres Ausbleibens in der Ladung hinzuweisen.

§ 142 Anordnung der Urkundenvorlegung. (1) [1]Das Gericht kann anordnen, dass eine Partei oder ein Dritter die in ihrem oder seinem Besitz befindlichen Urkunden und sonstigen Unterlagen, auf die sich eine Partei bezogen hat, vorlegt. [2]Das Gericht kann hierfür eine Frist setzen sowie anordnen, dass die vorgelegten Unterlagen während einer von ihm zu bestimmenden Zeit auf der Geschäftsstelle verbleiben.

(2) [1]Dritte sind zur Vorlegung nicht verpflichtet, soweit ihnen diese nicht zumutbar ist oder sie zur Zeugnisverweigerung gemäß den §§ 383 bis 385 berechtigt sind. [2]Die §§ 386 bis 390 gelten entsprechend.

(3) [1]Das Gericht kann anordnen, dass von in fremder Sprache abgefassten Urkunden eine Übersetzung beigebracht werde, die ein nach den Richtlinien der Landesjustizverwaltung hierzu ermächtigter Übersetzer angefertigt hat. [2]Die Anordnung kann nicht gegenüber dem Dritten ergehen.

§ 143 Anordnung der Aktenvorlegung. Das Gericht kann anordnen, daß die Parteien die in ihrem Besitz befindlichen Akten vorlegen, soweit diese aus Schriftstücken bestehen, welche die Verhandlung und Entscheidung der Sache betreffen.

§ 144 Augenschein; Sachverständige. (1) [1]Das Gericht kann die Einnahme des Augenscheins sowie die Begutachtung durch Sachverständige anordnen. [2]Es kann zu diesem Zweck einer Partei oder einem Dritten die Vorlegung eines in ihrem oder seinem Besitz befindlichen Gegenstandes aufgeben und hierfür eine Frist setzen. ³Es kann auch die Duldung der Maßnahme nach Satz 1 aufgeben, sofern nicht eine Wohnung betroffen ist.

(2) ¹Dritte sind zur Vorlegung oder Duldung nicht verpflichtet, soweit ihnen diese nicht zumutbar ist oder sie zur Zeugnisverweigerung gemäß den §§ 383 bis 385 berechtigt sind. ²Die §§ 386 bis 390 gelten entsprechend.

(3) Das Verfahren richtet sich nach den Vorschriften, die eine auf Antrag angeordnete Einnahme des Augenscheins oder Begutachtung durch Sachverständige zum Gegenstand haben.

§ 145 Prozesstrennung. (1) Das Gericht kann anordnen, daß mehrere in einer Klage erhobene Ansprüche in getrennten Prozessen verhandelt werden.

(2) Das gleiche gilt, wenn der Beklagte eine Widerklage erhoben hat und der Gegenanspruch mit dem in der Klage geltend gemachten Anspruch nicht in rechtlichem Zusammenhang steht.

(3) Macht der Beklagte die Aufrechnung einer Gegenforderung geltend, die mit der in der Klage geltend gemachten Forderung nicht in rechtlichem Zusammenhang steht, so kann das Gericht anordnen, daß über die Klage und über die Aufrechnung getrennt verhandelt werde; die Vorschriften des § 302 sind anzuwenden.

§ 146 Beschränkung auf einzelne Angriffs- und Verteidigungsmittel. Das Gericht kann anordnen, daß bei mehreren auf denselben Anspruch sich beziehenden selbständigen Angriffs- oder Verteidigungsmitteln (Klagegründen, Einreden, Repliken usw.) die Verhandlung zunächst auf eines oder einige dieser Angriffs- oder Verteidigungsmittel zu beschränken sei.

§ 147 Prozessverbindung. Das Gericht kann die Verbindung mehrerer bei ihm anhängiger Prozesse derselben oder verschiedener Parteien zum Zwecke der gleichzeitigen Verhandlung und Entscheidung anordnen, wenn die Ansprüche, die den Gegenstand dieser Prozesse bilden, in rechtlichem Zusammenhang stehen oder in einer Klage hätten geltend gemacht werden können.

§ 148 Aussetzung bei Vorgreiflichkeit. Das Gericht kann, wenn die Entscheidung des Rechtsstreits ganz oder zum Teil von dem Bestehen oder Nichtbestehen eines Rechtsverhältnisses abhängt, das den Gegenstand eines anderen anhängigen Rechtsstreits bildet oder von einer Verwaltungsbehörde festzustellen ist, anordnen, daß die Verhandlung bis zur Erledigung des anderen Rechtsstreits oder bis zur Entscheidung der Verwaltungsbehörde auszusetzen sei.

§ 149 Aussetzung bei Verdacht einer Straftat. (1) Das Gericht kann, wenn sich im Laufe eines Rechtsstreits der Verdacht einer Straftat ergibt, deren Ermittlung auf die Entscheidung von Einfluss ist, die Aussetzung der Verhandlung bis zur Erledigung des Strafverfahrens anordnen.

(2) ¹Das Gericht hat die Verhandlung auf Antrag einer Partei fortzusetzen, wenn seit der Aussetzung ein Jahr vergangen ist. ²Dies gilt nicht, wenn gewichtige Gründe für die Aufrechterhaltung der Aussetzung sprechen.

§ 150 Aufhebung von Trennung, Verbindung oder Aussetzung. ¹Das Gericht kann die von ihm erlassenen, eine Trennung, Verbindung oder Aussetzung betreffenden Anordnungen wieder aufheben. ²§ 149 Abs. 2 bleibt unberührt.

§ 151. *(aufgehoben)*

§ 152 Aussetzung bei Eheaufhebungsantrag. ¹Hängt die Entscheidung eines Rechtsstreits davon ab, ob eine Ehe aufhebbar ist, und ist die Aufhebung beantragt, so hat das Gericht auf Antrag das Verfahren auszusetzen. ²Ist das Verfahren über die Aufhebung erledigt, so findet die Aufnahme des ausgesetzten Verfahrens statt.

§ 153 Aussetzung bei Vaterschaftsanfechtungsklage. Hängt die Entscheidung eines Rechtsstreits davon ab, ob ein Mann, dessen Vaterschaft im Wege der Anfechtungsklage angefochten worden ist, der Vater des Kindes ist, so gelten die Vorschriften des § 152 entsprechend.

§ 154 Aussetzung bei Ehe- oder Kindschaftsstreit. (1) Wird im Laufe eines Rechtsstreits streitig, ob zwischen den Parteien eine Ehe oder eine Lebenspartnerschaft bestehe oder nicht bestehe, und hängt von der Entscheidung dieser Frage die Entscheidung des Rechtsstreits ab, so hat das Gericht auf Antrag das Verfahren auszusetzen, bis der Streit über das Bestehen oder Nichtbestehen der Ehe oder der Lebenspartnerschaft im Wege der Feststellungsklage erledigt ist.

(2) Diese Vorschrift gilt entsprechend, wenn im Laufe eines Rechtsstreits streitig wird, ob zwischen den Parteien ein Eltern- und Kindesverhältnis bestehe oder nicht bestehe oder ob der einen Partei die elterliche Sorge für die andere zustehe oder nicht zustehe, und von der Entscheidung dieser Fragen die Entscheidung des Rechtsstreits abhängt.

§ 155 Aufhebung der Aussetzung bei Verzögerung. In den Fällen der §§ 152, 153 kann das Gericht auf Antrag die Anordnung, durch die das Verfahren ausgesetzt ist, aufheben, wenn die Betreibung des Rechtsstreits, der zu der Aussetzung Anlaß gegeben hat, verzögert wird.

§ 156 Wiedereröffnung der Verhandlung. (1) Das Gericht kann die Wiedereröffnung einer Verhandlung, die geschlossen war, anordnen.

(2) Das Gericht hat die Wiedereröffnung insbesondere anzuordnen, wenn

1. das Gericht einen entscheidungserheblichen und rügbaren Verfahrensfehler (§ 295), insbesondere eine Verletzung der Hinweis- und Aufklärungspflicht (§ 139) oder eine Verletzung des Anspruchs auf rechtliches Gehör, feststellt,
2. nachträglich Tatsachen vorgetragen und glaubhaft gemacht werden, die einen Wiederaufnahmegrund (§§ 579, 580) bilden, oder
3. zwischen dem Schluss der mündlichen Verhandlung und dem Schluss der Beratung und Abstimmung (§§ 192 bis 197 des Gerichtsverfassungsgesetzes) ein Richter ausgeschieden ist.

§ 157 Ungeeignete Vertreter; Prozessagenten. (1) ¹Mit Ausnahme der Rechtsanwälte sind Personen, die die Besorgung fremder Rechtsangelegen-

Mündliche Verhandlung §§ 158–160 ZPO 1

heiten vor Gericht geschäftsmäßig betreiben, als Bevollmächtigte und Beistände in der Verhandlung ausgeschlossen. ²Sie sind auch dann ausgeschlossen, wenn sie als Partei einen ihnen abgetretenen Anspruch geltend machen und nach der Überzeugung des Gerichts der Anspruch abgetreten ist, um ihren Ausschluß von der Verhandlung zu vermeiden.

(2) ¹Das Gericht kann Parteien, Bevollmächtigten und Beiständen, die nicht Rechtsanwälte sind, wenn ihnen die Fähigkeit zum geeigneten Vortrag mangelt, den weiteren Vortrag untersagen. ²Diese Anordnung ist unanfechtbar.

(3) ¹Die Vorschrift des Absatzes 1 ist auf Personen, denen das mündliche Verhandeln vor Gericht durch Anordnung der Justizverwaltung gestattet ist, nicht anzuwenden. ²Die Justizverwaltung soll bei ihrer Entschließung sowohl auf die Eignung der Person als auch darauf Rücksicht nehmen, ob im Hinblick auf die Zahl der bei dem Gericht zugelassenen Rechtsanwälte ein Bedürfnis zur Zulassung besteht.

§ 158 Entfernung infolge Prozessleitungsanordnung. ¹Ist eine bei der Verhandlung beteiligte Person zur Aufrechterhaltung der Ordnung von dem Ort der Verhandlung entfernt worden, so kann auf Antrag gegen sie in gleicher Weise verfahren werden, als wenn sie freiwillig sich entfernt hätte. ²Das gleiche gilt im Falle des § 157 Abs. 2, sofern die Untersagung bereits bei einer früheren Verhandlung geschehen war.

§ 159 Protokollaufnahme. (1) ¹Über die Verhandlung und jede Beweisaufnahme ist ein Protokoll aufzunehmen. ²Für die Protokollführung ist ein Urkundsbeamter der Geschäftsstelle zuzuziehen, wenn nicht der Vorsitzende davon absieht.

(2) Absatz 1 gilt entsprechend für Verhandlungen, die außerhalb der Sitzung vor Richtern beim Amtsgericht oder vor beauftragten oder ersuchten Richtern stattfinden.

§ 160 Inhalt des Protokolls. (1) Das Protokoll enthält
1. den Ort und den Tag der Verhandlung;
2. die Namen der Richter, des Urkundsbeamten der Geschäftsstelle und des etwa zugezogenen Dolmetschers;
3. die Bezeichnung des Rechtsstreits;
4. die Namen der erschienenen Parteien, Nebenintervenienten, Vertreter, Bevollmächtigten, Beistände, Zeugen und Sachverständigen und im Falle des § 128a der Ort, von dem aus sie an der Verhandlung teilnehmen;
5. die Angabe, daß öffentlich verhandelt oder die Öffentlichkeit ausgeschlossen worden ist.

(2) Die wesentlichen Vorgänge der Verhandlung sind aufzunehmen.

(3) Im Protokoll sind festzustellen
1. Anerkenntnis, Anspruchsverzicht und Vergleich;
2. die Anträge;
3. Geständnis und Erklärung über einen Antrag auf Parteivernehmung sowie sonstige Erklärungen, wenn ihre Feststellung vorgeschrieben ist;

1 ZPO §§ 160a, 161 Buch 1. Allgemeine Vorschriften

4. die Aussagen der Zeugen, Sachverständigen und vernommenen Parteien; bei einer wiederholten Vernehmung braucht die Aussage nur insoweit in das Protokoll aufgenommen zu werden, als sie von der früheren abweicht;
5. das Ergebnis eines Augenscheins;
6. die Entscheidungen (Urteile, Beschlüsse und Verfügungen) des Gerichts;
7. die Verkündung der Entscheidungen;
8. die Zurücknahme der Klage oder eines Rechtsmittels;
9. der Verzicht auf Rechtsmittel;
10. das Ergebnis der Güteverhandlung.

(4) [1]Die Beteiligten können beantragen, daß bestimmte Vorgänge oder Äußerungen in das Protokoll aufgenommen werden. [2]Das Gericht kann von der Aufnahme absehen, wenn es auf die Feststellung des Vorgangs oder der Äußerung nicht ankommt. [3]Dieser Beschluß ist unanfechtbar; er ist in das Protokoll aufzunehmen.

(5) Der Aufnahme in das Protokoll steht die Aufnahme in eine Schrift gleich, die dem Protokoll als Anlage beigefügt und in ihm als solche bezeichnet ist.

§ 160 a Vorläufige Protokollaufzeichnung. (1) Der Inhalt des Protokolls kann in einer gebräuchlichen Kurzschrift, durch verständliche Abkürzungen oder auf einem Ton- oder Datenträger vorläufig aufgezeichnet werden.

(2) [1]Das Protokoll ist in diesem Fall unverzüglich nach der Sitzung herzustellen. [2]Soweit Feststellungen nach § 160 Abs. 3 Nr. 4 und 5 mit einem Tonaufnahmegerät vorläufig aufgezeichnet worden sind, braucht lediglich dies in dem Protokoll vermerkt zu werden. [3]Das Protokoll ist um die Feststellungen zu ergänzen, wenn eine Partei dies bis zum rechtskräftigen Abschluß des Verfahrens beantragt oder das Rechtsmittelgericht die Ergänzung anfordert. [4]Sind Feststellungen nach § 160 Abs. 3 Nr. 4 unmittelbar aufgenommen und ist zugleich das wesentliche Ergebnis der Aussagen vorläufig aufgezeichnet worden, so kann eine Ergänzung des Protokolls nur um das wesentliche Ergebnis der Aussagen verlangt werden.

(3) [1]Die vorläufigen Aufzeichnungen sind zu den Prozeßakten zu nehmen oder, wenn sie sich nicht dazu eignen, bei der Geschäftsstelle mit den Prozeßakten aufzubewahren. [2]Aufzeichnungen auf Ton- oder Datenträgern können gelöscht werden,
1. soweit das Protokoll nach der Sitzung hergestellt oder um die vorläufig aufgezeichneten Feststellungen ergänzt ist, wenn die Parteien innerhalb eines Monats nach Mitteilung der Abschrift keine Einwendungen erhoben haben;
2. nach rechtskräftigem Abschluß des Verfahrens.

§ 161 Entbehrliche Feststellungen. (1) Feststellungen nach § 160 Abs. 3 Nr. 4 und 5 brauchen nicht in das Protokoll aufgenommen zu werden,
1. wenn das Prozeßgericht die Vernehmung oder den Augenschein durchführt und das Endurteil der Berufung oder der Revision nicht unterliegt;

2. soweit die Klage zurückgenommen, der geltend gemachte Anspruch anerkannt oder auf ihn verzichtet wird, auf ein Rechtsmittel verzichtet oder der Rechtsstreit durch einen Vergleich beendet wird.

(2) [1] In dem Protokoll ist zu vermerken, daß die Vernehmung oder der Augenschein durchgeführt worden ist. [2] § 160 a Abs. 3 gilt entsprechend.

§ 162 Genehmigung des Protokolls.
(1) [1] Das Protokoll ist insoweit, als es Feststellungen nach § 160 Abs. 3 Nr. 1, 3, 4, 5, 8, 9 oder zu Protokoll erklärte Anträge enthält, den Beteiligten vorzulesen oder zur Durchsicht vorzulegen. [2] Ist der Inhalt des Protokolls nur vorläufig aufgezeichnet worden, so genügt es, wenn die Aufzeichnungen vorgelesen oder abgespielt werden. [3] In dem Protokoll ist zu vermerken, daß dies geschehen und die Genehmigung erteilt ist oder welche Einwendungen erhoben worden sind.

(2) [1] Feststellungen nach § 160 Abs. 3 Nr. 4 brauchen nicht abgespielt zu werden, wenn sie in Gegenwart der Beteiligten unmittelbar aufgezeichnet worden sind; der Beteiligte, dessen Aussage aufgezeichnet ist, kann das Abspielen verlangen. [2] Soweit Feststellungen nach § 160 Abs. 3 Nr. 4 und 5 in Gegenwart der Beteiligten diktiert worden sind, kann das Abspielen, das Vorlesen oder die Vorlage zur Durchsicht unterbleiben, wenn die Beteiligten nach der Aufzeichnung darauf verzichten; in dem Protokoll ist zu vermerken, daß der Verzicht ausgesprochen worden ist.

§ 163 Unterschreiben des Protokolls.
(1) [1] Das Protokoll ist von dem Vorsitzenden und von dem Urkundsbeamten der Geschäftsstelle zu unterschreiben. [2] Ist der Inhalt des Protokolls ganz oder teilweise mit einem Tonaufnahmegerät vorläufig aufgezeichnet worden, so hat der Urkundsbeamte der Geschäftsstelle die Richtigkeit der Übertragung zu prüfen und durch seine Unterschrift zu bestätigen; dies gilt auch dann, wenn der Urkundsbeamte der Geschäftsstelle zur Sitzung nicht zugezogen war.

(2) [1] Ist der Vorsitzende verhindert, so unterschreibt für ihn der älteste beisitzende Richter; war nur ein Richter tätig und ist dieser verhindert, so genügt die Unterschrift des zur Protokollführung zugezogenen Urkundsbeamten der Geschäftsstelle. [2] Ist dieser verhindert, so genügt die Unterschrift des Richters. [3] Der Grund der Verhinderung soll im Protokoll vermerkt werden.

§ 164 Protokollberichtigung.
(1) Unrichtigkeiten des Protokolls können jederzeit berichtigt werden.

(2) Vor der Berichtigung sind die Parteien und, soweit es die in § 160 Abs. 3 Nr. 4 genannten Feststellungen betrifft, auch die anderen Beteiligten zu hören.

(3) [1] Die Berichtigung wird auf dem Protokoll vermerkt; dabei kann auf eine mit dem Protokoll zu verbindende Anlage verwiesen werden. [2] Der Vermerk ist von dem Richter, der das Protokoll unterschrieben hat, oder von dem allein tätig gewesenen Richter, selbst wenn dieser an der Unterschrift verhindert war, und von dem Urkundsbeamten der Geschäftsstelle, soweit er zur Protokollführung zugezogen war, zu unterschreiben.

§ 165 Beweiskraft des Protokolls.
[1] Die Beachtung der für die Verhandlung vorgeschriebenen Förmlichkeiten kann nur durch das Protokoll bewiesen werden. [2] Gegen seinen diese Förmlichkeiten betreffenden Inhalt ist nur der Nachweis der Fälschung zulässig.

Fassung des Titels 2 bis 30. 6. 2002:

Titel 2.[1)] Verfahren bei Zustellungen
Untertitel 1.[1)] Zustellung auf Betreiben der Parteien

§ 166[1)] **Zustellung durch Gerichtsvollzieher.** (1) Die von den Parteien zu betreibenden Zustellungen erfolgen durch Gerichtsvollzieher.

(2) ¹In dem Verfahren vor den Amtsgerichten kann die Partei den Gerichtsvollzieher unter Vermittlung der Geschäftsstelle des Prozeßgerichts mit der Zustellung beauftragen. ²Das gleiche gilt in Anwaltsprozessen für Zustellungen, durch die eine Notfrist gewahrt werden soll.

§ 167[1)] **Zustellungsauftrag der Partei.** (1) Die mündliche Erklärung einer Partei genügt, um den Gerichtsvollzieher zur Vornahme der Zustellung, die Geschäftsstelle zur Beauftragung eines Gerichtsvollziehers mit der Zustellung zu ermächtigen.

(2) Ist eine Zustellung durch einen Gerichtsvollzieher bewirkt, so wird bis zum Beweis des Gegenteils angenommen, daß sie im Auftrag der Partei erfolgt sei.

§ 168[1)] **Vermittlung der Zustellung durch Geschäftsstelle.** Insoweit eine Zustellung unter Vermittlung der Geschäftsstelle zulässig ist, hat diese einen Gerichtsvollzieher mit der erforderlichen Zustellung zu beauftragen, sofern nicht die Partei erklärt hat, daß sie selbst einen Gerichtsvollzieher beauftragen wolle; in Anwaltsprozessen ist die Erklärung nur zu berücksichtigen, wenn sie in dem zuzustellenden Schriftsatz enthalten ist.

§ 169[1)] **Schriftstücke zum Zustellungsauftrag.** (1) Die Partei hat dem Gerichtsvollzieher und, wenn unter Vermittlung der Geschäftsstelle zuzustellen ist, dieser neben der Urschrift des zuzustellenden Schriftstücks eine der Zahl der Personen, denen zuzustellen ist, entsprechende Zahl von Abschriften zu übergeben.

(2) Die Zeit der Übergabe ist auf der Urschrift und den Abschriften zu vermerken und der Partei auf Verlangen zu bescheinigen.

§ 170[1)] **Zustellung durch Übergabe; Beglaubigung.** (1) Die Zustellung besteht, wenn eine Ausfertigung zugestellt werden soll, in deren Übergabe, in den übrigen Fällen in der Übergabe einer beglaubigten Abschrift des zuzustellenden Schriftstücks.

(2) Die Beglaubigung wird von dem Gerichtsvollzieher, bei den auf Betreiben von Rechtsanwälten oder in Anwaltsprozessen zuzustellenden Schriftstücken von dem Anwalt vorgenommen.

§ 171[1)] **Zustellung an Prozessunfähige.** (1) Die Zustellungen, die an eine Partei bewirkt werden sollen, erfolgen für die nicht prozeßfähigen Personen an ihre gesetzlichen Vertreter.

(2) Bei Behörden, Gemeinden und Korporationen sowie bei Vereinen, die als solche klagen und verklagt werden können, genügt die Zustellung an die Vorsteher.

[1)] Fassung des Titels 2 ab 1. 7. 2002 abgedruckt ab Seite 77.

Verfahren bei Zustellungen §§ 172–177 ZPO 1

(3) Bei mehreren gesetzlichen Vertretern sowie bei mehreren Vorstehern genügt die Zustellung an einen von ihnen.

§ 172.[1] *(weggefallen)*

§ 173[1] **Zustellung an Bevollmächtigte.** Die Zustellung erfolgt an den Generalbevollmächtigten sowie in den durch den Betrieb eines Handelsgewerbes hervorgerufenen Rechtsstreitigkeiten an den Prokuristen mit gleicher Wirkung wie an die Partei selbst.

§ 174[1] **Notwendigkeit eines Zustellungsbevollmächtigten.** (1) ¹Wohnt eine Partei weder am Ort des Prozeßgerichts noch innerhalb des Amtsgerichtsbezirkes, in dem das Prozeßgericht seinen Sitz hat, so kann das Gericht, falls sie nicht einen in diesem Ort oder Bezirk wohnhaften Prozeßbevollmächtigten bestellt hat, auf Antrag durch Beschluss anordnen, daß sie eine daselbst wohnhafte Person zum Empfang der für sie bestimmten Schriftstücke bevollmächtige. ²Eine Anfechtung des Beschlusses findet nicht statt.

(2) Wohnt die Partei nicht im Inland, so ist sie auch ohne Anordnung des Gerichts zur Benennung eines Zustellungsbevollmächtigten verpflichtet, falls sie nicht einen in dem durch den ersten Absatz bezeichneten Ort oder Bezirk wohnhaften Prozeßbevollmächtigten bestellt hat.

§ 175[1] **Benennung des Zustellungsbevollmächtigten; Zustellung durch Aufgabe zur Post.** (1) ¹Der Zustellungsbevollmächtigte ist bei der nächsten gerichtlichen Verhandlung oder, wenn die Partei vorher dem Gegner einen Schriftsatz zustellen läßt, in diesem zu benennen. ²Geschieht dies nicht, so können alle späteren Zustellungen bis zur nachträglichen Benennung in der Art bewirkt werden, daß der Gerichtsvollzieher das zu übergebende Schriftstück unter der Adresse der Partei nach ihrem Wohnort zur Post gibt. ³Die Zustellung wird mit der Aufgabe zur Post als bewirkt angesehen, selbst wenn die Sendung als unbestellbar zurückkommt.

(2) Die Postsendungen sind mit der Bezeichnung „Einschreiben" zu versehen, wenn die Partei es verlangt und zur Zahlung der Mehrkosten sich bereit erklärt.

§ 176[1] **Zustellung an Prozessbevollmächtigten.** Zustellungen, die in einem anhängigen Rechtsstreit bewirkt werden sollen, müssen an den für den Rechtszug bestellten Prozeßbevollmächtigten erfolgen.

§ 177[1] **Unbekannter Aufenthalt des Prozessbevollmächtigten.** (1) Ist der Aufenthalt eines Prozeßbevollmächtigten unbekannt, so hat das Prozeßgericht auf Antrag durch Beschluss die Zustellung an den Zustellungsbevollmächtigten, in Ermangelung eines solchen an den Gegner selbst zu bewilligen.

(2) Eine Anfechtung der die Zustellung bewilligenden Entscheidung findet nicht statt.

---

[1] Fassung des Titels 2 ab 1. 7. 2002 abgedruckt ab Seite 77.

§ 178[1] Umfang des Rechtszugs. ¹Als zu dem Rechtszug gehörig sind im Sinne des § 176 auch diejenigen Prozeßhandlungen anzusehen, die das Verfahren vor dem Gericht des Rechtszuges infolge eines Einspruchs, einer Aufhebung des Urteils dieses Gerichts, einer Wiederaufnahme des Verfahrens oder eines neuen Vorbringens in dem Verfahren der Zwangsvollstreckung zum Gegenstand haben. ²Das Verfahren vor dem Vollstreckungsgericht ist als zum ersten Rechtszuge gehörig anzusehen.

§ 179.[1] *(weggefallen)*

§ 180[1] Ort der Zustellung. Die Zustellungen können an jedem Ort erfolgen, wo die Person, der zugestellt werden soll, angetroffen wird.

§ 181[1] Ersatzzustellung in Wohnung und Haus. (1) Wird die Person, der zugestellt werden soll, in ihrer Wohnung nicht angetroffen, so kann die Zustellung in der Wohnung an einen zu der Familie gehörenden erwachsenen Hausgenossen oder an eine in der Familie dienende erwachsene Person erfolgen.

(2) Wird eine solche Person nicht angetroffen, so kann die Zustellung an den in demselben Hause wohnenden Hauswirt oder Vermieter erfolgen, wenn sie zur Annahme des Schriftstücks bereit sind.

§ 182[1] Ersatzzustellung durch Niederlegung. Ist die Zustellung nach diesen Vorschriften nicht ausführbar, so kann sie dadurch erfolgen, daß das zu übergebende Schriftstück auf der Geschäftsstelle des Amtsgerichts, in dessen Bezirk der Ort der Zustellung gelegen ist, oder an diesem Ort bei der Postanstalt oder dem Gemeindevorsteher oder dem Polizeivorsteher niedergelegt und eine schriftliche Mitteilung über die Niederlegung unter der Anschrift des Empfängers in der bei gewöhnlichen Briefen üblichen Weise abgegeben oder, falls dies nicht tunlich ist, an die Tür der Wohnung befestigt oder einer in der Nachbarschaft wohnenden Person zur Weitergabe an den Empfänger ausgehändigt wird.

§ 183[1] Ersatzzustellung im Geschäftslokal. (1) Für Gewerbetreibende, die ein besonderes Geschäftslokal haben, kann, wenn sie in dem Geschäftslokal nicht angetroffen werden, die Zustellung an einen darin anwesenden Gewerbegehilfen erfolgen.

(2) Wird ein Rechtsanwalt, ein Notar oder ein Gerichtsvollzieher in seinem Geschäftslokal nicht angetroffen, so kann die Zustellung an einen darin anwesenden Gehilfen oder Schreiber erfolgen.

§ 184[1] Ersatzzustellung bei juristischen Personen. (1) Wird der gesetzliche Vertreter oder der Vorsteher einer Behörde, einer Gemeinde, einer Korporation oder eines Vereins, dem zugestellt werden soll, in dem Geschäftslokal während der gewöhnlichen Geschäftsstunden nicht angetroffen oder ist er an der Annahme verhindert, so kann die Zustellung an einen anderen in dem Geschäftslokal anwesenden Beamten oder Bediensteten bewirkt werden.

---

[1] Fassung des Titels 2 ab 1. 7. 2002 abgedruckt ab Seite 77.

Verfahren bei Zustellungen §§ 185–189 ZPO 1

(2) Wird der gesetzliche Vertreter oder der Vorsteher in seiner Wohnung nicht angetroffen, so sind die Vorschriften der §§ 181, 182 nur anzuwenden, wenn ein besonderes Geschäftslokal nicht vorhanden ist.

§ 185[1]) **Verbotene Ersatzzustellung.** Die Zustellung an eine der in den §§ 181, 183, 184 Abs. 1 bezeichneten Personen hat zu unterbleiben, wenn die Person an dem Rechtsstreit als Gegner der Partei, an welche die Zustellung erfolgen soll, beteiligt ist.

§ 186[1]) **Zustellung bei verweigerter Annahme.** Wird die Annahme der Zustellung ohne gesetzlichen Grund verweigert, so ist das zu übergebende Schriftstück am Ort der Zustellung zurückzulassen.

§ 187[1]) **Heilung von Zustellungsmängeln.** [1]Ist ein Schriftstück, ohne daß sich seine formgerechte Zustellung nachweisen läßt, oder unter Verletzung zwingender Zustellungsvorschriften dem Prozeßbeteiligten zugegangen, an den die Zustellung dem Gesetz gemäß gerichtet war oder gerichtet werden konnte, so kann die Zustellung als in dem Zeitpunkt bewirkt angesehen werden, in dem das Schriftstück dem Beteiligten zugegangen ist. [2]Dies gilt nicht, soweit durch die Zustellung der Lauf einer Notfrist in Gang gesetzt werden soll.

§ 188[1]) **Zustellung zur Nachtzeit und an Sonn- und Feiertagen.**
(1) [1]Zur Nachtzeit sowie an Sonntagen und allgemeinen Feiertagen[2]) darf eine Zustellung, sofern sie nicht durch Aufgabe zur Post bewirkt wird, nur mit richterlicher Erlaubnis erfolgen. [2]Die Nachtzeit umfaßt in dem Zeitraum vom 1. April bis 30. September die Stunden von neun Uhr abends bis vier Uhr morgens und in dem Zeitraum vom 1. Oktober bis 31. März die Stunden von neun Uhr abends bis sechs Uhr morgens.

(2) Die Erlaubnis wird von dem *Vorsitzenden des Prozeßgerichts*[3]) erteilt; sie kann auch von dem Amtsrichter, in dessen Bezirk die Zustellung erfolgen soll, und in Angelegenheiten, die durch einen beauftragten oder ersuchten Richter zu erledigen sind, von diesem erteilt werden.

(3) Die Verfügung, durch welche die Erlaubnis erteilt wird, ist bei der Zustellung abschriftlich mitzuteilen.

(4) Eine Zustellung, bei der die Vorschriften dieses Paragraphen nicht beobachtet sind, ist gültig, wenn die Annahme nicht verweigert ist.

§ 189[1]) **Anzahl der Ausfertigungen oder Abschriften.** (1) Ist bei einer Zustellung an den Vertreter mehrerer Beteiligter oder an einen von mehreren Vertretern die Übergabe der Ausfertigung oder Abschrift eines Schriftstücks erforderlich, so genügt die Übergabe nur einer Ausfertigung oder Abschrift.

---

[1]) Fassung des Titels 2 ab 1. 7. 2002 abgedruckt ab Seite 77.
[2]) Feiertage sind in allen Ländern der Bundesrepublik der Neujahrstag, Karfreitag, Ostermontag, 1. Mai, Himmelfahrt, Pfingstmontag, 3. Oktober (Tag der Deutschen Einheit), der erste und zweite Weihnachtsfeiertag. Landesrechtlich unterschiedlich geregelt, also teilweise nicht als Feiertag anerkannt, sind die Tage Heilige Drei Könige, Fronleichnam, Mariä Himmelfahrt, Reformationstag, Allerheiligen und Bußtag.
[3]) Gemäß § 20 Nr. 7 Rechtspflegergesetz vom 5. 11. 1969 (BGBl. I S. 2065); abgedruckt in **dtv 5005 „ZPO"** ist jetzt hierfür der Rechtspfleger zuständig.

(2) Einem Zustellungsbevollmächtigten mehrerer Beteiligter sind so viele Ausfertigungen oder Abschriften zu übergeben, als Beteiligte vorhanden sind.

§ 190[1]**) Zustellungsurkunde.** (1) Über die Zustellung ist eine Urkunde aufzunehmen.

(2) Die Urkunde ist auf die Urschrift des zuzustellenden Schriftstücks oder auf einen mit ihr zu verbindenden Bogen zu setzen.

(3) [1]Eine durch den Gerichtsvollzieher beglaubigte Abschrift der Zustellungsurkunde ist auf das bei der Zustellung zu übergebende Schriftstück oder auf einen mit ihm zu verbindenden Bogen zu setzen. [2]Die Übergabe einer Abschrift der Zustellungsurkunde kann dadurch ersetzt werden, daß der Gerichtsvollzieher den Tag der Zustellung auf dem zu übergebenden Schriftstück vermerkt.

(4) Die Zustellungsurkunde ist der Partei, für welche die Zustellung erfolgt, zu übermitteln.

§ 191[1]**) Inhalt der Zustellungsurkunde.** Die Zustellungsurkunde muß enthalten:
1. Ort und Zeit der Zustellung;
2. die Bezeichnung der Person, für die zugestellt werden soll;
3. die Bezeichnung der Person, an die zugestellt werden soll;
4. die Bezeichnung der Person, der zugestellt ist; in den Fällen der §§ 181, 183, 184 die Angabe des Grundes, durch den die Zustellung an die bezeichnete Person gerechtfertigt wird; wenn nach § 182 verfahren ist, die Bemerkung, wie die darin enthaltenen Vorschriften befolgt sind;
5. im Falle der Verweigerung der Annahme die Erwähnung, daß die Annahme verweigert und das zu übergebende Schriftstück am Ort der Zustellung zurückgelassen ist;
6. die Bemerkung, daß eine Ausfertigung oder eine beglaubigte Abschrift des zuzustellenden Schriftstücks und daß eine beglaubigte Abschrift der Zustellungsurkunde übergeben oder der Tag der Zustellung auf dem zu übergebenden Schriftstück vermerkt ist;
7. die Unterschrift des die Zustellung vollziehenden Beamten.

§ 192[1]**) Zustellungsurkunde bei Aufgabe zur Post.** Ist die Zustellung durch Aufgabe zur Post (§ 175) erfolgt, so muß die Zustellungsurkunde den Vorschriften des vorstehenden Paragraphen unter Nummern 2, 3, 7 entsprechen und außerdem ergeben, zu welcher Zeit, unter welcher Adresse und bei welcher Postanstalt die Aufgabe geschehen ist.

§ 193[1]**) Zustellung durch die Post.** Zustellungen können auch durch die Post erfolgen.

§ 194[1]**) Zustellungsersuchen des Gerichtsvollziehers.** (1) [1]Wird durch die Post zugestellt, so hat der Gerichtsvollzieher die zuzustellende Ausfertigung oder die beglaubigte Abschrift des zuzustellenden Schriftstücks verschlossen der Post mit dem Ersuchen zu übergeben, die Zustellung einem

---

[1]) Fassung des Titels 2 ab 1. 7. 2002 abgedruckt ab Seite 77.

Verfahren bei Zustellungen §§ 195–198 ZPO 1

Postbediensteten des Bestimmungsortes aufzutragen. ²Die Sendung muß mit der Anschrift der Person, an die zugestellt werden soll, sowie mit der Bezeichnung des absendenden Gerichtsvollziehers und einer Geschäftsnummer versehen sein.

(2) Der Gerichtsvollzieher hat auf dem bei der Zustellung zu übergebenden Schriftstück zu vermerken, für welche Person er es der Post übergibt, und auf der Urschrift des zuzustellenden Schriftstücks oder auf einem mit ihr zu verbindenden Bogen zu bezeugen, daß die Übergabe in der im Absatz 1 bezeichneten Art und für wen sie geschehen ist.

§ 195[1]) **Ausführung der Zustellung durch die Post.** (1) Die Zustellung durch den Postbediensteten erfolgt nach den Vorschriften der §§ 180 bis 186.

(2) ¹Über die Zustellung ist von dem Postbediensteten eine Urkunde aufzunehmen, die den Vorschriften des § 191 Nr. 1, 3 bis 5, 7 entsprechen und die Übergabe der ihrer Anschrift und ihrer Geschäftsnummer nach bezeichneten Sendung sowie der Abschrift der Zustellungsurkunde bezeugen muß. ²Die Übergabe einer Abschrift der Zustellungsurkunde kann dadurch ersetzt werden, daß der Postbedienstete den Tag der Zustellung auf der Sendung vermerkt; er hat dies in der Zustellungsurkunde zu bezeugen. ³Für Zustellungsurkunden der Bediensteten der Deutschen Post AG gilt § 418 entsprechend.

(3) Die Urkunde ist von dem Postbediensteten der Postanstalt und von dieser dem Gerichtsvollzieher zu überliefern, der mit ihr nach der Vorschrift des § 190 Abs. 4 zu verfahren hat.

§ 195a[1]) **Niederlegung bei fehlendem Postbestelldienst.** ¹Findet nach der Wohnung oder dem Geschäftsraum, in denen zugestellt werden soll, ein Postbestelldienst nicht statt, so wird die Sendung bei der zuständigen Postanstalt hinterlegt. ²Die Postanstalt vermerkt auf der Zustellungsurkunde und auf der Sendung den Grund und den Zeitpunkt der Niederlegung. ³ Das Gericht kann die Zustellung als frühestens mit dem Ablauf einer Woche seit dieser Niederlegung bewirkt ansehen, wenn anzunehmen ist, daß der Empfänger in der Lage gewesen ist, sich die Sendung aushändigen zu lassen oder sich über ihren Inhalt zu unterrichten.

§ 196[1]) **Zustellungsersuchen der Geschäftsstelle.** ¹Insoweit eine Zustellung unter Vermittlung der Geschäftsstelle zulässig ist, kann diese unmittelbar die Post um Bewirkung der Zustellung ersuchen. ²In diesem Falle gelten die Vorschriften der §§ 194, 195 für die Geschäftsstelle entsprechend; die erforderliche Beglaubigung nimmt der Urkundsbeamte der Geschäftsstelle vor.

§ 197[1]) **Mehrkosten durch Gerichtsvollzieher.** Ist eine Zustellung durch einen Gerichtsvollzieher bewirkt, obgleich sie durch die Post hätte erfolgen können, so hat die zur Erstattung der Prozeßkosten verurteilte Partei die Mehrkosten nicht zu tragen.

§ 198[1]) **Zustellung von Anwalt zu Anwalt.** (1) ¹Sind die Parteien durch Anwälte vertreten, so kann ein Schriftstück auch dadurch zugestellt werden,

---

[1]) Fassung des Titels 2 ab 1. 7. 2002 abgedruckt ab Seite 77.

daß der zustellende Anwalt das zu übergebende Schriftstück dem anderen Anwalt übermittelt (Zustellung von Anwalt zu Anwalt). ²Auch Schriftsätze, die nach den Vorschriften dieses Gesetzes von Amts wegen zuzustellen wären, können statt dessen von Anwalt zu Anwalt zugestellt werden, wenn nicht gleichzeitig dem Gegner eine gerichtliche Anordnung mitzuteilen ist. ³In dem Schriftsatz soll die Erklärung enthalten sein, daß er von Anwalt zu Anwalt zugestellt werde. ⁴Die Zustellung ist dem Gericht, sofern dies für die von ihm zu treffende Entscheidung erforderlich ist, nachzuweisen.

(2) ¹Zum Nachweis der Zustellung genügt das mit Datum und Unterschrift versehene schriftliche Empfangsbekenntnis des Anwalts, dem zugestellt worden ist. ²Der Anwalt, der zustellt, hat dem anderen Anwalt auf Verlangen eine Bescheinigung über die Zustellung zu erteilen.

§ 199[1]) **Zustellung im Ausland.** Eine im Ausland zu bewirkende Zustellung erfolgt mittels Ersuchens der zuständigen Behörde des fremden Staates oder des in diesem Staate residierenden Konsuls oder Gesandten des Bundes.

§ 200[1]) **Zustellung an exterritoriale Deutsche.** (1) Zustellungen an Deutsche, die das Recht der Exterritorialität genießen, erfolgen, wenn sie zur Mission des Bundes gehören, mittels Ersuchens des Bundeskanzlers.

(2) Zustellungen an die Vorsteher der Bundeskonsulate erfolgen mittels Ersuchens des Bundeskanzlers.

§ 201.[1]) *(weggefallen)*

§ 202[1]) **Ersuchungsschreiben; Nachweis der Auslandszustellung.**
(1) Die erforderlichen Ersuchungsschreiben werden von dem Vorsitzenden des Prozeßgerichts erlassen.

(2) Die Zustellung wird durch das schriftliche Zeugnis der ersuchten Behörden oder Beamten, daß die Zustellung erfolgt sei, nachgewiesen.

§ 203[1]) **Öffentliche Zustellung; Zulässigkeit.** (1) Ist der Aufenthalt einer Partei unbekannt, so kann die Zustellung durch öffentliche Bekanntmachung erfolgen.

(2) Die öffentliche Zustellung ist auch dann zulässig, wenn bei einer im Ausland zu bewirkenden Zustellung die Befolgung der für diese bestehenden Vorschriften unausführbar ist oder keinen Erfolg verspricht.

(3) Das gleiche gilt, wenn die Zustellung aus dem Grunde nicht bewirkt werden kann, weil die Wohnung einer nach den §§ 18 bis 20 des Gerichtsverfassungsgesetzes der Gerichtsbarkeit nicht unterworfenen Person der Ort der Zustellung ist.

§ 204[1]) **Bewilligung und Ausführung der öffentlichen Zustellung.**
(1) ¹Die öffentliche Zustellung wird, nachdem sie auf Antrag der Partei vom Prozeßgericht bewilligt ist, durch die Geschäftsstelle von Amts wegen besorgt. ²Über den Antrag kann ohne mündliche Verhandlung entschieden werden.

---

[1]) Fassung des Titels 2 ab 1. 7. 2002 abgedruckt ab Seite 77.

(2) Zur öffentlichen Zustellung wird ein Auszug des zuzustellenden Schriftstücks und eine Benachrichtigung darüber, wo das Schriftstück eingesehen werden kann, an die Gerichtstafel angeheftet.

(3) ¹Enthält das zuzustellende Schriftstück eine Ladung oder eine Aufforderung nach § 276 Abs. 1 Satz 1, so ist außerdem die einmalige Einrückung eines Auszugs des Schriftstücks in den Bundesanzeiger erforderlich. ²Das Prozeßgericht kann anordnen, daß der Auszug noch in andere Blätter und zu mehreren Malen eingerückt werde.

§ 205[1]**) Inhalt des Auszugs für den Bundesanzeiger.** In dem Auszug müssen bezeichnet werden

1. das Prozeßgericht, die Parteien und der Gegenstand des Prozesses,
2. ein in dem zuzustellenden Schriftstück enthaltener Antrag,
3. die Formel einer zuzustellenden Entscheidung,
4. bei der Zustellung einer Ladung deren Zweck und die Zeit, zu welcher der Geladene erscheinen soll,
5. bei der Zustellung einer Aufforderung nach § 276 Abs. 1 Satz 1, Abs. 2 der Inhalt der Aufforderung und die vorgeschriebene Belehrung.

§ 206[1]**) Wirkungszeitpunkt der öffentlichen Zustellung.** (1) ¹Das eine Ladung oder eine Aufforderung nach § 276 Abs. 1 Satz 1 enthaltende Schriftstück gilt als an dem Tage zugestellt, an dem seit der letzten Einrückung des Auszugs in die öffentlichen Blätter ein Monat verstrichen ist. ²Das Prozeßgericht kann bei Bewilligung der öffentlichen Zustellung den Ablauf einer längeren Frist für erforderlich erklären.

(2) Im übrigen ist ein Schriftstück als zugestellt anzusehen, wenn seit der Anheftung des Auszugs an die Gerichtstafel zwei Wochen verstrichen sind.

(3) Auf die Gültigkeit der Zustellung hat es keinen Einfluß, wenn der anzuheftende Auszug von dem Ort der Anheftung zu früh entfernt wird.

§ 207[1]**) Rückwirkung der Zustellung.** (1) Wird auf ein Gesuch, das die Zustellung eines ihm beigefügten Schriftstücks mittels Ersuchens anderer Behörden oder Beamten oder mittels öffentlicher Bekanntmachung betrifft, die Zustellung demnächst bewirkt, so treten, insoweit durch die Zustellung eine Frist gewahrt oder unterbrochen wird oder die Verjährung neu beginnt oder nach § 204 des Bürgerlichen Gesetzbuchs gehemmt wird, die Wirkungen der Zustellung bereits mit der Überreichung des Gesuchs ein.

(2) Wird ein Schriftsatz, dessen Zustellung unter Vermittlung der Geschäftsstelle erfolgen soll, innerhalb einer Frist von zwei Wochen nach der Einreichung bei der Geschäftsstelle zugestellt, so tritt, sofern durch die Zustellung eine Notfrist gewahrt wird, die Wirkung der Zustellung bereits mit der Einreichung ein.

Untertitel 2. Zustellungen von Amts wegen

§ 208[1]**) Verweisung auf Vorschriften über Parteizustellung.** Auf die von Amts wegen zu bewirkenden Zustellungen gelten die Vorschriften über

---

[1]) Fassung des Titels 2 ab 1. 7. 2002 abgedruckt ab Seite 77.

die Zustellungen auf Betreiben der Parteien entsprechend, soweit nicht aus den nachfolgenden Vorschriften sich Abweichungen ergeben.

§ 209[1]) **Aufgabe der Geschäftsstelle.** Für die Bewirkung der Zustellung hat die Geschäftsstelle Sorge zu tragen.

§ 210[1]) **Beglaubigung der Abschrift.** Die bei der Zustellung zu übergebende Abschrift wird durch den Urkundsbeamten der Geschäftsstelle beglaubigt.

§ 210a[1]) **Zustellung einer Rechtsmittelschrift.** (1) [1]Ein Schriftsatz, durch den ein Rechtsmittel eingelegt wird, ist dem Prozeßbevollmächtigten des Rechtszuges, dessen Entscheidung angefochten wird, in Ermangelung eines solchen dem Prozeßbevollmächtigten des ersten Rechtszuges zuzustellen. [2]Ist von der Partei bereits ein Prozeßbevollmächtigter für den höheren, zur Verhandlung und Entscheidung über das Rechtsmittel zuständigen Rechtszug bestellt, so kann die Zustellung auch an diesen Prozeßbevollmächtigten erfolgen.

(2) Ist ein Prozeßbevollmächtigter, dem nach Absatz 1 zugestellt werden kann, nicht vorhanden oder ist sein Aufenthalt unbekannt, so erfolgt die Zustellung an den von der Partei, wenngleich nur für den ersten Rechtszug bestellten Zustellungsbevollmächtigten, in Ermangelung eines solchen an die Partei selbst, und zwar an diese durch Aufgabe zur Post, wenn sie einen Zustellungsbevollmächtigten zu bestellen hatte, die Bestellung aber unterlassen hat.

§ 211[1]) **Ausführung der Zustellung.** (1) [1]Die Geschäftsstelle hat das zu übergebende Schriftstück einem Gerichtswachtmeister oder der Post zur Zustellung auszuhändigen; ein Beamter der Justizvollzugsanstalt steht bei der Zustellung an einen Gefangenen dem Gerichtswachtmeister gleich. [2]Die Sendung muß verschlossen sein; sie muß mit der Anschrift der Person, an die zugestellt werden soll, sowie mit der Bezeichnung der absendenden Stelle und einer Geschäftsnummer versehen sein. [3]Sie muß den Vermerk „Vereinfachte Zustellung" tragen.

(2) Die Vorschrift des § 194 Abs. 2 ist nicht anzuwenden.

§ 212[1]) **Beurkundung der Zustellung.** (1) Die Beurkundung der Zustellung durch den Gerichtswachtmeister oder den Postbediensteten erfolgt nach den Vorschriften des § 195 Abs. 2 mit der Maßgabe, daß eine Abschrift der Zustellungsurkunde nicht zu übergeben, der Tag der Zustellung jedoch auf der Sendung zu vermerken ist.

(2) Die Zustellungsurkunde ist der Geschäftsstelle zu überliefern.

§ 212a[1]) **Zustellung gegen Empfangsbekenntnis.** Bei der Zustellung an einen Anwalt, Notar oder Gerichtsvollzieher oder eine Behörde oder Körperschaft des öffentlichen Rechts genügt zum Nachweis der Zustellung das mit Datum und Unterschrift versehene schriftliche Empfangsbekenntnis des

---

[1]) Fassung des Titels 2 ab 1. 7. 2002 abgedruckt ab Seite 77.

Verfahren bei Zustellungen §§ 212b–213a, §§ 166–169 n.F. ZPO 1

Anwalts oder eines gemäß der Rechtsanwaltsordnung bestellten Zustellungsbevollmächtigten, des Notars oder Gerichtsvollziehers oder der Behörde oder Körperschaft.

§ 212 b Aushändigung an der Amtsstelle. [1]Eine Zustellung kann auch dadurch vollzogen werden, daß das zu übergebende Schriftstück an der Amtsstelle dem ausgehändigt wird, an den die Zustellung zu bewirken ist. [2]In den Akten und auf dem ausgehändigten Schriftstück ist zu vermerken, wann dies geschehen ist; der Vermerk ist von dem Beamten, der die Aushändigung vorgenommen hat, zu unterschreiben.

§ 213 Aktenvermerk bei Zustellung durch Aufgabe zur Post. [1]Ist die Zustellung durch Aufgabe zur Post (§ 175) erfolgt, so hat der Urkundsbeamte der Geschäftsstelle in den Akten zu vermerken, zu welcher Zeit und unter welcher Adresse die Aufgabe geschehen ist. [2]Der Aufnahme einer Zustellungsurkunde bedarf es nicht.

§ 213 a Bescheinigung des Zeitpunktes der Zustellung. Auf Antrag bescheinigt die Geschäftsstelle den Zeitpunkt der Zustellung.

Fassung des Titels 2 ab 1. 7. 2002:

Titel 2. Verfahren bei Zustellungen

Untertitel 1: Zustellungen von Amts wegen

§ 166 Zustellung. (1) Zustellung ist die Bekanntgabe eines Schriftstücks an eine Person in der in diesem Titel bestimmten Form.

(2) Schriftstücke, deren Zustellung vorgeschrieben oder vom Gericht angeordnet ist, sind von Amts wegen zuzustellen, soweit nicht anderes bestimmt ist.

§ 167 Rückwirkung der Zustellung. Soll durch die Zustellung eine Frist gewahrt werden oder die Verjährung neu begonnen werden, tritt diese Wirkung bereits mit Eingang des Antrags oder der Erklärung ein, wenn die Zustellung demnächst erfolgt.

§ 168 Aufgaben der Geschäftsstelle. (1) [2]Die Geschäftsstelle führt die Zustellung nach §§ 173 bis 175 aus. [2]Sie kann einen nach § 33 Abs. 1 des Postgesetzes beliehenen Unternehmer (Post) oder einen Justizbediensteten mit der Ausführung der Zustellung beauftragen. [3]Den Auftrag an die Post erteilt die Geschäftsstelle auf dem dafür vorgesehenen Vordruck.

(2) Der Vorsitzende des Prozessgerichts oder ein von ihm bestimmtes Mitglied können einen Gerichtsvollzieher oder eine andere Behörde mit der Ausführung der Zustellung beauftragen, wenn eine Zustellung nach Absatz 1 keinen Erfolg verspricht.

§ 169 Bescheinigung des Zeitpunktes der Zustellung; Beglaubigung. (1) Die Geschäftsstelle bescheinigt auf Antrag den Zeitpunkt der Zustellung.

(2) ¹Die Beglaubigung der zuzustellenden Schriftstücke wird von der Geschäftsstelle vorgenommen. ²Dies gilt auch, soweit von einem Anwalt eingereichte Schriftstücke nicht bereits von diesem beglaubigt wurden.

§ 170 Zustellung an Vertreter. (1) ¹Bei nicht prozessfähigen Personen ist an ihren gesetzlichen Vertreter zuzustellen. ²Die Zustellung an die nicht prozessfähige Person ist unwirksam.

(2) Ist der Zustellungsadressat keine natürliche Person, genügt die Zustellung an den Leiter.

(3) Bei mehreren gesetzlichen Vertretern oder Leitern genügt die Zustellung an einen von ihnen.

§ 171 Zustellung an Bevollmächtigte. ¹An den rechtsgeschäftlich bestellten Vertreter kann mit gleicher Wirkung wie an den Vertretenen zugestellt werden. ²Der Vertreter hat eine schriftliche Vollmacht vorzulegen.

§ 172 Zustellung an Prozessbevollmächtigte. (1) ¹In einem anhängigen Verfahren kann die Zustellung an den für den Rechtszug bestellten Prozessbevollmächtigten zu erfolgen. ²Das gilt auch für die Prozesshandlungen, die das Verfahren vor diesem Gericht infolge eines Einspruchs, einer Aufhebung des Urteils dieses Gerichts, einer Wiederaufnahme des Verfahrens oder eines neuen Vorbringens in dem Verfahren der Zwangsvollstreckung betreffen. ³Das Verfahren vor dem Vollstreckungsgericht gehört zum ersten Rechtszug.

(2) ¹Ein Schriftsatz, durch den ein Rechtsmittel eingelegt wird, ist dem Prozessbevollmächtigten des Rechtszuges zuzustellen, dessen Entscheidung angefochten wird. ²Wenn bereits ein Prozessbevollmächtigter für den höheren Rechtszug bestellt ist, ist der Schriftsatz diesem zuzustellen. ³Der Partei ist selbst zuzustellen, wenn sie einen Prozessbevollmächtigten nicht bestellt hat.

§ 173 Zustellung durch Aushändigung an der Amtsstelle. ¹Ein Schriftstück kann dem Adressaten oder seinem rechtsgeschäftlich bestellten Vertreter durch Aushändigung an der Amtsstelle zugestellt werden. ²Zum Nachweis der Zustellung ist auf dem Schriftstück und in den Akten zu vermerken, dass es zum Zwecke der Zustellung ausgehändigt wurde und wann das geschehen ist; bei Aushändigung an den Vertreter ist dies mit dem Zusatz zu vermerken, an wen das Schriftstück ausgehändigt wurde und dass die Vollmacht nach § 171 Satz 2 vorgelegt wurde. ³Der Vermerk ist von dem Bediensteten zu unterschreiben, der die Aushändigung vorgenommen hat.

§ 174 Zustellung gegen Empfangsbekenntnis. (1) ¹Ein Schriftstück kann an einen Anwalt, einen Notar, einen Gerichtsvollzieher, einen Steuerberater oder an eine sonstige Person, bei der aufgrund ihres Berufes von einer erhöhten Zuverlässigkeit ausgegangen werden kann, eine Behörde, eine Körperschaft oder eine Anstalt des öffentlichen Rechts gegen Empfangsbekenntnis zugestellt werden. ²Zum Nachweis der Zustellung genügt das mit Datum und Unterschrift des Adressaten versehene schriftliche Empfangsbekenntnis, das an das Gericht zurückzusenden ist.

(2) ¹An die in Absatz 1 Genannten kann das Schriftstück auch durch Telekopie zugestellt werden. ²Die Übermittlung soll mit dem Hinweis „Zustellung gegen Empfangsbekenntnis" eingeleitet werden und die absendende

Verfahren bei Zustellungen §§ 175–180 n.F. ZPO 1

Stelle, den Namen und die Anschrift des Zustellungsadressaten sowie den Namen des Justizbediensteten erkennen lassen, der das Schriftstück zur Übermittlung aufgegeben hat. [3]Das Empfangsbekenntnis kann durch Telekopie oder schriftlich übermittelt werden.

(3) [1]An die in Absatz 1 Genannten kann auch eine elektronisches Dokument zugestellt werden. [2]Gleiches gilt für andere Verfahrensbeteiligte, wenn sie der Übermittlung elektronischer Dokumente ausdrücklich zugestimmt haben. [3]Für die Übermittlung ist das Dokument mit einer elektronischen Signatur zu versehen und gegen unbefugte Kenntnisnahme Dritter zu schützen. [4]Das Empfangsbekenntnis kann als elektronisches Dokument, durch Fernkopie oder schriftlich erteilt werden. [5]Wird es als elektronisches Dokument erteilt, genügt an Stelle der Unterschrift die Angabe des Namens des Adressaten.

§ 175 Zustellung durch Einschreiben mit Rückschein. [1]Ein Schriftstück kann durch Einschreiben mit Rückschein zugestellt werden. [2]Zum Nachweis der Zustellung genügt der Rückschein.

§ 176 Zustellungsauftrag. (1) Wird der Post, einem Justizbediensteten oder einem Gerichtsvollzieher ein Zustellungsauftrag erteilt oder wird eine andere Behörde um die Ausführung der Zustellung ersucht, übergibt die Geschäftsstelle das zuzustellende Schriftstück in einem verschlossenen Umschlag und einen vorbereiteten Vordruck einer Zustellungsurkunde.

(2) Die Ausführung der Zustellung erfolgt nach den §§ 177 bis 181.

§ 177 Ort der Zustellung. Das Schriftstück kann der Person, der zugestellt werden soll, an jedem Ort übergeben werden, an dem sie angetroffen wird.

§ 178 Ersatzzustellung in der Wohnung, in Geschäftsräumen und Einrichtungen. (1) Wird die Person, der zugestellt werden soll, in ihrer Wohnung, in dem Geschäftsraum oder in einer Gemeinschaftseinrichtung, in der sie wohnt, nicht angetroffen, kann das Schriftstück zugestellt werden

1. in der Wohnung einem erwachsenen Familienangehörigen, einer in der Familie beschäftigten Person oder einem erwachsenen ständigen Mitbewohner,
2. in Geschäftsräumen einer dort beschäftigten Person,
3. in Gemeinschaftseinrichtungen dem Leiter der Einrichtung oder einem dazu ermächtigten Vertreter.

(2) Die Zustellung an eine der in Absatz 1 bezeichneten Personen ist unwirksam, wenn diese an dem Rechtsstreit als Gegner der Person, der zugestellt werden soll, beteiligt ist.

§ 179 Zustellung bei verweigerter Annahme. [1]Wird die Annahme des zuzustellenden Schriftstücks unberechtigt verweigert, so ist das Schriftstück in der Wohnung oder in dem Geschäftsraum zurückzulassen. [2]Hat der Zustellungsadressat keine Wohnung oder ist kein Geschäftsraum vorhanden, ist das zuzustellende Schriftstück zurückzusenden. [3]Mit der Annahmeverweigerung gilt das Schriftstück als zugestellt.

§ 180 Ersatzzustellung durch Einlegen in den Briefkasten. [1]Ist die Zustellung nach § 178 Abs. 1 Nr. 1 oder 2 nicht ausführbar, kann das Schriftstück in einen zu der Wohnung oder dem Geschäftsraum gehörenden Briefkasten oder in eine ähnliche Vorrichtung eingelegt werden, die der Adressat für den Postempfang eingerichtet hat und die in der allgemein üblichen Art für eine sichere Aufbewahrung geeignet ist. [2]Mit der Einlegung gilt das Schriftstück als zugestellt. [3]Der Zusteller vermerkt auf dem Umschlag des zuzustellenden Schriftstücks das Datum der Zustellung.

§ 181 Ersatzzustellung durch Niederlegung. (1) [1]Ist die Zustellung nach § 178 Abs. 1 Nr. 3 oder § 180 nicht ausführbar, kann das zuzustellende Schriftstück

1. auf der Geschäftsstelle des Amtsgerichts, in dessen Bezirk der Ort der Zustellung liegt, oder
2. an diesem Ort, wenn die Post mit der Ausführung der Zustellung beauftragt ist, bei einer von der Post dafür bestimmten Stelle

niedergelegt werden. [2] Über die Niederlegung ist eine schriftliche Mitteilung auf dem vorgesehenen Vordruck unter der Anschrift der Person, der zugestellt werden soll, in der bei gewöhnlichen Briefen üblichen Weise abzugeben oder, wenn das nicht möglich ist, an der Tür der Wohnung, des Geschäftsraums oder der Gemeinschaftseinrichtung anzuheften. [3]Das Schriftstück gilt mit der Abgabe der schriftlichen Mitteilung als zugestellt. [4]Der Zusteller vermerkt auf dem Umschlag des zuzustellenden Schriftstücks das Datum der Zustellung.

(2) [1]Das niedergelegte Schriftstück ist drei Monate zur Abholung bereitzuhalten. [2]Nicht abgeholte Schriftstücke sind danach an den Absender zurückzusenden.

§ 182 Zustellungsurkunde. (1) [1]Zum Nachweis der Zustellung nach den §§ 171, 177 bis 181 ist eine Urkunde auf dem hierfür vorgesehenen Vordruck anzufertigen. [2]Für diese Zustellungsurkunde gilt § 418.

(2) Die Zustellungsurkunde muss enthalten:
1. die Bezeichnung der Person, der zugestellt werden soll,
2. die Bezeichnung der Person, an die der Brief oder das Schriftstück übergeben wurde,
3. im Falle des § 171 die Angabe, dass die Vollmachtsurkunde vorgelegen hat,
4. im Falle der §§ 178, 180 die Angabe des Grundes, der diese Zustellung rechtfertigt und wenn nach § 181 verfahren wurde, die Bemerkung, wie die schriftliche Mitteilung abgegeben wurde,
5. im Falle des § 179 die Erwähnung, wer die Annahme verweigert hat und dass der Brief am Ort der Zustellung zurückgelassen oder an den Absender zurückgesandt wurde,
6. die Bemerkung, dass der Tag der Zustellung auf dem Umschlag, der das zuzustellende Schriftstück enthält, vermerkt ist,
7. den Ort, das Datum und auf Anordnung der Geschäftsstelle auch die Uhrzeit der Zustellung,
8. Name, Vorname und Unterschrift des Zustellers sowie die Angabe des beauftragten Unternehmens oder der ersuchten Behörde.

(3) Die Zustellungsurkunde ist der Geschäftsstelle unverzüglich zurückzuleiten.

§ 183 Zustellung im Ausland. (1) ¹Eine Zustellung im Ausland erfolgt
1. durch Einschreiben mit Rückschein, soweit aufgrund völkerrechtlicher Vereinbarungen Schriftstücke unmittelbar durch die Post übersandt werden dürfen,
2. auf Ersuchen des Vorsitzenden des Prozessgerichts durch die Behörden des fremden Staates oder durch die diplomatische oder konsularische Vertretung des Bundes, die in diesem Staat residiert, oder
3. auf Ersuchen des Vorsitzenden des Prozessgerichts durch das Auswärtige Amt an einen Deutschen, der das Recht der Immunität genießt und zu einer Vertretung der Bundesrepublik Deutschland im Ausland gehört.

(2) ¹Zum Nachweis der Zustellung nach Absatz 1 Nr. 1 genügt der Rückschein. ²Die Zustellung nach den Nummern 2 und 3 wird durch ein Zeugnis der ersuchten Behörde nachgewiesen.

(3) ¹Die Vorschriften der Verordnung (EG) Nr. 1348/2000 des Rates vom 29. Mai 2000 über die Zustellung gerichtlicher und außergerichtlicher Schriftstücke in Zivil- oder Handelssachen in den Mitgliedstaaten (ABl. EG Nr. L 160 S. 37) bleiben unberührt. ²Eine Zustellung nach Artikel 14 Abs. 1 der Verordnung (EG) 1348/2000 ist unbeschadet weitergehender Bedingungen des jeweiligen Empfangsmitgliedstaates nur in der Versandform des Einschreibens mit Rückschein zulässig. ³Absatz 2 Satz 1 gilt entsprechend.

§ 184 Zustellungsbevollmächtigter; Zustellung durch Aufgabe zur Post. (1) ¹Das Gericht kann bei der Zustellung nach § 183 Abs. 1 Nr. 2 und 3 anordnen, dass die Partei innerhalb einer angemessenen Frist einen Zustellungsbevollmächtigten benennt, der im Inland wohnt oder dort einen Geschäftsraum hat, falls sie nicht einen Prozessbevollmächtigten bestellt hat. ²Wird kein Zustellungsbevollmächtigter benannt, so können spätere Zustellungen bis zur nachträglichen Benennung dadurch bewirkt werden, dass das Schriftstück unter der Anschrift der Partei zur Post gegeben wird.

(2) ¹Das Schriftstück gilt zwei Wochen nach Aufgabe zur Post als zugestellt. ²Das Gericht kann eine längere Frist bestimmen. ³In der Anordnung nach Absatz 1 ist auf diese Rechtsfolgen hinzuweisen. ⁴Zum Nachweis der Zustellung ist in den Akten zu vermerken, zu welcher Zeit und unter welcher Anschrift das Schriftstück zur Post gegeben wurde.

§ 185 Öffentliche Zustellung. Die Zustellung kann durch öffentliche Bekanntmachung (öffentliche Zustellung) erfolgen, wenn
1. der Aufenthaltsort einer Person unbekannt und eine Zustellung an einen Vertreter oder Zustellungsbevollmächtigten nicht möglich ist,
2. eine Zustellung im Ausland nicht möglich ist oder keinen Erfolg verspricht oder
3. die Zustellung nicht erfolgen kann, weil der Ort der Zustellung die Wohnung einer Person ist, die nach den §§ 18 bis 20 des Gerichtsverfassungsgesetzes der Gerichtsbarkeit nicht unterliegt.

§ 186 Bewilligung und Ausführung der öffentlichen Zustellung.
(1) ¹Über die Bewilligung der öffentlichen Zustellung entscheidet das Prozessgericht. ²Die Entscheidung kann ohne mündliche Verhandlung ergehen.

(2) ¹Die öffentliche Zustellung erfolgt durch Aushang einer Benachrichtigung an der Gerichtstafel. ²Die Benachrichtigung muss erkennen lassen
1. die Person, für die zugestellt wird,
2. den Namen und die letzte bekannte Anschrift des Zustellungsadressaten,
3. das Datum, das Aktenzeichen des Schriftstücks und die Bezeichnung des Prozessgegenstandes sowie
4. die Stelle, wo das Schriftstück eingesehen werden kann.

³Die Benachrichtigung muss den Hinweis enthalten, dass ein Schriftstück öffentlich zugestellt wird und Fristen in Gang gesetzt werden können, nach deren Ablauf Rechtsverluste drohen können. ⁴Bei der Zustellung einer Ladung muss die Benachrichtigung den Hinweis enthalten, dass das Schriftstück eine Ladung zu einem Termin enthält, dessen Versäumung Rechtsnachteile zur Folge haben kann.

(3) In den Akten ist zu vermerken, wann die Benachrichtigung ausgehängt und wann sie abgenommen wurde.

§ 187 Veröffentlichung der Benachrichtigung. Das Prozessgericht kann zusätzlich anordnen, dass die Benachrichtigung einmal oder mehrfach im Bundesanzeiger oder in anderen Blättern zu veröffentlichen ist.

§ 188 Zeitpunkt der öffentlichen Zustellung. ¹Das Schriftstück gilt als zugestellt, wenn seit dem Aushang der Benachrichtigung ein Monat vergangen ist. ²Das Prozessgericht kann eine längere Frist bestimmen.

§ 189 Heilung von Zustellungsmängeln. Lässt sich die formgerechte Zustellung eines Schriftstücks nicht nachweisen oder ist das Schriftstück unter Verletzung zwingender Zustellungsvorschriften zugegangen, so gilt es in dem Zeitpunkt als zugestellt, in dem das Schriftstück der Person, an die die Zustellung dem Gesetz gemäß gerichtet war oder gerichtet werden konnte, tatsächlich zugegangen ist.

§ 190 Einheitliche Zustellungsvordrucke. Das Bundesministerium der Justiz wird ermächtigt, durch Rechtsverordnung mit Zustimmung des Bundesrates zur Vereinfachung und Vereinheitlichung der Zustellung Vordrucke einzuführen.

Untertitel 2. Zustellungen auf Betreiben der Parteien

§ 191 Zustellung. Ist eine Zustellung auf Betreiben der Parteien zugelassen oder vorgeschrieben, finden die Vorschriften über die Zustellung von Amts wegen entsprechende Anwendung, soweit sich nicht aus den nachfolgenden Vorschriften Abweichungen ergeben.

§ 192 Zustellung durch Gerichtsvollzieher. (1) Die von den Parteien zu betreibenden Zustellungen erfolgen durch den Gerichtsvollzieher nach Maßgabe der §§ 193 und 194.

(2) ¹Die Partei übergibt dem Gerichtsvollzieher das zuzustellende Schriftstück mit den erforderlichen Abschriften. ²Der Gerichtsvollzieher beglaubigt die Abschriften; er kann fehlende Abschriften selbst herstellen.

(3) ¹Im Verfahren vor dem Amtsgericht kann die Partei den Gerichtsvollzieher unter Vermittlung der Geschäftsstelle des Prozessgerichts mit der Zustellung beauftragen. ²Insoweit hat diese den Gerichtsvollzieher mit der Zustellung zu beauftragen.

§ 193 Ausführung der Zustellung. (1) ¹Der Gerichtsvollzieher beurkundet auf der Urschrift des zuzustellenden Schriftstücks oder auf dem mit der Urschrift zu verbindenden hierfür vorgesehenen Vordruck die Ausführung der Zustellung nach § 182 Abs. 2 und vermerkt die Person, in deren Auftrag er zugestellt hat. ²Bei Zustellung durch Aufgabe zur Post ist das Datum und die Anschrift, unter der die Aufgabe erfolgte, zu vermerken.

(2) Der Gerichtsvollzieher vermerkt auf dem zu übergebenden Schriftstück den Tag der Zustellung, sofern er nicht eine beglaubigte Abschrift der Zustellungsurkunde übergibt.

(3) Die Zustellungsurkunde ist der Partei zu übermitteln, für die zugestellt wurde.

§ 194 Zustellungsauftrag. (1) ¹Beauftragt der Gerichtsvollzieher die Post mit der Ausführung der Zustellung, vermerkt er auf dem zuzustellenden Schriftstück, im Auftrag welcher Person er es der Post übergibt. ²Auf der Urschrift des zuzustellenden Schriftstücks oder auf einem mit ihr zu verbindenden Übergabebogen bezeugt er, dass die mit der Anschrift des Zustellungsadressaten, der Bezeichnung des absendenden Gerichtsvollziehers und einem Aktenzeichen versehene Sendung der Post übergeben wurde.

(2) Die Post leitet die Zustellungsurkunde unverzüglich an den Gerichtsvollzieher zurück.

§ 195 Zustellung von Anwalt zu Anwalt. (1) ¹Sind die Parteien durch Anwälte vertreten, so kann ein Schriftstück auch dadurch zugestellt werden, dass der zustellende Anwalt das zu übergebende Schriftstück dem anderen Anwalt übermittelt (Zustellung von Anwalt zu Anwalt). ²Auch Schriftsätze, die nach den Vorschriften dieses Gesetzes von Amts wegen zugestellt werden, können stattdessen von Anwalt zu Anwalt zugestellt werden, wenn nicht gleichzeitig dem Gegner eine gerichtliche Anordnung mitzuteilen ist. ³In dem Schriftsatz soll die Erklärung enthalten sein, dass von Anwalt zu Anwalt zugestellt werde. ⁴Die Zustehung ist dem Gericht, sofern dies für die zu treffende Entscheidung erforderlich ist, nachzuweisen. ⁵Für die Zustellung an einen Anwalt gilt § 174 Abs. 2 Satz 1 und Abs. 3 Satz 1, 2 entsprechend.

(2) ¹Zum Nachweis der Zustellung genügt das mit Datum und Unterschrift versehene schriftliche Empfangsbekenntnis des Anwalts, dem zugestellt worden ist. ²§ 174 Abs. 2 Satz 4 und Abs. 3 Satz 3, 4 gilt entsprechend. ³Der Anwalt, der zustellt, hat dem anderen Anwalt auf Verlangen eine Bescheinigung über die Zustellung zu erteilen.

§§ 195a bis 213a. *(weggefallen)*

Titel 3. Ladungen, Termine und Fristen

§ 214 Ladung zum Termin. Die Ladung zu einem Termin wird von Amts wegen veranlaßt.

§ 215 Ladung im Anwaltsprozess. In Anwaltsprozessen muß die Ladung zur mündlichen Verhandlung, sofern die Zustellung nicht an einen Rechtsanwalt erfolgt, die Aufforderung enthalten, einen Anwalt zu bestellen.

§ 216 Terminsbestimmung. (1) Die Termine werden von Amts wegen bestimmt, wenn Anträge oder Erklärungen eingereicht werden, über die nur nach mündlicher Verhandlung entschieden werden kann oder über die mündliche Verhandlung vom Gericht angeordnet ist.

(2) Der Vorsitzende hat die Termine unverzüglich zu bestimmen.

(3) Auf Sonntage, allgemeine Feiertage oder Sonnabende sind Termine nur in Notfällen anzuberaumen.

§ 217 Ladungsfrist. Die Frist, die in einer anhängigen Sache zwischen der Zustellung der Ladung und dem Terminstag liegen soll (Ladungsfrist), beträgt in Anwaltsprozessen mindestens eine Woche, in anderen Prozessen mindestens drei Tage.

§ 218 Entbehrlichkeit der Ladung. Zu Terminen, die in verkündeten Entscheidungen bestimmt sind, ist eine Ladung der Parteien unbeschadet der Vorschriften des § 141 Abs. 2 nicht erforderlich.

§ 219 Terminsort. (1) Die Termine werden an der Gerichtsstelle abgehalten, sofern nicht die Einnahme eines Augenscheins an Ort und Stelle, die Verhandlung mit einer am Erscheinen vor Gericht verhinderten Person oder eine sonstige Handlung erforderlich ist, die an der Gerichtsstelle nicht vorgenommen werden kann.

(2) Der Bundespräsident ist nicht verpflichtet, persönlich an der Gerichtsstelle zu erscheinen.

§ 220 Aufruf der Sache; versäumter Termin. (1) Der Termin beginnt mit dem Aufruf der Sache.

(2) Der Termin ist von einer Partei versäumt, wenn sie bis zum Schluß nicht verhandelt.

§ 221 Fristbeginn. (1) Der Lauf einer richterlichen Frist beginnt, sofern nicht bei ihrer Festsetzung ein anderes bestimmt wird, mit der Zustellung des Schriftstücks, in dem die Frist festgesetzt ist, und, wenn es einer solchen Zustellung nicht bedarf, mit der Verkündung der Frist.

(2) *(aufgehoben)*

§ 222 Fristberechnung. (1) Für die Berechnung der Fristen gelten die Vorschriften des Bürgerlichen Gesetzbuchs.[1]

---

[1] Vgl. §§ 187 bis 193 Bürgerliches Gesetzbuch; abgedruckt in **dtv 5001 „BGB"**.

(2) Fällt das Ende einer Frist auf einen Sonntag, einen allgemeinen Feiertag oder einen Sonnabend, so endet die Frist mit Ablauf des nächsten Werktages.

(3) Bei der Berechnung einer Frist, die nach Stunden bestimmt ist, werden Sonntage, allgemeine Feiertage und Sonnabende nicht mitgerechnet.

§ 223. *(aufgehoben)*

§ 224 Fristkürzung; Fristverlängerung. (1) [1]Durch Vereinbarung der Parteien können Fristen, mit Ausnahme der Notfristen, abgekürzt werden. [2]Notfristen sind nur diejenigen Fristen, die in diesem Gesetz als solche bezeichnet sind.

(2) Auf Antrag können richterliche und gesetzliche Fristen abgekürzt oder verlängert werden, wenn erhebliche Gründe glaubhaft gemacht sind, gesetzliche Fristen jedoch nur in den besonders bestimmten Fällen.

(3) Im Falle der Verlängerung wird die neue Frist von dem Ablauf der vorigen Frist an berechnet, wenn nicht im einzelnen Falle ein anderes bestimmt ist.

§ 225 Verfahren bei Friständerung. (1) Über das Gesuch um Abkürzung oder Verlängerung einer Frist kann ohne mündliche Verhandlung entschieden werden.

(2) Die Abkürzung oder wiederholte Verlängerung darf nur nach Anhörung des Gegners bewilligt werden.

(3) Eine Anfechtung des Beschlusses, durch den das Gesuch um Verlängerung einer Frist zurückgewiesen ist, findet nicht statt.

§ 226 Abkürzung von Zwischenfristen. (1) Einlassungsfristen, Ladungsfristen sowie diejenigen Fristen, die für die Zustellung vorbereitender Schriftsätze bestimmt sind, können auf Antrag abgekürzt werden.

(2) Die Abkürzung der Einlassungs- und der Ladungsfristen wird dadurch nicht ausgeschlossen, daß infolge der Abkürzung die mündliche Verhandlung durch Schriftsätze nicht vorbereitet werden kann.

(3) Der Vorsitzende kann bei Bestimmung des Termins die Abkürzung ohne Anhörung des Gegners und des sonst Beteiligten verfügen; diese Verfügung ist dem Beteiligten abschriftlich mitzuteilen.

§ 227 Terminsänderung. (1) [1]Aus erheblichen Gründen kann ein Termin aufgehoben oder verlegt sowie eine Verhandlung vertagt werden. [2]Erhebliche Gründe sind insbesondere nicht
1. das Ausbleiben einer Partei oder die Ankündigung, nicht zu erscheinen, wenn nicht das Gericht dafür hält, daß die Partei ohne ihr Verschulden am Erscheinen verhindert ist;
2. die mangelnde Vorbereitung einer Partei, wenn nicht die Partei dies genügend entschuldigt;
3. das Einvernehmen der Parteien allein.

(2) Die erheblichen Gründe sind auf Verlangen des Vorsitzenden, für eine Vertagung auf Verlangen des Gerichts glaubhaft zu machen.

(3) ¹Ein für die Zeit vom 1. Juli bis 31. August bestimmter Termin, mit Ausnahme eines Termins zur Verkündung einer Entscheidung, ist auf Antrag innerhalb einer Woche nach Zugang der Ladung oder Terminsbestimmung zu verlegen. ²Dies gilt nicht für

1. Arrestsachen oder die eine einstweilige Verfügung oder einstweilige Anordnung betreffenden Sachen,
2. Streitigkeiten wegen Überlassung, Benutzung, Räumung oder Herausgabe von Räumen oder wegen Fortsetzung des Mietverhältnisses über Wohnraum auf Grund der §§ 574 bis 574 b des Bürgerlichen Gesetzbuchs,
3. Streitigkeiten in Familiensachen,
4. Wechsel- oder Scheckprozesse,
5. Bausachen, wenn über die Fortsetzung eines angefangenen Baues gestritten wird,
6. Streitigkeiten wegen Überlassung oder Herausgabe einer Sache an eine Person, bei der die Sache nicht der Pfändung unterworfen ist,
7. Zwangsvollstreckungsverfahren oder
8. Verfahren der Vollstreckbarerklärung oder zur Vornahme richterlicher Handlungen im Schiedsverfahren;

dabei genügt es, wenn nur einer von mehreren Ansprüchen die Voraussetzungen erfüllt. ³Wenn das Verfahren besonderer Beschleunigung bedarf, ist dem Verlegungsantrag nicht zu entsprechen.

(4) ¹Über die Aufhebung sowie Verlegung eines Termins entscheidet der Vorsitzende ohne mündliche Verhandlung; über die Vertagung einer Verhandlung entscheidet das Gericht. ²Die Entscheidung ist kurz zu begründen. ³Sie ist unanfechtbar.

§ 228. *(weggefallen)*

§ 229 Beauftragter oder ersuchter Richter. Die in diesem Titel dem Gericht und dem Vorsitzenden beigelegten Befugnisse stehen dem beauftragten oder ersuchten Richter in bezug auf die von diesen zu bestimmenden Termine und Fristen zu.

Titel 4. Folgen der Versäumung; Wiedereinsetzung in den vorigen Stand

§ 230 Allgemeine Versäumungsfolge. Die Versäumung einer Prozeßhandlung hat zur allgemeinen Folge, daß die Partei mit der vorzunehmenden Prozeßhandlung ausgeschlossen wird.

§ 231 Keine Androhung; Nachholung der Prozesshandlung. (1) Einer Androhung der gesetzlichen Folgen der Versäumung bedarf es nicht; sie treten von selbst ein, sofern nicht dieses Gesetz einen auf Verwirklichung des Rechtsnachteils gerichteten Antrag erfordert.

(2) Im letzteren Falle kann, solange nicht der Antrag gestellt und die mündliche Verhandlung über ihn geschlossen ist, die versäumte Prozeßhandlung nachgeholt werden.

§ **232.** *(aufgehoben)*

§ **233 Wiedereinsetzung in den vorigen Stand.** War eine Partei ohne ihr Verschulden verhindert, eine Notfrist oder die Frist zur Begründung der Berufung, der Revision, der Nichtzulassungsbeschwerde, der Rechtsbeschwerde oder der Beschwerde nach §§ 621 e, 629 a Abs. 2 oder die Frist des § 234 Abs. 1 einzuhalten, so ist ihr auf Antrag Wiedereinsetzung in den vorigen Stand zu gewähren.

§ **234 Wiedereinsetzungsfrist.** (1) Die Wiedereinsetzung muß innerhalb einer zweiwöchigen Frist beantragt werden.

(2) Die Frist beginnt mit dem Tage, an dem das Hindernis behoben ist.

(3) Nach Ablauf eines Jahres, von dem Ende der versäumten Frist an gerechnet, kann die Wiedereinsetzung nicht mehr beantragt werden.

§ **235.** *(weggefallen)*

§ **236 Wiedereinsetzungsantrag.** (1) Die Form des Antrags auf Wiedereinsetzung richtet sich nach den Vorschriften, die für die versäumte Prozeßhandlung gelten.

(2) [1]Der Antrag muß die Angabe der die Wiedereinsetzung begründenden Tatsachen enthalten; diese sind bei der Antragstellung oder im Verfahren über den Antrag glaubhaft zu machen. [2]Innerhalb der Antragsfrist ist die versäumte Prozeßhandlung nachzuholen; ist dies geschehen, so kann Wiedereinsetzung auch ohne Antrag gewährt werden.

§ **237 Zuständigkeit für Wiedereinsetzung.** Über den Antrag auf Wiedereinsetzung entscheidet das Gericht, dem die Entscheidung über die nachgeholte Prozeßhandlung zusteht.

§ **238 Verfahren bei Wiedereinsetzung.** (1) [1]Das Verfahren über den Antrag auf Wiedereinsetzung ist mit dem Verfahren über die nachgeholte Prozeßhandlung zu verbinden. [2]Das Gericht kann jedoch das Verfahren zunächst auf die Verhandlung und Entscheidung über den Antrag beschränken.

(2) [1]Auf die Entscheidung über die Zulässigkeit des Antrags und auf die Anfechtung der Entscheidung sind die Vorschriften anzuwenden, die in diesen Beziehungen für die nachgeholte Prozeßhandlung gelten. [2]Der Partei, die den Antrag gestellt hat, steht jedoch der Einspruch nicht zu.

(3) Die Wiedereinsetzung ist unanfechtbar.

(4) Die Kosten der Wiedereinsetzung fallen dem Antragsteller zur Last, soweit sie nicht durch einen unbegründeten Widerspruch des Gegners entstanden sind.

Titel 5. Unterbrechung und Aussetzung des Verfahrens

§ **239 Unterbrechung durch Tod der Partei.** (1) Im Falle des Todes einer Partei tritt eine Unterbrechung des Verfahrens bis zu dessen Aufnahme durch die Rechtsnachfolger ein.

(2) Wird die Aufnahme verzögert, so sind auf Antrag des Gegners die Rechtsnachfolger zur Aufnahme und zugleich zur Verhandlung der Hauptsache zu laden.

(3) ¹Die Ladung ist mit dem den Antrag enthaltenden Schriftsatz den Rechtsnachfolgern selbst zuzustellen. ²Die Ladungsfrist wird von dem Vorsitzenden bestimmt.

(4) Erscheinen die Rechtsnachfolger in dem Termin nicht, so ist auf Antrag die behauptete Rechtsnachfolge als zugestanden anzunehmen und zur Hauptsache zu verhandeln.

(5) Der Erbe ist vor der Annahme der Erbschaft zur Fortsetzung des Rechtsstreits nicht verpflichtet.

§ 240 Unterbrechung durch Insolvenzverfahren. Im Falle der Eröffnung des Insolvenzverfahrens über das Vermögen einer Partei wird das Verfahren, wenn es die Insolvenzmasse betrifft, unterbrochen, bis es nach den für das Insolvenzverfahren geltenden Vorschriften aufgenommen oder das Insolvenzverfahren beendet wird. Entsprechendes gilt, wenn die Verwaltungs- und Verfügungsbefugnis über das Vermögen des Schuldners auf einen vorläufigen Insolvenzverwalter übergeht.

§ 241 Unterbrechung durch Prozessunfähigkeit. (1) Verliert eine Partei die Prozeßfähigkeit oder stirbt der gesetzliche Vertreter einer Partei oder hört seine Vertretungsbefugnis auf, ohne daß die Partei prozeßfähig geworden ist, so wird das Verfahren unterbrochen, bis der gesetzliche Vertreter oder der neue gesetzliche Vertreter von seiner Bestellung dem Gericht Anzeige macht oder der Gegner seine Absicht, das Verfahren fortzusetzen, dem Gericht angezeigt und das Gericht diese Anzeige von Amts wegen zugestellt hat.

(2) Die Anzeige des gesetzlichen Vertreters ist dem Gegner der durch ihn vertretenen Partei, die Anzeige des Gegners ist dem Vertreter zuzustellen.

(3) Diese Vorschriften sind entsprechend anzuwenden, wenn eine Nachlaßverwaltung angeordnet wird.

§ 242 Unterbrechung durch Nacherbfolge. Tritt während des Rechtsstreits zwischen einem Vorerben und einem Dritten über einen der Nacherbfolge unterliegenden Gegenstand der Fall der Nacherbfolge ein, so gelten, sofern der Vorerbe befugt war, ohne Zustimmung des Nacherben über den Gegenstand zu verfügen, hinsichtlich der Unterbrechung und der Aufnahme des Verfahrens die Vorschriften des § 239 entsprechend.

§ 243 Aufnahme bei Nachlasspflegschaft und Testamentsvollstrekkung. Wird im Falle der Unterbrechung des Verfahrens durch den Tod einer Partei ein Nachlaßpfleger bestellt oder ist ein zur Führung des Rechtsstreits berechtigter Testamentsvollstrecker vorhanden, so sind die Vorschriften des § 241 und, wenn über den Nachlaß das Insolvenzverfahren eröffnet wird, die Vorschriften des § 240 bei der Aufnahme des Verfahrens anzuwenden.

§ 244 Unterbrechung durch Anwaltsverlust. (1) Stirbt in Anwaltsprozessen der Anwalt einer Partei oder wird er unfähig, die Vertretung der

Partei fortzuführen, so tritt eine Unterbrechung des Verfahrens ein, bis der bestellte neue Anwalt seine Bestellung dem Gericht angezeigt und das Gericht die Anzeige dem Gegner von Amts wegen zugestellt hat.

(2) ¹Wird diese Anzeige verzögert, so ist auf Antrag des Gegners die Partei selbst zur Verhandlung der Hauptsache zu laden oder zur Bestellung eines neuen Anwalts binnen einer von dem Vorsitzenden zu bestimmenden Frist aufzufordern. ²Wird dieser Aufforderung nicht Folge geleistet, so ist das Verfahren als aufgenommen anzusehen.
Fassung des Satzes 3 bis 30. 6. 2002:
³Bis zur nachträglichen Anzeige der Bestellung eines neuen Anwalts können alle Zustellungen an die zur Anzeige verpflichtete Partei, sofern diese weder am Ort des Prozeßgerichts noch innerhalb des Amtsgerichtsbezirkes wohnt, in dem das Prozeßgericht seinen Sitz hat, durch Aufgabe zur Post (§ 175) erfolgen.
Fassung des Satzes 3 ab 1. 7. 2002:
³Bis zur nachträglichen Anzeige der Bestellung eines neuen Anwalts erfolgen alle Zustellungen an die zur Anzeige verpflichtete Partei.

§ 245 Unterbrechung durch Stillstand der Rechtspflege. Hört infolge eines Krieges oder eines anderen Ereignisses die Tätigkeit des Gerichts auf, so wird für die Dauer dieses Zustandes das Verfahren unterbrochen.

§ 246 Aussetzung bei Vertretung durch Prozessbevollmächtigten.
(1) Fand in den Fällen des Todes, des Verlustes der Prozeßfähigkeit, des Wegfalls des gesetzlichen Vertreters, der Anordnung einer Nachlaßverwaltung oder des Eintritts der Nacherbfolge (§§ 239, 241, 242) eine Vertretung durch einen Prozeßbevollmächtigten statt, so tritt eine Unterbrechung des Verfahrens nicht ein; das Prozeßgericht hat jedoch auf Antrag des Bevollmächtigten, in den Fällen des Todes und der Nacherbfolge auch auf Antrag des Gegners die Aussetzung des Verfahrens anzuordnen.

(2) Die Dauer der Aussetzung und die Aufnahme des Verfahrens richten sich nach den Vorschriften der §§ 239, 241 bis 243; in den Fällen des Todes und der Nacherbfolge ist die Ladung mit dem Schriftsatz, in dem sie beantragt ist, auch dem Bevollmächtigten zuzustellen.

§ 247 Aussetzung bei abgeschnittenem Verkehr. Hält sich eine Partei an einem Ort auf, der durch obrigkeitliche Anordnung oder durch Krieg oder durch andere Zufälle von dem Verkehr mit dem Prozeßgericht abgeschnitten ist, so kann das Gericht auch von Amts wegen die Aussetzung des Verfahrens bis zur Beseitigung des Hindernisses anordnen.

§ 248 Verfahren bei Aussetzung. (1) Das Gesuch um Aussetzung des Verfahrens ist bei dem Prozeßgericht anzubringen; es kann vor der Geschäftsstelle zu Protokoll erklärt werden.

(2) Die Entscheidung kann ohne mündliche Verhandlung ergehen.

§ 249 Wirkung von Unterbrechung und Aussetzung. (1) Die Unterbrechung und Aussetzung des Verfahrens hat die Wirkung, daß der Lauf einer jeden Frist aufhört und nach Beendigung der Unterbrechung oder Aussetzung die volle Frist von neuem zu laufen beginnt.

(2) Die während der Unterbrechung oder Aussetzung von einer Partei in Ansehung der Hauptsache vorgenommenen Prozeßhandlungen sind der anderen Partei gegenüber ohne rechtliche Wirkung.

(3) Durch die nach dem Schluß einer mündlichen Verhandlung eintretende Unterbrechung wird die Verkündung der auf Grund dieser Verhandlung zu erlassenden Entscheidung nicht gehindert.

§ 250 Form von Aufnahme und Anzeige. Die Aufnahme eines unterbrochenen oder ausgesetzten Verfahrens und die in diesem Titel erwähnten Anzeigen erfolgen durch Zustellung eines bei Gericht einzureichenden Schriftsatzes.

§ 251 Ruhen des Verfahrens. [1]Das Gericht hat das Ruhen des Verfahrens anzuordnen, wenn beide Parteien dies beantragen und anzunehmen ist, daß wegen Schwebens von Vergleichsverhandlungen oder aus sonstigen wichtigen Gründen diese Anordnung zweckmäßig ist. [2]Die Anordnung hat auf den Lauf der im § 233 bezeichneten Fristen keinen Einfluß.

§ 251 a Säumnis beider Parteien; Entscheidung nach Lage der Akten. (1) Erscheinen oder verhandeln in einem Termin beide Parteien nicht, so kann das Gericht nach Lage der Akten entscheiden.

(2) [1]Ein Urteil nach Lage der Akten darf nur ergehen, wenn in einem früheren Termin mündlich verhandelt worden ist. [2]Es darf frühestens in zwei Wochen verkündet werden. [3]Das Gericht hat der nicht erschienenen Partei den Verkündungstermin formlos mitzuteilen. [4]Es bestimmt neuen Termin zur mündlichen Verhandlung, wenn die Partei dies spätestens am siebenten Tage vor dem zur Verkündung bestimmten Termin beantragt und glaubhaft macht, daß sie ohne ihr Verschulden ausgeblieben ist und die Verlegung des Termins nicht rechtzeitig beantragen konnte.

(3) Wenn das Gericht nicht nach Lage der Akten entscheidet und nicht nach § 227 vertagt, ordnet es das Ruhen des Verfahrens an.

§ 252 Rechtsmittel bei Aussetzung. Gegen die Entscheidung, durch die auf Grund der Vorschriften dieses Titels oder auf Grund anderer gesetzlicher Bestimmungen die Aussetzung des Verfahrens angeordnet oder abgelehnt wird, findet die sofortige Beschwerde statt.

Buch 2. Verfahren im ersten Rechtszug

Abschnitt 1. Verfahren vor den Landgerichten

Titel 1. Verfahren bis zum Urteil

§ 253 Klageschrift. (1) Die Erhebung der Klage erfolgt durch Zustellung eines Schriftsatzes (Klageschrift).

(2) Die Klageschrift muß enthalten:
1. die Bezeichnung der Parteien und des Gerichts;
2. die bestimmte Angabe des Gegenstandes und des Grundes des erhobenen Anspruchs, sowie einen bestimmten Antrag.

(3) Die Klageschrift soll ferner die Angabe des Wertes des Streitgegenstandes enthalten, wenn hiervon die Zuständigkeit des Gerichts abhängt und der Streitgegenstand nicht in einer bestimmten Geldsumme besteht, sowie eine Äußerung dazu, ob einer Entscheidung der Sache durch den Einzelrichter Gründe entgegenstehen.

(4) Außerdem sind die allgemeinen Vorschriften über die vorbereitenden Schriftsätze auch auf die Klageschrift anzuwenden.

(5) Die Klageschrift sowie sonstige Anträge und Erklärungen einer Partei, die zugestellt werden sollen, sind bei dem Gericht schriftlich unter Beifügung der für ihre Zustellung oder Mitteilung erforderlichen Zahl von Abschriften einzureichen.

§ 254 Stufenklage. Wird mit der Klage auf Rechnungslegung oder auf Vorlegung eines Vermögensverzeichnisses oder auf Abgabe einer eidesstattlichen Versicherung die Klage auf Herausgabe desjenigen verbunden, was der Beklagte aus dem zugrunde liegenden Rechtsverhältnis schuldet, so kann die bestimmte Angabe der Leistungen, die der Kläger beansprucht, vorbehalten werden, bis die Rechnung mitgeteilt, das Vermögensverzeichnis vorgelegt oder die eidesstattliche Versicherung abgegeben ist.

§ 255 Fristbestimmung im Urteil. (1) Hat der Kläger für den Fall, daß der Beklagte nicht vor dem Ablauf einer ihm zu bestimmenden Frist den erhobenen Anspruch befriedigt, das Recht, Schadensersatz wegen Nichterfüllung zu fordern oder die Aufhebung eines Vertrages herbeizuführen, so kann er verlangen, daß die Frist im Urteil bestimmt wird.

(2) Das gleiche gilt, wenn dem Kläger das Recht, die Anordnung einer Verwaltung zu verlangen, für den Fall zusteht, daß der Beklagte nicht vor dem Ablauf einer ihm zu bestimmenden Frist die beanspruchte Sicherheit leistet, sowie im Falle des § 2193 Abs. 2 des Bürgerlichen Gesetzbuchs für die Bestimmung einer Frist zur Vollziehung der Auflage.

§ 256 Feststellungsklage. (1) Auf Feststellung des Bestehens oder Nichtbestehens eines Rechtsverhältnisses, auf Anerkennung einer Urkunde oder auf Feststellung ihrer Unechtheit kann Klage erhoben werden, wenn der Kläger ein rechtliches Interesse daran hat, daß das Rechtsverhältnis oder die Echtheit oder Unechtheit der Urkunde durch richterliche Entscheidung alsbald festgestellt werde.

(2) Bis zum Schluß derjenigen mündlichen Verhandlung, auf die das Urteil ergeht, kann der Kläger durch Erweiterung des Klageantrags, der Beklagte durch Erhebung einer Widerklage beantragen, daß ein im Laufe des Prozesses streitig gewordenes Rechtsverhältnis, von dessen Bestehen oder Nichtbestehen die Entscheidung des Rechtsstreits ganz oder zum Teil abhängt, durch richterliche Entscheidung festgestellt werde.

§ 257 Klage auf künftige Zahlung oder Räumung. Ist die Geltendmachung einer nicht von einer Gegenleistung abhängigen Geldforderung oder die Geltendmachung des Anspruchs auf Räumung eines Grundstücks oder eines Raumes, der anderen als Wohnzwecken dient, an den Eintritt eines Kalendertages geknüpft, so kann Klage auf künftige Zahlung oder Räumung erhoben werden.

§ 258 Klage auf wiederkehrende Leistungen. Bei wiederkehrenden Leistungen kann auch wegen der erst nach Erlaß des Urteils fällig werdenden Leistungen Klage auf künftige Entrichtung erhoben werden.

§ 259 Klage wegen Besorgnis nicht rechtzeitiger Leistung. Klage auf künftige Leistung kann außer den Fällen der §§ 257, 258 erhoben werden, wenn den Umständen nach die Besorgnis gerechtfertigt ist, daß der Schuldner sich der rechtzeitigen Leistung entziehen werde.

§ 260 Anspruchshäufung. Mehrere Ansprüche des Klägers gegen denselben Beklagten können, auch wenn sie auf verschiedenen Gründen beruhen, in einer Klage verbunden werden, wenn für sämtliche Ansprüche das Prozeßgericht zuständig und dieselbe Prozeßart zulässig ist.

§ 261 Rechtshängigkeit. (1) Durch die Erhebung der Klage wird die Rechtshängigkeit der Streitsache begründet.

(2) Die Rechtshängigkeit eines erst im Laufe des Prozesses erhobenen Anspruchs tritt mit dem Zeitpunkt ein, in dem der Anspruch in der mündlichen Verhandlung geltend gemacht oder ein den Erfordernissen des § 253 Abs. 2 Nr. 2 entsprechender Schriftsatz zugestellt wird.

(3) Die Rechtshängigkeit hat folgende Wirkungen:
1. während der Dauer der Rechtshängigkeit kann die Streitsache von keiner Partei anderweitig anhängig gemacht werden;
2. die Zuständigkeit des Prozeßgerichts wird durch eine Veränderung der sie begründenden Umstände nicht berührt.

§§ 261 a, 261 b. *(aufgehoben)*

§ 262 Sonstige Wirkungen der Rechtshängigkeit. ¹Die Vorschriften des bürgerlichen Rechts über die sonstigen Wirkungen der Rechtshängigkeit bleiben unberührt. ²Diese Wirkungen sowie alle Wirkungen, die durch die Vorschriften des bürgerlichen Rechts an die Anstellung, Mitteilung oder gerichtliche Anmeldung der Klage, an die Ladung oder Einlassung des Beklagten geknüpft werden, treten unbeschadet der Vorschrift des § 207[1]) mit der Erhebung der Klage ein.

§ 263 Klageänderung. Nach dem Eintritt der Rechtshängigkeit ist eine Änderung der Klage zulässig, wenn der Beklagte einwilligt oder das Gericht sie für sachdienlich erachtet.

§ 264 Keine Klageänderung. Als eine Änderung der Klage ist es nicht anzusehen, wenn ohne Änderung des Klagegrundes
1. die tatsächlichen oder rechtlichen Anführungen ergänzt oder berichtigt werden;
2. der Klageantrag in der Hauptsache oder in bezug auf Nebenforderungen erweitert oder beschränkt wird;
3. statt des ursprünglich geforderten Gegenstandes wegen einer später eingetretenen Veränderung ein anderer Gegenstand oder das Interesse gefordert wird.

§ 265 Veräußerung oder Abtretung der Streitsache. (1) Die Rechtshängigkeit schließt das Recht der einen oder der anderen Partei nicht aus, die in Streit befangene Sache zu veräußern oder den geltend gemachten Anspruch abzutreten.

(2) ¹Die Veräußerung oder Abtretung hat auf den Prozeß keinen Einfluß. ²Der Rechtsnachfolger ist nicht berechtigt, ohne Zustimmung des Gegners den Prozeß als Hauptpartei an Stelle des Rechtsvorgängers zu übernehmen oder eine Hauptintervention zu erheben. ³Tritt der Rechtsnachfolger als Nebenintervenient auf, so ist § 69 nicht anzuwenden.

(3) Hat der Kläger veräußert oder abgetreten, so kann ihm, sofern das Urteil nach § 325 gegen den Rechtsnachfolger nicht wirksam sein würde, der Einwand entgegengesetzt werden, daß er zur Geltendmachung des Anspruchs nicht mehr befugt sei.

§ 266 Veräußerung eines Grundstücks. (1) ¹Ist über das Bestehen oder Nichtbestehen eines Rechts, das für ein Grundstück in Anspruch genommen wird, oder einer Verpflichtung, die auf einem Grundstück ruhen soll, zwischen dem Besitzer und einem Dritten ein Rechtsstreit anhängig, so ist im Falle der Veräußerung des Grundstücks der Rechtsnachfolger berechtigt und auf Antrag des Gegners verpflichtet, den Rechtsstreit in der Lage, in der er sich befindet, als Hauptpartei zu übernehmen. ²Entsprechendes gilt für einen Rechtsstreit über das Bestehen oder Nichtbestehen einer Verpflichtung, die auf einem eingetragenen Schiff oder Schiffsbauwerk ruhen soll.

(2) ¹Diese Bestimmung ist insoweit nicht anzuwenden, als ihr Vorschriften des bürgerlichen Rechts zugunsten derjenigen, die Rechte von einem Nichtberechtigten herleiten, entgegenstehen. ²In einem solchen Falle gilt, wenn der Kläger veräußert hat, die Vorschrift des § 265 Abs. 3.

§ 267 Vermutete Einwilligung in die Klageänderung. Die Einwilligung des Beklagten in die Änderung der Klage ist anzunehmen, wenn er, ohne der Änderung zu widersprechen, sich in einer mündlichen Verhandlung auf die abgeänderte Klage eingelassen hat.

---

[1]) In § 262 wird **mWv** 1. 7. 2002 die Angabe „§ 207" durch die Angabe „§ 167" ersetzt.

§ 268 Unanfechtbarkeit der Entscheidung. Eine Anfechtung der Entscheidung, daß eine Änderung der Klage nicht vorliege oder daß die Änderung zuzulassen sei, findet nicht statt.

§ 269 Klagerücknahme. (1) Die Klage kann ohne Einwilligung des Beklagten nur bis zum Beginn der mündlichen Verhandlung des Beklagten zur Hauptsache zurückgenommen werden.

(2) ¹Die Zurücknahme der Klage und, soweit sie zur Wirksamkeit der Zurücknahme erforderlich ist, auch die Einwilligung des Beklagten sind dem Gericht gegenüber zu erklären. ²Die Zurücknahme der Klage erfolgt, wenn sie nicht bei der mündlichen Verhandlung erklärt wird, durch Einreichung eines Schriftsatzes. ³Der Schriftsatz ist dem Beklagten zuzustellen, wenn seine Einwilligung zur Wirksamkeit der Zurücknahme der Klage erforderlich ist. ⁴Widerspricht der Beklagte der Zurücknahme der Klage nicht innerhalb einer Notfrist von zwei Wochen seit der Zustellung des Schriftsatzes, so gilt seine Einwilligung als erteilt, wenn der Beklagte zuvor auf diese Folge hingewiesen worden ist.

(3)[1] ¹Wird die Klage zurückgenommen, so ist der Rechtsstreit als nicht anhängig geworden anzusehen; ein bereits ergangenes, noch nicht rechtskräftiges Urteil wird wirkungslos, ohne dass es seiner ausdrücklichen Aufhebung bedarf. ²Der Kläger ist verpflichtet, die Kosten des Rechtsstreits zu tragen, soweit nicht bereits rechtskräftig über sie erkannt ist oder sie dem Beklagten aus einem anderen Grund aufzuerlegen sind. ³Ist der Anlass zur Einreichung der Klage vor Rechtshängigkeit weggefallen und wird die Klage daraufhin unverzüglich zurückgenommen, so bestimmt sich die Kostentragungspflicht unter Berücksichtigung des bisherigen Sach- und Streitstandes nach billigem Ermessen.

(4) Das Gericht entscheidet auf Antrag über die nach Absatz 3 eintretenden Wirkungen durch Beschluss.

(5) ¹Gegen den Beschluss findet die sofortige Beschwerde statt, wenn der Streitwert der Hauptsache den in § 511 genannten Betrag übersteigt. ²Die Beschwerde ist unzulässig, wenn gegen die Entscheidung über den Festsetzungsantrag (§ 104) ein Rechtsmittel nicht mehr zulässig ist.

(6) Wird die Klage von neuem angestellt, so kann der Beklagte die Einlassung verweigern, bis die Kosten erstattet sind.

§ 270 Zustellung; formlose Mitteilung. (1)[2] Die Zustellungen erfolgen, soweit nicht ein anderes vorgeschrieben ist, von Amts wegen.

(2) ¹Mit Ausnahme der Klageschrift und solcher Schriftsätze, die Sachanträge enthalten, sind Schriftsätze und sonstige Erklärungen der Parteien, sofern nicht das Gericht die Zustellung anordnet, ohne besondere Form mitzuteilen. ²Bei Übersendung durch die Post gilt die Mitteilung, wenn die Wohnung der Partei im Bereich des Ortsbestellverkehrs liegt, an dem folgenden, im übrigen an dem zweiten Werktage nach der Aufgabe zur Post als bewirkt, sofern nicht die Partei glaubhaft macht, daß ihr die Mitteilung nicht oder erst in einem späteren Zeitpunkt zugegangen ist.

---

[1]) Beachte hierzu die für das Gesetz zur Reform des Zivilprozesses vom 27. 7. 2001 geltende Übergangsvorschrift in § 26 Nr. 2 EGZPO; Nr. **2**.
[2]) § 270 Abs. 1 wird **mWv 1. 7. 2002** aufgehoben.

Verfahren bis zum Urteil **§§ 271–274 ZPO 1**

(3)[1] Soll durch die Zustellung eine Frist gewahrt werden oder die Verjährung neu beginnen oder nach § 204 des Bürgerlichen Gesetzbuchs gehemmt werden, so tritt die Wirkung, sofern die Zustellung demnächst erfolgt, bereits mit der Einreichung oder Anbringung des Antrags oder der Erklärung ein.

§ 271 Zustellung der Klageschrift. (1) Die Klageschrift ist unverzüglich zuzustellen.

(2) Mit der Zustellung ist der Beklagte aufzufordern, einen Rechtsanwalt zu bestellen, wenn er eine Verteidigung gegen die Klage beabsichtigt.

§ 272 Bestimmung der Verfahrensweise. (1) Der Rechtsstreit ist in der Regel in einem umfassend vorbereiteten Termin zur mündlichen Verhandlung (Haupttermin) zu erledigen.

(2) Der Vorsitzende bestimmt entweder einen frühen ersten Termin zur mündlichen Verhandlung (§ 275) oder veranlaßt ein schriftliches Vorverfahren (§ 276).

(3) Die Güteverhandlung und die mündliche Verhandlung sollen so früh wie möglich stattfinden.

§ 273 Vorbereitung des Termins. (1) Das Gericht hat erforderliche vorbereitende Maßnahmen rechtzeitig zu veranlassen.

(2) Zur Vorbereitung jedes Termins kann der Vorsitzende oder ein von ihm bestimmtes Mitglied des Prozeßgerichts insbesondere
1. den Parteien die Ergänzung oder Erläuterung ihrer vorbereitenden Schriftsätze aufgeben, insbesondere eine Frist zur Erklärung über bestimmte klärungsbedürftige Punkte setzen;
2. Behörden oder Träger eines öffentlichen Amtes um Mitteilung von Urkunden oder um Erteilung amtlicher Auskünfte ersuchen;
3. das persönliche Erscheinen der Parteien anordnen;
4. Zeugen, auf die sich eine Partei bezogen hat, und Sachverständige zur mündlichen Verhandlung laden sowie eine Anordnung nach § 378 treffen;
5. Anordnungen nach den §§ 142, 144 treffen.

(3) [1]Anordnungen nach Absatz 2 Nr. 4 und, soweit die Anordnungen nicht gegenüber einer Partei zu treffen sind, 5 sollen nur ergehen, wenn der Beklagte dem Klageanspruch bereits widersprochen hat. [2]Für die Anordnungen nach Absatz 2 Nr. 4 gilt § 379 entsprechend.

(4) [1]Die Parteien sind von jeder Anordnung zu benachrichtigen. [2]Wird das persönliche Erscheinen der Parteien angeordnet, so gelten die Vorschriften des § 141 Abs. 2, 3.

§ 274 Ladung der Parteien; Einlassungsfrist. (1) Nach der Bestimmung des Termins zur mündlichen Verhandlung ist die Ladung der Parteien durch die Geschäftsstelle zu veranlassen.

(2) Die Ladung ist dem Beklagten mit der Klageschrift zuzustellen, wenn das Gericht einen frühen ersten Verhandlungstermin bestimmt.

(3) [1]Zwischen der Zustellung der Klageschrift und dem Termin zur mündlichen Verhandlung muß ein Zeitraum von mindestens zwei Wochen liegen

---

[1]) § 270 Abs. 3 wird **mWv 1. 7. 2002** aufgehoben.

(Einlassungsfrist). ²Ist die Zustellung im Ausland vorzunehmen, so hat der Vorsitzende bei der Festsetzung des Termins die Einlassungsfrist zu bestimmen.

§ 275 Früher erster Termin. (1) ¹Zur Vorbereitung des frühen ersten Termins zur mündlichen Verhandlung kann der Vorsitzende oder ein von ihm bestimmtes Mitglied des Prozeßgerichts dem Beklagten eine Frist zur schriftlichen Klageerwiderung setzen. ²Andernfalls ist der Beklagte aufzufordern, etwa vorzubringende Verteidigungsmittel unverzüglich durch den zu bestellenden Rechtsanwalt in einem Schriftsatz dem Gericht mitzuteilen; § 277 Abs. 1 Satz 2 gilt entsprechend.

(2) Wird das Verfahren in dem frühen ersten Termin zur mündlichen Verhandlung nicht abgeschlossen, so trifft das Gericht alle Anordnungen, die zur Vorbereitung des Haupttermins noch erforderlich sind.

(3) Das Gericht setzt in dem Termin eine Frist zur schriftlichen Klageerwiderung, wenn der Beklagte noch nicht oder nicht ausreichend auf die Klage erwidert hat und ihm noch keine Frist nach Absatz 1 Satz 1 gesetzt war.

(4) ¹Das Gericht kann dem Kläger in dem Termin oder nach Eingang der Klageerwiderung eine Frist zur schriftlichen Stellungnahme auf die Klageerwiderung setzen. ²Außerhalb der mündlichen Verhandlung kann der Vorsitzende die Frist setzen.

§ 276 Schriftliches Vorverfahren. (1) ¹Bestimmt der Vorsitzende keinen frühen ersten Termin zur mündlichen Verhandlung, so fordert er den Beklagten mit der Zustellung der Klage auf, wenn er sich gegen die Klage verteidigen wolle, dies binnen einer Notfrist von zwei Wochen nach Zustellung der Klageschrift dem Gericht schriftlich anzuzeigen; der Kläger ist von der Aufforderung zu unterrichten. ²Zugleich ist dem Beklagten eine Frist von mindestens zwei weiteren Wochen zur schriftlichen Klageerwiderung zu setzen.

Fassung des Satz 3 bis 30. 6. 2002:
³Ist die Zustellung der Klage im Ausland vorzunehmen, so bestimmt der Vorsitzende die Frist nach Satz 1; § 175 gilt entsprechend mit der Maßgabe, daß der Zustellungsbevollmächtigte innerhalb dieser Frist zu benennen ist.

Fassung des Satz 3 ab 1. 7. 2002:
³Ist die Zustellung der Klage im Ausland vorzunehmen, so bestimmt der Vorsitzende die Frist nach Satz 1.

(2) Mit der Aufforderung ist der Beklagte über die Folgen einer Versäumung der ihm nach Absatz 1 Satz 1 gesetzten Frist sowie darüber zu belehren, daß er die Erklärung, der Klage entgegentreten zu wollen, nur durch den zu bestellenden Rechtsanwalt abgeben kann.

(3) Der Vorsitzende kann dem Kläger eine Frist zur schriftlichen Stellungnahme auf die Klageerwiderung setzen.

§ 277 Klageerwiderung; Replik. (1) ¹In der Klageerwiderung hat der Beklagte seine Verteidigungsmittel vorzubringen, soweit es nach der Prozeßlage einer sorgfältigen und auf Förderung des Verfahrens bedachten Prozeßführung entspricht. ²Die Klageerwiderung soll ferner eine Äußerung dazu enthalten, ob einer Entscheidung der Sache durch den Einzelrichter Gründe entgegenstehen.

(2) Der Beklagte ist darüber, daß die Klageerwiderung durch den zu bestellenden Rechtsanwalt bei Gericht einzureichen ist, und über die Folgen einer Fristversäumung zu belehren.

(3) Die Frist zur schriftlichen Klageerwiderung nach § 275 Abs. 1 Satz 1, Abs. 3 beträgt mindestens zwei Wochen.

(4) Für die schriftliche Stellungnahme auf die Klageerwiderung gelten Absatz 1 Satz 1 und Absätze 2 und 3 entsprechend.

§ 278[1] **Gütliche Streitbeilegung, Güteverhandlung, Vergleich.** (1) Das Gericht soll in jeder Lage des Verfahrens auf eine gütliche Beilegung des Rechtsstreits oder einzelner Streitpunkte bedacht sein.

(2) ¹Der mündlichen Verhandlung geht zum Zwecke der gütlichen Beilegung des Rechtsstreits eine Güteverhandlung voraus, es sei denn, es hat bereits ein Einigungsversuch vor einer außergerichtlichen Gütestelle stattgefunden oder die Güteverhandlung erscheint erkennbar aussichtslos. ²Das Gericht hat in der Güteverhandlung den Sach- und Streitstand mit den Parteien unter freier Würdigung aller Umstände zu erörtern und, soweit erforderlich, Fragen zu stellen. ³Die erschienenen Parteien sollen hierzu persönlich gehört werden.

(3) ¹Für die Güteverhandlung sowie für weitere Güteversuche soll das persönliche Erscheinen der Parteien angeordnet werden. ²§ 141 Abs. 1 Satz 2, Abs. 2 und 3 gilt entsprechend.

(4) Erscheinen beide Parteien in der Güteverhandlung nicht, ist das Ruhen des Verfahrens anzuordnen.

(5) ¹Das Gericht kann die Parteien für die Güteverhandlung vor einen beauftragten oder ersuchten Richter verweisen. ²In geeigneten Fällen kann das Gericht den Parteien eine außergerichtliche Streitschlichtung vorschlagen. ³Entscheiden sich die Parteien hierzu, gilt § 251 entsprechend.

(6) ¹Ein gerichtlicher Vergleich kann auch dadurch geschlossen werden, dass die Parteien einen schriftlichen Vergleichsvorschlag des Gerichts durch Schriftsatz gegenüber dem Gericht annehmen. ²Das Gericht stellt das Zustandekommen und den Inhalt eines nach Satz 1 geschlossenen Vergleichs durch Beschluss fest. ³§ 164 gilt entsprechend.

§ 279 Mündliche Verhandlung. (1) ¹Erscheint eine Partei in der Güteverhandlung nicht oder ist die Güteverhandlung erfolglos, soll sich die mündliche Verhandlung (früher erster Termin oder Haupttermin) unmittelbar anschließen. ²Andernfalls ist unverzüglich Termin zur mündlichen Verhandlung zu bestimmen.

(2) Im Haupttermin soll der streitigen Verhandlung die Beweisaufnahme unmittelbar folgen.

(3) Im Anschluss an die Beweisaufnahme hat das Gericht erneut den Sach- und Streitstand und, soweit bereits möglich, das Ergebnis der Beweisaufnahme mit den Parteien zu erörtern.

§ 280 Abgesonderte Verhandlung über Zulässigkeit der Klage. (1) Das Gericht kann anordnen, daß über die Zulässigkeit der Klage abgesondert verhandelt wird.

---

[1] Beachte hierzu die für das Gesetz zur Reform des Zivilprozesses vom 27. 7. 2001 geltende Übergangsvorschrift in § 26 Nr. 2 EGZPO; Nr. 2.

(2) ¹Ergeht ein Zwischenurteil, so ist es in betreff der Rechtsmittel als Endurteil anzusehen. ²Das Gericht kann jedoch auf Antrag anordnen, daß zur Hauptsache zu verhandeln ist.

§ 281 Verweisung bei Unzuständigkeit. (1) ¹Ist auf Grund der Vorschriften über die örtliche oder sachliche Zuständigkeit der Gerichte die Unzuständigkeit des Gerichts auszusprechen, so hat das angegangene Gericht, sofern das zuständige Gericht bestimmt werden kann, auf Antrag des Klägers durch Beschluß sich für unzuständig zu erklären und den Rechtsstreit an das zuständige Gericht zu verweisen. ²Sind mehrere Gerichte zuständig, so erfolgt die Verweisung an das vom Kläger gewählte Gericht.

(2) ¹Anträge und Erklärungen zur Zuständigkeit des Gerichts können vor dem Urkundsbeamten der Geschäftsstelle abgegeben werden. ²Der Beschluß ist unanfechtbar. ³Der Rechtsstreit wird bei dem im Beschluß bezeichneten Gericht mit Eingang der Akten anhängig. ⁴Der Beschluß ist für dieses Gericht bindend.

(3) ¹Die im Verfahren vor dem angegangenen Gericht erwachsenen Kosten werden als Teil der Kosten behandelt, die bei dem im Beschluß bezeichneten Gericht erwachsen. ²Dem Kläger sind die entstandenen Mehrkosten auch dann aufzuerlegen, wenn er in der Hauptsache obsiegt.

§ 282 Rechtzeitigkeit des Vorbringens. (1) Jede Partei hat in der mündlichen Verhandlung ihre Angriffs- und Verteidigungsmittel, insbesondere Behauptungen, Bestreiten, Einwendungen, Einreden, Beweismittel und Beweiseinreden, so zeitig vorzubringen, wie es nach der Prozeßlage einer sorgfältigen und auf Förderung des Verfahrens bedachten Prozeßführung entspricht.

(2) Anträge sowie Angriffs- und Verteidigungsmittel, auf die der Gegner voraussichtlich ohne vorhergehende Erkundigung keine Erklärung abgeben kann, sind vor der mündlichen Verhandlung durch vorbereitenden Schriftsatz so zeitig mitzuteilen, daß der Gegner die erforderliche Erkundigung noch einzuziehen vermag.

(3) ¹Rügen, die die Zulässigkeit der Klage betreffen, hat der Beklagte gleichzeitig und vor seiner Verhandlung zur Hauptsache vorzubringen. ²Ist ihm vor der mündlichen Verhandlung eine Frist zur Klageerwiderung gesetzt, so hat er die Rügen schon innerhalb der Frist geltend zu machen.

§ 283 Schriftsatzfrist für Erklärungen zum Vorbringen des Gegners. ¹Kann sich eine Partei in der mündlichen Verhandlung auf ein Vorbringen des Gegners nicht erklären, weil es ihr nicht rechtzeitig vor dem Termin mitgeteilt worden ist, so kann auf ihren Antrag das Gericht eine Frist bestimmen, in der sie die Erklärung in einem Schriftsatz nachbringen kann; gleichzeitig wird ein Termin zur Verkündung einer Entscheidung anberaumt. ²Eine fristgemäß eingereichte Erklärung muß, eine verspätet eingereichte Erklärung kann das Gericht bei der Entscheidung berücksichtigen.

§ 284 Beweisaufnahme. Die Beweisaufnahme und die Anordnung eines besonderen Beweisaufnahmeverfahrens durch Beweisbeschluß wird durch die Vorschriften des fünften bis elften Titels bestimmt.

§ 285 Verhandlung nach Beweisaufnahme. (1) Über das Ergebnis der Beweisaufnahme haben die Parteien unter Darlegung des Streitverhältnisses zu verhandeln.

(2) Ist die Beweisaufnahme nicht vor dem Prozeßgericht erfolgt, so haben die Parteien ihr Ergebnis auf Grund der Beweisverhandlungen vorzutragen.

§ 286 Freie Beweiswürdigung. (1) [1]Das Gericht hat unter Berücksichtigung des gesamten Inhalts der Verhandlungen und des Ergebnisses einer etwaigen Beweisaufnahme nach freier Überzeugung zu entscheiden, ob eine tatsächliche Behauptung für wahr oder für nicht wahr zu erachten sei. [2]In dem Urteil sind die Gründe anzugeben, die für die richterliche Überzeugung leitend gewesen sind.

(2) An gesetzliche Beweisregeln ist das Gericht nur in den durch dieses Gesetz bezeichneten Fällen gebunden.

§ 287 Schadensermittlung; Höhe der Forderung. (1) [1]Ist unter den Parteien streitig, ob ein Schaden entstanden sei und wie hoch sich der Schaden oder ein zu ersetzendes Interesse belaufe, so entscheidet hierüber das Gericht unter Würdigung aller Umstände nach freier Überzeugung. [2]Ob und inwieweit eine beantragte Beweisaufnahme oder von Amts wegen die Begutachtung durch Sachverständige anzuordnen sei, bleibt dem Ermessen des Gerichts überlassen. [3]Das Gericht kann den Beweisführer über den Schaden oder das Interesse vernehmen; die Vorschriften des § 452 Abs. 1 Satz 1, Abs. 2 bis 4 gelten entsprechend.

(2) Die Vorschriften des Absatzes 1 Satz 1, 2 sind bei vermögensrechtlichen Streitigkeiten auch in anderen Fällen entsprechend anzuwenden, soweit unter den Parteien die Höhe einer Forderung streitig ist und die vollständige Aufklärung aller hierfür maßgebenden Umstände mit Schwierigkeiten verbunden ist, die zu der Bedeutung des streitigen Teiles der Forderung in keinem Verhältnis stehen.

§ 288 Gerichtliches Geständnis. (1) Die von einer Partei behaupteten Tatsachen bedürfen insoweit keines Beweises, als sie im Laufe des Rechtsstreits von dem Gegner bei einer mündlichen Verhandlung oder zum Protokoll eines beauftragten oder ersuchten Richters zugestanden sind.

(2) Zur Wirksamkeit des gerichtlichen Geständnisses ist dessen Annahme nicht erforderlich.

§ 289 Zusätze beim Geständnis. (1) Die Wirksamkeit des gerichtlichen Geständnisses wird dadurch nicht beeinträchtigt, daß ihm eine Behauptung hinzugefügt wird, die ein selbständiges Angriffs- oder Verteidigungsmittel enthält.

(2) Inwiefern eine vor Gericht erfolgte einräumende Erklärung ungeachtet anderer zusätzlicher oder einschränkender Behauptungen als ein Geständnis anzusehen sei, bestimmt sich nach der Beschaffenheit des einzelnen Falles.

§ 290 Widerruf des Geständnisses. [1]Der Widerruf hat auf die Wirksamkeit des gerichtlichen Geständnisses nur dann Einfluß, wenn die widerrufende Partei beweist, daß das Geständnis der Wahrheit nicht entspreche und durch einen Irrtum veranlaßt sei. [2]In diesem Falle verliert das Geständnis seine Wirksamkeit.

§ 291 Offenkundige Tatsachen. Tatsachen, die bei dem Gericht offenkundig sind, bedürfen keines Beweises.

§ 292 Gesetzliche Vermutungen. ¹Stellt das Gesetz für das Vorhandensein einer Tatsache eine Vermutung auf, so ist der Beweis des Gegenteils zulässig, sofern nicht das Gesetz ein anderes vorschreibt. ²Dieser Beweis kann auch durch den Antrag auf Parteivernehmung nach § 445 geführt werden.

§ 292 a Anscheinsbeweis bei qualifizierter elektronischer Signatur. Der Anschein der Echtheit einer in elektronischer Form (§ 126a des Bürgerlichen Gesetzbuchs) vorliegenden Willenserklärung, der sich auf Grund der Prüfung nach dem Signaturgesetz ergibt, kann nur durch Tatsachen erschüttert werden, die ernstliche Zweifel daran begründen, dass die Erklärung mit dem Willen des Signaturschlüssel-Inhabers abgegeben worden ist.

§ 293 Fremdes Recht; Gewohnheitsrecht; Statuten. ¹Das in einem anderen Staate geltende Recht, die Gewohnheitsrechte und Statuten bedürfen des Beweises nur insofern, als sie dem Gericht unbekannt sind. ²Bei Ermittlung dieser Rechtsnormen ist das Gericht auf die von den Parteien beigebrachten Nachweise nicht beschränkt; es ist befugt, auch andere Erkenntnisquellen zu benutzen und zum Zwecke einer solchen Benutzung das Erforderliche anzuordnen.

§ 294 Glaubhaftmachung. (1) Wer eine tatsächliche Behauptung glaubhaft zu machen hat, kann sich aller Beweismittel bedienen, auch zur Versicherung an Eides Statt zugelassen werden.

(2) Eine Beweisaufnahme, die nicht sofort erfolgen kann, ist unstatthaft.

§ 295 Verfahrensrügen. (1) Die Verletzung einer das Verfahren und insbesondere die Form einer Prozeßhandlung betreffenden Vorschrift kann nicht mehr gerügt werden, wenn die Partei auf die Befolgung der Vorschrift verzichtet, oder wenn sie bei der nächsten mündlichen Verhandlung, die auf Grund des betreffenden Verfahrens stattgefunden hat oder in der darauf Bezug genommen ist, den Mangel nicht gerügt hat, obgleich sie erschienen und ihr der Mangel bekannt war oder bekannt sein mußte.

(2) Die vorstehende Bestimmung ist nicht anzuwenden, wenn Vorschriften verletzt sind, auf deren Befolgung eine Partei wirksam nicht verzichten kann.

§ 296 Zurückweisung verspäteten Vorbringens. (1) Angriffs- und Verteidigungsmittel, die erst nach Ablauf einer hierfür gesetzten Frist (§ 273 Abs. 2 Nr. 1 und, soweit die Fristsetzung gegenüber einer Partei ergeht, 5, § 275 Abs. 1 Satz 1, Abs. 3, 4, § 276 Abs. 1 Satz 2, Abs. 3, § 277) vorgebracht werden, sind nur zuzulassen, wenn nach der freien Überzeugung des Gerichts ihre Zulassung die Erledigung des Rechtsstreits nicht verzögern würde oder wenn die Partei die Verspätung genügend entschuldigt.

(2) Angriffs- und Verteidigungsmittel, die entgegen § 282 Abs. 1 nicht rechtzeitig vorgebracht oder entgegen § 282 Abs. 2 nicht rechtzeitig mitgeteilt werden, können zurückgewiesen werden, wenn ihre Zulassung nach der freien Überzeugung des Gerichts die Erledigung des Rechtsstreits verzögern würde und die Verspätung auf grober Nachlässigkeit beruht.

(3) Verspätete Rügen, die die Zulässigkeit der Klage betreffen und auf die der Beklagte verzichten kann, sind nur zuzulassen, wenn der Beklagte die Verspätung genügend entschuldigt.

(4) In den Fällen der Absätze 1 und 3 ist der Entschuldigungsgrund auf Verlangen des Gerichts glaubhaft zu machen.

§ 296 a Vorbringen nach Schluss der mündlichen Verhandlung.
[1] Nach Schluß der mündlichen Verhandlung, auf die das Urteil ergeht, können Angriffs- und Verteidigungsmittel nicht mehr vorgebracht werden. [2] § 139 Abs. 5, §§ 156, 283 bleiben unberührt.

§ 297 Form der Antragstellung. (1) [1] Die Anträge sind aus den vorbereitenden Schriftsätzen zu verlesen. [2] Soweit sie darin nicht enthalten sind, müssen sie aus einer dem Protokoll als Anlage beizufügenden Schrift verlesen werden. [3] Der Vorsitzende kann auch gestatten, daß die Anträge zu Protokoll erklärt werden.

(2) Die Verlesung kann dadurch ersetzt werden, daß die Parteien auf die Schriftsätze Bezug nehmen, die die Anträge enthalten.

§ 298. *(aufgehoben)*

§ 299 Akteneinsicht; Abschriften. (1) Die Parteien können die Prozeßakten einsehen und sich aus ihnen durch die Geschäftsstelle Ausfertigungen, Auszüge und Abschriften erteilen lassen.

(2) Dritten Personen kann der Vorstand des Gerichts ohne Einwilligung der Parteien die Einsicht der Akten nur gestatten, wenn ein rechtliches Interesse glaubhaft gemacht wird.

(3) [1] Soweit die Prozessakten als elektronische Dokumente vorliegen, ist die Akteneinsicht auf Ausdrucke beschränkt. [2] Die Ausdrucke sind von der Geschäftsstelle zu fertigen.

(4) Die Entwürfe zu Urteilen, Beschlüssen und Verfügungen, die zu ihrer Vorbereitung gelieferten Arbeiten sowie die Schriftstücke, die Abstimmungen betreffen, werden weder vorgelegt noch abschriftlich mitgeteilt.

§ 299 a Datenträgerarchiv. [1] Sind die Prozessakten nach ordnungsgemäßen Grundsätzen zur Ersetzung der Urschrift auf einen Bild- oder anderen Datenträger übertragen worden und liegt der schriftliche Nachweis darüber vor, dass die Wiedergabe mit der Urschrift übereinstimmt, so können Ausfertigungen, Auszüge und Abschriften von dem Bild- oder dem Datenträger erteilt werden. [2] Auf der Urschrift anzubringende Vermerke werden in diesem Fall bei dem Nachweis angebracht.

Titel 2. Urteil

§ 300 Endurteil. (1) Ist der Rechtsstreit zur Endentscheidung reif, so hat das Gericht sie durch Endurteil zu erlassen.

(2) Das gleiche gilt, wenn von mehreren zum Zwecke gleichzeitiger Verhandlung und Entscheidung verbundenen Prozessen nur der eine zur Endentscheidung reif ist.

§ 301 Teilurteil. (1) ¹Ist von mehreren in einer Klage geltend gemachten Ansprüchen nur der eine oder ist nur ein Teil eines Anspruchs oder bei erhobener Widerklage nur die Klage oder die Widerklage zur Endentscheidung reif, so hat das Gericht sie durch Endurteil (Teilurteil) zu erlassen. ²Über einen Teil eines einheitlichen Anspruchs, der nach Grund und Höhe streitig ist, kann durch Teilurteil nur entschieden werden, wenn zugleich ein Grundurteil über den restlichen Teil des Anspruchs ergeht.

(2) Der Erlaß eines Teilurteils kann unterbleiben, wenn es das Gericht nach Lage der Sache nicht für angemessen erachtet.

§ 302 Vorbehaltsurteil. (1) Hat der Beklagte die Aufrechnung einer Gegenforderung geltend gemacht, so kann, wenn nur die Verhandlung über die Forderung zur Entscheidung reif ist, diese unter Vorbehalt der Entscheidung über die Aufrechnung ergehen.

(2) Enthält das Urteil keinen Vorbehalt, so kann die Ergänzung des Urteils nach Vorschrift des § 321 beantragt werden.

(3) Das Urteil, das unter Vorbehalt der Entscheidung über die Aufrechnung ergeht, ist in betreff der Rechtsmittel und der Zwangsvollstreckung als Endurteil anzusehen.

(4) ¹In betreff der Aufrechnung, über welche die Entscheidung vorbehalten ist, bleibt der Rechtsstreit anhängig. ²Soweit sich in dem weiteren Verfahren ergibt, daß der Anspruch des Klägers unbegründet war, ist das frühere Urteil aufzuheben, der Kläger mit dem Anspruch abzuweisen und über die Kosten anderweit zu entscheiden. ³Der Kläger ist zum Ersatz des Schadens verpflichtet, der dem Beklagten durch die Vollstreckung des Urteils oder durch eine zur Abwendung der Vollstreckung gemachte Leistung entstanden ist. ⁴Der Beklagte kann den Anspruch auf Schadensersatz in dem anhängigen Rechtsstreit geltend machen; wird der Anspruch geltend gemacht, so ist er als zur Zeit der Zahlung oder Leistung rechtshängig geworden anzusehen.

§ 303 Zwischenurteil. Ist ein Zwischenstreit zur Entscheidung reif, so kann die Entscheidung durch Zwischenurteil ergehen.

§ 304 Zwischenurteil über den Grund. (1) Ist ein Anspruch nach Grund und Betrag streitig, so kann das Gericht über den Grund vorab entscheiden.

(2) Das Urteil ist in betreff der Rechtsmittel als Endurteil anzusehen; das Gericht kann jedoch, wenn der Anspruch für begründet erklärt ist, auf Antrag anordnen, daß über den Betrag zu verhandeln sei.

§ 305 Urteil unter Vorbehalt erbrechtlich beschränkter Haftung.
(1) Durch die Geltendmachung der dem Erben nach den §§ 2014, 2015 des Bürgerlichen Gesetzbuchs zustehenden Einreden wird eine unter dem Vorbehalt der beschränkten Haftung ergehende Verurteilung des Erben nicht ausgeschlossen.

(2) Das gleiche gilt für die Geltendmachung der Einreden, die im Falle der fortgesetzten Gütergemeinschaft dem überlebenden Ehegatten nach dem § 1489 Abs. 2 und den §§ 2014, 2015 des Bürgerlichen Gesetzbuchs zustehen.

§ 305 a Urteil unter Vorbehalt seerechtlich beschränkter Haftung.
(1) ¹Unterliegt der in der Klage geltend gemachte Anspruch der Haftungsbeschränkung nach § 486 Abs. 1 oder 3, §§ 487 bis 487d des Handelsgesetzbuchs und macht der Beklagte geltend, daß
1. aus demselben Ereignis weitere Ansprüche, für die er die Haftung beschränken kann, entstanden sind und
2. die Summe der Ansprüche die Haftungshöchstbeträge übersteigt, die für diese Ansprüche in Artikel 6 oder 7 des Haftungsbeschränkungsübereinkommens (§ 486 Abs. 1 des Handelsgesetzbuchs) oder in den §§ 487, 487a oder 487c des Handelsgesetzbuchs bestimmt sind,

so kann das Gericht das Recht auf Beschränkung der Haftung bei der Entscheidung unberücksichtigt lassen, wenn die Erledigung des Rechtsstreits wegen Ungewißheit über Grund oder Betrag der weiteren Ansprüche nach der freien Überzeugung des Gerichts nicht unwesentlich erschwert wäre. ²Das gleiche gilt, wenn der in der Klage geltend gemachte Anspruch der Haftungsbeschränkung nach den §§ 4 bis 5m des Binnenschiffahrtsgesetzes unterliegt und der Beklagte geltend macht, daß aus demselben Ereignis weitere Ansprüche entstanden sind, für die er die Haftung beschränken kann und die in ihrer Summe die für sie in den §§ 5e bis 5k des Binnenschiffahrtsgesetzes bestimmten Haftungshöchstbeträge übersteigen.

(2) Läßt das Gericht das Recht auf Beschränkung der Haftung unberücksichtigt, so ergeht das Urteil
1. im Falle des Absatzes 1 Satz 1 unter dem Vorbehalt, daß der Beklagte das Recht auf Beschränkung der Haftung geltend machen kann, wenn ein Fonds nach dem Haftungsbeschränkungsübereinkommen errichtet worden ist oder bei Geltendmachung des Rechts auf Beschränkung der Haftung errichtet wird,
2. im Falle des Absatzes 1 Satz 2 unter dem Vorbehalt, daß der Beklagte das Recht auf Beschränkung der Haftung geltend machen kann, wenn ein Fonds nach § 5d des Binnenschiffahrtsgesetzes errichtet worden ist oder bei Geltendmachung des Rechts auf Beschränkung der Haftung errichtet wird.

§ 306 Verzicht. Verzichtet der Kläger bei der mündlichen Verhandlung auf den geltend gemachten Anspruch, so ist er auf Grund des Verzichts mit dem Anspruch abzuweisen, wenn der Beklagte die Abweisung beantragt.

§ 307 Anerkenntnis. (1) Erkennt eine Partei den gegen sie geltend gemachten Anspruch bei der mündlichen Verhandlung ganz oder zum Teil an, so ist sie dem Anerkenntnis gemäß zu verurteilen.

(2) Erklärt der Beklagte auf eine Aufforderung nach § 276 Abs. 1 Satz 1, daß er den Anspruch des Klägers ganz oder zum Teil anerkenne, so ist er ohne mündliche Verhandlung dem Anerkenntnis gemäß zu verurteilen.

§ 308 Bindung an die Parteianträge. (1) ¹Das Gericht ist nicht befugt, einer Partei etwas zuzusprechen, was nicht beantragt ist. ²Dies gilt insbesondere von Früchten, Zinsen und anderen Nebenforderungen.

(2) Über die Verpflichtung, die Prozeßkosten zu tragen, hat das Gericht auch ohne Antrag zu erkennen.

§ 308a Entscheidung ohne Antrag in Mietsachen. (1) ¹Erachtet das Gericht in einer Streitigkeit zwischen dem Vermieter und dem Mieter oder dem Mieter und dem Untermieter wegen Räumung von Wohnraum den Räumungsanspruch für unbegründet, weil der Mieter nach den §§ 574 bis 574b des Bürgerlichen Gesetzbuchs eine Fortsetzung des Mietverhältnisses verlangen kann, so hat es in dem Urteil auch ohne Antrag auszusprechen, für welche Dauer und unter welchen Änderungen der Vertragsbedingungen das Mietverhältnis fortgesetzt wird. ²Vor dem Ausspruch sind die Parteien zu hören.

(2) Der Ausspruch ist selbständig anfechtbar.

§ 309 Erkennende Richter. Das Urteil kann nur von denjenigen Richtern gefällt werden, welche der dem Urteil zugrunde liegenden Verhandlung beigewohnt haben.

§ 310 Termin der Urteilsverkündung. (1) ¹Das Urteil wird in dem Termin, in dem die mündliche Verhandlung geschlossen wird, oder in einem sofort anzuberaumenden Termin verkündet. ²Dieser wird nur dann über drei Wochen hinaus angesetzt, wenn wichtige Gründe, insbesondere der Umfang oder die Schwierigkeit der Sache, dies erfordern.

(2) Wird das Urteil nicht in dem Termin, in dem die mündliche Verhandlung geschlossen wird, verkündet, so muß es bei der Verkündung in vollständiger Form abgefaßt sein.

(3) Bei einem Anerkenntnisurteil und einem Versäumnisurteil, die nach § 307 Abs. 2, § 331 Abs. 3 ohne mündliche Verhandlung ergehen, wird die Verkündung durch die Zustellung des Urteils ersetzt.

§ 311 Form der Urteilsverkündung. (1) Das Urteil ergeht im Namen des Volkes.

(2) ¹Das Urteil wird durch Vorlesung der Urteilsformel verkündet. ²Die Vorlesung der Urteilsformel kann durch eine Bezugnahme auf die Urteilsformel ersetzt werden, wenn bei der Verkündung von den Parteien niemand erschienen ist. ³Versäumnisurteile, Urteile, die auf Grund eines Anerkenntnisses erlassen werden, sowie Urteile, welche die Folge der Zurücknahme der Klage oder des Verzichts auf den Klageanspruch aussprechen, können verkündet werden, auch wenn die Urteilsformel noch nicht schriftlich abgefaßt ist.

(3) Die Entscheidungsgründe werden, wenn es für angemessen erachtet wird, durch Vorlesung der Gründe oder durch mündliche Mitteilung des wesentlichen Inhalts verkündet.

(4) Wird das Urteil nicht in dem Termin verkündet, in dem die mündliche Verhandlung geschlossen wird, so kann es der Vorsitzende in Abwesenheit der anderen Mitglieder des Prozeßgerichts verkünden.

§ 312 Anwesenheit der Parteien. (1) ¹Die Wirksamkeit der Verkündung eines Urteils ist von der Anwesenheit der Parteien nicht abhängig. ²Die Verkündung gilt auch derjenigen Partei gegenüber als bewirkt, die den Termin versäumt hat.

(2) Die Befugnis einer Partei, auf Grund eines verkündeten Urteils das Verfahren fortzusetzen oder von dem Urteil in anderer Weise Gebrauch zu

Urteil **§§ 313, 313a ZPO 1**

machen, ist von der Zustellung an den Gegner nicht abhängig, soweit nicht dieses Gesetz ein anderes bestimmt.

§ 313 Form und Inhalt des Urteils. (1) Das Urteil enthält:
1. die Bezeichnung der Parteien, ihrer gesetzlichen Vertreter und der Prozeßbevollmächtigten;
2. die Bezeichnung des Gerichts und die Namen der Richter, die bei der Entscheidung mitgewirkt haben;
3. den Tag, an dem die mündliche Verhandlung geschlossen worden ist;
4. die Urteilsformel;
5. den Tatbestand;
6. die Entscheidungsgründe.

(2) [1]Im Tatbestand sollen die erhobenen Ansprüche und die dazu vorgebrachten Angriffs- und Verteidigungsmittel unter Hervorhebung der gestellten Anträge nur ihrem wesentlichen Inhalt nach knapp dargestellt werden. [2]Wegen der Einzelheiten des Sach- und Streitstandes soll auf Schriftsätze, Protokolle und andere Unterlagen verwiesen werden.

(3) Die Entscheidungsgründe enthalten eine kurze Zusammenfassung der Erwägungen, auf denen die Entscheidung in tatsächlicher und rechtlicher Hinsicht beruht.

§ 313 a[1]) **Weglassen von Tatbestand und Entscheidungsgründen.**
(1) [1]Des Tatbestandes bedarf es nicht, wenn ein Rechtsmittel gegen das Urteil unzweifelhaft nicht zulässig ist. [2]In diesem Fall bedarf es auch keiner Entscheidungsgründe, wenn die Parteien auf sie verzichten oder wenn ihr wesentlicher Inhalt in das Protokoll aufgenommen worden ist.

(2) [1]Wird das Urteil in dem Termin, in dem die mündliche Verhandlung geschlossen worden ist, verkündet, so bedarf es des Tatbestands und der Entscheidungsgründe nicht, wenn beide Parteien auf Rechtsmittel gegen das Urteil verzichten. [2]Ist das Urteil nur für eine Partei anfechtbar, so genügt es, wenn diese verzichtet.

(3) Der Verzicht nach Absatz 1 oder 2 kann bereits vor der Verkündung des Urteils erfolgen; er muss spätestens binnen einer Woche nach dem Schluss der mündlichen Verhandlung gegenüber dem Gericht erklärt sein.

(4) Die Absätze 1 bis 3 finden keine Anwendung:
1. in Ehesachen, mit Ausnahme der eine Scheidung aussprechenden Entscheidungen;
2. in Lebenspartnerschaftssachen nach § 661 Abs. 1 Nr. 2 und 3;
3. in Kindschaftssachen;
4. im Falle der Verurteilung zu künftig fällig werdenden wiederkehrenden Leistungen;
5. wenn zu erwarten ist, dass das Urteil im Ausland geltend gemacht werden wird.

(5) Soll ein ohne Tatbestand und Entscheidungsgründe hergestelltes Urteil im Ausland geltend gemacht werden, so gelten die Vorschriften über die Vervollständigung von Versäumnis- und Anerkenntnisurteilen entsprechend.

---

[1]) Beachte hierzu die für das Gesetz zur Reform des Zivilprozesses vom 27. 7. 2001 geltende Übergangsvorschrift in § 26 Nr. 2 EGZPO; Nr. **2.**

§ 313b Versäumnis-, Anerkenntnis- und Verzichtsurteil.

(1) [1]Wird durch Versäumnisurteil, Anerkenntnisurteil oder Verzichtsurteil erkannt, so bedarf es nicht des Tatbestandes und der Entscheidungsgründe. [2]Das Urteil ist als Versäumnis-, Anerkenntnis- oder Verzichtsurteil zu bezeichnen.

(2) [1]Das Urteil kann in abgekürzter Form nach Absatz 1 auf die bei den Akten befindliche Urschrift oder Abschrift der Klage oder auf ein damit zu verbindendes Blatt gesetzt werden. [2]Die Namen der Richter braucht das Urteil nicht zu enthalten. [3]Die Bezeichnung der Parteien, ihrer gesetzlichen Vertreter und der Prozeßbevollmächtigten sind in das Urteil nur aufzunehmen, soweit von den Angaben der Klageschrift abgewichen wird. [4]Wird nach dem Antrag des Klägers erkannt, so kann in der Urteilsformel auf die Klageschrift Bezug genommen werden. [5]Wird das Urteil auf ein Blatt gesetzt, das mit der Klageschrift verbunden wird, so soll die Verbindungsstelle mit dem Gerichtssiegel versehen oder statt der Verbindung mit Schnur und Siegel bewirkt werden.

(3) Absatz 1 ist nicht anzuwenden, wenn zu erwarten ist, daß das Versäumnisurteil oder das Anerkenntnisurteil im Ausland geltend gemacht werden soll.

§ 314 Beweiskraft des Tatbestandes.
[1]Der Tatbestand des Urteils liefert Beweis für das mündliche Parteivorbringen. [2]Der Beweis kann nur durch das Sitzungsprotokoll entkräftet werden.

§ 315 Unterschrift der Richter.
(1) [1]Das Urteil ist von den Richtern, die bei der Entscheidung mitgewirkt haben, zu unterschreiben. [2]Ist ein Richter verhindert, seine Unterschrift beizufügen, so wird dies unter Angabe des Verhinderungsgrundes von dem Vorsitzenden und bei dessen Verhinderung von dem ältesten beisitzenden Richter unter dem Urteil vermerkt.

(2) [1]Ein Urteil, das in dem Termin, in dem die mündliche Verhandlung geschlossen wird, verkündet wird, ist vor Ablauf von drei Wochen, vom Tage der Verkündung an gerechnet, vollständig abgefaßt der Geschäftsstelle zu übergeben. [2]Kann dies ausnahmsweise nicht geschehen, so ist innerhalb dieser Frist das von den Richtern unterschriebene Urteil ohne Tatbestand und Entscheidungsgründe der Geschäftsstelle zu übergeben. [3]In diesem Falle sind Tatbestand und Entscheidungsgründe alsbald nachträglich anzufertigen, von den Richtern besonders zu unterschreiben und der Geschäftsstelle zu übergeben.

(3) Der Urkundsbeamte der Geschäftsstelle hat auf dem Urteil den Tag der Verkündung oder der Zustellung nach § 310 Abs. 3 zu vermerken und diesen Vermerk zu unterschreiben.

§ 316. *(weggefallen)*

§ 317 Urteilszustellung und -ausfertigung.
(1) [1]Die Urteile werden den Parteien, verkündete Versäumnisurteile nur der unterliegenden Partei zugestellt. [2]Eine Zustellung nach § 310 Abs. 3 genügt. [3]Auf übereinstimmenden Antrag der Parteien kann der Vorsitzende die Zustellung verkündeter Urteile bis zum Ablauf von fünf Monaten nach der Verkündung hinausschieben.

(2) [1]Solange das Urteil nicht verkündet und nicht unterschrieben ist, dürfen von ihm Ausfertigungen, Auszüge und Abschriften nicht erteilt werden. [2]Die von einer Partei beantragte Ausfertigung eines Urteils erfolgt ohne Tatbestand und Entscheidungsgründe; dies gilt nicht, wenn die Partei eine vollständige Ausfertigung beantragt.

(3) Die Ausfertigung und Auszüge der Urteile sind von dem Urkundsbeamten der Geschäftsstelle zu unterschreiben und mit dem Gerichtssiegel zu versehen.

(4) [1]Ist das Urteil nach § 313b Abs. 2 in abgekürzter Form hergestellt, so erfolgt die Ausfertigung in gleicher Weise unter Benutzung einer beglaubigten Abschrift der Klageschrift oder in der Weise, daß das Urteil durch Aufnahme der in § 313 Abs. 1 Nr. 1 bis 4 bezeichneten Angaben vervollständigt wird. [2]Die Abschrift der Klageschrift kann durch den Urkundsbeamten der Geschäftsstelle oder durch den Rechtsanwalt des Klägers beglaubigt werden.

§ 318 Bindung des Gerichts. Das Gericht ist an die Entscheidung, die in den von ihm erlassenen End- und Zwischenurteilen enthalten ist, gebunden.

§ 319 Berichtigung des Urteils. (1) Schreibfehler, Rechnungsfehler und ähnliche offenbare Unrichtigkeiten, die in dem Urteil vorkommen, sind jederzeit von dem Gericht auch von Amts wegen zu berichtigen.

(2) Der Beschluß, der eine Berichtigung ausspricht, wird auf dem Urteil und den Ausfertigungen vermerkt.

(3) Gegen den Beschluß, durch den der Antrag auf Berichtigung zurückgewiesen wird, findet kein Rechtsmittel, gegen den Beschluß, der eine Berichtigung ausspricht, findet sofortige Beschwerde statt.

§ 320 Berichtigung des Tatbestandes. (1) Enthält der Tatbestand des Urteils Unrichtigkeiten, die nicht unter die Vorschriften des vorstehenden Paragraphen fallen, Auslassungen, Dunkelheiten oder Widersprüche, so kann die Berichtigung binnen einer zweiwöchigen Frist durch Einreichung eines Schriftsatzes beantragt werden.

(2) [1]Die Frist beginnt mit der Zustellung des in vollständiger Form abgefaßten Urteils. [2]Der Antrag kann schon vor dem Beginn der Frist gestellt werden. [3]Die Berichtigung des Tatbestandes ist ausgeschlossen, wenn sie nicht binnen drei Monaten seit der Verkündung des Urteils beantragt wird.

(3) [1]Auf den Antrag ist ein Termin zur mündlichen Verhandlung anzuberaumen. [2]Dem Gegner des Antragstellers ist mit der Ladung zu diesem Termin der den Antrag enthaltende Schriftsatz zuzustellen.

(4) [1]Das Gericht entscheidet ohne Beweisaufnahme. [2]Bei der Entscheidung wirken nur diejenigen Richter mit, die bei dem Urteil mitgewirkt haben. [3]Ist ein Richter verhindert, so gibt bei Stimmengleichheit die Stimme des Vorsitzenden und bei dessen Verhinderung die Stimme des ältesten Richters den Ausschlag. [4]Eine Anfechtung des Beschlusses findet nicht statt. [5]Der Beschluß, der eine Berichtigung ausspricht, wird auf dem Urteil und den Ausfertigungen vermerkt.

(5) Die Berichtigung des Tatbestandes hat eine Änderung des übrigen Teils des Urteils nicht zur Folge.

§ 321 Ergänzung des Urteils. (1) Wenn ein nach dem ursprünglich festgestellten oder nachträglich berichtigten Tatbestand von einer Partei geltend gemachter Haupt- oder Nebenanspruch oder wenn der Kostenpunkt bei der Endentscheidung ganz oder teilweise übergangen ist, so ist auf Antrag das Urteil durch nachträgliche Entscheidung zu ergänzen.

(2) Die nachträgliche Entscheidung muß binnen einer zweiwöchigen Frist, die mit der Zustellung des Urteils beginnt, durch Einreichung eines Schriftsatzes beantragt werden.

(3) ¹Auf den Antrag ist ein Termin zur mündlichen Verhandlung anzuberaumen. ²Dem Gegner des Antragstellers ist mit der Ladung zu diesem Termin der den Antrag enthaltende Schriftsatz zuzustellen.

(4) Die mündliche Verhandlung hat nur den nicht erledigten Teil des Rechtsstreits zum Gegenstande.

§ 321 a Abhilfe bei Verletzung des Anspruchs auf rechtliches Gehör. (1) Auf die Rüge der durch das Urteil beschwerten Partei ist der Prozess vor dem Gericht des ersten Rechtszuges fortzuführen, wenn
1. eine Berufung nach § 511 Abs. 2 nicht zulässig ist und
2. das Gericht des ersten Rechtszuges den Anspruch auf rechtliches Gehör in entscheidungserheblicher Weise verletzt hat.

(2) ¹Die Rüge ist durch Einreichung eines Schriftsatzes (Rügeschrift) zu erheben, der enthalten muss:
1. die Bezeichnung des Prozesses, dessen Fortführung begehrt wird;
2. die Darlegung der Verletzung des Anspruchs auf rechtliches Gehör und der Entscheidungserheblichkeit der Verletzung.

²Die Rügeschrift ist innerhalb einer Notfrist von zwei Wochen bei dem Gericht des ersten Rechtszuges einzureichen. ³Die Frist beginnt mit der Zustellung des in vollständiger Form abgefassten Urteils, im Falle des § 313a Abs. 1 Satz 2 jedoch erst dann, wenn auch das Protokoll zugestellt ist.

(3) Dem Gegner ist, soweit erforderlich, Gelegenheit zur Stellungnahme zu geben.

(4) ¹Das Gericht hat von Amts wegen zu prüfen, ob die Rüge an sich statthaft und ob sie in der gesetzlichen Form und Frist erhoben ist. ²Mangelt es an einem dieser Erfordernisse, so ist die Rüge als unzulässig zu verwerfen. ³Ist die Rüge unbegründet, weist das Gericht sie zurück. ⁴Die Entscheidungen ergehen durch kurz zu begründenden Beschluss, der nicht anfechtbar ist.

(5) ¹Ist die Rüge begründet, so hilft ihr das Gericht ab, indem es den Prozess fortführt. ²Der Prozess wird in die Lage zurückversetzt, in der er sich vor dem Schluss der mündlichen Verhandlung befand. ³§ 343 gilt entsprechend.

(6) § 707 Abs. 1 Satz 1, Abs. 2 ist entsprechend anzuwenden.

§ 322 Materielle Rechtskraft. (1) Urteile sind der Rechtskraft nur insoweit fähig, als über den durch die Klage oder durch die Widerklage erhobenen Anspruch entschieden ist.

(2) Hat der Beklagte die Aufrechnung einer Gegenforderung geltend gemacht, so ist die Entscheidung, daß die Gegenforderung nicht besteht, bis zur Höhe des Betrages, für den die Aufrechnung geltend gemacht worden ist, der Rechtskraft fähig.

§ 323 Abänderungsklage. (1) Tritt im Falle der Verurteilung zu künftig fällig werdenden wiederkehrenden Leistungen eine wesentliche Änderung derjenigen Verhältnisse ein, die für die Verurteilung zur Entrichtung der Leistungen, für die Bestimmung der Höhe der Leistungen oder der Dauer ihrer

Entrichtung maßgebend waren, so ist jeder Teil berechtigt, im Wege der Klage eine entsprechende Abänderung des Urteils zu verlangen.

(2) Die Klage ist nur insoweit zulässig, als die Gründe, auf die sie gestützt wird, erst nach dem Schluß der mündlichen Verhandlung, in der eine Erweiterung des Klageantrages oder die Geltendmachung von Einwendungen spätestens hätte erfolgen müssen, entstanden sind und durch Einspruch nicht mehr geltend gemacht werden können.

(3) [1]Das Urteil darf nur für die Zeit nach Erhebung der Klage abgeändert werden. [2]Dies gilt nicht, soweit die Abänderung nach § 1360a Abs. 3, § 1361 Abs. 4 Satz 4, § 1585b Abs. 2, § 1613 Abs. 1 des Bürgerlichen Gesetzbuchs zu einem früheren Zeitpunkt verlangt werden kann.

(4) Die vorstehenden Vorschriften sind auf die Schuldtitel des § 794 Abs. 1 Nr. 1, 2a und 5, soweit darin Leistungen der im Absatz 1 bezeichneten Art übernommen oder festgesetzt worden sind, entsprechend anzuwenden.

(5) Schuldtitel auf Unterhaltszahlungen, deren Abänderung nach § 655 statthaft ist, können nach den vorstehenden Vorschriften nur abgeändert werden, wenn eine Anpassung nach § 655 zu einem Unterhaltsbetrag führen würde, der wesentlich von dem Betrag abweicht, der der Entwicklung der besonderen Verhältnisse der Parteien Rechnung trägt.

§ 324 Nachforderungsklage zur Sicherheitsleistung. Ist bei einer nach den §§ 843 bis 845 oder §§ 1569 bis 1586b des Bürgerlichen Gesetzbuchs erfolgten Verurteilung zur Entrichtung einer Geldrente nicht auf Sicherheitsleistung erkannt, so kann der Berechtigte gleichwohl Sicherheitsleistung verlangen, wenn sich die Vermögensverhältnisse des Verpflichteten erheblich verschlechtert haben; unter der gleichen Voraussetzung kann er eine Erhöhung der in dem Urteil bestimmten Sicherheit verlangen.

§ 325 Subjektive Rechtskraftwirkung. (1) Das rechtskräftige Urteil wirkt für und gegen die Parteien und die Personen, die nach dem Eintritt der Rechtshängigkeit Rechtsnachfolger der Parteien geworden sind oder den Besitz der im Streit befangenen Sache in solcher Weise erlangt haben, daß eine der Parteien oder ihr Rechtsnachfolger mittelbarer Besitzer geworden ist.

(2) Die Vorschriften des bürgerlichen Rechts zugunsten derjenigen, die Rechte von einem Nichtberechtigten herleiten, gelten entsprechend.

(3) [1]Betrifft das Urteil einen Anspruch aus einer eingetragenen Reallast, Hypothek, Grundschuld oder Rentenschuld, so wirkt es im Falle einer Veräußerung des belasteten Grundstücks in Ansehung des Grundstücks gegen den Rechtsnachfolger auch dann, wenn dieser die Rechtshängigkeit nicht gekannt hat. [2]Gegen den Ersteher eines im Wege der Zwangsversteigerung veräußerten Grundstücks wirkt das Urteil nur dann, wenn die Rechtshängigkeit spätestens im Versteigerungstermin vor der Aufforderung zur Abgabe von Geboten angemeldet worden ist.

(4) Betrifft das Urteil einen Anspruch aus einer eingetragenen Schiffshypothek, so gilt Absatz 3 Satz 1 entsprechend.

§ 326 Rechtskraft bei Nacherbfolge. (1) Ein Urteil, das zwischen einem Vorerben und einem Dritten über einen gegen den Vorerben als Erben gerichteten Anspruch oder über einen der Nacherbfolge unterliegenden Gegenstand ergeht, wirkt, sofern es vor dem Eintritt der Nacherbfolge rechtskräftig wird, für den Nacherben.

(2) Ein Urteil, das zwischen einem Vorerben und einem Dritten über einen der Nacherbfolge unterliegenden Gegenstand ergeht, wirkt auch gegen den Nacherben, sofern der Vorerbe befugt ist, ohne Zustimmung des Nacherben über den Gegenstand zu verfügen.

§ 327 Rechtskraft bei Testamentsvollstreckung. (1) Ein Urteil, das zwischen einem Testamentsvollstrecker und einem Dritten über ein der Verwaltung des Testamentsvollstreckers unterliegendes Recht ergeht, wirkt für und gegen den Erben.

(2) Das gleiche gilt von einem Urteil, das zwischen einem Testamentsvollstrecker und einem Dritten über einen gegen den Nachlaß gerichteten Anspruch ergeht, wenn der Testamentsvollstrecker zur Führung des Rechtsstreits berechtigt ist.

§ 328 Anerkennung ausländischer Urteile. (1) Die Anerkennung des Urteils eines ausländischen Gerichts ist ausgeschlossen:
1. wenn die Gerichte des Staates, dem das ausländische Gericht angehört, nach den deutschen Gesetzen nicht zuständig sind;
2. wenn dem Beklagten, der sich auf das Verfahren nicht eingelassen hat und sich hierauf beruft, das verfahrenseinleitende Schriftstück nicht ordnungsmäßig oder nicht so rechtzeitig zugestellt worden ist, daß er sich verteidigen konnte;
3. wenn das Urteil mit einem hier erlassenen oder einem anzuerkennenden früheren ausländischen Urteil oder wenn das ihm zugrunde liegende Verfahren mit einem früher hier rechtshängig gewordenen Verfahren unvereinbar ist;
4. wenn die Anerkennung des Urteils zu einem Ergebnis führt, das mit wesentlichen Grundsätzen des deutschen Rechts offensichtlich unvereinbar ist, insbesondere wenn die Anerkennung mit den Grundrechten unvereinbar ist;
5. wenn die Gegenseitigkeit nicht verbürgt ist.

(2) Die Vorschrift der Nummer 5 steht der Anerkennung des Urteils nicht entgegen, wenn das Urteil einen nichtvermögensrechtlichen Anspruch betrifft und nach den deutschen Gesetzen ein Gerichtsstand im Inland nicht begründet war oder wenn es sich um eine Kindschaftssache (§ 640) oder um eine Lebenspartnerschaftssache im Sinne des § 661 Abs. 1 Nr. 1 und 2 handelt.

§ 329 Beschlüsse und Verfügungen. (1) ¹Die auf Grund einer mündlichen Verhandlung ergehenden Beschlüsse des Gerichts müssen verkündet werden. ²Die Vorschriften der §§ 309, 310 Abs. 1 und des § 311 Abs. 4 sind auf Beschlüsse des Gerichts, die Vorschriften des § 312 und des § 317 Abs. 2 Satz 1, Abs. 3 auf Beschlüsse des Gerichts und auf Verfügungen des Vorsitzenden sowie eines beauftragten oder ersuchten Richters entsprechend anzuwenden.

(2) ¹Nicht verkündete Beschlüsse des Gerichts und nicht verkündete Verfügungen des Vorsitzenden oder eines beauftragten oder ersuchten Richters sind den Parteien formlos mitzuteilen. ²Enthält die Entscheidung eine Terminsbestimmung oder setzt sie eine Frist in Lauf, so ist sie zuzustellen.

(3) Entscheidungen, die einen Vollstreckungstitel bilden oder die der sofortigen Beschwerde oder der Erinnerung nach § 573 Abs. 1 unterliegen, sind zuzustellen.

Titel 3. Versäumnisurteil

§ 330 Versäumnisurteil gegen den Kläger. Erscheint der Kläger im Termin zur mündlichen Verhandlung nicht, so ist auf Antrag das Versäumnisurteil dahin zu erlassen, daß der Kläger mit der Klage abzuweisen sei.

§ 331 Versäumnisurteil gegen den Beklagten. (1) [1]Beantragt der Kläger gegen den im Termin zur mündlichen Verhandlung nicht erschienenen Beklagten das Versäumnisurteil, so ist das tatsächliche mündliche Vorbringen des Klägers als zugestanden anzunehmen. [2]Dies gilt nicht für Vorbringen zur Zuständigkeit des Gerichts nach § 29 Abs. 2, § 38.

(2) Soweit es den Klageantrag rechtfertigt, ist nach dem Antrag zu erkennen; soweit dies nicht der Fall ist, ist die Klage abzuweisen.

(3) [1]Hat der Beklagte entgegen § 276 Abs. 1 Satz 1, Abs. 2 nicht rechtzeitig angezeigt, daß er sich gegen die Klage verteidigen wolle, so trifft auf Antrag des Klägers das Gericht die Entscheidung ohne mündliche Verhandlung; dies gilt nicht, wenn die Erklärung des Beklagten noch eingeht, bevor das von den Richtern unterschriebene Urteil der Geschäftsstelle übergeben ist. [2]Der Antrag kann schon in der Klageschrift gestellt werden.

§ 331 a Entscheidung nach Aktenlage. [1]Beim Ausbleiben einer Partei im Termin zur mündlichen Verhandlung kann der Gegner statt eines Versäumnisurteils eine Entscheidung nach Lage der Akten beantragen; dem Antrag ist zu entsprechen, wenn der Sachverhalt für eine derartige Entscheidung hinreichend geklärt erscheint. [2]§ 251 a Abs. 2 gilt entsprechend.

§ 332 Begriff des Verhandlungstermins. Als Verhandlungstermine im Sinne der vorstehenden Paragraphen sind auch diejenigen Termine anzusehen, auf welche die mündliche Verhandlung vertagt ist oder die zu ihrer Fortsetzung vor oder nach dem Erlaß eines Beweisbeschlusses bestimmt sind.

§ 333 Nichtverhandeln der erschienenen Partei. Als nicht erschienen ist auch die Partei anzusehen, die in dem Termin zwar erscheint, aber nicht verhandelt.

§ 334 Unvollständiges Verhandeln. Wenn eine Partei in dem Termin verhandelt, sich jedoch über Tatsachen, Urkunden oder Anträge auf Parteivernehmung nicht erklärt, so sind die Vorschriften dieses Titels nicht anzuwenden.

§ 335 Unzulässigkeit einer Versäumnisentscheidung. (1) Der Antrag auf Erlaß eines Versäumnisurteils oder einer Entscheidung nach Lage der Akten ist zurückzuweisen:
1. wenn die erschienene Partei die vom Gericht wegen eines von Amts wegen zu berücksichtigenden Umstandes erforderte Nachweisung nicht zu beschaffen vermag;
2. wenn die nicht erschienene Partei nicht ordnungsmäßig, insbesondere nicht rechtzeitig geladen war;

3. wenn der nicht erschienenen Partei ein tatsächliches mündliches Vorbringen oder ein Antrag nicht rechtzeitig mittels Schriftsatzes mitgeteilt war;
4. wenn im Falle des § 331 Abs. 3 dem Beklagten die Frist des § 276 Abs. 1 Satz 1 nicht mitgeteilt oder er nicht gemäß § 276 Abs. 2 belehrt worden ist.

(2) Wird die Verhandlung vertagt, so ist die nicht erschienene Partei zu dem neuen Termin zu laden.

§ 336 Rechtsmittel bei Zurückweisung. (1) [1]Gegen den Beschluß, durch den der Antrag auf Erlaß des Versäumnisurteils zurückgewiesen wird, findet sofortige Beschwerde statt. [2]Wird der Beschluß aufgehoben, so ist die nicht erschienene Partei zu dem neuen Termin nicht zu laden.

(2) Die Ablehnung eines Antrages auf Entscheidung nach Lage der Akten ist unanfechtbar.

§ 337 Vertagung von Amts wegen. [1]Das Gericht vertagt die Verhandlung über den Antrag auf Erlaß des Versäumnisurteils oder einer Entscheidung nach Lage der Akten, wenn es dafür hält, daß die von dem Vorsitzenden bestimmte Einlassungs- oder Ladungsfrist zu kurz bemessen oder daß die Partei ohne ihr Verschulden am Erscheinen verhindert ist. [2]Die nicht erschienene Partei ist zu dem neuen Termin zu laden.

§ 338 Einspruch. Der Partei, gegen die ein Versäumnisurteil erlassen ist, steht gegen das Urteil der Einspruch zu.

§ 339 Einspruchsfrist. (1) Die Einspruchsfrist beträgt zwei Wochen; sie ist eine Notfrist und beginnt mit der Zustellung des Versäumnisurteils.

(2) Muß die Zustellung im Ausland oder durch öffentliche Bekanntmachung erfolgen, so hat das Gericht die Einspruchsfrist im Versäumnisurteil oder nachträglich durch besonderen Beschluß zu bestimmen.

§ 340 Einspruchsschrift. (1) Der Einspruch wird durch Einreichung der Einspruchsschrift bei dem Prozeßgericht eingelegt.

(2) [1]Die Einspruchsschrift muß enthalten:
1. die Bezeichnung des Urteils, gegen das der Einspruch gerichtet wird;
2. die Erklärung, daß gegen dieses Urteil Einspruch eingelegt werde.

[2]Soll das Urteil nur zum Teil angefochten werden, so ist der Umfang der Anfechtung zu bezeichnen.

(3) [1]In der Einspruchsschrift hat die Partei ihre Angriffs- und Verteidigungsmittel, soweit es nach der Prozeßlage einer sorgfältigen und auf Förderung des Verfahrens bedachten Prozeßführung entspricht, sowie Rügen, die die Zulässigkeit der Klage betreffen, vorzubringen. [2]Auf Antrag kann der Vorsitzende für die Begründung die Frist verlängern, wenn nach seiner freien Überzeugung der Rechtsstreit durch die Verlängerung nicht verzögert wird oder wenn die Partei erhebliche Gründe darlegt. [3]§ 296 Abs. 1, 3, 4 ist entsprechend anzuwenden. [4]Auf die Folgen einer Fristversäumnis ist bei der Zustellung des Versäumnisurteils hinzuweisen.

§ 340 a Zustellung der Einspruchsschrift. [1]Die Einspruchsschrift ist der Gegenpartei zuzustellen. [2]Dabei ist mitzuteilen, wann das Versäumnisurteil zugestellt und Einspruch eingelegt worden ist. [3]Die erforderliche Zahl von Abschriften soll die Partei mit der Einspruchsschrift einreichen.

§ 341 Einspruchsprüfung. (1) [1]Das Gericht hat von Amts wegen zu prüfen, ob der Einspruch an sich statthaft und ob er in der gesetzlichen Form und Frist eingelegt ist. [2]Fehlt es an einem dieser Erfordernisse, so ist der Einspruch als unzulässig zu verwerfen.

(2) Das Urteil kann ohne mündliche Verhandlung ergehen.

§ 341 a Einspruchstermin. Wird der Einspruch nicht als unzulässig verworfen, so ist der Termin zur mündlichen Verhandlung über den Einspruch und die Hauptsache zu bestimmen und den Parteien bekanntzumachen.

§ 342 Wirkung des zulässigen Einspruchs. Ist der Einspruch zulässig, so wird der Prozeß, soweit der Einspruch reicht, in die Lage zurückversetzt, in der er sich vor Eintritt der Versäumnis befand.

§ 343 Entscheidung nach Einspruch. [1]Insoweit die Entscheidung, die auf Grund der neuen Verhandlung zu erlassen ist, mit der in dem Versäumnisurteil enthaltenen Entscheidung übereinstimmt, ist auszusprechen, daß diese Entscheidung aufrechtzuerhalten sei. [2]Insoweit diese Voraussetzung nicht zutrifft, wird das Versäumnisurteil in dem neuen Urteil aufgehoben.

§ 344 Versäumniskosten. Ist das Versäumnisurteil in gesetzlicher Weise ergangen, so sind die durch die Versäumnis veranlaßten Kosten, soweit sie nicht durch einen unbegründeten Widerspruch des Gegners entstanden sind, der säumigen Partei auch dann aufzuerlegen, wenn infolge des Einspruchs eine abändernde Entscheidung erlassen wird.

§ 345 Zweites Versäumnisurteil. Einer Partei, die den Einspruch eingelegt hat, aber in der zur mündlichen Verhandlung bestimmten Sitzung oder in derjenigen Sitzung, auf welche die Verhandlung vertagt ist, nicht erscheint oder nicht zur Hauptsache verhandelt, steht gegen das Versäumnisurteil, durch das der Einspruch verworfen wird, ein weiterer Einspruch nicht zu.

§ 346 Verzicht und Zurücknahme des Einspruchs. Für den Verzicht auf den Einspruch und seine Zurücknahme gelten die Vorschriften über den Verzicht auf die Berufung und über ihre Zurücknahme entsprechend.

§ 347 Verfahren bei Widerklage und Zwischenstreit. (1) Die Vorschriften dieses Titels gelten für das Verfahren, das eine Widerklage oder die Bestimmung des Betrages eines dem Grunde nach bereits festgestellten Anspruchs zum Gegenstand hat, entsprechend.

(2) [1]War ein Termin lediglich zur Verhandlung über einen Zwischenstreit bestimmt, so beschränkt sich das Versäumnisverfahren und das Versäumnisurteil auf die Erledigung dieses Zwischenstreits. [2]Die Vorschriften dieses Titels gelten entsprechend.

Titel 4. Verfahren vor dem Einzelrichter[1)]

§ 348 Originärer Einzelrichter. (1) ¹Die Zivilkammer entscheidet durch eines ihrer Mitglieder als Einzelrichter. ²Dies gilt nicht, wenn

1. das Mitglied Richter auf Probe ist und noch nicht über einen Zeitraum von einem Jahr geschäftsverteilungsplanmäßig Rechtsprechungsaufgaben in bürgerlichen Rechtsstreitigkeiten wahrzunehmen hatte oder
2. die Zuständigkeit der Kammer nach dem Geschäftsverteilungsplan des Gerichtes wegen der Zuordnung des Rechtsstreits zu den nachfolgenden Sachgebieten begründet ist:
    a) Streitigkeiten über Ansprüche aus Veröffentlichungen durch Druckerzeugnisse, Bild- und Tonträger jeder Art, insbesondere in Presse, Rundfunk, Film und Fernsehen;
    b) Streitigkeiten aus Bank- und Finanzgeschäften;
    c) Streitigkeiten aus Bau- und Architektenverträgen sowie aus Ingenieurverträgen, soweit sie im Zusammenhang mit Bauleistungen stehen;
    d) Streitigkeiten aus der Berufstätigkeit der Rechtsanwälte, Patentanwälte, Notare, Steuerberater, Steuerbevollmächtigten, Wirtschaftsprüfer und vereidigten Buchprüfer;
    e) Streitigkeiten über Ansprüche aus Heilbehandlungen;
    f) Streitigkeiten aus Handelssachen im Sinne des § 95 des Gerichtsverfassungsgesetzes;
    g) Streitigkeiten über Ansprüche aus Fracht-, Speditions- und Lagergeschäften;
    h) Streitigkeiten aus Versicherungsvertragsverhältnissen;
    i) Streitigkeiten aus den Bereichen des Urheber- und Verlagsrechts;
    j) Streitigkeiten aus den Bereichen der Kommunikations- und Informationstechnologie;
    k) Streitigkeiten, die dem Landgericht ohne Rücksicht auf den Streitwert zugewiesen sind.

(2) Bei Zweifeln über das Vorliegen der Voraussetzungen des Absatzes 1 entscheidet die Kammer durch unanfechtbaren Beschluss.

(3) ¹Der Einzelrichter legt den Rechtsstreit der Zivilkammer zur Entscheidung über eine Übernahme vor, wenn

1. die Sache besondere Schwierigkeiten tatsächlicher oder rechtlicher Art aufweist,
2. die Rechtssache grundsätzliche Bedeutung hat oder
3. die Parteien dies übereinstimmend beantragen.

²Die Kammer übernimmt den Rechtsstreit, wenn die Voraussetzungen nach Satz 1 Nr. 1 oder 2 vorliegen. ³Sie entscheidet hierüber durch Beschluss. ⁴Eine Zurückübertragung auf den Einzelrichter ist ausgeschlossen.

(4) Auf eine erfolgte oder unterlassene Vorlage oder Übernahme kann ein Rechtsmittel nicht gestützt werden.

[1)] Beachte hierzu die für das Gesetz zur Reform des Zivilprozesses vom 27. 7. 2001 geltende Übergangsvorschrift in § 26 Nr. 2 EGZPO; Nr. **2**.

§ 348a Obligatorischer Einzelrichter. (1) Ist eine originäre Einzelrichterzuständigkeit nach § 348 Abs. 1 nicht begründet, überträgt die Zivilkammer die Sache durch Beschluss einem ihrer Mitglieder als Einzelrichter zur Entscheidung, wenn
1. die Sache keine besonderen Schwierigkeiten tatsächlicher oder rechtlicher Art aufweist,
2. die Rechtssache keine grundsätzliche Bedeutung hat und
3. nicht bereits im Haupttermin vor der Zivilkammer zur Hauptsache verhandelt worden ist, es sei denn, dass inzwischen ein Vorbehalts-, Teil- oder Zwischenurteil ergangen ist.

(2) ¹Der Einzelrichter legt den Rechtsstreit der Zivilkammer zur Entscheidung über eine Übernahme vor, wenn
1. sich aus einer wesentlichen Änderung der Prozesslage besondere tatsächliche oder rechtliche Schwierigkeiten der Sache oder die grundsätzliche Bedeutung der Rechtssache ergeben oder
2. die Parteien dies übereinstimmend beantragen.

²Die Kammer übernimmt den Rechtsstreit, wenn die Voraussetzungen nach Satz 1 Nr. 1 vorliegen. ³Sie entscheidet hierüber nach Anhörung der Parteien durch Beschluss. ⁴Eine erneute Übertragung auf den Einzelrichter ist ausgeschlossen.

(3) Auf eine erfolgte oder unterlassene Übertragung, Vorlage oder Übernahme kann ein Rechtsmittel nicht gestützt werden.

§ 349 Vorsitzender der Kammer für Handelssachen. (1) ¹In der Kammer für Handelssachen hat der Vorsitzende die Sache so weit zu fördern, daß sie in einer mündlichen Verhandlung vor der Kammer erledigt werden kann. ²Beweise darf er nur insoweit erheben, als anzunehmen ist, daß es für die Beweiserhebung auf die besondere Sachkunde der ehrenamtlichen Richter nicht ankommt und die Kammer das Beweisergebnis auch ohne unmittelbaren Eindruck von dem Verlauf der Beweisaufnahme sachgemäß zu würdigen vermag.

(2) Der Vorsitzende entscheidet
1. über die Verweisung des Rechtsstreits;
2. über Rügen, die die Zulässigkeit der Klage betreffen, soweit über sie abgesondert verhandelt wird;
3. über die Aussetzung des Verfahrens;
4. bei Zurücknahme der Klage, Verzicht auf den geltend gemachten Anspruch oder Anerkenntnis des Anspruchs;
5. bei Säumnis einer Partei oder beider Parteien;
6. über die Kosten des Rechtsstreits nach § 91 a;
7. im Verfahren über die Bewilligung der Prozeßkostenhilfe;
8. in Wechsel- und Scheckprozessen;
9. über die Art einer angeordneten Sicherheitsleistung;
10. über die einstweilige Einstellung der Zwangsvollstreckung;
11. über den Wert des Streitgegenstandes;
12. über Kosten, Gebühren und Auslagen.

(3) Im Einverständnis der Parteien kann der Vorsitzende auch im übrigen an Stelle der Kammer entscheiden.

(4) Die §§ 348 und 348a sind nicht anzuwenden.

§ 350 Rechtsmittel. Für die Anfechtung der Entscheidungen des Einzelrichters (§§ 348, 348a) und des Vorsitzenden der Kammer für Handelssachen (§ 349) gelten dieselben Vorschriften wie für die Anfechtung entsprechender Entscheidungen der Kammer.

§§ 351–354. *(weggefallen)*

Titel 5. Allgemeine Vorschriften über die Beweisaufnahme

§ 355 Unmittelbarkeit der Beweisaufnahme. (1) [1]Die Beweisaufnahme erfolgt vor dem Prozeßgericht. [2]Sie ist nur in den durch dieses Gesetz bestimmten Fällen einem Mitglied des Prozeßgerichts oder einem anderen Gericht zu übertragen.

(2) Eine Anfechtung des Beschlusses, durch den die eine oder die andere Art der Beweisaufnahme angeordnet wird, findet nicht statt.

§ 356 Beibringungsfrist. Steht der Aufnahme des Beweises ein Hindernis von ungewisser Dauer entgegen, so ist durch Beschluss eine Frist zu bestimmen, nach deren fruchtlosem Ablauf das Beweismittel nur benutzt werden kann, wenn nach der freien Überzeugung des Gerichts dadurch das Verfahren nicht verzögert wird.

§ 357 Parteiöffentlichkeit. (1) Den Parteien ist gestattet, der Beweisaufnahme beizuwohnen.

(2) [1]Wird die Beweisaufnahme einem Mitglied des Prozeßgerichts oder einem anderen Gericht übertragen, so ist die Terminsbestimmung den Parteien ohne besondere Form mitzuteilen, sofern nicht das Gericht die Zustellung anordnet. [2]Bei Übersendung durch die Post gilt die Mitteilung, wenn die Wohnung der Partei im Bereich des Ortsbestellverkehrs liegt, an dem folgenden, im übrigen an dem zweiten Werktage nach der Aufgabe zur Post als bewirkt, sofern nicht die Partei glaubhaft macht, daß ihr die Mitteilung nicht oder erst in einem späteren Zeitpunkt zugegangen ist.

§ 357a. *(aufgehoben)*

§ 358 Notwendigkeit eines Beweisbeschlusses. Erfordert die Beweisaufnahme ein besonderes Verfahren, so ist es durch Beweisbeschluß anzuordnen.

§ 358a Beweisbeschluss und Beweisaufnahme vor mündlicher Verhandlung. [1]Das Gericht kann schon vor der mündlichen Verhandlung einen Beweisbeschluß erlassen. [2]Der Beschluß kann vor der mündlichen Verhandlung ausgeführt werden, soweit er anordnet

1. eine Beweisaufnahme vor dem beauftragten oder ersuchten Richter,
2. die Einholung amtlicher Auskünfte,
3. eine schriftliche Beantwortung der Beweisfrage nach § 377 Abs. 3,
4. die Begutachtung durch Sachverständige,
5. die Einnahme eines Augenscheins.

Allg. Vorschriften über die Beweisaufnahme §§ 359–364 ZPO 1

§ 359 Inhalt des Beweisbeschlusses. Der Beweisbeschluß enthält:
1. die Bezeichnung der streitigen Tatsachen, über die der Beweis zu erheben ist;
2. die Bezeichnung der Beweismittel unter Benennung der zu vernehmenden Zeugen und Sachverständigen oder der zu vernehmenden Partei;
3. die Bezeichnung der Partei, die sich auf das Beweismittel berufen hat.

§ 360 Änderung des Beweisbeschlusses. ¹Vor der Erledigung des Beweisbeschlusses kann keine Partei dessen Änderung auf Grund der früheren Verhandlungen verlangen. ²Das Gericht kann jedoch auf Antrag einer Partei oder von Amts wegen den Beweisbeschluß auch ohne erneute mündliche Verhandlung insoweit ändern, als der Gegner zustimmt oder es sich nur um die Berichtigung oder Ergänzung der im Beschluß angegebenen Beweistatsachen oder um die Vernehmung anderer als der im Beschluß angegebenen Zeugen oder Sachverständigen handelt. ³Die gleiche Befugnis hat der beauftragte oder ersuchte Richter. ⁴Die Parteien sind tunlichst vorher zu hören und in jedem Falle von der Änderung unverzüglich zu benachrichtigen.

§ 361 Beweisaufnahme durch beauftragten Richter. (1) Soll die Beweisaufnahme durch ein Mitglied des Prozeßgerichts erfolgen, so wird bei der Verkündung des Beweisbeschlusses durch den Vorsitzenden der beauftragte Richter bezeichnet und der Termin zur Beweisaufnahme bestimmt.

(2) Ist die Terminsbestimmung unterblieben, so erfolgt sie durch den beauftragten Richter; wird er verhindert, den Auftrag zu vollziehen, so ernennt der Vorsitzende ein anderes Mitglied.

§ 362[1]) Beweisaufnahme durch ersuchten Richter. (1) Soll die Beweisaufnahme durch ein anderes Gericht erfolgen, so ist das Ersuchungsschreiben von dem Vorsitzenden zu erlassen.

(2) Die auf die Beweisaufnahme sich beziehenden Verhandlungen übersendet der ersuchte Richter der Geschäftsstelle des Prozeßgerichts in Urschrift; die Geschäftsstelle benachrichtigt die Parteien von dem Eingang.

§ 363 Beweisaufnahme im Ausland. (1) Soll die Beweisaufnahme im Ausland erfolgen, so hat der Vorsitzende die zuständige Behörde um Aufnahme des Beweises zu ersuchen.

(2) Kann die Beweisaufnahme durch einen Bundeskonsul erfolgen, so ist das Ersuchen an diesen zu richten.

§ 364 Parteimitwirkung bei Beweisaufnahme im Ausland. (1) Wird eine ausländische Behörde ersucht, den Beweis aufzunehmen, so kann das Gericht anordnen, daß der Beweisführer das Ersuchungsschreiben zu besorgen und die Erledigung des Ersuchens zu betreiben habe.

(2) Das Gericht kann sich auf die Anordnung beschränken, daß der Beweisführer eine den Gesetzen des fremden Staates entsprechende öffentliche Urkunde über die Beweisaufnahme beizubringen habe.

(3) ¹In beiden Fällen ist in dem Beweisbeschluß eine Frist zu bestimmen, binnen der von dem Beweisführer die Urkunde auf der Geschäftsstelle nieder-

---
[1]) Vgl. dazu §§ 156 ff. GVG; Nr. 3.

zulegen ist. ²Nach fruchtlosem Ablauf dieser Frist kann die Urkunde nur benutzt werden, wenn dadurch das Verfahren nicht verzögert wird.

(4) ¹Der Beweisführer hat den Gegner, wenn möglich, von dem Ort und der Zeit der Beweisaufnahme so zeitig in Kenntnis zu setzen, daß dieser seine Rechte in geeigneter Weise wahrzunehmen vermag. ²Ist die Benachrichtigung unterblieben, so hat das Gericht zu ermessen, ob und inwieweit der Beweisführer zur Benutzung der Beweisverhandlung berechtigt ist.

§ 365 Abgabe durch beauftragten oder ersuchten Richter. ¹Der beauftragte oder ersuchte Richter ist ermächtigt, falls sich später Gründe ergeben, welche die Beweisaufnahme durch ein anderes Gericht sachgemäß erscheinen lassen, dieses Gericht um die Aufnahme des Beweises zu ersuchen. ²Die Parteien sind von dieser Verfügung in Kenntnis zu setzen.

§ 366 Zwischenstreit. (1) Erhebt sich bei der Beweisaufnahme vor einem beauftragten oder ersuchten Richter ein Streit, von dessen Erledigung die Fortsetzung der Beweisaufnahme abhängig und zu dessen Entscheidung der Richter nicht berechtigt ist, so erfolgt die Erledigung durch das Prozeßgericht.

(2) Der Termin zur mündlichen Verhandlung über den Zwischenstreit ist von Amts wegen zu bestimmen und den Parteien bekanntzumachen.

§ 367 Ausbleiben der Partei. (1) Erscheint eine Partei oder erscheinen beide Parteien in dem Termin zur Beweisaufnahme nicht, so ist die Beweisaufnahme gleichwohl insoweit zu bewirken, als dies nach Lage der Sache geschehen kann.

(2) Eine nachträgliche Beweisaufnahme oder eine Vervollständigung der Beweisaufnahme ist bis zum Schluß derjenigen mündlichen Verhandlung, auf die das Urteil ergeht, auf Antrag anzuordnen, wenn das Verfahren dadurch nicht verzögert wird oder wenn die Partei glaubhaft macht, daß sie ohne ihr Verschulden außerstande gewesen sei, in dem früheren Termin zu erscheinen, und im Falle des Antrags auf Vervollständigung, daß durch ihr Nichterscheinen eine wesentliche Unvollständigkeit der Beweisaufnahme veranlaßt sei.

§ 368 Neuer Beweistermin. Wird ein neuer Termin zur Beweisaufnahme oder zu ihrer Fortsetzung erforderlich, so ist dieser Termin, auch wenn der Beweisführer oder beide Parteien in dem früheren Termin nicht erschienen waren, von Amts wegen zu bestimmen.

§ 369 Ausländische Beweisaufnahme. Entspricht die von einer ausländischen Behörde vorgenommene Beweisaufnahme den für das Prozeßgericht geltenden Gesetzen, so kann daraus, daß sie nach den ausländischen Gesetzen mangelhaft ist, kein Einwand entnommen werden.

§ 370 Fortsetzung der mündlichen Verhandlung. (1) Erfolgt die Beweisaufnahme vor dem Prozeßgericht, so ist der Termin, in dem die Beweisaufnahme stattfindet, zugleich zur Fortsetzung der mündlichen Verhandlung bestimmt.

(2) ¹In dem Beweisbeschluß, der anordnet, daß die Beweisaufnahme vor einem beauftragten oder ersuchten Richter erfolgen solle, kann zugleich der Termin zur Fortsetzung der mündlichen Verhandlung vor dem Prozeßgericht

bestimmt werden. ²Ist dies nicht geschehen, so wird nach Beendigung der Beweisaufnahme dieser Termin von Amts wegen bestimmt und den Parteien bekanntgemacht.

Titel 6. Beweis durch Augenschein

§ 371 Beweis durch Augenschein. (1) ¹Der Beweis durch Augenschein wird durch die Bezeichnung des Gegenstandes des Augenscheins und durch die Angabe der zu beweisenden Tatsachen angetreten. ²Ist ein elektronisches Dokument Gegenstand des Beweises, wird der Beweis durch Vorlegung oder Übermittlung der Datei angetreten.

(2) ¹Befindet sich der Gegenstand nach der Behauptung des Beweisführers nicht in seinem Besitz, so wird der Beweis außerdem durch den Antrag angetreten, zur Herbeischaffung des Gegenstandes eine Frist zu setzen oder eine Anordnung nach § 144 zu erlassen. ²Die §§ 422 bis 432 gelten entsprechend.

(3) Vereitelt eine Partei die ihr zumutbare Einnahme des Augenscheins, so können die Behauptungen des Gegners über die Beschaffenheit des Gegenstandes als bewiesen angesehen werden.

§ 372 Beweisaufnahme. (1) Das Prozeßgericht kann anordnen, daß bei der Einnahme des Augenscheins ein oder mehrere Sachverständige zuzuziehen seien.

(2) Es kann einem Mitglied des Prozeßgerichts oder einem anderen Gericht die Einnahme des Augenscheins übertragen, auch die Ernennung des zuzuziehenden Sachverständigen überlassen.

§ 372 a Untersuchungen zur Feststellung der Abstammung. (1) Soweit es in den Fällen der §§ 1600 c und 1600 d des Bürgerlichen Gesetzbuches oder in anderen Fällen zur Feststellung der Abstammung erforderlich ist, hat jede Person Untersuchungen, insbesondere die Entnahme von Blutproben zum Zwecke der Blutgruppenuntersuchung, zu dulden, soweit die Untersuchung nach den anerkannten Grundsätzen der Wissenschaft eine Aufklärung des Sachverhalts verspricht und dem zu Untersuchenden nach der Art der Untersuchung, nach den Folgen ihres Ergebnisses für ihn oder einen der im § 383 Abs. 1 Nr. 1 bis 3 bezeichneten Angehörigen und ohne Nachteil für seine Gesundheit zugemutet werden kann.

(2) ¹Die Vorschriften der §§ 386 bis 390 sind entsprechend anzuwenden. ²Bei wiederholter unberechtigter Verweigerung der Untersuchung kann auch unmittelbarer Zwang angewendet werden, insbesondere die zwangsweise Vorführung zum Zwecke der Untersuchung angeordnet werden.

Titel 7. Zeugenbeweis

§ 373 Beweisantritt. Der Zeugenbeweis wird durch die Benennung der Zeugen und die Bezeichnung der Tatsachen, über welche die Vernehmung der Zeugen stattfinden soll, angetreten.

§ 374. *(weggefallen)*

§ 375 Beweisaufnahme durch beauftragten oder ersuchten Richter.

(1) Die Aufnahme des Zeugenbeweises darf einem Mitglied des Prozeßgerichts oder einem anderen Gericht nur übertragen werden, wenn von vornherein anzunehmen ist, daß das Prozeßgericht das Beweisergebnis auch ohne unmittelbaren Eindruck von dem Verlauf der Beweisaufnahme sachgemäß zu würdigen vermag, und

1. wenn zur Ausmittlung der Wahrheit die Vernehmung des Zeugen an Ort und Stelle dienlich erscheint oder nach gesetzlicher Vorschrift der Zeuge nicht an der Gerichtsstelle, sondern an einem anderen Ort zu vernehmen ist;
2. wenn der Zeuge verhindert ist, vor dem Prozeßgericht zu erscheinen und eine Zeugenvernehmung nach § 128a Abs. 2 nicht stattfindet;
3. wenn dem Zeugen das Erscheinen vor dem Prozeßgericht wegen großer Entfernung unter Berücksichtigung der Bedeutung seiner Aussage nicht zugemutet werden kann und eine Zeugenvernehmung nach § 128a Abs. 2 nicht stattfindet.

(1a) Einem Mitglied des Prozeßgerichts darf die Aufnahme des Zeugenbeweises auch dann übertragen werden, wenn dies zur Vereinfachung der Verhandlung vor dem Prozeßgericht zweckmäßig erscheint und wenn von vornherein anzunehmen ist, daß das Prozeßgericht das Beweisergebnis auch ohne unmittelbaren Eindruck von dem Verlauf der Beweisaufnahme sachgemäß zu würdigen vermag.

(2) Der Bundespräsident ist in seiner Wohnung zu vernehmen.

§ 376 Vernehmung bei Amtsverschwiegenheit.

(1) Für die Vernehmung von Richtern, Beamten und anderen Personen des öffentlichen Dienstes als Zeugen über Umstände, auf die sich ihre Pflicht zur Amtsverschwiegenheit bezieht, und für die Genehmigung zur Aussage gelten die besonderen beamtenrechtlichen Vorschriften.

(2) Für die Mitglieder des Bundestages, eines Landtages, der Bundes- oder einer Landesregierung sowie für die Angestellten einer Fraktion des Bundestages oder eines Landtages gelten die für sie maßgebenden besonderen Vorschriften.

(3) Eine Genehmigung in den Fällen der Absätze 1, 2 ist durch das Prozeßgericht einzuholen und dem Zeugen bekanntzumachen.

(4) Der Bundespräsident kann das Zeugnis verweigern, wenn die Ablegung des Zeugnisses dem Wohl des Bundes oder eines deutschen Landes Nachteile bereiten würde.

(5) Diese Vorschriften gelten auch, wenn die vorgenannten Personen nicht mehr im öffentlichen Dienst oder Angestellte einer Fraktion sind oder ihre Mandate beendet sind, soweit es sich um Tatsachen handelt, die sich während ihrer Dienst-, Beschäftigungs- oder Mandatszeit ereignet haben oder ihnen während ihrer Dienst-, Beschäftigungs- oder Mandatszeit zur Kenntnis gelangt sind.

§ 377 Zeugenladung.

(1) [1]Die Ladung der Zeugen ist von der Geschäftsstelle unter Bezugnahme auf den Beweisbeschluß auszufertigen und von Amts wegen mitzuteilen. [2]Sie wird, sofern nicht das Gericht die Zustellung anordnet, formlos übersandt.

(2) Die Ladung muß enthalten:
1. die Bezeichnung der Parteien;
2. den Gegenstand der Vernehmung;
3. die Anweisung, zur Ablegung des Zeugnisses bei Vermeidung der durch das Gesetz angedrohten Ordnungsmittel in dem nach Zeit und Ort zu bezeichnenden Termin zu erscheinen.

(3) ¹Das Gericht kann eine schriftliche Beantwortung der Beweisfrage anordnen, wenn es dies im Hinblick auf den Inhalt der Beweisfrage und die Person des Zeugen für ausreichend erachtet. ²Der Zeuge ist darauf hinzuweisen, daß er zur Vernehmung geladen werden kann. ³Das Gericht ordnet die Ladung des Zeugen an, wenn es dies zur weiteren Klärung der Beweisfrage für notwendig erachtet.

§ 378 Aussageerleichternde Unterlagen. (1) ¹Soweit es die Aussage über seine Wahrnehmungen erleichtert, hat der Zeuge Aufzeichnungen und andere Unterlagen einzusehen und zu dem Termin mitzubringen, wenn ihm dies gestattet und zumutbar ist. ²Die §§ 142 und 429 bleiben unberührt.

(2) Kommt der Zeuge auf eine bestimmte Anordnung des Gerichts der Verpflichtung nach Absatz 1 nicht nach, so kann das Gericht die in § 390 bezeichneten Maßnahmen treffen; hierauf ist der Zeuge vorher hinzuweisen.

§ 379 Auslagenvorschuss. ¹Das Gericht kann die Ladung des Zeugen davon abhängig machen, daß der Beweisführer einen hinreichenden Vorschuß zur Deckung der Auslagen zahlt, die der Staatskasse durch die Vernehmung des Zeugen erwachsen. ²Wird der Vorschuß nicht innerhalb der bestimmten Frist gezahlt, so unterbleibt die Ladung, wenn die Zahlung nicht so zeitig nachgeholt wird, daß die Vernehmung durchgeführt werden kann, ohne daß dadurch nach der freien Überzeugung des Gerichts das Verfahren verzögert wird.

§ 380 Folgen des Ausbleibens des Zeugen. (1) ¹Einem ordnungsgemäß geladenen Zeugen, der nicht erscheint, werden, ohne daß es eines Antrages bedarf, die durch das Ausbleiben verursachten Kosten auferlegt. ²Zugleich wird gegen ihn ein Ordnungsgeld und für den Fall, daß dieses nicht beigetrieben werden kann, Ordnungshaft festgesetzt.

(2) Im Falle wiederholten Ausbleibens wird das Ordnungsmittel noch einmal festgesetzt; auch kann die zwangsweise Vorführung des Zeugen angeordnet werden.

(3) Gegen diese Beschlüsse findet die sofortige Beschwerde statt.

§ 381 Genügende Entschuldigung des Ausbleibens. (1) ¹Die Auferlegung der Kosten und die Festsetzung eines Ordnungsmittels unterbleiben, wenn das Ausbleiben des Zeugen rechtzeitig genügend entschuldigt wird. ²Erfolgt die Entschuldigung nach Satz 1 nicht rechtzeitig, so unterbleiben die Auferlegung der Kosten und die Festsetzung eines Ordnungsmittels nur dann, wenn glaubhaft gemacht wird, dass den Zeugen an der Verspätung der Entschuldigung kein Verschulden trifft. ³Erfolgt die genügende Entschuldigung oder die Glaubhaftmachung nachträglich, so werden die getroffenen Anordnungen unter den Voraussetzungen des Satzes 2 aufgehoben.

(2) Die Anzeigen und Gesuche des Zeugen können schriftlich oder zum Protokoll der Geschäftsstelle oder mündlich in dem zur Vernehmung bestimmten neuen Termin angebracht werden.

§ 382 Vernehmung an bestimmten Orten. (1) Die Mitglieder der Bundesregierung oder einer Landesregierung sind an ihrem Amtssitz oder, wenn sie sich außerhalb ihres Amtssitzes aufhalten, an ihrem Aufenthaltsort zu vernehmen.

(2) Die Mitglieder des Bundestages, des Bundesrates, eines Landtages oder einer zweiten Kammer sind während ihres Aufenthaltes am Sitz der Versammlung dort zu vernehmen.

(3) Zu einer Abweichung von den vorstehenden Vorschriften bedarf es:
für die Mitglieder der Bundesregierung der Genehmigung der Bundesregierung,
für die Mitglieder einer Landesregierung der Genehmigung der Landesregierung,
für die Mitglieder einer der im Absatz 2 genannten Versammlungen der Genehmigung dieser Versammlung.

§ 383 Zeugnisverweigerung aus persönlichen Gründen. (1) Zur Verweigerung des Zeugnisses sind berechtigt:
1. der Verlobte einer Partei;
2. der Ehegatte einer Partei, auch wenn die Ehe nicht mehr besteht;
2a. der Lebenspartner einer Partei, auch wenn die Lebenspartnerschaft nicht mehr besteht;
3. diejenigen, die mit einer Partei in gerader Linie verwandt oder verschwägert, in der Seitenlinie bis zum dritten Grad verwandt oder bis zum zweiten Grad verschwägert sind oder waren;
4. Geistliche in Ansehung desjenigen, was ihnen bei der Ausübung der Seelsorge anvertraut ist;
5. Personen, die bei der Vorbereitung, Herstellung oder Verbreitung von periodischen Druckwerken oder Rundfunksendungen berufsmäßig mitwirken oder mitgewirkt haben, über die Person des Verfassers, Einsenders oder Gewährsmanns von Beiträgen und Unterlagen sowie über die ihnen im Hinblick auf ihre Tätigkeit gemachten Mitteilungen, soweit es sich um Beiträge, Unterlagen und Mitteilungen für den redaktionellen Teil handelt;
6. Personen, denen kraft ihres Amtes, Standes oder Gewerbes Tatsachen anvertraut sind, deren Geheimhaltung durch ihre Natur oder durch gesetzliche Vorschrift geboten ist, in betreff der Tatsachen, auf welche die Verpflichtung zur Verschwiegenheit sich bezieht.

(2) Die unter Nummern 1 bis 3 bezeichneten Personen sind vor der Vernehmung über ihr Recht zur Verweigerung des Zeugnisses zu belehren.

(3) Die Vernehmung der unter Nummern 4 bis 6 bezeichneten Personen ist, auch wenn das Zeugnis nicht verweigert wird, auf Tatsachen nicht zu richten, in Ansehung welcher erhellt, daß ohne Verletzung der Verpflichtung zur Verschwiegenheit ein Zeugnis nicht abgelegt werden kann.

§ 384 Zeugnisverweigerung aus sachlichen Gründen. Das Zeugnis kann verweigert werden:
1. über Fragen, deren Beantwortung dem Zeugen oder einer Person, zu der er in einem der im § 383 Nr. 1 bis 3 bezeichneten Verhältnisse steht, einen unmittelbaren vermögensrechtlichen Schaden verursachen würde;

2. über Fragen, deren Beantwortung dem Zeugen oder einem seiner im § 383 Nr. 1 bis 3 bezeichneten Angehörigen zur Unehre gereichen oder die Gefahr zuziehen würde, wegen einer Straftat oder einer Ordnungswidrigkeit verfolgt zu werden;
3. über Fragen, die der Zeuge nicht würde beantworten können, ohne ein Kunst- oder Gewerbegeheimnis zu offenbaren.

§ 385 Ausnahmen vom Zeugnisverweigerungsrecht. (1) In den Fällen des § 383 Nr. 1 bis 3 und des § 384 Nr. 1 darf der Zeuge das Zeugnis nicht verweigern:
1. über die Errichtung und den Inhalt eines Rechtsgeschäfts, bei dessen Errichtung er als Zeuge zugezogen war;
2. über Geburten, Verheiratungen oder Sterbefälle von Familienmitgliedern;
3. über Tatsachen, welche die durch das Familienverhältnis bedingten Vermögensangelegenheiten betreffen;
4. über die auf das streitige Rechtsverhältnis sich beziehenden Handlungen, die von ihm selbst als Rechtsvorgänger oder Vertreter einer Partei vorgenommen sein sollen.

(2) Die im § 383 Nr. 4, 6 bezeichneten Personen dürfen das Zeugnis nicht verweigern, wenn sie von der Verpflichtung zur Verschwiegenheit entbunden sind.

§ 386 Erklärung der Zeugnisverweigerung. (1) Der Zeuge, der das Zeugnis verweigert, hat vor dem zu seiner Vernehmung bestimmten Termin schriftlich oder zum Protokoll der Geschäftsstelle oder in diesem Termin die Tatsachen, auf die er die Weigerung gründet, anzugeben und glaubhaft zu machen.

(2) Zur Glaubhaftmachung genügt in den Fällen des § 383 Nr. 4, 6 die mit Berufung auf einen geleisteten Diensteid abgegebene Versicherung.

(3) Hat der Zeuge seine Weigerung schriftlich oder zum Protokoll der Geschäftsstelle erklärt, so ist er nicht verpflichtet, in dem zu seiner Vernehmung bestimmten Termin zu erscheinen.

(4) Von dem Eingang einer Erklärung des Zeugen oder von der Aufnahme einer solchen zum Protokoll hat die Geschäftsstelle die Parteien zu benachrichtigen.

§ 387 Zwischenstreit über Zeugnisverweigerung. (1) Über die Rechtmäßigkeit der Weigerung wird von dem Prozeßgericht nach Anhörung der Parteien entschieden.

(2) Der Zeuge ist nicht verpflichtet, sich durch einen Anwalt vertreten zu lassen.

(3) Gegen das Zwischenurteil findet sofortige Beschwerde statt.

§ 388 Zwischenstreit über schriftliche Zeugnisverweigerung. Hat der Zeuge seine Weigerung schriftlich oder zum Protokoll der Geschäftsstelle erklärt und ist er in dem Termin nicht erschienen, so hat auf Grund seiner Erklärungen ein Mitglied des Prozeßgerichts Bericht zu erstatten.

§ 389 Zeugnisverweigerung vor beauftragtem oder ersuchtem Richter. (1) Erfolgt die Weigerung vor einem beauftragten oder ersuchten Richter, so sind die Erklärungen des Zeugen, wenn sie nicht schriftlich oder zum Protokoll der Geschäftsstelle abgegeben sind, nebst den Erklärungen der Parteien in das Protokoll aufzunehmen.

(2) Zur mündlichen Verhandlung vor dem Prozeßgericht werden der Zeuge und die Parteien von Amts wegen geladen.

(3) ¹Auf Grund der von dem Zeugen und den Parteien abgegebenen Erklärungen hat ein Mitglied des Prozeßgerichts Bericht zu erstatten. ²Nach dem Vortrag des Berichterstatters können der Zeuge und die Parteien zur Begründung ihrer Anträge das Wort nehmen; neue Tatsachen oder Beweismittel dürfen nicht geltend gemacht werden.

§ 390 Folgen der Zeugnisverweigerung. (1) ¹Wird das Zeugnis oder die Eidesleistung ohne Angabe eines Grundes oder aus einem rechtskräftig für unerheblich erklärten Grund verweigert, so werden dem Zeugen, ohne daß es eines Antrages bedarf, die durch die Weigerung verursachten Kosten auferlegt. ²Zugleich wird gegen ihn ein Ordnungsgeld und für den Fall, daß dieses nicht beigetrieben werden kann, Ordnungshaft festgesetzt.

(2) ¹Im Falle wiederholter Weigerung ist auf Antrag zur Erzwingung des Zeugnisses die Haft anzuordnen, jedoch nicht über den Zeitpunkt der Beendigung des Prozesses in dem Rechtszuge hinaus. ²Die Vorschriften über die Haft im Zwangsvollstreckungsverfahren gelten entsprechend.

(3) Gegen die Beschlüsse findet die sofortige Beschwerde statt.

§ 391 Zeugenbeeidigung. Ein Zeuge ist, vorbehaltlich der sich aus § 393 ergebenden Ausnahmen, zu beeidigen, wenn das Gericht dies mit Rücksicht auf die Bedeutung der Aussage oder zur Herbeiführung einer wahrheitsgemäßen Aussage für geboten erachtet und die Parteien auf die Beeidigung nicht verzichten.

§ 392 Nacheid; Eidesnorm. ¹Die Beeidigung erfolgt nach der Vernehmung. ²Mehrere Zeugen können gleichzeitig beeidigt werden. ³Die Eidesnorm geht dahin, daß der Zeuge nach bestem Wissen die reine Wahrheit gesagt und nichts verschwiegen habe.

§ 393 Uneidliche Vernehmung. Personen, die zur Zeit der Vernehmung das sechzehnte Lebensjahr noch nicht vollendet oder wegen mangelnder Verstandesreife oder wegen Verstandesschwäche von dem Wesen und der Bedeutung des Eides keine genügende Vorstellung haben, sind unbeeidigt zu vernehmen.

§ 394 Einzelvernehmung. (1) Jeder Zeuge ist einzeln und in Abwesenheit der später abzuhörenden Zeugen zu vernehmen.

(2) Zeugen, deren Aussagen sich widersprechen, können einander gegenübergestellt werden.

§ 395 Wahrheitsermahnung; Vernehmung zur Person. (1) Vor der Vernehmung wird der Zeuge zur Wahrheit ermahnt und darauf hingewiesen, daß er in den vom Gesetz vorgesehenen Fällen unter Umständen seine Aussage zu beeidigen habe.

(2) ¹Die Vernehmung beginnt damit, daß der Zeuge über Vornamen und Zunamen, Alter, Stand oder Gewerbe und Wohnort befragt wird. ²Erforderlichenfalls sind ihm Fragen über solche Umstände, die seine Glaubwürdigkeit in der vorliegenden Sache betreffen, insbesondere über seine Beziehungen zu den Parteien vorzulegen.

§ 396 Vernehmung zur Sache. (1) Der Zeuge ist zu veranlassen, dasjenige, was ihm von dem Gegenstand seiner Vernehmung bekannt ist, im Zusammenhang anzugeben.

(2) Zur Aufklärung und zur Vervollständigung der Aussage sowie zur Erforschung des Grundes, auf dem die Wissenschaft des Zeugen beruht, sind nötigenfalls weitere Fragen zu stellen.

(3) Der Vorsitzende hat jedem Mitglied des Gerichts auf Verlangen zu gestatten, Fragen zu stellen.

§ 397 Fragerecht der Parteien. (1) Die Parteien sind berechtigt, dem Zeugen diejenigen Fragen vorlegen zu lassen, die sie zur Aufklärung der Sache oder der Verhältnisse des Zeugen für dienlich erachten.

(2) Der Vorsitzende kann den Parteien gestatten und hat ihren Anwälten auf Verlangen zu gestatten, an den Zeugen unmittelbar Fragen zu richten.

(3) Zweifel über die Zulässigkeit einer Frage entscheidet das Gericht.

§ 398 Wiederholte und nachträgliche Vernehmung. (1) Das Prozeßgericht kann nach seinem Ermessen die wiederholte Vernehmung eines Zeugen anordnen.

(2) Hat ein beauftragter oder ersuchter Richter bei der Vernehmung die Stellung der von einer Partei angeregten Frage verweigert, so kann das Prozeßgericht die nachträgliche Vernehmung des Zeugen über diese Frage anordnen.

(3) Bei der wiederholten oder der nachträglichen Vernehmung kann der Richter statt der nochmaligen Beeidigung den Zeugen die Richtigkeit seiner Aussage unter Berufung auf den früher geleisteten Eid versichern lassen.

§ 399 Verzicht auf Zeugen. Die Partei kann auf einen Zeugen, den sie vorgeschlagen hat, verzichten; der Gegner kann aber verlangen, daß der erschienene Zeuge vernommen und, wenn die Vernehmung bereits begonnen hat, daß sie fortgesetzt werde.

§ 400 Befugnisse des mit der Beweisaufnahme betrauten Richters. Der mit der Beweisaufnahme betraute Richter ist ermächtigt, im Falle des Nichterscheinens oder der Zeugnisverweigerung die gesetzlichen Verfügungen zu treffen, auch sie, soweit dies überhaupt zulässig ist, selbst nach Erledigung des Auftrages wieder aufzuheben, über die Zulässigkeit einer dem Zeugen vorgelegten Frage vorläufig zu entscheiden und die nochmalige Vernehmung eines Zeugen vorzunehmen.

§ 401 Zeugenentschädigung. Der Zeuge wird nach dem Gesetz über die Entschädigung von Zeugen und Sachverständigen[1] entschädigt.

---

[1] Abgedruckt in **dtv 5005 „ZPO"**.

Titel 8. Beweis durch Sachverständige

§ 402 Anwendbarkeit der Vorschriften für Zeugen. Für den Beweis durch Sachverständige gelten die Vorschriften über den Beweis durch Zeugen entsprechend, insoweit nicht in den nachfolgenden Paragraphen abweichende Vorschriften enthalten sind.

§ 403 Beweisantritt. Der Beweis wird durch die Bezeichnung der zu begutachtenden Punkte angetreten.

§ 404 Sachverständigenauswahl. (1) [1]Die Auswahl der zuzuziehenden Sachverständigen und die Bestimmung ihrer Anzahl erfolgt durch das Prozeßgericht. [2]Es kann sich auf die Ernennung eines einzigen Sachverständigen beschränken. [3]An Stelle der zuerst ernannten Sachverständigen kann es andere ernennen.

(2) Sind für gewisse Arten von Gutachten Sachverständige öffentlich bestellt, so sollen andere Personen nur dann gewählt werden, wenn besondere Umstände es erfordern.

(3) Das Gericht kann die Parteien auffordern, Personen zu bezeichnen, die geeignet sind, als Sachverständige vernommen zu werden.

(4) Einigen sich die Parteien über bestimmte Personen als Sachverständige, so hat das Gericht dieser Einigung Folge zu geben; das Gericht kann jedoch die Wahl der Parteien auf eine bestimmte Anzahl beschränken.

§ 404 a Leitung der Tätigkeit des Sachverständigen. (1) Das Gericht hat die Tätigkeit des Sachverständigen zu leiten und kann ihm für Art und Umfang seiner Tätigkeit Weisungen erteilen.

(2) Soweit es die Besonderheit des Falles erfordert, soll das Gericht den Sachverständigen vor Abfassung der Beweisfrage hören, ihn in seine Aufgabe einweisen und ihm auf Verlangen den Auftrag erläutern.

(3) Bei streitigem Sachverhalt bestimmt das Gericht, welche Tatsachen der Sachverständige der Begutachtung zugrunde legen soll.

(4) Soweit es erforderlich ist, bestimmt das Gericht, in welchem Umfang der Sachverständige zur Aufklärung der Beweisfrage befugt ist, inwieweit er mit den Parteien in Verbindung treten darf und wann er ihnen die Teilnahme an seinen Ermittlungen zu gestatten hat.

(5) [1]Weisungen an den Sachverständigen sind den Parteien mitzuteilen. [2]Findet ein besonderer Termin zur Einweisung des Sachverständigen statt, so ist den Parteien die Teilnahme zu gestatten.

§ 405 Auswahl durch den mit der Beweisaufnahme betrauten Richter. [1]Das Prozeßgericht kann den mit der Beweisaufnahme betrauten Richter zur Ernennung der Sachverständigen ermächtigen. [2]Er hat in diesem Falle die Befugnisse und Pflichten des Prozeßgerichts nach den §§ 404, 404a.

§ 406 Ablehnung eines Sachverständigen. (1) [1]Ein Sachverständiger kann aus denselben Gründen, die zur Ablehnung eines Richters berechtigen, abgelehnt werden. [2]Ein Ablehnungsgrund kann jedoch nicht daraus entnommen werden, daß der Sachverständige als Zeuge vernommen worden ist.

(2) [1] Der Ablehnungsantrag ist bei dem Gericht oder Richter, von dem der Sachverständige ernannt ist, vor seiner Vernehmung zu stellen, spätestens jedoch binnen zwei Wochen nach Verkündung oder Zustellung des Beschlusses über die Ernennung. [2] Zu einem späteren Zeitpunkt ist die Ablehnung nur zulässig, wenn der Antragsteller glaubhaft macht, daß er ohne sein Verschulden verhindert war, den Ablehnungsgrund früher geltend zu machen. [3] Der Antrag kann vor der Geschäftsstelle zu Protokoll erklärt werden.

(3) Der Ablehnungsgrund ist glaubhaft zu machen; zur Versicherung an Eides Statt darf die Partei nicht zugelassen werden.

(4) Die Entscheidung ergeht von dem im zweiten Absatz bezeichneten Gericht oder Richter durch Beschluss.

(5) Gegen den Beschluß, durch den die Ablehnung für begründet erklärt wird, findet kein Rechtsmittel, gegen den Beschluß, durch den sie für unbegründet erklärt wird, findet sofortige Beschwerde statt.

§ 407 Pflicht zur Erstattung des Gutachtens. (1) Der zum Sachverständigen Ernannte hat der Ernennung Folge zu leisten, wenn er zur Erstattung von Gutachten der erforderten Art öffentlich bestellt ist oder wenn er die Wissenschaft, die Kunst oder das Gewerbe, deren Kenntnis Voraussetzung der Begutachtung ist, öffentlich zum Erwerb ausübt oder wenn er zur Ausübung derselben öffentlich bestellt oder ermächtigt ist.

(2) Zur Erstattung des Gutachtens ist auch derjenige verpflichtet, der sich hierzu vor Gericht bereit erklärt hat.

§ 407 a Weitere Pflichten des Sachverständigen. (1) [1] Der Sachverständige hat unverzüglich zu prüfen, ob der Auftrag in sein Fachgebiet fällt und ohne die Hinzuziehung weiterer Sachverständiger erledigt werden kann. [2] Ist das nicht der Fall, so hat der Sachverständige das Gericht unverzüglich zu verständigen.

(2) [1] Der Sachverständige ist nicht befugt, den Auftrag auf einen anderen zu übertragen. [2] Soweit er sich der Mitarbeit einer anderen Person bedient, hat er diese namhaft zu machen und den Umfang ihrer Tätigkeit anzugeben, falls es sich nicht um Hilfsdienste von untergeordneter Bedeutung handelt.

(3) [1] Hat der Sachverständige Zweifel an Inhalt und Umfang des Auftrages, so hat er unverzüglich eine Klärung durch das Gericht herbeizuführen. [2] Erwachsen voraussichtlich Kosten, die erkennbar außer Verhältnis zum Wert des Streitgegenstandes stehen oder einen angeforderten Kostenvorschuß erheblich übersteigen, so hat der Sachverständige rechtzeitig hierauf hinzuweisen.

(4) [1] Der Sachverständige hat auf Verlangen des Gerichts die Akten und sonstige für die Begutachtung beigezogene Unterlagen sowie Untersuchungsergebnisse unverzüglich herauszugeben oder mitzuteilen. [2] Kommt er dieser Pflicht nicht nach, so ordnet das Gericht die Herausgabe an.

(5) Das Gericht soll den Sachverständigen auf seine Pflichten hinweisen.

§ 408 Gutachtenverweigerungsrecht. (1) [1] Dieselben Gründe, die einen Zeugen berechtigen, das Zeugnis zu verweigern, berechtigen einen Sachverständigen zur Verweigerung des Gutachtens. [2] Das Gericht kann auch aus anderen Gründen einen Sachverständigen von der Verpflichtung zur Erstattung des Gutachtens entbinden.

(2) ¹Für die Vernehmung eines Richters, Beamten oder einer anderen Person des öffentlichen Dienstes als Sachverständigen gelten die besonderen beamtenrechtlichen Vorschriften. ²Für die Mitglieder der Bundes- oder einer Landesregierung gelten die für sie maßgebenden besonderen Vorschriften.

(3) Wer bei einer richterlichen Entscheidung mitgewirkt hat, soll über Fragen, die den Gegenstand der Entscheidung gebildet haben, nicht als Sachverständiger vernommen werden.

§ 409 Folgen des Ausbleibens oder der Gutachtenverweigerung.

(1) ¹Wenn ein Sachverständiger nicht erscheint oder sich weigert, ein Gutachten zu erstatten, obgleich er dazu verpflichtet ist, oder wenn er Akten oder sonstige Unterlagen zurückbehält, werden ihm die dadurch verursachten Kosten auferlegt. ²Zugleich wird gegen ihn ein Ordnungsgeld festgesetzt. ³Im Falle wiederholten Ungehorsams kann das Ordnungsgeld noch einmal festgesetzt werden.

(2) Gegen den Beschluß findet sofortige Beschwerde statt.

§ 410 Sachverständigenbeeidigung.

(1) ¹Der Sachverständige wird vor oder nach Erstattung des Gutachtens beeidigt. ²Die Eidesnorm geht dahin, daß der Sachverständige das von ihm erforderte Gutachten unparteiisch und nach bestem Wissen und Gewissen erstatten werde oder erstattet habe.

(2) Ist der Sachverständige für die Erstattung von Gutachten der betreffenden Art im allgemeinen beeidigt, so genügt die Berufung auf den geleisteten Eid; sie kann auch in einem schriftlichen Gutachten erklärt werden.

§ 411 Schriftliches Gutachten.

(1) ¹Wird schriftliche Begutachtung angeordnet, so hat der Sachverständige das von ihm unterschriebene Gutachten auf der Geschäftsstelle niederzulegen. ²Das Gericht kann ihm hierzu eine Frist bestimmen.

(2) ¹Versäumt ein zur Erstattung des Gutachtens verpflichteter Sachverständiger die Frist, so kann gegen ihn ein Ordnungsgeld festgesetzt werden. ²Das Ordnungsgeld muß vorher unter Setzung einer Nachfrist angedroht werden. ³Im Falle wiederholter Fristversäumnis kann das Ordnungsgeld in der gleichen Weise noch einmal festgesetzt werden. ⁴§ 409 Abs. 2 gilt entsprechend.

(3) Das Gericht kann das Erscheinen des Sachverständigen anordnen, damit er das schriftliche Gutachten erläutere.

(4) ¹Die Parteien haben dem Gericht innerhalb eines angemessenen Zeitraums ihre Einwendungen gegen das Gutachten, die Begutachtung betreffende Anträge und Ergänzungsfragen zu dem schriftlichen Gutachten mitzuteilen. ²Das Gericht kann ihnen hierfür eine Frist setzen; § 296 Abs. 1, 4 gilt entsprechend.

§ 412 Neues Gutachten.

(1) Das Gericht kann eine neue Begutachtung durch dieselben oder durch andere Sachverständige anordnen, wenn es das Gutachten für ungenügend erachtet.

(2) Das Gericht kann die Begutachtung durch einen anderen Sachverständigen anordnen, wenn ein Sachverständiger nach Erstattung des Gutachtens mit Erfolg abgelehnt ist.

§ 413 Sachverständigenentschädigung. Der Sachverständige wird nach dem Gesetz über die Entschädigung von Zeugen und Sachverständigen entschädigt.

§ 414 Sachverständige Zeugen. Insoweit zum Beweise vergangener Tatsachen oder Zustände, zu deren Wahrnehmung eine besondere Sachkunde erforderlich war, sachkundige Personen zu vernehmen sind, kommen die Vorschriften über den Zeugenbeweis zur Anwendung.

Titel 9. Beweis durch Urkunden

§ 415 Beweiskraft öffentlicher Urkunden über Erklärungen. (1) Urkunden, die von einer öffentlichen Behörde innerhalb der Grenzen ihrer Amtsbefugnisse oder von einer mit öffentlichem Glauben versehenen Person innerhalb des ihr zugewiesenen Geschäftskreises in der vorgeschriebenen Form aufgenommen sind (öffentliche Urkunden), begründen, wenn sie über eine vor der Behörde oder der Urkundsperson abgegebene Erklärung errichtet sind, vollen Beweis des durch die Behörde oder die Urkundsperson beurkundeten Vorganges.

(2) Der Beweis, daß der Vorgang unrichtig beurkundet sei, ist zulässig.

§ 416 Beweiskraft von Privaturkunden. Privaturkunden begründen, sofern sie von den Ausstellern unterschrieben oder mittels notariell beglaubigten Handzeichens unterzeichnet sind, vollen Beweis dafür, daß die in ihnen enthaltenen Erklärungen von den Ausstellern abgegeben sind.

§ 417 Beweiskraft öffentlicher Urkunden über amtliche Anordnung; Verfügung oder Entscheidung. Die von einer Behörde ausgestellten, eine amtliche Anordnung, Verfügung oder Entscheidung enthaltenden öffentlichen Urkunden begründen vollen Beweis ihres Inhalts.

§ 418 Beweiskraft öffentlicher Urkunden mit anderem Inhalt.
(1) Öffentliche Urkunden, die einen anderen als den in den §§ 415, 417 bezeichneten Inhalt haben, begründen vollen Beweis der darin bezeugten Tatsachen.

(2) Der Beweis der Unrichtigkeit der bezeugten Tatsachen ist zulässig, sofern nicht die Landesgesetze diesen Beweis ausschließen oder beschränken.

(3) Beruht das Zeugnis nicht auf eigener Wahrnehmung der Behörde oder der Urkundsperson, so ist die Vorschrift des ersten Absatzes nur dann anzuwenden, wenn sich aus den Landesgesetzen ergibt, daß die Beweiskraft des Zeugnisses von der eigenen Wahrnehmung unabhängig ist.

§ 419 Beweiskraft mangelbehafteter Urkunden. Inwiefern Durchstreichungen, Radierungen, Einschaltungen oder sonstige äußere Mängel die Beweiskraft einer Urkunde ganz oder teilweise aufheben oder mindern, entscheidet das Gericht nach freier Überzeugung.

§ 420 Vorlegung durch Beweisführer; Beweisantritt. Der Beweis wird durch die Vorlegung der Urkunde angetreten.

§ 421 Vorlegung durch den Gegner; Beweisantritt. Befindet sich die Urkunde nach der Behauptung des Beweisführers in den Händen des Gegners, so wird der Beweis durch den Antrag angetreten, dem Gegner die Vorlegung der Urkunde aufzugeben.

§ 422 Vorlegungspflicht des Gegners nach bürgerlichem Recht. Der Gegner ist zur Vorlegung der Urkunde verpflichtet, wenn der Beweisführer nach den Vorschriften des bürgerlichen Rechts die Herausgabe oder die Vorlegung der Urkunde verlangen kann.

§ 423 Vorlegungspflicht des Gegners bei Bezugnahme. Der Gegner ist auch zur Vorlegung der in seinen Händen befindlichen Urkunden verpflichtet, auf die er im Prozeß zur Beweisführung Bezug genommen hat, selbst wenn es nur in einem vorbereitenden Schriftsatz geschehen ist.

§ 424 Antrag bei Vorlegung durch Gegner. ¹Der Antrag soll enthalten:

1. die Bezeichnung der Urkunde;
2. die Bezeichnung der Tatsachen, die durch die Urkunde bewiesen werden sollen;
3. die möglichst vollständige Bezeichnung des Inhalts der Urkunde;
4. die Angabe der Umstände, auf welche die Behauptung sich stützt, daß die Urkunde sich in dem Besitz des Gegners befindet;
5. die Bezeichnung des Grundes, der die Verpflichtung zur Vorlegung der Urkunde ergibt. ²Der Grund ist glaubhaft zu machen.

§ 425 Anordnung der Vorlegung durch Gegner. Erachtet das Gericht die Tatsache, die durch die Urkunde bewiesen werden soll, für erheblich und den Antrag für begründet, so ordnet es, wenn der Gegner zugesteht, daß die Urkunde sich in seinen Händen befinde, oder wenn der Gegner sich über den Antrag nicht erklärt, die Vorlegung der Urkunde an.

§ 426 Vernehmung des Gegners über den Verbleib. ¹Bestreitet der Gegner, daß die Urkunde sich in seinem Besitz befinde, so ist er über ihren Verbleib zu vernehmen. ²In der Ladung zum Vernehmungstermin ist ihm aufzugeben, nach dem Verbleib der Urkunde sorgfältig zu forschen. ³Im übrigen gelten die Vorschriften der §§ 449 bis 454 entsprechend. ⁴Gelangt das Gericht zu der Überzeugung, daß sich die Urkunde im Besitz des Gegners befindet, so ordnet es die Vorlegung an.

§ 427 Folgen der Nichtvorlegung durch Gegner. ¹Kommt der Gegner der Anordnung, die Urkunde vorzulegen, nicht nach oder gelangt das Gericht im Falle des § 426 zu der Überzeugung, daß er nach dem Verbleib der Urkunde nicht sorgfältig geforscht habe, so kann eine vom Beweisführer beigebrachte Abschrift der Urkunde als richtig angesehen werden. ²Ist eine Abschrift der Urkunde nicht beigebracht, so können die Behauptungen des Beweisführers über die Beschaffenheit und den Inhalt der Urkunde als bewiesen angenommen werden.

§ 428 Vorlegung durch Dritte; Beweisantritt. Befindet sich die Urkunde nach der Behauptung des Beweisführers im Besitz eines Dritten, so wird der Beweis durch den Antrag angetreten, zur Herbeischaffung der Urkunde eine Frist zu bestimmen oder eine Anordnung nach § 142 zu erlassen.

§ 429 Vorlegungspflicht Dritter. [1]Der Dritte ist aus denselben Gründen wie der Gegner des Beweisführers zur Vorlegung einer Urkunde verpflichtet; er kann zur Vorlegung nur im Wege der Klage genötigt werden. [2]§ 142 bleibt unberührt.

§ 430 Antrag bei Vorlegung durch Dritte. Zur Begründung des nach § 428 zu stellenden Antrages hat der Beweisführer den Erfordernissen des § 424 Nr. 1 bis 3, 5 zu genügen und außerdem glaubhaft zu machen, daß die Urkunde sich in den Händen des Dritten befinde.

§ 431 Vorlegungsfrist bei Vorlegung durch Dritte. (1) Ist die Tatsache, die durch die Urkunde bewiesen werden soll, erheblich und entspricht der Antrag den Vorschriften des vorstehenden Paragraphen, so hat das Gericht durch Beschluss eine Frist zur Vorlegung der Urkunde zu bestimmen.

(2) Der Gegner kann die Fortsetzung des Verfahrens vor dem Ablauf der Frist beantragen, wenn die Klage gegen den Dritten erledigt ist oder wenn der Beweisführer die Erhebung der Klage oder die Betreibung des Prozesses oder der Zwangsvollstreckung verzögert.

§ 432 Vorlegung durch Behörden oder Beamte; Beweisantritt.
(1) Befindet sich die Urkunde nach der Behauptung des Beweisführers in den Händen einer öffentlichen Behörde oder eines öffentlichen Beamten, so wird der Beweis durch den Antrag angetreten, die Behörde oder den Beamten um die Mitteilung der Urkunde zu ersuchen.

(2) Diese Vorschrift ist auf Urkunden, welche die Parteien nach den gesetzlichen Vorschriften ohne Mitwirkung des Gerichts zu beschaffen imstande sind, nicht anzuwenden.

(3) Verweigert die Behörde oder der Beamte die Mitteilung der Urkunde in Fällen, in denen eine Verpflichtung zur Vorlegung auf § 422 gestützt wird, so gelten die Vorschriften der §§ 428 bis 431.

§ 433. *(weggefallen)*

§ 434 Vorlegung vor beauftragtem oder ersuchtem Richter. Wenn eine Urkunde bei der mündlichen Verhandlung wegen erheblicher Hindernisse nicht vorgelegt werden kann oder wenn es bedenklich erscheint, sie wegen ihrer Wichtigkeit und der Besorgnis ihres Verlustes oder ihrer Beschädigung vorzulegen, so kann das Prozeßgericht anordnen, daß sie vor einem seiner Mitglieder oder vor einem anderen Gericht vorgelegt werde.

§ 435 Vorlegung öffentlicher Urkunden in Urschrift oder beglaubigter Abschrift. [1]Eine öffentliche Urkunde kann in Urschrift oder in einer beglaubigten Abschrift, die hinsichtlich der Beglaubigung die Erfordernisse einer öffentlichen Urkunde an sich trägt, vorgelegt werden; das Gericht kann jedoch anordnen, daß der Beweisführer die Urschrift vorlege oder die Tatsachen angebe und glaubhaft mache, die ihn an der Vorlegung der Urschrift verhindern. ²Bleibt die Anordnung erfolglos, so entscheidet das Gericht nach freier Überzeugung, welche Beweiskraft der beglaubigten Abschrift beizulegen sei.

§ 436 Verzicht nach Vorlegung. Der Beweisführer kann nach der Vorlegung einer Urkunde nur mit Zustimmung des Gegners auf dieses Beweismittel verzichten.

§ 437 Echtheit inländischer öffentlicher Urkunden. (1) Urkunden, die nach Form und Inhalt als von einer öffentlichen Behörde oder von einer mit öffentlichem Glauben versehenen Person errichtet sich darstellen, haben die Vermutung der Echtheit für sich.

(2) Das Gericht kann, wenn es die Echtheit für zweifelhaft hält, auch von Amts wegen die Behörde oder die Person, von der die Urkunde errichtet sein soll, zu einer Erklärung über die Echtheit veranlassen.

§ 438 Echtheit ausländischer öffentlicher Urkunden. (1) Ob eine Urkunde, die als von einer ausländischen Behörde oder von einer mit öffentlichem Glauben versehenen Person des Auslandes errichtet sich darstellt, ohne näheren Nachweis als echt anzusehen sei, hat das Gericht nach den Umständen des Falles zu ermessen.

(2) Zum Beweise der Echtheit einer solchen Urkunde genügt die Legalisation durch einen Konsul oder Gesandten des Bundes.

§ 439 Erklärung über Echtheit von Privaturkunden. (1) Über die Echtheit einer Privaturkunde hat sich der Gegner des Beweisführers nach der Vorschrift des § 138 zu erklären.

(2) Befindet sich unter der Urkunde eine Namensunterschrift, so ist die Erklärung auf die Echtheit der Unterschrift zu richten.

(3) Wird die Erklärung nicht abgegeben, so ist die Urkunde als anerkannt anzusehen, wenn nicht die Absicht, die Echtheit bestreiten zu wollen, aus den übrigen Erklärungen der Partei hervorgeht.

§ 440 Beweis der Echtheit von Privaturkunden. (1) Die Echtheit einer nicht anerkannten Privaturkunde ist zu beweisen.

(2) Steht die Echtheit der Namensunterschrift fest oder ist das unter einer Urkunde befindliche Handzeichen notariell beglaubigt, so hat die über der Unterschrift oder dem Handzeichen stehende Schrift die Vermutung der Echtheit für sich.

§ 441 Schriftvergleichung. (1) Der Beweis der Echtheit oder Unechtheit einer Urkunde kann auch durch Schriftvergleichung geführt werden.

(2) In diesem Falle hat der Beweisführer zur Vergleichung geeignete Schriften vorzulegen oder ihre Mitteilung nach der Vorschrift des § 432 zu beantragen und erforderlichenfalls den Beweis ihrer Echtheit anzutreten.

(3) ¹Befinden sich zur Vergleichung geeignete Schriften in den Händen des Gegners, so ist dieser auf Antrag des Beweisführers zur Vorlegung verpflichtet. ²Die Vorschriften der §§ 421 bis 426 gelten entsprechend. ³Kommt der Geg-

ner der Anordnung, die zur Vergleichung geeigneten Schriften vorzulegen, nicht nach oder gelangt das Gericht im Falle des § 426 zu der Überzeugung, daß der Gegner nach dem Verbleib der Schriften nicht sorgfältig geforscht habe, so kann die Urkunde als echt angesehen werden.

(4) Macht der Beweisführer glaubhaft, daß in den Händen eines Dritten geeignete Vergleichungsschriften sich befinden, deren Vorlegung er im Wege der Klage zu erwirken imstande sei, so gelten die Vorschriften des § 431 entsprechend.

§ 442 Würdigung der Schriftvergleichung. Über das Ergebnis der Schriftvergleichung hat das Gericht nach freier Überzeugung, geeignetenfalls nach Anhörung von Sachverständigen, zu entscheiden.

§ 443 Verwahrung verdächtiger Urkunden. Urkunden, deren Echtheit bestritten ist oder deren Inhalt verändert sein soll, werden bis zur Erledigung des Rechtsstreits auf der Geschäftsstelle verwahrt, sofern nicht ihre Auslieferung an eine andere Behörde im Interesse der öffentlichen Ordnung erforderlich ist.

§ 444 Folgen der Beseitigung einer Urkunde. Ist eine Urkunde von einer Partei in der Absicht, ihre Benutzung dem Gegner zu entziehen, beseitigt oder zur Benutzung untauglich gemacht, so können die Behauptungen des Gegners über die Beschaffenheit und den Inhalt der Urkunde als bewiesen angesehen werden.

Titel 10. Beweis durch Parteivernehmung

§ 445 Vernehmung des Gegners; Beweisantritt. (1) Eine Partei, die den ihr obliegenden Beweis mit anderen Beweismitteln nicht vollständig geführt oder andere Beweismittel nicht vorgebracht hat, kann den Beweis dadurch antreten, daß sie beantragt, den Gegner über die zu beweisenden Tatsachen zu vernehmen.

(2) Der Antrag ist nicht zu berücksichtigen, wenn er Tatsachen betrifft, deren Gegenteil das Gericht für erwiesen erachtet.

§ 446 Weigerung des Gegners. Lehnt der Gegner ab, sich vernehmen zu lassen, oder gibt er auf Verlangen des Gerichts keine Erklärung ab, so hat das Gericht unter Berücksichtigung der gesamten Sachlage, insbesondere der für die Weigerung vorgebrachten Gründe, nach freier Überzeugung zu entscheiden, ob es die behauptete Tatsache als erwiesen ansehen will.

§ 447 Vernehmung der beweispflichtigen Partei auf Antrag. Das Gericht kann über eine streitige Tatsache auch die beweispflichtige Partei vernehmen, wenn eine Partei es beantragt und die andere damit einverstanden ist.

§ 448 Vernehmung von Amts wegen. Auch ohne Antrag einer Partei und ohne Rücksicht auf die Beweislast kann das Gericht, wenn das Ergebnis der Verhandlungen und einer etwaigen Beweisaufnahme nicht ausreicht, um seine Überzeugung von der Wahrheit oder Unwahrheit einer zu erweisenden

Tatsache zu begründen, die Vernehmung einer Partei oder beider Parteien über die Tatsache anordnen.

§ 449 Vernehmung von Streitgenossen. Besteht die zu vernehmende Partei aus mehreren Streitgenossen, so bestimmt das Gericht nach Lage des Falles, ob alle oder nur einzelne Streitgenossen zu vernehmen sind.

§ 450 Beweisbeschluss. (1) ¹Die Vernehmung einer Partei wird durch Beweisbeschluß angeordnet. ²Die Partei ist, wenn sie bei der Verkündung des Beschlusses nicht persönlich anwesend ist, zu der Vernehmung unter Mitteilung des Beweisbeschlusses von Amts wegen zu laden. ³Die Ladung ist der Partei selbst mitzuteilen, auch wenn sie einen Prozessbevollmächtigten bestellt hat; der Zustellung bedarf die Ladung nicht.

(2) ¹Die Ausführung des Beschlusses kann ausgesetzt werden, wenn nach seinem Erlaß über die zu beweisende Tatsache neue Beweismittel vorgebracht werden. ²Nach Erhebung der neuen Beweise ist von der Parteivernehmung abzusehen, wenn das Gericht die Beweisfrage für geklärt erachtet.

§ 451 Ausführung der Vernehmung. Für die Vernehmung einer Partei gelten die Vorschriften der §§ 375, 376, 395 Abs. 1, Abs. 2 Satz 1 und der §§ 396, 397, 398 entsprechend.

§ 452 Beeidigung der Partei. (1) ¹Reicht das Ergebnis der unbeeidigten Aussage einer Partei nicht aus, um das Gericht von der Wahrheit oder Unwahrheit der zu erweisenden Tatsache zu überzeugen, so kann es anordnen, daß die Partei ihre Aussage zu beeidigen habe. ²Waren beide Parteien vernommen, so kann die Beeidigung der Aussage über dieselben Tatsachen nur von einer Partei gefordert werden.

(2) Die Eidesnorm geht dahin, daß die Partei nach bestem Wissen die reine Wahrheit gesagt und nichts verschwiegen habe.

(3) Der Gegner kann auf die Beeidigung verzichten.

(4) Die Beeidigung einer Partei, die wegen wissentlicher Verletzung der Eidespflicht rechtskräftig verurteilt ist, ist unzulässig.

§ 453 Beweiswürdigung bei Parteivernehmung. (1) Das Gericht hat die Aussage der Partei nach § 286 frei zu würdigen.

(2) Verweigert die Partei die Aussage oder den Eid, so gilt § 446 entsprechend.

§ 454 Ausbleiben der Partei. (1) Bleibt die Partei in dem zu ihrer Vernehmung oder Beeidigung bestimmten Termin aus, so entscheidet das Gericht unter Berücksichtigung aller Umstände, insbesondere auch etwaiger von der Partei für ihr Ausbleiben angegebener Gründe, nach freiem Ermessen, ob die Aussage als verweigert anzusehen ist.

(2) War der Termin zur Vernehmung oder Beeidigung der Partei vor dem Prozeßgericht bestimmt, so ist im Falle ihres Ausbleibens, wenn nicht das Gericht die Anberaumung eines neuen Vernehmungstermins für geboten erachtet, zur Hauptsache zu verhandeln.

§ 455 Prozessunfähige. (1) ¹Ist eine Partei nicht prozeßfähig, so ist vorbehaltlich der Vorschrift im Absatz 2 ihr gesetzlicher Vertreter zu vernehmen. ²Sind mehrere gesetzliche Vertreter vorhanden, so gilt § 449 entsprechend.

(2) ¹Minderjährige, die das sechzehnte Lebensjahr vollendet haben, können über Tatsachen, die in ihren eigenen Handlungen bestehen oder Gegenstand ihrer Wahrnehmung gewesen sind, vernommen und auch nach § 452 beeidigt werden, wenn das Gericht dies nach den Umständen des Falles für angemessen erachtet. ²Das gleiche gilt von einer prozeßfähigen Person, die in dem Rechtsstreit durch einen Betreuer oder Pfleger vertreten wird.

§§ 456–477. *(weggefallen)*

Titel 11. Abnahme von Eiden und Bekräftigungen

§ 478 Eidesleistung in Person. Der Eid muß von dem Schwurpflichtigen in Person geleistet werden.

§ 479 Eidesleistung vor beauftragtem oder ersuchtem Richter.
(1) Das Prozeßgericht kann anordnen, daß der Eid vor einem seiner Mitglieder oder vor einem anderen Gericht geleistet werde, wenn der Schwurpflichtige am Erscheinen vor dem Prozeßgericht verhindert ist oder sich in großer Entfernung von dessen Sitz aufhält und die Leistung des Eides nach § 128a Abs. 2 nicht stattfindet.

(2) Der Bundespräsident leistet den Eid in seiner Wohnung vor einem Mitglied des Prozeßgerichts oder vor einem anderen Gericht.

§ 480 Eidesbelehrung. Vor der Leistung des Eides hat der Richter den Schwurpflichtigen in angemessener Weise über die Bedeutung des Eides sowie darüber zu belehren, daß er den Eid mit religiöser oder ohne religiöse Beteuerung leisten kann.

§ 481 Eidesleistung; Eidesformel. (1) Der Eid mit religiöser Beteuerung wird in der Weise geleistet, daß der Richter die Eidesnorm mit der Eingangsformel:
„Sie schwören bei Gott dem Allmächtigen und Allwissenden"
vorspricht und der Schwurpflichtige darauf die Worte spricht (Eidesformel):
„Ich schwöre es, so wahr mir Gott helfe."

(2) Der Eid ohne religiöse Beteuerung wird in der Weise geleistet, daß der Richter die Eidesnorm mit der Eingangsformel:
„Sie schwören"
vorspricht und der Schwurpflichtige darauf die Worte spricht (Eidesformel):
„Ich schwöre es."

(3) Gibt der Schwurpflichtige an, daß er als Mitglied einer Religions- oder Bekenntnisgemeinschaft eine Beteuerungsformel dieser Gemeinschaft verwenden wolle, so kann er diese dem Eid anfügen.

(4) Der Schwörende soll bei der Eidesleistung die rechte Hand erheben.

(5) Sollen mehrere Personen gleichzeitig einen Eid leisten, so wird die Eidesformel von jedem Schwurpflichtigen einzeln gesprochen.

§ 482. *(weggefallen)*

§ 483 Eidesleistung Stummer. (1) Stumme, die schreiben können, leisten den Eid mittels Abschreibens und Unterschreibens der die Eidesnorm enthaltenden Eidesformel.

(2) Stumme, die nicht schreiben können, leisten den Eid mit Hilfe eines Dolmetschers durch Zeichen.

§ 484 Eidesgleiche Bekräftigung. (1) ¹Gibt der Schwurpflichtige an, daß er aus Glaubens- oder Gewissensgründen keinen Eid leisten wolle, so hat er eine Bekräftigung abzugeben. ²Diese Bekräftigung steht dem Eid gleich; hierauf ist der Verpflichtete hinzuweisen.

(2) Die Bekräftigung wird in der Weise abgegeben, daß der Richter die Eidesnorm als Bekräftigungsnorm mit der Eingangsformel:
„Sie bekräftigen im Bewußtsein Ihrer Verantwortung vor Gericht"
vorspricht und der Verpflichtete darauf spricht:
„Ja".

(3) § 481 Abs. 3, 5, § 483 gelten entsprechend.

Titel 12. Selbständiges Beweisverfahren

§ 485 Zulässigkeit. (1) Während oder außerhalb eines Streitverfahrens kann auf Antrag einer Partei die Einnahme des Augenscheins, die Vernehmung von Zeugen oder die Begutachtung durch einen Sachverständigen angeordnet werden, wenn der Gegner zustimmt oder zu besorgen ist, daß das Beweismittel verlorengeht oder seine Benutzung erschwert wird.

(2) ¹Ist ein Rechtsstreit noch nicht anhängig, kann eine Partei die schriftliche Begutachtung durch einen Sachverständigen beantragen, wenn sie ein rechtliches Interesse daran hat, daß
1. der Zustand einer Person oder der Zustand oder Wert einer Sache,
2. die Ursache eines Personenschadens, Sachschadens oder Sachmangels,
3. der Aufwand für die Beseitigung eines Personenschadens, Sachschadens oder Sachmangels

festgestellt wird. ²Ein rechtliches Interesse ist anzunehmen, wenn die Feststellung der Vermeidung eines Rechtsstreits dienen kann.

(3) Soweit eine Begutachtung bereits gerichtlich angeordnet worden ist, findet eine neue Begutachtung nur statt, wenn die Voraussetzungen des § 412 erfüllt sind.

§ 486 Zuständiges Gericht. (1) Ist ein Rechtsstreit anhängig, so ist der Antrag bei dem Prozeßgericht zu stellen.

(2) ¹Ist ein Rechtsstreit noch nicht anhängig, so ist der Antrag bei dem Gericht zu stellen, das nach dem Vortrag des Antragstellers zur Entscheidung in der Hauptsache berufen wäre. ²In dem nachfolgenden Streitverfahren kann sich der Antragsteller auf die Unzuständigkeit des Gerichts nicht berufen.

(3) In Fällen dringender Gefahr kann der Antrag auch bei dem Amtsgericht gestellt werden, in dessen Bezirk die zu vernehmende oder zu begutachtende

Person sich aufhält oder die in Augenschein zu nehmende oder zu begutachtende Sache sich befindet.

(4) Der Antrag kann vor der Geschäftsstelle zu Protokoll erklärt werden.

§ 487 Inhalt des Antrags. Der Antrag muß enthalten:
1. die Bezeichnung des Gegners;
2. die Bezeichnung der Tatsachen, über die Beweis erhoben werden soll;
3. die Benennung der Zeugen oder die Bezeichnung der übrigen nach § 485 zulässigen Beweismittel;
4. die Glaubhaftmachung der Tatsachen, die die Zulässigkeit des selbständigen Beweisverfahrens und die Zuständigkeit des Gerichts begründen sollen.

§§ 488, 489. *(weggefallen)*

§ 490 Entscheidung über den Antrag. (1) Über den Antrag entscheidet das Gericht durch Beschluss.

(2) ¹In dem Beschluß, durch welchen dem Antrag stattgegeben wird, sind die Tatsachen, über die der Beweis zu erheben ist, und die Beweismittel unter Benennung der zu vernehmenden Zeugen und Sachverständigen zu bezeichnen. ²Der Beschluß ist nicht anfechtbar.

§ 491 Ladung des Gegners. (1) Der Gegner ist, sofern es nach den Umständen des Falles geschehen kann, unter Zustellung des Beschlusses und einer Abschrift des Antrags zu dem für die Beweisaufnahme bestimmten Termin so zeitig zu laden, daß er in diesem Termin seine Rechte wahrzunehmen vermag.

(2) Die Nichtbefolgung dieser Vorschrift steht der Beweisaufnahme nicht entgegen.

§ 492 Beweisaufnahme. (1) Die Beweisaufnahme erfolgt nach den für die Aufnahme des betreffenden Beweismittels überhaupt geltenden Vorschriften.

(2) Das Protokoll über die Beweisaufnahme ist bei dem Gericht, das sie angeordnet hat, aufzubewahren.

(3) Das Gericht kann die Parteien zur mündlichen Erörterung laden, wenn eine Einigung zu erwarten ist; ein Vergleich ist zu gerichtlichem Protokoll zu nehmen.

§ 493 Benutzung im Prozess. (1) Beruft sich eine Partei im Prozeß auf Tatsachen, über die selbständig Beweis erhoben worden ist, so steht die selbständige Beweiserhebung einer Beweisaufnahme vor dem Prozeßgericht gleich.

(2) War der Gegner in einem Termin im selbständigen Beweisverfahren nicht erschienen, so kann das Ergebnis nur benutzt werden, wenn der Gegner rechtzeitig geladen war.

§ 494 Unbekannter Gegner. (1) Wird von dem Beweisführer ein Gegner nicht bezeichnet, so ist der Antrag nur dann zulässig, wenn der Beweisführer glaubhaft macht, daß er ohne sein Verschulden außerstande sei, den Gegner zu bezeichnen.

(2) Wird dem Antrag stattgegeben, so kann das Gericht dem unbekannten Gegner zur Wahrnehmung seiner Rechte bei der Beweisaufnahme einen Vertreter bestellen.

§ 494a Frist zur Klageerhebung. (1) Ist ein Rechtsstreit nicht anhängig, hat das Gericht nach Beendigung der Beweiserhebung auf Antrag ohne mündliche Verhandlung anzuordnen, daß der Antragsteller binnen einer zu bestimmenden Frist Klage zu erheben hat.

(2) ¹Kommt der Antragsteller dieser Anordnung nicht nach, hat das Gericht auf Antrag durch Beschluß auszusprechen, daß er die dem Gegner entstandenen Kosten zu tragen hat. ²Die Entscheidung unterliegt der sofortigen Beschwerde.

Abschnitt 2. Verfahren vor den Amtsgerichten

§ 495 Anzuwendende Vorschriften. (1) Für das Verfahren vor den Amtsgerichten gelten die Vorschriften über das Verfahren vor den Landgerichten, soweit nicht aus den allgemeinen Vorschriften des ersten Buches, aus den nachfolgenden besonderen Bestimmungen und aus der Verfassung der Amtsgerichte sich Abweichungen ergeben.

(2) *(aufgehoben)*

§ 495 a[1] Verfahren nach billigem Ermessen. ¹Das Gericht kann sein Verfahren nach billigem Ermessen bestimmen, wenn der Streitwert sechshundert Euro nicht übersteigt. ²Auf Antrag muss mündlich verhandelt werden.

§ 496 Einreichung von Schriftsätzen; Erklärungen zu Protokoll. Die Klage, die Klageerwiderung sowie sonstige Anträge und Erklärungen einer Partei, die zugestellt werden sollen, sind bei dem Gericht schriftlich einzureichen oder mündlich zum Protokoll der Geschäftsstelle anzubringen.

§ 497 Ladungen. (1) ¹Die Ladung des Klägers zu dem auf die Klage bestimmten Termin ist, sofern nicht das Gericht die Zustellung anordnet, ohne besondere Form mitzuteilen. ²§ 270 Abs. 2 Satz 2[2] gilt entsprechend.

(2) ¹Die Ladung einer Partei ist nicht erforderlich, wenn der Termin der Partei bei Einreichung oder Anbringung der Klage oder des Antrages, auf Grund dessen die Terminsbestimmung stattfindet, mitgeteilt worden ist. ²Die Mitteilung ist zu den Akten zu vermerken.

§ 498 Zustellung des Protokolls über die Klage. Ist die Klage zum Protokoll der Geschäftsstelle angebracht worden, so wird an Stelle der Klageschrift das Protokoll zugestellt.

§ 499 Belehrung über schriftliches Anerkenntnis. Mit der Aufforderung nach § 276 ist der Beklagte auch über die Folgen eines schriftlich abgegebenen Anerkenntnisses zu belehren.

---

[1]) Beachte hierzu die für das Gesetz zur Reform des Zivilprozesses vom 27. 7. 2001 geltende Übergangsvorschrift in § 26 Nr. 2 EGZPO; Nr. **2**.
[2]) In § 497 Abs. 1 Satz 2 wird **mWv 1. 7. 2002** die Angabe „§ 270 Abs. 2 Satz 2" durch die Angabe „§ 270 Satz 2" ersetzt.

Verfahren vor den Amtsgerichten §§ 503–510c ZPO 1

§§ 499a–503. *(aufgehoben bzw. weggefallen)*

§ 504 Hinweis bei Unzuständigkeit des Amtsgerichts. Ist das Amtsgericht sachlich oder örtlich unzuständig, so hat es den Beklagten vor der Verhandlung zur Hauptsache darauf und auf die Folgen einer rügelosen Einlassung zur Hauptsache hinzuweisen.

§ 505. *(weggefallen)*

§ 506 Nachträgliche sachliche Unzuständigkeit. (1) Wird durch Widerklage oder durch Erweiterung des Klageantrages (§ 264 Nr. 2, 3) ein Anspruch erhoben, der zur Zuständigkeit der Landgerichte gehört, oder wird nach § 256 Abs. 2 die Feststellung eines Rechtsverhältnisses beantragt, für das die Landgerichte zuständig sind, so hat das Amtsgericht, sofern eine Partei vor weiterer Verhandlung zur Hauptsache darauf anträgt, durch Beschluß sich für unzuständig zu erklären und den Rechtsstreit an das zuständige Landgericht zu verweisen.

(2) Die Vorschriften des § 281 Abs. 2, Abs. 3 Satz 1 gelten entsprechend.

§§ 507–509. *(aufgehoben bzw. weggefallen)*

§ 510 Erklärung über Urkunden. Wegen unterbliebener Erklärung ist eine Urkunde nur dann als anerkannt anzusehen, wenn die Partei durch das Gericht zur Erklärung über die Echtheit der Urkunde aufgefordert ist.

§ 510a Inhalt des Protokolls. Andere Erklärungen einer Partei als Geständnisse und Erklärungen über einen Antrag auf Parteivernehmung sind im Protokoll festzustellen, soweit das Gericht es für erforderlich hält.

§ 510b Urteil auf Vornahme einer Handlung. Erfolgt die Verurteilung zur Vornahme einer Handlung, so kann der Beklagte zugleich auf Antrag des Klägers für den Fall, daß die Handlung nicht binnen einer zu bestimmenden Frist vorgenommen ist, zur Zahlung einer Entschädigung verurteilt werden; das Gericht hat die Entschädigung nach freiem Ermessen festzusetzen.

§ 510c. *(aufgehoben)*

Buch 3. Rechtsmittel

Abschnitt 1. Berufung[1)]

§ 511 Statthaftigkeit der Berufung. (1) Die Berufung findet gegen die im ersten Rechtszug erlassenen Endurteile statt.

(2) Die Berufung ist nur zulässig, wenn
1. Der Wert des Beschwerdegegenstandes sechshundert Euro übersteigt oder
2. das Gericht des ersten Rechtszuges die Berufung im Urteil zugelassen hat.

(3) Der Berufungskläger hat den Wert nach Absatz 2 Nr. 1 glaubhaft zu machen; zur Versicherung an Eides Statt darf er nicht zugelassen werden.

(4) [1]Das Gericht des ersten Rechtszuges lässt die Berufung zu, wenn
1. die Rechtssache grundsätzliche Bedeutung hat oder
2. die Fortbildung des Rechts oder die Sicherung einer einheitlichen Rechtsprechung eine Entscheidung des Berufungsgerichts erfordert.
[2]Das Berufungsgericht ist an die Zulassung gebunden.

§ 512 Vorentscheidungen im ersten Rechtszug. Der Beurteilung des Berufungsgerichts unterliegen auch diejenigen Entscheidungen, die dem Endurteil vorausgegangen sind, sofern sie nicht nach den Vorschriften dieses Gesetzes unanfechtbar oder mit der sofortigen Beschwerde anfechtbar sind.

§ 513 Berufungsgründe. (1) Die Berufung kann nur darauf gestützt werden, dass die Entscheidung auf einer Rechtsverletzung (§ 546) beruht oder nach § 529 zugrunde zu legende Tatsachen eine andere Entscheidung rechtfertigen.

(2) Die Berufung kann nicht darauf gestützt werden, dass das Gericht des ersten Rechtszuges seine Zuständigkeit zu Unrecht angenommen hat

§ 514 Versäumnisurteile. (1) Ein Versäumnisurteil kann von der Partei, gegen die es erlassen ist, mit der Berufung oder Anschlussberufung nicht angefochten werden.

(2) [1]Ein Versäumnisurteil, gegen das der Einspruch an sich nicht statthaft ist, unterliegt der Berufung oder Anschlussberufung insoweit, als sie darauf gestützt wird, dass der Fall der schuldhaften Versäumung nicht vorgelegen habe. [2]§ 511 Abs. 2 ist nicht anzuwenden.

§ 515 Verzicht auf Berufung. Die Wirksamkeit eines Verzichts auf das Recht der Berufung ist nicht davon abhängig, dass der Gegner die Verzichtsleistung angenommen hat.

§ 516 Zurücknahme der Berufung. (1) Der Berufungskläger kann die Berufung bis zur Verkündung des Berufungsurteils zurücknehmen.

[1)] Für die Berufung beachte die für das Gesetz zur Reform des Zivilprozesses vom 27. 7. 2001 geltende Übergangsvorschrift in § 26 Nr. 5 EGZPO; Nr. **2**.

(2) ¹Die Zurücknahme ist dem Gericht gegenüber zu erklären. ²Sie erfolgt, wenn sie nicht bei der mündlichen Verhandlung erklärt wird, durch Einreichung eines Schriftsatzes.

(3) ¹Die Zurücknahme hat den Verlust des eingelegten Rechtsmittels und die Verpflichtung zur Folge, die durch das Rechtsmittel entstandenen Kosten zu tragen. ²Diese Wirkungen sind durch Beschluss auszusprechen.

§ 517 Berufungsfrist. Die Berufungsfrist beträgt einen Monat; sie ist eine Notfrist und beginnt mit der Zustellung des in vollständiger Form abgefassten Urteils, spätestens aber mit dem Ablauf von fünf Monaten nach der Verkündung.

§ 518 Berufungsfrist bei Urteilsergänzung. ¹Wird innerhalb der Berufungsfrist ein Urteil durch eine nachträgliche Entscheidung ergänzt (§ 321), so beginnt mit der Zustellung der nachträglichen Entscheidung der Lauf der Berufungsfrist auch für die Berufung gegen das zuerst ergangene Urteil von neuem. ²Wird gegen beide Urteile von derselben Partei Berufung eingelegt, so sind beide Berufungen miteinander zu verbinden.

§ 519 Berufungsschrift. (1) Die Berufung wird durch Einreichung der Berufungsschrift bei dem Berufungsgericht eingelegt.

(2) Die Berufungsschrift muss enthalten:
1. die Bezeichnung des Urteils, gegen das die Berufung gerichtet wird;
2. die Erklärung, dass gegen dieses Urteil Berufung eingelegt werde.

(3) Mit der Berufungsschrift soll eine Ausfertigung oder beglaubigte Abschrift des angefochtenen Urteils vorgelegt werden.

(4) Die allgemeinen Vorschriften über die vorbereitenden Schriftsätze sind auch auf die Berufungsschrift anzuwenden.

§ 520 Berufungsbegründung. (1) Der Berufungskläger muss die Berufung begründen.

(2) ¹Die Frist für die Berufungsbegründung beträgt zwei Monate und beginnt mit der Zustellung des in vollständiger Form abgefassten Urteils, spätestens aber mit Ablauf von fünf Monaten nach der Verkündung ²Die Frist kann auf Antrag von dem Vorsitzenden verlängert werden, wenn der Gegner einwilligt ³Ohne Einwilligung kann die Frist um bis zu einem Monat verlängert werden, wenn nach freier Überzeugung des Vorsitzenden der Rechtsstreit durch die Verlängerung nicht verzögert wird oder wenn der Berufungskläger erhebliche Gründe darlegt.

(3) ¹Die Berufungsbegründung ist, sofern sie nicht bereits in der Berufungsschrift enthalten ist, in einem Schriftsatz bei dem Berufungsgericht einzureichen. ²Die Berufungsbegründung muss enthalten:
1. die Erklärung, inwieweit das Urteil angefochten wird und welche Abänderungen des Urteils beantragt werden (Berufungsanträge);
2. die Bezeichnung der Umstände, aus denen sich die Rechtsverletzung und deren Erheblichkeit für die angefochtene Entscheidung ergibt;
3. die Bezeichnung konkreter Anhaltspunkte, die Zweifel an der Richtigkeit oder Vollständigkeit der Tatsachenfeststellungen im angefochtenen Urteil begründen und deshalb eine erneute Feststellung gebieten;

4. Die Bezeichnung der neuen Angriffs- und Verteidigungsmittel sowie der Tatsachen, aufgrund derer die neuen Angriffs- und Verteidigungsmittel nach § 531 Abs. 2 zuzulassen sind.

(4) Die Berufungsbegründung soll ferner enthalten:
1. die Angabe des Wertes des nicht in einer bestimmten Geldsumme bestehenden Beschwerdegegenstandes, wenn von ihm die Zulässigkeit der Berufung abhängt;
2. eine Äußerung dazu, ob einer Entscheidung der Sache durch den Einzelrichter Gründe entgegenstehen.

(5) Die allgemeinen Vorschriften über die vorbereitenden Schriftsätze sind auch auf die Berufungsbegründung anzuwenden.

§ 521 Zustellung der Berufungsschrift und -begründung. (1) Die Berufungsschrift und die Berufungsbegründung sind der Gegenpartei zuzustellen.

(2) [1] Der Vorsitzende oder das Berufungsgericht kann der Gegenpartei eine Frist zur schriftlichen Berufungserwiderung und dem Berufungskläger eine Frist zur schriftlichen Stellungnahme auf die Berufungserwiderung setzen. [2] § 277 gilt entsprechend.

§ 522 Zulässigkeitsprüfung; Zurückweisungsbeschluss. (1) [1] Das Berufungsgericht hat von Amts wegen zu prüfen, ob die Berufung an sich statthaft und ob sie in der gesetzlichen Form und Frist eingelegt und begründet ist. [2] Mangelt es an einem dieser Erfordernisse, so ist die Berufung als unzulässig zu verwerfen. [3] Die Entscheidung kann durch Beschluss ergehen. [4] Gegen den Beschluss findet die Rechtsbeschwerde statt.

(2) [1] Das Berufungsgericht weist die Berufung durch einstimmigen Beschluss unverzüglich zurück, wenn es davon überzeugt ist, dass
1. die Berufung keine Aussicht auf Erfolg hat,
2. die Rechtssache keine grundsätzliche Bedeutung hat und
3. die Fortbildung des Rechts oder die Sicherung einer einheitlichen Rechtsprechung eine Entscheidung des Berufungsgerichts nicht erfordert.

[2] Das Berufungsgericht oder der Vorsitzende hat zuvor die Parteien auf die beabsichtigte Zurückweisung der Berufung und die Gründe hierfür hinzuweisen und dem Berufungsführer binnen einer zu bestimmenden Frist Gelegenheit zur Stellungnahme zu geben. [3] Der Beschluss nach Satz 1 ist zu begründen, soweit die Gründe für die Zurückweisung nicht bereits in dem Hinweis nach Satz 2 enthalten sind.

(3) Der Beschluss nach Absatz 2 Satz 1 ist nicht anfechtbar.

§ 523 Terminsbestimmung. (1) [1] Wird die Berufung nicht nach § 522 durch Beschluss verworfen oder zurückgewiesen, so entscheidet das Berufungsgericht über die Übertragung des Rechtsstreits auf den Einzelrichter. [2] Sodann ist unverzüglich Termin zur mündlichen Verhandlung zu bestimmen.

(2) Auf die Frist, die zwischen dem Zeitpunkt der Bekanntmachung des Termins und der mündlichen Verhandlung liegen muss, ist § 274 Abs. 3 entsprechend anzuwenden.

§ 524 Anschlussberufung. (1)[1]Der Berufungsbeklagte kann sich der Berufung anschließen. [2]Die Anschließung erfolgt durch Einreichung der Berufungsanschlussschrift bei dem Berufungsgericht.

(2) [1]Die Anschließung ist auch statthaft, wenn der Berufungsbeklagte auf die Berufung verzichtet hat oder die Berufungsfrist verstrichen ist. [2]Sie ist zulässig bis zum Ablauf eines Monats nach der Zustellung der Berufungsbegründungsschrift.

(3) [1]Die Anschlussberufung muss in der Anschlussschrift begründet werden. [2]Die Vorschriften des § 519 Abs. 2, 4 und des § 520 Abs. 3 sowie des § 521 gelten entsprechend.

(4) Die Anschließung verliert ihre Wirkung, wenn die Berufung zurückgenommen, verworfen oder durch Beschluss zurückgewiesen wird.

§ 525 Allgemeine Verfahrensgrundsätze. [1]Auf das weitere Verfahren sind die im ersten Rechtszuge für das Verfahren vor den Landgerichten geltenden Vorschriften entsprechend anzuwenden, soweit sich nicht Abweichungen aus den Vorschriften dieses Abschnitts ergeben. [2]Einer Güteverhandlung bedarf es nicht.

§ 526 Entscheidender Richter. (1) Das Berufungsgericht kann durch Beschluss den Rechtsstreit einem seiner Mitglieder als Einzelrichter zur Entscheidung übertragen, wenn
1. die angefochtene Entscheidung von einem Einzelrichter erlassen wurde,
2. die Sache keine besonderen Schwierigkeiten tatsächlicher oder rechtlicher Art aufweist,
3. die Rechtssache keine grundsätzliche Bedeutung hat und
4. nicht bereits im Haupttermin zur Hauptsache verhandelt worden ist, es sei denn, dass inzwischen ein Vorbehalts-, Teil- oder Zwischenurteil ergangen ist.

(2) [1]Der Einzelrichter legt den Rechtsstreit dem Berufungsgericht zur Entscheidung über eine Übernahme vor, wenn
1. sich aus einer wesentlichen Änderung der Prozesslage besondere tatsächliche oder rechtliche Schwierigkeiten der Sache oder die grundsätzliche Bedeutung der Rechtssache ergeben oder
2. die Parteien dies übereinstimmend beantragen.

[2]Das Berufungsgericht übernimmt den Rechtsstreit, wenn die Voraussetzungen nach Satz 1 Nr. 1 vorliegen. [3]Es entscheidet hierüber nach Anhörung der Parteien durch Beschluss. [4]Eine erneute Übertragung auf den Einzelrichter ist ausgeschlossen.

(3) Auf eine erfolgte oder unterlassene Übertragung, Vorlage oder Übernahme kann ein Rechtsmittel nicht gestützt werden.

(4) In Sachen der Kammer für Handelssachen kann Einzelrichter nur der Vorsitzende sein.

§ 527 Vorbereitender Einzelrichter. (1) [1]Wird der Rechtsstreit nicht nach § 526 dem Einzelrichter übertragen, kann das Berufungsgericht die Sache einem seiner Mitglieder als Einzelrichter zur Vorbereitung der Entschei-

1 ZPO §§ 528–531

dung zuweisen. ²In der Kammer für Handelssachen ist Einzelrichter der Vorsitzende; außerhalb der mündlichen Verhandlung bedarf es einer Zuweisung nicht.

(2) ¹Der Einzelrichter hat die Sache so weit zu fördern, dass sie in einer mündlichen Verhandlung vor dem Berufungsgericht erledigt werden kann. ²Er kann zu diesem Zweck einzelne Beweise erheben, soweit dies zur Vereinfachung der Verhandlung vor dem Berufungsgericht wünschenswert und von vornherein anzunehmen ist, dass das Berufungsgericht das Beweisergebnis auch ohne unmittelbaren Eindruck von dem Verlauf der Beweisaufnahme sachgemäß zu würdigen vermag.

(3) Der Einzelrichter entscheidet
1. bei Zurücknahme der Klage oder der Berufung, Verzicht auf den geltend gemachten Anspruch oder Anerkenntnis des Anspruchs;
2. bei Säumnis einer Partei oder beider Parteien;
3. über die Verpflichtung, die Prozesskosten zu tragen, sofern nicht das Berufungsgericht gleichzeitig mit der Hauptsache hierüber entscheidet;
4. über den Wert des Streitgegenstandes;
5. über Kosten, Gebühren und Auslagen.

(4) Im Einverständnis der Parteien kann der Einzelrichter auch im Übrigen entscheiden.

§ 528 Bindung an die Berufungsanträge. ¹Der Prüfung und Entscheidung des Berufungsgerichts unterliegen nur die Berufungsanträge. ²Das Urteil des ersten Rechtszuges darf nur insoweit abgeändert werden, als eine Abänderung beantragt ist.

§ 529 Prüfungsumfang des Berufungsgerichts. (1) Das Berufungsgericht hat seiner Verhandlung und Entscheidung zugrunde zu legen:
1. die vom Gericht des ersten Rechtszuges festgestellten Tatsachen, soweit nicht konkrete Anhaltspunkte Zweifel an der Richtigkeit oder Vollständigkeit der entscheidungserheblichen Feststellungen begründen und deshalb eine erneute Feststellung gebieten;
2. neue Tatsachen, soweit deren Berücksichtigung zulässig ist.

(2) ¹Auf einen Mangel des Verfahrens, der nicht von Amts wegen zu berücksichtigen ist, wird das angefochtene Urteil nur geprüft, wenn dieser nach § 520 Abs. 3 geltend gemacht worden ist. ²Im Übrigen ist das Berufungsgericht an die geltend gemachten Berufungsgründe nicht gebunden.

§ 530 Verspätet vorgebrachte Angriffs- und Verteidigungsmittel. Werden Angriffs- oder Verteidigungsmittel entgegen den §§ 520 und 521 Abs. 2 nicht rechtzeitig vorgebracht, so gilt § 296 Abs. 1 und 4 entsprechend.

§ 531 Zurückgewiesene und neue Angriffs- und Verteidigungsmittel.
(1) Angriffs- und Verteidigungsmittel, die im ersten Rechtszuge zu Recht zurückgewiesen worden sind, bleiben ausgeschlossen.

(2) ¹Neue Angriffs- und Verteidigungsmittel sind nur zuzulassen, wenn sie
1. einen Gesichtspunkt betreffen, der vom Gericht des ersten Rechtszuges erkennbar übersehen oder für unerheblich gehalten worden ist,

2. infolge eines Verfahrensmangels im ersten Rechtszug nicht geltend gemacht wurden oder
3. im ersten Rechtszug nicht geltend gemacht worden sind, ohne dass dies auf einer Nachlässigkeit der Partei beruht.

[2]Das Berufungsgericht kann die Glaubhaftmachung der Tatsachen verlangen, aus denen sich die Zulässigkeit der neuen Angriffs- und Verteidigungsmittel ergibt.

§ 532 Rügen der Unzulässigkeit der Klage. [1]Verzichtbare Rügen, die die Zulässigkeit der Klage betreffen und die entgegen den §§ 520 und 521 Abs. 2 nicht rechtzeitig vorgebracht werden, sind nur zuzulassen, wenn die Partei die Verspätung genügend entschuldigt. [2]Dasselbe gilt für verzichtbare neue Rügen, die die Zulässigkeit der Klage betreffen, wenn die Partei sie im ersten Rechtszug hätte vorbringen können. [3]Der Entschuldigungsgrund ist auf Verlangen des Gerichts glaubhaft zu machen.

§ 533 Klageänderung; Aufrechnungserklärung; Widerklage. Klageänderung, Aufrechnungserklärung und Widerklage sind nur zulässig, wenn
1. der Gegner einwilligt oder das Gericht dies für sachdienlich hält und
2. diese auf Tatsachen gestützt werden können, die das Berufungsgericht seiner Verhandlung und Entscheidung über die Berufung ohnehin nach § 529 zugrunde zu legen hat.

§ 534 Verlust des Rügerechts. Die Verletzung einer das Verfahren des ersten Rechtszuges betreffenden Vorschrift kann in der Berufungsinstanz nicht mehr gerügt werden, wenn die Partei das Rügerecht bereits im ersten Rechtszuge nach der Vorschrift des § 295 verloren hat.

§ 535 Gerichtliches Geständnis. Das im ersten Rechtszuge abgelegte gerichtliche Geständnis behält seine Wirksamkeit auch für die Berufungsinstanz.

§ 536 Parteivernehmung. (1) Das Berufungsgericht darf die Vernehmung oder Beeidigung einer Partei, die im ersten Rechtszuge die Vernehmung abgelehnt oder die Aussage oder den Eid verweigert hatte, nur anordnen, wenn es der Überzeugung ist, dass die Partei zu der Ablehnung oder Weigerung genügende Gründe hatte und diese Gründe seitdem weggefallen sind.

(2) War eine Partei im ersten Rechtszuge vernommen und auf ihre Aussage beeidigt, so darf das Berufungsgericht die eidliche Vernehmung des Gegners nur anordnen, wenn die Vernehmung oder Beeidigung im ersten Rechtszuge unzulässig war.

§ 537 Vorläufige Vollstreckbarkeit. (1) [1]Ein nicht oder nicht unbedingt für vorläufig vollstreckbar erklärtes Urteil des ersten Rechtszuges ist, soweit es durch die Berufungsanträge nicht angefochten wird, auf Antrag von dem Berufungsgericht durch Beschluss für vorläufig vollstreckbar zu erklären. [2]Die Entscheidung ist erst nach Ablauf der Berufungsbegründungsfrist zulässig.

(2) Eine Anfechtung des Beschlusses findet nicht statt.

§ 538 Zurückverweisung. (1) Das Berufungsgericht hat die notwendigen Beweise zu erheben und in der Sache selbst zu entscheiden.

(2) ¹Das Berufungsgericht darf die Sache, soweit ihre weitere Verhandlung erforderlich ist, unter Aufhebung des Urteils und des Verfahrens an das Gericht des ersten Rechtszuges nur zurückverweisen,

1. soweit das Verfahren im ersten Rechtszuge an einem wesentlichen Mangel leidet und aufgrund dieses Mangels eine umfangreiche oder aufwändige Beweisaufnahme notwendig ist,
2. wenn durch das angefochtene Urteil ein Einspruch als unzulässig verworfen ist,
3. wenn durch das angefochtene Urteil nur über die Zulässigkeit der Klage entschieden ist,
4. wenn im Falle eines nach Grund und Betrag streitigen Anspruchs durch das angefochtene Urteil über den Grund des Anspruchs vorab entschieden oder die Klage abgewiesen ist, es sei denn, dass der Streit über den Betrag des Anspruchs zur Entscheidung reif ist,
5. wenn das angefochtene Urteil im Urkunden- oder Wechselprozess unter Vorbehalt der Rechte erlassen ist,
6. wenn das angefochtene Urteil ein Versäumnisurteil ist oder
7. wenn das angefochtene Urteil ein entgegen den Voraussetzungen des § 301 erlassenes Teilurteil ist

und eine Partei die Zurückverweisung beantragt. ²Im Fall der Nummer 3 hat das Berufungsgericht sämtliche Rügen zu erledigen. ³Im Fall der Nummer 7 bedarf es eines Antrags nicht.

§ 539 Versäumnisverfahren.

(1) Erscheint der Berufungskläger im Termin zur mündlichen Verhandlung nicht, so ist seine Berufung auf Antrag durch Versäumnisurteil zurückzuweisen.

(2) ¹Erscheint der Berufungsbeklagte nicht und beantragt der Berufungskläger gegen ihn das Versäumnisurteil, so ist das zulässige tatsächliche Vorbringen des Berufungsklägers als zugestanden anzunehmen. ²Soweit es den Berufungsantrag rechtfertigt, ist nach dem Antrag zu erkennen; soweit dies nicht der Fall ist, ist die Berufung zurückzuweisen.

(3) Im Übrigen gelten die Vorschriften über das Versäumnisverfahren im ersten Rechtszug sinngemäß.

§ 540 Inhalt des Berufungsurteils.

(1) ¹Anstelle von Tatbestand und Entscheidungsgründen enthält das Urteil

1. die Bezugnahme auf die tatsächlichen Feststellungen im angefochtenen Urteil mit Darstellung etwaiger Änderungen oder Ergänzungen,
2. eine kurze Begründung für die Abänderung, Aufhebung oder Bestätigung der angefochtenen Entscheidung.

²Wird das Urteil in dem Termin, in dem die mündliche Verhandlung geschlossen worden ist, verkündet, so können die nach Satz 1 erforderlichen Darlegungen auch in das Protokoll aufgenommen werden.

(2) §§ 313a, 313b gelten entsprechend.

§ 541[1]) **Prozessakten.** (1) Die Geschäftsstelle des Berufungsgerichts hat, nachdem die Berufungsschrift eingereicht ist, unverzüglich von der Geschäftsstelle des Gerichts des ersten Rechtszuges die Prozessakten einzufordern.

(2) Nach Erledigung der Berufung sind die Akten der Geschäftsstelle des Gerichts des ersten Rechtszuges nebst einer beglaubigten Abschrift der in der Berufungsinstanz ergangenen Entscheidung zurückzusenden.

Abschnitt 2. Revision[2])

§ 542 Statthaftigkeit der Revision. (1) Die Revision findet gegen die in der Berufungsinstanz erlassenen Endurteile nach Maßgabe der folgenden Vorschriften statt.

(2) ¹Gegen Urteile, durch die über die Anordnung, Abänderung oder Aufhebung eines Arrestes oder einer einstweiligen Verfügung entschieden worden ist, findet die Revision nicht statt. ²Dasselbe gilt für Urteile über die vorzeitige Besitzeinweisung im Enteignungsverfahren oder im Umlegungsverfahren.

§ 543 Zulassungsrevision. (1) Die Revision findet nur statt, wenn sie
1. das Berufungsgericht in dem Urteil oder
2. das Revisionsgericht auf Beschwerde gegen die Nichtzulassung[3])
zugelassen hat.

(2) ¹Die Revision ist zuzulassen, wenn
1. die Rechtssache grundsätzliche Bedeutung hat oder
2. die Fortbildung des Rechts oder die Sicherung einer einheitlichen Rechtsprechung eine Entscheidung des Revisionsgerichts erfordert.

²Das Revisionsgericht ist an die Zulassung durch das Berufungsgericht gebunden.

§ 544[3]) **Nichtzulassungsbeschwerde.** (1) ¹Die Nichtzulassung der Revision durch das Berufungsgericht unterliegt der Beschwerde (Nichtzulassungsbeschwerde). ²Die Beschwerde ist innerhalb einer Notfrist von einem Monat nach Zustellung des in vollständiger Form abgefassten Urteils, spätestens aber bis zum Ablauf von sechs Monaten nach der Verkündung des Urteils bei dem Revisionsgericht einzulegen. ³Mit der Beschwerdeschrift soll eine Ausfertigung oder beglaubigte Abschrift des Urteils, gegen das die Revision eingelegt werden soll, vorgelegt werden.

(2) ¹Die Beschwerde ist innerhalb von zwei Monaten nach Zustellung des in vollständiger Form abgefassten Urteils, spätestens aber bis zum Ablauf von sieben Monaten nach der Verkündung des Urteils zu begründen. ²§ 551

---

[1]) Beachte hierzu die für das Gesetz zur Reform des Zivilprozesses vom 27. 7. 2001 geltende Übergangsvorschrift in § 26 Nr. 6 EGZPO; Nr. 2.
[2]) Für die Revision beachte die für das Gesetz zur Reform des Zivilprozesses vom 27. 7. 2001 geltende Übergangsvorschrift in § 26 Nr. 7 EGZPO; Nr. 2.
[3]) Beachte hierzu die für das Gesetz zur Reform des Zivilprozesses vom 27. 7. 2001 geltende Übergangsvorschrift in § 26 Nr. 8 EGZPO; Nr. 2. Für Familiensachen beachte die zur Nichtzulassungsbeschwerde geltende Übergangsvorschrift in § 26 Nr. 9 EGZPO; Nr. 2.

Abs. 2 Satz 5 und 6 gilt entsprechend. ³In der Begründung müssen die Zulassungsgründe (§ 543 Abs. 2) dargelegt werden.

(3) Das Revisionsgericht gibt dem Gegner des Beschwerdeführers Gelegenheit zur Stellungnahme.

(4) ¹Das Revisionsgericht entscheidet über die Beschwerde durch Beschluss. ²Der Beschluss soll kurz begründet werden; von einer Begründung kann abgesehen werden, wenn sie nicht geeignet wäre, zur Klärung der Voraussetzungen beizutragen, unter denen eine Revision zuzulassen ist, oder wenn der Beschwerde stattgegeben wird. ³Die Entscheidung über die Beschwerde ist den Parteien zuzustellen.

(5) ¹Die Einlegung der Beschwerde hemmt die Rechtskraft des Urteils. ²§ 719 Abs. 2 und 3 ist entsprechend anzuwenden. ³Mit der Ablehnung der Beschwerde durch das Revisionsgericht wird das Urteil rechtskräftig.

(6) ¹Wird der Beschwerde gegen die Nichtzulassung der Revision stattgegeben, so wird das Beschwerdeverfahren als Revisionsverfahren fortgesetzt. ²In diesem Fall gilt die form- und fristgerechte Einlegung der Nichtzulassungsbeschwerde als Einlegung der Revision. ³Mit der Zustellung der Entscheidung beginnt die Revisionsbegründungsfrist.

§ 545 Revisionsgründe. (1) Die Revision kann nur darauf gestützt werden, dass die Entscheidung auf der Verletzung des Bundesrechts oder einer Vorschrift beruht, deren Geltungsbereich sich über den Bezirk eines Oberlandesgerichts hinaus erstreckt.

(2) Die Revision kann nicht darauf gestützt werden, dass das Gericht des ersten Rechtszuges seine Zuständigkeit zu Unrecht angenommen oder verneint hat.

§ 546 Begriff der Rechtsverletzung. Das Recht ist verletzt, wenn eine Rechtsnorm nicht oder nicht richtig angewendet worden ist.

§ 547 Absolute Revisionsgründe. Eine Entscheidung ist stets als auf einer Verletzung des Rechts beruhend anzusehen,
1. wenn das erkennende Gericht nicht vorschriftsmäßig besetzt war;
2. wenn bei der Entscheidung ein Richter mitgewirkt hat, der von der Ausübung des Richteramts kraft Gesetzes ausgeschlossen war, sofern nicht dieses Hindernis mittels eines Ablehnungsgesuchs ohne Erfolg geltend gemacht ist;
3. wenn bei der Entscheidung ein Richter mitgewirkt hat, obgleich er wegen Besorgnis der Befangenheit abgelehnt und das Ablehnungsgesuch für begründet erklärt war;
4. wenn eine Partei in dem Verfahren nicht nach Vorschrift der Gesetze vertreten war, sofern sie nicht die Prozessführung ausdrücklich oder stillschweigend genehmigt hat;
5. wenn die Entscheidung aufgrund einer mündlichen Verhandlung ergangen ist, bei der die Vorschriften über die Öffentlichkeit des Verfahrens verletzt sind;
6. wenn die Entscheidung entgegen den Bestimmungen dieses Gesetzes nicht mit Gründen versehen ist.

§ 548 Revisionsfrist. Die Frist für die Einlegung der Revision (Revisionsfrist) beträgt einen Monat; sie ist eine Notfrist und beginnt mit der Zustellung des in vollständiger Form abgefassten Berufungsurteils, spätestens aber mit dem Ablauf von fünf Monaten nach der Verkündung.

§ 549 Revisionseinlegung. (1) [1] Die Revision wird durch Einreichung der Revisionsschrift bei dem Revisionsgericht eingelegt. [2] Die Revisionsschrift muss enthalten:
1. die Bezeichnung des Urteils, gegen das die Revision gerichtet wird;
2. die Erklärung, dass gegen dieses Urteil die Revision eingelegt werde.
[3] § 544 Abs. 6 Satz 2 bleibt unberührt.

(2) Die allgemeinen Vorschriften über die vorbereitenden Schriftsätze sind auch auf die Revisionsschrift anzuwenden.

§ 550 Zustellung der Revisionsschrift. (1) Mit der Revisionsschrift soll eine Ausfertigung oder beglaubigte Abschrift des angefochtenen Urteils vorgelegt werden, soweit dies nicht bereits nach § 544 Abs. 1 Satz 4 geschehen ist.

(2) Die Revisionsschrift ist der Gegenpartei zuzustellen.

§ 551 Revisionsbegründung. (1) Der Revisionskläger muß die Revision begründen.

(2) [1] Die Revisionsbegründung ist, sofern sie nicht bereits in der Revisionsschrift enthalten ist, in einem Schriftsatz bei dem Revisionsgericht einzureichen. [2] Die Frist für die Revisionsbegründung beträgt zwei Monate. [3] Sie beginnt mit der Zustellung des in vollständiger Form abgefassten Urteils, spätestens aber mit Ablauf von fünf Monaten nach der Verkündung. [4] § 544 Abs. 6 Satz 3 bleibt unberührt. [5] Die Frist kann auf Antrag von dem Vorsitzenden verlängert werden, wenn der Gegner einwilligt. [6] Ohne Einwilligung kann die Frist um bis zu zwei Monate verlängert werden, wenn nach freier Überzeugung des Vorsitzenden der Rechtsstreit durch die Verlängerung nicht verzögert wird oder wenn der Revisionskläger erhebliche Gründe darlegt.

(3) [1] Die Revisionsbegründung muss enthalten:
1. die Erklärung, inwieweit das Urteil angefochten und dessen Aufhebung beantragt werde (Revisionsanträge);
2. die Angabe der Revisionsgründe, und zwar:
    a) die bestimmte Bezeichnung der Umstände, aus denen sich die Rechtsverletzung ergibt;
    b) soweit die Revision darauf gestützt wird, dass das Gesetz in Bezug auf das Verfahren verletzt sei, die Bezeichnung der Tatsachen, die den Mangel ergeben.
[2] Ist die Revision aufgrund einer Nichtzulassungsbeschwerde zugelassen worden, kann zur Begründung der Revision auf die Begründung der Nichtzulassungsbeschwerde Bezug genommen werden.

(4) § 549 Abs. 2 und § 550 Abs. 2 sind auf die Revisionsbegründung entsprechend anzuwenden.

§ 552 Zulässigkeitsprüfung. (1) [1] Das Revisionsgericht hat von Amts wegen zu prüfen, ob die Revision an sich statthaft und ob sie in der gesetzlichen

Form und Frist eingelegt und begründet ist. ²Mangelt es an einem dieser Erfordernisse, so ist die Revision als unzulässig zu verwerfen.

(2) Die Entscheidung kann durch Beschluss ergehen.

§ 553 Terminsbestimmung; Einlassungsfrist. (1) Wird die Revision nicht durch Beschluss als unzulässig verworfen, so ist Termin zur mündlichen Verhandlung zu bestimmen und den Parteien bekannt zu machen.

(2) Auf die Frist, die zwischen dem Zeitpunkt der Bekanntmachung des Termins und der mündlichen Verhandlung liegen muss, ist § 274 Abs. 3 entsprechend anzuwenden.

§ 554 Anschlussrevision. (1)¹Der Revisionsbeklagte kann sich der Revision anschließen. ²Die Anschließung erfolgt durch Einreichung der Revisionsanschlussschrift bei dem Revisionsgericht.

(2) ¹Die Anschließung ist auch statthaft, wenn der Revisionsbeklagte auf die Revision verzichtet hat, die Revisionsfrist verstrichen oder die Revision nicht zugelassen worden ist. ²Die Anschließung ist bis zum Ablauf eines Monats nach der Zustellung der Revisionsbegründung zu erklären.

(3) ¹Die Anschlussrevision muss in der Anschlussschrift begründet werden. ²§ 549 Abs. 1 Satz 2 und Abs. 2 und die §§ 550 und 551 Abs. 3 gelten entsprechend.

(4) Die Anschließung verliert ihre Wirkung, wenn die Revision zurückgenommen oder als unzulässig verworfen wird.

§ 555 Allgemeine Verfahrensgrundsätze. (1) ¹Auf das weitere Verfahren sind, soweit sich nicht Abweichungen aus den Vorschriften dieses Abschnitts ergeben, die im ersten Rechtszuge für das Verfahren vor den Landgerichten geltenden Vorschriften entsprechend anzuwenden. ²Einer Güteverhandlung bedarf es nicht.

(2) Die Vorschriften der §§ 348 bis 350 sind nicht anzuwenden.

§ 556 Verlust des Rügerechts. Die Verletzung einer das Verfahren der Berufungsinstanz betreffenden Vorschrift kann in der Revisionsinstanz nicht mehr gerügt werden, wenn die Partei das Rügerecht bereits in der Berufungsinstanz nach der Vorschrift des § 295 verloren hat.

§ 557 Umfang der Revisionsprüfung. (1) Der Prüfung des Revisionsgerichts unterliegen nur die von den Parteien gestellten Anträge.

(2) Der Beurteilung des Revisionsgerichts unterliegen auch diejenigen Entscheidungen, die dem Endurteil vorausgegangen sind, sofern sie nicht nach den Vorschriften dieses Gesetzes unanfechtbar sind.

(3) ¹Das Revisionsgericht ist an die geltend gemachten Revisionsgründe nicht gebunden. ²Auf Verfahrensmängel, die nicht von Amts wegen zu berücksichtigen sind, darf das angefochtene Urteil nur geprüft werden, wenn die Mängel nach den §§ 551 und 554 Abs. 3 gerügt worden sind.

§ 558 Vorläufige Vollstreckbarkeit. ¹Ein nicht oder nicht unbedingt für vorläufig vollstreckbar erklärtes Urteil des Berufungsgerichts ist, soweit es durch die Revisionsanträge nicht angefochten wird, auf Antrag von dem Revisionsgericht durch Beschluss für vorläufig vollstreckbar zu erklären. ²Die Entscheidung ist erst nach Ablauf der Revisionsbegründungsfrist zulässig.

§ 559 Beschränkte Nachprüfung tatsächlicher Feststellungen. (1) ¹Der Beurteilung des Revisionsgerichts unterliegt nur dasjenige Parteivorbringen, das aus dem Berufungsurteil oder dem Sitzungsprotokoll ersichtlich ist. ²Außerdem können nur die im § 551 Abs. 3 Nr. 2 Buchstabe b erwähnten Tatsachen berücksichtigt werden.

(2) Hat das Berufungsgericht festgestellt, dass eine tatsächliche Behauptung wahr oder nicht wahr sei, so ist diese Feststellung für das Revisionsgericht bindend, es sei denn, dass in Bezug auf die Feststellung ein zulässiger und begründeter Revisionsangriff erhoben ist.

§ 560 Nicht revisible Gesetze. Die Entscheidung des Berufungsgerichts über das Bestehen und den Inhalt von Gesetzen, auf deren Verletzung die Revision nach § 545 nicht gestützt werden kann, ist für die auf die Revision ergehende Entscheidung maßgebend.

§ 561 Revisionszurückweisung. Ergibt die Begründung des Berufungsurteils zwar eine Rechtsverletzung, stellt die Entscheidung selbst aber aus anderen Gründen sich als richtig dar, so ist die Revision zurückzuweisen.

§ 562 Aufhebung des angefochtenen Urteils. (1) Insoweit die Revision für begründet erachtet wird, ist das angefochtene Urteil aufzuheben.

(2) Wird das Urteil wegen eines Mangels des Verfahrens aufgehoben, so ist zugleich das Verfahren insoweit aufzuheben, als es durch den Mangel betroffen wird.

§ 563 Zurückverweisung; eigene Sachentscheidung. (1) ¹Im Falle der Aufhebung des Urteils ist die Sache zur neuen Verhandlung und Entscheidung an das Berufungsgericht zurückzuverweisen. ²Die Zurückverweisung kann an einen anderen Spruchkörper des Berufungsgerichts erfolgen.

(2) Das Berufungsgericht hat die rechtliche Beurteilung, die der Aufhebung zugrunde gelegt ist, auch seiner Entscheidung zugrunde zu legen.

(3) Das Revisionsgericht hat jedoch in der Sache selbst zu entscheiden, wenn die Aufhebung des Urteils nur wegen Rechtsverletzung bei Anwendung des Gesetzes auf das festgestellte Sachverhältnis erfolgt und nach letzterem die Sache zur Endentscheidung reif ist.

(4) Kommt im Fall des Absatzes 3 für die in der Sache selbst zu erlassende Entscheidung die Anwendbarkeit von Gesetzen, auf deren Verletzung die Revision nach § 545 nicht gestützt werden kann, in Frage, so kann die Sache zur Verhandlung und Entscheidung an das Berufungsgericht zurückverwiesen werden.

§ 564 Keine Begründung der Entscheidung bei Rügen von Verfahrensmängeln. ¹Die Entscheidung braucht nicht begründet zu werden, soweit das Revisionsgericht Rügen von Verfahrensmängeln nicht für durchgreifend erachtet. ²Dies gilt nicht für Rügen nach § 547.

§ 565 Anzuwendende Vorschriften des Berufungsverfahrens. Die für die Berufung geltenden Vorschriften über die Anfechtbarkeit der Versäumnisurteile, über die Verzichtsleistung auf das Rechtsmittel und seine Zurücknahme, über die Rügen der Unzulässigkeit der Klage und über die Einforderung und Zurücksendung der Prozessakten sind auf die Revision entsprechend anzuwenden.

§ 566 Sprungrevision. (1) [1] Gegen die im ersten Rechtszug erlassenen Endurteile, die ohne Zulassung der Berufung unterliegen, findet auf Antrag unter Übergehung der Berufungsinstanz unmittelbar die Revision (Sprungrevision) statt, wenn
1. der Gegner in die Übergehung der Berufungsinstanz einwilligt und
2. das Revisionsgericht die Sprungrevision zulässt.

[2] Der Antrag auf Zulassung der Sprungrevision sowie die Erklärung der Einwilligung gelten als Verzicht auf das Rechtsmittel der Berufung.

(2) [1] Die Zulassung ist durch Einreichung eines Schriftsatzes (Zulassungsschrift) bei dem Revisionsgericht zu beantragen. [2] Die §§ 548 bis 550 gelten entsprechend. [3] In dem Antrag müssen die Voraussetzungen für die Zulassung der Sprungrevision (Absatz 4) dargelegt werden. [4] Die schriftliche Erklärung der Einwilligung des Antragsgegners ist dem Zulassungsantrag beizufügen; sie kann auch von dem Prozessbevollmächtigten des ersten Rechtszuges oder, wenn der Rechtsstreit im ersten Rechtszug nicht als Anwaltsprozess zu führen gewesen ist, zu Protokoll der Geschäftsstelle abgegeben werden.

(3) [1] Der Antrag auf Zulassung der Sprungrevision hemmt die Rechtskraft des Urteils. [2] § 719 Abs. 2 und 3 ist entsprechend anzuwenden. [3] Die Geschäftsstelle des Revisionsgerichts hat, nachdem der Antrag eingereicht ist, unverzüglich von der Geschäftsstelle des Gerichts des ersten Rechtszuges die Prozessakten einzufordern.

(4) [1] Die Sprungrevision ist nur zuzulassen, wenn
1. die Rechtssache grundsätzliche Bedeutung hat oder
2. die Fortbildung des Rechts oder die Sicherung einer einheitlichen Rechtsprechung eine Entscheidung des Revisionsgerichts erfordert.

[2] Die Sprungrevision kann nicht auf einen Mangel des Verfahrens gestützt werden.

(5) [1] Das Revisionsgericht entscheidet über den Antrag auf Zulassung der Sprungrevision durch Beschluss. [2] Der Beschluss ist den Parteien zuzustellen.

(6) Wird der Antrag auf Zulassung der Revision abgelehnt, so wird das Urteil rechtskräftig.

(7) [1] Wird die Revision zugelassen, so wird das Verfahren als Revisionsverfahren fortgesetzt. [2] In diesem Fall gilt der form- und fristgerechte Antrag auf Zulassung als Einlegung der Revision. [3] Mit der Zustellung der Entscheidung beginnt die Revisionsbegründungsfrist.

(8) [1] Das weitere Verfahren bestimmt sich nach den für die Revision geltenden Bestimmungen. [2] § 563 ist mit der Maßgabe anzuwenden, dass die Zurückverweisung an das erstinstanzliche Gericht erfolgt. [3] Wird gegen die nachfolgende Entscheidung des erstinstanzlichen Gerichts Berufung eingelegt, so hat das Berufungsgericht die rechtliche Beurteilung, die der Aufhebung durch das Revisionsgericht zugrunde gelegt ist, auch seiner Entscheidung zugrunde zu legen.

Abschnitt 3. Beschwerde[1)]

Titel 1. Sofortige Beschwerde

§ 567 Sofortige Beschwerde; Anschlussbeschwerde. (1) Die sofortige Beschwerde findet statt gegen die im ersten Rechtszug ergangenen Entscheidungen der Amtsgerichte und Landgerichte, wenn
1. dies im Gesetz ausdrücklich bestimmt ist oder
2. es sich um solche eine mündliche Verhandlung nicht erfordernde Entscheidungen handelt, durch die ein das Verfahren betreffendes Gesuch zurückgewiesen worden ist.

(2) [1]Gegen Entscheidungen über die Verpflichtung, die Prozesskosten zu tragen, ist die Beschwerde nur zulässig, wenn der Wert des Beschwerdegegenstandes einhundert Euro übersteigt. [2]Gegen andere Entscheidungen über Kosten ist die Beschwerde nur zulässig, wenn der Wert des Beschwerdegegenstandes fünfzig Euro übersteigt.

(3) [1]Der Beschwerdegegner kann sich der Beschwerde anschließen, selbst wenn er auf die Beschwerde verzichtet hat oder die Beschwerdefrist verstrichen ist. [2]Die Anschließung verliert ihre Wirkung, wenn die Beschwerde zurückgenommen oder als unzulässig verworfen wird.

§ 568 Originärer Einzelrichter. [1]Das Beschwerdegericht entscheidet durch eines seiner Mitglieder als Einzelrichter, wenn die angefochtene Entscheidung von einem Einzelrichter oder einem Rechtspfleger erlassen wurde. [2]Der Einzelrichter überträgt das Verfahren dem Beschwerdegericht zur Entscheidung in der im Gerichtsverfassungsgesetz vorgeschriebenen Besetzung, wenn
1. die Sache besondere Schwierigkeiten tatsächlicher oder rechtlicher Art aufweist oder
2. die Rechtssache grundsätzliche Bedeutung hat.
[3]Auf eine erfolgte oder unterlassene Übertragung kann ein Rechtsmittel nicht gestützt werden.

§ 569 Frist und Form. (1) [1]Die sofortige Beschwerde ist, soweit keine andere Frist bestimmt ist, binnen einer Notfrist von zwei Wochen bei dem Gericht, dessen Entscheidung angefochten wird, oder bei dem Beschwerdegericht einzulegen. [2]Die Notfrist beginnt, soweit nichts anderes bestimmt ist, mit der Zustellung der Entscheidung, spätestens mit dem Ablauf von fünf Monaten nach der Verkündung des Beschlusses. [3]Liegen die Erfordernisse der Nichtigkeits- oder der Restitutionsklage vor, so kann die Beschwerde auch nach Ablauf der Notfrist innerhalb der für diese Klagen geltenden Notfristen erhoben werden.

(2) [1]Die Beschwerde wird durch Einreichung einer Beschwerdeschrift eingelegt. [2]Die Beschwerdeschrift muss die Bezeichnung der angefochtenen Entscheidung sowie die Erklärung enthalten, dass Beschwerde gegen diese Entscheidung eingelegt werde.

[1)] Für Beschwerden und für die Erinnerung beachte die für das Gesetz zur Reform des Zivilprozesses vom 27. 7. 2001 geltende Übergangsvorschrift in § 26 Nr. 10 EGZPO; Nr. **2**.

(3) Die Beschwerde kann auch durch Erklärung zu Protokoll der Geschäftsstelle eingelegt werden, wenn
1. der Rechtsstreit im ersten Rechtszug nicht als Anwaltsprozess zu führen ist oder war,
2. die Beschwerde die Prozesskostenhilfe betrifft oder
3. sie von einem Zeugen, Sachverständigen oder Dritten im Sinne der §§ 142, 144 erhoben wird.

§ 570 Aufschiebende Wirkung; einstweilige Anordnungen. (1) Die Beschwerde hat nur dann aufschiebende Wirkung, wenn sie die Festsetzung eines Ordnungs- oder Zwangsmittels zum Gegenstand hat.

(2) Das Gericht oder der Vorsitzende, dessen Entscheidung angefochten wird, kann die Vollziehung der Entscheidung aussetzen.

(3) Das Beschwerdegericht kann vor der Entscheidung eine einstweilige Anordnung erlassen; es kann insbesondere die Vollziehung der angefochtenen Entscheidung aussetzen.

§ 571 Begründung, Präklusion, Ausnahmen vom Anwaltszwang.
(1) Die Beschwerde soll begründet werden.

(2) [1]Die Beschwerde kann auf neue Angriffs- und Verteidigungsmittel gestützt werden. [2]Sie kann nicht darauf gestützt werden, dass das Gericht des ersten Rechtszuges seine Zuständigkeit zu Unrecht angenommen hat.

(3) [1]Der Vorsitzende oder das Beschwerdegericht kann für das Vorbringen von Angriffs- und Verteidigungsmitteln eine Frist setzen. [2]Werden Angriffs- und Verteidigungsmittel nicht innerhalb der Frist vorgebracht, so sind sie nur zuzulassen, wenn nach der freien Überzeugung des Gerichts ihre Zulassung die Erledigung des Verfahrens nicht verzögern würde oder wenn die Partei die Verspätung genügend entschuldigt. [3]Der Entschuldigungsgrund ist auf Verlangen des Gerichts glaubhaft zu machen.

(4) [1]Die Beteiligten können sich im Beschwerdeverfahren auch durch einen bei einem Amts- oder Landgericht zugelassenen Rechtsanwalt vertreten lassen. [2]Ordnet das Gericht eine schriftliche Erklärung an, so kann diese zu Protokoll der Geschäftsstelle abgegeben werden, wenn die Beschwerde zu Protokoll der Geschäftsstelle eingelegt werden darf (§ 569 Abs. 3).

§ 572 Gang des Beschwerdeverfahrens. (1) [1]Erachtet das Gericht oder der Vorsitzende, dessen Entscheidung angefochten wird, die Beschwerde für begründet, so haben sie ihr abzuhelfen; andernfalls ist die Beschwerde unverzüglich dem Beschwerdegericht vorzulegen. [2]§ 318 bleibt unberührt.

(2) [1]Das Beschwerdegericht hat von Amts wegen zu prüfen, ob die Beschwerde an sich statthaft und ob sie in der gesetzlichen Form und Frist eingelegt ist. [2]Mangelt es an einem dieser Erfordernisse, so ist die Beschwerde als unzulässig zu verwerfen.

(3) Erachtet das Beschwerdegericht die Beschwerde für begründet, so kann es dem Gericht oder Vorsitzenden, von dem die beschwerende Entscheidung erlassen war, die erforderliche Anordnung übertragen.

(4) Die Entscheidung über die Beschwerde ergeht durch Beschluss.

§ 573 Erinnerung. (1) ¹Gegen die Entscheidungen des beauftragten oder ersuchten Richters oder des Urkundsbeamten der Geschäftsstelle kann binnen einer Notfrist von zwei Wochen die Entscheidung des Gerichts beantragt werden (Erinnerung). ²Die Erinnerung ist schriftlich oder zu Protokoll der Geschäftsstelle einzulegen. ³§ 569 Abs. 1 Satz 1 und 2, Abs. 2 und die §§ 570 und 572 gelten entsprechend.

(2) Gegen die im ersten Rechtszug ergangene Entscheidung des Gerichts über die Erinnerung findet die sofortige Beschwerde statt.

(3) Die Vorschrift des Absatzes 1 gilt auch für die Oberlandesgerichte und den Bundesgerichtshof.

Titel 2. Rechtsbeschwerde

§ 574 Rechtsbeschwerde; Anschlussrechtsbeschwerde. (1) Gegen einen Beschluss ist die Rechtsbeschwerde statthaft, wenn
1. dies im Gesetz ausdrücklich bestimmt ist oder
2. das Beschwerdegericht, das Berufungsgericht oder das Oberlandesgericht im ersten Rechtszug sie in dem Beschluss zugelassen hat.

(2) In den Fällen des Absatzes 1 Nr. 1 ist die Rechtsbeschwerde nur zulässig, wenn
1. die Rechtssache grundsätzliche Bedeutung hat oder
2. die Fortbildung des Rechts oder die Sicherung einer einheitlichen Rechtsprechung eine Entscheidung des Rechtsbeschwerdegerichts erfordert.

(3) ¹In den Fällen des Absatzes 1 Nr. 2 ist die Rechtsbeschwerde zuzulassen, wenn die Voraussetzungen des Absatzes 2 vorliegen. ²Das Rechtsbeschwerdegericht ist an die Zulassung gebunden.

(4) ¹Der Rechtsbeschwerdegegner kann sich bis zum Ablauf einer Notfrist von einem Monat nach der Zustellung der Begründungsschrift der Rechtsbeschwerde durch Einreichen der Rechtsbeschwerdeanschlussschrift beim Rechtsbeschwerdegericht anschließen, auch wenn er auf die Rechtsbeschwerde verzichtet hat, die Rechtsbeschwerdefrist verstrichen oder die Rechtsbeschwerde nicht zugelassen worden ist. ²Die Anschlussbeschwerde ist in der Anschlussschrift zu begründen. ³Die Anschließung verliert ihre Wirkung, wenn die Rechtsbeschwerde zurückgenommen oder als unzulässig verworfen wird.

§ 575 Frist, Form und Begründung der Rechtsbeschwerde. (1) ¹Die Rechtsbeschwerde ist binnen einer Notfrist von einem Monat nach Zustellung des Beschlusses durch Einreichen einer Beschwerdeschrift bei dem Rechtsbeschwerdegericht einzulegen. ²Die Rechtsbeschwerdeschrift muss enthalten:
1. die Bezeichnung der Entscheidung, gegen die die Rechtsbeschwerde gerichtet wird und
2. die Erklärung, dass gegen diese Entscheidung Rechtsbeschwerde eingelegt werde.

³Mit der Rechtsbeschwerdeschrift soll eine Ausfertigung oder beglaubigte Abschrift der angefochtenen Entscheidung vorgelegt werden.

(2) ¹Die Rechtsbeschwerde ist, sofern die Beschwerdeschrift keine Begründung enthält, binnen einer Frist von einem Monat zu begründen. ²Die Frist

beginnt mit der Zustellung der angefochtenen Entscheidung. ³§ 551 Abs. 2 Satz 5 und 6 gilt entsprechend.

(3) Die Begründung der Rechtsbeschwerde muss enthalten:
1. die Erklärung, inwieweit die Entscheidung des Beschwerdegerichts oder des Berufungsgerichts angefochten und deren Aufhebung beantragt werde (Rechtsbeschwerdeanträge),
2. in den Fällen des § 574 Abs. 1 Nr. 1 eine Darlegung zu den Zulässigkeitsvoraussetzungen des § 574 Abs. 2,
3. die Angabe der Rechtsbeschwerdegründe, und zwar
    a) die bestimmte Bezeichnung der Umstände, aus denen sich die Rechtsverletzung ergibt;
    b) soweit die Rechtsbeschwerde darauf gestützt wird, dass das Gesetz in Bezug auf das Verfahren verletzt sei, die Bezeichnung der Tatsachen, die den Mangel ergeben.

(4) ¹Die allgemeinen Vorschriften über die vorbereitenden Schriftsätze sind auch auf die Beschwerde- und die Begründungsschrift anzuwenden. ²Die Beschwerde- und die Begründungsschrift sind der Gegenpartei zuzustellen.

(5) Die §§ 541 und 570 Abs. 1, 3 gelten entsprechend.

§ 576 Gründe der Rechtsbeschwerde. (1) Die Rechtsbeschwerde kann nur darauf gestützt werden, dass die Entscheidung auf der Verletzung des Bundesrechts oder einer Vorschrift beruht, deren Geltungsbereich sich über den Bezirk eines Oberlandesgerichts hinaus erstreckt.

(2) Die Rechtsbeschwerde kann nicht darauf gestützt werden, dass das Gericht des ersten Rechtszuges seine Zuständigkeit zu Unrecht angenommen oder verneint hat.

(3) Die §§ 546, 547, 556 und 560 gelten entsprechend.

§ 577 Prüfung und Entscheidung der Rechtsbeschwerde. (1) ¹Das Rechtsbeschwerdegericht hat von Amts wegen zu prüfen, ob die Rechtsbeschwerde an sich statthaft und ob sie in der gesetzlichen Form und Frist eingelegt und begründet ist. ²Mangelt es an einem dieser Erfordernisse, so ist die Rechtsbeschwerde als unzulässig zu verwerfen.

(2) ¹Der Prüfung des Rechtsbeschwerdegerichts unterliegen nur die von den Parteien gestellten Anträge. ²Das Rechtsbeschwerdegericht ist an die geltend gemachten Rechtsbeschwerdegründe nicht gebunden. ³Auf Verfahrensmängel, die nicht von Amts wegen zu berücksichtigen sind, darf die angefochtene Entscheidung nur geprüft werden, wenn die Mängel nach § 575 Abs. 3 und § 574 Abs. 4 Satz 2 gerügt worden sind. ⁴§ 559 gilt entsprechend.

(3) Ergibt die Begründung der angefochtenen Entscheidung zwar eine Rechtsverletzung, stellt die Entscheidung selbst aber aus anderen Gründen sich als richtig dar, so ist die Rechtsbeschwerde zurückzuweisen.

(4) ¹Wird die Rechtsbeschwerde für begründet erachtet, ist die angefochtene Entscheidung aufzuheben und die Sache zur erneuten Entscheidung zurückzuverweisen. ²§ 562 Abs. 2 gilt entsprechend. ³Die Zurückverweisung kann an einen anderen Spruchkörper des Gerichts erfolgen, das die angefochtene Entscheidung erlassen hat. ⁴Das Gericht, an das die Sache zurück-

verwiesen ist, hat die rechtliche Beurteilung, die der Aufhebung zugrunde liegt, auch seiner Entscheidung zugrunde zu legen.

(5) ¹Das Rechtsbeschwerdegericht hat in der Sache selbst zu entscheiden, wenn die Aufhebung der Entscheidung nur wegen Rechtsverletzung bei Anwendung des Rechts auf das festgestellte Sachverhältnis erfolgt und nach letzterem die Sache zur Endentscheidung reif ist. ²§ 563 Abs. 4 gilt entsprechend.

(6) ¹Die Entscheidung über die Rechtsbeschwerde ergeht durch Beschluss. ²§ 564 gilt entsprechend.

Buch 4. Wiederaufnahme des Verfahrens

§ 578 Arten der Wiederaufnahme. (1) Die Wiederaufnahme eines durch rechtskräftiges Endurteil geschlossenen Verfahrens kann durch Nichtigkeitsklage und durch Restitutionsklage erfolgen.

(2) Werden beide Klagen von derselben Partei oder von verschiedenen Parteien erhoben, so ist die Verhandlung und Entscheidung über die Restitutionsklage bis zur rechtskräftigen Entscheidung über die Nichtigkeitsklage auszusetzen.

§ 579 Nichtigkeitsklage. (1) Die Nichtigkeitsklage findet statt:
1. wenn das erkennende Gericht nicht vorschriftsmäßig besetzt war;
2. wenn ein Richter bei der Entscheidung mitgewirkt hat, der von der Ausübung des Richteramts kraft Gesetzes ausgeschlossen war, sofern nicht dieses Hindernis mittels eines Ablehnungsgesuchs oder eines Rechtsmittels ohne Erfolg geltend gemacht ist;
3. wenn bei der Entscheidung ein Richter mitgewirkt hat, obgleich er wegen Besorgnis der Befangenheit abgelehnt und das Ablehnungsgesuch für begründet erklärt war;
4. wenn eine Partei in dem Verfahren nicht nach Vorschrift der Gesetze vertreten war, sofern sie nicht die Prozeßführung ausdrücklich oder stillschweigend genehmigt hat.

(2) In den Fällen der Nummern 1, 3 findet die Klage nicht statt, wenn die Nichtigkeit mittels eines Rechtsmittels geltend gemacht werden konnte.

§ 580 Restitutionsklage. Die Restitutionsklage findet statt:
1. wenn der Gegner durch Beeidigung einer Aussage, auf die das Urteil gegründet ist, sich einer vorsätzlichen oder fahrlässigen Verletzung der Eidespflicht schuldig gemacht hat;
2. wenn eine Urkunde, auf die das Urteil gegründet ist, fälschlich angefertigt oder verfälscht war;
3. wenn bei einem Zeugnis oder Gutachten, auf welches das Urteil gegründet ist, der Zeuge oder Sachverständige sich einer strafbaren Verletzung der Wahrheitspflicht schuldig gemacht hat;
4. wenn das Urteil von dem Vertreter der Partei oder von dem Gegner oder dessen Vertreter durch eine in Beziehung auf den Rechtsstreit verübte Straftat erwirkt ist;
5. wenn ein Richter bei dem Urteil mitgewirkt hat, der sich in Beziehung auf den Rechtsstreit einer strafbaren Verletzung seiner Amtspflichten gegen die Partei schuldig gemacht hat;
6. wenn das Urteil eines ordentlichen Gerichts, eines früheren Sondergerichts oder eines Verwaltungsgerichts, auf welches das Urteil gegründet ist, durch ein anderes rechtskräftiges Urteil aufgehoben ist;
7. wenn die Partei
   a) ein in derselben Sache erlassenes, früher rechtskräftig gewordenes Urteil oder

b) eine andere Urkunde auffindet oder zu benutzen in den Stand gesetzt wird, die eine ihr günstigere Entscheidung herbeigeführt haben würde.

§ 581 Besondere Voraussetzungen der Restitutionsklage. (1) In den Fällen des vorhergehenden Paragraphen Nummern 1 bis 5 findet die Restitutionsklage nur statt, wenn wegen der Straftat eine rechtskräftige Verurteilung ergangen ist oder wenn die Einleitung oder Durchführung eines Strafverfahrens aus anderen Gründen als wegen Mangels an Beweis nicht erfolgen kann.

(2) Der Beweis der Tatsachen, welche die Restitutionsklage begründen, kann durch den Antrag auf Parteivernehmung nicht geführt werden.

§ 582 Hilfsnatur der Restitutionsklage. Die Restitutionsklage ist nur zulässig, wenn die Partei ohne ihr Verschulden außerstande war, den Restitutionsgrund in dem früheren Verfahren, insbesondere durch Einspruch oder Berufung oder mittels Anschließung an eine Berufung, geltend zu machen.

§ 583 Vorentscheidungen. Mit den Klagen können Anfechtungsgründe, durch die eine dem angefochtenen Urteil vorausgegangene Entscheidung derselben oder einer unteren Instanz betroffen wird, geltend gemacht werden, sofern das angefochtene Urteil auf dieser Entscheidung beruht.

§ 584 Ausschließliche Zuständigkeit für Nichtigkeits- und Restitutionsklagen. (1) Für die Klagen ist ausschließlich zuständig: das Gericht, das im ersten Rechtszuge erkannt hat; wenn das angefochtene Urteil oder auch nur eines von mehreren angefochtenen Urteilen von dem Berufungsgericht erlassen wurde oder wenn ein in der Revisionsinstanz erlassenes Urteil auf Grund des § 580 Nr. 1 bis 3, 6, 7 angefochten wird, das Berufungsgericht; wenn ein in der Revisionsinstanz erlassenes Urteil auf Grund der §§ 579, 580 Nr. 4, 5 angefochten wird, das Revisionsgericht.

(2) Sind die Klagen gegen einen Vollstreckungsbescheid gerichtet, so gehören sie ausschließlich vor das Gericht, das für eine Entscheidung im Streitverfahren zuständig gewesen wäre.

§ 585 Allgemeine Verfahrensgrundsätze. Für die Erhebung der Klagen und das weitere Verfahren gelten die allgemeinen Vorschriften entsprechend, sofern nicht aus den Vorschriften dieses Gesetzes sich eine Abweichung ergibt.

§ 586 Klagefrist. (1) Die Klagen sind vor Ablauf der Notfrist eines Monats zu erheben.

(2) [1]Die Frist beginnt mit dem Tage, an dem die Partei von dem Anfechtungsgrund Kenntnis erhalten hat, jedoch nicht vor eingetretener Rechtskraft des Urteils. [2]Nach Ablauf von fünf Jahren, von dem Tage der Rechtskraft des Urteils an gerechnet, sind die Klagen unstatthaft.

(3) Die Vorschriften des vorstehenden Absatzes sind auf die Nichtigkeitsklage wegen mangelnder Vertretung nicht anzuwenden; die Frist für die Erhebung der Klage läuft von dem Tage, an dem der Partei und bei mangelnder Prozeßfähigkeit ihrem gesetzlichen Vertreter das Urteil zugestellt ist.

§ 587 Klageschrift. In der Klage muß die Bezeichnung des Urteils, gegen das die Nichtigkeits- oder Restitutionsklage gerichtet wird, und die Erklärung, welche dieser Klagen erhoben wird, enthalten sein.

§ 588 Inhalt der Klageschrift. (1) Als vorbereitender Schriftsatz soll die Klage enthalten:
1. die Bezeichnung des Anfechtungsgrundes;
2. die Angabe der Beweismittel für die Tatsachen, die den Grund und die Einhaltung der Notfrist ergeben;
3. die Erklärung, inwieweit die Beseitigung des angefochtenen Urteils und welche andere Entscheidung in der Hauptsache beantragt werde.

(2) ¹Dem Schriftsatz, durch den eine Restitutionsklage erhoben wird, sind die Urkunden, auf die sie gestützt wird, in Urschrift oder in Abschrift beizufügen. ²Befinden sich die Urkunden nicht in den Händen des Klägers, so hat er zu erklären, welchen Antrag er wegen ihrer Herbeischaffung zu stellen beabsichtigt.

§ 589 Zulässigkeitsprüfung. (1) ¹Das Gericht hat von Amts wegen zu prüfen, ob die Klage an sich statthaft und ob sie in der gesetzlichen Form und Frist erhoben sei. ²Mangelt es an einem dieser Erfordernisse, so ist die Klage als unzulässig zu verwerfen.

(2) Die Tatsachen, die ergeben, daß die Klage vor Ablauf der Notfrist erhoben ist, sind glaubhaft zu machen.

§ 590 Neue Verhandlung. (1) Die Hauptsache wird, insoweit sie von dem Anfechtungsgrunde betroffen ist, von neuem verhandelt.

(2) ¹Das Gericht kann anordnen, daß die Verhandlung und Entscheidung über Grund und Zulässigkeit der Wiederaufnahme des Verfahrens vor der Verhandlung über die Hauptsache erfolge. ²In diesem Falle ist die Verhandlung über die Hauptsache als Fortsetzung der Verhandlung über Grund und Zulässigkeit der Wiederaufnahme des Verfahrens anzusehen.

(3) Das für die Klagen zuständige Revisionsgericht hat die Verhandlung über Grund und Zulässigkeit der Wiederaufnahme des Verfahrens zu erledigen, auch wenn diese Erledigung von der Feststellung und Würdigung bestrittener Tatsachen abhängig ist.

§ 591 Rechtsmittel. Rechtsmittel sind insoweit zulässig, als sie gegen die Entscheidungen der mit den Klagen befaßten Gerichte überhaupt stattfinden.

Buch 5. Urkunden- und Wechselprozess

§ 592 Zulässigkeit. ¹Ein Anspruch, welcher die Zahlung einer bestimmten Geldsumme oder die Leistung einer bestimmten Menge anderer vertretbarer Sachen oder Wertpapiere zum Gegenstand hat, kann im Urkundenprozeß geltend gemacht werden, wenn die sämtlichen zur Begründung des Anspruchs erforderlichen Tatsachen durch Urkunden bewiesen werden können. ²Als ein Anspruch, welcher die Zahlung einer Geldsumme zum Gegenstand hat, gilt auch der Anspruch aus einer Hypothek, einer Grundschuld, einer Rentenschuld oder einer Schiffshypothek.

§ 593 Klageinhalt; Urkunden. (1) Die Klage muß die Erklärung enthalten, daß im Urkundenprozeß geklagt werde.

(2) ¹Die Urkunden müssen in Urschrift oder in Abschrift der Klage oder einem vorbereitenden Schriftsatz beigefügt werden. ²Im letzteren Falle muß zwischen der Zustellung des Schriftsatzes und dem Termin zur mündlichen Verhandlung ein der Einlassungsfrist gleicher Zeitraum liegen.

§ 594. *(weggefallen)*

§ 595 Keine Widerklage; Beweismittel. (1) Widerklagen sind nicht statthaft.

(2) Als Beweismittel sind bezüglich der Echtheit oder Unechtheit einer Urkunde sowie bezüglich anderer als der im § 592 erwähnten Tatsachen nur Urkunden und Antrag auf Parteivernehmung zulässig.

(3) Der Urkundenbeweis kann nur durch Vorlegung der Urkunden angetreten werden.

§ 596 Abstehen vom Urkundenprozeß. Der Kläger kann, ohne daß es der Einwilligung des Beklagten bedarf, bis zum Schluß der mündlichen Verhandlung von dem Urkundenprozeß in der Weise abstehen, daß der Rechtsstreit im ordentlichen Verfahren anhängig bleibt.

§ 597 Klageabweisung. (1) Insoweit der in der Klage geltend gemachte Anspruch an sich oder infolge einer Einrede des Beklagten als unbegründet sich darstellt, ist der Kläger mit dem Anspruch abzuweisen.

(2) Ist der Urkundenprozeß unstatthaft, ist insbesondere ein dem Kläger obliegender Beweis nicht mit den im Urkundenprozeß zulässigen Beweismitteln angetreten oder mit solchen Beweismitteln nicht vollständig geführt, so wird die Klage als in der gewählten Prozeßart unstatthaft abgewiesen, selbst wenn in dem Termin zur mündlichen Verhandlung die Beklagte nicht erschienen ist oder der Klage nur auf Grund von Einwendungen widersprochen hat, die rechtlich unbegründet oder im Urkundenprozeß unstatthaft sind.

§ 598 Zurückweisung von Einwendungen. Einwendungen des Beklagten sind, wenn der dem Beklagten obliegende Beweis nicht mit den im Urkundenprozeß zulässigen Beweismitteln angetreten oder mit solchen Beweismitteln nicht vollständig geführt ist, als im Urkundenprozeß unstatthaft zurückzuweisen.

§ 599 Vorbehaltsurteil. (1) Dem Beklagten, welcher dem geltend gemachten Anspruch widersprochen hat, ist in allen Fällen, in denen er verurteilt wird, die Ausführung seiner Rechte vorzubehalten.

(2) Enthält das Urteil keinen Vorbehalt, so kann die Ergänzung des Urteils nach der Vorschrift des § 321 beantragt werden.

(3) Das Urteil, das unter Vorbehalt der Rechte ergeht, ist für die Rechtsmittel und die Zwangsvollstreckung als Endurteil anzusehen.

§ 600 Nachverfahren. (1) Wird dem Beklagten die Ausführung seiner Rechte vorbehalten, so bleibt der Rechtsstreit im ordentlichen Verfahren anhängig.

(2) Soweit sich in diesem Verfahren ergibt, daß der Anspruch des Klägers unbegründet war, gelten die Vorschriften des § 302 Abs. 4 Satz 2 bis 4.

(3) Erscheint in diesem Verfahren eine Partei nicht, so sind die Vorschriften über das Versäumnisurteil entsprechend anzuwenden.

§ 601. *(weggefallen)*

§ 602 Wechselprozess. Werden im Urkundenprozeß Ansprüche aus Wechseln im Sinne des Wechselgesetzes geltend gemacht (Wechselprozeß), so sind die nachfolgenden besonderen Vorschriften anzuwenden.

§ 603 Gerichtsstand. (1) Wechselklagen können sowohl bei dem Gericht des Zahlungsortes als bei dem Gericht angestellt werden, bei dem der Beklagte seinen allgemeinen Gerichtsstand hat.

(2) Wenn mehrere Wechselverpflichtete gemeinschaftlich verklagt werden, so ist außer dem Gericht des Zahlungsortes jedes Gericht zuständig, bei dem einer der Beklagten seinen allgemeinen Gerichtsstand hat.

§ 604 Klageinhalt; Ladungsfrist. (1) Die Klage muß die Erklärung enthalten, daß im Wechselprozeß geklagt werde.

(2) [1]Die Ladungsfrist beträgt mindestens vierundzwanzig Stunden, wenn die Ladung an dem Ort, der Sitz des Prozeßgerichts ist, zugestellt wird. [2]In Anwaltsprozessen beträgt sie mindestens drei Tage, wenn die Ladung an einem anderen Ort zugestellt wird, der im Bezirk des Prozeßgerichts liegt oder von dem ein Teil zu dessen Bezirk gehört.

(3) In den höheren Instanzen beträgt die Ladungsfrist mindestens vierundzwanzig Stunden, wenn die Zustellung der Berufungs- oder Revisionsschrift oder der Ladung an dem Ort erfolgt, der Sitz des höheren Gerichts ist; mindestens drei Tage, wenn die Zustellung an einem anderen Ort erfolgt, der ganz oder zum Teil in dem Landgerichtsbezirk liegt, in dem das höhere Gericht seinen Sitz hat; mindestens eine Woche, wenn die Zustellung sonst im Inland erfolgt.

§ 605 Beweisvorschriften. (1) Soweit es zur Erhaltung des wechselmäßigen Anspruchs der rechtzeitigen Protesterhebung nicht bedarf, ist als Beweismittel bezüglich der Vorlegung des Wechsels der Antrag auf Parteivernehmung zulässig.

(2) Zur Berücksichtigung einer Nebenforderung genügt, daß sie glaubhaft gemacht ist.

§ 605 a Scheckprozess. Werden im Urkundenprozeß Ansprüche aus Schecks im Sinne des Scheckgesetzes geltend gemacht (Scheckprozeß), so sind die §§ 602 bis 605 entsprechend anzuwenden.

Buch 6. Verfahren in Familiensachen

Abschnitt 1. Allgemeine Vorschriften für Verfahren in Ehesachen

§ 606 Zuständigkeit. (1) ¹Für Verfahren auf Scheidung oder Aufhebung einer Ehe, auf Feststellung des Bestehens oder Nichtbestehens einer Ehe zwischen den Parteien oder auf Herstellung des ehelichen Lebens (Ehesachen) ist das Familiengericht ausschließlich zuständig, in dessen Bezirk die Ehegatten ihren gemeinsamen gewöhnlichen Aufenthalt haben. ²Fehlt es bei Eintritt der Rechtshängigkeit an einem solchen Aufenthalt im Inland, so ist das Familiengericht ausschließlich zuständig, in dessen Bezirk einer der Ehegatten mit den gemeinsamen minderjährigen Kindern den gewöhnlichen Aufenthalt hat.

(2) ¹Ist eine Zuständigkeit nach Absatz 1 nicht gegeben, so ist das Familiengericht ausschließlich zuständig, in dessen Bezirk die Ehegatten ihren gemeinsamen gewöhnlichen Aufenthalt zuletzt gehabt haben, wenn einer der Ehegatten bei Eintritt der Rechtshängigkeit im Bezirk dieses Gerichts seinen gewöhnlichen Aufenthalt hat. ²Fehlt ein solcher Gerichtsstand, so ist das Familiengericht ausschließlich zuständig, in dessen Bezirk der gewöhnliche Aufenthaltsort des Beklagten oder, falls ein solcher im Inland fehlt, der gewöhnliche Aufenthaltsort des Klägers gelegen ist. ³Haben beide Ehegatten das Verfahren rechtshängig gemacht, so ist von den Gerichten, die nach Satz 2 zuständig wären, das Gericht ausschließlich zuständig, bei dem das Verfahren zuerst rechtshängig geworden ist; dies gilt auch, wenn die Verfahren nicht miteinander verbunden werden können. ⁴Sind die Verfahren am selben Tage rechtshängig geworden, so ist § 36 entsprechend anzuwenden.

(3) Ist die Zuständigkeit eines Gerichts nach diesen Vorschriften nicht begründet, so ist das Familiengericht beim Amtsgericht Schöneberg in Berlin ausschließlich zuständig.

§ 606 a[1] Internationale Zuständigkeit. (1) ¹Für Ehesachen sind die deutschen Gerichte zuständig,
1. wenn ein Ehegatte Deutscher ist oder bei der Eheschließung war,
2. wenn beide Ehegatten ihren gewöhnlichen Aufenthalt im Inland haben,
3. wenn ein Ehegatte Staatenloser mit gewöhnlichem Aufenthalt im Inland ist oder
4. wenn ein Ehegatte seinen gewöhnlichen Aufenthalt im Inland hat, es sei denn, daß die zu fällende Entscheidung offensichtlich nach dem Recht keines der Staaten anerkannt würde, denen einer der Ehegatten angehört.

²Diese Zuständigkeit ist nicht ausschließlich.

(2) ¹Der Anerkennung einer ausländischen Entscheidung steht Absatz 1 Satz 1 Nr. 4 nicht entgegen, wenn ein Ehegatte seinen gewöhnlichen Aufent-

---

[1] Beachte Verordnung (EG) Nr. 1347/2000 des Rates über die Zuständigkeit und die Anerkennung und Vollstreckung von Entscheidungen in Ehesachen und in Verfahren betreffend die elterliche Verantwortung für die gemeinsamen Kinder der Ehegatten vom 29. 5. 2000 (ABl. EG Nr. 2169 S. 19), die am 1. 3. 2001 in Kraft trat.

Verfahren in Ehesachen §§ 606b–613 ZPO 1

halt in dem Staat hatte, dessen Gerichte entschieden haben. ²Wird eine ausländische Entscheidung von den Staaten anerkannt, denen die Ehegatten angehören, so steht Absatz 1 der Anerkennung der Entscheidung nicht entgegen.

§ 606 b. *(aufgehoben)*

§ 607 Prozessfähigkeit; gesetzliche Vertretung. (1) In Ehesachen ist ein in der Geschäftsfähigkeit beschränkter Ehegatte prozeßfähig.

(2) ¹Für einen geschäftsunfähigen Ehegatten wird das Verfahren durch den gesetzlichen Vertreter geführt. ²Der gesetzliche Vertreter ist jedoch zur Erhebung der Klage auf Herstellung des ehelichen Lebens nicht befugt; für den Antrag auf Scheidung oder Aufhebung der Ehe bedarf er der Genehmigung des Vormundschaftsgerichts.

§ 608 Anzuwendende Vorschriften. Für Ehesachen gelten im ersten Rechtszug die Vorschriften über das Verfahren vor den Landgerichten entsprechend.

§ 609 Besondere Prozessvollmacht. Der Bevollmächtigte bedarf einer besonderen, auf das Verfahren gerichteten Vollmacht.

§ 610 Verbindung von Verfahren; Widerklage. (1) Die Verfahren auf Herstellung des ehelichen Lebens, auf Scheidung und auf Aufhebung können miteinander verbunden werden.

(2) ¹Die Verbindung eines anderen Verfahrens mit den erwähnten Verfahren, insbesondere durch die Erhebung einer Widerklage anderer Art, ist unstatthaft. ²§ 623 bleibt unberührt.

§ 611 Neues Vorbringen; Ausschluss des schriftlichen Vorverfahrens. (1) Bis zum Schluß der mündlichen Verhandlung, auf die das Urteil ergeht, können andere Gründe, als in dem das Verfahren einleitenden Schriftsatz vorgebracht worden sind, geltend gemacht werden.

(2) Die Vorschriften des § 275 Abs. 1 Satz 1, Abs. 3, 4 und des § 276 sind nicht anzuwenden.

§ 612 Termine; Ladungen; Versäumnisurteil. (1) Die Vorschrift des § 272 Abs. 3 ist nicht anzuwenden.

(2) Der Beklagte ist zu jedem Termin, der nicht in seiner Gegenwart anberaumt wurde, zu laden.

(3) Die Vorschrift des Absatzes 2 ist nicht anzuwenden, wenn der Beklagte durch öffentliche Zustellung geladen, aber nicht erschienen ist.

(4) Ein Versäumnisurteil gegen den Beklagten ist unzulässig.

(5) Die Vorschriften der Absätze 2 bis 4 sind auf den Widerbeklagten entsprechend anzuwenden.

§ 613 Persönliches Erscheinen der Ehegatten; Parteivernehmung. (1) ¹Das Gericht soll das persönliche Erscheinen der Ehegatten anordnen und sie anhören; es kann sie als Parteien vernehmen. ²Sind gemeinschaftliche minderjährige Kinder vorhanden, hört das Gericht die Ehegatten auch zur elterlichen Sorge an und weist auf bestehende Möglichkeiten der Beratung durch die Beratungsstellen und Dienste der Träger der Jugendhilfe hin. ³Ist ein Ehegatte am Erscheinen vor dem Prozeßgericht verhindert oder hält er sich in so großer Entfernung von dessen Sitz auf, daß ihm das Erscheinen nicht zugemutet werden kann, so kann er durch einen ersuchten Richter angehört oder vernommen werden.

(2) Gegen einen zur Anhörung oder zur Vernehmung nicht erschienenen Ehegatten ist wie gegen einen im Vernehmungstermin nicht erschienenen Zeugen zu verfahren; auf Ordnungshaft darf nicht erkannt werden.

§ 614 Aussetzung des Verfahrens. (1) Das Gericht soll das Verfahren auf Herstellung des ehelichen Lebens von Amts wegen aussetzen, wenn es zur gütlichen Beilegung des Verfahrens zweckmäßig ist.

(2) ¹Das Verfahren auf Scheidung soll das Gericht von Amts wegen aussetzen, wenn nach seiner freien Überzeugung Aussicht auf Fortsetzung der Ehe besteht. ²Leben die Ehegatten länger als ein Jahr getrennt, so darf das Verfahren nicht gegen den Widerspruch beider Ehegatten ausgesetzt werden.

(3) Hat der Kläger die Aussetzung des Verfahrens beantragt, so darf das Gericht über die Herstellungsklage nicht entscheiden oder auf Scheidung nicht erkennen, bevor das Verfahren ausgesetzt war.

(4) ¹Die Aussetzung darf nur einmal wiederholt werden. ²Sie darf insgesamt die Dauer von einem Jahr, bei einer mehr als dreijährigen Trennung die Dauer von sechs Monaten nicht überschreiten.

(5) Mit der Aussetzung soll das Gericht in der Regel den Ehegatten nahelegen, eine Eheberatungsstelle in Anspruch zu nehmen.

§ 615 Zurückweisung von Angriffs- und Verteidigungsmitteln.
(1) Angriffs- und Verteidigungsmittel, die nicht rechtzeitig vorgebracht werden, können zurückgewiesen werden, wenn ihre Zulassung nach der freien Überzeugung des Gerichts die Erledigung des Rechtsstreits verzögern würde und die Verspätung auf grober Nachlässigkeit beruht.

(2) Im Übrigen sind die Angriffs- und Verteidigungsmittel abweichend von den allgemeinen Vorschriften zuzulassen.

§ 616 Untersuchungsgrundsatz. (1) Das Gericht kann auch von Amtswegen die Aufnahme von Beweisen anordnen und nach Anhörung der Ehegatten auch solche Tatsachen berücksichtigen, die von ihnen nicht vorgebracht sind.

(2) Im Verfahren auf Scheidung oder Aufhebung der Ehe oder auf Herstellung des ehelichen Lebens kann das Gericht gegen den Widerspruch des die Auflösung der Ehe begehrenden oder ihre Herstellung verweigernden Ehegatten Tatsachen, die nicht vorgebracht sind, nur insoweit berücksichtigen, als sie geeignet sind, der Aufrechterhaltung der Ehe zu dienen.

(3) Im Verfahren auf Scheidung kann das Gericht außergewöhnliche Umstände nach § 1568 des Bürgerlichen Gesetzbuchs nur berücksichtigen, wenn sie von dem Ehegatten, der die Scheidung ablehnt, vorgebracht sind.

§ 617 Einschränkung der Parteiherrschaft. Die Vorschriften über die Wirkung eines Anerkenntnisses, über die Folgen der unterbliebenen oder verweigerten Erklärung über Tatsachen oder über die Echtheit von Urkunden, die Vorschriften über den Verzicht der Partei auf die Beeidigung der Gegenpartei oder von Zeugen und Sachverständigen und die Vorschriften über die Wirkung eines gerichtlichen Geständnisses sind nicht anzuwenden.

§ 618 Zustellung von Urteilen. § 317 Abs. 1 Satz 3 gilt nicht für Urteile in Ehesachen.

§ 619 Tod eines Ehegatten. Stirbt einer der Ehegatten, bevor das Urteil rechtskräftig ist, so ist das Verfahren in der Hauptsache als erledigt anzusehen.

§ 620 Einstweilige Anordnungen. Das Gericht kann im Wege der einstweiligen Anordnung auf Antrag regeln:
1. die elterliche Sorge für ein gemeinschaftliches Kind;
2. den Umgang eines Elternteils mit dem Kinde;
3. die Herausgabe des Kindes an den anderen Elternteil;
4. die Unterhaltspflicht gegenüber einem minderjährigen Kinde;
5. das Getrenntleben der Ehegatten;
6. den Unterhalt eines Ehegatten;
7. die Benutzung der Ehewohnung und des Hausrats;
8. die Herausgabe oder Benutzung der zum persönlichen Gebrauch eines Ehegatten oder eines Kindes bestimmten Sachen;
9. die Maßnahmen nach §§ 1 und 2 des Gewaltschutzgesetzes[1]), wenn die Beteiligten einen auf Dauer angelegten gemeinsamen Haushalt führen oder innerhalb von sechs Monaten vor Antragstellung geführt haben;
10. die Verpflichtung zur Leistung eines Kostenvorschusses für die Ehesache und Folgesachen.

§ 620a Verfahren bei einstweiliger Anordnung. (1) Das Gericht entscheidet durch Beschluss.

(2) [1]Der Antrag ist zulässig, sobald die Ehesache anhängig oder ein Antrag auf Bewilligung der Prozeßkostenhilfe eingereicht ist. [2]Der Antrag kann zu Protokoll der Geschäftsstelle erklärt werden. [3]Der Antragsteller soll die Voraussetzungen für die Anordnung glaubhaft machen.

(3) [1]Vor einer Anordnung nach § 620 Satz 1 Nr. 1, 2 oder 3 sollen das Kind und das Jugendamt angehört werden. [2]Ist dies wegen der besonderen Eilbedürftigkeit nicht möglich, so soll die Anhörung unverzüglich nachgeholt werden.

(4) [1]Zuständig ist das Gericht des ersten Rechtszuges, wenn die Ehesache in der Berufungsinstanz anhängig ist, das Berufungsgericht. [2]Ist eine Folgesache im zweiten oder dritten Rechtszug anhängig, deren Gegenstand dem des Anordnungsverfahrens entspricht, so ist das Berufungs- oder Beschwerdegericht der Folgesache zuständig. [3]Satz 2 gilt entsprechend, wenn ein Kostenvorschuß für eine Ehesache oder Folgesache begehrt wird, die im zweiten oder dritten Rechtszug anhängig ist oder dort anhängig gemacht werden soll.

§ 620b Aufhebung und Änderung des Beschlusses. (1) [1]Das Gericht kann auf Antrag den Beschluß aufheben oder ändern. [2]Das Gericht kann von

---

[1]) Gesetz zum zivilrechtlichen Schutz vor Gewalttaten und Nachstellungen (Gewaltschutzgesetz – GewSchG) vom 11. 12. 2001 (BGBl. I S. 3513).

Amts wegen entscheiden, wenn die Anordnung die elterliche Sorge für ein gemeinschaftliches Kind betrifft oder wenn eine Anordnung nach § 620 Nr. 2 oder 3 ohne vorherige Anhörung des Jugendamts erlassen worden ist.

(2) Ist der Beschluß oder die Entscheidung nach Absatz 1 ohne mündliche Verhandlung ergangen, so ist auf Antrag auf Grund mündlicher Verhandlung erneut zu beschließen.

(3) [1] Für die Zuständigkeit gilt § 620a Abs. 4 entsprechend. [2] Das Rechtsmittelgericht ist auch zuständig, wenn das Gericht des ersten Rechtszuges die Anordnung oder die Entscheidung nach Absatz 1 erlassen hat.

§ 620c Sofortige Beschwerde; Unanfechtbarkeit. [1] Hat das Gericht des ersten Rechtszuges auf Grund mündlicher Verhandlung die elterliche Sorge für ein gemeinschaftliches Kind geregelt, die Herausgabe des Kindes an den anderen Elternteil angeordnet, über einen Antrag nach den §§ 1 und 2 des Gewaltschutzgesetzes[1]) oder über einen Antrag auf Zuweisung der Ehewohnung entschieden, so findet die sofortige Beschwerde statt. [2] Im übrigen sind die Entscheidungen nach den §§ 620, 620b unanfechtbar.

§ 620d Begründung der Anträge und Entscheidungen. [1] In den Fällen der §§ 620b, 620c sind die Anträge und die Beschwerde zu begründen; die Beschwerde muß innerhalb der Beschwerdefrist begründet werden. [2] Das Gericht entscheidet durch begründeten Beschluß.

§ 620e Aussetzung der Vollziehung. Das Gericht kann in den Fällen der §§ 620b, 620c vor seiner Entscheidung die Vollziehung einer einstweiligen Anordnung aussetzen.

§ 620f Außerkrafttreten der einstweiligen Anordnung. (1) [1] Die einstweilige Anordnung tritt beim Wirksamwerden einer anderweitigen Regelung sowie dann außer Kraft, wenn der Antrag auf Scheidung oder Aufhebung der Ehe oder die Klage zurückgenommen wird oder rechtskräftig abgewiesen ist oder wenn das Eheverfahren nach § 619 in der Hauptsache als erledigt anzusehen ist. [2] Auf Antrag ist dies durch Beschluß auszusprechen. [3] Gegen die Entscheidung findet die sofortige Beschwerde statt.

(2) Zuständig für die Entscheidung nach Absatz 1 Satz 2 ist das Gericht, das die einstweilige Anordnung erlassen hat.

§ 620g Kosten einstweiliger Anordnungen. Die im Verfahren der einstweiligen Anordnung entstehenden Kosten gelten für die Kostenentscheidung als Teil der Kosten der Hauptsache; § 96 gilt entsprechend.

---

[1]) Gesetz zum zivilrechtlichen Schutz vor Gewalttaten und Nachstellungen (Gewaltschutzgesetz – GewSchG) vom 11. 12. 2001 (BGBl. I S. 3513).

Abschnitt 2. Allgemeine Vorschriften für Verfahren in anderen Familiensachen

§ 621[1] **Zuständigkeit des Familiengerichts; Verweisung oder Abgabe an Gericht der Ehesache.** (1) Für Familiensachen, die
1.[2] die elterliche Sorge für ein Kind, soweit nach den Vorschriften des Bürgerlichen Gesetzbuchs hierfür das Familiengericht zuständig ist,
2. die Regelung des Umgangs mit einem Kind, soweit nach den Vorschriften des Bürgerlichen Gesetzbuchs hierfür das Familiengericht zuständig ist,
3. die Herausgabe eines Kindes, für das die elterliche Sorge besteht,
4. die durch Verwandtschaft begründete gesetzliche Unterhaltspflicht,
5. die durch Ehe begründete gesetzliche Unterhaltspflicht,
6. den Versorgungsausgleich,
7. Regelungen nach der Verordnung über die Behandlung der Ehewohnung und des Hausrats,
8. Ansprüche aus dem ehelichen Güterrecht, auch wenn Dritte am Verfahren beteiligt sind,
9. Verfahren nach den §§ 1382 und 1383 des Bürgerlichen Gesetzbuchs,
10. Kindschaftssachen,
11. Ansprüche nach den §§ 1615 l, 1615 m des Bürgerlichen Gesetzbuchs,
12. Verfahren nach § 1303 Abs. 2 bis 4, § 1308 Abs. 2 und § 1315 Abs. 1 Satz 1 Nr. 1, Satz 3 des Bürgerlichen Gesetzbuchs,
13. Maßnahmen nach den §§ 1 und 2 des Gewaltschutzgesetzes[3], wenn die Beteiligten einen auf Dauer angelegten gemeinsamen Haushalt führen oder innerhalb von sechs Monaten vor Antragstellung geführt haben

betreffen, ist das Familiengericht ausschließlich zuständig.

(2) ¹Während der Anhängigkeit einer Ehesache ist unter den deutschen Gerichten das Gericht, bei dem die Ehesache im ersten Rechtszug anhängig

---

[1] Beachte dazu die vom 1. 7. 1998 bis 1. 7. 2003 nach Art. 15 § 1 KindRG v. 16. 12. 1997 (BGBl. I S. 2942) geltende Übergangsvorschrift:
„(1) ¹In einem Verfahren nach § 621 Abs. 1 Nr. 1 bis 4, 10 und 11 der Zivilprozeßordnung, das am 1. Juli 1998 in erster Instanz anhängig ist, bleibt das bisher befaßte Gericht zuständig. ² § 23 b Abs. 3 Satz 2 des Gerichtsverfassungsgesetzes ist nicht anzuwenden.
(2) ¹Ist die erstinstanzliche Entscheidung in einem Verfahren nach § 621 Abs. 1 Nr. 1 bis 4, 10 und 11 der Zivilprozeßordnung vor dem 1. Juli 1998 verkündet oder statt einer Verkündung zugestellt worden, sind für die Zulässigkeit von Rechtsmitteln und die Zuständigkeit für die Verhandlung und Entscheidung über die Rechtsmittel die bis zum 1. Juli 1998 maßgeblichen Vorschriften weiterhin anzuwenden. ² In Verfahren nach § 621 Abs. 1 Nr. 1 bis 3 der Zivilprozeßordnung sowie § 621 Abs. 1 Nr. 10 der Zivilprozeßordnung in den Fällen des § 1600 e Abs. 2 des Bürgerlichen Gesetzbuchs tritt an die Stelle der Verkündung oder der Zu-Zustellung die Bekanntmachung. ³ Im übrigen richtet sich die Zuständigkeit für die Verhandlung und Entscheidung über die Rechtsmittel nach den Vorschriften, die für die von den Familiengerichten entschiedenen Sachen gelten.
(3) In den Fällen der Absätze 1 und 2 Satz 1 ist, wenn es sich um Verfahren nach § 621 Abs. 1 Nr. 1 bis 3 der Zivilprozeßordnung sowie § 621 Abs. 1 Nr. 10 der Zivilprozeßordnung in den Fällen des § 1600 e Abs. 2 des Bürgerlichen Gesetzbuchs handelt, § 621 a der Zivilprozeßordnung nicht anzuwenden; § 49 a des Gesetzes über die Angelegenheiten der freiwilligen Gerichtsbarkeit ist entsprechend anzuwenden."
[2] Beachte hierzu Anm. zu § 606 a ZPO.
[3] Gesetz zum zivilrechtlichen Schutz vor Gewalttaten und Nachstellungen (Gewaltschutzgesetz – GewSchG) vom 11. 12. 2001 (BGBl. I S. 3513).

ist oder war, ausschließlich zuständig für Familiensachen nach Absatz 1 Nr. 5 bis 9; für Familiensachen nach Absatz 1 Nr. 1 bis 4 und 13 gilt dies nur, soweit sie betreffen

1. in den Fällen der Nummer 1 die elterliche Sorge für ein gemeinschaftliches Kind einschließlich der Übertragung der elterlichen Sorge oder eines Teils der elterlichen Sorge wegen Gefährdung des Kindeswohls auf einen Elternteil, Vormund oder Pfleger,
2. in den Fällen der Nummer 2 die Regelung des Umgangs mit einem gemeinschaftlichen Kind der Ehegatten nach den §§ 1684 und 1685 des Bürgerlichen Gesetzbuchs oder des Umgangs eines Ehegatten mit einem Kind des anderen Ehegatten nach § 1685 Abs. 2 des Bürgerlichen Gesetzbuchs,
3. in den Fällen der Nummer 3 die Herausgabe eines Kindes an den anderen Elternteil,
4. in den Fällen der Nummer 4 die Unterhaltspflicht gegenüber einem gemeinschaftlichen Kind mit Ausnahme von Vereinfachten Verfahren zur Abänderung von Unterhaltstiteln,
5. in den Fällen der Nummer 13 Anordnungen gegenüber dem anderen Ehegatten.

²Ist eine Ehesache nicht anhängig, so richtet sich die örtliche Zuständigkeit nach den allgemeinen Vorschriften.

(3) ¹Wird eine Ehesache rechtshängig, während eine Familiensache der in Absatz 2 Satz 1 genannten Art bei einem anderen Gericht im ersten Rechtszug anhängig ist, so ist diese von Amts wegen an das Gericht der Ehesache zu verweisen oder abzugeben. ²§ 281 Abs. 2, 3 Satz 1 gilt entsprechend.

§ 621 a Anzuwendende Verfahrensvorschriften. (1) ¹ Für die Familiensachen des § 621 Abs. 1 Nr. 1 bis 3, 6, 7, 9, 10 in Verfahren nach § 1600 e Abs. 2 des Bürgerlichen Gesetzbuchs, Nr. 12 sowie 13 bestimmt sich, soweit sich aus diesem Gesetz oder dem Gerichtsverfassungsgesetz nichts Besonderes ergibt, das Verfahren nach den Vorschriften des Gesetzes über die Angelegenheiten der freiwilligen Gerichtsbarkeit und nach den Vorschriften der Verordnung über die Behandlung der Ehewohnung und des Hausrats. ²An die Stelle der §§ 2 bis 6, 8 bis 11, 13, 16 Abs. 2, 3 und des § 17 des Gesetzes über die Angelegenheiten der freiwilligen Gerichtsbarkeit treten die für das zivilprozessuale Verfahren maßgeblichen Vorschriften.

(2) ¹Wird in einem Rechtsstreit über eine güterrechtliche Ausgleichsforderung ein Antrag nach § 1382 Abs. 5 oder nach § 1383 Abs. 3 des Bürgerlichen Gesetzbuchs gestellt, so ergeht die Entscheidung einheitlich durch Urteil. ²§ 629a Abs. 2 gilt entsprechend.

§ 621 b Güterrechtliche Streitigkeiten. In Familiensachen des § 621 Abs. 1 Nr. 8 gelten die Vorschriften über das Verfahren vor den Landgerichten entsprechend.

§ 621 c Zustellung von Endentscheidungen. § 317 Abs. 1 Satz 3 ist auf Endentscheidungen in Familiensachen nicht anzuwenden.

§ 621 d Zurückweisung von Angriffs- und Verteidigungsmitteln. ¹In Familiensachen des § 621 Abs. 1 Nr. 4, 5, 8 und 11 können Angriffs- und

Verteidigungsmittel, die nicht rechtzeitig vorgebracht werden, zurückgewiesen werden, wenn ihre Zulassung nach der freien Überzeugung des Gerichts die Erledigung des Rechtsstreits verzögern würde und die Verspätung auf grober Nachlässigkeit beruht. ²Im Übrigen sind die Angriffs- und Verteidigungsmittel abweichend von den allgemeinen Vorschriften zuzulassen.

§ 621 e Befristete Beschwerde; Rechtsbeschwerde.
(1) Gegen die im ersten Rechtszug ergangenen Endentscheidungen über Familiensachen des § 621 Abs. 1 Nr. 1 bis 3, 6, 7, 9, 10 in Verfahren nach § 1600e Abs. 2 des Bürgerlichen Gesetzbuchs, Nr. 12 sowie 13 findet die Beschwerde statt.

(2) ¹In den Familiensachen des § 621 Abs. 1 Nr. 1 bis 3, 6 und 10 in Verfahren nach § 1600e Abs. 2 des Bürgerlichen Gesetzbuchs sowie Nr. 12 findet die Rechtsbeschwerde statt, wenn sie

1. das Beschwerdegericht in dem Beschluss oder

2.[1] auf Beschwerde gegen die Nichtzulassung durch das Beschwerdegericht das Rechtsbeschwerdegericht

zugelassen hat; § 543 Abs. 2 und § 544 gelten entsprechend. ²Die Rechtsbeschwerde kann nur darauf gestützt werden, dass die Entscheidung auf einer Verletzung des Rechts beruht.

(3) ¹Die Beschwerde wird durch Einreichung der Beschwerdeschrift bei dem Beschwerdegericht eingelegt. ²Die §§ 318, 517, 518, 520 Abs. 1, 2 und 3 Satz 1, Abs. 4, §§ 521, 522 Abs. 1, §§ 526, 527, 548 und 551 Abs. 1, 2 und 4 gelten entsprechend.

(4) ¹Die Beschwerde kann nicht darauf gestützt werden, dass das Gericht des ersten Rechtszuges seine Zuständigkeit zu Unrecht angenommen hat. ²Die Rechtsbeschwerde kann nicht darauf gestützt werden, dass das Gericht des ersten Rechtszuges seine Zuständigkeit zu Unrecht angenommen oder verneint hat.

§ 621 f Kostenvorschuss.
(1) In einer Familiensache des § 621 Abs. 1 Nr. 1 bis 3, 6 bis 9 sowie 13 kann das Gericht auf Antrag durch einstweilige Anordnung die Verpflichtung zur Leistung eines Kostenvorschusses für dieses Verfahren regeln.

(2) ¹Die Entscheidung nach Absatz 1 ist unanfechtbar. ²Im übrigen gelten die §§ 620a bis 620g entsprechend.

§ 621 g Einstweilige Anordnungen.
¹Ist ein Verfahren nach § 621 Abs. 1 Nr. 1, 2, 3 oder 7 anhängig oder ist ein Antrag auf Bewilligung von Prozesskostenhilfe für ein solches Verfahren eingereicht, kann das Gericht auf Antrag Regelungen im Wege der einstweiligen Anordnung treffen. ²Die §§ 620a bis 620g gelten entsprechend.

---

[1] Für Familiensachen beachte die für das Gesetz zur Reform des Zivilprozesses vom 27. 7. 2001 zur Nichtzulassungsbeschwerde geltende Übergangsvorschrift in § 26 Nr. 9 EGZPO; Nr. 2.

Abschnitt 3. Verfahren in Scheidungs- und Folgesachen

§ 622 Scheidungsantrag. (1) Das Verfahren auf Scheidung wird durch Einreichung einer Antragsschrift anhängig.

(2) ¹Die Antragsschrift muß vorbehaltlich des § 630 Angaben darüber enthalten, ob
1. gemeinschaftliche minderjährige Kinder vorhanden sind,
2. Familiensachen der in § 621 Abs. 2 Satz 1 bezeichneten Art anderweitig anhängig sind.

²Im übrigen gelten die Vorschriften über die Klageschrift entsprechend.

(3) Bei der Anwendung der allgemeinen Vorschriften treten an die Stelle der Bezeichnungen Kläger und Beklagter die Bezeichnungen Antragsteller und Antragsgegner.

§ 623[1]) **Verbund von Scheidungs- und Folgesachen.** (1) ¹Soweit in Familiensachen des § 621 Abs. 1 Nr. 5 bis 9 und Abs. 2 Satz 1 Nr. 4 eine Entscheidung für den Fall der Scheidung zu treffen ist und von einem Ehegatten rechtzeitig begehrt wird, ist hierüber gleichzeitig und zusammen mit der Scheidungssache zu verhandeln und, sofern dem Scheidungsantrag stattgegeben wird, zu entscheiden (Folgesachen). ²Wird bei einer Familiensache des § 621 Abs. 1 Nr. 5 und 8 und Abs. 2 Satz 1 Nr. 4 ein Dritter Verfahrensbeteiligter, so wird diese Familiensache abgetrennt. ³Für die Durchführung des Versorgungsausgleichs in den Fällen des § 1587b des Bürgerlichen Gesetzbuchs bedarf es keines Antrags.

(2) ¹Folgesachen sind auch rechtzeitig von einem Ehegatten anhängig gemachte Familiensachen nach
1. § 621 Abs. 2 Satz 1 Nr. 1 im Fall eines Antrags nach § 1671 Abs. 1 des Bürgerlichen Gesetzbuchs,
2. § 621 Abs. 2 Satz 1 Nr. 2, soweit deren Gegenstand der Umgang eines Ehegatten mit einem gemeinschaftlichen Kind oder einem Kind des anderen Ehegatten ist, und
3. § 621 Abs. 2 Satz 1 Nr. 3.

²Auf Antrag eines Ehegatten trennt das Gericht eine Folgesache nach den Nummern 1 bis 3 von der Scheidungssache ab. ³Ein Antrag auf Abtrennung einer Folgesache nach Nummer 1 kann mit einem Antrag auf Abtrennung einer Folgesache nach § 621 Abs. 1 Nr. 5 und Abs. 2 Satz 1 Nr. 4 verbunden werden. ⁴Im Fall der Abtrennung wird die Folgesache als selbständige Familiensache fortgeführt; § 626 Abs. 2 Satz 3 gilt entsprechend.

---

[1]) Beachte dazu die vom 1. 7. 1998 bis 1. 7. 2003 nach Art. 15 § 2 Abs. 4 bis 6 KindRG v. 16. 12. 1997 (BGBl. I S. 2942) geltende Übergangsvorschrift:

„(4) Eine am 1. Juli 1998 anhängige Folgesache, die die Regelung der elterlichen Sorge nach § 1671 des Bürgerlichen Gesetzbuchs in der vor dem 1. Juli 1998 geltenden Fassung zum Gegenstand hat, ist als in der Hauptsache erledigt anzusehen, wenn nicht bis zum Ablauf von drei Monaten nach dem 1. Juli 1998 ein Elternteil beantragt hat, daß ihm das Familiengericht die elterliche Sorge oder einen Teil der elterlichen Sorge allein überträgt.

(6) In einem Verfahren, das nach den vorstehenden Vorschriften als in der Hauptsache erledigt anzusehen ist, werden keine Gerichtsgebühren erhoben."

(3) ¹Folgesachen sind auch rechtzeitig eingeleitete Verfahren betreffend die Übertragung der elterlichen Sorge oder eines Teils der elterlichen Sorge wegen Gefährdung des Kindeswohls auf einen Elternteil, einen Vormund oder einen Pfleger. ²Das Gericht kann anordnen, daß ein Verfahren nach Satz 1 von der Scheidungssache abgetrennt wird. ³Absatz 2 Satz 3 gilt entsprechend.

(4) ¹Das Verfahren muß bis zum Schluß der mündlichen Verhandlung erster Instanz in der Scheidungssache anhängig gemacht oder eingeleitet sein. ²Satz 1 gilt entsprechend, wenn die Scheidungssache nach § 629b an das Gericht des ersten Rechtszuges zurückverwiesen ist.

(5) ¹Die vorstehenden Vorschriften gelten auch für Verfahren der in den Absätzen 1 bis 3 genannten Art, die nach § 621 Abs. 3 an das Gericht der Ehesache übergeleitet worden sind. ²In den Fällen des Absatzes 1 gilt dies nur, soweit eine Entscheidung für den Fall der Scheidung zu treffen ist.

§ 624 Besondere Verfahrensvorschriften. (1) Die Vollmacht für die Scheidungssache erstreckt sich auf die Folgesachen.

(2) Die Bewilligung der Prozeßkostenhilfe für die Scheidungssache erstreckt sich auf Folgesachen nach § 621 Abs. 1 Nr. 6, soweit sie nicht ausdrücklich ausgenommen werden.

(3) Die Vorschriften über das Verfahren vor den Landgerichten gelten entsprechend, soweit in diesem Titel nichts Besonderes bestimmt ist.

(4) ¹Vorbereitende Schriftsätze, Ausfertigungen oder Abschriften werden am Verfahren beteiligten Dritten nur insoweit mitgeteilt oder zugestellt, als das mitzuteilende oder zuzustellende Schriftstück sie betrifft. ²Dasselbe gilt für die Zustellung von Entscheidungen an Dritte, die zur Einlegung von Rechtsmitteln berechtigt sind.

§ 625 Beiordnung eines Rechtsanwalts. (1) ¹Hat in einer Scheidungssache der Antragsgegner keinen Rechtsanwalt als Bevollmächtigten bestellt, so ordnet das Prozeßgericht ihm von Amts wegen zur Wahrnehmung seiner Rechte im ersten Rechtszug hinsichtlich des Scheidungsantrags und eines Antrags nach § 1671 Abs. 1 des Bürgerlichen Gesetzbuchs einen Rechtsanwalt bei, wenn diese Maßnahme nach der freien Überzeugung des Gerichts zum Schutz des Antragsgegners unabweisbar erscheint; § 78c Abs. 1, 3 gilt sinngemäß. ²Vor einer Beiordnung soll der Antragsgegner persönlich gehört und dabei besonders darauf hingewiesen werden, daß die Familiensachen des § 621 Abs. 1 gleichzeitig mit der Scheidungssache verhandelt und entschieden werden können.

(2) Der beigeordnete Rechtsanwalt hat die Stellung eines Beistandes.

§ 626 Zurücknahme des Scheidungsantrags. (1) ¹Wird ein Scheidungsantrag zurückgenommen, so gilt § 269 Abs. 3 bis 5 auch für die Folgesachen, soweit sie nicht die Übertragung der elterlichen Sorge oder eines Teils der elterlichen Sorge wegen Gefährdung des Kindeswohls auf einen Elternteil, einen Vormund oder einen Pfleger betreffen; in diesem Fall wird die Folgesache als selbständige Familiensache fortgeführt. ²Erscheint die Anwendung des § 269 Abs. 3 Satz 2 im Hinblick auf den bisherigen Sach- und Streitstand in den Folgesachen der in § 621 Abs. 1 Nr. 4, 5, 8 bezeichneten Art als unbillig, so kann das Gericht die Kosten anderweitig verteilen. ³Das Gericht spricht die Wirkungen der Zurücknahme auf Antrag eines Ehegatten aus.

(2) ¹Auf Antrag einer Partei ist ihr durch Beschluß vorzubehalten, eine Folgesache als selbständige Familiensache fortzuführen. ²In der selbständigen Familiensache wird über die Kosten besonders entschieden.

§ 627 Vorwegentscheidung über elterliche Sorge. (1) Beabsichtigt das Gericht, von dem Antrag eines Ehegatten nach § 1671 Abs. 1 des Bürgerlichen Gesetzbuchs, dem der andere Ehegatte zustimmt, abzuweichen, so ist die Entscheidung vorweg zu treffen.

(2) Über andere Folgesachen und die Scheidungssache wird erst nach Rechtskraft des Beschlusses entschieden.

§ 628 Scheidungsurteil vor Folgesachenentscheidung. ¹Das Gericht kann dem Scheidungsantrag vor der Entscheidung über eine Folgesache stattgeben, soweit
1. in einer Folgesache nach § 621 Abs. 1 Nr. 6 oder 8 vor der Auflösung der Ehe eine Entscheidung nicht möglich ist,
2. in einer Folgesache nach § 621 Abs. 1 Nr. 6 das Verfahren ausgesetzt ist, weil ein Rechtsstreit über den Bestand oder die Höhe einer auszugleichenden Versorgung vor einem anderen Gericht anhängig ist,
3. in einer Folgesache nach § 623 Abs. 2 Satz 1 Nr. 1 und 2 das Verfahren ausgesetzt ist, oder
4. die gleichzeitige Entscheidung über die Folgesache den Scheidungsausspruch so außergewöhnlich verzögern würde, daß der Aufschub auch unter Berücksichtigung der Bedeutung der Folgesache eine unzumutbare Härte darstellen würde.

²Hinsichtlich der übrigen Folgesachen bleibt § 623 anzuwenden.

§ 629 Einheitliche Endentscheidung; Vorbehalt bei abgewiesenem Scheidungsantrag. (1) Ist dem Scheidungsantrag stattzugeben und gleichzeitig über Folgesachen zu entscheiden, so ergeht die Entscheidung einheitlich durch Urteil.

(2) ¹Absatz 1 gilt auch, soweit es sich um ein Versäumnisurteil handelt. ²Wird hiergegen Einspruch und auch gegen das Urteil im übrigen ein Rechtsmittel eingelegt, so ist zunächst über den Einspruch und das Versäumnisurteil zu verhandeln und zu entscheiden.

(3) ¹Wird ein Scheidungsantrag abgewiesen, so werden die Folgesachen gegenstandslos, soweit sie nicht die Übertragung der elterlichen Sorge oder eines Teils der elterlichen Sorge wegen Gefährdung des Kindeswohls auf einen Elternteil, einen Pfleger oder einen Vormund betreffen; in diesem Fall wird die Folgesache als selbständige Familiensache fortgeführt. ²Im übrigen ist einer Partei auf ihren Antrag in dem Urteil vorzubehalten, eine Folgesache als selbständige Familiensache fortzusetzen. ³§ 626 Abs. 2 Satz 3 gilt entsprechend.

§ 629 a Rechtsmittel. (1) Gegen Urteile des Berufungsgerichts ist die Revision nicht zulässig, soweit darin über Folgesachen der in § 621 Abs. 1 Nr. 7 oder 9 bezeichneten Art erkannt ist.

(2) ¹Soll ein Urteil nur angefochten werden, soweit darin über Folgesachen der in § 621 Abs. 1 Nr. 1 bis 3, 6, 7, 9 bezeichneten Art erkannt ist, so ist § 621 e entsprechend anzuwenden. ²Wird nach Einlegung der Beschwerde

auch Berufung oder Revision eingelegt, so ist über das Rechtsmittel einheitlich als Berufung oder Revision zu entscheiden. ³Im Verfahren vor dem Rechtsmittelgericht gelten für Folgesachen § 623 Abs. 1 und die §§ 627 bis 629 entsprechend.

(3) ¹Ist eine nach § 629 Abs. 1 einheitlich ergangene Entscheidung teilweise durch Berufung, Beschwerde, Revision oder Rechtsbeschwerde angefochten worden, so kann eine Änderung von Teilen der einheitlichen Entscheidung, die eine andere Familiensache betreffen, nur noch bis zum Ablauf eines Monats nach Zustellung der Rechtsmittelbegründung, bei mehreren Zustellungen bis zum Ablauf eines Monats nach der letzten Zustellung beantragt werden. ²Wird in dieser Frist eine Abänderung beantragt, so verlängert sich die Frist um einen weiteren Monat. ³Satz 2 gilt entsprechend, wenn in der verlängerten Frist erneut eine Abänderung beantragt wird. ⁴Die §§ 517, 548 und 621e Abs. 3 Satz 2 in Verbindung mit den §§ 517 und 548 bleiben unberührt.

(4) Haben die Ehegatten auf Rechtsmittel gegen den Scheidungsausspruch verzichtet, so können sie auf dessen Anfechtung im Wege der Anschließung an ein Rechtsmittel in einer Folgesache verzichten, bevor ein solches Rechtsmittel eingelegt ist.

§ 629 b **Zurückverweisung.** (1) ¹Wird ein Urteil aufgehoben, durch das der Scheidungsantrag abgewiesen ist, so ist die Sache an das Gericht zurückzuverweisen, das die Abweisung ausgesprochen hat, wenn bei diesem Gericht eine Folgesache zur Entscheidung ansteht. ²Dieses Gericht hat die rechtliche Beurteilung, die der Aufhebung zugrunde gelegt ist, auch seiner Entscheidung zugrunde zu legen.

(2) Das Gericht, an das die Sache zurückverwiesen ist, kann, wenn gegen das Aufhebungsurteil Revision oder Beschwerde gegen die Nichtzulassung der Revision eingelegt wird, auf Antrag anordnen, daß über die Folgesachen verhandelt wird.

§ 629 c **Erweiterte Aufhebung.** ¹Wird eine Entscheidung auf Revision oder Rechtsbeschwerde teilweise aufgehoben, so kann das Gericht auf Antrag einer Partei die Entscheidung auch insoweit aufheben und die Sache zur anderweitigen Verhandlung und Entscheidung an das Berufungs- oder Beschwerdegericht zurückverweisen, als dies wegen des Zusammenhangs mit der aufgehobenen Entscheidung geboten erscheint. ²Eine Aufhebung des Scheidungsausspruchs kann nur innerhalb eines Monats nach Zustellung der Rechtsmittelbegründung oder des Beschlusses über die Zulassung der Revision oder der Rechtsbeschwerde, bei mehreren Zustellungen bis zum Ablauf eines Monats nach der letzten Zustellung beantragt werden.

§ 629 d **Wirksamwerden der Entscheidungen in Folgesachen.** Vor der Rechtskraft des Scheidungsausspruchs werden die Entscheidungen in Folgesachen nicht wirksam.

§ 630 **Einverständliche Scheidung.** (1) Für das Verfahren auf Scheidung nach § 1565 in Verbindung mit § 1566 Abs. 1 des Bürgerlichen Gesetzbuchs muß die Antragsschrift eines Ehegatten auch enthalten:

1. die Mitteilung, daß der andere Ehegatte der Scheidung zustimmen oder in gleicher Weise die Scheidung beantragen wird;
2. entweder übereinstimmende Erklärungen der Ehegatten, daß Anträge zur Übertragung der elterlichen Sorge oder eines Teils der elterlichen Sorge für die Kinder auf einen Elternteil und zur Regelung des Umgangs der Eltern mit den Kindern nicht gestellt werden, weil sich die Ehegatten über das Fortbestehen der Sorge und über den Umgang einig sind, oder, soweit eine gerichtliche Regelung erfolgen soll, die entsprechenden Anträge und jeweils die Zustimmung des anderen Ehegatten hierzu;
3. die Einigung der Ehegatten über die Regelung der Unterhaltspflicht gegenüber einem Kinde, die durch die Ehe begründete gesetzliche Unterhaltspflicht sowie die Rechtsverhältnisse an der Ehewohnung und am Hausrat.

(2) ¹Die Zustimmung zur Scheidung kann bis zum Schluß der mündlichen Verhandlung, auf die das Urteil ergeht, widerrufen werden. ²Die Zustimmung und der Widerruf können zu Protokoll der Geschäftsstelle oder in der mündlichen Verhandlung zur Niederschrift des Gerichts erklärt werden.

(3) Das Gericht soll dem Scheidungsantrag erst stattgeben, wenn die Ehegatten über die in Absatz 1 Nr. 3 bezeichneten Gegenstände einen vollstreckbaren Schuldtitel herbeigeführt haben.

Abschnitt 4. Verfahren auf Aufhebung und auf Feststellung des Bestehens oder Nichtbestehens einer Ehe

§ 631 Aufhebung einer Ehe. (1) Für das Verfahren auf Aufhebung einer Ehe gelten die nachfolgenden besonderen Vorschriften.

(2) ¹Das Verfahren wird durch Einreichung einer Antragsschrift anhängig. ²§ 622 Abs. 2 Satz 2, Abs. 3 gilt entsprechend. ³Wird in demselben Verfahren Aufhebung und Scheidung beantragt, und sind beide Anträge begründet, so ist nur auf Aufhebung der Ehe zu erkennen.

(3) Beantragt die zuständige Verwaltungsbehörde oder bei Verstoß gegen § 1306 des Bürgerlichen Gesetzbuchs der Dritte die Aufhebung der Ehe, so ist der Antrag gegen beide Ehegatten zu richten.

(4) ¹Hat in den Fällen des § 1316 Abs. 1 Nr. 1 des Bürgerlichen Gesetzbuchs ein Ehegatte oder die dritte Person den Antrag gestellt, so ist die zuständige Verwaltungsbehörde über den Antrag zu unterrichten. ²Die zuständige Verwaltungsbehörde kann in diesen Fällen, auch wenn sie den Antrag nicht gestellt hat, das Verfahren betreiben, insbesondere selbständig Anträge stellen oder Rechtsmittel einlegen.

(5) In den Fällen, in denen die als Partei auftretende zuständige Verwaltungsbehörde unterliegt, ist die Staatskasse zur Erstattung der dem obsiegenden Gegner erwachsenen Kosten nach den Vorschriften der §§ 91 bis 107 zu verurteilen.

§ 632 Feststellung des Bestehens oder Nichtbestehens einer Ehe.
(1) Für eine Klage, welche die Feststellung des Bestehens oder Nichtbestehens einer Ehe zwischen den Parteien zum Gegenstand hat, gelten die nachfolgenden besonderen Vorschriften.

Verfahren in Kindschaftssachen §§ 633–640a ZPO 1

(2) Eine Widerklage ist nur statthaft, wenn sie eine Feststellungsklage der in Absatz 1 bezeichneten Art ist.

(3) § 631 Abs. 4 gilt entsprechend.

(4) Das Versäumnisurteil gegen den im Termin zur mündlichen Verhandlung nicht erschienenen Kläger ist dahin zu erlassen, daß die Klage als zurückgenommen gilt.

§§ 633–639. *(weggefallen)*

Abschnitt 5. Verfahren in Kindschaftssachen

§ 640[1]) **Kindschaftssachen.** (1) Die Vorschriften dieses Abschnitts sind in Kindschaftssachen mit Ausnahme der Verfahren nach § 1600e Abs. 2 des Bürgerlichen Gesetzbuchs anzuwenden; die §§ 609, 611 Abs. 2, die §§ 612, 613, 615, 616 Abs. 1 und die §§ 617, 618, 619 und 632 Abs. 4 sind entsprechend anzuwenden.

(2) Kindschaftssachen sind Verfahren, welche zum Gegenstand haben

1. die Feststellung des Bestehens oder Nichtbestehens eines Eltern-Kindes-Verhältnisses; hierunter fällt auch die Feststellung der Wirksamkeit oder Unwirksamkeit einer Anerkennung der Vaterschaft,
2. die Anfechtung der Vaterschaft oder
3. die Feststellung des Bestehens oder Nichtbestehens der elterlichen Sorge der einen Partei für die andere.

§ 640 a Zuständigkeit. (1) [1]Ausschließlich zuständig ist das Gericht, in dessen Bezirk das Kind seinen Wohnsitz oder bei Fehlen eines inländischen Wohnsitzes seinen gewöhnlichen Aufenthalt hat. [2]Erhebt die Mutter die Klage, so ist auch das Gericht zuständig, in dessen Bezirk die Mutter ihren Wohnsitz oder bei Fehlen eines inländischen Wohnsitzes ihren gewöhnlichen Aufenthalt hat. [3]Haben das Kind und die Mutter im Inland keinen Wohnsitz oder gewöhnlichen Aufenthalt, so ist der Wohnsitz oder bei Fehlen eines inländischen Wohnsitzes der gewöhnliche Aufenthalt des Mannes maßgebend. [4]Ist eine Zuständigkeit eines Gerichts nach diesen Vorschriften nicht begründet, so ist das Familiengericht beim Amtsgericht Schöneberg in Berlin ausschließlich zuständig. [5]Die Vorschriften sind auf Verfahren nach § 1615o des Bürgerlichen Gesetzbuchs entsprechend anzuwenden.

---

[1]) Beachte dazu die vom 1. 7. 1998 bis 1. 7. 2003 nach Art. 15 § 2 KindRG v. 16. 12. 1997 (BGBl. I S. 2942) geltenden Übergangsvorschriften:

„(1) Ein am 1. Juli 1998 anhängiges Verfahren, welches die Anfechtung der Ehelichkeit oder die Anfechtung der Anerkennung der Vaterschaft zum Gegenstand hat, wird als Verfahren auf Anfechtung der Vaterschaft fortgeführt.

(2) Ein am 1. Juli 1998 anhängiges Verfahren, welches die Anfechtung der Ehelichkeit oder die Anfechtung der Anerkennung der Vaterschaft durch die Eltern des Mannes nach den §§ 1595a, 1600g Abs. 2, § 1600l Abs. 2 des Bürgerlichen Gesetzbuchs in der bis zum 1. Juli 1998 geltenden Fassung zum Gegenstand hat, ist als in der Hauptsache erledigt anzusehen.

(3), (4) . . .

(5) Ein am 1. Juli 1998 anhängiges Verfahren, welches die Ehelicherklärung eines Kindes betrifft, ist als in der Hauptsache erledigt anzusehen.

(6) In einem Verfahren, das nach den vorstehenden Vorschriften als in der Hauptsache erledigt anzusehen ist, werden keine Gerichtsgebühren erhoben."

(2) ¹Die deutschen Gerichte sind zuständig, wenn eine der Parteien
1. Deutscher ist oder
2. ihren gewöhnlichen Aufenthalt im Inland hat.
²Diese Zuständigkeit ist nicht ausschließlich.

§ 640 b Prozessfähigkeit bei Anfechtungsklagen. ¹In einem Rechtsstreit, der die Anfechtung der Vaterschaft zum Gegenstand hat, sind die Parteien prozeßfähig, auch wenn sie in der Geschäftsfähigkeit beschränkt sind; dies gilt nicht für das minderjährige Kind. ²Ist eine Partei geschäftsunfähig oder ist das Kind noch nicht volljährig, so wird der Rechtsstreit durch den gesetzlichen Vertreter geführt.

§ 640 c Klagenverbindung; Widerklage. (1) ¹Mit einer der im § 640 bezeichneten Klagen kann eine Klage anderer Art nicht verbunden werden. ²Eine Widerklage anderer Art kann nicht erhoben werden. ³§ 653 Abs. 1 bleibt unberührt.

(2) Während der Dauer der Rechtshängigkeit einer der in § 640 bezeichneten Klagen kann eine entsprechende Klage nicht anderweitig anhängig gemacht werden.

§ 640 d Einschränkung des Untersuchungsgrundsatz. Ist die Vaterschaft angefochten, so kann das Gericht gegen den Widerspruch des Anfechtenden Tatsachen, die von den Parteien nicht vorgebracht sind, nur insoweit berücksichtigen, als sie geeignet sind, der Anfechtung entgegengesetzt zu werden.

§ 640 e Beiladung; Streitverkündung. (1) ¹Ist an dem Rechtsstreit ein Elternteil oder das Kind nicht als Partei beteiligt, so ist der Elternteil oder das Kind unter Mitteilung der Klage zum Termin zur mündlichen Verhandlung zu laden. ²Der Elternteil oder das Kind kann der einen oder anderen Partei zu ihrer Unterstützung beitreten.

(2) ¹Ein Kind, das für den Fall des Unterliegens in einem von ihm geführten Rechtsstreit auf Feststellung der Vaterschaft einen Dritten als Vater in Anspruch nehmen zu können glaubt, kann ihm bis zur rechtskräftigen Entscheidung des Rechtsstreits gerichtlich den Streit verkünden. ²Die Vorschrift gilt entsprechend für eine Klage der Mutter.

§ 640 f Aussetzung des Verfahrens. ¹Kann ein Gutachten, dessen Einholung beschlossen ist, wegen des Alters des Kindes noch nicht erstattet werden, so hat das Gericht, wenn die Beweisaufnahme im übrigen abgeschlossen ist, das Verfahren von Amts wegen auszusetzen. ²Die Aufnahme des ausgesetzten Verfahrens findet statt, sobald das Gutachten erstattet werden kann.

§ 640 g Tod der klagenden Partei im Anfechtungsprozess. ¹Hat das Kind oder die Mutter die Klage auf Anfechtung oder Feststellung der Vaterschaft erhoben und stirbt die klagende Partei vor Rechtskraft des Urteils, so ist § 619 nicht anzuwenden, wenn der andere Klageberechtigte das Verfahren aufnimmt. ²Wird das Verfahren nicht binnen eines Jahres aufgenommen, so ist der Rechtsstreit in der Hauptsache als erledigt anzusehen.

§ 640 h Wirkung des Urteils. ¹Das Urteil wirkt, sofern es bei Lebzeiten der Parteien rechtskräftig wird, für und gegen alle. ²Ein Urteil, welches das Bestehen des Eltern-Kindes-Verhältnisses oder der elterlichen Sorge feststellt, wirkt jedoch gegenüber einem Dritten, der das elterliche Verhältnis oder die elterliche Sorge für sich in Anspruch nimmt, nur dann, wenn er an dem Rechtsstreit teilgenommen hat. ³Satz 2 ist auf solche rechtskräftigen Urteile nicht anzuwenden, die das Bestehen der Vaterschaft nach § 1600 d des Bürgerlichen Gesetzbuchs feststellen.

§§ 641–641 b. *(aufgehoben)*

§ 641 c Beurkundung. ¹Die Anerkennung der Vaterschaft, die Zustimmung der Mutter sowie der Widerruf der Anerkennung können auch in der mündlichen Verhandlung zur Niederschrift des Gerichts erklärt werden. ²Das gleiche gilt für die etwa erforderliche Zustimmung des Mannes, der im Zeitpunkt der Geburt mit der Mutter des Kindes verheiratet ist, des Kindes oder eines gesetzlichen Vertreters.

§ 641 d Einstweilige Anordnung. (1) ¹Sobald ein Rechtsstreit auf Feststellung des Bestehens der Vaterschaft nach § 1600 d des Bürgerlichen Gesetzbuchs anhängig oder ein Antrag auf Bewilligung der Prozeßkostenhilfe eingereicht ist, kann das Gericht auf Antrag des Kindes seinen Unterhalt und auf Antrag der Mutter ihren Unterhalt durch eine einstweilige Anordnung regeln. ²Das Gericht kann bestimmen, daß der Mann Unterhalt zu zahlen oder für den Unterhalt Sicherheit zu leisten hat, und die Höhe des Unterhalts regeln.

(2) ¹Der Antrag ist zulässig, sobald die Klage eingereicht ist. ²Er kann vor der Geschäftsstelle zu Protokoll erklärt werden. ³Der Anspruch und die Notwendigkeit einer einstweiligen Anordnung sind glaubhaft zu machen. ⁴Die Entscheidung ergeht auf Grund mündlicher Verhandlung durch Beschluß. ⁵Zuständig ist das Gericht des ersten Rechtszuges und, wenn der Rechtsstreit in der Berufungsinstanz schwebt, das Berufungsgericht.

(3) ¹Gegen einen Beschluß, den das Gericht des ersten Rechtszuges erlassen hat, findet die sofortige Beschwerde statt. ²Schwebt der Rechtsstreit in der Berufungsinstanz, so ist die Beschwerde bei dem Berufungsgericht einzulegen.

(4) Die entstehenden Kosten eines von einer Partei beantragten Verfahrens der einstweiligen Anordnung gelten für die Kostenentscheidung als Teil der Kosten der Hauptsache, diejenigen eines vom Nebenintervenienten beantragten Verfahrens der einstweiligen Anordnung als Teil der Kosten der Nebenintervention; § 96 gilt insoweit sinngemäß.

§ 641 e Außerkrafttreten und Aufhebung der einstweiligen Anordnung. Die einstweilige Anordnung tritt, wenn sie nicht vorher aufgehoben wird, außer Kraft, sobald derjenige, der die Anordnung erwirkt hat, gegen den Mann einen anderen Schuldtitel über den Unterhalt erlangt, der nicht nur vorläufig vollstreckbar ist.

§ 641 f Außerkrafttreten bei Klagerücknahme oder Klageabweisung. Die einstweilige Anordnung tritt ferner außer Kraft, wenn die Klage zurückgenommen wird oder wenn ein Urteil ergeht, das die Klage abweist.

§ 641 g Schadensersatzpflicht des Klägers. Ist die Klage auf Feststellung des Bestehens der Vaterschaft zurückgenommen oder rechtskräftig abgewiesen, so hat derjenige, der die einstweilige Anordnung erwirkt hat, dem Manne den Schaden zu ersetzen, der ihm aus der Vollziehung der einstweiligen Anordnung entstanden ist.

§ 641 h Inhalt der Urteilsformel. Weist das Gericht eine Klage auf Feststellung des Nichtbestehens der Vaterschaft ab, weil es den Kläger oder den Beklagten als Vater festgestellt hat, so spricht es dies in der Urteilsformel aus.

§ 641 i Restitutionsklage. (1) Die Restitutionsklage gegen ein rechtskräftiges Urteil, in dem über die Vaterschaft entschieden ist, findet außer in den Fällen des § 580 statt, wenn die Partei ein neues Gutachten über die Vaterschaft vorlegt, das allein oder in Verbindung mit den in dem früheren Verfahren erhobenen Beweisen eine andere Entscheidung herbeigeführt haben würde.

(2) Die Klage kann auch von der Partei erhoben werden, die in dem früheren Verfahren obgesiegt hat.

(3) [1] Für die Klage ist das Gericht ausschließlich zuständig, das im ersten Rechtszug erkannt hat; ist das angefochtene Urteil von dem Berufungs- oder Revisionsgericht erlassen, so ist das Berufungsgericht zuständig. [2] Wird die Klage mit einer Nichtigkeitsklage oder mit einer Restitutionsklage nach § 580 verbunden, so bewendet es bei § 584.

(4) § 586 ist nicht anzuwenden.

§ 641 k. *(aufgehoben)*

Abschnitt 6.[1] Verfahren über den Unterhalt

Titel 1. Allgemeine Vorschriften

§ 642 Zuständigkeit. (1) [1] Für Verfahren, die die gesetzliche Unterhaltspflicht eines Elternteils oder beider Elternteile gegenüber einem minderjährigen Kind betreffen, ist das Gericht ausschließlich zuständig, bei dem das Kind oder der Elternteil, der es gesetzlich vertritt, seinen allgemeinen Gerichtsstand hat. [2] Dies gilt nicht, wenn das Kind oder ein Elternteil seinen allgemeinen Gerichtsstand im Ausland hat.

(2) [1] § 621 Abs. 2, 3 ist anzuwenden. [2] Für das vereinfachte Verfahren über den Unterhalt (§§ 645 bis 660) gilt dies nur im Falle einer Überleitung in das streitige Verfahren.

(3) Die Klage eines Elternteils gegen den anderen Elternteil wegen eines Anspruchs, der die durch Ehe begründete gesetzliche Unterhaltspflicht betrifft, oder wegen eines Anspruchs nach § 1615l des Bürgerlichen Gesetzbuchs kann auch bei dem Gericht erhoben werden, bei dem ein Verfahren über den Unterhalt des Kindes im ersten Rechtszug anhängig ist.

---

[1] Für vor dem 1. 7. 1998 anhängige Verfahren beachte Übergangsvorschriften in Art. 5 KindUG v. 6. 4. 1998 (BGBl. I S. 666); abgedruckt in **dtv 5005 „ZPO"**.

Verfahren über den Unterhalt §§ 643–645 ZPO 1

§ 643 Auskunftsrecht des Gerichts. (1) Das Gericht kann den Parteien in Unterhaltsstreitigkeiten des § 621 Abs. 1 Nr. 4, 5 und 11 aufgeben, unter Vorlage entsprechender Belege Auskunft zu erteilen über ihre Einkünfte und, soweit es für die Bemessung des Unterhalts von Bedeutung ist, über ihr Vermögen und ihre persönlichen und wirtschaftlichen Verhältnisse.

(2) [1]Kommt eine Partei der Aufforderung des Gerichts nach Absatz 1 nicht oder nicht vollständig nach, so kann das Gericht, soweit es zur Aufklärung erforderlich ist, Auskunft einholen
1. über die Höhe der Einkünfte bei
   a) Arbeitgebern,
   b) Sozialleistungsträgern sowie der Künstlersozialkasse,
   c) sonstigen Personen oder Stellen, die Leistungen zur Versorgung im Alter und bei verminderter Erwerbsfähigkeit sowie Leistungen zur Entschädigung oder zum Nachteilsausgleich zahlen, und
   d) Versicherungsunternehmen,
2. über den zuständigen Rentenversicherungsträger und die Versicherungsnummer bei der Datenstelle der Rentenversicherungsträger,
3. in Rechtsstreitigkeiten, die den Unterhaltsanspruch eines minderjährigen Kindes betreffen, über die Höhe der Einkünfte und das Vermögen bei Finanzämtern.

[2]Das Gericht hat die Partei hierauf spätestens bei der Aufforderung hinzuweisen.

(3) [1]Die in Absatz 2 bezeichneten Personen und Stellen sind verpflichtet, den gerichtlichen Ersuchen Folge zu leisten. [2]§ 390 gilt in den Fällen des § 643 Abs. 2 Nr. 1 und 2 entsprechend.

(4) Die allgemeinen Vorschriften des Ersten und Zweiten Buches bleiben unberührt.

§ 644 Einstweilige Anordnung. [1]Ist eine Klage nach § 621 Abs. 1 Nr. 4, 5 oder 11 anhängig oder ist ein Antrag auf Bewilligung von Prozeßkostenhilfe für eine solche Klage eingereicht, kann das Gericht den Unterhalt auf Antrag durch einstweilige Anordnung regeln. [2]Die §§ 620a bis 620g gelten entsprechend.

Titel 2.[1]) Vereinfachte Verfahren über den Unterhalt Minderjähriger

§ 645 Statthaftigkeit des vereinfachten Verfahrens. (1) Auf Antrag wird der Unterhalt eines minderjährigen Kindes, das mit dem in Anspruch genommenen Elternteil nicht in einem Haushalt lebt, im vereinfachten Verfahren festgesetzt, soweit der Unterhalt vor Anrechnung der nach §§ 1612b, 1612c des Bürgerlichen Gesetzbuchs zu berücksichtigenden Leistungen das Eineinhalbfache des Regelbetrages nach der Regelbetrag-Verordnung nicht übersteigt.

(2) Das vereinfachte Verfahren findet nicht statt, wenn zum Zeitpunkt der Zustellung des Antrags oder einer Mitteilung über seinen Inhalt an den Antragsgegner ein Gericht über den Unterhaltsanspruch des Kindes entschieden hat, ein gerichtliches Verfahren anhängig ist oder ein zur Zwangsvollstreckung geeigneter Schuldtitel errichtet worden ist.

---

[1]) Beachte hierzu Übergangsvorschrift in § 27 EGZPO; Nr. **2**.

§ 646 Antrag. (1) Der Antrag muß enthalten:
1. die Bezeichnung der Parteien, ihrer gesetzlichen Vertreter und der Prozeßbevollmächtigten;
2. die Bezeichnung des Gerichts, bei dem der Antrag gestellt wird;
3. die Angabe des Geburtsdatums des Kindes;
4. die Angabe, ab welchem Zeitpunkt Unterhalt verlangt wird;
5. für den Fall, daß Unterhalt für die Vergangenheit verlangt wird, die Angabe, wann die Voraussetzungen des § 1613 Abs. 1 oder 2 Nr. 2 des Bürgerlichen Gesetzbuchs eingetreten sind;
6. die Angabe der Höhe des verlangten Unterhalts;
7. die Angaben über Kindergeld und andere anzurechnende Leistungen (§§ 1612c, 1612c des Bürgerlichen Gesetzbuchs);
8. die Erklärung, daß zwischen dem Kind und dem Antragsgegner ein Eltern-Kind-Verhältnis nach den §§ 1591 bis 1593 des Bürgerlichen Gesetzbuchs besteht;
9. die Erklärung, daß das Kind nicht mit dem Antragsgegner in einem Haushalt lebt;
10. die Angabe der Höhe des Kindeseinkommens;
11. die Erklärung, dass der Anspruch aus eigenem, aus übergegangenem oder rückabgetretenem Recht geltend gemacht wird;
12. die Erklärung, dass Unterhalt nicht für Zeiträume verlangt wird, für die das Kind Hilfe nach dem Bundessozialhilfegesetz, Hilfe zur Erziehung oder Eingliederungshilfe nach dem Achten Buch Sozialgesetzbuch, Leistungen nach dem Unterhaltsvorschussgesetz oder Unterhalt nach § 1607 Abs. 2 oder 3 des Bürgerlichen Gesetzbuchs erhalten hat, oder, soweit Unterhalt aus übergegangenem Recht oder nach § 91 Abs. 3 Satz 2 des Bundessozialhilfegesetzes oder § 7 Abs. 4 Satz 1 des Unterhaltsvorschussgesetzes verlangt wird, die Erklärung, dass der beantragte Unterhalt die Leistung an oder für das Kind nicht übersteigt;
13. die Erklärung, daß die Festsetzung im vereinfachten Verfahren nicht nach § 645 Abs. 2 ausgeschlossen ist.

(2) ¹Entspricht der Antrag nicht diesen und den in § 645 bezeichneten Voraussetzungen, ist er zurückzuweisen. ²Vor der Zurückweisung ist der Antragsteller zu hören. ³Die Zurückweisung ist nicht anfechtbar.

(3) Sind vereinfachte Verfahren anderer Kinder des Antragsgegners bei dem Gericht anhängig, so ordnet es die Verbindung zum Zweck gleichzeitiger Entscheidung an.

§ 647 Maßnahmen des Gerichts. (1) ¹Erscheint nach dem Vorbringen des Antragstellers das vereinfachte Verfahren zulässig, so verfügt das Gericht die Zustellung des Antrags oder einer Mitteilung über seinen Inhalt an den Antragsgegner. ²Zugleich weist es ihn darauf hin,
1. von wann an und in welcher Höhe der Unterhalt festgesetzt werden kann; hierbei sind zu bezeichnen
    a) die Zeiträume nach dem Alter des Kindes, für die die Festsetzung des Unterhalts nach den Regelbeträgen der ersten, zweiten und dritten Altersstufe in Betracht kommt;

Verfahren über den Unterhalt **§ 648 ZPO 1**

b) im Fall des § 1612a des Bürgerlichen Gesetzbuchs auch der Vomhundertsatz des jeweiligen Regelbetrages;
c) die nach den §§ 1612b, 1612c des Bürgerlichen Gesetzbuchs anzurechnenden Leistungen;
2. dass das Gericht nicht geprüft hat, ob der verlangte Unterhalt das im Antrag angegebene Kindeseinkommen berücksichtigt;
3. daß über den Unterhalt ein Festsetzungsbeschluß ergehen kann, aus dem der Antragsteller die Zwangsvollstreckung betreiben kann, wenn er nicht innerhalb eines Monats Einwendungen in der vorgeschriebenen Form erhebt;
4. welche Einwendungen nach § 648 Abs. 1 und 2 erhoben werden können, insbesondere, daß der Einwand eingeschränkter oder fehlender Leistungsfähigkeit nur erhoben werden kann, wenn die Auskunft nach § 648 Abs. 2 Satz 3 in Form eines vollständig ausgefüllten Vordrucks erteilt wird und Belege über die Einkünfte beigefügt werden;
5. daß die Einwendungen, wenn Vordrucke eingeführt sind, mit einem Vordruck der beigefügten Art erhoben werden müssen, der auch bei jedem Amtsgericht erhältlich ist.

Fassung des Satzes 3 bis 30. 6. 2002:
³Ist der Antrag im Ausland zuzustellen, so bestimmt das Gericht die Frist nach Satz 2 Nr. 3; § 175 gilt entsprechend mit der Maßgabe, daß der Zustellungsbevollmächtigte innerhalb dieser Frist zu benennen ist.

Fassung des Satzes 3 ab 1.7. 2002:
³Ist der Antrag im Ausland zuzustellen, so bestimmt das Gericht die Frist nach Satz 2 Nr. 3.
(2) § 270 Abs. 3[1]) gilt entsprechend.

§ 648 Einwendungen des Antragsgegners. (1) ¹Der Antragsgegner kann Einwendungen geltend machen gegen
1. die Zulässigkeit des vereinfachten Verfahrens,
2. den Zeitpunkt, von dem an Unterhalt gezahlt werden soll,
3. die Höhe des Unterhalts, soweit er geltend macht, daß
   a) die nach dem Alter des Kindes zu bestimmenden Zeiträume, für die der Unterhalt nach den Regelbeträgen der ersten, zweiten und dritten Altersstufe festgesetzt werden soll, nicht richtig berechnet sind oder die angegebenen Regelbeträge von denen der Regelbetrag-Verordnung abweichen;
   b) der Unterhalt nicht höher als beantragt festgesetzt werden darf;
   c) Leistungen der in den §§ 1612b, 1612c des Bürgerlichen Gesetzbuchs bezeichneten Art nicht oder nicht richtig angerechnet sind.

²Ferner kann er, wenn er sich sofort zur Erfüllung des Unterhaltsanspruchs verpflichtet, hinsichtlich der Verfahrenskosten geltend machen, daß er keinen Anlaß zur Stellung des Antrags gegeben hat (§ 93). ³Nicht begründete Einwendungen nach Satz 1 Nr. 1 und 3 weist das Gericht mit dem Festsetzungs-

---
¹) In § 647 Abs. 2 wird **mWv 1. 7. 2002** die Angabe „§ 270 Abs. 3" durch die Angabe „§ 167" ersetzt.

beschluß zurück, desgleichen eine Einwendung nach Satz 1 Nr. 2, wenn ihm diese nicht begründet erscheint.

(2) [1]Andere Einwendungen kann der Antragsgegner nur erheben, wenn er zugleich erklärt, inwieweit er zur Unterhaltsleistung bereit ist und daß er sich insoweit zur Erfüllung des Unterhaltsanspruchs verpflichtet. [2]Den Einwand der Erfüllung kann der Antragsgegner nur erheben, wenn er zugleich erklärt, inwieweit er geleistet hat und daß er sich verpflichtet, einen darüber hinausgehenden Unterhaltsrückstand zu begleichen. [3]Den Einwand eingeschränkter oder fehlender Leistungsfähigkeit kann der Antragsgegner nur erheben, wenn er zugleich unter Verwendung des eingeführten Vordrucks Auskunft über

1. seine Einkünfte,
2. sein Vermögen und
3. seine persönlichen und wirtschaftlichen Verhältnisse im übrigen

erteilt und über seine Einkünfte Belege vorlegt.

(3) Die Einwendungen sind zu berücksichtigen, solange der Festsetzungsbeschluß nicht verfügt ist.

§ 649 Feststellungsbeschluss. (1) [1]Werden keine oder lediglich nach § 648 Abs. 1 Satz 3 zurückzuweisende oder nach § 648 Abs. 2 unzulässige Einwendungen erhoben, wird der Unterhalt nach Ablauf der in § 647 Abs. 1 Satz 2 Nr. 3 bezeichneten Frist durch Beschluß festgesetzt. [2]In dem Beschluß ist auszusprechen, daß der Antragsgegner den festgesetzten Unterhalt an den Unterhaltsberechtigten zu zahlen hat. [3]In dem Beschluß sind auch die bis dahin entstandenen erstattungsfähigen Kosten des Verfahrens festzusetzen, soweit sie ohne weiteres ermittelt werden können; es genügt, wenn der Antragsteller die zu ihrer Berechnung notwendigen Angaben dem Gericht mitteilt.

(2) In dem Beschluß ist darauf hinzuweisen, welche Einwendungen mit der sofortigen Beschwerde geltend gemacht werden können und unter welchen Voraussetzungen eine Abänderung im Wege der Klage nach § 654 verlangt werden kann.

§ 650 Mitteilung über Einwendungen. [1]Sind Einwendungen erhoben, die nach § 648 Abs. 1 Satz 3 nicht zurückzuweisen oder die nach § 648 Abs. 2 zulässig sind, teilt das Gericht dem Antragsteller dies mit. [2]Es setzt auf seinen Antrag den Unterhalt durch Beschluß fest, soweit sich der Antragsgegner nach § 648 Abs. 2 Satz 1 und 2 zur Zahlung von Unterhalt verpflichtet hat. [3]In der Mitteilung nach Satz 1 ist darauf hinzuweisen.

§ 651 Streitiges Verfahren. (1) [1]Im Falle des § 650 wird auf Antrag einer Partei das streitige Verfahren durchgeführt. [2]Darauf ist in der Mitteilung nach § 650 hinzuweisen.

(2) [1]Beantragt eine Partei die Durchführung des streitigen Verfahrens, so ist wie nach Eingang einer Klage weiter zu verfahren. [2]Einwendungen nach § 648 gelten als Klageerwiderung.

(3) Der Rechtsstreit gilt als mit der Zustellung des Festsetzungsantrags (§ 647 Abs. 1 Satz 1) rechtshängig geworden.

Verfahren über den Unterhalt §§ 652–655 ZPO 1

(4) Ist ein Festsetzungsbeschluß nach § 650 Satz 2 vorausgegangen, soll für zukünftige wiederkehrende Leistungen der Unterhalt in einem Gesamtbetrag bestimmt und der Festsetzungsbeschluß insoweit aufgehoben werden.

(5) Die Kosten des vereinfachten Verfahrens werden als Teil der Kosten des streitigen Verfahrens behandelt.

(6) Wird der Antrag auf Durchführung des streitigen Verfahrens nicht vor Ablauf von sechs Monaten nach Zugang der Mitteilung nach § 650 Satz 1 gestellt, gilt der über den Festsetzungsbeschluss gemäß § 650 Satz 2 oder die Verpflichtungserklärung des Antragsgegners gemäß § 648 Abs. 2 Satz 1 und 2 hinausgehende Festsetzungsantrag als zurückgenommen.

§ 652 Sofortige Beschwerde. (1) Gegen den Festsetzungsbeschluß findet die sofortige Beschwerde statt.

(2) [1] Mit der sofortigen Beschwerde können nur die in § 648 Abs. 1 bezeichneten Einwendungen, die Zulässigkeit von Einwendungen nach § 648 Abs. 2 sowie die Unrichtigkeit der Kostenentscheidung oder Kostenfestsetzung, sofern sie nach allgemeinen Grundsätzen anfechtbar sind, geltend gemacht werden. [2] Auf Einwendungen nach § 648 Abs. 2, die nicht erhoben waren, bevor der Festsetzungsbeschluss verfügt war, kann die sofortige Beschwerde nicht gestützt werden.

§ 653 Unterhalt bei Vaterschaftsfeststellung. (1) [1] Wird auf Klage des Kindes die Vaterschaft festgestellt, so hat das Gericht auf Antrag den Beklagten zugleich zu verurteilen, dem Kind Unterhalt in Höhe der Regelbeträge und gemäß den Altersstufen der Regelbetrag-Verordnung, vermindert oder erhöht um die nach den §§ 1612b, 1612c des Bürgerlichen Gesetzbuchs anzurechnenden Leistungen, zu zahlen. [2] Das Kind kann einen geringeren Unterhalt verlangen. [3] Im übrigen kann in diesem Verfahren eine Herabsetzung oder Erhöhung des Unterhalts nicht verlangt werden.

(2) Vor Rechtskraft des Urteils, das die Vaterschaft feststellt, wird die Verurteilung zur Leistung des Unterhalts nicht wirksam.

§ 654 Abänderungsklage. (1) Ist die Unterhaltsfestsetzung nach § 649 Abs. 1 oder § 653 Abs. 1 rechtskräftig, können die Parteien im Wege einer Klage auf Abänderung der Entscheidung verlangen, daß auf höheren Unterhalt oder auf Herabsetzung des Unterhalts erkannt wird.

(2) [1] Wird eine Klage auf Herabsetzung des Unterhalts nicht innerhalb eines Monats nach Rechtskraft der Unterhaltsfestsetzung erhoben, darf die Abänderung nur für die Zeit nach Erhebung der Klage erfolgen. [2] Ist innerhalb dieser Frist ein Verfahren nach Absatz 1 anhängig geworden, so läuft die Frist für den Gegner nicht vor Beendigung dieses Verfahrens ab.

(3) Sind Klagen beider Parteien anhängig, so ordnet das Gericht die Verbindung zum Zweck gleichzeitiger Verhandlung und Entscheidung an.

§ 655 Abänderung des Titels bei wiederkehrenden Unterhaltsleistungen. (1) Auf wiederkehrende Unterhaltsleistungen gerichtete Vollstreckungstitel, in denen ein Betrag der nach den §§ 1612b, 1612c des Bürgerlichen Gesetzbuch anzurechnenden Leistungen festgelegt ist, können auf Antrag im

1 ZPO §§ 656–658 Buch 6. Familiensachen

vereinfachten Verfahren durch Beschluß abgeändert werden, wenn sich ein für die Berechnung dieses Betrags maßgebender Umstand ändert.

(2) [1] Dem Antrag ist eine Ausfertigung des abzuändernden Titels, bei Urteilen des in vollständiger Form abgefaßten Urteils, beizufügen. [2] Ist ein Urteil in abgekürzter Form abgefaßt, so genügt es, wenn außer der Ausfertigung eine von dem Urkundsbeamten der Geschäftsstelle des Prozeßgerichts beglaubigte Abschrift der Klageschrift beigefügt wird. [3] Der Vorlage des abzuändernden Titels bedarf es nicht, wenn dieser von dem angerufenen Gericht auf maschinellem Weg erstellt worden ist; das Gericht kann dem Antragsteller die Vorlage des Titels aufgeben.

(3) [1] Der Antragsgegner kann nur Einwendungen gegen die Zulässigkeit des vereinfachten Verfahrens, gegen den Zeitpunkt der Abänderung oder gegen die Berechnung des Betrags der nach den §§ 1612b, 1612c des Bürgerlichen Gesetzbuchs anzurechnenden Leistungen geltend machen. [2] Ferner kann er, wenn er sich sofort zur Erfüllung des Anspruchs verpflichtet, hinsichtlich der Verfahrenskosten geltend machen, daß er keinen Anlaß zur Stellung des Antrags gegeben hat (§ 93).

(4) Ist eine Abänderungsklage anhängig, so kann das Gericht das Verfahren bis zur Erledigung der Abänderungsklage aussetzen.

(5) [1] Gegen den Beschluß findet die sofortige Beschwerde statt. [2] Mit der sofortigen Beschwerde können nur die in Absatz 3 bezeichneten Einwendungen sowie die Unrichtigkeit der Kostenfestsetzung geltend gemacht werden.

(6) Im übrigen sind auf das Verfahren § 323 Abs. 2, § 646 Abs. 1 Nr. 1 bis 5 und 7, Abs. 2 und 3, die §§ 647 und 648 Abs. 3 und § 649 entsprechend anzuwenden.

§ 656 Klage gegen Abänderungsbeschluss. (1) Führt die Abänderung des Schuldtitels nach § 655 zu einem Unterhaltsbetrag, der wesentlich von dem Betrag abweicht, der der Entwicklung der besonderen Verhältnisse der Parteien Rechnung trägt, so kann jede Partei im Wege der Klage eine entsprechende Abänderung des ergangenen Beschlusses verlangen.

(2) [1] Die Klage ist nur zulässig, wenn sie innerhalb eines Monats nach Zustellung des Beschlusses erhoben wird. [2] § 654 Abs. 2 Satz 2 und Abs. 3 gilt entsprechend.

(3) Die Kosten des vereinfachten Verfahrens werden als Teil der Kosten des Rechtsstreits über die Abänderungsklage behandelt.

§ 657 Besondere Verfahrensvorschriften. [1] In vereinfachten Verfahren können die Anträge und Erklärungen vor dem Urkundsbeamten der Geschäftsstelle abgegeben werden. [2] Soweit Vordrucke eingeführt sind, werden diese ausgefüllt; der Urkundsbeamte vermerkt unter Angabe des Gerichts und des Datums, daß er den Antrag oder die Erklärung aufgenommen hat.

§ 658 Sonderregelungen für maschinelle Bearbeitung. (1) [1] In vereinfachten Verfahren ist eine maschinelle Bearbeitung zulässig. [2] § 690 Abs. 3 gilt entsprechend.

(2) Bei maschineller Bearbeitung werden Beschlüsse, Verfügungen und Ausfertigungen mit dem Gerichtssiegel versehen; einer Unterschrift bedarf es nicht.

§ 659 Vordrucke. (1) ¹Das Bundesministerium der Justiz wird ermächtigt, zur Vereinfachung und Vereinheitlichung der Verfahren durch Rechtsverordnung mit Zustimmung des Bundesrates Vordrucke für die vereinfachten Verfahren einzuführen. ²Für Gerichte, die die Verfahren maschinell bearbeiten, und für Gerichte, die die Verfahren nicht maschinell bearbeiten, können unterschiedliche Vordrucke eingeführt werden.

(2) Soweit nach Absatz 1 Vordrucke für Anträge und Erklärungen der Parteien eingeführt sind, müssen sich die Parteien ihrer bedienen.

§ 660 Bestimmung des Amtsgerichts. (1) ¹Die Landesregierungen werden ermächtigt, die vereinfachten Verfahren über den Unterhalt Minderjähriger durch Rechtsverordnung einem Amtsgericht für die Bezirke mehrerer Amtsgerichte zuzuweisen, wenn dies ihrer schnelleren und rationelleren Erledigung dient. ²Die Landesregierungen können die Ermächtigung durch Rechtsverordnung auf die Landesjustizverwaltungen übertragen.

(2) Bei dem Amtsgericht, das zuständig wäre, wenn die Landesregierung oder die Landesjustizverwaltung das Verfahren nach Absatz 1 nicht einem anderen Amtsgericht zugewiesen hätte, kann das Kind Anträge und Erklärungen mit der gleichen Wirkung einreichen oder anbringen wie bei dem anderen Amtsgericht.

Abschnitt 7. Verfahren in Lebenspartnerschaftssachen

§ 661 Lebenspartnerschaftssachen. (1) Lebenspartnerschaftssachen sind Verfahren, welche zum Gegenstand haben
1. die Aufhebung der Lebenspartnerschaft aufgrund des Lebenspartnerschaftsgesetzes,
2. die Feststellung des Bestehens oder Nichtbestehens einer Lebenspartnerschaft,
3. die Verpflichtung zur Fürsorge und Unterstützung in der partnerschaftlichen Lebensgemeinschaft,
4. die durch die Lebenspartnerschaft begründete gesetzliche Unterhaltspflicht,
5. die Regelung der Rechtsverhältnisse an der gemeinsamen Wohnung und am Hausrat der Lebenspartner,
6. Ansprüche aus dem lebenspartnerschaftlichen Güterrecht, auch wenn Dritte an dem Verfahren beteiligt sind,
7. Entscheidungen nach § 6 Abs. 2 Satz 4 des Lebenspartnerschaftsgesetzes in Verbindung mit §§ 1382 und 1383 des Bürgerlichen Gesetzbuchs.

(2) In Lebenspartnerschaftssachen finden die für Verfahren auf Scheidung, auf Feststellung des Bestehens oder Nichtbestehens einer Ehe zwischen den Parteien oder auf Herstellung des ehelichen Lebens und für Verfahren in anderen Familiensachen nach § 621 Abs. 1 Nr. 5, 7, 8 und 9 geltenden Vorschriften jeweils entsprechende Anwendung.

1 ZPO §§ 659–687 Buch 6. Familiensachen

(3) § 606a gilt mit den folgenden Maßgaben entsprechend:
1. Die deutschen Gerichte sind auch dann zuständig, wenn
   a) einer der Lebenspartner seinen gewöhnlichen Aufenthalt im Inland hat, die Voraussetzungen des Absatzes 1 Satz 1 Nr. 4 jedoch nicht erfüllt sind, oder
   b) die Lebenspartnerschaft vor einem deutschen Standesbeamten begründet worden ist.
2. Absatz 2 Satz 1 findet keine Anwendung.
3. In Absatz 2 Satz 2 tritt an die Stelle der Staaten, denen die Ehegatten angehören, der Register führende Staat.

§§ 662–687. *(weggefallen)*

Buch 7. Mahnverfahren

§ 688 Zulässigkeit. (1) Wegen eines Anspruchs, der die Zahlung einer bestimmten Geldsumme in Euro zum Gegenstand hat, ist auf Antrag des Antragstellers ein Mahnbescheid zu erlassen.

(2) Das Mahnverfahren findet nicht statt:
1. für Ansprüche eines Unternehmers aus einem Vertrag gemäß den §§ 491 bis 504 des Bürgerlichen Gesetzbuchs, wenn der nach den §§ 492, 502 des Bürgerlichen Gesetzbuchs anzugebende effektive oder anfängliche effektive Jahreszins den bei Vertragsschluss geltenden Basiszinssatz um mehr als zwölf Prozentpunkte übersteigt;
2. wenn die Geltendmachung des Anspruchs von einer noch nicht erbrachten Gegenleistung abhängig ist;
3. wenn die Zustellung des Mahnbescheids durch öffentliche Bekanntmachung erfolgen müßte.

(3) Müßte der Mahnbescheid im Ausland zugestellt werden, findet das Mahnverfahren nur statt, soweit das Anerkennungs- und Vollstreckungsausführungsgesetz vom 19. Februar 2001 (BGBl. I S. 288) dies vorsieht.

§ 689 Zuständigkeit; maschinelle Bearbeitung. (1) [1]Das Mahnverfahren wird von den Amtsgerichten durchgeführt.[1)] [2]Eine maschinelle Bearbeitung ist zulässig. [3]Bei dieser Bearbeitung sollen Eingänge spätestens an dem Arbeitstag erledigt sein, der dem Tag des Eingangs folgt.

(2) [1]Ausschließlich zuständig ist das Amtsgericht, bei dem der Antragsteller seinen allgemeinen Gerichtsstand hat. [2]Hat der Antragsteller im Inland keinen allgemeinen Gerichtsstand, so ist das Amtsgericht Schöneberg in Berlin ausschließlich zuständig. [3]Sätze 1 und 2 gelten auch, soweit in anderen Vorschriften eine andere ausschließliche Zuständigkeit bestimmt ist.

(3) [1]Die Landesregierungen werden ermächtigt, durch Rechtsverordnung Mahnverfahren einem Amtsgericht für die Bezirke mehrerer Amtsgerichte zuzuweisen, wenn dies ihrer schnelleren und rationelleren Erledigung dient. [2]Die Zuweisung kann auf Mahnverfahren beschränkt werden, die maschinell bearbeitet werden. [3]Die Landesregierungen können die Ermächtigung durch Rechtsverordnung auf die Landesjustizverwaltungen übertragen. [4]Mehrere Länder können die Zuständigkeit eines Amtsgerichts über die Landesgrenzen hinaus vereinbaren.

§ 690 Mahnantrag. (1) Der Antrag muß auf den Erlaß eines Mahnbescheids gerichtet sein und enthalten:
1. die Bezeichnung der Parteien, ihrer gesetzlichen Vertreter und der Prozeßbevollmächtigten;
2. die Bezeichnung des Gerichts, bei dem der Antrag gestellt wird;

[1)] Die Geschäfte im Mahnverfahren sind grundsätzlich dem Rechtspfleger übertragen; vgl. § 20 Nr. 1 Rechtspflegergesetz vom 5. 11. 1969 (BGBl. I S. 2065); abgedruckt in **dtv 5005** „ZPO".

3.[1]) die Bezeichnung des Anspruchs unter bestimmter Angabe der verlangten Leistung; Haupt- und Nebenforderungen sind gesondert und einzeln zu bezeichnen, Ansprüche aus Verträgen gemäß den §§ 491 bis 504 des Bürgerlichen Gesetzbuchs, auch unter Angabe des Datums des Vertragsschlusses und des nach den §§ 492, 502 des Bürgerlichen Gesetzbuchs anzugebenden effektiven oder anfänglichen effektiven Jahreszinses;
4. die Erklärung, daß der Anspruch nicht von einer Gegenleistung abhängt oder daß die Gegenleistung erbracht ist;
5. die Bezeichnung des Gerichts, das für ein streitiges Verfahren zuständig ist.

(2) Der Antrag bedarf der handschriftlichen Unterzeichnung.

(3) Der Antrag kann in einer nur maschinell lesbaren Form übermittelt werden, wenn diese dem Gericht für seine maschinelle Bearbeitung geeignet erscheint; der handschriftlichen Unterzeichnung bedarf es nicht, wenn in anderer Weise gewährleistet ist, daß der Antrag nicht ohne den Willen des Antragstellers übermittelt wird.

§ 691 Zurückweisung des Mahnantrags. (1) [1]Der Antrag wird zurückgewiesen:
1. wenn er den Vorschriften der §§ 688, 689, 690, 703c Abs. 2 nicht entspricht;
2. wenn der Mahnbescheid nur wegen eines Teiles des Anspruchs nicht erlassen werden kann.

[2]Vor der Zurückweisung ist der Antragsteller zu hören.

(2) Sollte durch die Zustellung des Mahnbescheids eine Frist gewahrt werden oder die Verjährung neu beginnen oder nach § 204 des Bürgerlichen Gesetzbuchs gehemmt werden, so tritt die Wirkung mit der Einreichung oder Anbringung des Antrags auf Erlaß des Mahnbescheids ein, wenn innerhalb eines Monats seit der Zustellung der Zurückweisung des Antrags Klage eingereicht und diese demnächst zugestellt wird.

(3) [1]Gegen die Zurückweisung findet die sofortige Beschwerde statt, wenn der Antrag in einer nur maschinell lesbaren Form übermittelt und mit der Begründung zurückgewiesen worden ist, daß diese vom Gericht für seine maschinelle Bearbeitung nicht geeignet erscheine. [2]Im übrigen sind die Entscheidungen nach Absatz 1 unanfechtbar.

§ 692 Mahnbescheid. (1) Der Mahnbescheid enthält:
1. die in § 690 Abs. 1 Nr. 1 bis 5 bezeichneten Erfordernisse des Antrags;
2. den Hinweis, daß das Gericht nicht geprüft hat, ob dem Antragsteller der geltend gemachte Anspruch zusteht;
3. die Aufforderung, innerhalb von zwei Wochen seit der Zustellung des Mahnbescheids, soweit der geltend gemachte Anspruch als begründet angesehen wird, die behauptete Schuld nebst den geforderten Zinsen und der dem Betrage nach bezeichneten Kosten zu begleichen oder dem Gericht mitzuteilen, ob und in welchem Umfang dem geltend gemachten Anspruch widersprochen wird;

---
[1]) Beachte die für das Gesetz zur Modernisierung des Schuldrechts geltende Übergangsvorschrift in § 28 EGZPO; Nr. **2**.

4. den Hinweis, daß ein dem Mahnbescheid entsprechender Vollstreckungsbescheid ergehen kann, aus dem der Antragsteller die Zwangsvollstreckung betreiben kann, falls der Antragsgegner nicht bis zum Fristablauf Widerspruch erhoben hat;
5. für den Fall, daß Vordrucke eingeführt sind, den Hinweis, daß der Widerspruch mit einem Vordruck der beigefügten Art erhoben werden soll, der auch bei jedem Amtsgericht erhältlich ist und ausgefüllt werden kann;
6. für den Fall des Widerspruchs die Ankündigung, an welches Gericht die Sache abgegeben wird, mit dem Hinweis, daß diesem Gericht die Prüfung seiner Zuständigkeit vorbehalten bleibt.

(2) An Stelle einer handschriftlichen Unterzeichnung genügt ein entsprechender Stempelabdruck.

§ 693 Zustellung des Mahnbescheids. (1) Der Mahnbescheid wird dem Antragsgegner zugestellt.

(2)[1] Soll durch die Zustellung eine Frist gewahrt werden oder die Verjährung neu beginnen oder nach § 204 des Bürgerlichen Gesetzbuchs gehemmt werden, so tritt die Wirkung, wenn die Zustellung demnächst erfolgt, bereits mit der Einreichung oder Anbringung des Antrags auf Erlaß des Mahnbescheids ein.

(3)[1] Die Geschäftsstelle setzt den Antragsteller von der Zustellung des Mahnbescheids in Kenntnis.

§ 694 Widerspruch gegen den Mahnbescheid. (1) Der Antragsgegner kann gegen den Anspruch oder einen Teil des Anspruchs bei dem Gericht, das den Mahnbescheid erlassen hat, schriftlich Widerspruch erheben, solange der Vollstreckungsbescheid nicht verfügt ist.

(2) [1]Ein verspäteter Widerspruch wird als Einspruch behandelt. [2]Dies ist dem Antragsgegner, der den Widerspruch erhoben hat, mitzuteilen.

§ 695 Mitteilung des Widerspruchs; Abschriften. [1]Das Gericht hat den Antragsteller von dem Widerspruch und dem Zeitpunkt seiner Erhebung in Kenntnis zu setzen. [2]Wird das Mahnverfahren nicht maschinell bearbeitet, so soll der Antragsgegner die erforderliche Zahl von Abschriften mit dem Widerspruch einreichen.

§ 696 Verfahren nach Widerspruch. (1) [1]Wird rechtzeitig Widerspruch erhoben und beantragt eine Partei die Durchführung des streitigen Verfahrens, so gibt das Gericht, das den Mahnbescheid erlassen hat, den Rechtsstreit von Amts wegen an das Gericht ab, das in dem Mahnbescheid gemäß § 692 Abs. 1 Nr. 1 bezeichnet worden ist, wenn die Parteien übereinstimmend die Abgabe an ein anderes Gericht verlangen, an dieses. [2]Der Antrag kann in den Antrag auf Erlaß des Mahnbescheids aufgenommen werden. [3]Die Abgabe ist den Parteien mitzuteilen; sie ist nicht anfechtbar. [4]Mit Eingang der Akten bei dem Gericht, an das er abgegeben wird, gilt der Rechtsstreit als dort anhängig.
[5]§ 281 Abs. 3 Satz 1 gilt entsprechend.

---

[1] § 693 Abs. 2 wird **mWv 1. 7. 2002** aufgehoben, bish. Abs. 3 wird **mWv 1. 7. 2002** Abs. 2.

1 ZPO §§ 697–699 Buch 7. Mahnverfahren

(2) ¹Ist das Mahnverfahren maschinell bearbeitet worden, so tritt an die Stelle der Akten ein maschinell erstellter Aktenausdruck. ²Für diesen gelten die Vorschriften über die Beweiskraft öffentlicher Urkunden entsprechend.

(3) Die Streitsache gilt als mit Zustellung des Mahnbescheids rechtshängig geworden, wenn sie alsbald nach der Erhebung des Widerspruchs abgegeben wird.

(4) ¹Der Antrag auf Durchführung des streitigen Verfahrens kann bis zum Beginn der mündlichen Verhandlung des Antragsgegners zur Hauptsache zurückgenommen werden. ²Die Zurücknahme kann vor der Geschäftsstelle zu Protokoll erklärt werden. ³Mit der Zurücknahme ist die Streitsache als nicht rechtshängig geworden anzusehen.

(5) Das Gericht, an das der Rechtsstreit abgegeben ist, ist hierdurch in seiner Zuständigkeit nicht gebunden.

§ 697 Einleitung des Streitverfahrens. (1) ¹Die Geschäftsstelle des Gerichts, an das die Streitsache abgegeben wird, hat dem Antragsteller unverzüglich aufzugeben, seinen Anspruch binnen zwei Wochen in einer der Klageschrift entsprechenden Form zu begründen. ²§ 270 Abs. 2 Satz 2 gilt entsprechend.

(2) ¹Bei Eingang der Anspruchsbegründung ist wie nach Eingang einer Klage weiter zu verfahren. ²Zur schriftlichen Klageerwiderung im Vorverfahren nach § 276 kann auch eine mit der Zustellung der Anspruchsbegründung beginnende Frist gesetzt werden.

(3) ¹Geht die Anspruchsbegründung nicht rechtzeitig ein, so wird bis zu ihrem Eingang Termin zur mündlichen Verhandlung nur auf Antrag des Antragsgegners bestimmt. ²Mit der Terminbestimmung setzt der Vorsitzende dem Antragsteller eine Frist zur Begründung des Anspruchs; § 296 Abs. 1, 4 gilt entsprechend.

(4) ¹Der Antragsgegner kann den Widerspruch bis zum Beginn seiner mündlichen Verhandlung zur Hauptsache zurücknehmen, jedoch nicht nach Erlaß eines Versäumnisurteils gegen ihn. ²Die Zurücknahme kann zu Protokoll der Geschäftsstelle erklärt werden.

(5) ¹Zur Herstellung eines Urteils in abgekürzter Form nach § 313 b Abs. 2, § 317 Abs. 4 kann der Mahnbescheid an Stelle der Klageschrift benutzt werden. ²Ist das Mahnverfahren maschinell bearbeitet worden, so tritt an die Stelle der Klageschrift der maschinell erstellte Aktenausdruck.

§ 698 Abgabe des Verfahrens am selben Gericht. Die Vorschriften über die Abgabe des Verfahrens gelten sinngemäß, wenn Mahnverfahren und streitiges Verfahren bei demselben Gericht durchgeführt werden.

§ 699 Vollstreckungsbescheid. (1) ¹Auf der Grundlage des Mahnbescheids erläßt das Gericht auf Antrag einen Vollstreckungsbescheid, wenn der Antragsgegner nicht rechtzeitig Widerspruch erhoben hat. ²Der Antrag kann nicht vor Ablauf der Widerspruchsfrist gestellt werden; er hat die Erklärung zu enthalten, ob und welche Zahlungen auf den Mahnbescheid geleistet worden sind; § 690 Abs. 3 gilt entsprechend. ³Ist der Rechtsstreit bereits an ein anderes Gericht abgegeben, so erläßt dieses den Vollstreckungsbescheid.

Buch 7. Mahnverfahren **§§ 700, 701 ZPO 1**

(2) Soweit das Mahnverfahren nicht maschinell bearbeitet wird, kann der Vollstreckungsbescheid auf den Mahnbescheid gesetzt werden.

(3) ¹In den Vollstreckungsbescheid sind die bisher entstandenen Kosten des Verfahrens aufzunehmen. ²Der Antragsteller braucht die Kosten nur zu berechnen, wenn das Mahnverfahren nicht maschinell bearbeitet wird; im übrigen genügen die zur maschinellen Berechnung erforderlichen Angaben.

(4) ¹Der Vollstreckungsbescheid wird dem Antragsgegner von Amts wegen zugestellt, wenn nicht der Antragsteller die Übergabe an sich zur Zustellung im Parteibetrieb beantragt hat. ²In diesen Fällen wird der Vollstreckungsbescheid dem Antragsteller zur Zustellung übergeben; die Geschäftsstelle des Gerichts vermittelt diese Zustellung nicht.

Fassung des Satz 3 bis 30. 6. 2002:
³Bewilligt das mit dem Mahnverfahren befaßte Gericht die öffentliche Zustellung, so wird der Vollstreckungsbescheid an die Gerichtstafel des Gerichts angeheftet, das in dem Mahnbescheid gemäß § 692 Abs. 1 Nr. 1 bezeichnet worden ist.

Fassung des Satz 3 ab 1. 7. 2002:
³Bewilligt das mit dem Mahnverfahren befaßte Gericht die öffentliche Zustellung, so wird die Benachrichtigung nach § 186 Abs. 2 Satz 2 und 3 an die Gerichtstafel des Gerichts angeheftet, das in dem Mahnbescheid gemäß § 692 Abs. 1 Nr. 1 bezeichnet worden ist.

§ 700 Einspruch gegen den Vollstreckungsbescheid. (1) Der Vollstreckungsbescheid steht einem für vorläufig vollstreckbar erklärten Versäumnisurteil gleich.

(2) Die Streitsache gilt als mit der Zustellung des Mahnbescheids rechtshängig geworden.

(3) ¹Wird Einspruch eingelegt, so gibt das Gericht, das den Vollstreckungsbescheid erlassen hat, den Rechtsstreit von Amts wegen an das Gericht ab, das in dem Mahnbescheid gemäß § 692 Abs. 1 Nr. 1 bezeichnet worden ist, wenn die Parteien übereinstimmend die Abgabe an ein anderes Gericht verlangen, an dieses. ²§ 696 Abs. 1 Satz 3 bis 5, Abs. 2, 5, § 697 Abs. 1, 4, § 698 gelten entsprechend. ³§ 340 Abs. 3 ist nicht anzuwenden.

(4) ¹Bei Eingang der Anspruchsbegründung ist wie nach Eingang einer Klage weiter zu verfahren, wenn der Einspruch nicht als unzulässig verworfen wird. ²§ 276 Abs. 1 Satz 1, 3, Abs. 2 ist nicht anzuwenden.

(5) Geht die Anspruchsbegründung innerhalb der von der Geschäftsstelle gesetzten Frist nicht ein und wird der Einspruch auch nicht als unzulässig verworfen, bestimmt der Vorsitzende unverzüglich Termin; § 697 Abs. 3 Satz 2 gilt entsprechend.

(6) Der Einspruch darf nach § 345 nur verworfen werden, soweit die Voraussetzungen des § 331 Abs. 1, 2 erster Halbsatz für ein Versäumnisurteil vorliegen; soweit die Voraussetzungen nicht vorliegen, wird der Vollstreckungsbescheid aufgehoben.

§ 701 Wegfall der Wirkung des Mahnbescheids. ¹Ist Widerspruch nicht erhoben und beantragt der Antragsteller den Erlaß des Vollstreckungsbescheids nicht binnen einer sechsmonatigen Frist, die mit der Zustellung des

Mahnbescheids beginnt, so fällt die Wirkung des Mahnbescheids weg. [2]Dasselbe gilt, wenn der Vollstreckungsbescheid rechtzeitig beantragt ist, der Antrag aber zurückgewiesen wird.

§ 702 Form von Anträgen und Erklärungen. (1) [1]Im Mahnverfahren können die Anträge und Erklärungen vor dem Urkundsbeamten der Geschäftsstelle abgegeben werden. [2]Soweit Vordrucke eingeführt sind, werden diese ausgefüllt; der Urkundsbeamte vermerkt unter Angabe des Gerichts und des Datums, daß er den Antrag oder die Erklärung aufgenommen hat. [3]Auch soweit Vordrucke nicht eingeführt sind, ist für den Antrag auf Erlaß eines Mahnbescheids oder eines Vollstreckungsbescheids bei dem für das Mahnverfahren zuständigen Gericht die Aufnahme eines Protokolls nicht erforderlich.

(2) Der Antrag auf Erlaß eines Mahnbescheids oder eines Vollstreckungsbescheids wird dem Antragsgegner nicht mitgeteilt.

§ 703 Kein Nachweis der Vollmacht. [1]Im Mahnverfahren bedarf es des Nachweises einer Vollmacht nicht. [2]Wer als Bevollmächtigter einen Antrag einreicht oder einen Rechtsbehelf einlegt, hat seine ordnungsgemäße Bevollmächtigung zu versichern.

§ 703 a Urkunden-, Wechsel- und Scheckmahnverfahren. (1) Ist der Antrag des Antragstellers auf den Erlaß eines Urkunden-, Wechsel- oder Scheckmahnbescheids gerichtet, so wird der Mahnbescheid als Urkunden-, Wechsel- oder Scheckmahnbescheid bezeichnet.

(2) [1]Für die Urkunden-, Wechsel- und Scheckmahnverfahren gelten folgende besondere Vorschriften:
1. die Bezeichnung als Urkunden-, Wechsel- oder Scheckmahnbescheid hat die Wirkung, daß die Streitsache, wenn rechtzeitig Widerspruch erhoben wird, im Urkunden-, Wechsel- oder Scheckprozeß anhängig wird;
2. die Urkunden sollen in dem Antrag auf Erlaß des Mahnbescheids und in dem Mahnbescheid bezeichnet werden; ist die Sache an das Streitgericht abzugeben, so müssen die Urkunden in Urschrift oder in Abschrift der Anspruchsbegründung beigefügt werden;
3. im Mahnverfahren ist nicht zu prüfen, ob die gewählte Prozeßart statthaft ist;
4. beschränkt sich der Widerspruch auf den Antrag, dem Beklagten die Ausführung seiner Rechte vorzubehalten, so ist der Vollstreckungsbescheid unter diesem Vorbehalt zu erlassen. [2]Auf das weitere Verfahren ist die Vorschrift des § 600 entsprechend anzuwenden.

§ 703 b Sonderregelungen für maschinelle Bearbeitung. (1) Bei maschineller Bearbeitung werden Beschlüsse, Verfügungen und Ausfertigungen mit dem Gerichtssiegel versehen; einer Unterschrift bedarf es nicht.

(2) Der Bundesminister der Justiz wird ermächtigt, durch Rechtsverordnung mit Zustimmung des Bundesrates den Verfahrensablauf zu regeln, soweit dies für eine einheitliche maschinelle Bearbeitung der Mahnverfahren erforderlich ist (Verfahrensablaufplan).

§ 703 c Vordrucke; Einführung der maschinellen Bearbeitung.

(1) [1]Der Bundesminister der Justiz wird ermächtigt, durch Rechtsverordnung mit Zustimmung des Bundesrates zur Vereinfachung des Mahnverfahrens und zum Schutze der in Anspruch genommenen Partei Vordrucke einzuführen.[1] [2]Für

1. Mahnverfahren bei Gerichten, die die Verfahren maschinell bearbeiten,
2. Mahnverfahren bei Gerichten, die die Verfahren nicht maschinell bearbeiten,
3. Mahnverfahren, in denen der Mahnbescheid im Ausland zuzustellen ist,
4. Mahnverfahren, in denen der Mahnbescheid nach Artikel 32 des Zusatzabkommens zum NATO-Truppenstatut vom 3. August 1959 (Bundesgesetzbl. 1961 II S. 1183, 1218) zuzustellen ist,

können unterschiedliche Vordrucke eingeführt werden.

(2) Soweit nach Absatz 1 Vordrucke für Anträge und Erklärungen der Parteien eingeführt sind, müssen sich die Parteien ihrer bedienen.

(3) Die Landesregierungen bestimmen durch Rechtsverordnung den Zeitpunkt, in dem bei einem Amtsgericht die maschinelle Bearbeitung der Mahnverfahren eingeführt wird; sie können die Ermächtigung durch Rechtsverordnung auf die Landesjustizverwaltungen übertragen.

§ 703 d Antragsgegner ohne allgemeinen inländischen Gerichtsstand.

(1) Hat der Antragsgegner keinen allgemeinen Gerichtsstand im Inland, so gelten die nachfolgenden besonderen Vorschriften.

(2) [1]Zuständig für das Mahnverfahren ist das Amtsgericht, das für das streitige Verfahren zuständig sein würde, wenn die Amtsgerichte im ersten Rechtszug sachlich unbeschränkt zuständig wären. [2]§ 689 Abs. 3 gilt entsprechend.

---

[1] VO zur Einführung von Vordrucken für das Mahnverfahren v. 6. 5. 1977 (BGBl. I S. 693) mit späteren Änderungen.

Buch 8. Zwangsvollstreckung

Abschnitt 1. Allgemeine Vorschriften

§ 704 Vollstreckbare Endurteile. (1) Die Zwangsvollstreckung findet statt aus Endurteilen, die rechtskräftig oder für vorläufig vollstreckbar erklärt sind.

(2) Urteile in Ehe- und Kindschaftssachen dürfen nicht für vorläufig vollstreckbar erklärt werden.

§ 705 Formelle Rechtskraft. ¹Die Rechtskraft der Urteile tritt vor Ablauf der für die Einlegung des zulässigen Rechtsmittels, des zulässigen Einspruchs oder der zulässigen Rüge nach § 321 a bestimmten Frist nicht ein. ²Der Eintritt der Rechtskraft wird durch rechtzeitige Einlegung des Rechtsmittels, des Einspruchs oder der Rüge nach § 321 a gehemmt.

§ 706 Rechtskraft- und Notfristzeugnis. (1) ¹Zeugnisse über die Rechtskraft der Urteile sind auf Grund der Prozeßakten von der Geschäftsstelle des Gerichts der ersten Rechtszuges und, solange der Rechtsstreit in einem höheren Rechtszuge anhängig ist, von der Geschäftsstelle des Gerichts dieses Rechtszuges zu erteilen. ²In Ehe- und Kindschaftssachen wird den Parteien von Amts wegen ein Rechtskraftzeugnis auf einer weiteren Ausfertigung in der Form des § 317 Abs. 2 Satz 2 Halbsatz 1 erteilt.

(2) ¹Insoweit die Erteilung des Zeugnisses davon abhängt, daß gegen das Urteil ein Rechtsmittel nicht eingelegt ist, genügt ein Zeugnis der Geschäftsstelle des für das Rechtsmittel zuständigen Gerichts, daß bis zum Ablauf der Notfrist eine Rechtsmittelschrift nicht eingereicht sei. ²Eines Zeugnisses der Geschäftsstelle des Revisionsgerichts, daß ein Antrag auf Zulassung der Revision nach § 566 nicht eingereicht sei, bedarf es nicht.

§ 707 Einstweilige Einstellung der Zwangsvollstreckung. (1) ¹Wird die Wiedereinsetzung in den vorigen Stand oder eine Wiederaufnahme des Verfahrens beantragt oder wird der Rechtsstreit nach der Verkündung eines Vorbehaltsurteils fortgesetzt, so kann das Gericht auf Antrag anordnen, daß die Zwangsvollstreckung gegen oder ohne Sicherheitsleistung einstweilen eingestellt werde oder nur gegen Sicherheitsleistung stattfinde und daß die Vollstreckungsmaßregeln gegen Sicherheitsleistung aufzuheben seien. ²Die Einstellung der Zwangsvollstreckung ohne Sicherheitsleistung ist nur zulässig, wenn glaubhaft gemacht wird, daß der Schuldner zur Sicherheitsleistung nicht in der Lage ist und die Vollstreckung einen nicht zu ersetzenden Nachteil bringen würde.

(2) ¹Die Entscheidung ergeht durch Beschluss. ²Eine Anfechtung des Beschlusses findet nicht statt.

§ 708 Vorläufige Vollstreckbarkeit ohne Sicherheitsleistung. Für vorläufig vollstreckbar ohne Sicherheitsleistung sind zu erklären:
1. Urteile, die auf Grund eines Anerkenntnisses oder eines Verzichts ergehen;

Allgemeine Vorschriften §§ 709, 710 ZPO 1

2. Versäumnisurteile und Urteile nach Lage der Akten gegen die säumige Partei gemäß § 331 a;
3. Urteile, durch die gemäß § 341 der Einspruch als unzulässig verworfen wird;
4. Urteile, die im Urkunden-, Wechsel- oder Scheckprozeß erlassen werden;
5. Urteile, die ein Vorbehaltsurteil, das im Urkunden-, Wechsel- oder Scheckprozeß erlassen wurde, für vorbehaltlos erklären;
6. Urteile, durch die Arreste oder einstweilige Verfügungen abgelehnt oder aufgehoben werden;
7. Urteile in Streitigkeiten zwischen dem Vermieter und dem Mieter oder Untermieter von Wohnräumen oder anderen Räumen oder zwischen dem Mieter und dem Untermieter solcher Räume wegen Überlassung, Benutzung oder Räumung, wegen Fortsetzung des Mietverhältnisses über Wohnraum auf Grund der §§ 574 bis 574b des Bürgerlichen Gesetzbuchs sowie wegen Zurückhaltung der von dem Mieter oder dem Untermieter in die Miete räume eingebrachten Sachen;
8. Urteile, die die Verpflichtung aussprechen, Unterhalt, Renten wegen Entziehung einer Unterhaltsforderung oder Renten wegen einer Verletzung des Körpers oder der Gesundheit zu entrichten, soweit sich die Verpflichtung auf die Zeit nach der Klageerhebung und auf das ihr vorausgehende letzte Vierteljahr bezieht;
9. Urteile nach §§ 861, 862 des Bürgerlichen Gesetzbuchs auf Wiedereinräumung des Besitzes oder auf Beseitigung oder Unterlassung einer Besitzstörung;
10. Urteile der Oberlandesgerichte in vermögensrechtlichen Streitigkeiten;
11.[1]) andere Urteile in vermögensrechtlichen Streitigkeiten, wenn der Gegenstand der Verurteilung in der Hauptsache eintausendzweihundertfünfzig Euro nicht übersteigt oder wenn nur die Entscheidung über die Kosten vollstreckbar ist und eine Vollstreckung im Wert von nicht mehr als eintausendfünfhundert Euro ermöglicht.

§ 709 Vorläufige Vollstreckbarkeit gegen Sicherheitsleistung. [1]Andere Urteile sind gegen eine der Höhe nach zu bestimmende Sicherheit für vorläufig vollstreckbar zu erklären. [2]Soweit wegen einer Geldforderung zu vollstrecken ist, genügt es, wenn die Höhe der Sicherheitsleistung in einem bestimmten Verhältnis zur Höhe des jeweils zu vollstreckenden Betrages angegeben wird. [3]Handelt es sich um ein Urteil, das ein Versäumnisurteil aufrechthält, so ist auszusprechen, daß die Vollstreckung aus dem Versäumnisurteil nur gegen Leistung der Sicherheit fortgesetzt werden darf.

§ 710 Ausnahmen von der Sicherheitsleistung des Gläubigers. Kann der Gläubiger die Sicherheit nach § 709 nicht oder nur unter erheblichen

---

[1]) § 708 Nr. 11 ist in seiner bisherigen Fassung anzuwenden, wenn die mündliche Verhandlung, auf die das Urteil ergeht, vor dem Inkrafttreten dieses Gesetzes [1. 1. 1999] geschlossen worden ist. Im schriftlichen Verfahren tritt an die Stelle des Schlusses der mündlichen Verhandlung der Zeitpunkt, bis zu dem Schriftsätze eingereicht werden können; vgl. Art. 3 Abs. 1 2. ZwangsvollstrNov. v. 17. 12. 1997 (BGBl. I S. 3039). Diese Fassung lautet:
„11. andere Urteile in vermögensrechtlichen Streitigkeiten, wenn der Gegenstand der Verurteilung in der Hauptsache eintausendfünfhundert Deutsche Mark nicht übersteigt oder wenn nur die Entscheidung über die Kosten vollstreckbar ist und eine Vollstreckung im Wert von nicht mehr als zweitausend Deutsche Mark ermöglicht."

Schwierigkeiten leisten, so ist das Urteil auf Antrag auch ohne Sicherheitsleistung für vorläufig vollstreckbar zu erklären, wenn die Aussetzung der Vollstreckung dem Gläubiger einen schwer zu ersetzenden oder schwer abzusehenden Nachteil bringen würde oder aus einem sonstigen Grunde für den Gläubiger unbillig wäre, insbesondere weil er die Leistung für seine Lebenshaltung oder seine Erwerbstätigkeit dringend benötigt.

§ 711 Abwendungsbefugnis. [1] In den Fällen des § 708 Nr. 4 bis 11 hat das Gericht auszusprechen, daß der Schuldner die Vollstreckung durch Sicherheitsleistung oder Hinterlegung abwenden darf, wenn nicht der Gläubiger vor der Vollstreckung Sicherheit leistet. [2] § 709 Satz 2 gilt entsprechend, für den Schuldner jedoch mit der Maßgabe, dass Sicherheit in einem bestimmten Verhältnis zur Höhe des aufgrund des Urteils vollstreckbaren Betrages zu leisten ist. [3] Für den Gläubiger gilt § 710 entsprechend.

§ 712 Schutzantrag des Schuldners. (1) [1] Würde die Vollstreckung dem Schuldner einen nicht zu ersetzenden Nachteil bringen, so hat ihm das Gericht auf Antrag zu gestatten, die Vollstreckung durch Sicherheitsleistung oder Hinterlegung ohne Rücksicht auf eine Sicherheitsleistung des Gläubigers abzuwenden; § 709 Satz 2 gilt in den Fällen des § 709 Satz 1 entsprechend. [2] Ist der Schuldner dazu nicht in der Lage, so ist das Urteil nicht für vorläufig vollstreckbar zu erklären oder die Vollstreckung auf die in § 720 a Abs. 1, 2 bezeichneten Maßregeln zu beschränken.

(2) [1] Dem Antrag des Schuldners ist nicht zu entsprechen, wenn ein überwiegendes Interesse des Gläubigers entgegensteht. [2] In den Fällen des § 708 kann das Gericht anordnen, daß das Urteil nur gegen Sicherheitsleistung vorläufig vollstreckbar ist.

§ 713 Unterbleiben von Schuldnerschutzanordnungen. Die in den §§ 711, 712 zugunsten des Schuldners zugelassenen Anordnungen sollen nicht ergehen, wenn die Voraussetzungen, unter denen ein Rechtsmittel gegen das Urteil stattfindet, unzweifelhaft nicht vorliegen.

§ 714 Anträge zur vorläufigen Vollstreckbarkeit. (1) Anträge nach den §§ 710, 711 Satz 3, § 712 sind vor Schluß der mündlichen Verhandlung zu stellen, auf die das Urteil ergeht.

(2) Die tatsächlichen Voraussetzungen sind glaubhaft zu machen.

§ 715 Rückgabe der Sicherheit. (1) [1] Das Gericht, das eine Sicherheitsleistung des Gläubigers angeordnet oder zugelassen hat, ordnet auf Antrag die Rückgabe der Sicherheit an, wenn ein Zeugnis über die Rechtskraft des für vorläufig vollstreckbar erklärten Urteils vorgelegt wird. [2] Ist die Sicherheit durch eine Bürgschaft bewirkt worden, so ordnet das Gericht das Erlöschen der Bürgschaft an.

(2) § 109 Abs. 3 gilt entsprechend.

§ 716 Ergänzung des Urteils Ist über die vorläufige Vollstreckbarkeit nicht entschieden, so sind wegen Ergänzung des Urteils die Vorschriften des § 321 anzuwenden.

§ 717 Wirkungen eines aufhebenden oder abändernden Urteils.

(1) Die vorläufige Vollstreckbarkeit tritt mit der Verkündung eines Urteils, das die Entscheidung in der Hauptsache oder die Vollstreckbarkeitserklärung aufhebt oder abändert, insoweit außer Kraft, als die Aufhebung oder Abänderung ergeht.

(2) [1]Wird ein für vorläufig vollstreckbar erklärtes Urteil aufgehoben oder abgeändert, so ist der Kläger zum Ersatz des Schadens verpflichtet, der dem Beklagten durch die Vollstreckung des Urteils oder durch eine zur Abwendung der Vollstreckung gemachte Leistung entstanden ist. [2]Der Beklagte kann den Anspruch auf Schadensersatz in dem anhängigen Rechtsstreit geltend machen; wird der Anspruch geltend gemacht, so ist er als zur Zeit der Zahlung oder Leistung rechtshängig geworden anzusehen.

(3) [1]Die Vorschriften des Absatzes 2 sind auf die im § 708 Nr. 10 bezeichneten Urteile der Oberlandesgerichte, mit Ausnahme der Versäumnisurteile, nicht anzuwenden. [2]Soweit ein solches Urteil aufgehoben oder abgeändert wird, ist der Kläger auf Antrag des Beklagten zur Erstattung des von diesem auf Grund des Urteils Gezahlten oder Geleisteten zu verurteilen. [3]Die Erstattungspflicht des Klägers bestimmt sich nach den Vorschriften über die Herausgabe einer ungerechtfertigten Bereicherung. [4]Wird der Antrag gestellt, so ist der Anspruch auf Erstattung als zur Zeit der Zahlung oder Leistung rechtshängig geworden anzusehen; die mit der Rechtshängigkeit nach den Vorschriften des bürgerlichen Rechts verbundenen Wirkungen treten mit der Zahlung oder Leistung auch dann ein, wenn der Antrag nicht gestellt wird.

§ 718 Vorabentscheidung über vorläufige Vollstreckbarkeit.

(1) In der Berufungsinstanz ist über die vorläufige Vollstreckbarkeit auf Antrag vorab zu verhandeln und zu entscheiden.

(2) Eine Anfechtung der in der Berufungsinstanz über die vorläufige Vollstreckbarkeit erlassenen Entscheidung findet nicht statt.

§ 719 Einstweilige Einstellung bei Rechtsmittel und Einspruch.

(1) [1]Wird gegen ein für vorläufig vollstreckbar erklärtes Urteil der Einspruch oder die Berufung eingelegt, so gelten die Vorschriften des § 707 entsprechend. [2]Die Zwangsvollstreckung aus einem Versäumnisurteil darf nur gegen Sicherheitsleistung eingestellt werden, es sei denn, daß das Versäumnisurteil nicht in gesetzlicher Weise ergangen ist oder die säumige Partei glaubhaft macht, daß ihre Säumnis unverschuldet war.

(2) [1]Wird Revision gegen ein für vorläufig vollstreckbar erklärtes Urteil eingelegt, so ordnet das Revisionsgericht auf Antrag an, daß die Zwangsvollstreckung einstweilen eingestellt wird, wenn die Vollstreckung dem Schuldner einen nicht zu ersetzenden Nachteil bringen würde und nicht ein überwiegendes Interesse des Gläubigers entgegensteht. [2]Die Parteien haben die tatsächlichen Voraussetzungen glaubhaft zu machen.

(3) Die Entscheidung ergeht durch Beschluss.

§ 720 Hinterlegung bei Abwendung der Vollstreckung.

Darf der Schuldner nach § 711 Satz 1, § 712 Abs. 1 Satz 1 die Vollstreckung durch Sicherheitsleistung oder Hinterlegung abwenden, so ist gepfändetes Geld oder der Erlös gepfändeter Gegenstände zu hinterlegen.

§ 720a Sicherungsvollstreckung. (1) ¹Aus einem nur gegen Sicherheit vorläufig vollstreckbaren Urteil, durch das der Schuldner zur Leistung von Geld verurteilt worden ist, darf der Gläubiger ohne Sicherheitsleistung die Zwangsvollstreckung insoweit betreiben, als

a) bewegliches Vermögen gepfändet wird,
b) im Wege der Zwangsvollstreckung in das unbewegliche Vermögen eine Sicherungshypothek oder Schiffshypothek eingetragen wird.

²Der Gläubiger kann sich aus dem belasteten Gegenstand nur nach Leistung der Sicherheit befriedigen.

(2) Für die Zwangsvollstreckung in das bewegliche Vermögen gilt § 930 Abs. 2, 3 entsprechend.

(3) Der Schuldner ist befugt, die Zwangsvollstreckung nach Absatz 1 durch Leistung einer Sicherheit in Höhe des Hauptanspruchs abzuwenden, wegen dessen der Gläubiger vollstrecken kann, wenn nicht der Gläubiger vorher die ihm obliegende Sicherheit geleistet hat.

§ 721 Räumungsfrist. (1) ¹Wird auf Räumung von Wohnraum erkannt, so kann das Gericht auf Antrag oder von Amts wegen dem Schuldner eine den Umständen nach angemessene Räumungsfrist gewähren. ²Der Antrag ist vor dem Schluß der mündlichen Verhandlung zu stellen, auf die das Urteil ergeht. ³Ist der Antrag bei der Entscheidung übergangen, so gilt § 321; bis zur Entscheidung kann das Gericht auf Antrag die Zwangsvollstreckung wegen des Räumungsanspruchs einstweilen einstellen.

(2) ¹Ist auf künftige Räumung erkannt und über eine Räumungsfrist noch nicht entschieden, so kann dem Schuldner eine den Umständen nach angemessene Räumungsfrist gewährt werden, wenn er spätestens zwei Wochen vor dem Tage, an dem nach dem Urteil zu räumen ist, einen Antrag stellt. ²§§ 233 bis 238 gelten sinngemäß.

(3) ¹Die Räumungsfrist kann auf Antrag verlängert oder verkürzt werden. ²Der Antrag auf Verlängerung ist spätestens zwei Wochen vor Ablauf der Räumungsfrist zu stellen. ³§§ 233 bis 238 gelten sinngemäß.

(4) ¹Über Anträge nach den Absätzen 2 oder 3 entscheidet das Gericht erster Instanz, solange die Sache in der Berufungsinstanz anhängig ist, das Berufungsgericht. ²Die Entscheidung ergeht durch Beschluss. ³Vor der Entscheidung ist der Gegner zu hören. ⁴Das Gericht ist befugt, die im § 732 Abs. 2 bezeichneten Anordnungen zu erlassen.

(5) ¹Die Räumungsfrist darf insgesamt nicht mehr als ein Jahr betragen. ²Die Jahresfrist rechnet vom Tage der Rechtskraft des Urteils oder, wenn nach einem Urteil auf künftige Räumung an einem späteren Tage zu räumen ist, von diesem Tage an.

(6) Die sofortige Beschwerde findet statt
1. gegen Urteile, durch die auf Räumung von Wohnraum erkannt ist, wenn sich das Rechtsmittel lediglich gegen die Versagung, Gewährung oder Bemessung einer Räumungsfrist richtet;
2. gegen Beschlüsse über Anträge nach den Absätzen 2 oder 3.

(7) ¹Die Absätze 1 bis 6 gelten nicht für Mietverhältnisse über Wohnraum im Sinne des § 549 Abs. 2 Nr. 3 sowie in den Fällen des § 575 des Bürgerlichen Gesetzbuchs. ²Endet ein Mietverhältnis im Sinne des § 575 des Bürger-

Allgemeine Vorschriften §§ 722–727 ZPO 1

lichen Gesetzbuchs durch außerordentliche Kündigung, kann eine Räumungsfrist höchstens bis zum vertraglich bestimmten Zeitpunkt der Beendigung gewährt werden.

§ 722 Vollstreckbarkeit ausländischer Urteile. (1) Aus dem Urteil eines ausländischen Gerichts findet die Zwangsvollstreckung nur statt, wenn ihre Zulässigkeit durch ein Vollstreckungsurteil ausgesprochen ist.

(2) Für die Klage auf Erlaß des Urteils ist das Amtsgericht oder Landgericht, bei dem der Schuldner seinen allgemeinen Gerichtsstand hat, und sonst das Amtsgericht oder Landgericht zuständig, bei dem nach § 23 gegen den Schuldner Klage erhoben werden kann.

§ 723 Vollstreckungsurteil. (1) Das Vollstreckungsurteil ist ohne Prüfung der Gesetzmäßigkeit der Entscheidung zu erlassen.

(2) [1] Das Vollstreckungsurteil ist erst zu erlassen, wenn das Urteil des ausländischen Gerichts nach dem für dieses Gericht geltenden Recht die Rechtskraft erlangt hat. [2] Es ist nicht zu erlassen, wenn die Anerkennung des Urteils nach § 328 ausgeschlossen ist.

§ 724 Vollstreckbare Ausfertigung. (1) Die Zwangsvollstreckung wird auf Grund einer mit der Vollstreckungsklausel versehenen Ausfertigung des Urteils (vollstreckbare Ausfertigung) durchgeführt.

(2) Die vollstreckbare Ausfertigung wird von dem Urkundsbeamten der Geschäftsstelle des Gerichts des ersten Rechtszuges und, wenn der Rechtsstreit in einem höheren Gericht anhängig ist, von dem Urkundsbeamten der Geschäftsstelle dieses Gerichts erteilt.

§ 725 Vollstreckungsklausel. Die Vollstreckungsklausel:
„Vorstehende Ausfertigung wird dem usw. (Bezeichnung der Partei) zum Zwecke der Zwangsvollstreckung erteilt"
ist der Ausfertigung des Urteils am Schluß beizufügen, von dem Urkundsbeamten der Geschäftsstelle zu unterschreiben und mit dem Gerichtssiegel zu versehen.

§ 726 Vollstreckbare Ausfertigung bei bedingten Leistungen. (1) Von Urteilen, deren Vollstreckung nach ihrem Inhalt von dem durch den Gläubiger zu beweisenden Eintritt einer anderen Tatsache als einer dem Gläubiger obliegenden Sicherheitsleistung abhängt, darf eine vollstreckbare Ausfertigung nur erteilt werden, wenn der Beweis durch öffentliche oder öffentlich beglaubigte Urkunden geführt wird.

(2) Hängt die Vollstreckung von einer Zug um Zug zu bewirkenden Leistung des Gläubigers an den Schuldner ab, so ist der Beweis, daß der Schuldner befriedigt oder im Verzug der Annahme ist, nur dann erforderlich, wenn die dem Schuldner obliegende Leistung in der Abgabe einer Willenserklärung besteht.

§ 727[1] Vollstreckbare Ausfertigung für und gegen Rechtsnachfolger. (1) Eine vollstreckbare Ausfertigung kann für den Rechtsnachfolger des

---

[1] Beachte auch §§ 90 und 91 BundessozialhilfeG idF der Bek. v. 23. 3. 1994 (BGBl. I S. 646); abgedruckt in dtv 5567 „BSHG".

in dem Urteil bezeichneten Gläubigers sowie gegen denjenigen Rechtsnachfolger des in dem Urteil bezeichneten Schuldners und denjenigen Besitzer der in Streit befangenen Sache, gegen die das Urteil nach § 325 wirksam ist, erteilt werden, sofern die Rechtsnachfolge oder das Besitzverhältnis bei dem Gericht offenkundig ist oder durch öffentliche oder öffentlich beglaubigte Urkunden nachgewiesen wird.

(2) Ist die Rechtsnachfolge oder das Besitzverhältnis bei dem Gericht offenkundig, so ist dies in der Vollstreckungsklausel zu erwähnen.

§ 728 Vollstreckbare Ausfertigung bei Nacherbe oder Testamentsvollstrecker. (1) Ist gegenüber dem Vorerben ein nach § 326 dem Nacherben gegenüber wirksames Urteil ergangen, so sind auf die Erteilung einer vollstreckbaren Ausfertigung für und gegen den Nacherben die Vorschriften des § 727 entsprechend anzuwenden.

(2) ¹Das gleiche gilt, wenn gegenüber einem Testamentsvollstrecker ein nach § 327 dem Erben gegenüber wirksames Urteil ergangen ist, für die Erteilung einer vollstreckbaren Ausfertigung für und gegen den Erben. ²Eine vollstreckbare Ausfertigung kann gegen den Erben erteilt werden, auch wenn die Verwaltung des Testamentsvollstreckers noch besteht.

§ 729 Vollstreckbare Ausfertigung gegen Vermögens- und Firmenübernehmer. (1) Hat jemand das Vermögen eines anderen durch Vertrag mit diesem nach der rechtskräftigen Feststellung einer Schuld des anderen übernommen, so sind auf die Erteilung einer vollstreckbaren Ausfertigung des Urteils gegen den Übernehmer die Vorschriften des § 727 entsprechend anzuwenden.

(2) Das gleiche gilt für die Erteilung einer vollstreckbaren Ausfertigung gegen denjenigen, der ein unter Lebenden erworbenes Handelsgeschäft unter der bisherigen Firma fortführt, in Ansehung der Verbindlichkeiten, für die er nach § 25 Abs. 1 Satz 1, Abs. 2 des Handelsgesetzbuchs haftet, sofern sie vor dem Erwerb des Geschäfts gegen den früheren Inhaber rechtskräftig festgestellt worden sind.

§ 730 Anhörung des Schuldners. In den Fällen des § 726 Abs. 1 und der §§ 727 bis 729 kann der Schuldner vor der Erteilung der vollstreckbaren Ausfertigung gehört werden.

§ 731 Klage auf Erteilung der Vollstreckungsklausel. Kann der nach dem § 726 Abs. 1 und den §§ 727 bis 729 erforderliche Nachweis durch öffentliche oder öffentlich beglaubigte Urkunden nicht geführt werden, so hat der Gläubiger bei dem Prozeßgericht des ersten Rechtszuges aus dem Urteil auf Erteilung der Vollstreckungsklausel Klage zu erheben.

§ 732 Erinnerung gegen Erteilung der Vollstreckungsklausel.
(1) ¹Über Einwendungen des Schuldners, welche die Zulässigkeit der Vollstreckungsklausel betreffen, entscheidet das Gericht, von dessen Geschäftsstelle die Vollstreckungsklausel erteilt ist. ²Die Entscheidung ergeht durch Beschluss.

(2) Das Gericht kann vor der Entscheidung eine einstweilige Anordnung erlassen; es kann insbesondere anordnen, daß die Zwangsvollstreckung gegen

oder ohne Sicherheitsleistung einstweilen einzustellen oder nur gegen Sicherheitsleistung fortzusetzen sei.

§ 733 Weitere vollstreckbare Ausfertigung. (1) Vor der Erteilung einer weiteren vollstreckbaren Ausfertigung kann der Schuldner gehört werden, sofern nicht die zuerst erteilte Ausfertigung zurückgegeben wird.

(2) Die Geschäftsstelle hat von der Erteilung der weiteren Ausfertigung den Gegner in Kenntnis zu setzen.

(3) Die weitere Ausfertigung ist als solche ausdrücklich zu bezeichnen.

§ 734 Vermerk über Ausfertigungserteilung auf der Urteilsurschrift. Vor der Aushändigung einer vollstreckbaren Ausfertigung ist auf der Urschrift des Urteils zu vermerken, für welche Partei und zu welcher Zeit die Ausfertigung erteilt ist.

§ 735 Zwangsvollstreckung gegen nicht rechtsfähigen Verein. Zur Zwangsvollstreckung in das Vermögen eines nicht rechtsfähigen Vereins genügt ein gegen den Verein ergangenes Urteil.

§ 736 Zwangsvollstreckung gegen BGB-Gesellschaft. Zur Zwangsvollstreckung in das Gesellschaftsvermögen einer nach § 705 des Bürgerlichen Gesetzbuchs eingegangenen Gesellschaft ist ein gegen alle Gesellschafter ergangenes Urteil erforderlich.

§ 737 Zwangsvollstreckung bei Vermögens- oder Erbschaftsnießbrauch. (1) Bei dem Nießbrauch an einem Vermögen ist wegen der vor der Bestellung des Nießbrauchs entstandenen Verbindlichkeiten des Bestellers die Zwangsvollstreckung in die dem Nießbrauch unterliegenden Gegenstände ohne Rücksicht auf den Nießbrauch zulässig, wenn der Besteller zu der Leistung und der Nießbraucher zur Duldung der Zwangsvollstreckung verurteilt ist.

(2) Das gleiche gilt bei dem Nießbrauch an einer Erbschaft für die Nachlaßverbindlichkeiten.

§ 738 Vollstreckbare Ausfertigung gegen Nießbraucher. (1) Ist die Bestellung des Nießbrauchs an einem Vermögen nach der rechtskräftigen Feststellung einer Schuld des Bestellers erfolgt, so sind auf die Erteilung einer in Ansehung der dem Nießbrauch unterliegenden Gegenstände vollstreckbaren Ausfertigung des Urteils gegen den Nießbraucher die Vorschriften der §§ 727, 730 bis 732 entsprechend anzuwenden.

(2) Das gleiche gilt bei dem Nießbrauch an einer Erbschaft für die Erteilung einer vollstreckbaren Ausfertigung des gegen den Erblasser ergangenen Urteils.

§ 739 Gewahrsamsvermutung bei Zwangsvollstreckung gegen Ehegatten und Lebenspartner. (1) Wird zugunsten der Gläubiger eines Ehemannes oder der Gläubiger einer Ehefrau gemäß § 1362 des Bürgerlichen Gesetzbuchs vermutet, daß der Schuldner Eigentümer beweglicher Sachen ist, so gilt, unbeschadet der Rechte Dritter, für die Durchführung der Zwangsvollstreckung nur der Schuldner als Gewahrsamsinhaber und Besitzer.

(2) Absatz 1 gilt entsprechend für die Vermutung des § 8 Abs. 1 des Lebenspartnerschaftsgesetzes zugunsten der Gläubiger eines der Lebenspartner.

§ 740 Zwangsvollstreckung in das Gesamtgut. (1) Leben die Ehegatten in Gütergemeinschaft und verwaltet einer von ihnen das Gesamtgut allein, so ist zur Zwangsvollstreckung in das Gesamtgut ein Urteil gegen diesen Ehegatten erforderlich und genügend.

(2) Verwalten die Ehegatten das Gesamtgut gemeinschaftlich, so ist die Zwangsvollstreckung in das Gesamtgut nur zulässig, wenn beide Ehegatten zur Leistung verurteilt sind.

§ 741 Zwangsvollstreckung in das Gesamtgut bei Erwerbsgeschäft. Betreibt ein Ehegatte, der in Gütergemeinschaft lebt und das Gesamtgut nicht oder nicht allein verwaltet, selbständig ein Erwerbsgeschäft, so ist zur Zwangsvollstreckung in das Gesamtgut ein gegen ihn ergangenes Urteil genügend, es sei denn, daß zur Zeit des Eintritts der Rechtshängigkeit der Einspruch des anderen Ehegatten gegen den Betrieb des Erwerbsgeschäfts oder der Widerruf seiner Einwilligung zu dem Betrieb im Güterrechtsregister eingetragen war.

§ 742 Vollstreckbare Ausfertigung bei Gütergemeinschaft während des Rechtsstreits. Ist die Gütergemeinschaft erst eingetreten, nachdem ein von einem Ehegatten oder gegen einen Ehegatten geführter Rechtsstreit rechtshängig geworden ist, und verwaltet dieser Ehegatte das Gesamtgut nicht oder nicht allein, so sind auf die Erteilung einer in Ansehung des Gesamtgutes vollstreckbaren Ausfertigung des Urteils für oder gegen den anderen Ehegatten die Vorschriften der §§ 727, 730 bis 732 entsprechend anzuwenden.

§ 743 Beendete Gütergemeinschaft. Nach der Beendigung der Gütergemeinschaft ist vor der Auseinandersetzung die Zwangsvollstreckung in das Gesamtgut nur zulässig, wenn beide Ehegatten zu der Leistung oder der eine Ehegatte zu der Leistung und der andere zur Duldung der Zwangsvollstreckung verurteilt sind.

§ 744 Vollstreckbare Ausfertigung bei beendeter Gütergemeinschaft. Ist die Beendigung der Gütergemeinschaft nach der Beendigung eines Rechtsstreits des Ehegatten eingetreten, der das Gesamtgut allein verwaltet, so sind auf die Erteilung einer in Ansehung des Gesamtgutes vollstreckbaren Ausfertigung des Urteils gegen den anderen Ehegatten die Vorschriften der §§ 727, 730 bis 732 entsprechend anzuwenden.

§ 744a Zwangsvollstreckung bei Eigentums- und Vermögensgemeinschaft. Leben die Ehegatten gemäß Artikel 234 § 4 Abs. 2 des Einführungsgesetzes zum Bürgerlichen Gesetzbuch im Güterstand der Eigentums- und Vermögensgemeinschaft, sind für die Zwangsvollstreckung in Gegenstände des gemeinschaftlichen Eigentums und Vermögens die §§ 740 bis 744, 774 und 860 entsprechend anzuwenden.

§ 745 Zwangsvollstreckung bei fortgesetzter Gütergemeinschaft.
(1) Im Falle der fortgesetzten Gütergemeinschaft ist zur Zwangsvollstreckung in das Gesamtgut ein gegen den überlebenden Ehegatten ergangenes Urteil erforderlich und genügend.

(2) Nach der Beendigung der fortgesetzten Gütergemeinschaft gelten die Vorschriften der §§ 743, 744 mit der Maßgabe, daß an die Stelle des Ehegatten, der das Gesamtgut allein verwaltet, der überlebende Ehegatte, an die Stelle des anderen Ehegatten die anteilsberechtigten Abkömmlinge treten.

§ 746. *(aufgehoben)*

§ 747 Zwangsvollstreckung in ungeteilten Nachlass. Zur Zwangsvollstreckung in einen Nachlaß ist, wenn mehrere Erben vorhanden sind, bis zur Teilung ein gegen alle Erben ergangenes Urteil erforderlich.

§ 748 Zwangsvollstreckung bei Testamentsvollstrecker. (1) Unterliegt ein Nachlaß der Verwaltung eines Testamentsvollstreckers, so ist zur Zwangsvollstreckung in den Nachlaß ein gegen den Testamentsvollstrecker ergangenes Urteil erforderlich und genügend.

(2) Steht dem Testamentsvollstrecker nur die Verwaltung einzelner Nachlaßgegenstände zu, so ist die Zwangsvollstreckung in diese Gegenstände nur zulässig, wenn der Erbe zu der Leistung, der Testamentsvollstrecker zur Duldung der Zwangsvollstreckung verurteilt ist.

(3) Zur Zwangsvollstreckung wegen eines Pflichtteilsanspruchs ist im Falle des Absatzes 1 wie im Falle des Absatzes 2 ein sowohl gegen den Erben als gegen den Testamentsvollstrecker ergangenes Urteil erforderlich.

§ 749 Vollstreckbare Ausfertigung für und gegen Testamentsvollstrecker. [1] Auf die Erteilung einer vollstreckbaren Ausfertigung eines für oder gegen den Erblasser ergangenen Urteils für oder gegen den Testamentsvollstrecker sind die Vorschriften der §§ 727, 730 bis 732 entsprechend anzuwenden. [2] Auf Grund einer solchen Ausfertigung ist die Zwangsvollstreckung nur in die der Verwaltung des Testamentsvollstreckers unterliegenden Nachlaßgegenstände zulässig.

§ 750 Voraussetzung der Zwangsvollstreckung. (1) [1] Die Zwangsvollstreckung darf nur beginnen, wenn die Personen, für und gegen die sie stattfinden soll, in dem Urteil oder in der ihm beigefügten Vollstreckungsklausel namentlich bezeichnet sind und das Urteil bereits zugestellt ist oder gleichzeitig zugestellt wird. [2] Eine Zustellung durch den Gläubiger genügt; in diesem Fall braucht die Ausfertigung des Urteils Tatbestand und Entscheidungsgründe nicht zu enthalten.

(2) Handelt es sich um die Vollstreckung eines Urteils, dessen vollstreckbare Ausfertigung nach § 726 Abs. 1 erteilt worden ist, oder soll ein Urteil, das nach den §§ 727 bis 729, 738, 742, 744, dem § 745 Abs. 2 und dem § 749 für oder gegen eine der dort bezeichneten Personen wirksam ist, für oder gegen eine dieser Personen vollstreckt werden, so muß außer dem zu vollstreckenden Urteil auch die ihm beigefügte Vollstreckungsklausel und, sofern die Vollstreckungsklausel auf Grund öffentlicher oder öffentlich beglaubigter Urkunden erteilt ist, auch eine Abschrift dieser Urkunden vor Beginn der Zwangsvollstreckung zugestellt sein oder gleichzeitig mit ihrem Beginn zugestellt werden.

(3) Eine Zwangsvollstreckung nach § 720a darf nur beginnen, wenn das Urteil und die Vollstreckungsklausel mindestens zwei Wochen vorher zugestellt sind.

§ 751 Bedingungen für Vollstreckungsbeginn. (1) Ist die Geltendmachung des Anspruchs von dem Eintritt eines Kalendertages abhängig, so darf die Zwangsvollstreckung nur beginnen, wenn der Kalendertag abgelaufen ist.

(2) Hängt die Vollstreckung von einer dem Gläubiger obliegenden Sicherheitsleistung ab, so darf mit der Zwangsvollstreckung nur begonnen oder sie nur fortgesetzt werden, wenn die Sicherheitsleistung durch eine öffentliche oder öffentlich beglaubigte Urkunde nachgewiesen und eine Abschrift dieser Urkunde bereits zugestellt ist oder gleichzeitig zugestellt wird.

§ 752 Sicherheitsleistung bei Teilvollstreckung. [1]Vollstreckt der Gläubiger im Fall des § 751 Abs. 2 nur wegen eines Teilbetrages, so bemißt sich die Höhe der Sicherheitsleistung nach dem Verhältnis des Teilbetrages zum Gesamtbetrag. [2]Darf der Schuldner in den Fällen des § 709 die Vollstreckung gemäß § 712 Abs. 1 Satz 1 abwenden, so gilt für ihn Satz 1 entsprechend.

§ 753 Vollstreckung durch Gerichtsvollzieher. (1) Die Zwangsvollstreckung wird, soweit sie nicht den Gerichten zugewiesen ist, durch Gerichtsvollzieher durchgeführt, die sie im Auftrag des Gläubigers zu bewirken haben.

(2) [1]Der Gläubiger kann wegen Erteilung des Auftrags zur Zwangsvollstreckung die Mitwirkung der Geschäftsstelle in Anspruch nehmen. [2]Der von der Geschäftsstelle beauftragte Gerichtsvollzieher gilt als von dem Gläubiger beauftragt.

§ 754 Vollstreckungsauftrag. In dem schriftlichen oder mündlichen Auftrag zur Zwangsvollstreckung in Verbindung mit der Übergabe der vollstreckbaren Ausfertigung liegt die Beauftragung des Gerichtsvollziehers, die Zahlungen oder sonstigen Leistungen in Empfang zu nehmen, über das Empfangene wirksam zu quittieren und dem Schuldner, wenn dieser seiner Verbindlichkeit genügt hat, die vollstreckbare Ausfertigung auszuliefern.

§ 755 Ermächtigung des Gerichtsvollziehers. [1]Dem Schuldner und Dritten gegenüber wird der Gerichtsvollzieher zur Vornahme der Zwangsvollstreckung und der im § 754 bezeichneten Handlungen durch den Besitz der vollstreckbaren Ausfertigung ermächtigt. [2]Der Mangel oder die Beschränkung des Auftrags kann diesen Personen gegenüber von dem Gläubiger nicht geltend gemacht werden.

§ 756 Zwangsvollstreckung bei Leistung Zug um Zug. (1) Hängt die Vollstreckung von einer Zug um Zug zu bewirkenden Leistung des Gläubigers an den Schuldner ab, so darf der Gerichtsvollzieher die Zwangsvollstreckung nicht beginnen, bevor er dem Schuldner die diesem gebührende Leistung in einer den Verzug der Annahme begründenden Weise angeboten hat, sofern nicht der Beweis, daß der Schuldner befriedigt oder im Verzug der Annahme ist, durch öffentliche oder öffentlich beglaubigte Urkunden geführt wird und eine Abschrift dieser Urkunden bereits zugestellt ist oder gleichzeitig zugestellt wird.

(2) Der Gerichtsvollzieher darf mit der Zwangsvollstreckung beginnen, wenn der Schuldner auf das wörtliche Angebot des Gerichtsvollziehers erklärt, daß er die Leistung nicht annehmen werde.

§ 757 Übergabe des Titels und Quittung. (1) Der Gerichtsvollzieher hat nach Empfang der Leistungen dem Schuldner die vollstreckbare Ausfertigung nebst einer Quittung auszuliefern, bei teilweiser Leistung diese auf der vollstreckbaren Ausfertigung zu vermerken und dem Schuldner Quittung zu erteilen.

(2) Das Recht des Schuldners, nachträglich eine Quittung des Gläubigers selbst zu fordern, wird durch diese Vorschriften nicht berührt.

§ 758 Durchsuchung; Gewaltanwendung. (1) Der Gerichtsvollzieher ist befugt, die Wohnung und die Behältnisse des Schuldners zu durchsuchen, soweit der Zweck der Vollstreckung dies erfordert.

(2) Er ist befugt, die verschlossenen Haustüren, Zimmertüren und Behältnisse öffnen zu lassen.

(3) Er ist, wenn er Widerstand findet, zur Anwendung von Gewalt befugt und kann zu diesem Zwecke die Unterstützung der polizeilichen Vollzugsorgane nachsuchen.

§ 758a Richterliche Durchsuchungsanordnung; Vollstreckung zur Unzeit. (1) [1]Die Wohnung des Schuldners darf ohne dessen Einwilligung nur auf Grund einer Anordnung des Richters bei dem Amtsgericht durchsucht werden, in dessen Bezirk die Durchsuchung erfolgen soll. [2]Dies gilt nicht, wenn die Einholung der Anordnung den Erfolg der Durchsuchung gefährden würde.

(2) Auf die Vollstreckung eines Titels auf Räumung oder Herausgabe von Räumen und auf die Vollstreckung eines Haftbefehls nach § 901 ist Absatz 1 nicht anzuwenden.

(3) [1]Willigt der Schuldner in die Durchsuchung ein oder ist eine Anordnung gegen ihn nach Absatz 1 Satz 1 ergangen oder nach Absatz 1 Satz 2 entbehrlich, so haben Personen, die Mitgewahrsam an der Wohnung des Schuldners haben, die Durchsuchung zu dulden. [2]Unbillige Härten gegenüber Mitgewahrsamsinhabern sind zu vermeiden.

(4)[1]) Der Gerichtsvollzieher nimmt eine Vollstreckungshandlung zur Nachtzeit und an Sonn- und Feiertagen nicht vor, wenn dies für den Schuldner und die Mitgewahrsamsinhaber eine unbillige Härte darstellt oder der zu erwartende Erfolg in einem Mißverhältnis zu dem Eingriff steht, in Wohnungen nur auf Grund einer besonderen Anordnung des Richters bei dem Amtsgericht.

(5) Die Anordnung nach Absatz 1 ist bei der Zwangsvollstreckung vorzuzeigen.

---

[1]) In § 758a Abs. 4 wird **mWv 1. 7. 2002** folgender Satz angefügt: „[2]Die Nachtzeit umfasst die Stunden von einundzwanzig bis sechs Uhr."

§ 759 Zuziehung von Zeugen. Wird bei einer Vollstreckungshandlung Widerstand geleistet oder ist bei einer in der Wohnung des Schuldners vorzunehmenden Vollstreckungshandlung weder der Schuldner noch eine zu seiner Familie gehörige oder in dieser Familie dienende erwachsene Person anwesend, so hat der Gerichtsvollzieher zwei erwachsene Personen oder einen Gemeinde- oder Polizeibeamten als Zeugen zuzuziehen.

§ 760 Akteneinsicht; Aktenabschrift. Jeder Person, die bei dem Vollstreckungsverfahren beteiligt ist, muß auf Begehren Einsicht der Akten des Gerichtsvollziehers gestattet und Abschrift einzelner Aktenstücke erteilt werden.

§ 761. *(aufgehoben)*

§ 762 Protokoll über Vollstreckungshandlungen. (1) Der Gerichtsvollzieher hat über jede Vollstreckungshandlung ein Protokoll aufzunehmen.

(2) Das Protokoll muß enthalten:
1. Ort und Zeit der Aufnahme;
2. den Gegenstand der Vollstreckungshandlung unter kurzer Erwähnung der wesentlichen Vorgänge;
3. die Namen der Personen, mit denen verhandelt ist;
4. die Unterschrift dieser Personen und den Vermerk, daß die Unterzeichnung nach Vorlesung oder Vorlegung zur Durchsicht und nach Genehmigung erfolgt sei;
5. die Unterschrift des Gerichtsvollziehers.

(3) Hat einem der unter Nummer 4 bezeichneten Erfordernisse nicht genügt werden können, so ist der Grund anzugeben.

§ 763 Aufforderungen und Mitteilungen. (1) Die Aufforderungen und sonstigen Mitteilungen, die zu den Vollstreckungshandlungen gehören, sind von dem Gerichtsvollzieher mündlich zu erlassen und vollständig in das Protokoll aufzunehmen.

(2) *Fassung des Satz 1 bis 30. 6. 2002:*
[1] Kann dies mündlich nicht ausgeführt werden, so hat der Gerichtsvollzieher eine Abschrift des Protokolls unter entsprechender Anwendung der §§ 181 bis 186 zuzustellen oder durch die Post zu übersenden.
Fassung des Satz 1 ab 1. 7. 2002:
[1] Kann dies mündlich nicht ausgeführt werden, so hat der Gerichtsvollzieher eine Abschrift des Protokolls zuzustellen oder durch die Post zu übersenden.
[2] Es muß im Protokoll vermerkt werden, daß diese Vorschrift befolgt ist.
[3] Eine öffentliche Zustellung findet nicht statt.

§ 764 Vollstreckungsgericht. (1) Die den Gerichten zugewiesene Anordnung von Vollstreckungshandlungen und Mitwirkung bei solchen gehört zur Zuständigkeit der Amtsgerichte als Vollstreckungsgerichte.

(2) Als Vollstreckungsgericht ist, sofern nicht das Gesetz ein anderes Amtsgericht bezeichnet, das Amtsgericht anzusehen, in dessen Bezirk das Vollstreckungsverfahren stattfinden soll oder stattgefunden hat.

Allgemeine Vorschriften §§ 765, 765a ZPO 1

(3) Die Entscheidungen des Vollstreckungsgerichts ergehen durch Beschluss.

§ 765 Vollstreckungsgerichtliche Anordnungen bei Leistung Zug um Zug. Hängt die Vollstreckung von einer Zug um Zug zu bewirkenden Leistung des Gläubigers an den Schuldner ab, so darf das Vollstreckungsgericht eine Vollstreckungsmaßregel nur anordnen, wenn

1. der Beweis, daß der Schuldner befriedigt oder im Verzug der Annahme ist, durch öffentliche oder öffentlich beglaubigte Urkunden geführt wird und eine Abschrift dieser Urkunden bereits zugestellt ist; der Zustellung bedarf es nicht, wenn bereits der Gerichtsvollzieher die Zwangsvollstreckung nach § 756 Abs. 1 begonnen hatte und der Beweis durch das Protokoll des Gerichtsvollziehers geführt wird; oder

2. der Gerichtsvollzieher eine Vollstreckungsmaßnahme nach § 756 Abs. 2 durchgeführt hat und diese durch das Protokoll des Gerichtsvollziehers nachgewiesen ist.

§ 765 a[1]) **Vollstreckungsschutz.** (1) [1]Auf Antrag des Schuldners kann das Vollstreckungsgericht eine Maßnahme der Zwangsvollstreckung ganz oder teilweise aufheben, untersagen oder einstweilen einstellen, wenn die Maßnahme unter voller Würdigung des Schutzbedürfnisses des Gläubigers wegen ganz besonderer Umstände eine Härte bedeutet, die mit den guten Sitten nicht vereinbar ist. [2]Es ist befugt, die in § 732 Abs. 2 bezeichneten Anordnungen zu erlassen. [3]Betrifft die Maßnahme ein Tier, so hat das Vollstreckungsgericht bei der von ihm vorzunehmenden Abwägung die Verantwortung des Menschen für das Tier zu berücksichtigen.

(2) Eine Maßnahme zur Erwirkung der Herausgabe von Sachen kann der Gerichtsvollzieher bis zur Entscheidung des Vollstreckungsgerichts, jedoch nicht länger als eine Woche, aufschieben, wenn ihm die Voraussetzungen des Absatzes 1 Satz 1 glaubhaft gemacht werden und dem Schuldner die rechtzeitige Anrufung des Vollstreckungsgerichts nicht möglich war.

(3) In Räumungssachen ist der Antrag nach Absatz 1 spätestens zwei Wochen vor dem festgesetzten Räumungstermin zu stellen, es sei denn, daß die Gründe, auf denen der Antrag beruht, erst nach diesem Zeitpunkt entstanden sind oder der Schuldner ohne sein Verschulden an einer rechtzeitigen Antragstellung gehindert war.

(4) Das Vollstreckungsgericht hebt seinen Beschluß auf Antrag auf oder ändert ihn, wenn dies mit Rücksicht auf eine Änderung der Sachlage geboten ist.

(5) Die Aufhebung von Vollstreckungsmaßregeln erfolgt in den Fällen des Absatzes 1 Satz 1 und des Absatzes 4 erst nach Rechtskraft des Beschlusses.

---

[1]) Siehe auch § 79 Abs. 2 Gesetz über das Bundesverfassungsgericht idF der Bek. vom 11. 8. 1993 (BGBl. I S. 1473):
„**§ 79.** (2) [1]Im übrigen bleiben vorbehaltlich der Vorschrift des § 95 Abs. 2 oder einer besonderen gesetzlichen Regelung die nicht mehr anfechtbaren Entscheidungen, die auf einer gemäß § 78 für nichtig erklärten Norm beruhen, unberührt. [2]Die Vollstreckung aus einer solchen Entscheidung ist unzulässig. [3]Soweit die Zwangsvollstreckung nach den Vorschriften der Zivilprozeßordnung durchzuführen ist, gilt die Vorschrift des § 767 der Zivilprozeßordnung entsprechend. [4]Ansprüche aus ungerechtfertigter Bereicherung sind ausgeschlossen."

§ 766 Erinnerung gegen Art und Weise der Zwangsvollstreckung.
(1) [1] Über Anträge, Einwendungen und Erinnerungen, welche die Art und Weise der Zwangsvollstreckung oder das vom Gerichtsvollzieher bei ihr zu beobachtende Verfahren betreffen, entscheidet das Vollstreckungsgericht. [2] Es ist befugt, die im § 732 Abs. 2 bezeichneten Anordnungen zu erlassen.

(2) Dem Vollstreckungsgericht steht auch die Entscheidung zu, wenn ein Gerichtsvollzieher sich weigert, einen Vollstreckungsauftrag zu übernehmen oder eine Vollstreckungshandlung dem Auftrag gemäß auszuführen, oder wenn wegen der von dem Gerichtsvollzieher in Ansatz gebrachten Kosten Erinnerungen erhoben werden.

§ 767 Vollstreckungsabwehrklage. (1) Einwendungen, die den durch das Urteil festgestellten Anspruch selbst betreffen, sind von dem Schuldner im Wege der Klage bei dem Prozeßgericht des ersten Rechtszuges geltend zu machen.

(2) Sie sind nur insoweit zulässig, als die Gründe, auf denen sie beruhen, erst nach dem Schluß der mündlichen Verhandlung, in der Einwendungen nach den Vorschriften dieses Gesetzes spätestens hätten geltend gemacht werden müssen, entstanden sind und durch Einspruch nicht mehr geltend gemacht werden können.

(3) Der Schuldner muß in der von ihm zu erhebenden Klage alle Einwendungen geltend machen, die er zur Zeit der Erhebung der Klage geltend zu machen imstande war.

§ 768 Klage gegen Vollstreckungsklausel. Die Vorschriften des § 767 Abs. 1, 3 gelten entsprechend, wenn in den Fällen des § 726 Abs. 1, der §§ 727 bis 729, 738, 742, 744, des § 745 Abs. 2 und des § 749 der Schuldner den bei der Erteilung der Vollstreckungsklausel als bewiesen angenommenen Eintritt der Voraussetzung für die Erteilung der Vollstreckungsklausel bestreitet, unbeschadet der Befugnis des Schuldners, in diesen Fällen Einwendungen gegen die Zulässigkeit der Vollstreckungsklausel nach § 732 zu erheben.

§ 769 Einstweilige Anordnungen. (1) [1] Das Prozeßgericht kann auf Antrag anordnen, daß bis zum Erlaß des Urteils über die in den §§ 767, 768 bezeichneten Einwendungen die Zwangsvollstreckung gegen oder ohne Sicherheitsleistung eingestellt oder nur gegen Sicherheitsleistung fortgesetzt werde und daß Vollstreckungsmaßregeln gegen Sicherheitsleistung aufzuheben seien. [2] Die tatsächlichen Behauptungen, die den Antrag begründen, sind glaubhaft zu machen.

(2) [1] In dringenden Fällen kann das Vollstreckungsgericht eine solche Anordnung erlassen, unter Bestimmung einer Frist, innerhalb der die Entscheidung des Prozeßgerichts beizubringen sei. [2] Nach fruchtlosem Ablauf der Frist wird die Zwangsvollstreckung fortgesetzt.

(3) Die Entscheidung über diese Anträge ergeht durch Beschluss.

§ 770 Einstweilige Anordnungen im Urteil. [1] Das Prozeßgericht kann in dem Urteil, durch das über die Einwendungen entschieden wird, die in dem vorstehenden Paragraphen bezeichneten Anordnungen erlassen oder die bereits erlassenen Anordnungen aufheben, abändern oder bestätigen. [2] Für die Anfechtung einer solchen Entscheidung gelten die Vorschriften des § 718 entsprechend.

Allgemeine Vorschriften §§ 771–775 ZPO 1

§ 771 Drittwiderspruchsklage. (1) Behauptet ein Dritter, daß ihm an dem Gegenstand der Zwangsvollstreckung ein die Veräußerung hinderndes Recht zustehe, so ist der Widerspruch gegen die Zwangsvollstreckung im Wege der Klage bei dem Gericht geltend zu machen, in dessen Bezirk die Zwangsvollstreckung erfolgt.

(2) Wird die Klage gegen den Gläubiger und den Schuldner gerichtet, so sind diese als Streitgenossen anzusehen.

(3) ¹Auf die Einstellung der Zwangsvollstreckung und die Aufhebung der bereits getroffenen Vollstreckungsmaßregeln sind die Vorschriften der §§ 769, 770 entsprechend anzuwenden. ²Die Aufhebung einer Vollstreckungsmaßregel ist auch ohne Sicherheitsleistung zulässig.

§ 772 Drittwiderspruchsklage bei Veräußerungsverbot. ¹Solange ein Veräußerungsverbot der in den §§ 135, 136 des Bürgerlichen Gesetzbuchs bezeichneten Art besteht, soll der Gegenstand, auf den es sich bezieht, wegen eines persönlichen Anspruchs oder auf Grund eines infolge des Verbots unwirksamen Rechtes nicht im Wege der Zwangsvollstreckung veräußert oder überwiesen werden. ²Auf Grund des Veräußerungsverbots kann nach Maßgabe des § 771 Widerspruch erhoben werden.

§ 773 Drittwiderspruchsklage des Nacherben. ¹Ein Gegenstand, der zu einer Vorerbschaft gehört, soll nicht im Wege der Zwangsvollstreckung veräußert oder überwiesen werden, wenn die Veräußerung oder die Überweisung im Falle des Eintritts der Nacherbfolge nach § 2115 des Bürgerlichen Gesetzbuchs dem Nacherben gegenüber unwirksam ist. ²Der Nacherbe kann nach Maßgabe des § 771 Widerspruch erheben.

§ 774 Drittwiderspruchsklage des Ehegatten. Findet nach § 741 die Zwangsvollstreckung in das Gesamtgut statt, so kann ein Ehegatte nach Maßgabe des § 771 Widerspruch erheben, wenn das gegen den anderen Ehegatten ergangene Urteil in Ansehung des Gesamtgutes ihm gegenüber unwirksam ist.

§ 775 Einstellung oder Beschränkung der Zwangsvollstreckung. Die Zwangsvollstreckung ist einzustellen oder zu beschränken:
1. wenn die Ausfertigung einer vollstreckbaren Entscheidung vorgelegt wird, aus der sich ergibt, daß das zu vollstreckende Urteil oder seine vorläufige Vollstreckbarkeit aufgehoben oder daß die Zwangsvollstreckung für unzulässig erklärt oder ihre Einstellung angeordnet ist;
2. wenn die Ausfertigung einer gerichtlichen Entscheidung vorgelegt wird, aus der sich ergibt, daß die einstweilige Einstellung der Vollstreckung oder einer Vollstreckungsmaßregel angeordnet ist oder daß die Vollstreckung nur gegen Sicherheitsleistung fortgesetzt werden darf;
3. wenn eine öffentliche Urkunde vorgelegt wird, aus der sich ergibt, daß die zur Abwendung der Vollstreckung erforderliche Sicherheitsleistung oder Hinterlegung erfolgt ist;
4. wenn eine öffentliche Urkunde oder eine von dem Gläubiger ausgestellte Privaturkunde vorgelegt wird, aus der sich ergibt, daß der Gläubiger nach Erlaß des zu vollstreckenden Urteils befriedigt ist oder Stundung bewilligt hat;

5. wenn der Einzahlungs- oder Überweisungsnachweis einer Bank oder Sparkasse vorgelegt wird, aus dem sich ergibt, daß der zur Befriedigung des Gläubigers erforderliche Betrag zur Auszahlung an den Gläubiger oder auf dessen Konto eingezahlt oder überwiesen worden ist.

§ 776 Aufhebung von Vollstreckungsmaßregeln. [1]In den Fällen des § 775 Nr. 1, 3 sind zugleich die bereits getroffenen Vollstreckungsmaßregeln aufzuheben. [2]In den Fällen der Nummern 4, 5 bleiben diese Maßregeln einstweilen bestehen; dasselbe gilt in den Fällen der Nummer 2, sofern nicht durch die Entscheidung auch die Aufhebung der bisherigen Vollstreckungshandlungen angeordnet ist.

§ 777 Erinnerung bei genügender Sicherung des Gläubigers. [1]Hat der Gläubiger eine bewegliche Sache des Schuldners im Besitz, in Ansehung deren ihm ein Pfandrecht oder ein Zurückbehaltungsrecht für seine Forderung zusteht, so kann der Schuldner der Zwangsvollstreckung in sein übriges Vermögen nach § 766 widersprechen, soweit die Forderung durch den Wert der Sache gedeckt ist. [2]Steht dem Gläubiger ein solches Recht in Ansehung der Sache auch für eine andere Forderung zu, so ist der Widerspruch nur zulässig, wenn auch diese Forderung durch den Wert der Sache gedeckt ist.

§ 778 Zwangsvollstreckung vor Erbschaftsannahme. (1) Solange der Erbe die Erbschaft nicht angenommen hat, ist eine Zwangsvollstreckung wegen eines Anspruchs, der sich gegen den Nachlaß richtet, nur in den Nachlaß zulässig.

(2) Wegen eigener Verbindlichkeiten des Erben ist eine Zwangsvollstreckung in den Nachlaß vor der Annahme der Erbschaft nicht zulässig.

§ 779 Fortsetzung der Zwangsvollstreckung nach dem Tod des Schuldners. (1) Eine Zwangsvollstreckung, die zur Zeit des Todes des Schuldners gegen ihn bereits begonnen hatte, wird in seinen Nachlaß fortgesetzt.

(2) [1]Ist bei einer Vollstreckungshandlung die Zuziehung des Schuldners nötig, so hat, wenn die Erbschaft noch nicht angenommen oder wenn der Erbe unbekannt oder es ungewiß ist, ob er die Erbschaft angenommen hat, das Vollstreckungsgericht auf Antrag des Gläubigers dem Erben einen einstweiligen besonderen Vertreter zu bestellen. [2]Die Bestellung hat zu unterbleiben, wenn ein Nachlaßpfleger bestellt ist oder wenn die Verwaltung des Nachlasses einem Testamentsvollstrecker zusteht.

§ 780 Vorbehalt der beschränkten Erbenhaftung. (1) Der als Erbe des Schuldners verurteilte Beklagte kann nur die Beschränkung seiner Haftung nur geltend machen, wenn sie ihm im Urteil vorbehalten ist.

(2) Der Vorbehalt ist nicht erforderlich, wenn der Fiskus als gesetzlicher Erbe verurteilt wird oder wenn das Urteil über eine Nachlaßverbindlichkeit gegen einen Nachlaßverwalter oder einen anderen Nachlaßpfleger oder gegen einen Testamentsvollstrecker, dem die Verwaltung des Nachlasses zusteht, erlassen wird.

§ 781 Beschränkte Erbenhaftung in der Zwangsvollstreckung. Bei der Zwangsvollstreckung gegen den Erben des Schuldners bleibt die Beschränkung der Haftung unberücksichtigt, bis auf Grund derselben gegen die Zwangsvollstreckung von dem Erben Einwendungen erhoben werden.

§ 782 Einreden des Erben gegen Nachlassgläubiger. ¹Der Erbe kann auf Grund der ihm nach den §§ 2014, 2015 des Bürgerlichen Gesetzbuchs zustehenden Einreden nur verlangen, daß die Zwangsvollstreckung für die Dauer der dort bestimmten Fristen auf solche Maßregeln beschränkt wird, die zur Vollziehung eines Arrestes zulässig sind. ²Wird vor dem Ablauf der Frist die Eröffnung des Nachlaßinsolvenzverfahrens beantragt, so ist auf Antrag die Beschränkung der Zwangsvollstreckung auch nach dem Ablauf der Frist aufrechtzuerhalten, bis über die Eröffnung des Insolvenzverfahrens rechtskräftig entschieden ist.

§ 783 Einreden des Erben gegen persönliche Gläubiger. In Ansehung der Nachlaßgegenstände kann der Erbe die Beschränkung der Zwangsvollstreckung nach § 782 auch gegenüber den Gläubigern verlangen, die nicht Nachlaßgläubiger sind, es sei denn, daß er für die Nachlaßverbindlichkeiten unbeschränkt haftet.

§ 784 Zwangsvollstreckung bei Nachlassverwaltung und -insolvenzverfahren. (1) Ist eine Nachlaßverwaltung angeordnet oder das Nachlaßinsolvenzverfahren eröffnet, so kann der Erbe verlangen, daß Maßregeln der Zwangsvollstreckung, die zugunsten eines Nachlaßgläubigers in sein nicht zum Nachlaß gehörendes Vermögen erfolgt sind, aufgehoben werden, es sei denn, daß er für die Nachlaßverbindlichkeiten unbeschränkt haftet.

(2) Im Falle der Nachlaßverwaltung steht dem Nachlaßverwalter das gleiche Recht gegenüber Maßregeln der Zwangsvollstreckung zu, die zugunsten eines anderen Gläubigers als eines Nachlaßgläubigers in den Nachlaß erfolgt sind.

§ 785 Vollstreckungsabwehrklage des Erben. Die auf Grund der §§ 781 bis 784 erhobenen Einwendungen werden nach den Vorschriften der §§ 767, 769, 770 erledigt.

§ 786 Vollstreckungsabwehrklage bei beschränkter Haftung. Die Vorschriften des § 780 Abs. 1 und der §§ 781 bis 785 sind auf die nach § 1489 des Bürgerlichen Gesetzbuchs eintretende beschränkte Haftung, die Vorschriften des § 780 Abs. 1 und der §§ 781, 785 sind auf die nach den §§ 1480, 1504, 1629a, 2187 des Bürgerlichen Gesetzbuchs eintretende beschränkte Haftung entsprechend anzuwenden.

§ 786a See- und Binnenschifffahrtsrechtliche Haftungsbeschränkung. (1) Die Vorschriften des § 780 Abs. 1 und des § 781 sind auf die nach § 486 Abs. 1, 3, §§ 487 bis 487d des Handelsgesetzbuchs oder nach den §§ 4 bis 5m des Binnenschiffahrtsgesetzes eintretende beschränkte Haftung entsprechend anzuwenden.

(2) Ist das Urteil nach § 305a unter Vorbehalt ergangen, so gelten für die Zwangsvollstreckung die folgenden Vorschriften:
1. Wird die Eröffnung eines Seerechtlichen oder eines Binnenschiffahrtsrechtlichen Verteilungsverfahrens nach der Schiffahrtsrechtlichen Verteilungs-

ordnung beantragt, an dem der Gläubiger mit dem Anspruch teilnimmt, so entscheidet das Gericht nach § 5 Abs. 3 der Schiffahrtsrechtlichen Verteilungsordnung über die Einstellung der Zwangsvollstreckung; nach Eröffnung des Seerechtlichen Verteilungsverfahrens sind die Vorschriften des § 8 Abs. 4 und 5 der Schiffahrtsrechtlichen Verteilungsordnung, nach Eröffnung des Binnenschiffahrtsrechtlichen Verteilungsverfahrens die Vorschriften des § 8 Abs. 4 und 5 in Verbindung mit § 41 der Schiffahrtsrechtlichen Verteilungsordnung anzuwenden.

2. ¹Ist nach Artikel 11 des Haftungsbeschränkungsübereinkommens (§ 486 Abs. 1 des Handelsgesetzbuchs) von dem Schuldner oder für ihn ein Fonds in einem anderen Vertragsstaat des Übereinkommens errichtet worden, so sind, sofern der Gläubiger den Anspruch gegen den Fonds geltend gemacht hat, die Vorschriften des § 50 der Schiffahrtsrechtlichen Verteilungsordnung anzuwenden. ²Hat der Gläubiger den Anspruch nicht gegen den Fonds geltend gemacht oder sind die Voraussetzungen des § 50 Abs. 2 der Schiffahrtsrechtlichen Verteilungsordnung nicht gegeben, so werden Einwendungen, die auf Grund des Rechts auf Beschränkung der Haftung erhoben werden, nach den Vorschriften der §§ 767, 769, 770 erledigt; das gleiche gilt, wenn der Fonds in dem anderen Vertragsstaat erst bei Geltendmachung des Rechts auf Beschränkung der Haftung errichtet wird.

3. ¹Ist von dem Schuldner oder für diesen ein Fonds in einem anderen Vertragsstaat des Straßburger Übereinkommens über die Beschränkung der Haftung in der Binnenschiffahrt – CLNI (BGBl. 1988 II S. 1643) errichtet worden, so ist, sofern der Gläubiger den Anspruch gegen den Fonds geltend gemacht hat, § 52 der Schiffahrtsrechtlichen Verteilungsordnung anzuwenden. ²Hat der Gläubiger den Anspruch nicht gegen den Fonds geltend gemacht oder sind die Voraussetzungen des § 52 Abs. 3 der Schiffahrtsrechtlichen Verteilungsordnung nicht gegeben, so werden Einwendungen, die auf Grund des Rechts auf Beschränkung der Haftung nach den §§ 4 bis 5 m des Binnenschiffahrtsgesetzes erhoben werden, nach den Vorschriften der §§ 767, 769, 770 erledigt; das gleiche gilt, wenn der Fonds in dem anderen Vertragsstaat erst bei Geltendmachung des Rechts auf Beschränkung der Haftung errichtet wird.

(3) Ist das Urteil eines ausländischen Gerichts unter dem Vorbehalt ergangen, daß der Beklagte das Recht auf Beschränkung der Haftung geltend machen kann, wenn ein Fonds nach Artikel 11 des Haftungsbeschränkungsübereinkommens oder nach Artikel 11 des Straßburger Übereinkommens über die Beschränkung der Haftung in der Binnenschiffahrt errichtet worden ist oder bei Geltendmachung des Rechts auf Beschränkung der Haftung errichtet wird, so gelten für die Zwangsvollstreckung wegen des durch das Urteil festgestellten Anspruchs die Vorschriften des Absatzes 2 entsprechend.

§ 787 Zwangsvollstreckung bei herrenlosem Grundstück oder Schiff.

(1) Soll durch die Zwangsvollstreckung ein Recht an einem Grundstück, das von dem bisherigen Eigentümer nach § 928 des Bürgerlichen Gesetzbuchs aufgegeben und von dem Aneignungsberechtigten noch nicht erworben worden ist, geltend gemacht werden, so hat das Vollstreckungsgericht auf Antrag einen Vertreter zu bestellen, dem bis zur Eintragung eines neuen Eigentümers die Wahrnehmung der sich aus dem Eigentum ergebenden Rechte und Verpflichtungen im Zwangsvollstreckungsverfahren obliegt.

Allgemeine Vorschriften **§§ 788–792 ZPO 1**

(2) Absatz 1 gilt entsprechend, wenn durch die Zwangsvollstreckung ein Recht an einem eingetragenen Schiff oder Schiffsbauwerk geltend gemacht werden soll, das von dem bisherigen Eigentümer nach § 7 des Gesetzes über Rechte an eingetragenen Schiffen und Schiffsbauwerken vom 15. November 1940 (Reichsgesetzbl. I S. 1499) aufgegeben und von dem Aneignungsberechtigten noch nicht erworben worden ist.

§ 788 Kosten der Zwangsvollstreckung. (1) [1]Die Kosten der Zwangsvollstreckung fallen, soweit sie notwendig waren (§ 91), dem Schuldner zur Last; sie sind zugleich mit dem zur Zwangsvollstreckung stehenden Anspruch beizutreiben. [2]Als Kosten der Zwangsvollstreckung gelten auch die Kosten der Ausfertigung und der Zustellung des Urteils. [3]Soweit mehrere Schuldner als Gesamtschuldner verurteilt worden sind, haften sie auch für die Kosten der Zwangsvollstreckung als Gesamtschuldner; § 100 Abs. 3 und 4 gilt entsprechend.

(2) [1]Auf Antrag setzt das Vollstreckungsgericht, bei dem zum Zeitpunkt der Antragstellung eine Vollstreckungshandlung anhängig ist, und nach Beendigung der Zwangsvollstreckung das Gericht, in dessen Bezirk die letzte Vollstreckungshandlung erfolgt ist, die Kosten gemäß § 103 Abs. 2, den §§ 104, 107 fest. [2]Im Falle einer Vollstreckung nach den Vorschriften der §§ 887, 888 und 890 entscheidet das Prozeßgericht des ersten Rechtszuges.

(3) Die Kosten der Zwangsvollstreckung sind dem Schuldner zu erstatten, wenn das Urteil, aus dem die Zwangsvollstreckung erfolgt ist, aufgehoben wird.

(4) Die Kosten eines Verfahrens nach den §§ 765a, 811a, 811b, 813b, 829, 850k, 851a und 851b kann das Gericht ganz oder teilweise dem Gläubiger auferlegen, wenn dies aus besonderen, in dem Verhalten des Gläubigers liegenden Gründen der Billigkeit entspricht.

§ 789 Einschreiten von Behörden. Wird zum Zwecke der Vollstreckung das Einschreiten einer Behörde erforderlich, so hat das Gericht die Behörde um ihr Einschreiten zu ersuchen.

§ 790. *(weggefallen)*

§ 791 Zwangsvollstreckung im Ausland. (1) Soll die Zwangsvollstreckung in einem ausländischen Staate erfolgen, dessen Behörden im Wege der Rechtshilfe die Urteile deutscher Gerichte vollstrecken, so hat auf Antrag des Gläubigers das Prozeßgericht des ersten Rechtszuges die zuständige Behörde des Auslandes um die Zwangsvollstreckung zu ersuchen.

(2) Kann die Vollstreckung durch einen Bundeskonsul erfolgen, so ist das Ersuchen an diesen zu richten.

§ 792 Erteilung von Urkunden an Gläubiger. Bedarf der Gläubiger zum Zwecke der Zwangsvollstreckung eines Erbscheins oder einer anderen Urkunde, die dem Schuldner auf Antrag von einer Behörde, einem Beamten oder einem Notar zu erteilen ist, so kann er die Erteilung an Stelle des Schuldners verlangen.

§ 793 Sofortige Beschwerde. Gegen Entscheidungen, die im Zwangsvollstreckungsverfahren ohne mündliche Verhandlung ergehen können, findet sofortige Beschwerde statt.

§ 794 Weitere Vollstreckungstitel. (1) ¹Die Zwangsvollstreckung findet ferner statt:
1. aus Vergleichen, die zwischen den Parteien oder zwischen einer Partei und einem Dritten zur Beilegung des Rechtsstreits seinem ganzen Umfang nach oder in betreff eines Teiles des Streitgegenstandes vor einem deutschen Gericht oder vor einer durch die Landesjustizverwaltung eingerichteten oder anerkannten Gütestelle abgeschlossen sind, sowie aus Vergleichen, die gemäß § 118 Abs. 1 Satz 3 oder § 492 Abs. 3 zu richterlichem Protokoll genommen sind;
2. aus Kostenfestsetzungsbeschlüssen;
2 a. aus Beschlüssen, die in einem vereinfachten Verfahren über den Unterhalt Minderjähriger den Unterhalt festsetzen, einen Unterhaltstitel abändern oder den Antrag zurückweisen;
2 b. *(aufgehoben)*
3. aus Entscheidungen, gegen die das Rechtsmittel der Beschwerde stattfindet; dies gilt nicht für Entscheidungen nach § 620 Nr. 1, 3 und § 620 b in Verbindung mit § 620 Nr. 1, 3;
3 a. aus einstweiligen Anordnungen nach den §§ 127 a, 620 Nr. 4 bis 10, dem § 621 f und dem § 621 g Satz 1, soweit Gegenstand des Verfahrens Regelungen nach der Verordnung über die Behandlung der Ehewohnung und des Hausrats sind, sowie nach den § 644;
4. aus Vollstreckungsbescheiden;
4 a. aus Entscheidungen, die Schiedssprüche für vollstreckbar erklären, sofern die Entscheidungen rechtskräftig oder für vorläufig vollstreckbar erklärt sind;
4 b. aus Beschlüssen nach § 796 b oder § 796 c;
5.[1] aus Urkunden, die von einem deutschen Gericht oder von einem deutschen Notar innerhalb der Grenzen seiner Amtsbefugnisse in der vorgeschriebenen Form aufgenommen sind, sofern die Urkunde über einen Anspruch errichtet ist, der einer vergleichsweisen Regelung zugänglich, nicht auf Abgabe einer Willenserklärung gerichtet ist und nicht den Bestand eines Mietverhältnisses über Wohnraum betrifft, und der Schuldner sich in der Urkunde wegen des zu bezeichnenden Anspruchs der sofortigen Zwangsvollstreckung unterworfen hat.

---

[1] § 794 Abs. 1 Nr. 5 ist in seiner bisherigen Fassung anzuwenden, wenn die Urkunde vor dem 1. 1. 1999 errichtet wurde; vgl. Art. 3 Abs. 4 2. ZwangsvollstrNov. v. 17. 12. 1997 (BGBl. I S. 3039). Diese Fassung lautet:
„5. aus Urkunden, die von einem deutschen Gericht oder von einem deutschen Notar innerhalb der Grenzen seiner Amtsbefugnisse in der vorgeschriebenen Form aufgenommen sind, sofern die Urkunde über einen Anspruch errichtet ist, der die Zahlung einer bestimmten Geldsumme oder die Leistung einer bestimmten Menge anderer vertretbarer Sachen oder Wertpapiere zum Gegenstand hat, und der Schuldner sich in der Urkunde der sofortigen Zwangsvollstreckung unterworfen hat. Als ein Anspruch, der die Zahlung einer Geldsumme zum Gegenstand hat, gilt auch der Anspruch aus einer Hypothek, einer Grundschuld, einer Rentenschuld oder einer Schiffshypothek."

Allgemeine Vorschriften **§§ 794a–796 ZPO 1**

(2) Soweit nach den Vorschriften der §§ 737, 743, des § 745 Abs. 2 und des § 748 Abs. 2 die Verurteilung eines Beteiligten zur Duldung der Zwangsvollstreckung erforderlich ist, wird sie dadurch ersetzt, daß der Beteiligte in einer nach Absatz 1 Nr. 5 aufgenommenen Urkunde die sofortige Zwangsvollstreckung in die seinem Rechte unterworfenen Gegenstände bewilligt.

§ 794 a Zwangsvollstreckung aus Räumungsvergleich. (1) [1] Hat sich der Schuldner in einem Vergleich, aus dem die Zwangsvollstreckung stattfindet, zur Räumung von Wohnraum verpflichtet, so kann ihm das Amtsgericht, in dessen Bezirk der Wohnraum belegen ist, auf Antrag eine den Umständen nach angemessene Räumungsfrist bewilligen. [2] Der Antrag ist spätestens zwei Wochen vor dem Tage, an dem nach dem Vergleich zu räumen ist, zu stellen; §§ 233 bis 238 gelten sinngemäß. [3] Die Entscheidung ergeht durch Beschluss. [4] Vor der Entscheidung ist der Gläubiger zu hören. [5] Das Gericht ist befugt, die im § 732 Abs. 2 bezeichneten Anordnungen zu erlassen.

(2) [1] Die Räumungsfrist kann auf Antrag verlängert oder verkürzt werden. [2] Absatz 1 Sätze 2 bis 5 gilt entsprechend.

(3) [1] Die Räumungsfrist darf insgesamt nicht mehr als ein Jahr, gerechnet vom Tage des Abschlusses des Vergleichs, betragen. [2] Ist nach dem Vergleich an einem späteren Tage zu räumen, so rechnet die Frist von diesem Tage an.

(4) Gegen die Entscheidung des Amtsgerichts findet die sofortige Beschwerde statt.

(5) [1] Die Absätze 1 bis 4 gelten nicht für Mietverhältnisse über Wohnraum im Sinne des § 549 Abs. 2 Nr. 3 sowie in den Fällen des § 575 des Bürgerlichen Gesetzbuchs. [2] Endet ein Mietverhältnis im Sinne des § 575 des Bürgerlichen Gesetzbuchs durch außerordentliche Kündigung, kann eine Räumungsfrist höchstens bis zum vertraglich bestimmten Zeitpunkt der Beendigung gewährt werden.

§ 795 Anwendung der allgemeinen Vorschriften auf die weiteren Vollstreckungstitel. [1] Auf die Zwangsvollstreckung aus den in § 794 erwähnten Schuldtiteln sind die Vorschriften der §§ 724 bis 793 entsprechend anzuwenden, soweit nicht in den §§ 795 a bis 800 abweichende Vorschriften enthalten sind. [2] Auf die Zwangsvollstreckung aus den in § 794 Abs. 1 Nr. 2 erwähnten Schuldtiteln ist § 720 a entsprechend anzuwenden, wenn die Schuldtitel auf Urteilen beruhen, die nur gegen Sicherheitsleistung vorläufig vollstreckbar sind.

§ 795 a Zwangsvollstreckung aus Kostenfestsetzungsbeschluss. Die Zwangsvollstreckung aus einem Kostenfestsetzungsbeschlusse, der nach § 105 auf das Urteil gesetzt ist, erfolgt auf Grund einer vollstreckbaren Ausfertigung des Urteils; einer besonderen Vollstreckungsklausel für den Festsetzungsbeschluß bedarf es nicht.

§ 796 Zwangsvollstreckung aus Vollstreckungsbescheiden. (1) Vollstreckungsbescheide bedürfen der Vollstreckungsklausel nur, wenn die Zwangsvollstreckung für einen anderen als den in dem Bescheid bezeichneten Gläubiger oder gegen einen anderen als den in dem Bescheid bezeichneten Schuldner erfolgen soll.

(2) Einwendungen, die den Anspruch selbst betreffen, sind nur insoweit zulässig, als die Gründe, auf denen sie beruhen, nach Zustellung des Vollstreckungsbescheids entstanden sind und durch Einspruch nicht mehr geltend gemacht werden können.

(3) Für Klagen auf Erteilung der Vollstreckungsklausel sowie für Klagen, durch welche die den Anspruch selbst betreffenden Einwendungen geltend gemacht werden oder der bei der Erteilung der Vollstreckungsklausel als bewiesen angenommene Eintritt der Voraussetzung für die Erteilung der Vollstreckungsklausel bestritten wird, ist das Gericht zuständig, das für eine Entscheidung im Streitverfahren zuständig gewesen wäre.

§ 796 a Voraussetzungen für die Vollstreckbarerklärung des Anwaltsvergleichs. (1) Ein von Rechtsanwälten im Namen und mit Vollmacht der von ihnen vertretenen Parteien abgeschlossener Vergleich wird auf Antrag einer Partei für vollstreckbar erklärt, wenn sich der Schuldner darin der sofortigen Zwangsvollstreckung unterworfen hat und der Vergleich unter Angabe des Tages seines Zustandekommens bei einem Amtsgericht niedergelegt ist, bei dem eine der Parteien zur Zeit des Vergleichsabschlusses ihren allgemeinen Gerichtsstand hat.

(2) Absatz 1 gilt nicht, wenn der Vergleich auf die Abgabe einer Willenserklärung gerichtet ist oder den Bestand eines Mietverhältnisses über Wohnraum betrifft.

(3) Die Vollstreckbarerklärung ist abzulehnen, wenn der Vergleich unwirksam ist oder seine Anerkennung gegen die öffentliche Ordnung verstoßen würde.

§ 796 b Vollstreckbarerklärung durch das Prozessgericht. (1) Für die Vollstreckbarerklärung nach § 796 a Abs. 1 ist das Gericht als Prozeßgericht zuständig, das für die gerichtliche Geltendmachung des zu vollstreckenden Anspruchs zuständig wäre.

(2) [1]Vor der Entscheidung über den Antrag auf Vollstreckbarerklärung ist der Gegner zu hören. [2]Die Entscheidung ergeht durch Beschluß. [3]Eine Anfechtung findet nicht statt.

§ 796 c Vollstreckbarerklärung durch einen Notar. (1) [1]Mit Zustimmung der Parteien kann ein Vergleich ferner von einem Notar, der seinen Amtssitz im Bezirk eines nach § 796 a Abs. 1 zuständigen Gerichts hat, in Verwahrung genommen und für vollstreckbar erklärt werden. [2]Die §§ 796 a und 796 b gelten entsprechend.

(2) [1]Lehnt der Notar die Vollstreckbarerklärung ab, ist dies zu begründen. [2]Die Ablehnung durch den Notar kann mit dem Antrag auf gerichtliche Entscheidung bei dem nach § 796 b Abs. 1 zuständigen Gericht angefochten werden.

§ 797 Verfahren bei vollstreckbaren Urkunden. (1) Die vollstreckbare Ausfertigung gerichtlicher Urkunden wird von dem Urkundsbeamten der Geschäftsstelle des Gerichts erteilt, das die Urkunde verwahrt.

(2) [1]Die vollstreckbare Ausfertigung notarieller Urkunden wird von dem Notar erteilt, der die Urkunde verwahrt. [2]Befindet sich die Urkunde in der

Verwahrung einer Behörde, so hat diese die vollstreckbare Ausfertigung zu erteilen.

(3) Die Entscheidung über Einwendungen, welche die Zulässigkeit der Vollstreckungsklausel betreffen, sowie die Entscheidung über Erteilung einer weiteren vollstreckbaren Ausfertigung wird bei gerichtlichen Urkunden von dem im ersten Absatz bezeichneten Gericht, bei notariellen Urkunden von dem Amtsgericht getroffen, in dessen Bezirk der im zweiten Absatz bezeichnete Notar oder die daselbst bezeichnete Behörde den Amtssitz hat.

(4) Auf die Geltendmachung von Einwendungen, die den Anspruch selbst betreffen, ist die beschränkende Vorschrift des § 767 Abs. 2 nicht anzuwenden.

(5) Für Klagen auf Erteilung der Vollstreckungsklausel sowie für Klagen, durch welche die den Anspruch selbst betreffenden Einwendungen geltend gemacht werden oder der bei der Erteilung der Vollstreckungsklausel als bewiesen angenommene Eintritt der Voraussetzung für die Erteilung der Vollstreckungsklausel bestritten wird, ist das Gericht, bei dem der Schuldner im Inland seinen allgemeinen Gerichtsstand hat, und sonst das Gericht zuständig, bei dem nach § 23 gegen den Schuldner Klage erhoben werden kann.

(6) Auf Beschlüsse nach § 796c sind die Absätze 2 bis 5 entsprechend anzuwenden.

§ 797a Verfahren bei Gütestellenvergleichen. (1) Bei Vergleichen, die vor Gütestellen der im § 794 Abs. 1 Nr. 1 bezeichneten Art geschlossen sind, wird die Vollstreckungsklausel von dem Urkundsbeamten der Geschäftsstelle desjenigen Amtsgerichts erteilt, in dessen Bezirk die Gütestelle ihren Sitz hat.

(2) Über Einwendungen, welche die Zulässigkeit der Vollstreckungsklausel betreffen, entscheidet das im Absatz 1 bezeichnete Gericht.

(3) § 797 Abs. 5 gilt entsprechend.

(4) [1]Die Landesjustizverwaltung kann Vorsteher von Gütestellen ermächtigen, die Vollstreckungsklausel für Vergleiche zu erteilen, die vor der Gütestelle geschlossen sind. [2]Die Ermächtigung erstreckt sich nicht auf die Fälle des § 726 Abs. 1, der §§ 727 bis 729 und des § 733. [3]Über Einwendungen, welche die Zulässigkeit der Vollstreckungsklausel betreffen, entscheidet das im Absatz 1 bezeichnete Gericht.

§ 798 Wartefrist. Aus einem Kostenfestsetzungsbeschluß, der nicht auf das Urteil gesetzt ist, aus Beschlüssen nach § 794 Abs. 1 Nr. 2a und § 794 Abs. 1 Nr. 4b sowie aus den nach § 794 Abs. 1 Nr. 5 aufgenommenen Urkunden darf die Zwangsvollstreckung nur beginnen, wenn der Schuldtitel mindestens zwei Wochen vorher zugestellt ist.

§ 798a Zwangsvollstreckung aus Unterhaltstiteln trotz weggefallener Minderjährigkeit. Soweit der Verpflichtete dem Kind nach Vollendung des achtzehnten Lebensjahres Unterhalt zu gewähren hat, kann gegen den in einem Urteil oder in einem Schuldtitel nach § 794 festgestellten Anspruch auf Unterhalt im Sinne des § 1612a des Bürgerlichen Gesetzbuchs nicht eingewendet werden, daß Minderjährigkeit nicht mehr besteht.

§ 799 Vollstreckbare Urkunde bei Rechtsnachfolge. Hat sich der Eigentümer eines mit einer Hypothek, einer Grundschuld oder einer Rentenschuld belasteten Grundstücks in einer nach § 794 Abs. 1 Nr. 5 aufgenommenen Urkunde der sofortigen Zwangsvollstreckung unterworfen und ist dem Rechtsnachfolger des Gläubigers eine vollstreckbare Ausfertigung erteilt, so ist die Zustellung der die Rechtsnachfolge nachweisenden öffentlichen oder öffentlich beglaubigten Urkunde nicht erforderlich, wenn der Rechtsnachfolger als Gläubiger im Grundbuch eingetragen ist.

§ 800 Vollstreckbare Urkunde gegen den jeweiligen Grundstückseigentümer. (1) [1] Der Eigentümer kann sich in einer nach § 794 Abs. 1 Nr. 5 aufgenommenen Urkunde in Ansehung einer Hypothek, einer Grundschuld oder einer Rentenschuld der sofortigen Zwangsvollstreckung in der Weise unterwerfen, daß die Zwangsvollstreckung aus der Urkunde gegen den jeweiligen Eigentümer des Grundstücks zulässig sein soll. [2] Die Unterwerfung bedarf in diesem Falle der Eintragung in das Grundbuch.

(2) Bei der Zwangsvollstreckung gegen einen späteren Eigentümer, der im Grundbuch eingetragen ist, bedarf es nicht der Zustellung der den Erwerb des Eigentums nachweisenden öffentlichen oder öffentlich beglaubigten Urkunde.

(3) Ist die sofortige Zwangsvollstreckung gegen den jeweiligen Eigentümer zulässig, so ist für die im § 797 Abs. 5 bezeichneten Klagen das Gericht zuständig, in dessen Bezirk das Grundstück belegen ist.

§ 800 a Vollstreckbare Urkunde für Schiffshypothek. (1) Die Vorschriften der §§ 799, 800 gelten für eingetragene Schiffe und Schiffsbauwerke, die mit einer Schiffshypothek belastet sind, entsprechend.

(2) Ist die sofortige Zwangsvollstreckung gegen den jeweiligen Eigentümer zulässig, so ist für die im § 797 Abs. 5 bezeichneten Klagen das Gericht zuständig, in dessen Bezirk das Register für das Schiff oder das Schiffsbauwerk geführt wird.

§ 801 Landesrechtliche Vollstreckungstitel. Die Landesgesetzgebung ist nicht gehindert, auf Grund anderer als der in den §§ 704, 794 bezeichneten Schuldtitel die gerichtliche Zwangsvollstreckung zuzulassen und insoweit von diesem Gesetz abweichende Vorschriften über die Zwangsvollstreckung zu treffen.

§ 802 Ausschließlichkeit der Gerichtsstände. Die in diesem Buche angeordneten Gerichtsstände sind ausschließliche.

Abschnitt 2. Zwangsvollstreckung wegen Geldforderungen

Titel 1. Zwangsvollstreckung in das bewegliche Vermögen

Untertitel 1. Allgemeine Vorschriften

§ 803 Pfändung. (1) [1] Die Zwangsvollstreckung in das bewegliche Vermögen erfolgt durch Pfändung. [2] Sie darf nicht weiter ausgedehnt werden, als es zur Befriedigung des Gläubigers und zur Deckung der Kosten der Zwangsvollstreckung erforderlich ist.

(2) Die Pfändung hat zu unterbleiben, wenn sich von der Verwertung der zu pfändenden Gegenstände ein Überschuß über die Kosten der Zwangsvollstreckung nicht erwarten läßt.

§ 804 Pfändungspfandrecht. (1) Durch die Pfändung erwirbt der Gläubiger ein Pfandrecht an dem gepfändeten Gegenstande.

(2) Das Pfandrecht gewährt dem Gläubiger im Verhältnis zu anderen Gläubigern dieselben Rechte wie ein durch Vertrag erworbenes Faustpfandrecht; es geht Pfand- und Vorzugsrechten vor, die für den Fall eines Insolvenzverfahrens den Faustpfandrechten nicht gleichgestellt sind.

(3) Das durch eine frühere Pfändung begründete Pfandrecht geht demjenigen vor, das durch eine spätere Pfändung begründet wird.

§ 805 Klage auf vorzugsweise Befriedigung. (1) Der Pfändung einer Sache kann ein Dritter, der sich nicht im Besitz der Sache befindet, auf Grund eines Pfand- oder Vorzugsrechts nicht widersprechen; er kann jedoch seinen Anspruch auf vorzugsweise Befriedigung aus dem Erlös im Wege der Klage geltend machen, ohne Rücksicht darauf, ob seine Forderung fällig ist oder nicht.

(2) Die Klage ist bei dem Vollstreckungsgericht und, wenn der Streitgegenstand zur Zuständigkeit der Amtsgerichte nicht gehört, bei dem Landgericht zu erheben, in dessen Bezirk das Vollstreckungsgericht seinen Sitz hat.

(3) Wird die Klage gegen den Gläubiger und den Schuldner gerichtet, so sind diese als Streitgenossen anzusehen.

(4) [1] Wird der Anspruch glaubhaft gemacht, so hat das Gericht die Hinterlegung des Erlöses anzuordnen. [2] Die Vorschriften der §§ 769, 770 sind hierbei entsprechend anzuwenden.

§ 806 Keine Gewährleistung bei Pfandveräußerung. Wird ein Gegenstand auf Grund der Pfändung veräußert, so steht dem Erwerber wegen eines Mangels im Recht oder wegen eines Mangels der veräußerten Sache ein Anspruch auf Gewährleistung nicht zu.

§ 806 a Mitteilungen und Befragung durch den Gerichtsvollzieher. (1) Erhält der Gerichtsvollzieher anläßlich der Zwangsvollstreckung durch Befragung des Schuldners oder durch Einsicht in Schriftstücke Kenntnis von Geldforderungen des Schuldners gegen Dritte und konnte eine Pfändung nicht bewirkt werden oder wird eine bewirkte Pfändung voraussichtlich nicht zur vollständigen Befriedigung des Gläubigers führen, so teilt er Namen und Anschriften der Drittschuldner sowie den Grund der Forderungen und für diese bestehende Sicherheiten dem Gläubiger mit.

(2) [1] Trifft der Gerichtsvollzieher den Schuldner in der Wohnung nicht an und konnte eine Pfändung nicht bewirkt werden oder wird eine bewirkte Pfändung voraussichtlich nicht zur vollständigen Befriedigung des Gläubigers führen, so kann der Gerichtsvollzieher die zum Hausstand des Schuldners gehörenden erwachsenen Personen nach dem Arbeitgeber des Schuldners befragen. [2] Diese sind zu einer Auskunft nicht verpflichtet und vom Gerichtsvollzieher auf die Freiwilligkeit ihrer Angaben hinzuweisen. [3] Seine Erkenntnisse teilt der Gerichtsvollzieher dem Gläubiger mit.

§ 806 b Gütliche und zügige Erledigung. [1] Der Gerichtsvollzieher soll in jeder Lage des Zwangsvollstreckungsverfahrens auf eine gütliche und zügige Erledigung hinwirken. [2] Findet er pfändbare Gegenstände nicht vor, versichert der Schuldner aber glaubhaft, die Schuld kurzfristig in Teilbeträgen zu tilgen, so zieht der Gerichtsvollzieher die Teilbeträge ein, wenn der Gläubiger hiermit einverstanden ist. ³Die Tilgung soll in der Regel innerhalb von sechs Monaten erfolgt sein.

§ 807 Eidesstattliche Versicherung. (1) Der Schuldner ist nach Erteilung des Auftrags nach § 900 Abs. 1 verpflichtet, ein Verzeichnis seines Vermögens vorzulegen und für seine Forderungen den Grund und die Beweismittel zu bezeichnen, wenn
1. die Pfändung zu einer vollständigen Befriedigung des Gläubigers nicht geführt hat,
2. der Gläubiger glaubhaft macht, daß er durch die Pfändung seine Befriedigung nicht vollständig erlangen könne,
3. der Schuldner die Durchsuchung (§ 758) verweigert hat oder
4. der Gerichtsvollzieher den Schuldner wiederholt in seiner Wohnung nicht angetroffen hat, nachdem er einmal die Vollstreckung mindestens zwei Wochen vorher angekündigt hatte; dies gilt nicht, wenn der Schuldner seine Abwesenheit genügend entschuldigt und den Grund glaubhaft macht.

(2) ¹Aus dem Vermögensverzeichnis müssen auch ersichtlich sein
1. die in den letzten zwei Jahren vor dem ersten zur Abgabe der eidesstattlichen Versicherung anberaumten Termin vorgenommenen entgeltlichen Veräußerungen des Schuldners an eine nahestehende Person (§ 138 der Insolvenzordnung);
2. die in den letzten vier Jahren vor dem ersten zur Abgabe der eidesstattlichen Versicherung anberaumten Termin von dem Schuldner vorgenommenen unentgeltlichen Leistungen, sofern sie sich nicht auf gebräuchliche Gelegenheitsgeschenke geringen Werts richteten.

²Sachen, die nach § 811 Abs. 1 Nr. 1, 2 der Pfändung offensichtlich nicht unterworfen sind, brauchen in dem Vermögensverzeichnis nicht angegeben zu werden, es sei denn, daß eine Austauschpfändung in Betracht kommt.

(3) ¹Der Schuldner hat zu Protokoll an Eides Statt zu versichern, daß er die von ihm verlangten Angaben nach bestem Wissen und Gewissen richtig und vollständig gemacht habe. ²Die Vorschriften der §§ 478 bis 480, 483 gelten entsprechend.

Untertitel 2. Zwangsvollstreckung in körperliche Sachen

§ 808 Pfändung beim Schuldner. (1) Die Pfändung der im Gewahrsam des Schuldners befindlichen körperlichen Sachen wird dadurch bewirkt, daß der Gerichtsvollzieher sie in Besitz nimmt.

(2) ¹Andere Sachen als Geld, Kostbarkeiten und Wertpapiere sind im Gewahrsam des Schuldners zu belassen, sofern nicht hierdurch die Befriedigung des Gläubigers gefährdet wird. ²Werden die Sachen im Gewahrsam des Schuldners belassen, so ist die Wirksamkeit der Pfändung dadurch bedingt, daß durch Anlegung von Siegeln oder auf sonstige Weise die Pfändung ersichtlich gemacht ist.

(3) Der Gerichtsvollzieher hat den Schuldner von der erfolgten Pfändung in Kenntnis zu setzen.

Zwangsvollstreckung in bewegliches Vermögen §§ 809–811 ZPO 1

§ 809 Pfändung beim Gläubiger oder bei Dritten. Die vorstehenden Vorschriften sind auf die Pfändung von Sachen, die sich im Gewahrsam des Gläubigers oder eines zur Herausgabe bereiten Dritten befinden, entsprechend anzuwenden.

§ 810 Pfändung ungetrennter Früchte. (1) [1]Früchte, die von dem Boden noch nicht getrennt sind, können gepfändet werden, solange nicht ihre Beschlagnahme im Wege der Zwangsvollstreckung in das unbewegliche Vermögen erfolgt ist. [2]Die Pfändung darf nicht früher als einen Monat vor der gewöhnlichen Zeit der Reife erfolgen.

(2) Ein Gläubiger, der ein Recht auf Befriedigung aus dem Grundstück hat, kann der Pfändung nach Maßgabe des § 771 widersprechen, sofern nicht die Pfändung für einen im Falle der Zwangsvollstreckung in das Grundstück vorgehenden Anspruch erfolgt ist.

§ 811 Unpfändbare Sachen. (1) Folgende Sachen sind der Pfändung nicht unterworfen:
1. die dem persönlichen Gebrauch oder dem Haushalt dienenden Sachen, insbesondere Kleidungsstücke, Wäsche, Betten, Haus- und Küchengerät, soweit der Schuldner ihrer zu einer seiner Berufstätigkeit und seiner Verschuldung angemessenen, bescheidenen Lebens- und Haushaltsführung bedarf; ferner Gartenhäuser, Wohnlauben und ähnliche Wohnzwecken dienende Einrichtungen, die der Zwangsvollstreckung in das bewegliche Vermögen unterliegen und deren der Schuldner oder seine Familie zur ständigen Unterkunft bedarf;
2. die für den Schuldner, seine Familie und seine Hausangehörigen, die ihm im Haushalt helfen, auf vier Wochen erforderlichen Nahrungs-, Feuerungs- und Beleuchtungsmittel oder, soweit für diesen Zeitraum solche Vorräte nicht vorhanden und ihre Beschaffung auf anderem Wege nicht gesichert ist, der zur Beschaffung erforderliche Geldbetrag;
3. Kleintiere in beschränkter Zahl sowie eine Milchkuh oder nach Wahl des Schuldners statt einer solchen insgesamt zwei Schweine, Ziegen oder Schafe, wenn diese Tiere für die Ernährung des Schuldners, seiner Familie oder Hausangehörigen, die ihm im Haushalt, in der Landwirtschaft oder im Gewerbe helfen, erforderlich sind; ferner die zur Fütterung und zur Streu auf vier Wochen erforderlichen Vorräte oder, soweit solche Vorräte nicht vorhanden sind und ihre Beschaffung für diesen Zeitraum auf anderem Wege nicht gesichert ist, der zu ihrer Beschaffung erforderliche Geldbetrag;
4. bei Personen, die Landwirtschaft betreiben, das zum Wirtschaftsbetrieb erforderliche Gerät und Vieh nebst dem nötigen Dünger sowie die landwirtschaftlichen Erzeugnisse, soweit sie zur Sicherung des Unterhalts des Schuldners, seiner Familie und seiner Arbeitnehmer oder zur Fortführung der Wirtschaft bis zur nächsten Ernte gleicher oder ähnlicher Erzeugnisse erforderlich sind;
4 a. bei Arbeitnehmern in landwirtschaftlichen Betrieben die ihnen als Vergütung gelieferten Naturalien, soweit der Schuldner ihrer zu seinem und seiner Familie Unterhalt bedarf;

1 ZPO § 811a Buch 8. Zwangsvollstreckung

5. bei Personen, die aus ihrer körperlichen oder geistigen Arbeit oder sonstigen persönlichen Leistung ihren Erwerb ziehen, die zur Fortsetzung dieser Erwerbstätigkeit erforderlichen Gegenstände;
6. bei den Witwen und minderjährigen Erben der unter Nummer 5 bezeichneten Personen, wenn sie die Erwerbstätigkeit für ihre Rechnung durch einen Stellvertreter fortführen, die zur Fortführung dieser Erwerbstätigkeit erforderlichen Gegenstände;
7. Dienstkleidungsstücke sowie Dienstausrüstungsgegenstände, soweit sie zum Gebrauch des Schuldners bestimmt sind, sowie bei Beamten, Geistlichen, Rechtsanwälten, Notaren, Ärzten und Hebammen die zur Ausübung des Berufes erforderlichen Gegenstände einschließlich angemessener Kleidung;
8. bei Personen, die wiederkehrende Einkünfte der in den §§ 850 bis 850b bezeichneten Art beziehen, ein Geldbetrag, der dem der Pfändung nicht unterworfenen Teil der Einkünfte für die Zeit von der Pfändung bis zu dem nächsten Zahlungstermin entspricht;
9. die zum Betrieb einer Apotheke unentbehrlichen Geräte, Gefäße und Waren;
10. die Bücher, die zum Gebrauch des Schuldners und seiner Familie in der Kirche oder Schule oder einer sonstigen Unterrichtsanstalt oder bei der häuslichen Andacht bestimmt sind;
11. die in Gebrauch genommenen Haushaltungs- und Geschäftsbücher, die Familienpapiere sowie die Trauringe, Orden und Ehrenzeichen;
12. künstliche Gliedmaßen, Brillen und andere wegen körperlicher Gebrechen notwendige Hilfsmittel, soweit diese Gegenstände zum Gebrauch des Schuldners und seiner Familie bestimmt sind;
13. die zur unmittelbaren Verwendung für die Bestattung bestimmten Gegenstände;
14. *(aufgehoben)*

(2) ¹Eine in Absatz 1 Nr. 1, 4, 5 bis 7 bezeichnete Sache kann gepfändet werden, wenn der Verkäufer wegen einer durch Eigentumsvorbehalt gesicherten Geldforderung aus ihrem Verkauf vollstreckt. ²Die Vereinbarung des Eigentumsvorbehaltes ist durch Urkunden nachzuweisen.

§ 811a Austauschpfändung. (1) Die Pfändung einer nach § 811 Abs. 1 Nr. 1, 5 und 6 unpfändbaren Sache kann zugelassen werden, wenn der Gläubiger dem Schuldner vor der Wegnahme der Sache ein Ersatzstück, das dem geschützten Verwendungszweck genügt, oder den zur Beschaffung eines solchen Ersatzstückes erforderlichen Geldbetrag überläßt; ist dem Gläubiger die rechtzeitige Ersatzbeschaffung nicht möglich oder nicht zuzumuten, so kann die Pfändung mit der Maßgabe zugelassen werden, daß dem Schuldner der zur Ersatzbeschaffung erforderliche Geldbetrag aus dem Vollstreckungserlös überlassen wird (Austauschpfändung).

(2) ¹Über die Zulässigkeit der Austauschpfändung entscheidet das Vollstreckungsgericht auf Antrag des Gläubigers durch Beschluß. ²Das Gericht soll die Austauschpfändung nur zulassen, wenn sie nach Lage der Verhältnisse angemessen ist, insbesondere wenn zu erwarten ist, daß der Vollstreckungserlös den Wert des Ersatzstückes erheblich übersteigen werde. ³Das Gericht setzt

den Wert eines vom Gläubiger angebotenen Ersatzstückes oder den zur Ersatzbeschaffung erforderlichen Betrag fest. [4]Bei der Austauschpfändung nach Absatz 1 Halbsatz 1 ist der festgesetzte Betrag dem Gläubiger aus dem Vollstreckungserlös zu erstatten; er gehört zu den Kosten der Zwangsvollstreckung.

(3) Der dem Schuldner überlassene Geldbetrag ist unpfändbar.

(4) Bei der Austauschpfändung nach Absatz 1 Halbsatz 2 ist die Wegnahme der gepfändeten Sache erst nach Rechtskraft des Zulassungsbeschlusses zulässig.

§ 811b Vorläufige Austauschpfändung. (1) [1]Ohne vorgängige Entscheidung des Gerichts ist eine vorläufige Austauschpfändung zulässig, wenn eine Zulassung durch das Gericht zu erwarten ist. [2]Der Gerichtsvollzieher soll die Austauschpfändung nur vornehmen, wenn zu erwarten ist, daß der Vollstreckungserlös den Wert des Ersatzstückes erheblich übersteigen wird.

(2) Die Pfändung ist aufzuheben, wenn der Gläubiger nicht binnen einer Frist von zwei Wochen nach Benachrichtigung von der Pfändung einen Antrag nach § 811a Abs. 2 bei dem Vollstreckungsgericht gestellt hat oder wenn ein solcher Antrag rechtskräftig zurückgewiesen ist.

(3) Bei der Benachrichtigung ist dem Gläubiger unter Hinweis auf die Antragsfrist und die Folgen ihrer Versäumung mitzuteilen, daß die Pfändung als Austauschpfändung erfolgt ist.

(4) [1]Die Übergabe des Ersatzstückes oder des zu seiner Beschaffung erforderlichen Geldbetrages an den Schuldner und die Fortsetzung der Zwangsvollstreckung erfolgen erst nach Erlaß des Beschlusses gemäß § 811a Abs. 2 auf Anweisung des Gläubigers. [2]§ 811a Abs. 4 gilt entsprechend.

§ 811c Unpfändbarkeit von Haustieren. (1) Tiere, die im häuslichen Bereich und nicht zu Erwerbszwecken gehalten werden, sind der Pfändung nicht unterworfen.

(2) Auf Antrag des Gläubigers läßt das Vollstreckungsgericht eine Pfändung wegen des hohen Wertes des Tieres zu, wenn die Unpfändbarkeit für den Gläubiger eine Härte bedeuten würde, die auch unter Würdigung der Belange des Tierschutzes und der berechtigten Interessen des Schuldners nicht zu rechtfertigen ist.

§ 811d Vorwegpfändung. (1) [1]Ist zu erwarten, daß eine Sache demnächst pfändbar wird, so kann sie gepfändet werden, ist aber im Gewahrsam des Schuldners zu belassen. [2]Die Vollstreckung darf erst fortgesetzt werden, wenn die Sache pfändbar geworden ist.

(2) Die Pfändung ist aufzuheben, wenn die Sache nicht binnen eines Jahres pfändbar geworden ist.

§ 812 Pfändung von Hausrat. Gegenstände, die zum gewöhnlichen Hausrat gehören und im Haushalt des Schuldners gebraucht werden, sollen nicht gepfändet werden, wenn ohne weiteres ersichtlich ist, daß durch ihre Verwertung nur ein Erlös erzielt werden würde, der zu dem Wert außer allem Verhältnis steht.

§ 813 Schätzung. (1) ¹Die gepfändeten Sachen sollen bei der Pfändung auf ihren gewöhnlichen Verkaufswert geschätzt werden. ²Die Schätzung des Wertes von Kostbarkeiten soll einem Sachverständigen übertragen werden. ³In anderen Fällen kann das Vollstreckungsgericht auf Antrag des Gläubigers oder des Schuldners die Schätzung durch einen Sachverständigen anordnen.

(2) Ist die Schätzung des Wertes bei der Pfändung nicht möglich, so soll sie unverzüglich nachgeholt und ihr Ergebnis nachträglich in der Niederschrift über die Pfändung vermerkt werden.

(3) Zur Pfändung von Früchten, die von dem Boden noch nicht getrennt sind, und zur Pfändung von Gegenständen der in § 811 Abs. 1 Nr. 4 bezeichneten Art bei Personen, die Landwirtschaft betreiben, soll ein landwirtschaftlicher Sachverständiger zugezogen werden, sofern anzunehmen ist, daß der Wert der zu pfändenden Gegenstände den Betrag von 500 Euro übersteigt.

(4) Die Landesjustizverwaltung kann bestimmen, daß auch in anderen Fällen ein Sachverständiger zugezogen werden soll.

§ 813a Aufschub der Verwertung. (1) ¹Hat der Gläubiger eine Zahlung in Teilbeträgen nicht ausgeschlossen, kann der Gerichtsvollzieher die Verwertung gepfändeter Sachen aufschieben, wenn sich der Schuldner verpflichtet, den Betrag, der zur Befriedigung des Gläubigers und zur Deckung der Kosten der Zwangsvollstreckung erforderlich ist, innerhalb eines Jahres zu zahlen; hierfür kann der Gerichtsvollzieher Raten nach Höhe und Zeitpunkt festsetzen. ²Einen Termin zur Verwertung kann der Gerichtsvollzieher auf einen Zeitpunkt bestimmen, der nach dem nächsten Zahlungstermin liegt; einen bereits bestimmten Termin kann er auf diesen Zeitpunkt verlegen.

(2) ¹Hat der Gläubiger einer Zahlung in Teilbeträgen nicht bereits bei Erteilung des Vollstreckungsauftrags zugestimmt, hat ihn der Gerichtsvollzieher unverzüglich über den Aufschub der Verwertung und über die festgesetzten Raten zu unterrichten. ²In diesem Fall kann der Gläubiger dem Verwertungsaufschub widersprechen. ³Der Gerichtsvollzieher unterrichtet den Schuldner über den Widerspruch; mit der Unterrichtung endet der Aufschub. ⁴Dieselbe Wirkung tritt ein, wenn der Schuldner mit einer Zahlung ganz oder teilweise in Verzug kommt.

§ 813b Aussetzung der Verwertung. (1) ¹Das Vollstreckungsgericht kann auf Antrag des Schuldners die Verwertung gepfändeter Sachen unter Anordnung von Zahlungsfristen zeitweilig aussetzen, wenn dies nach der Persönlichkeit und den wirtschaftlichen Verhältnissen des Schuldners sowie nach der Art der Schuld angemessen erscheint und nicht überwiegende Belange des Gläubigers entgegenstehen. ²Es ist befugt, die in § 732 Abs. 2 bezeichneten Anordnungen zu erlassen.

(2) ¹Wird der Antrag nicht binnen einer Frist von zwei Wochen gestellt, so ist er ohne sachliche Prüfung zurückzuweisen, wenn das Vollstreckungsgericht der Überzeugung ist, daß der Schuldner den Antrag in der Absicht der Verschleppung oder aus grober Nachlässigkeit nicht früher gestellt hat. ²Die Frist beginnt im Falle eines Verwertungsaufschubs nach § 813a mit dessen Ende, im übrigen mit der Pfändung.

Zwangsvollstreckung in bewegliches Vermögen §§ 814–816 ZPO 1

(3) Anordnungen nach Absatz 1 können mehrmals ergehen und, soweit es nach Lage der Verhältnisse, insbesondere wegen nicht ordnungsmäßiger Erfüllung der Zahlungsauflagen, geboten ist, auf Antrag aufgehoben oder abgeändert werden.

(4) Die Verwertung darf durch Anordnungen nach Absatz 1 und Absatz 3 nicht länger als insgesamt ein Jahr nach der Pfändung hinausgeschoben werden.

(5) ¹Vor den in Absatz 1 und in Absatz 3 bezeichneten Entscheidungen ist, soweit dies, ohne erhebliche Verzögerung möglich ist, der Gegner zu hören. ²Die für die Entscheidung wesentlichen tatsächlichen Verhältnisse sind glaubhaft zu machen. ³Das Gericht soll in geeigneten Fällen auf eine gütliche Abwicklung der Verbindlichkeiten hinwirken und kann hierzu eine mündliche Verhandlung anordnen. ⁴Die Entscheidungen nach den Absätzen 1, 2 und 3 sind unanfechtbar.

(6) In Wechselsachen findet eine Aussetzung der Verwertung gepfändeter Sachen nicht statt.

§ 814 Öffentliche Versteigerung. Die gepfändeten Sachen sind von dem Gerichtsvollzieher öffentlich zu versteigern.

§ 815 Gepfändetes Geld. (1) Gepfändetes Geld ist dem Gläubiger abzuliefern.

(2) ¹Wird dem Gerichtsvollzieher glaubhaft gemacht, daß an gepfändetem Geld ein die Veräußerung hinderndes Recht eines Dritten bestehe, so ist das Geld zu hinterlegen. ²Die Zwangsvollstreckung ist fortzusetzen, wenn nicht binnen einer Frist von zwei Wochen seit dem Tage der Pfändung eine Entscheidung des nach § 771 Abs. 1 zuständigen Gerichts über die Einstellung der Zwangsvollstreckung beigebracht wird.

(3) Die Wegnahme des Geldes durch den Gerichtsvollzieher gilt als Zahlung von seiten des Schuldners, sofern nicht nach Absatz 2 oder nach § 720 die Hinterlegung zu erfolgen hat.

§ 816 Zeit und Ort der Versteigerung. (1) Die Versteigerung der gepfändeten Sachen darf nicht vor Ablauf einer Woche seit dem Tage der Pfändung geschehen, sofern nicht der Gläubiger und der Schuldner über eine frühere Versteigerung sich einigen oder diese erforderlich ist, um die Gefahr einer beträchtlichen Wertverringerung der zu versteigernden Sache abzuwenden oder um unverhältnismäßige Kosten einer längeren Aufbewahrung zu vermeiden.

(2) Die Versteigerung erfolgt in der Gemeinde, in der die Pfändung geschehen ist, oder an einem anderen Ort im Bezirk des Vollstreckungsgerichts, sofern nicht der Gläubiger und der Schuldner über einen dritten Ort sich einigen.

(3) Zeit und Ort der Versteigerung sind unter allgemeiner Bezeichnung der zu versteigernden Sachen öffentlich bekanntzumachen.

(4) Bei der Versteigerung gelten die Vorschriften des § 1239 Abs. 1 Satz 1, Abs. 2 des Bürgerlichen Gesetzbuchs entsprechend.

§ 817 Zuschlag und Ablieferung. (1) Dem Zuschlag an den Meistbietenden soll ein dreimaliger Aufruf vorausgehen; die Vorschriften des § 156 des Bürgerlichen Gesetzbuchs sind anzuwenden.

(2) Die Ablieferung einer zugeschlagenen Sache darf nur gegen bare Zahlung geschehen.

(3) ¹Hat der Meistbietende nicht zu der in den Versteigerungsbedingungen bestimmten Zeit oder in Ermangelung einer solchen Bestimmung nicht vor dem Schluß des Versteigerungstermins die Ablieferung gegen Zahlung des Kaufgeldes verlangt, so wird die Sache anderweit versteigert. ²Der Meistbietende wird zu einem weiteren Gebot nicht zugelassen; er haftet für den Ausfall, auf den Mehrerlös hat er keinen Anspruch.

(4) ¹Wird der Zuschlag dem Gläubiger erteilt, so ist dieser von der Verpflichtung zur baren Zahlung so weit befreit, als der Erlös nach Abzug der Kosten der Zwangsvollstreckung zu seiner Befriedigung zu verwenden ist, sofern nicht dem Schuldner nachgelassen ist, durch Sicherheitsleistung oder durch Hinterlegung die Vollstreckung abzuwenden. ²Soweit der Gläubiger von der Verpflichtung zur baren Zahlung befreit ist, gilt der Betrag als von dem Schuldner an den Gläubiger gezahlt.

§ 817a Mindestgebot. (1) ¹Der Zuschlag darf nur auf ein Gebot erteilt werden, das mindestens die Hälfte des gewöhnlichen Verkaufswertes der Sache erreicht (Mindestgebot). ²Der gewöhnliche Verkaufswert und das Mindestgebot sollen bei dem Ausbieten bekanntgegeben werden.

(2) ¹Wird der Zuschlag nicht erteilt, weil ein das Mindestgebot erreichendes Gebot nicht abgegeben ist, so bleibt das Pfandrecht des Gläubigers bestehen. ²Er kann jederzeit die Anberaumung eines neuen Versteigerungstermins oder die Anordnung anderweitiger Verwertung der gepfändeten Sache nach § 825 beantragen. ³Wird die anderweitige Verwertung angeordnet, so gilt Absatz 1 entsprechend.

(3) ¹Gold- und Silbersachen dürfen auch nicht unter ihrem Gold- oder Silberwert zugeschlagen werden. ²Wird ein den Zuschlag gestattendes Gebot nicht abgegeben, so kann der Gerichtsvollzieher den Verkauf aus freier Hand zu dem Preise bewirken, der den Gold- oder Silberwert erreicht, jedoch nicht unter der Hälfte des gewöhnlichen Verkaufswertes.

§ 818 Einstellung der Versteigerung. Die Versteigerung wird eingestellt, sobald der Erlös zur Befriedigung des Gläubigers und zur Deckung der Kosten der Zwangsvollstreckung hinreicht.

§ 819 Wirkung des Erlösempfanges. Die Empfangnahme des Erlöses durch den Gerichtsvollzieher gilt als Zahlung von seiten des Schuldners, sofern nicht dem Schuldner nachgelassen ist, durch Sicherheitsleistung oder durch Hinterlegung die Vollstreckung abzuwenden.

§ 820. *(aufgehoben)*

§ 821 Verwertung von Wertpapieren. Gepfändete Wertpapiere sind, wenn sie einen Börsen- oder Marktpreis haben, von dem Gerichtsvollzieher aus freier Hand zum Tageskurse zu verkaufen und, wenn sie einen solchen Preis nicht haben, nach den allgemeinen Bestimmungen zu versteigern.

§ 822 Umschreibung von Namenspapieren. Lautet ein Wertpapier auf Namen, so kann der Gerichtsvollzieher durch das Vollstreckungsgericht ermächtigt werden, die Umschreibung auf den Namen des Käufers zu erwirken und die hierzu erforderlichen Erklärungen an Stelle des Schuldners abzugeben.

§ 823 Außer Kurs gesetzte Inhaberpapiere. Ist ein Inhaberpapier durch Einschreibung auf den Namen oder in anderer Weise außer Kurs gesetzt, so kann der Gerichtsvollzieher durch das Vollstreckungsgericht ermächtigt werden, die Wiederinkurssetzung zu erwirken und die hierzu erforderlichen Erklärungen an Stelle des Schuldners abzugeben.

§ 824 Verwertung ungetrennter Früchte. [1]Die Versteigerung gepfändeter, von dem Boden noch nicht getrennter Früchte ist erst nach der Reife zulässig. [2]Sie kann vor oder nach der Trennung der Früchte erfolgen; im letzteren Falle hat der Gerichtsvollzieher die Aberntung bewirken zu lassen.

§ 825 Andere Verwertungsart. (1) [1]Auf Antrag des Gläubigers oder des Schuldners kann der Gerichtsvollzieher eine gepfändete Sache in anderer Weise oder an einem anderen Ort verwerten, als in den vorstehenden Paragraphen bestimmt ist. [2]Über die beabsichtigte Verwertung hat der Gerichtsvollzieher den Antragsgegner zu unterrichten. [3]Ohne Zustimmung des Antragsgegners darf er die Sache nicht vor Ablauf von zwei Wochen nach Zustellung der Unterrichtung verwerten.

(2) Die Versteigerung einer gepfändeten Sache durch eine andere Person als den Gerichtsvollzieher kann das Vollstreckungsgericht auf Antrag des Gläubigers oder des Schuldners anordnen.

§ 826 Anschlusspfändung. (1) Zur Pfändung bereits gepfändeter Sachen genügt die in das Protokoll aufzunehmende Erklärung des Gerichtsvollziehers, daß er die Sachen für seinen Auftraggeber pfände.

(2) Ist die erste Pfändung durch einen anderen Gerichtsvollzieher bewirkt, so ist diesem eine Abschrift des Protokolls zuzustellen.

(3) Der Schuldner ist von den weiteren Pfändungen in Kenntnis zu setzen.

§ 827 Verfahren bei mehrfacher Pfändung. (1) [1]Auf den Gerichtsvollzieher, von dem die erste Pfändung bewirkt ist, geht der Auftrag des zweiten Gläubigers kraft Gesetzes über, sofern nicht das Vollstreckungsgericht auf Antrag eines beteiligten Gläubigers oder des Schuldners anordnet, daß die Verrichtungen jenes Gerichtsvollziehers von einem anderen zu übernehmen seien. [2]Die Versteigerung erfolgt für alle beteiligten Gläubiger.

(2) [1]Ist der Erlös zur Deckung der Forderungen nicht ausreichend und verlangt der Gläubiger, für den die zweite oder eine spätere Pfändung erfolgt ist, ohne Zustimmung der übrigen beteiligten Gläubiger eine andere Verteilung als nach der Reihenfolge der Pfändungen, so hat der Gerichtsvollzieher die Sachlage unter Hinterlegung des Erlöses dem Vollstreckungsgericht anzuzeigen. [2]Dieser Anzeige sind die auf das Verfahren sich beziehenden Schriftstücke beizufügen.

(3) In gleicher Weise ist zu verfahren, wenn die Pfändung für mehrere Gläubiger gleichzeitig bewirkt ist.

Untertitel 3. Zwangsvollstreckung in Forderungen und andere Vermögensrechte

§ 828 Zuständigkeit des Vollstreckungsgerichts. (1) Die gerichtlichen Handlungen, welche die Zwangsvollstreckung in Forderungen und andere Vermögensrechte zum Gegenstand haben, erfolgen durch das Vollstreckungsgericht.

(2) Als Vollstreckungsgericht ist das Amtsgericht, bei dem der Schuldner im Inland seinen allgemeinen Gerichtsstand hat, und sonst das Amtsgericht zuständig, bei dem nach § 23 gegen den Schuldner Klage erhoben werden kann.

(3) [1] Ist das angegangene Gericht nicht zuständig, gibt es die Sache auf Antrag des Gläubigers an das zuständige Gericht ab. [2] Die Abgabe ist nicht bindend.

§ 829 Pfändung einer Geldforderung. (1) [1] Soll eine Geldforderung gepfändet werden, so hat das Gericht dem Drittschuldner zu verbieten, an den Schuldner zu zahlen. [2] Zugleich hat das Gericht an den Schuldner das Gebot zu erlassen, sich jeder Verfügung über die Forderung, insbesondere ihrer Einziehung, zu enthalten. [3] Die Pfändung mehrerer Geldforderungen gegen verschiedene Drittschuldner soll auf Antrag des Gläubigers durch einheitlichen Beschluß ausgesprochen werden, soweit dies für Zwecke der Vollstreckung geboten erscheint und kein Grund zu der Annahme besteht, daß schutzwürdige Interessen der Drittschuldner entgegenstehen.

(2) [1] Der Gläubiger hat den Beschluß dem Drittschuldner zustellen zu lassen. [2] Der Gerichtsvollzieher hat den Beschluß mit einer Abschrift der Zustellungsurkunde dem Schuldner sofort zuzustellen, sofern nicht eine öffentliche Zustellung erforderlich wird. [3] Ist die Zustellung an den Drittschuldner auf unmittelbares Ersuchen der Geschäftsstelle durch die Post erfolgt, so hat die Geschäftsstelle für die Zustellung an den Schuldner in gleicher Weise Sorge zu tragen. [4] An Stelle einer an den Schuldner im Ausland zu bewirkenden Zustellung erfolgt die Zustellung durch Aufgabe zur Post.

(3) Mit der Zustellung des Beschlusses an den Drittschuldner ist die Pfändung als bewirkt anzusehen.

§ 830 Pfändung einer Hypothekenforderung. (1) [1] Zur Pfändung einer Forderung, für die eine Hypothek besteht, ist außer dem Pfändungsbeschluß die Übergabe des Hypothekenbriefes an den Gläubiger erforderlich. [2] Wird die Übergabe im Wege der Zwangsvollstreckung erwirkt, so gilt sie als erfolgt, wenn der Gerichtsvollzieher den Brief zum Zwecke der Ablieferung an den Gläubiger wegnimmt. [3] Ist die Erteilung des Hypothekenbriefes ausgeschlossen, so ist die Eintragung der Pfändung in das Grundbuch erforderlich; die Eintragung erfolgt auf Grund des Pfändungsbeschlusses.

(2) Wird der Pfändungsbeschluß vor der Übergabe des Hypothekenbriefes oder der Eintragung der Pfändung dem Drittschuldner zugestellt, so gilt die Pfändung diesem gegenüber mit der Zustellung als bewirkt.

(3) [1] Diese Vorschriften sind nicht anzuwenden, soweit es sich um die Pfändung der Ansprüche auf die im § 1159 des Bürgerlichen Gesetzbuchs be-

zeichneten Leistungen handelt. ²Das gleiche gilt bei einer Sicherungshypothek im Falle des § 1187 des Bürgerlichen Gesetzbuchs von der Pfändung der Hauptforderung.

§ 830a Pfändung; Schiffshypothekenforderung. (1) Zur Pfändung einer Forderung, für die eine Schiffshypothek besteht, ist die Eintragung der Pfändung in das Schiffsregister oder in das Schiffsbauregister erforderlich; die Eintragung erfolgt auf Grund des Pfändungsbeschlusses.

(2) Wird der Pfändungsbeschluß vor der Eintragung der Pfändung dem Drittschuldner zugestellt, so gilt die Pfändung diesem gegenüber mit der Zustellung als bewirkt.

(3) ¹Diese Vorschriften sind nicht anzuwenden, soweit es sich um die Pfändung der Ansprüche auf die im § 53 des Gesetzes über Rechte an eingetragenen Schiffen und Schiffsbauwerken vom 15. November 1940 (Reichsgesetzbl. I S. 1499) bezeichneten Leistungen handelt. ²Das gleiche gilt, wenn bei einer Schiffshypothek für eine Forderung aus einer Schuldverschreibung auf den Inhaber, aus einem Wechsel oder aus einem anderen durch Indossament übertragbaren Papier die Hauptforderung gepfändet wird.

§ 831 Pfändung indossabler Papiere. Die Pfändung von Forderungen aus Wechseln und anderen Papieren, die durch Indossament übertragen werden können, wird dadurch bewirkt, daß der Gerichtsvollzieher diese Papiere in Besitz nimmt.

§ 832 Pfändungsumfang bei fortlaufenden Bezügen. Das Pfandrecht, das durch die Pfändung einer Gehaltsforderung oder einer ähnlichen in fortlaufenden Bezügen bestehenden Forderung erworben wird, erstreckt sich auch auf die nach der Pfändung fällig werdenden Beträge.

§ 833 Pfändungsumfang bei Arbeits- und Diensteinkommen.
(1) ¹Durch die Pfändung eines Diensteinkommens wird auch das Einkommen betroffen, das der Schuldner infolge der Versetzung in ein anderes Amt, der Übertragung eines neuen Amtes oder einer Gehaltserhöhung zu beziehen hat. ²Diese Vorschrift ist auf den Fall der Änderung des Dienstherrn nicht anzuwenden.

(2)[1]) Endet das Arbeits- oder Dienstverhältnis und begründen Schuldner und Drittschuldner innerhalb von neun Monaten ein solches neu, so erstreckt sich die Pfändung auf die Forderung aus dem neuen Arbeits- oder Dienstverhältnis.

§ 834 Keine Anhörung des Schuldners. Vor der Pfändung ist der Schuldner über das Pfändungsgesuch nicht zu hören.

§ 835 Überweisung einer Geldforderung. (1) Die gepfändete Geldforderung ist dem Gläubiger nach seiner Wahl zur Einziehung oder an Zahlungs Statt zum Nennwert zu überweisen.

---

[1]) § 833 Abs. 2 gilt nicht für Arbeits- oder Dienstverhältnisse, die vor dem 1. 1. 1999 beendet waren; vgl. Art. 3 Abs. 6 2. ZwangsvollstrNov. v. 17. 12. 1997 (BGBl. I S. 3039).

(2) Im letzteren Falle geht die Forderung auf den Gläubiger mit der Wirkung über, daß er, soweit die Forderung besteht, wegen seiner Forderung an den Schuldner als befriedigt anzusehen ist.

(3) ¹Die Vorschriften des § 829 Abs. 2, 3 sind auf die Überweisung entsprechend anzuwenden. ²Wird ein bei einem Geldinstitut gepfändetes Guthaben eines Schuldners, der eine natürliche Person ist, dem Gläubiger überwiesen, so darf erst zwei Wochen nach der Zustellung des Überweisungsbeschlusses an den Drittschuldner aus dem Guthaben an den Gläubiger geleistet oder der Betrag hinterlegt werden.

§ 836 Wirkung der Überweisung (1) Die Überweisung ersetzt die förmlichen Erklärungen des Schuldners, von denen nach den Vorschriften des bürgerlichen Rechts die Berechtigung zur Einziehung der Forderung abhängig ist.

(2) Der Überweisungsbeschluß gilt, auch wenn er mit Unrecht erlassen ist, zugunsten des Drittschuldners dem Schuldner gegenüber so lange als rechtsbeständig, bis er aufgehoben wird und die Aufhebung zur Kenntnis des Drittschuldners gelangt.

(3) ¹Der Schuldner ist verpflichtet, dem Gläubiger die zur Geltendmachung der Forderung nötige Auskunft zu erteilen und ihm die über die Forderung vorhandenen Urkunden herauszugeben. ²Erteilt der Schuldner die Auskunft nicht, so ist er auf Antrag des Gläubigers verpflichtet, sie zu Protokoll zu geben und seine Angaben an Eides Statt zu versichern. ³Die Herausgabe der Urkunden kann von dem Gläubiger im Wege der Zwangsvollstreckung erwirkt werden.

§ 837 Überweisung einer Hypothekenforderung. (1) ¹Zur Überweisung einer gepfändeten Forderung, für die eine Hypothek besteht, genügt die Aushändigung des Überweisungsbeschlusses an den Gläubiger. ²Ist die Erteilung des Hypothekenbriefes ausgeschlossen, so ist zur Überweisung an Zahlungs Statt die Eintragung der Überweisung in das Grundbuch erforderlich; die Eintragung erfolgt auf Grund des Überweisungsbeschlusses.

(2) ¹Diese Vorschriften sind nicht anzuwenden, soweit es sich um die Überweisung der Ansprüche auf die im § 1159 des Bürgerlichen Gesetzbuchs bezeichneten Leistungen handelt. ²Das gleiche gilt bei einer Sicherungshypothek im Falle des § 1187 des Bürgerlichen Gesetzbuchs von der Überweisung der Hauptforderung.

(3) Bei einer Sicherungshypothek der im § 1190 des Bürgerlichen Gesetzbuchs bezeichneten Art kann die Hauptforderung nach den allgemeinen Vorschriften gepfändet und überwiesen werden, wenn der Gläubiger die Überweisung der Forderung ohne die Hypothek an Zahlungs Statt beantragt.

§ 837a Überweisung einer Schiffshypothekenforderung. (1) ¹Zur Überweisung einer gepfändeten Forderung, für die eine Schiffshypothek besteht, genügt, wenn die Forderung zur Einziehung überwiesen wird, die Aushändigung des Überweisungsbeschlusses an den Gläubiger. ²Zur Überweisung an Zahlungs Statt ist die Eintragung der Überweisung in das Schiffsregister oder in das Schiffsbauregister erforderlich; die Eintragung erfolgt auf Grund des Überweisungsbeschlusses.

Zwangsvollstreckung in bewegliches Vermögen §§ 838–842 ZPO 1

(2) ¹Diese Vorschriften sind nicht anzuwenden, soweit es sich um die Überweisung der Ansprüche auf die im § 53 des Gesetzes über Rechte an eingetragenen Schiffen und Schiffsbauwerken vom 15. November 1940 (Reichsgesetzbl. I S. 1499) bezeichneten Leistungen handelt. ²Das gleiche gilt, wenn bei einer Schiffshypothek für eine Forderung aus einer Schuldverschreibung auf den Inhaber, aus einem Wechsel oder aus einem anderen durch Indossament übertragbaren Papier die Hauptforderung überwiesen wird.

(3) Bei einer Schiffshypothek für einen Höchstbetrag (§ 75 des im Absatz 2 genannten Gesetzes) gilt § 837 Abs. 3 entsprechend.

§ 838 Einrede des Schuldners bei Faustpfand. Wird eine durch ein Pfandrecht an einer beweglichen Sache gesicherte Forderung überwiesen, so kann der Schuldner die Herausgabe des Pfandes an den Gläubiger verweigern, bis ihm Sicherheit für die Haftung geleistet wird, die für ihn aus einer Verletzung der dem Gläubiger dem Verpfänder gegenüber obliegenden Verpflichtungen entstehen kann.

§ 839 Überweisung bei Abwendungsbefugnis. Darf der Schuldner nach § 711 Satz 1, § 712 Abs. 1 Satz 1 die Vollstreckung durch Sicherheitsleistung oder Hinterlegung abwenden, so findet die Überweisung gepfändeter Geldforderungen nur zur Einziehung und nur mit der Wirkung statt, daß der Drittschuldner den Schuldbetrag zu hinterlegen hat.

§ 840 Erklärungspflicht des Drittschuldners. (1) Auf Verlangen des Gläubigers hat der Drittschuldner binnen zwei Wochen, von der Zustellung des Pfändungsbeschlusses an gerechnet, dem Gläubiger zu erklären:
1. ob und inwieweit er die Forderung als begründet anerkenne und Zahlung zu leisten bereit sei;
2. ob und welche Ansprüche andere Personen an die Forderung machen;
3. ob und wegen welcher Ansprüche die Forderung bereits für andere Gläubiger gepfändet sei.

(2) ¹Die Aufforderung zur Abgabe dieser Erklärungen muß in die Zustellungsurkunde aufgenommen werden. ²Der Drittschuldner haftet dem Gläubiger für den aus der Nichterfüllung seiner Verpflichtung entstehenden Schaden.

(3) ¹Die Erklärungen des Drittschuldners können bei Zustellung des Pfändungsbeschlusses oder innerhalb der im ersten Absatz bestimmten Frist an den Gerichtsvollzieher erfolgen. ²Im ersteren Fall sind sie in die Zustellungsurkunde aufzunehmen und von dem Drittschuldner zu unterschreiben.

§ 841 Pflicht zur Streitverkündung. Der Gläubiger, der die Forderung einklagt, ist verpflichtet, dem Schuldner gerichtlich den Streit zu verkünden, sofern nicht eine Zustellung im Ausland oder eine öffentliche Zustellung erforderlich wird.

§ 842 Schadenersatz bei verzögerter Beitreibung. Der Gläubiger, der die Beitreibung einer ihm zur Einziehung überwiesenen Forderung verzögert, haftet dem Schuldner für den daraus entstehenden Schaden.

§ 843 Verzicht des Pfandgläubigers. [1]Der Gläubiger kann auf die durch Pfändung und Überweisung zur Einziehung erworbenen Rechte unbeschadet seines Anspruchs verzichten. [2]Die Verzichtleistung erfolgt durch eine dem Schuldner zuzustellende Erklärung. [3]Die Erklärung ist auch dem Drittschuldner zuzustellen.

§ 844 Andere Verwertungsart. (1) Ist die gepfändete Forderung bedingt oder betagt oder ist ihre Einziehung wegen der Abhängigkeit von einer Gegenleistung oder aus anderen Gründen mit Schwierigkeiten verbunden, so kann das Gericht auf Antrag an Stelle der Überweisung eine andere Art der Verwertung anordnen.

(2) Vor dem Beschluß, durch welchen dem Antrag stattgegeben wird, ist der Gegner zu hören, sofern nicht eine Zustellung im Ausland oder eine öffentliche Zustellung erforderlich wird.

§ 845 Vorpfändung. (1) [1]Schon vor der Pfändung kann der Gläubiger auf Grund eines vollstreckbaren Schuldtitels durch den Gerichtsvollzieher dem Drittschuldner und dem Schuldner die Benachrichtigung, daß die Pfändung bevorstehe, zustellen lassen mit der Aufforderung an den Drittschuldner, nicht an den Schuldner zu zahlen, und mit der Aufforderung an den Schuldner, sich jeder Verfügung über die Forderung, insbesondere ihrer Einziehung, zu enthalten. [2]Der Gerichtsvollzieher hat die Benachrichtigung mit den Aufforderungen selbst anzufertigen, wenn er von dem Gläubiger hierzu ausdrücklich beauftragt worden ist. [3]Der vorherigen Erteilung einer vollstreckbaren Ausfertigung und der Zustellung des Schuldtitels bedarf es nicht.

(2) [1]Die Benachrichtigung an den Drittschuldner hat die Wirkung eines Arrestes (§ 930), sofern die Pfändung der Forderung innerhalb eines Monats bewirkt wird. [2]Die Frist beginnt mit dem Tage, an dem die Benachrichtigung zugestellt ist.

§ 846 Zwangsvollstreckung in Herausgabeansprüche. Die Zwangsvollstreckung in Ansprüche, welche die Herausgabe oder Leistung körperlicher Sachen zum Gegenstand haben, erfolgt nach den §§ 829 bis 845 unter Berücksichtigung der nachstehenden Vorschriften.

§ 847 Herausgabeanspruch auf eine bewegliche Sache. (1) Bei der Pfändung eines Anspruchs, der eine bewegliche körperliche Sache betrifft, ist anzuordnen, daß die Sache an einen vom Gläubiger zu beauftragenden Gerichtsvollzieher herauszugeben sei.

(2) Auf die Verwertung der Sache sind die Vorschriften über die Verwertung gepfändeter Sachen anzuwenden.

§ 847a Herausgabeanspruch auf ein Schiff. (1) Bei der Pfändung eines Anspruchs, der ein eingetragenes Schiff betrifft, ist anzuordnen, daß das Schiff an einen vom Vollstreckungsgericht zu bestellenden Treuhänder herauszugeben ist.

(2) [1]Ist der Anspruch auf Übertragung des Eigentums gerichtet, so vertritt der Treuhänder den Schuldner bei der Übertragung des Eigentums. [2]Mit dem Übergang des Eigentums auf den Schuldner erlangt der Gläubiger eine

Schiffshypothek für seine Forderung. ³Der Treuhänder hat die Eintragung der Schiffshypothek in das Schiffsregister zu bewilligen.

(3) Die Zwangsvollstreckung in das Schiff wird nach den für die Zwangsvollstreckung in unbewegliche Sachen geltenden Vorschriften bewirkt.

(4) Die vorstehenden Vorschriften gelten entsprechend, wenn der Anspruch ein Schiffsbauwerk betrifft, das im Schiffsbauregister eingetragen ist oder in dieses Register eingetragen werden kann.

§ 848 Herausgabeanspruch auf eine unbewegliche Sache. (1) Bei Pfändung eines Anspruchs, der eine unbewegliche Sache betrifft, ist anzuordnen, daß die Sache an einen auf Antrag des Gläubigers vom Amtsgericht der belegenen Sache zu bestellenden Sequester herauszugeben sei.

(2) ¹Ist der Anspruch auf Übertragung des Eigentums gerichtet, so hat die Auflassung an den Sequester als Vertreter des Schuldners zu erfolgen. ²Mit dem Übergang des Eigentums auf den Schuldner erlangt der Gläubiger eine Sicherungshypothek für seine Forderung. ³Der Sequester hat die Eintragung der Sicherungshypothek zu bewilligen.

(3) Die Zwangsvollstreckung in die herausgegebene Sache wird nach den für die Zwangsvollstreckung in unbewegliche Sachen geltenden Vorschriften bewirkt.

§ 849 Keine Überweisung an Zahlungs statt. Eine Überweisung der im § 846 bezeichneten Ansprüche an Zahlungs Statt ist unzulässig.

§ 850 Pfändungsschutz für Arbeitseinkommen. (1) Arbeitseinkommen, das in Geld zahlbar ist, kann nur nach Maßgabe der §§ 850a bis 850i gepfändet werden.

(2) Arbeitseinkommen im Sinne dieser Vorschrift sind die Dienst- und Versorgungsbezüge der Beamten, Arbeits- und Dienstlöhne, Ruhegelder und ähnliche nach dem einstweiligen oder dauernden Ausscheiden aus dem Dienst- oder Arbeitsverhältnis gewährte fortlaufende Einkünfte, ferner Hinterbliebenenbezüge sowie sonstige Vergütungen für Dienstleistungen aller Art, die die Erwerbstätigkeit des Schuldners vollständig oder zu einem wesentlichen Teil in Anspruch nehmen.

(3) Arbeitseinkommen sind auch die folgenden Bezüge, soweit sie in Geld zahlbar sind:
a) Bezüge, die ein Arbeitnehmer zum Ausgleich für Wettbewerbsbeschränkungen für die Zeit nach Beendigung seines Dienstverhältnisses beanspruchen kann;
b) Renten, die auf Grund von Versicherungsverträgen gewährt werden, wenn diese Verträge zur Versorgung des Versicherungsnehmers oder seiner unterhaltsberechtigten Angehörigen eingegangen sind.

(4) Die Pfändung des in Geld zahlbaren Arbeitseinkommens erfaßt alle Vergütungen, die dem Schuldner aus der Arbeits- oder Dienstleistung zustehen, ohne Rücksicht auf ihre Benennung oder Berechnungsart.

§ 850a Unpfändbare Bezüge. Unpfändbar sind
1. zur Hälfte die für die Leistung von Mehrarbeitsstunden gezahlten Teile des Arbeitseinkommens;

2. die für die Dauer eines Urlaubs über das Arbeitseinkommen hinaus gewährten Bezüge, Zuwendungen aus Anlaß eines besonderen Betriebsereignisses und Treugelder, soweit sie den Rahmen des Üblichen nicht übersteigen;
3. Aufwandsentschädigungen, Auslösungsgelder und sonstige soziale Zulagen für auswärtige Beschäftigungen, das Entgelt für selbstgestelltes Arbeitsmaterial, Gefahrenzulagen sowie Schmutz- und Erschwerniszulagen, soweit diese Bezüge den Rahmen des Üblichen nicht übersteigen;
4.[1] Weihnachtsvergütungen bis zum Betrage der Hälfte des monatlichen Arbeitseinkommens, höchstens aber bis zum Betrage von 500 Euro;
5. Heirats- und Geburtsbeihilfen, sofern die Vollstreckung wegen anderer als der aus Anlaß der Heirat oder der Geburt entstandenen Ansprüche betrieben wird;
6. Erziehungsgelder, Studienbeihilfen und ähnliche Bezüge;
7. Sterbe- und Gnadenbezüge aus Arbeits- oder Dienstverhältnissen;
8. Blindenzulagen.

§ 850 b Bedingt pfändbare Bezüge. (1) Unpfändbar sind ferner
1. Renten, die wegen einer Verletzung des Körpers oder der Gesundheit zu entrichten sind;
2. Unterhaltsrenten, die auf gesetzlicher Vorschrift beruhen, sowie die wegen Entziehung einer solchen Forderung zu entrichtenden Renten;
3. fortlaufende Einkünfte, die ein Schuldner aus Stiftungen oder sonst auf Grund der Fürsorge und Freigebigkeit eines Dritten oder auf Grund eines Altenteils oder Auszugsvertrags bezieht;
4.[1] Bezüge aus Witwen-, Waisen-, Hilfs- und Krankenkassen, die ausschließlich oder zu einem wesentlichen Teil zu Unterstützungszwecken gewährt werden, ferner Ansprüche aus Lebensversicherungen, die nur auf den Todesfall des Versicherungsnehmers abgeschlossen sind, wenn die Versicherungssumme 3579 Euro nicht übersteigt.

(2) Diese Bezüge können nach den für Arbeitseinkommen geltenden Vorschriften gepfändet werden, wenn die Vollstreckung in das sonstige bewegliche Vermögen des Schuldners zu einer vollständigen Befriedigung des Gläubigers nicht geführt hat oder voraussichtlich nicht führen wird und wenn nach den Umständen des Falles, insbesondere nach der Art des beizutreibenden Anspruchs und der Höhe der Bezüge, die Pfändung der Billigkeit entspricht.

(3) Das Vollstreckungsgericht soll vor seiner Entscheidung die Beteiligten hören.

§ 850 c[1] **Pfändungsgrenzen für Arbeitseinkommen.** (1) ¹Arbeitseinkommen ist unpfändbar, wenn es, je nach dem Zeitraum, für den es gezahlt wird, nicht mehr als
930 Euro monatlich,
217,50 Euro wöchentlich oder
43,50 Euro täglich
beträgt.

---

[1] Beachte die für das Siebte Gesetz zur Änderung der Pfändungsfreigrenzen geltende Übergangsvorschrift in § 20 EGZPO; Nr. **2**.

² Gewährt der Schuldner auf Grund einer gesetzlichen Verpflichtung seinem Ehegatten, einem früheren Ehegatten, seinem Lebenspartner, seinem früheren Lebenspartner oder einem Verwandten oder nach §§ 1615l, 1615n des Bürgerlichen Gesetzbuchs einem Elternteil Unterhalt, so erhöht sich der Betrag, bis zu dessen Höhe Arbeitseinkommen unpfändbar ist, auf bis zu

2060 Euro monatlich,
478,50 Euro wöchentlich oder
96,50 Euro täglich,
und zwar um

350 Euro monatlich,
 81 Euro wöchentlich oder
 17 Euro täglich

für die erste Person, der Unterhalt gewährt wird, und um je

195 Euro monatlich,
 45 Euro wöchentlich oder
  9 Euro täglich

für die zweite bis fünfte Person.

(2) ¹ Übersteigt das Arbeitseinkommen den Betrag, bis zu dessen Höhe es je nach der Zahl der Personen, denen der Schuldner Unterhalt gewährt, nach Absatz 1 unpfändbar ist, so ist es hinsichtlich des überschießenden Betrages zu einem Teil unpfändbar, und zwar in Höhe von drei Zehnteln, wenn der Schuldner keiner der in Absatz 1 genannten Personen Unterhalt gewährt, zwei weiteren Zehnteln für die erste Person, der Unterhalt gewährt wird, und je einem weiteren Zehntel für die zweite bis fünfte Person. ² Der Teil des Arbeitseinkommens, der 2851 Euro monatlich (1658 Euro wöchentlich, 131,58 Euro täglich) übersteigt, bleibt bei der Berechnung des unpfändbaren Betrages unberücksichtigt.

(2a) ¹ Die unpfändbaren Beträge nach Absatz 1 und Absatz 2 Satz 2 ändern sich jeweils zum 1. Juli eines jeden zweiten Jahres, erstmalig zum 1. Juli 2003, entsprechend der im Vergleich zum jeweiligen Vorjahreszeitraum sich ergebenden prozentualen Entwicklung des Grundfreibetrages nach § 32a Abs. 1 Nr. 1 des Einkommensteuergesetzes; der Berechnung ist die am 1. Januar des jeweiligen Jahres geltende Fassung des § 32a Abs. 1 Nr. 1 des Einkommensteuergesetzes zugrunde zu legen. ² Das Bundesministerium der Justiz gibt die maßgebenden Beträge rechtzeitig im Bundesgesetzblatt bekannt.

(3) ¹ Bei der Berechnung des nach Absatz 2 pfändbaren Teils des Arbeitseinkommens ist das Arbeitseinkommen, gegebenenfalls nach Abzug des nach Absatz 2 Satz 2 pfändbaren Betrages, wie aus der Tabelle ersichtlich, die diesem Gesetz als Anlage¹⁾ beigefügt ist, nach unten abzurunden, und zwar bei Auszahlung für Monate auf einen durch 10 Euro, bei Auszahlung für Wochen auf einen durch 2,50 Euro oder bei Auszahlung für Tage auf einen durch 50 Cent teilbaren Betrag. ² Im Pfändungsbeschluß genügt die Bezugnahme auf die Tabelle.

(4) Hat eine Person, welcher der Schuldner auf Grund gesetzlicher Verpflichtung Unterhalt gewährt, eigene Einkünfte, so kann das Vollstreckungsgericht auf Antrag des Gläubigers nach billigem Ermessen bestimmen, daß

---

¹⁾ Abgedruckt auf S. 291 ff.

diese Person bei der Berechnung des unpfändbaren Teils des Arbeitseinkommens ganz oder teilweise unberücksichtigt bleibt; soll die Person nur teilweise berücksichtigt werden, so ist Absatz 3 Satz 2 nicht anzuwenden.

§ 850d Pfändbarkeit bei Unterhaltsansprüchen. (1) ¹Wegen der Unterhaltsansprüche, die kraft Gesetzes einem Verwandten, dem Ehegatten, einem früheren Ehegatten, dem Lebenspartner, einem früheren Lebenspartner oder nach §§ 1615l, 1615n des Bürgerlichen Gesetzbuchs einem Elternteil zustehen, sind das Arbeitseinkommen und die in § 850a Nr. 1, 2 und 4 genannten Bezüge ohne die in § 850c bezeichneten Beschränkungen pfändbar. ²Dem Schuldner ist jedoch so viel zu belassen, als er für seinen notwendigen Unterhalt und zur Erfüllung seiner laufenden gesetzlichen Unterhaltspflichten gegenüber den dem Gläubiger vorgehenden Berechtigten oder zur gleichmäßigen Befriedigung der dem Gläubiger gleichstehenden Berechtigten bedarf; von den in § 850a Nr. 1, 2 und 4 genannten Bezügen hat ihm mindestens die Hälfte des nach § 850a unpfändbaren Betrages zu verbleiben. ³Der dem Schuldner hiernach verbleibende Teil seines Arbeitseinkommens darf den Betrag nicht übersteigen, der ihm nach den Vorschriften des § 850c gegenüber nicht bevorrechtigten Gläubigern zu verbleiben hätte. ⁴Für die Pfändung wegen der Rückstände, die länger als ein Jahr vor dem Antrag auf Erlaß des Pfändungsbeschlusses fällig geworden sind, gelten die Vorschriften dieses Absatzes insoweit nicht, als nach Lage der Verhältnisse nicht anzunehmen ist, daß der Schuldner sich seiner Zahlungspflicht absichtlich entzogen hat.

(2) Mehrere nach Absatz 1 Berechtigte sind mit ihren Ansprüchen in folgender Reihenfolge zu berücksichtigen, wobei mehrere gleich nahe Berechtigte untereinander gleichen Rang haben:
a) die minderjährigen unverheirateten Kinder, der Ehegatte, ein früherer Ehegatte und ein Elternteil mit seinem Anspruch nach §§ 1615l, 1615n des Bürgerlichen Gesetzbuchs; für das Rangverhältnis des Ehegatten zu einem früheren Ehegatten gilt jedoch § 1582 des Bürgerlichen Gesetzbuchs entsprechend; das Vollstreckungsgericht kann das Rangverhältnis der Berechtigten zueinander auf Antrag des Schuldners oder eines Berechtigten nach billigem Ermessen in anderer Weise festsetzen; das Vollstreckungsgericht hat vor seiner Entscheidung die Beteiligten zu hören;
b) der Lebenspartner und ein früherer Lebenspartner,
c) die übrigen Abkömmlinge, wobei die Kinder den anderen vorgehen;
d) die Verwandten aufsteigender Linie, wobei die näheren Grade den entfernteren vorgehen.

(3) Bei der Vollstreckung wegen der in Absatz 1 bezeichneten Ansprüche sowie wegen der aus Anlaß einer Verletzung des Körpers oder der Gesundheit zu zahlenden Renten kann zugleich mit der Pfändung wegen fälliger Ansprüche auch künftig fällig werdendes Arbeitseinkommen wegen der dann jeweils fällig werdenden Ansprüche gepfändet und überwiesen werden.

§ 850e Berechnung des pfändbaren Arbeitseinkommens. Für die Berechnung des pfändbaren Arbeitseinkommens gilt folgendes:
1. ¹Nicht mitzurechnen sind die nach § 850a der Pfändung entzogenen Bezüge, ferner Beträge, die unmittelbar auf Grund steuerrechtlicher oder sozialrechtlicher Vorschriften zur Erfüllung gesetzlicher Verpflichtungen des

Zwangsvollstreckung in bewegliches Vermögen **§ 850f ZPO 1**

Schuldners abzuführen sind. ²Diesen Beträgen stehen gleich die auf den Auszahlungszeitraum entfallenden Beträge, die der Schuldner
a) nach den Vorschriften der Sozialversicherungsgesetze zur Weiterversicherung entrichtet oder
b) an eine Ersatzkasse oder an ein Unternehmen der privaten Krankenversicherung leistet, soweit sie den Rahmen des Üblichen nicht übersteigen.

2. ¹Mehrere Arbeitseinkommen sind auf Antrag vom Vollstreckungsgericht bei der Pfändung zusammenzurechnen. ²Der unpfändbare Grundbetrag ist in erster Linie dem Arbeitseinkommen zu entnehmen, das die wesentliche Grundlage der Lebenshaltung des Schuldners bildet.

2a. ¹Mit Arbeitseinkommen sind auf Antrag auch Ansprüche auf laufende Geldleistungen nach dem Sozialgesetzbuch zusammenzurechnen, soweit diese der Pfändung unterworfen sind. ²Der unpfändbare Grundbetrag ist, soweit die Pfändung nicht wegen gesetzlicher Unterhaltsansprüche erfolgt, in erster Linie den laufenden Geldleistungen nach dem Sozialgesetzbuch zu entnehmen. ³Ansprüche auf Geldleistungen für Kinder dürfen mit Arbeitseinkommen nur zusammengerechnet werden, soweit sie nach § 76 des Einkommensteuergesetzes oder nach § 54 Abs. 5 des Ersten Buches Sozialgesetzbuch gepfändet werden können.

3. ¹Erhält der Schuldner neben seinem in Geld zahlbaren Einkommen auch Naturalleistungen, so sind Geld- und Naturalleistungen zusammenzurechnen. ²In diesem Falle ist der in Geld zahlbare Betrag insoweit pfändbar, als der nach § 850c unpfändbare Teil des Gesamteinkommens durch den Wert der dem Schuldner verbleibenden Naturalleistungen gedeckt ist.

4. ¹Trifft eine Pfändung, eine Abtretung oder eine sonstige Verfügung wegen eines der in § 850d bezeichneten Ansprüche mit einer Pfändung wegen eines sonstigen Anspruchs zusammen, so sind auf die Unterhaltsansprüche zunächst die gemäß § 850d der Pfändung in erweitertem Umfang unterliegenden Teile des Arbeitseinkommens zu verrechnen. ²Die Verrechnung nimmt auf Antrag eines Beteiligten das Vollstreckungsgericht vor. ³Der Drittschuldner kann, solange ihm eine Entscheidung des Vollstreckungsgerichts nicht zugestellt ist, nach dem Inhalt der ihm bekannten Pfändungsbeschlüsse, Abtretungen und sonstigen Verfügungen mit befreiender Wirkung leisten.

§ 850f[1]**) Änderung des unpfändbaren Betrages.** (1) Das Vollstreckungsgericht kann dem Schuldner auf Antrag von dem nach den Bestimmungen der §§ 850c, 850d und 850i pfändbaren Teil seines Arbeitseinkommens einen Teil belassen, wenn
a) der Schuldner nachweist, daß bei Anwendung der Pfändungsfreigrenzen entsprechend der Anlage zu diesem Gesetz (zu § 850c)[2]) der notwendige Lebensunterhalt im Sinne der Abschnitte 2 und 4 des Bundessozialhilfegesetzes für sich und für die Personen, denen er Unterhalt zu gewähren hat, nicht gedeckt ist,

---

[1]) Beachte die für das Siebte Gesetz zur Änderung der Pfändungsfreigrenzen geltende Übergangsvorschrift in § 20 EGZPO; Nr. 2.
[2]) Abgedruckt auf S. 291 ff.

b) besondere Bedürfnisse des Schuldners aus persönlichen oder beruflichen Gründen oder
c) der besondere Umfang der gesetzlichen Unterhaltspflichten des Schuldners, insbesondere die Zahl der Unterhaltsberechtigten, dies erfordern

und überwiegende Belange des Gläubigers nicht entgegenstehen.

(2) Wird die Zwangsvollstreckung wegen einer Forderung aus einer vorsätzlich begangenen unerlaubten Handlung betrieben, so kann das Vollstreckungsgericht auf Antrag des Gläubigers den pfändbaren Teil des Arbeitseinkommens ohne Rücksicht auf die in § 850c vorgesehenen Beschränkungen bestimmen; dem Schuldner ist jedoch so viel zu belassen, wie er für seinen notwendigen Unterhalt und zur Erfüllung seiner laufenden gesetzlichen Unterhaltspflichten bedarf.

(3) [1] Wird die Zwangsvollstreckung wegen anderer als der in Absatz 2 und in § 850d bezeichneten Forderungen betrieben, so kann das Vollstreckungsgericht in den Fällen, in denen sich das Arbeitseinkommen des Schuldners auf mehr als monatlich 2815 Euro (wöchentlich 641 Euro, täglich 123,50 Euro) beläuft, über die Beträge hinaus, die nach § 850c pfändbar wären, auf Antrag des Gläubigers die Pfändbarkeit unter Berücksichtigung der Belange des Gläubigers und des Schuldners nach freiem Ermessen festsetzen. [2] Dem Schuldner ist jedoch mindestens so viel zu belassen, wie sich bei einem Arbeitseinkommen von monatlich 2815 Euro (wöchentlich 641 Euro, täglich 123,50 Euro) aus § 850c ergeben würde. [3] Die Beträge nach den Sätzen 1 und 2 werden entsprechend der in § 850c Abs. 2a getroffenen Regelung jeweils zum 1. Juli eines jeden zweiten Jahres, erstmalig zum 1. Juli 2003 geändert.

§ 850g Änderung der Unpfändbarkeitsvoraussetzungen. [1] Ändern sich die Voraussetzungen für die Bemessung des unpfändbaren Teils des Arbeitseinkommens, so hat das Vollstreckungsgericht auf Antrag des Schuldners oder des Gläubigers den Pfändungsbeschluß entsprechend zu ändern. [2] Antragsberechtigt ist auch ein Dritter, dem der Schuldner kraft Gesetzes Unterhalt zu gewähren hat. [3] Der Drittschuldner kann nach dem Inhalt des früheren Pfändungsbeschlusses mit befreiender Wirkung leisten, bis ihm der Änderungsbeschluß zugestellt wird.

§ 850h Verschleiertes Arbeitseinkommen. (1) [1] Hat sich der Empfänger der vom Schuldner geleisteten Arbeiten oder Dienste verpflichtet, Leistungen an einen Dritten zu bewirken, die nach Lage der Verhältnisse ganz oder teilweise eine Vergütung für die Leistung des Schuldners darstellen, so kann der Anspruch des Drittberechtigten insoweit auf Grund des Schuldtitels gegen den Schuldner gepfändet werden, wie wenn der Anspruch dem Schuldner zustände. [2] Die Pfändung des Vergütungsanspruchs des Schuldners umfaßt ohne weiteres den Anspruch des Drittberechtigten. [3] Der Pfändungsbeschluß ist dem Drittberechtigten ebenso wie dem Schuldner zuzustellen.

(2) [1] Leistet der Schuldner einem Dritten in einem ständigen Verhältnis Arbeiten oder Dienste, die nach Art und Umfang üblicherweise vergütet werden, unentgeltlich oder gegen eine unverhältnismäßig geringe Vergütung, so gilt im Verhältnis des Gläubigers zu dem Empfänger der Arbeits- und Dienstleistungen eine angemessene Vergütung als geschuldet. [2] Bei der Prü-

fung, ob diese Voraussetzungen vorliegen, sowie bei der Bemessung der Vergütung ist auf alle Umstände des Einzelfalles, insbesondere die Art der Arbeits- und Dienstleistung, die verwandtschaftlichen oder sonstigen Beziehungen zwischen dem Dienstberechtigten und dem Dienstverpflichteten und die wirtschaftliche Leistungsfähigkeit des Dienstberechtigten Rücksicht zu nehmen.

§ 850i Pfändungsschutz bei sonstigen Vergütungen. (1) [1]Ist eine nicht wiederkehrend zahlbare Vergütung für persönlich geleistete Arbeiten oder Dienste gepfändet, so hat das Gericht dem Schuldner auf Antrag so viel zu belassen, als er während eines angemessenen Zeitraums für seinen notwendigen Unterhalt und den seines Ehegatten, eines früheren Ehegatten, seines Lebenspartners, eines früheren Lebenspartners, seiner unterhaltsberechtigten Verwandten oder eines Elternteils nach §§ 1615l, 1615n des Bürgerlichen Gesetzbuchs bedarf. [2]Bei der Entscheidung sind die wirtschaftlichen Verhältnisse des Schuldners, insbesondere seine sonstigen Verdienstmöglichkeiten, frei zu würdigen. [3]Dem Schuldner ist nicht mehr zu belassen, als ihm nach freier Schätzung des Gerichts verbleiben würde, wenn sein Arbeitseinkommen aus laufendem Arbeits- oder Dienstlohn bestände. [4]Der Antrag des Schuldners ist insoweit abzulehnen, als überwiegende Belange des Gläubigers entgegenstehen.

(2) Die Vorschriften des Absatzes 1 gelten entsprechend für Vergütungen, die für die Gewährung von Wohngelegenheit oder eine sonstige Sachbenutzung geschuldet werden, wenn die Vergütung zu einem nicht unwesentlichen Teil als Entgelt für neben der Sachbenutzung gewährte Dienstleistungen anzusehen ist.

(3) Die Vorschriften des § 27 des Heimarbeitsgesetzes vom 14. März 1951 (Bundesgesetzbl. I S. 191) bleiben unberührt.

(4) Die Bestimmungen der Versicherungs-, Versorgungs- und sonstigen gesetzlichen Vorschriften über die Pfändung von Ansprüchen bestimmter Art bleiben unberührt.[1)]

§ 850k Pfändungsschutz für Kontoguthaben aus Arbeitseinkommen. (1) Werden wiederkehrende Einkünfte der in den §§ 850 bis 850b bezeichneten Art auf das Konto des Schuldners bei einem Geldinstitut überwiesen, so ist eine Pfändung des Guthabens auf Antrag des Schuldners vom Vollstreckungsgericht insoweit aufzuheben, als das Guthaben dem der Pfändung nicht unterworfenen Teil der Einkünfte für die Zeit von der Pfändung bis zu dem nächsten Zahlungstermin entspricht.

(2) [1]Das Vollstreckungsgericht hebt die Pfändung des Guthabens für den Teil vorab auf, dessen der Schuldner bis zum nächsten Zahlungstermin dringend bedarf, um seinen notwendigen Unterhalt zu bestreiten und seine laufenden gesetzlichen Unterhaltspflichten gegenüber den dem Gläubiger vorgehenden Berechtigten zu erfüllen oder die dem Gläubiger gleichstehenden Unterhaltsberechtigten gleichmäßig zu befriedigen. [2]Der vorab freigegebene Teil des Guthabens darf den Betrag nicht übersteigen, der dem Schuldner

---

[1)] Beachte hierzu § 4 Abs. 1 Bundessozialhilfegesetz idF der Bek. v. 23. 3. 1994 (BGBl. I S. 646); abgedruckt in **dtv 5567 „BSHG"** – sowie §§ 54 und 55 Sozialgesetzbuch (SGB) – Allgemeiner Teil vom 11. 12. 1975 (BGBl. I S. 3015); abgedruckt in **dtv 5024 „SGB"**.

voraussichtlich nach Absatz 1 zu belassen ist. ³Der Schuldner hat glaubhaft zu machen, daß wiederkehrende Einkünfte der in den §§ 850 bis 850b bezeichneten Art auf das Konto überwiesen worden sind und daß die Voraussetzungen des Satzes 1 vorliegen. ⁴Die Anhörung des Gläubigers unterbleibt, wenn der damit verbundene Aufschub dem Schuldner nicht zuzumuten ist.

(3) Im übrigen ist das Vollstreckungsgericht befugt, die in § 732 Abs. 2 bezeichneten Anordnungen zu erlassen.

§ 851 Nicht übertragbare Forderungen. (1) Eine Forderung ist in Ermangelung besonderer Vorschriften der Pfändung nur insoweit unterworfen, als sie übertragbar ist.

(2) Eine nach § 399 des Bürgerlichen Gesetzbuchs nicht übertragbare Forderung kann insoweit gepfändet und zur Einziehung überwiesen werden, als der geschuldete Gegenstand der Pfändung unterworfen ist.

§ 851 a Pfändungsschutz für Landwirte. (1) Die Pfändung von Forderungen, die einem die Landwirtschaft betreibenden Schuldner aus dem Verkauf von landwirtschaftlichen Erzeugnissen zustehen, ist auf seinen Antrag vom Vollstreckungsgericht insoweit aufzuheben, als die Einkünfte zum Unterhalt des Schuldners, seiner Familie und seiner Arbeitnehmer oder zur Aufrechterhaltung einer geordneten Wirtschaftsführung unentbehrlich sind.

(2) Die Pfändung soll unterbleiben, wenn offenkundig ist, daß die Voraussetzungen für die Aufhebung der Zwangsvollstreckung nach Absatz 1 vorliegen.

§ 851 b Pfändungsschutz bei Miet- und Pachtzinsen. (1) ¹Die Pfändung von Miete und Pacht ist auf Antrag des Schuldners vom Vollstreckungsgericht insoweit aufzuheben, als diese Einkünfte für den Schuldner zur laufenden Unterhaltung des Grundstücks, zur Vornahme notwendiger Instandsetzungsarbeiten und zur Befriedigung von Ansprüchen unentbehrlich sind, die bei einer Zwangsvollstreckung in das Grundstück dem Anspruch des Gläubigers nach § 10 des Gesetzes über die Zwangsversteigerung und die Zwangsverwaltung vorgehen würden. ²Das gleiche gilt von der Pfändung von Barmitteln und Guthaben, die aus Miet- oder Pachtzahlungen herrühren und zu den in Satz 1 bezeichneten Zwecken unentbehrlich sind.

(2) ¹Die Vorschriften des § 813b Abs. 2, 3 und Abs. 5 Satz 1 und 2 gelten entsprechend. ²Die Pfändung soll unterbleiben, wenn offenkundig ist, daß die Voraussetzungen für die Aufhebung der Zwangsvollstreckung nach Absatz 1 vorliegen.

§ 852 Beschränkt pfändbare Forderungen. (1) Der Pflichtteilsanspruch ist der Pfändung nur unterworfen, wenn er durch Vertrag anerkannt oder rechtshängig geworden ist.

(2) Das gleiche gilt für den nach § 528 des Bürgerlichen Gesetzbuchs dem Schenker zustehenden Anspruch auf Herausgabe des Geschenkes sowie für den Anspruch eines Ehegatten auf den Ausgleich des Zugewinns.

§ 853 Mehrfache Pfändung einer Geldforderung. Ist eine Geldforderung für mehrere Gläubiger gepfändet, so ist der Drittschuldner berechtigt und auf Verlangen eines Gläubigers, dem die Forderung überwiesen wurde, verpflichtet, unter Anzeige der Sachlage und unter Aushändigung der ihm zugestellten Beschlüsse an das Amtsgericht, dessen Beschluß ihm zuerst zugestellt ist, den Schuldbetrag zu hinterlegen.

§ 854 Mehrfache Pfändung eines Anspruchs auf bewegliche Sachen.
(1) ¹Ist ein Anspruch, der eine bewegliche körperliche Sache betrifft, für mehrere Gläubiger gepfändet, so ist der Drittschuldner berechtigt und auf Verlangen eines Gläubigers, dem der Anspruch überwiesen wurde, verpflichtet, die Sache unter Anzeige der Sachlage und unter Aushändigung der ihm zugestellten Beschlüsse dem Gerichtsvollzieher herauszugeben, der nach dem ihm zuerst zugestellten Beschluß zur Empfangnahme der Sache ermächtigt ist. ²Hat der Gläubiger einen solchen Gerichtsvollzieher nicht bezeichnet, so wird dieser auf Antrag des Drittschuldners von dem Amtsgericht des Ortes ernannt, wo die Sache herauszugeben ist.

(2) ¹Ist der Erlös zur Deckung der Forderungen nicht ausreichend und verlangt der Gläubiger, für den die zweite oder eine spätere Pfändung erfolgt ist, ohne Zustimmung der übrigen beteiligten Gläubiger eine andere Verteilung als nach der Reihenfolge der Pfändungen, so hat der Gerichtsvollzieher die Sachlage unter Hinterlegung des Erlöses dem Amtsgericht anzuzeigen, dessen Beschluß dem Drittschuldner zuerst zugestellt ist. ²Dieser Anzeige sind die Schriftstücke beizufügen, die sich auf das Verfahren beziehen.

(3) In gleicher Weise ist zu verfahren, wenn die Pfändung für mehrere Gläubiger gleichzeitig bewirkt ist.

§ 855 Mehrfache Pfändung eines Anspruchs auf eine unbewegliche Sache. Betrifft der Anspruch eine unbewegliche Sache, so ist der Drittschuldner berechtigt und auf Verlangen eines Gläubigers, dem der Anspruch überwiesen wurde, verpflichtet, die Sache unter Anzeige der Sachlage und unter Aushändigung der ihm zugestellten Beschlüsse an den von dem Amtsgericht der belegenen Sache ernannten oder auf seinen Antrag zu ernennenden Sequester herauszugeben.

§ 855a Mehrfache Pfändung eines Anspruchs auf ein Schiff. (1) Betrifft der Anspruch ein eingetragenes Schiff, so ist der Drittschuldner berechtigt und auf Verlangen eines Gläubigers, dem der Anspruch überwiesen wurde, verpflichtet, das Schiff unter Anzeige der Sachlage und unter Aushändigung der Beschlüsse dem Treuhänder herauszugeben, der in dem ihm zuerst zugestellten Beschluß bestellt ist.

(2) Absatz 1 gilt sinngemäß, wenn der Anspruch ein Schiffsbauwerk betrifft, das im Schiffsbauregister eingetragen ist oder in dieses Register eingetragen werden kann.

§ 856 Klage bei mehrfacher Pfändung. (1) Jeder Gläubiger, dem der Anspruch überwiesen wurde, ist berechtigt, gegen den Drittschuldner Klage auf Erfüllung der nach den Vorschriften der §§ 853 bis 855 diesem obliegenden Verpflichtungen zu erheben.

(2) Jeder Gläubiger, für den der Anspruch gepfändet ist, kann sich dem Kläger in jeder Lage des Rechtsstreits als Streitgenosse anschließen.

(3) Der Drittschuldner hat bei dem Prozeßgericht zu beantragen, daß die Gläubiger, welche die Klage nicht erhoben und dem Kläger sich nicht angeschlossen haben, zum Termin zur mündlichen Verhandlung geladen werden.

(4) Die Entscheidung, die in dem Rechtsstreit über den in der Klage erhobenen Anspruch erlassen wird, ist für und gegen sämtliche Gläubiger wirksam.

(5) Der Drittschuldner kann sich gegenüber einem Gläubiger auf die ihm günstige Entscheidung nicht berufen, wenn der Gläubiger zum Termin zur mündlichen Verhandlung nicht geladen worden ist.

§ 857 Zwangsvollstreckung in andere Vermögensrechte. (1) Für die Zwangsvollstreckung in andere Vermögensrechte, die nicht Gegenstand der Zwangsvollstreckung in das unbewegliche Vermögen sind, gelten die vorstehenden Vorschriften entsprechend.

(2) Ist ein Drittschuldner nicht vorhanden, so ist die Pfändung mit dem Zeitpunkt als bewirkt anzusehen, in welchem dem Schuldner das Gebot, sich jeder Verfügung über das Recht zu enthalten, zugestellt ist.

(3) Ein unveräußerliches Recht ist in Ermangelung besonderer Vorschriften der Pfändung insoweit unterworfen, als die Ausübung einem anderen überlassen werden kann.

(4) [1]Das Gericht kann bei der Zwangsvollstreckung in unveräußerliche Rechte, deren Ausübung einem anderen überlassen werden kann, besondere Anordnungen erlassen. [2]Es kann insbesondere bei der Zwangsvollstreckung in Nutzungsrechte eine Verwaltung anordnen; in diesem Falle wird die Pfändung durch Übergabe der zu benutzenden Sache an den Verwalter bewirkt, sofern sie nicht durch Zustellung des Beschlusses bereits vorher bewirkt ist.

(5) Ist die Veräußerung des Rechtes selbst zulässig, so kann auch diese Veräußerung von dem Gericht angeordnet werden.

(6) Auf die Zwangsvollstreckung in eine Reallast, eine Grundschuld oder eine Rentenschuld sind die Vorschriften über die Zwangsvollstreckung in eine Forderung, für die eine Hypothek besteht, entsprechend anzuwenden.

(7) Die Vorschrift des § 845 Abs. 1 Satz 2 ist nicht anzuwenden.

§ 858 Zwangsvollstreckung in Schiffspart. (1) Für die Zwangsvollstreckung in die Schiffspart (§§ 489 ff. des Handelsgesetzbuchs) gilt § 857 mit folgenden Abweichungen:

(2) Als Vollstreckungsgericht ist das Amtsgericht zuständig, bei dem das Register für das Schiff geführt wird.

(3) [1]Die Pfändung bedarf der Eintragung in das Schiffsregister; die Eintragung erfolgt auf Grund des Pfändungsbeschlusses. [2]Der Pfändungsbeschluß soll dem Korrespondentreeder zugestellt werden; wird der Beschluß diesem vor der Eintragung zugestellt, so gilt die Pfändung ihm gegenüber mit der Zustellung als bewirkt.

(4) [1]Verwertet wird die gepfändete Schiffspart im Wege der Veräußerung. [2]Dem Antrag auf Anordnung der Veräußerung ist ein Auszug aus dem Schiffsregister beizufügen, der alle das Schiff und die Schiffspart betreffenden Eintragungen enthält; der Auszug darf nicht älter als eine Woche sein.

(5) [1]Ergibt der Auszug aus dem Schiffsregister, daß die Schiffspart mit einem Pfandrecht belastet ist, das einem andern als dem betreibenden Gläubiger

zusteht, so ist die Hinterlegung des Erlöses anzuordnen. ²Der Erlös wird in diesem Fall nach den Vorschriften der §§ 873 bis 882 verteilt; Forderungen, für die ein Pfandrecht an der Schiffspart eingetragen ist, sind nach dem Inhalt des Schiffsregisters in den Teilungsplan aufzunehmen.

§ 859 Pfändung von Gesamthandanteilen. (1) ¹Der Anteil eines Gesellschafters an dem Gesellschaftsvermögen einer nach § 705 des Bürgerlichen Gesetzbuchs eingegangenen Gesellschaft ist der Pfändung unterworfen. ²Der Anteil eines Gesellschafters an den einzelnen zu dem Gesellschaftsvermögen gehörenden Gegenständen ist der Pfändung nicht unterworfen.

(2) Die gleichen Vorschriften gelten für den Anteil eines Miterben an dem Nachlaß und an den einzelnen Nachlaßgegenständen.

§ 860 Pfändung von Gesamtgutanteilen. (1) ¹Bei dem Güterstand der Gütergemeinschaft ist der Anteil eines Ehegatten an dem Gesamtgut und an den einzelnen dazu gehörenden Gegenständen der Pfändung nicht unterworfen. ²Das gleiche gilt bei der fortgesetzten Gütergemeinschaft von den Anteilen des überlebenden Ehegatten und der Abkömmlinge.

(2) Nach der Beendigung der Gemeinschaft ist der Anteil an dem Gesamtgut zugunsten der Gläubiger des Anteilsberechtigten der Pfändung unterworfen.

§§ 861, 862. *(aufgehoben)*

§ 863 Pfändungsbeschränkungen bei Erbschaftsnutzungen. (1) ¹Ist der Schuldner als Erbe nach § 2338 des Bürgerlichen Gesetzbuchs durch die Einsetzung eines Nacherben beschränkt, so sind die Nutzungen der Erbschaft der Pfändung nicht unterworfen, soweit sie zur Erfüllung der dem Schuldner, seinem Ehegatten, seinem früheren Ehegatten, seinem Lebenspartner, einem früheren Lebenspartner oder seinen Verwandten gegenüber gesetzlich obliegenden Unterhaltspflicht und zur Bestreitung seines standesmäßigen Unterhalts erforderlich sind. ²Das gleiche gilt, wenn der Schuldner nach § 2338 des Bürgerlichen Gesetzbuchs durch die Ernennung eines Testamentsvollstreckers beschränkt ist, für seinen Anspruch auf den jährlichen Reinertrag.

(2) Die Pfändung ist unbeschränkt zulässig, wenn der Anspruch eines Nachlaßgläubigers oder ein auch dem Nacherben oder dem Testamentsvollstrecker gegenüber wirksames Recht geltend gemacht wird.

(3) Diese Vorschriften gelten entsprechend, wenn der Anteil eines Abkömmlings an dem Gesamtgut der fortgesetzten Gütergemeinschaft nach § 1513 Abs. 2 des Bürgerlichen Gesetzbuchs einer Beschränkung der im Absatz 1 bezeichneten Art unterliegt.

Titel 2. Zwangsvollstreckung in das unbewegliche Vermögen

§ 864 Gegenstand der Immobiliarvollstreckung. (1) Der Zwangsvollstreckung in das unbewegliche Vermögen unterliegen außer den Grundstücken die Berechtigungen, für welche die sich auf Grundstücke beziehenden Vorschriften gelten, die im Schiffsregister eingetragenen Schiffe und die Schiffsbauwerke, die im Schiffsbauregister eingetragen sind oder in dieses Register eingetragen werden können.

(2) Die Zwangsvollstreckung in den Bruchteil eines Grundstücks, einer Berechtigung der im Absatz 1 bezeichneten Art oder eines Schiffes oder Schiffsbauwerks ist nur zulässig, wenn der Bruchteil in dem Anteil eines Miteigentümers besteht oder wenn sich der Anspruch des Gläubigers auf ein Recht gründet, mit dem der Bruchteil als solcher belastet ist.

§ 865 Verhältnis zur Mobiliarzwangsvollstreckung. (1) Die Zwangsvollstreckung in das unbewegliche Vermögen umfaßt auch die Gegenstände, auf die sich bei Grundstücken und Berechtigungen die Hypothek, bei Schiffen oder Schiffsbauwerken die Schiffshypothek erstreckt.

(2) [1]Diese Gegenstände können, soweit sie Zubehör sind, nicht gepfändet werden. [2]Im übrigen unterliegen sie der Zwangsvollstreckung in das bewegliche Vermögen, solange nicht ihre Beschlagnahme im Wege der Zwangsvollstreckung in das unbewegliche Vermögen erfolgt ist.

§ 866 Arten der Vollstreckung. (1) Die Zwangsvollstreckung in ein Grundstück erfolgt durch Eintragung einer Sicherungshypothek für die Forderung, durch Zwangsversteigerung und durch Zwangsverwaltung.

(2) Der Gläubiger kann verlangen, daß eine dieser Maßregeln allein oder neben den übrigen ausgeführt werde.

(3) [1]Eine Sicherungshypothek (Absatz 1) darf nur für einen Betrag von mehr als siebenhundertfünfzig Euro eingetragen werden; Zinsen bleiben dabei unberücksichtigt, soweit sie als Nebenforderung geltend gemacht sind.[1]) [2]Auf Grund mehrerer demselben Gläubiger zustehender Schuldtitel kann eine einheitliche Sicherungshypothek eingetragen werden.

§ 867 Zwangshypothek. (1) [1]Die Sicherungshypothek wird auf Antrag des Gläubigers in das Grundbuch eingetragen; die Eintragung ist auf dem vollstreckbaren Titel zu vermerken. [2]Mit der Eintragung entsteht die Hypothek. [3]Das Grundstück haftet auch für die dem Schuldner zur Last fallenden Kosten der Eintragung.

(2)[1]) [1]Sollen mehrere Grundstücke des Schuldners mit der Hypothek belastet werden, so ist der Betrag der Forderung auf die einzelnen Grundstücke zu verteilen. [2]Die Größe der Teile bestimmt der Gläubiger; für die Teile gilt § 866 Abs. 3 Satz 1 entsprechend.

(3) Zur Befriedigung aus dem Grundstück durch Zwangsversteigerung genügt der vollstreckbare Titel, auf dem die Eintragung vermerkt ist.

§ 868 Erwerb der Zwangshypothek durch den Eigentümer. (1) Wird durch eine vollstreckbare Entscheidung die zu vollstreckende Entscheidung oder ihre vorläufige Vollstreckbarkeit aufgehoben oder die Zwangsvollstreckung für unzulässig erklärt oder deren Einstellung angeordnet, so erwirbt der Eigentümer des Grundstücks die Hypothek.

(2) Das gleiche gilt, wenn durch eine gerichtliche Entscheidung die einstweilige Einstellung der Vollstreckung und zugleich die Aufhebung der er-

---

[1]) § 866 Abs. 3 Satz 1 und § 867 Abs. 2 gelten nicht für Eintragungen, die vor dem 1. 1. 1999 beantragt worden sind; vgl. Art. 3 Abs. 7 2. ZwangsvollstrNov. v. 17. 12. 1997 (BGBl. I S. 3039).

Zwangsvollstreckung in unbewegliches Vermögen §§ 869–873 ZPO 1

folgten Vollstreckungsmaßregeln angeordnet wird oder wenn die zur Abwendung der Vollstreckung nachgelassene Sicherheitsleistung oder Hinterlegung erfolgt.

§ 869 Zwangsversteigerung und Zwangsverwaltung. Die Zwangsversteigerung und die Zwangsverwaltung werden durch ein besonderes Gesetz geregelt.[1)]

§ 870 Grundstücksgleiche Rechte. Auf die Zwangsvollstreckung in eine Berechtigung, für welche die sich auf Grundstücke beziehenden Vorschriften gelten, sind die Vorschriften über die Zwangsvollstreckung in Grundstücke entsprechend anzuwenden.

§ 870 a Zwangsvollstreckung in ein Schiff oder Schiffsbauwerk.
(1) Die Zwangsvollstreckung in ein eingetragenes Schiff oder in ein Schiffsbauwerk, das im Schiffsbauregister eingetragen ist oder in dieses Register eingetragen werden kann, erfolgt durch Eintragung einer Schiffshypothek für die Forderung oder durch Zwangsversteigerung.

(2) § 866 Abs. 2, 3, § 867 gelten entsprechend.

(3) [1]Wird durch eine vollstreckbare Entscheidung die zu vollstreckende Entscheidung oder ihre vorläufige Vollstreckbarkeit aufgehoben oder die Zwangsvollstreckung für unzulässig erklärt oder deren Einstellung angeordnet, so erlischt die Schiffshypothek; § 57 Abs. 3 des Gesetzes über Rechte an eingetragenen Schiffen und Schiffsbauwerken vom 15. November 1940 (Reichsgesetzbl. I S. 1499) ist anzuwenden. [2]Das gleiche gilt, wenn durch eine gerichtliche Entscheidung die einstweilige Einstellung der Zwangsvollstreckung und zugleich die Aufhebung der erfolgten Vollstreckungsmaßregeln angeordnet wird oder wenn die zur Abwendung der Vollstreckung nachgelassene Sicherheitsleistung oder Hinterlegung erfolgt.

§ 871 Landesrechtlicher Vorbehalt bei Eisenbahnen. Unberührt bleiben die landesgesetzlichen Vorschriften, nach denen, wenn ein anderer als der Eigentümer einer Eisenbahn oder Kleinbahn den Betrieb der Bahn kraft eigenen Nutzungsrechts ausübt, das Nutzungsrecht und gewisse dem Betriebe gewidmete Gegenstände in Ansehung der Zwangsvollstreckung zum unbeweglichen Vermögen gehören und die Zwangsvollstreckung abweichend von den Vorschriften des Bundesrechts geregelt ist.

Titel 3. Verteilungsverfahren

§ 872 Voraussetzungen. Das Verteilungsverfahren tritt ein, wenn bei der Zwangsvollstreckung in das bewegliche Vermögen ein Geldbetrag hinterlegt ist, der zur Befriedigung der beteiligten Gläubiger nicht hinreicht.

§ 873 Aufforderung des Verteilungsgerichts. Das zuständige Amtsgericht (§§ 827, 853, 854) hat nach Eingang der Anzeige über die Sachlage an jeden der beteiligten Gläubiger die Aufforderung zu erlassen, binnen zwei

---
[1)] Gesetz über die Zwangsversteigerung und die Zwangsverwaltung vom 24. 3. 1897 (RGBl. S. 97) idF der Bek. vom 20. 5. 1898 (RGBl. S. 713); abgedruckt in dtv **5005 „ZPO"**.

Wochen eine Berechnung der Forderung an Kapital, Zinsen, Kosten und sonstigen Nebenforderungen einzureichen.

§ 874 Teilungsplan. (1) Nach Ablauf der zweiwöchigen Fristen wird von dem Gericht ein Teilungsplan angefertigt.

(2) Der Betrag der Kosten des Verfahrens ist von dem Bestand der Masse vorweg in Abzug zu bringen.

(3) [1] Die Forderung eines Gläubigers, der bis zur Anfertigung des Teilungsplanes der an ihn gerichteten Aufforderung nicht nachgekommen ist, wird nach der Anzeige und deren Unterlagen berechnet. [2] Eine nachträgliche Ergänzung der Forderung findet nicht statt.

§ 875 Terminsbestimmung. (1) [1] Das Gericht hat zur Erklärung über den Teilungsplan sowie zur Ausführung der Verteilung einen Termin zu bestimmen. [2] Der Teilungsplan muß spätestens drei Tage vor dem Termin auf der Geschäftsstelle zur Einsicht der Beteiligten niedergelegt werden.

(2) Die Ladung des Schuldners zu dem Termin ist nicht erforderlich, wenn sie durch Zustellung im Ausland oder durch öffentliche Zustellung erfolgen müßte.

§ 876 Termin zur Erklärung und Ausführung. [1] Wird in dem Termin ein Widerspruch gegen den Plan nicht erhoben, so ist dieser zur Ausführung zu bringen. [2] Erfolgt ein Widerspruch, so hat sich jeder dabei beteiligte Gläubiger sofort zu erklären. [3] Wird der Widerspruch von den Beteiligten als begründet anerkannt oder kommt anderweit eine Einigung zustande, so ist der Plan demgemäß zu berichtigen. [4] Wenn ein Widerspruch sich nicht erledigt, so wird der Plan insoweit ausgeführt, als er durch den Widerspruch nicht betroffen wird.

§ 877 Säumnisfolgen. (1) Gegen einen Gläubiger, der in dem Termin weder erschienen ist noch vor dem Termin bei dem Gericht Widerspruch erhoben hat, wird angenommen, daß er mit der Ausführung des Planes einverstanden sei.

(2) Ist ein in dem Termin nicht erschienener Gläubiger bei dem Widerspruch beteiligt, den ein anderer Gläubiger erhoben hat, so wird angenommen, daß er diesen Widerspruch nicht als begründet anerkenne.

§ 878 Widerspruchsklage. (1) [1] Der widersprechende Gläubiger muß ohne vorherige Aufforderung binnen einer Frist von einem Monat, die mit dem Terminstag beginnt, dem Gericht nachweisen, daß er gegen die beteiligten Gläubiger Klage erhoben habe. [2] Nach fruchtlosem Ablauf dieser Frist wird die Ausführung des Planes ohne Rücksicht auf den Widerspruch angeordnet.

(2) Die Befugnis des Gläubigers, der dem Plan widersprochen hat, ein besseres Recht gegen den Gläubiger, der einen Geldbetrag nach dem Plan erhalten hat, im Wege der Klage geltend zu machen, wird durch die Versäumung der Frist und durch die Ausführung des Planes nicht ausgeschlossen.

§ 879 Zuständigkeit für die Widerspruchsklage. (1) Die Klage ist bei dem Verteilungsgericht und, wenn der Streitgegenstand zur Zuständigkeit der

Verteilungsverfahren **§§ 880–882a ZPO 1**

Amtsgerichte nicht gehört, bei dem Landgericht zu erheben, in dessen Bezirk das Verteilungsgericht seinen Sitz hat.

(2) Das Landgericht ist für sämtliche Klagen zuständig, wenn seine Zuständigkeit nach dem Inhalt der erhobenen und in dem Termin nicht zur Erledigung gelangten Widersprüche auch nur bei einer Klage begründet ist, sofern nicht die sämtlichen beteiligten Gläubiger vereinbaren, daß das Verteilungsgericht über alle Widersprüche entscheiden solle.

§ 880 Inhalt des Urteils. [1] In dem Urteil, durch das über einen erhobenen Widerspruch entschieden wird, ist zugleich zu bestimmen, an welche Gläubiger und in welchen Beträgen der streitige Teil der Masse auszuzahlen sei. [2] Wird dies nicht für angemessen erachtet, so ist die Anfertigung eines neuen Planes und ein anderweites Verteilungsverfahren in dem Urteil anzuordnen.

§ 881 Versäumnisurteil. Das Versäumnisurteil gegen einen widersprechenden Gläubiger ist dahin zu erlassen, daß der Widerspruch als zurückgenommen anzusehen sei.

§ 882 Verfahren nach dem Urteil. Auf Grund des erlassenen Urteils wird die Auszahlung oder das anderweite Verteilungsverfahren von dem Verteilungsgericht angeordnet.

Titel 4. Zwangsvollstreckung gegen juristische Personen des öffentlichen Rechts

§ 882a Zwangsvollstreckung wegen einer Geldforderung. (1) [1] Die Zwangsvollstreckung gegen den Bund oder ein Land wegen einer Geldforderung darf, soweit nicht dingliche Rechte verfolgt werden, erst vier Wochen nach dem Zeitpunkt beginnen, in dem der Gläubiger seine Absicht, die Zwangsvollstreckung zu betreiben, der zur Vertretung des Schuldners berufenen Behörde und, sofern die Zwangsvollstreckung in ein von einer anderen Behörde verwaltetes Vermögen erfolgen soll, auch dem zuständigen Minister der Finanzen angezeigt hat. [2] Dem Gläubiger ist auf Verlangen der Empfang der Anzeige zu bescheinigen. [3] Soweit in solchen Fällen die Zwangsvollstreckung durch den Gerichtsvollzieher zu erfolgen hat, ist der Gerichtsvollzieher auf Antrag des Gläubigers vom Vollstreckungsgericht zu bestimmen.

(2) [1] Die Zwangsvollstreckung ist unzulässig in Sachen, die für die Erfüllung öffentlicher Aufgaben des Schuldners unentbehrlich sind oder deren Veräußerung ein öffentliches Interesse entgegensteht. [2] Darüber, ob die Voraussetzungen des Satzes 1 vorliegen, ist im Streitfall nach § 766 zu entscheiden. [3] Vor der Entscheidung ist der zuständige Minister zu hören.

(3) [1] Die Vorschriften der Absätze 1 und 2 sind auf die Zwangsvollstreckung gegen Körperschaften, Anstalten und Stiftungen des öffentlichen Rechtes mit der Maßgabe anzuwenden, daß an die Stelle der Behörde im Sinne des Absatzes 1 die gesetzlichen Vertreter treten. [2] Für öffentlich-rechtliche Bank- und Kreditanstalten gelten die Beschränkungen der Absätze 1 und 2 nicht.

(4) *(aufgehoben)*

(5) Der Ankündigung der Zwangsvollstreckung und der Einhaltung einer Wartefrist nach Maßgabe der Absätze 1 und 3 bedarf es nicht, wenn es sich um den Vollzug einer einstweiligen Verfügung handelt.

Abschnitt 3. Zwangsvollstreckung zur Erwirkung der Herausgabe von Sachen und zur Erwirkung von Handlungen oder Unterlassungen

§ 883 Herausgabe bestimmter beweglicher Sachen. (1) Hat der Schuldner eine bewegliche Sache oder eine Menge bestimmter beweglicher Sachen herauszugeben, so sind sie von dem Gerichtsvollzieher ihm wegzunehmen und dem Gläubiger zu übergeben.

(2) Wird die herauszugebende Sache nicht vorgefunden, so ist der Schuldner verpflichtet, auf Antrag des Gläubigers zu Protokoll an Eides Statt zu versichern, daß er die Sache nicht besitze, auch nicht wisse, wo die Sache sich befinde.

(3) Das Gericht kann eine der Sachlage entsprechende Änderung der eidesstattlichen Versicherung beschließen.

(4) Die Vorschriften der §§ 478 bis 480, 483 gelten entsprechend.

§ 884 Leistung einer bestimmten Menge vertretbarer Sachen. Hat der Schuldner eine bestimmte Menge vertretbarer Sachen oder Wertpapiere zu leisten, so gilt die Vorschrift des § 883 Abs. 1 entsprechend.

§ 885 Herausgabe von Grundstücken oder Schiffen. (1) [1]Hat der Schuldner eine unbewegliche Sache oder ein eingetragenes Schiff oder Schiffsbauwerk herauszugeben, zu überlassen oder zu räumen, so hat der Gerichtsvollzieher den Schuldner aus dem Besitz zu setzen und den Gläubiger in den Besitz einzuweisen. [2]Der Gerichtsvollzieher hat den Schuldner aufzufordern, eine Anschrift zum Zweck von Zustellungen oder einen Zustellungsbevollmächtigten zu benennen. [3]Bei einer einstweiligen Anordnung nach dem § 620 Nr. 7, 9 oder dem § 621g Satz 1, soweit Gegenstand des Verfahrens Regelungen nach der Verordnung über die Behandlung der Ehewohnung und des Hausrats sind, ist die mehrfache Vollziehung während der Geltungsdauer möglich. [4]Einer erneuten Zustellung an den Schuldner bedarf es nicht.

(2) Bewegliche Sachen, die nicht Gegenstand der Zwangsvollstreckung sind, werden von dem Gerichtsvollzieher weggeschafft und dem Schuldner oder, wenn dieser abwesend ist, einem Bevollmächtigten des Schuldners oder einer zu seiner Familie gehörigen oder in dieser Familie dienenden erwachsenen Person übergeben oder zur Verfügung gestellt.

(3) [1]Ist weder der Schuldner noch eine der bezeichneten Personen anwesend, so hat der Gerichtsvollzieher die Sachen auf Kosten des Schuldners in das Pfandlokal zu schaffen oder anderweit in Verwahrung zu bringen. [2]Unpfändbare Sachen und solche Sachen, bei denen ein Verwertungserlös nicht zu erwarten ist, sind auf Verlangen des Schuldners ohne weiteres herauszugeben.

(4) [1]Fordert der Schuldner nicht binnen einer Frist von zwei Monaten nach der Räumung ab oder fordert er ab, ohne die Kosten zu zahlen, verkauft der Gerichtsvollzieher die Sachen und hinterlegt den Erlös; Absatz 3 Satz 2 bleibt unberührt. [2]Sachen, die nicht verwertet werden können, sollen vernichtet werden.

§ 886 Herausgabe bei Gewahrsam eines Dritten. Befindet sich eine herauszugebende Sache im Gewahrsam eines Dritten, so ist dem Gläubiger auf dessen Antrag der Anspruch des Schuldners auf Herausgabe der Sache nach den Vorschriften zu überweisen, welche die Pfändung und Überweisung einer Geldforderung betreffen.

§ 887 Vertretbare Handlungen. (1) Erfüllt der Schuldner die Verpflichtung nicht, eine Handlung vorzunehmen, deren Vornahme durch einen Dritten erfolgen kann, so ist der Gläubiger von dem Prozeßgericht des ersten Rechtszuges auf Antrag zu ermächtigen, auf Kosten des Schuldners die Handlung vornehmen zu lassen.

(2) Der Gläubiger kann zugleich beantragen, den Schuldner zur Vorauszahlung der Kosten zu verurteilen, die durch die Vornahme der Handlung entstehen werden, unbeschadet des Rechts auf eine Nachforderung, wenn die Vornahme der Handlung einen größeren Kostenaufwand verursacht.

(3) Auf die Zwangsvollstreckung zur Erwirkung der Herausgabe oder Leistung von Sachen sind die vorstehenden Vorschriften nicht anzuwenden.

§ 888 Nicht vertretbare Handlungen. (1) [1]Kann eine Handlung durch einen Dritten nicht vorgenommen werden, so ist, wenn sie ausschließlich von dem Willen des Schuldners abhängt, auf Antrag von dem Prozeßgericht des ersten Rechtszuges zu erkennen, daß der Schuldner zur Vornahme der Handlung durch Zwangsgeld und für den Fall, daß dieses nicht beigetrieben werden kann, durch Zwangshaft oder durch Zwangshaft anzuhalten sei. [2]Das einzelne Zwangsgeld darf den Betrag von fünfundzwanzigtausend Euro nicht übersteigen. [3]Für die Zwangshaft gelten die Vorschriften des Vierten Abschnitts über die Haft entsprechend.

(2) Eine Androhung der Zwangsmittel findet nicht statt.

(3) Diese Vorschriften kommen im Falle der Verurteilung zur Eingehung einer Ehe, im Falle der Verurteilung zur Herstellung des ehelichen Lebens und im Falle der Verurteilung zur Leistung von Diensten aus einem Dienstvertrag nicht zur Anwendung.

§ 888 a Keine Handlungsvollstreckung bei Entschädigungspflicht. Ist im Falle des § 510b der Beklagte zur Zahlung einer Entschädigung verurteilt, so ist die Zwangsvollstreckung auf Grund der Vorschriften der §§ 887, 888 ausgeschlossen.

§ 889 Eidesstattliche Versicherung nach bürgerlichem Recht. (1) [1]Ist der Schuldner auf Grund der Vorschriften des bürgerlichen Rechts zur Abgabe einer eidesstattlichen Versicherung verurteilt, so wird die Versicherung vor dem Amtsgericht als Vollstreckungsgericht abgegeben, in dessen Bezirk der Schuldner im Inland seinen Wohnsitz oder in Ermangelung eines solchen seinen Aufenthaltsort hat, sonst vor dem Amtsgericht als Vollstreckungsgericht, in dessen Bezirk das Prozeßgericht des ersten Rechtszuges seinen Sitz hat. [2]Die Vorschriften der §§ 478 bis 480, 483 gelten entsprechend.

(2) Erscheint der Schuldner in dem zur Abgabe der eidesstattlichen Versicherung bestimmten Termin nicht oder verweigert er die Abgabe der eidesstattlichen Versicherung, so verfährt das Vollstreckungsgericht nach § 888.

§ 890 Erzwingung von Unterlassungen und Duldungen. (1) ¹Handelt der Schuldner der Verpflichtung zuwider, eine Handlung zu unterlassen oder die Vornahme einer Handlung zu dulden, so ist er wegen einer jeden Zuwiderhandlung auf Antrag des Gläubigers von dem Prozeßgericht des ersten Rechtszuges zu einem Ordnungsgeld und für den Fall, daß dieses nicht beigetrieben werden kann, zur Ordnungshaft oder zur Ordnungshaft bis zu sechs Monaten zu verurteilen. ²Das einzelne Ordnungsgeld darf den Betrag von zweihundertfünfzigtausend Euro, die Ordnungshaft insgesamt zwei Jahre nicht übersteigen.

(2) Der Verurteilung muß eine entsprechende Androhung vorausgehen, die, wenn sie in dem die Verpflichtung aussprechenden Urteil nicht enthalten ist, auf Antrag von dem Prozeßgericht des ersten Rechtszuges erlassen wird.

(3) Auch kann der Schuldner auf Antrag des Gläubigers zur Bestellung einer Sicherheit für den durch fernere Zuwiderhandlungen entstehenden Schaden auf bestimmte Zeit verurteilt werden.

§ 891 Verfahren; Anhörung des Schuldners; Kostenentscheidung. ¹Die nach den §§ 887 bis 890 zu erlassenden Entscheidungen ergehen durch Beschluss. ²Vor der Entscheidung ist der Schuldner zu hören. ³Für die Kostenentscheidung gelten die §§ 91 bis 93, 95 bis 100, 106, 107 entsprechend.

§ 892 Widerstand des Schuldners. Leistet der Schuldner Widerstand gegen die Vornahme einer Handlung, die er nach den Vorschriften der §§ 887, 890 zu dulden hat, so kann der Gläubiger zur Beseitigung des Widerstandes einen Gerichtsvollzieher zuziehen, der nach den Vorschriften des § 758 Abs. 3 und des § 759 zu verfahren hat.

§ 892 a Unmittelbarer Zwang in Verfahren nach dem Gewaltschutzgesetz. ¹Handelt der Schuldner einer Verpflichtung aus einer Anordnung nach § 1 der Gewaltschutzgesetzes[1] zuwider, eine Handlung zu unterlassen, kann der Gläubiger zur Beseitigung einer jeden andauernden Zuwiderhandlung einen Gerichtsvollzieher zuziehen. ²Der Gerichtsvollzieher hat nach § 758 Abs. 3 und § 759 zu verfahren. ³§§ 890 und 891 bleiben daneben anwendbar.

§ 893 Klage auf Leistung des Interesses. (1) Durch die Vorschriften dieses Abschnitts wird das Recht des Gläubigers nicht berührt, die Leistung des Interesses zu verlangen.

(2) Den Anspruch auf Leistung des Interesses hat der Gläubiger im Wege der Klage bei dem Prozeßgericht des ersten Rechtszuges geltend zu machen.

§ 894 Fiktion der Abgabe einer Willenserklärung. (1) ¹Ist der Schuldner zur Abgabe einer Willenserklärung verurteilt, so gilt die Erklärung als abgegeben, sobald das Urteil die Rechtskraft erlangt hat. ²Ist die Willenserklärung von einer Gegenleistung abhängig gemacht, so tritt diese Wirkung ein, sobald nach den Vorschriften der §§ 726, 730 eine vollstreckbare Ausfertigung des rechtskräftigen Urteils erteilt ist.

---

[1]) Gesetz zum zivilrechtlichen Schutz vor Gewalttaten und Nachstellungen (Gewaltschutzgesetz – GewSchG) vom 11. 12. 2001 (BGBl. I S. 3513).

(2) Die Vorschrift des ersten Absatzes ist im Falle der Verurteilung zur Eingehung einer Ehe nicht anzuwenden.

§ 895 Willenserklärung zwecks Eintragung bei vorläufig vollstreckbarem Urteil. [1] Ist durch ein vorläufig vollstreckbares Urteil der Schuldner zur Abgabe einer Willenserklärung verurteilt, auf Grund deren eine Eintragung in das Grundbuch, das Schiffsregister oder das Schiffsbauregister erfolgen soll, so gilt die Eintragung einer Vormerkung oder eines Widerspruchs als bewilligt. [2] Die Vormerkung oder der Widerspruch erlischt, wenn das Urteil durch eine vollstreckbare Entscheidung aufgehoben wird.

§ 896 Erteilung von Urkunden an Gläubiger. Soll auf Grund eines Urteils, das eine Willenserklärung des Schuldners ersetzt, eine Eintragung in ein öffentliches Buch oder Register vorgenommen werden, so kann der Gläubiger an Stelle des Schuldners die Erteilung der im § 792 bezeichneten Urkunden verlangen, soweit er dieser Urkunden zur Herbeiführung der Eintragung bedarf.

§ 897 Übereignung; Verschaffung von Grundpfandrechten. (1) Ist der Schuldner zur Übertragung des Eigentums oder zur Bestellung eines Rechtes an einer beweglichen Sache verurteilt, so gilt die Übergabe der Sache als erfolgt, wenn der Gerichtsvollzieher die Sache zum Zwecke der Ablieferung an den Gläubiger wegnimmt.

(2) Das gleiche gilt, wenn der Schuldner zur Bestellung einer Hypothek, Grundschuld oder Rentenschuld oder zur Abtretung oder Belastung einer Hypothekenforderung, Grundschuld oder Rentenschuld verurteilt ist, für die Übergabe des Hypotheken-, Grundschuld- oder Rentenschuldbriefs.

§ 898 Gutgläubiger Erwerb. Auf einen Erwerb, der sich nach den §§ 894, 897 vollzieht, sind die Vorschriften des bürgerlichen Rechts zugunsten derjenigen, die Rechte von einem Nichtberechtigten herleiten, anzuwenden.

Abschnitt 4. Eidesstattliche Versicherung und Haft

§ 899 Zuständigkeit. (1) Für die Abnahme der eidesstattlichen Versicherung in den Fällen der §§ 807, 836 und 883 ist der Gerichtsvollzieher bei dem Amtsgericht zuständig, in dessen Bezirk der Schuldner im Zeitpunkt der Auftragserteilung seinen Wohnsitz oder in Ermangelung eines solchen seinen Aufenthaltsort hat.

(2) [1] Ist das angegangene Gericht nicht zuständig, gibt es die Sache auf Antrag des Gläubigers an das zuständige Gericht ab. [2] Die Abgabe ist nicht bindend.

§ 900 Verfahren zur Abnahme der eidesstattlichen Versicherung.
(1) [1] Das Verfahren beginnt mit dem Auftrag des Gläubigers zur Bestimmung eines Termins zur Abgabe der eidesstattlichen Versicherung. [2] Der Gerichtsvollzieher hat für die Ladung des Schuldners zu dem Termin Sorge zu tragen. [3] Er hat ihm die Ladung zuzustellen, auch wenn dieser einen Prozeß-

bevollmächtigten bestellt hat; einer Mitteilung an den Prozeßbevollmächtigten bedarf es nicht. ⁴Dem Gläubiger ist die Terminsbestimmung nach Maßgabe des § 357 Abs. 2 mitzuteilen.

(2) ¹Der Gerichtsvollzieher kann die eidesstattliche Versicherung abweichend von Absatz 1 sofort abnehmen, wenn die Voraussetzungen des § 807 Abs. 1 vorliegen. ²Der Schuldner und der Gläubiger können der sofortigen Abnahme widersprechen. ³In diesem Fall setzt der Gerichtsvollzieher einen Termin und den Ort zur Abnahme der eidesstattlichen Versicherung fest. ⁴Der Termin soll nicht vor Ablauf von zwei Wochen und nicht über vier Wochen hinaus angesetzt werden. ⁵Für die Ladung des Schuldners und die Benachrichtigung des Gläubigers gilt Absatz 1 entsprechend.

(3) ¹Macht der Schuldner glaubhaft, daß er die Forderung des Gläubigers binnen einer Frist von sechs Monaten tilgen werde, so setzt der Gerichtsvollzieher den Termin zur Abgabe der eidesstattlichen Versicherung abweichend von Absatz 2 unverzüglich nach Ablauf dieser Frist an oder vertagt bis zu sechs Monaten und zieht Teilbeträge ein, wenn der Gläubiger hiermit einverstanden ist. ²Weist der Schuldner in dem neuen Termin nach, daß er die Forderung mindestens zu drei Vierteln getilgt hat, so kann der Gerichtsvollzieher den Termin nochmals bis zu zwei Monate vertagen.

(4) ¹Bestreitet der Schuldner im Termin die Verpflichtung zur Abgabe der eidesstattlichen Versicherung, so hat das Gericht durch Beschluß zu entscheiden. ²Die Abgabe der eidesstattlichen Versicherung erfolgt nach dem Eintritt der Rechtskraft der Entscheidung; das Vollstreckungsgericht kann jedoch die Abgabe der eidesstattlichen Versicherung vor Eintritt der Rechtskraft anordnen, wenn bereits ein früherer Widerspruch rechtskräftig verworfen ist, wenn nach Vertagung nach Absatz 3 der Widerspruch auf Tatsachen gestützt wird, die zur Zeit des ersten Antrags auf Vertagung bereits eingetreten waren, oder wenn der Schuldner den Widerspruch auf Einwendungen stützt, die den Anspruch selbst betreffen.

(5) Der Gerichtsvollzieher hat die von ihm abgenommene eidesstattliche Versicherung unverzüglich bei dem Vollstreckungsgericht zu hinterlegen und dem Gläubiger eine Abschrift zuzuleiten.

§ 901 Erlass eines Haftbefehls. ¹Gegen den Schuldner, der in dem zur Abgabe der eidesstattlichen Versicherung bestimmten Termin nicht erscheint oder die Abgabe der eidesstattlichen Versicherung ohne Grund verweigert, hat das Gericht zur Erzwingung der Abgabe auf Antrag einen Haftbefehl zu erlassen. ²In dem Haftbefehl sind der Gläubiger, der Schuldner und der Grund der Verhaftung zu bezeichnen. ³Einer Zustellung des Haftbefehls vor seiner Vollziehung bedarf es nicht.

§ 902 Eidesstattliche Versicherung des Verhafteten. (1) ¹Der verhaftete Schuldner kann zu jeder Zeit bei dem zuständigen Gerichtsvollzieher des Amtsgerichts des Haftortes verlangen, ihm die eidesstattliche Versicherung abzunehmen. ²Dem Verlangen ist ohne Verzug stattzugeben. ³Dem Gläubiger ist die Teilnahme zu ermöglichen, wenn er dies beantragt hat und die Versicherung gleichwohl ohne Verzug abgenommen werden kann.

(2) Nach Abgabe der eidesstattlichen Versicherung wird der Schuldner aus der Haft entlassen und der Gläubiger hiervon in Kenntnis gesetzt.

Eidesstattliche Versicherung und Haft §§ 903–910 ZPO 1

(3) ¹Kann der Schuldner vollständige Angaben nicht machen, weil er die dazu notwendigen Unterlagen nicht bei sich hat, so kann der Gerichtsvollzieher einen neuen Termin bestimmen und die Vollziehung des Haftbefehls bis zu diesem Termin aussetzen. ²§ 900 Abs. 1 Satz 2 bis 4 gilt entsprechend.

§ 903 Wiederholte eidesstattliche Versicherung. ¹Ein Schuldner, der die in § 807 dieses Gesetzes oder in § 284 der Abgabenordnung bezeichnete eidesstattliche Versicherung abgegeben hat, ist, wenn die Abgabe der eidesstattlichen Versicherung in dem Schuldnerverzeichnis noch nicht gelöscht ist, in den ersten drei Jahren nach ihrer Abgabe zur nochmaligen eidesstattlichen Versicherung einem Gläubiger gegenüber nur verpflichtet, wenn glaubhaft gemacht wird, daß der Schuldner später Vermögen erworben hat oder daß ein bisher bestehendes Arbeitsverhältnis mit dem Schuldner aufgelöst ist. ²Der in § 807 Abs. 1 genannten Voraussetzungen bedarf es nicht.

§ 904 Unzulässigkeit der Haft. Die Haft ist unstatthaft:
1. gegen Mitglieder des Bundestages, eines Landtages oder einer zweiten Kammer während der Tagung, sofern nicht die Versammlung die Vollstreckung genehmigt;
2. *(weggefallen)*
3. gegen den Kapitän, die Schiffsmannschaft und alle übrigen auf einem Seeschiff angestellten Personen, wenn sich das Schiff auf der Reise befindet und nicht in einem Hafen liegt.

§ 905 Haftunterbrechung. Die Haft wird unterbrochen:
1. gegen Mitglieder des Bundestages, eines Landtages oder einer zweiten Kammer für die Dauer der Tagung, wenn die Versammlung die Freilassung verlangt;
2. *(weggefallen)*

§ 906 Haftaufschub. Gegen einen Schuldner, dessen Gesundheit durch die Vollstreckung der Haft einer nahen und erheblichen Gefahr ausgesetzt wird, darf, solange dieser Zustand dauert, die Haft nicht vollstreckt werden.

§§ 907, 908. *(aufgehoben)*

§ 909 Verhaftung. (1) ¹Die Verhaftung des Schuldners erfolgt durch einen Gerichtsvollzieher. ²Dem Schuldner ist der Haftbefehl bei der Verhaftung in beglaubigter Abschrift zu übergeben.

(2) Die Vollziehung des Haftbefehls ist unstatthaft, wenn seit dem Tage, an dem der Haftbefehl erlassen wurde, drei Jahre vergangen sind.

§ 910 Anzeige vor der Verhaftung. ¹Vor der Verhaftung eines Beamten, eines Geistlichen oder eines Lehrers an öffentlichen Unterrichtsanstalten ist der vorgesetzten Dienstbehörde von dem Gerichtsvollzieher Anzeige zu machen. ²Die Verhaftung darf erst erfolgen, nachdem die vorgesetzte Behörde für die dienstliche Vertretung des Schuldners gesorgt hat. ³Die Behörde ist verpflichtet, ohne Verzug die erforderlichen Anordnungen zu treffen und den Gerichtsvollzieher hiervon in Kenntnis zu setzen.

§ 911 Erneuerung der Haft nach Entlassung. Gegen den Schuldner, der ohne sein Zutun auf Antrag des Gläubigers aus der Haft entlassen ist, findet auf Antrag desselben Gläubigers eine Erneuerung der Haft nicht statt.

§ 912. *(weggefallen)*

§ 913 Haftdauer. [1] Die Haft darf die Dauer von sechs Monaten nicht übersteigen. [2] Nach Ablauf der sechs Monate wird der Schuldner von Amts wegen aus der Haft entlassen.

§ 914 Wiederholte Verhaftung. (1) Ein Schuldner, gegen den wegen Verweigerung der Abgabe der eidesstattlichen Versicherung nach § 807 dieses Gesetzes oder nach § 284 der Abgabenordnung eine Haft von sechs Monaten vollstreckt ist, kann auch auf Antrag eines anderen Gläubigers von neuem zur Abgabe einer solchen eidesstattlichen Versicherung durch Haft nur angehalten werden, wenn glaubhaft gemacht wird, daß der Schuldner später Vermögen erworben hat oder daß ein bisher bestehendes Arbeitsverhältnis mit dem Schuldner aufgelöst ist.

(2) Diese Vorschrift ist nicht anzuwenden, wenn seit der Beendigung der Haft drei Jahre verstrichen sind.

§ 915 Schuldnerverzeichnis. (1) [1] Das Vollstreckungsgericht führt ein Verzeichnis der Personen, die in einem bei ihm anhängigen Verfahren die eidesstattliche Versicherung nach § 807 abgegeben haben oder gegen die nach § 901 die Haft angeordnet ist. [2] In dieses Schuldnerverzeichnis[1] sind auch die Personen aufzunehmen, die eine eidesstattliche Versicherung nach § 284 der Abgabenordnung abgegeben haben. [3] Die Vollstreckung einer Haft ist in dem Verzeichnis zu vermerken, wenn sie sechs Monate gedauert hat. [4] Geburtsdaten der Personen sind, soweit bekannt, einzutragen.

(2) Wer die eidesstattliche Versicherung vor dem Gerichtsvollzieher eines anderen Amtsgerichts abgegeben hat, wird auch in das Verzeichnis dieses Gerichts eingetragen, wenn er im Zeitpunkt der Versicherung in dessen Bezirk seinen Wohnsitz hatte.

(3) [1] Personenbezogene Informationen aus dem Schuldnerverzeichnis dürfen nur für Zwecke der Zwangsvollstreckung verwendet werden, sowie um gesetzliche Pflichten zur Prüfung der wirtschaftlichen Zuverlässigkeit zu erfüllen, um Voraussetzungen für die Gewährung von öffentlichen Leistungen zu prüfen oder um wirtschaftliche Nachteile abzuwenden, die daraus entstehen können, daß Schuldner ihren Zahlungsverpflichtungen nicht nachkommen, oder soweit dies zur Verfolgung von Straftaten erforderlich ist. [2] Die Informationen dürfen nur für den Zweck verwendet werden, für den sie übermittelt worden sind. [3] Nichtöffentliche Stellen sind darauf bei der Übermittlung hinzuweisen.

§ 915a Löschung. (1) [1] Eine Eintragung im Schuldnerverzeichnis wird nach Ablauf von drei Jahren seit dem Ende des Jahres gelöscht, in dem die eidesstattliche Versicherung abgegeben, die Haft angeordnet oder die sechsmo-

---

[1] VO über das Schuldnerverzeichnis (SchuldnerverzeichnisVO – SchuVVO) v. 15. 12. 1994 (BGBl. I S. 3822); abgedruckt in **dtv 5005 „ZPO"**.

natige Haftvollstreckung beendet worden ist. ²Im Falle des § 915 Abs. 2 ist die Eintragung auch im Verzeichnis des anderen Gerichtes zu löschen.

(2) Eine Eintragung im Schuldnerverzeichnis wird vorzeitig gelöscht, wenn
1. die Befriedigung des Gläubigers, der gegen den Schuldner das Verfahren zur Abnahme der eidesstattlichen Versicherung betrieben hat, nachgewiesen worden ist oder
2. der Wegfall des Eintragungsgrundes dem Vollstreckungsgericht bekanntgeworden ist.

§ 915b Auskunft; Löschungsfiktion. (1) ¹Der Urkundsbeamte der Geschäftsstelle erteilt auf Antrag Auskunft, welche Angaben über eine bestimmte Person in dem Schuldnerverzeichnis eingetragen sind, wenn dargelegt wird, daß die Auskunft für einen der in § 915 Abs. 3 bezeichneten Zwecke erforderlich ist. ²Ist eine Eintragung vorhanden, so ist auch das Datum des in Absatz 2 genannten Ereignisses mitzuteilen.

(2) Sind seit dem Tage der Abgabe der eidesstattlichen Versicherung, der Anordnung der Haft oder der Beendigung der sechsmonatigen Haftvollstreckung drei Jahre verstrichen, so gilt die entsprechende Eintragung als gelöscht.

§ 915c Ausschluss der Beschwerde. Gegen Entscheidungen über Eintragungen, Löschungen und Auskunftsersuchen findet die Beschwerde nicht statt.

§ 915d Erteilung von Abdrucken. (1) ¹Aus dem Schuldnerverzeichnis können nach Maßgabe des § 915e auf Antrag Abdrucke zum laufenden Bezug erteilt werden, auch durch Übermittlung in einer nur maschinell lesbaren Form. ²Bei der Übermittlung in einer nur maschinell lesbaren Form gelten die von der Landesjustizverwaltung festgelegten Datenübertragungsregeln.

(2) Die Abdrucke sind vertraulich zu behandeln und dürfen Dritten nicht zugänglich gemacht werden.

(3) Nach der Beendigung des laufenden Bezugs sind die Abdrucke unverzüglich zu vernichten; Auskünfte dürfen nicht mehr erteilt werden.

§ 915e Empfänger von Abdrucken; Auskünfte aus Abdrucken; Listen; Datenschutz. (1) Abdrucke erhalten
a) Industrie- und Handelskammern sowie Körperschaften des öffentlichen Rechts, in denen Angehörige eines Berufes kraft Gesetzes zusammengeschlossen sind (Kammern),
b) Antragsteller, die Abdrucke zur Errichtung und Führung zentraler bundesweiter oder regionaler Schuldnerverzeichnisse verwenden, oder
c) Antragsteller, deren berechtigtem Interesse durch Einzelauskünfte, insbesondere aus einem Verzeichnis nach Buchstabe b, oder durch den Bezug von Listen (§ 915f) nicht hinreichend Rechnung getragen werden kann.

(2) ¹Die Kammern dürfen ihren Mitgliedern oder den Mitgliedern einer anderen Kammer Auskünfte erteilen. ²Andere Bezieher von Abdrucken dürfen Auskünfte erteilen, soweit dies zu ihrer ordnungsgemäßen Tätigkeit gehört. ³§ 915d gilt entsprechend. ⁴Die Auskünfte dürfen auch im automatisierten Abrufverfahren erteilt werden, soweit diese Form der Datenübermitt-

lung unter Berücksichtigung der schutzwürdigen Interessen der Betroffenen wegen der Vielzahl der Übermittlungen oder wegen ihrer besonderen Eilbedürftigkeit angemessen ist.

(3) ¹Die Kammern dürfen die Abdrucke in Listen zusammenfassen oder hiermit Dritte beauftragen. ²Sie haben diese bei der Durchführung des Auftrages zu beaufsichtigen.

(4) ¹In den Fällen des Absatzes 1 Satz 1 Buchstabe b und c gilt für nichtöffentliche Stellen § 38 des Bundesdatenschutzgesetzes mit der Maßgabe, daß die Aufsichtsbehörde auch die Verarbeitung und Nutzung dieser personenbezogenen Daten in oder aus Akten überwacht und auch überprüfen kann, wenn ihr keine hinreichenden Anhaltspunkte dafür vorliegen, daß eine Vorschrift über den Datenschutz verletzt ist. ²Entsprechendes gilt für nichtöffentliche Stellen, die von den in Absatz 1 genannten Stellen Auskünfte erhalten haben.

§ 915 f Überlassung von Listen; Datenschutz. (1) ¹Die nach § 915 e Abs. 3 erstellten Listen dürfen den Mitgliedern von Kammern auf Antrag zum laufenden Bezug überlassen werden. ²Für den Bezug der Listen gelten die §§ 915 d und 915 e Abs. 1 Buchstabe c entsprechend.

(2) Die Bezieher der Listen dürfen Auskünfte nur jemandem erteilen, dessen Belange sie kraft Gesetzes oder Vertrages wahrzunehmen haben.

(3) Listen sind unverzüglich zu vernichten, soweit sie durch neue ersetzt werden.

(4) § 915 e Abs. 4 gilt entsprechend.

§ 915 g Löschung in Abdrucken, Listen und Aufzeichnungen. (1) Für Abdrucke, Listen und Aufzeichnungen über eine Eintragung im Schuldnerverzeichnis, die auf der Verarbeitung von Abdrucken oder Listen oder auf Auskünften über Eintragungen im Schuldnerverzeichnis beruhen, gilt § 915 a Abs. 1 entsprechend.

(2) ¹Über vorzeitige Löschungen (§ 915 a Abs. 2) sind die Bezieher von Abdrucken innerhalb eines Monats zu unterrichten. ²Sie unterrichten unverzüglich die Bezieher von Listen (§ 915 f Abs. 1 Satz 1). ³In den auf Grund der Abdrucke und Listen erstellten Aufzeichnungen sind die Eintragungen unverzüglich zu löschen.

§ 915 h Verordnungsermächtigungen. (1) Das Bundesministerium der Justiz wird ermächtigt, durch Rechtsverordnung mit Zustimmung des Bundesrates
1. Vorschriften über den Inhalt des Schuldnerverzeichnisses,[1]) über den Bezug von Abdrucken nach den §§ 915 d, 915 e und das Bewilligungsverfahren sowie den Bezug von Listen nach § 915 f Abs. 1 zu erlassen,
2. Einzelheiten der Einrichtung und Ausgestaltung automatisierter Abrufverfahren nach § 915 e Abs. 2 Satz 4, insbesondere der Protokollierung der Abrufe für Zwecke der Datenschutzkontrolle, zu regeln,

---

[1]) VO über das Schuldnerverzeichnis (SchuldnerverzeichnisVO – SchuVVO) v. 15. 12. 1994 (BGBl. I S. 3822); abgedruckt in **dtv 5005 „ZPO".**

3. die Erteilung und Aufbewahrung von Abdrucken aus dem Schuldnerverzeichnis, die Anfertigung, Verwendung und Weitergabe von Listen, die Mitteilung und den Vollzug von Löschungen und den Ausschluß vom Bezug von Abdrucken und Listen näher zu regeln, um die ordnungsgemäße Behandlung der Mitteilungen, den Schutz vor unbefugter Verwendung und die rechtzeitige Löschung von Eintragungen sicherzustellen,
4. zur Durchsetzung der Vernichtungs- und Löschungspflichten im Falle des Widerrufs der Bewilligung die Verhängung von Zwangsgeldern vorzusehen; das einzelne Zwangsgeld darf den Betrag von 25 000 Euro nicht übersteigen.

(2) [1]Die Landesregierungen werden ermächtigt, durch Rechtsverordnung zu bestimmen, daß
1. anstelle des Schuldnerverzeichnisses bei den einzelnen Vollstreckungsgerichten oder neben diesen ein zentrales Schuldnerverzeichnis für die Bezirke mehrerer Amtsgerichte bei einem Amtsgericht geführt wird und die betroffenen Vollstreckungsgerichte diesem Amtsgericht die erforderlichen Daten mitzuteilen haben;
2. bei solchen Verzeichnissen automatisierte Abrufverfahren eingeführt werden, soweit dies unter Berücksichtigung der schutzwürdigen Belange des betroffenen Schuldners und der beteiligten Stellen angemessen ist; die Rechtsverordnung hat Maßnahmen zur Datenschutzkontrolle und Datensicherung vorzusehen.
[2]Sie werden ermächtigt, diese Befugnisse auf die Landesjustizverwaltungen zu übertragen.

Abschnitt 5. Arrest und einstweilige Verfügung

§ 916 Arrestanspruch. (1) Der Arrest findet zur Sicherung der Zwangsvollstreckung in das bewegliche oder unbewegliche Vermögen wegen einer Geldforderung oder wegen eines Anspruchs statt, der in eine Geldforderung übergehen kann.

(2) Die Zulässigkeit des Arrestes wird nicht dadurch ausgeschlossen, daß der Anspruch betagt oder bedingt ist, es sei denn, daß der bedingte Anspruch wegen der entfernten Möglichkeit des Eintritts der Bedingung einen gegenwärtigen Vermögenswert nicht hat.

§ 917 Arrestgrund bei dinglichem Arrest. (1) Der dingliche Arrest findet statt, wenn zu besorgen ist, daß ohne dessen Verhängung die Vollstreckung des Urteils vereitelt oder wesentlich erschwert werden würde.

(2) [1]Als ein zureichender Arrestgrund ist es anzusehen, wenn das Urteil im Ausland vollstreckt werden müßte. [2]Dies gilt nicht, wenn das Urteil nach dem Übereinkommen vom 27. September 1968 über die gerichtliche Zuständigkeit und die Vollstreckung gerichtlicher Entscheidungen in Zivil- und Handelssachen und den Beitrittsübereinkommen dazu oder dem Übereinkommen vom 16. September 1988 über die gerichtliche Zuständigkeit und die Vollstreckung gerichtlicher Entscheidungen in Zivil- und Handelssachen (BGBl. 1994 II S. 2658, 3772) vollstreckt werden müßte.

§ 918 Arrestgrund bei persönlichem Arrest. Der persönliche Sicherheitsarrest findet nur statt, wenn er erforderlich ist, um die gefährdete Zwangsvollstreckung in das Vermögen des Schuldners zu sichern.

§ 919 Arrestgericht. Für die Anordnung des Arrestes ist sowohl das Gericht der Hauptsache als das Amtsgericht zuständig, in dessen Bezirk der mit Arrest zu belegende Gegenstand oder die in ihrer persönlichen Freiheit zu beschränkende Person sich befindet.

§ 920 Arrestgesuch. (1) Das Gesuch soll die Bezeichnung des Anspruchs unter Angabe des Geldbetrages oder des Geldwertes sowie die Bezeichnung des Arrestgrundes enthalten.

(2) Der Anspruch und der Arrestgrund sind glaubhaft zu machen.

(3) Das Gesuch kann vor der Geschäftsstelle zu Protokoll erklärt werden.

§ 921 Entscheidung über das Arrestgesuch. [1]Das Gericht kann, auch wenn der Anspruch oder der Arrestgrund nicht glaubhaft gemacht ist, den Arrest anordnen, sofern wegen der dem Gegner drohenden Nachteile Sicherheit geleistet wird. [2]Es kann die Anordnung des Arrestes von einer Sicherheitsleistung abhängig machen, selbst wenn der Anspruch und der Arrestgrund glaubhaft gemacht sind.

§ 922 Arresturteil und Arrestbeschluss. (1) [1]Die Entscheidung über das Gesuch ergeht im Falle einer mündlichen Verhandlung durch Endurteil, andernfalls durch Beschluß. [2]Die Entscheidung, durch die der Arrest angeordnet wird, ist zu begründen, wenn sie im Ausland geltend gemacht werden soll.

(2) Den Beschluß, durch den ein Arrest angeordnet wird, hat die Partei, die den Arrest erwirkt hat, zustellen zu lassen.

(3) Der Beschluß, durch den das Arrestgesuch zurückgewiesen oder vorherige Sicherheitsleistung für erforderlich erklärt wird, ist dem Gegner nicht mitzuteilen.

§ 923 Abwendungsbefugnis. In dem Arrestbefehl ist ein Geldbetrag festzustellen, durch dessen Hinterlegung die Vollziehung des Arrestes gehemmt und der Schuldner zu dem Antrag auf Aufhebung des vollzogenen Arrestes berechtigt wird.

§ 924 Widerspruch. (1) Gegen den Beschluß, durch den ein Arrest angeordnet wird, findet Widerspruch statt.

(2) [1]Die widersprechende Partei hat in dem Widerspruch die Gründe darzulegen, die sie für die Aufhebung des Arrestes geltend machen will. [2]Das Gericht hat Termin zur mündlichen Verhandlung von Amts wegen zu bestimmen. [3]Ist das Arrestgericht ein Amtsgericht, so ist der Widerspruch unter Angabe der Gründe, die für die Aufhebung des Arrestes geltend gemacht werden sollen, schriftlich oder zum Protokoll der Geschäftsstelle zu erheben.

Arrest und einstweilige Verfügung **§§ 925–930 ZPO 1**

(3) ¹Durch Erhebung des Widerspruchs wird die Vollziehung des Arrestes nicht gehemmt. ²Das Gericht kann aber eine einstweilige Anordnung nach § 707 treffen; § 707 Abs. 1 Satz 2 ist nicht anzuwenden.

§ 925 Entscheidung nach Widerspruch. (1) Wird Widerspruch erhoben, so ist über die Rechtmäßigkeit des Arrestes durch Endurteil zu entscheiden.

(2) Das Gericht kann den Arrest ganz oder teilweise bestätigen, abändern oder aufheben, auch die Bestätigung, Abänderung oder Aufhebung von einer Sicherheitsleistung abhängig machen.

§ 926 Anordnung der Klageerhebung. (1) Ist die Hauptsache nicht anhängig, so hat das Arrestgericht[1]) auf Antrag ohne mündliche Verhandlung anzuordnen, daß die Partei, die den Arrestbefehl erwirkt hat, binnen einer zu bestimmenden Frist Klage zu erheben habe.

(2) Wird dieser Anordnung nicht Folge geleistet, so ist auf Antrag die Aufhebung des Arrestes durch Endurteil auszusprechen.

§ 927 Aufhebung wegen veränderter Umstände. (1) Auch nach der Bestätigung des Arrestes kann wegen veränderter Umstände, insbesondere wegen Erledigung des Arrestgrundes oder auf Grund des Erbietens zur Sicherheitsleistung die Aufhebung des Arrestes beantragt werden.

(2) Die Entscheidung ist durch Endurteil zu erlassen; sie ergeht durch das Gericht, das den Arrest angeordnet hat, und wenn die Hauptsache anhängig ist, durch das Gericht der Hauptsache.

§ 928 Vollziehung des Arrestes. Auf die Vollziehung des Arrestes sind die Vorschriften über die Zwangsvollstreckung entsprechend anzuwenden, soweit nicht die nachfolgenden Paragraphen abweichende Vorschriften enthalten.

§ 929 Vollstreckungsklausel; Vollziehungsfrist. (1) Arrestbefehle bedürfen der Vollstreckungsklausel nur, wenn die Vollziehung für einen anderen als den in dem Befehl bezeichneten Gläubiger oder gegen einen anderen als den in dem Befehl bezeichneten Schuldner erfolgen soll.

(2) Die Vollziehung des Arrestbefehls ist unstatthaft, wenn seit dem Tage, an dem der Befehl verkündet oder der Partei, auf deren Gesuch er erging, zugestellt ist, ein Monat verstrichen ist.

(3) ¹Die Vollziehung ist vor der Zustellung des Arrestbefehls an den Schuldner zulässig. ²Sie ist jedoch ohne Wirkung, wenn die Zustellung nicht innerhalb einer Woche nach der Vollziehung und vor Ablauf der für diese im vorhergehenden Absatz bestimmten Frist erfolgt.

§ 930 Vollziehung in bewegliches Vermögen und Forderungen. (1) ¹Die Vollziehung des Arrestes in bewegliches Vermögen wird durch Pfändung bewirkt. ²Die Pfändung erfolgt nach denselben Grundsätzen wie jede andere Pfändung und begründet ein Pfandrecht mit den im § 804 be-

---

[1]) Beachte hierzu § 20 Nr. 14 Rechtspflegergesetz vom 5. 11. 1969 (BGBl. I S. 2065); abgedruckt in **dtv 5005 „ZPO"**.

stimmten Wirkungen. ³Für die Pfändung einer Forderung ist das Arrestgericht als Vollstreckungsgericht zuständig.

(2) Gepfändetes Geld und ein im Verteilungsverfahren auf den Gläubiger fallender Betrag des Erlöses werden hinterlegt.

(3) Das Vollstreckungsgericht kann auf Antrag anordnen, daß eine bewegliche körperliche Sache, wenn sie der Gefahr einer beträchtlichen Wertverringerung ausgesetzt ist oder wenn ihre Aufbewahrung unverhältnismäßige Kosten verursachen würde, versteigert und der Erlös hinterlegt werde.

§ 931 Vollziehung in eingetragenes Schiff oder Schiffsbauwerk.

(1) Die Vollziehung des Arrestes in ein eingetragenes Schiff oder Schiffsbauwerk wird durch Pfändung nach den Vorschriften über die Pfändung beweglicher Sachen mit folgenden Abweichungen bewirkt:

(2) Die Pfändung begründet ein Pfandrecht an dem gepfändeten Schiff oder Schiffsbauwerk; das Pfandrecht gewährt dem Gläubiger im Verhältnis zu anderen Rechten dieselben Rechte wie eine Schiffshypothek.

(3) Die Pfändung wird auf Antrag des Gläubigers vom Arrestgericht als Vollstreckungsgericht angeordnet; das Gericht hat zugleich das Registergericht um die Eintragung einer Vormerkung zur Sicherung des Arrestpfandrechts in das Schiffsregister oder Schiffsbauregister zu ersuchen; die Vormerkung erlischt, wenn die Vollziehung des Arrestes unstatthaft wird.

(4) Der Gerichtsvollzieher hat bei der Vornahme der Pfändung das Schiff oder Schiffsbauwerk in Bewachung und Verwahrung zu nehmen.

(5) Ist zur Zeit der Arrestvollziehung die Zwangsversteigerung des Schiffes oder Schiffsbauwerks eingeleitet, so gilt die in diesem Verfahren erfolgte Beschlagnahme des Schiffes oder Schiffsbauwerks als erste Pfändung im Sinne des § 826; die Abschrift des Pfändungsprotokolls ist dem Vollstreckungsgericht einzureichen.

(6) ¹Das Arrestpfandrecht wird auf Antrag des Gläubigers in das Schiffsregister oder Schiffsbauregister eingetragen; der nach § 923 festgestellte Geldbetrag ist als der Höchstbetrag zu bezeichnen, für den das Schiff oder Schiffsbauwerk haftet. ²Im übrigen gelten der § 867 Abs. 1 und 2 und der § 870a Abs. 3 entsprechend, soweit nicht vorstehend etwas anderes bestimmt ist.

§ 932 Arresthypothek.

(1) ¹Die Vollziehung des Arrestes in ein Grundstück oder in eine Berechtigung, für welche die sich auf Grundstücke beziehenden Vorschriften gelten, erfolgt durch Eintragung einer Sicherungshypothek für die Forderung; der nach § 923 festgestellte Geldbetrag ist als der Höchstbetrag zu bezeichnen, für den das Grundstück oder die Berechtigung haftet. ²Ein Anspruch nach § 1179a oder § 1179b des Bürgerlichen Gesetzbuchs steht dem Gläubiger oder im Grundbuch eingetragenen Gläubiger der Sicherungshypothek nicht zu.

(2) Im übrigen gelten die Vorschriften des § 866 Abs. 3 Satz 1, des § 867 Abs. 1 und 2 und des § 868.

(3) Der Antrag auf Eintragung der Hypothek gilt im Sinne des § 929 Abs. 2, 3 als Vollziehung des Arrestbefehls.

Arrest und einstweilige Verfügung §§ 933–938 ZPO 1

§ 933 Vollziehung des persönlichen Arrestes. ¹Die Vollziehung des persönlichen Sicherheitsarrestes richtet sich, wenn sie durch Haft erfolgt, nach den Vorschriften der §§ 901, 904 bis 913 und, wenn sie durch sonstige Beschränkung der persönlichen Freiheit erfolgt, nach den vom Arrestgericht zu treffenden besonderen Anordnungen, für welche die Beschränkungen der Haft maßgebend sind. ²In den Haftbefehl ist der nach § 923 festgestellte Geldbetrag aufzunehmen.

§ 934 Aufhebung der Arrestvollziehung. (1) Wird der in dem Arrestbefehl festgestellte Geldbetrag hinterlegt, so wird der vollzogene Arrest von dem Vollstreckungsgericht[1]) aufgehoben.

(2) Das Vollstreckungsgericht kann die Aufhebung des Arrestes auch anordnen, wenn die Fortdauer besondere Aufwendungen erfordert und die Partei, auf deren Gesuch der Arrest verhängt wurde, den nötigen Geldbetrag nicht vorschießt.

(3) Die in diesem Paragraphen erwähnten Entscheidungen ergehen durch Beschluss.

(4) Gegen den Beschluß, durch den der Arrest aufgehoben wird, findet sofortige Beschwerde statt.

§ 935 Einstweilige Verfügung bezüglich Streitgegenstand. Einstweilige Verfügungen in bezug auf den Streitgegenstand sind zulässig, wenn zu besorgen ist, daß durch eine Veränderung des bestehenden Zustandes die Verwirklichung des Rechtes einer Partei vereitelt oder wesentlich erschwert werden könnte.

§ 936 Anwendung der Arrestvorschriften. Auf die Anordnung einstweiliger Verfügungen und das weitere Verfahren sind die Vorschriften über die Anordnung von Arresten und über das Arrestverfahren entsprechend anzuwenden, soweit nicht die nachfolgenden Paragraphen abweichende Vorschriften enthalten.

§ 937 Zuständiges Gericht. (1) Für den Erlaß einstweiliger Verfügungen ist das Gericht der Hauptsache zuständig.

(2) Die Entscheidung kann in dringenden Fällen sowie dann, wenn der Antrag auf Erlaß einer einstweiligen Verfügung zurückzuweisen ist, ohne mündliche Verhandlung ergehen.

§ 938 Inhalt der einstweiligen Verfügung. (1) Das Gericht bestimmt nach freiem Ermessen, welche Anordnungen zur Erreichung des Zweckes erforderlich sind.

(2) Die einstweilige Verfügung kann auch in einer Sequestration sowie darin bestehen, daß dem Gegner eine Handlung geboten oder verboten, insbesondere die Veräußerung, Belastung oder Verpfändung eines Grundstücks oder eines eingetragenen Schiffes oder Schiffsbauwerks untersagt wird.

---

¹) Beachte hierzu § 20 Nr. 15 Rechtspflegergesetz vom 5. 11. 1969 (BGBl. I S. 2065); abgedruckt in **dtv 5005 „ZPO"**.

§ 939 Aufhebung gegen Sicherheitsleistung. Nur unter besonderen Umständen kann die Aufhebung einer einstweiligen Verfügung gegen Sicherheitsleistung gestattet werden.

§ 940 Einstweilige Verfügung zur Regelung eines einstweiligen Zustandes. Einstweilige Verfügungen sind auch zum Zwecke der Regelung eines einstweiligen Zustandes in bezug auf ein streitiges Rechtsverhältnis zulässig, sofern diese Regelung, insbesondere bei dauernden Rechtsverhältnissen zur Abwendung wesentlicher Nachteile oder zur Verhinderung drohender Gewalt oder aus anderen Gründen nötig erscheint.

§ 940 a Räumung von Wohnraum. Die Räumung von Wohnraum darf durch einstweilige Verfügung nur wegen verbotener Eigenmacht oder bei einer konkreten Gefahr für Leibe oder Leben angeordnet werden.

§ 941 Ersuchen um Eintragungen im Grundbuch usw. Hat auf Grund der einstweiligen Verfügung eine Eintragung in das Grundbuch, das Schiffsregister oder das Schiffsbauregister zu erfolgen, so ist das Gericht befugt, das Grundbuchamt oder die Registerbehörde um die Eintragung zu ersuchen.

§ 942 Zuständigkeit des Amtsgerichts der belegenen Sache. (1) In dringenden Fällen kann das Amtsgericht, in dessen Bezirk sich der Streitgegenstand befindet, eine einstweilige Verfügung erlassen unter Bestimmung einer Frist, innerhalb der die Ladung des Gegners zur mündlichen Verhandlung über die Rechtmäßigkeit der einstweiligen Verfügung bei dem Gericht der Hauptsache zu beantragen ist.

(2) [1]Die einstweilige Verfügung, auf Grund deren eine Vormerkung oder ein Widerspruch gegen die Richtigkeit des Grundbuchs, des Schiffsregisters oder des Schiffsbauregisters eingetragen werden soll, kann von dem Amtsgericht erlassen werden, in dessen Bezirk das Grundstück belegen ist oder der Heimathafen oder der Heimatort des Schiffes oder der Bauort des Schiffsbauwerks sich befindet, auch wenn der Fall nicht für dringlich erachtet wird; liegt der Heimathafen des Schiffes nicht im Inland, so kann die einstweilige Verfügung vom Amtsgericht in Hamburg erlassen werden. [2]Die Bestimmung der im Absatz 1 bezeichneten Frist hat nur auf Antrag des Gegners zu erfolgen.

(3) Nach fruchtlosem Ablauf der Frist hat das Amtsgericht auf Antrag die erlassene Verfügung aufzuheben.

(4) Die in diesem Paragraphen erwähnten Entscheidungen des Amtsgerichts ergehen durch Beschluss.

§ 943 Gericht der Hauptsache. (1) Als Gericht der Hauptsache im Sinne der Vorschriften dieses Abschnitts ist das Gericht des ersten Rechtszuges und, wenn die Hauptsache in der Berufungsinstanz anhängig ist, das Berufungsgericht anzusehen.

(2) Das Gericht der Hauptsache ist für die nach § 109 zu treffenden Anordnungen ausschließlich zuständig, wenn die Hauptsache anhängig ist oder anhängig gewesen ist.

§ 944 Entscheidung des Vorsitzenden bei Dinglichkeit. In dringenden Fällen kann der Vorsitzende über die in diesem Abschnitt erwähnten Gesuche, sofern deren Erledigung eine mündliche Verhandlung nicht erfordert, anstatt des Gerichts entscheiden.

§ 945 Schadensersatzpflicht. Erweist sich die Anordnung eines Arrestes oder einer einstweiligen Verfügung als von Anfang an ungerechtfertigt oder wird die angeordnete Maßregel auf Grund des § 926 Abs. 2 oder des § 942 Abs. 3 aufgehoben, so ist die Partei, welche die Anordnung erwirkt hat, verpflichtet, dem Gegner den Schaden zu ersetzen, der ihm aus der Vollziehung der angeordneten Maßregel oder dadurch entsteht, daß er Sicherheit leistet, um die Vollziehung abzuwenden oder die Aufhebung der Maßregel zu erwirken.

Buch 9. Aufgebotsverfahren

§ 946 Statthaftigkeit; Zuständigkeit. (1) Eine öffentliche gerichtliche Aufforderung zur Anmeldung von Ansprüchen oder Rechten findet mit der Wirkung, daß die Unterlassung der Anmeldung einen Rechtsnachteil zur Folge hat, nur in den durch das Gesetz bestimmten Fällen statt.

(2) Für das Aufgebotsverfahren ist das durch das Gesetz bestimmte Gericht zuständig.

§ 947 Antrag; Inhalt des Aufgebots. (1) ¹Der Antrag kann schriftlich oder zum Protokoll der Geschäftsstelle gestellt werden. ²Die Entscheidung kann ohne mündliche Verhandlung ergehen.

(2) ¹Ist der Antrag zulässig, so hat das Gericht das Aufgebot zu erlassen. ²In das Aufgebot ist insbesondere aufzunehmen:
1. die Bezeichnung des Antragstellers;
2. die Aufforderung, die Ansprüche und Rechte spätestens im Aufgebotstermin anzumelden;
3. die Bezeichnung der Rechtsnachteile, die eintreten, wenn die Anmeldung unterbleibt;
4. die Bestimmung eines Aufgebotstermins.

§ 948 Öffentliche Bekanntmachung. (1) Die öffentliche Bekanntmachung des Aufgebots erfolgt durch Anheftung an die Gerichtstafel und durch einmalige Einrückung in den Bundesanzeiger, sofern nicht das Gesetz für den betreffenden Fall eine abweichende Anordnung getroffen hat.

(2) Das Gericht kann anordnen, daß die Einrückung noch in andere Blätter und zu mehreren Malen erfolge.

§ 949 Gültigkeit der öffentlichen Bekanntmachung. Auf die Gültigkeit der öffentlichen Bekanntmachung hat es keinen Einfluß, wenn das anzuheftende Schriftstück von dem Ort der Anheftung zu früh entfernt ist oder wenn im Falle wiederholter Bekanntmachung die vorgeschriebenen Zwischenfristen nicht eingehalten sind.

§ 950 Aufgebotsfrist. Zwischen dem Tage, an dem die Einrückung oder die erste Einrückung des Aufgebots in den Bundesanzeiger erfolgt ist, und dem Aufgebotstermin muß, sofern das Gesetz nicht eine abweichende Anordnung enthält, ein Zeitraum (Aufgebotsfrist) von mindestens sechs Wochen liegen.

§ 951 Anmeldung nach Aufgebotstermin. Eine Anmeldung, die nach dem Schluß des Aufgebotstermins, jedoch vor Erlaß des Ausschlußurteils erfolgt, ist als rechtzeitig anzusehen.

§ 952 Ausschlußurteil; Zurückweisung des Antrags. (1) Das Ausschlußurteil ist in öffentlicher Sitzung auf Antrag zu erlassen.

(2) Einem in der Sitzung gestellten Antrag wird ein Antrag gleichgeachtet, der vor dem Aufgebotstermin schriftlich gestellt oder zum Protokoll der Geschäftsstelle erklärt worden ist.

(3) Vor Erlaß des Urteils kann eine nähere Ermittlung, insbesondere die Versicherung der Wahrheit einer Behauptung des Antragstellers an Eides Statt angeordnet werden.

(4) Gegen den Beschluß, durch den der Antrag auf Erlaß des Ausschlußurteils zurückgewiesen wird, sowie gegen Beschränkungen und Vorbehalte, die dem Ausschlußurteil beigefügt sind, findet sofortige Beschwerde statt.

§ 953 Wirkung einer Anmeldung. Erfolgt eine Anmeldung, durch die das von dem Antragsteller zur Begründung des Antrags behauptete Recht bestritten wird, so ist nach Beschaffenheit des Falles entweder das Aufgebotsverfahren bis zur endgültigen Entscheidung über das angemeldete Recht auszusetzen oder in dem Ausschlußurteil das angemeldete Recht vorzubehalten.

§ 954 Fehlender Antrag. [1]Wenn der Antragsteller weder in dem Aufgebotstermin erschienen ist noch vor dem Termin den Antrag auf Erlaß des Ausschlußurteils gestellt hat, so ist auf seinen Antrag ein neuer Termin zu bestimmen. [2]Der Antrag ist nur binnen einer vom Tage des Aufgebotstermins laufenden Frist von sechs Monaten zulässig.

§ 955 Neuer Termin. Wird zur Erledigung des Aufgebotsverfahrens ein neuer Termin bestimmt, so ist eine öffentliche Bekanntmachung des Termins nicht erforderlich.

§ 956 Öffentliche Bekanntmachung des Ausschlussurteils. Das Gericht kann die öffentliche Bekanntmachung des wesentlichen Inhalts des Ausschlußurteils durch einmalige Einrückung in den Bundesanzeiger anordnen.

§ 957 Anfechtungsklage. (1) Gegen das Ausschlußurteil findet ein Rechtsmittel nicht statt.

(2) Das Ausschlußurteil kann bei dem Landgericht, in dessen Bezirk das Aufgebotsgericht seinen Sitz hat, mittels einer gegen den Antragsteller zu erhebenden Klage angefochten werden:
1. wenn ein Fall nicht vorlag, in dem das Gesetz das Aufgebotsverfahren zuläßt;
2. wenn die öffentliche Bekanntmachung des Aufgebots oder eine in dem Gesetz vorgeschriebene Art der Bekanntmachung unterblieben ist;
3. wenn die vorgeschriebene Aufgebotsfrist nicht gewahrt ist;
4. wenn der erkennende Richter von der Ausübung des Richteramts kraft Gesetzes ausgeschlossen war;
5. wenn ein Anspruch oder ein Recht ungeachtet der Anmeldung nicht dem Gesetz gemäß in dem Urteil berücksichtigt ist;
6. wenn die Voraussetzungen vorliegen, unter denen die Restitutionsklage wegen einer Straftat stattfindet.

§ 958 Klagefrist. (1) [1]Die Anfechtungsklage ist binnen der Notfrist eines Monats zu erheben. [2]Die Frist beginnt mit dem Tage, an dem der Kläger

Kenntnis von dem Ausschlußurteil erhalten hat, in dem Falle jedoch, wenn die Klage auf einem der im § 957 Nr. 4, 6 bezeichneten Anfechtungsgründe beruht und dieser Grund an jenem Tage noch nicht zur Kenntnis des Klägers gelangt war, erst mit dem Tage, an dem der Anfechtungsgrund dem Kläger bekannt geworden ist.

(2) Nach Ablauf von zehn Jahren, von dem Tage der Verkündung des Ausschlußurteils an gerechnet, ist die Klage unstatthaft.

§ 959 Verbindung mehrerer Aufgebote. Das Gericht kann die Verbindung mehrerer Aufgebote anordnen, auch wenn die Voraussetzungen des § 147 nicht vorliegen.

§§ 960–976. *(weggefallen)*

§ 977 Aufgebot des Grundstückseigentümers. Für das Aufgebotsverfahren zum Zwecke der Ausschließung des Eigentümers eines Grundstücks nach § 927 des Bürgerlichen Gesetzbuchs gelten die nachfolgenden besonderen Vorschriften.

§ 978 Zuständigkeit. Zuständig ist das Gericht, in dessen Bezirk das Grundstück belegen ist.

§ 979 Antragsberechtigter. Antragsberechtigt ist derjenige, der das Grundstück seit der im § 927 des Bürgerlichen Gesetzbuchs bestimmten Zeit im Eigenbesitz hat.

§ 980 Glaubhaftmachung. Der Antragsteller hat die zur Begründung des Antrags erforderlichen Tatsachen vor der Einleitung des Verfahrens glaubhaft zu machen.

§ 981 Inhalt des Aufgebots. In dem Aufgebot ist der bisherige Eigentümer aufzufordern, sein Recht spätestens im Aufgebotstermin anzumelden, widrigenfalls seine Ausschließung erfolgen werde.

§ 981 a Aufgebot des Schiffseigentümers. [1] Für das Aufgebotsverfahren zum Zwecke der Ausschließung des Eigentümers eines eingetragenen Schiffes oder Schiffsbauwerks nach § 6 des Gesetzes über Rechte an eingetragenen Schiffen und Schiffsbauwerken vom 15. November 1940 (Reichsgesetzbl. I S. 1499) gelten die §§ 979 bis 981 entsprechend. [2] Zuständig ist das Gericht, bei dem das Register für das Schiff oder Schiffsbauwerk geführt wird.

§ 982 Aufgebot des Grundpfandrechtsgläubigers. Für das Aufgebotsverfahren zum Zwecke der Ausschließung eines Hypotheken-, Grundschuld- oder Rentenschuldgläubigers auf Grund der §§ 1170, 1171 des Bürgerlichen Gesetzbuchs gelten die nachfolgenden besonderen Vorschriften.

§ 983 Zuständigkeit. Zuständig ist das Gericht, in dessen Bezirk das belastete Grundstück belegen ist.

§ 984 Antragsberechtigter. (1) Antragsberechtigt ist der Eigentümer des belasteten Grundstücks.

(2) Im Falle des § 1170 des Bürgerlichen Gesetzbuchs ist auch ein im Range gleich- oder nachstehender Gläubiger, zu dessen Gunsten eine Vormerkung nach § 1179 des Bürgerlichen Gesetzbuchs eingetragen ist oder ein Anspruch nach § 1179a des Bürgerlichen Gesetzbuchs besteht, und bei einer Gesamthypothek, Gesamtgrundschuld oder Gesamtrentenschuld außerdem derjenige antragsberechtigt, der auf Grund eines im Range gleich- oder nachstehenden Rechtes Befriedigung aus einem der belasteten Grundstücke verlangen kann, sofern der Gläubiger oder der sonstige Berechtigte für seinen Anspruch einen vollstreckbaren Schuldtitel erlangt hat.

§ 985 Glaubhaftmachung. Der Antragsteller hat vor der Einleitung des Verfahrens glaubhaft zu machen, daß der Gläubiger unbekannt ist.

§ 986 Besonderheiten im Fall des § 1170 des Bürgerlichen Gesetzbuchs. (1) Im Falle des § 1170 des Bürgerlichen Gesetzbuchs hat der Antragsteller vor der Einleitung des Verfahrens auch glaubhaft zu machen, daß nicht eine das Aufgebot ausschließende Anerkennung des Rechtes des Gläubigers erfolgt ist.

(2) [1] Ist die Hypothek für die Forderung aus einer Schuldverschreibung auf den Inhaber bestellt oder der Grundschuld- oder Rentenschuldbrief auf den Inhaber ausgestellt, so hat der Antragsteller glaubhaft zu machen, daß die Schuldverschreibung oder der Brief bis zum Ablauf der im § 801 des Bürgerlichen Gesetzbuchs bezeichneten Frist nicht vorgelegt und der Anspruch nicht gerichtlich geltend gemacht worden ist. [2] Ist die Vorlegung oder die gerichtliche Geltendmachung erfolgt, so ist die im Absatz 1 vorgeschriebene Glaubhaftmachung erforderlich.

(3) Zur Glaubhaftmachung genügt in den Fällen der Absätze 1, 2 die Versicherung des Antragstellers an Eides Statt, unbeschadet der Befugnis des Gerichts, anderweitige Ermittlungen anzuordnen.

(4) In dem Aufgebot ist als Rechtsnachteil anzudrohen, daß der Gläubiger mit seinem Recht ausgeschlossen werde.

(5) Wird das Aufgebot auf Antrag eines nach § 984 Abs. 2 Antragsberechtigten erlassen, so ist es dem Eigentümer des Grundstücks von Amts wegen mitzuteilen.

§ 987 Besonderheit im Fall des § 1171 des Bürgerlichen Gesetzbuchs. (1) Im Falle des § 1171 des Bürgerlichen Gesetzbuchs hat der Antragsteller sich vor der Einleitung des Verfahrens zur Hinterlegung des dem Gläubiger gebührenden Betrages zu erbieten.

(2) In dem Aufgebot ist als Rechtsnachteil anzudrohen, daß der Gläubiger nach der Hinterlegung des ihm gebührenden Betrages seine Befriedigung statt aus dem Grundstück nur noch aus dem hinterlegten Betrag verlangen könne und sein Recht auf diesen erlösche, wenn er sich nicht vor dem Ablauf von dreißig Jahren nach dem Erlaß des Ausschlußurteils bei der Hinterlegungsstelle melde.

(3) Hängt die Fälligkeit der Forderung von einer Kündigung ab, so erweitert sich die Aufgebotsfrist um die Kündigungsfrist.

(4) Das Ausschlußurteil darf erst dann erlassen werden, wenn die Hinterlegung erfolgt ist.

§ 987 a Aufgebot des Schiffshypothekengläubigers. ¹Für das Aufgebotsverfahren zum Zwecke der Ausschließung eines Schiffshypothekengläubigers auf Grund der §§ 66, 67 des Gesetzes über Rechte an eingetragenen Schiffen und Schiffsbauwerken vom 15. November 1940 (Reichsgesetzbl. I S. 1499) gelten die §§ 984 bis 987 entsprechend; an die Stelle der §§ 1170, 1171, 1179 des Bürgerlichen Gesetzbuchs treten die §§ 66, 67, 58 des genannten Gesetzes. ²Zuständig ist das Gericht, bei dem das Register für das Schiff oder Schiffsbauwerk geführt wird.

§ 988 Aufgebot des Berechtigten bei Vormerkung, Vorkaufsrecht, Reallast. ¹Die Vorschriften des § 983, des § 984 Abs. 1, des § 985, des § 986 Abs. 1 bis 4 und der §§ 987, 987 a gelten entsprechend für das Aufgebotsverfahren zum Zwecke der in den §§ 887, 1104, 1112 des Bürgerlichen Gesetzbuchs, § 13 des Gesetzes über Rechte an eingetragenen Schiffen und Schiffsbauwerken vom 15. November 1940 (Reichsgesetzbl. I S. 1499) für die Vormerkung, das Vorkaufsrecht und die Reallast bestimmten Ausschließung des Berechtigten. ²Antragsberechtigt ist auch, wer auf Grund eines im Range gleich- oder nachstehenden Rechtes Befriedigung aus dem Grundstück oder dem Schiff oder Schiffsbauwerk verlangen kann, sofern er für seinen Anspruch einen vollstreckbaren Schuldtitel erlangt hat. ³Das Aufgebot ist dem Eigentümer des Grundstücks oder des Schiffes oder Schiffsbauwerks von Amts wegen mitzuteilen.

§ 989 Aufgebot von Nachlassgläubigern. Für das Aufgebotsverfahren zum Zwecke der Ausschließung von Nachlaßgläubigern auf Grund des § 1970 des Bürgerlichen Gesetzbuchs gelten die nachfolgenden besonderen Vorschriften.

§ 990 Zuständigkeit. ¹Zuständig ist das Amtsgericht, dem die Verrichtungen des Nachlaßgerichts obliegen. ²Sind diese Verrichtungen einer anderen Behörde als einem Amtsgericht übertragen, so ist das Amtsgericht zuständig, in dessen Bezirk die Nachlaßbehörde ihren Sitz hat.

§ 991 Antragsberechtigter. (1) Antragsberechtigt ist jeder Erbe, sofern er nicht für die Nachlaßverbindlichkeiten unbeschränkt haftet.

(2) Zu dem Antrag sind auch ein Nachlaßpfleger und ein Testamentsvollstrecker berechtigt, wenn ihnen die Verwaltung des Nachlasses zusteht.

(3) Der Erbe und der Testamentsvollstrecker können den Antrag erst nach der Annahme der Erbschaft stellen.

§ 992 Verzeichnis der Nachlassgläubiger. Dem Antrag ist ein Verzeichnis der bekannten Nachlaßgläubiger mit Angabe ihres Wohnortes beizufügen.

§ 993 Nachlassinsolvenzverfahren. (1) Das Aufgebot soll nicht erlassen werden, wenn die Eröffnung des Nachlaßinsolvenzverfahrens beantragt ist.

(2) Durch die Eröffnung des Nachlaßinsolvenzverfahrens wird das Aufgebotsverfahren beendigt.

§ 994 Aufgebotsfrist. (1) Die Aufgebotsfrist soll höchstens sechs Monate betragen.

(2) ¹Das Aufgebot soll den Nachlaßgläubigern, die dem Nachlaßgericht angezeigt sind und deren Wohnort bekannt ist, von Amts wegen zugestellt werden. ²Die Zustellung kann durch Aufgabe zur Post erfolgen.

§ 995 Inhalt des Aufgebots. In dem Aufgebot ist den Nachlaßgläubigern, die sich nicht melden, als Rechtsnachteil anzudrohen, daß sie, unbeschadet des Rechtes, vor den Verbindlichkeiten aus Pflichtteilsrechten, Vermächtnissen und Auflagen berücksichtigt zu werden, von dem Erben nur insoweit Befriedigung verlangen können, als sich nach Befriedigung der nicht ausgeschlossenen Gläubiger noch ein Überschuß ergibt.

§ 996 Forderungsanmeldung. (1) ¹Die Anmeldung einer Forderung hat die Angabe des Gegenstandes und des Grundes der Forderung zu enthalten. ²Urkundliche Beweisstücke sind in Urschrift oder in Abschrift beizufügen.

(2) Das Gericht hat die Einsicht der Anmeldungen jedem zu gestatten, der ein rechtliches Interesse glaubhaft macht.

§ 997 Mehrheit von Erben. (1) ¹Sind mehrere Erben vorhanden, so kommen der von einem Erben gestellte Antrag und das von ihm erwirkte Ausschlußurteil, unbeschadet der Vorschriften des Bürgerlichen Gesetzbuchs über die unbeschränkte Haftung, auch den anderen Erben zustatten. ²Als Rechtsnachteil ist den Nachlaßgläubigern, die sich nicht melden, auch anzudrohen, daß jeder Erbe nach der Teilung des Nachlasses nur für den seinem Erbteil entsprechenden Teil der Verbindlichkeit haftet.

(2) Das Aufgebot mit Androhung des im Absatz 1 Satz 2 bestimmten Rechtsnachteils kann von jedem Erben auch dann beantragt werden, wenn er für die Nachlaßverbindlichkeiten unbeschränkt haftet.

§ 998 Nacherbfolge. Im Falle der Nacherbfolge ist die Vorschrift des § 997 Abs. 1 Satz 1 auf den Vorerben und den Nacherben entsprechend anzuwenden.

§ 999 Gütergemeinschaft. ¹Gehört ein Nachlaß zum Gesamtgut der Gütergemeinschaft, so kann sowohl der Ehegatte, der Erbe ist, als auch der Ehegatte, der nicht Erbe ist, aber das Gesamtgut allein oder mit seinem Ehegatten gemeinschaftlich verwaltet, das Aufgebot beantragen, ohne daß die Zustimmung des anderen Ehegatten erforderlich ist. ²Die Ehegatten behalten diese Befugnis, wenn die Gütergemeinschaft endet. ³Der von einem Ehegatten gestellte Antrag und das von ihm erwirkte Ausschlußurteil kommen auch dem anderen Ehegatten zustatten.

§ 1000 Erbschaftskäufer. (1) ¹Hat der Erbe die Erbschaft verkauft, so kann sowohl der Käufer als der Erbe das Aufgebot beantragen. ²Der von dem einen Teil gestellte Antrag und das von ihm erwirkte Ausschlußurteil kommen, unbeschadet der Vorschriften des Bürgerlichen Gesetzbuchs über die unbeschränkte Haftung, auch dem anderen Teil zustatten.

(2) Diese Vorschriften gelten entsprechend, wenn jemand eine durch Vertrag erworbene Erbschaft verkauft oder sich zur Veräußerung einer ihm angefallenen oder anderweit von ihm erworbenen Erbschaft in sonstiger Weise verpflichtet hat.

§ 1001 Aufgebot der Gesamtgutsgläubiger.
Die Vorschriften der §§ 990 bis 996, 999, 1000 sind im Falle der fortgesetzten Gütergemeinschaft auf das Aufgebotsverfahren zum Zwecke der nach dem § 1489 Abs. 2 und dem § 1970 des Bürgerlichen Gesetzbuchs zulässigen Ausschließung von Gesamtgutsgläubigern entsprechend anzuwenden.

§ 1002 Aufgebot der Schiffsgläubiger.
(1) Für das Aufgebotsverfahren zum Zwecke der Ausschließung von Schiffsgläubigern auf Grund des § 110 des Gesetzes, betreffend die privatrechtlichen Verhältnisse der Binnenschiffahrt, gelten die nachfolgenden besonderen Vorschriften.

(2) Zuständig ist das Gericht, in dessen Bezirk sich der Heimathafen oder der Heimatort des Schiffes befindet.

(3) Unterliegt das Schiff der Eintragung in das Schiffsregister, so kann der Antrag erst nach der Eintragung der Veräußerung des Schiffes gestellt werden.

(4) Der Antragsteller hat die ihm bekannten Forderungen von Schiffsgläubigern anzugeben.

(5) Die Aufgebotsfrist muß mindestens drei Monate betragen.

(6) In dem Aufgebot ist den Schiffsgläubigern, die sich nicht melden, als Rechtsnachteil anzudrohen, daß ihre Pfandrechte erlöschen, sofern nicht ihre Forderungen dem Antragsteller bekannt sind.

§ 1003 Aufgebot zur Kraftloserklärung von Urkunden.
Für das Aufgebotsverfahren zum Zwecke der Kraftloserklärung einer Urkunde gelten die nachfolgenden besonderen Vorschriften.

§ 1004 Antragsberechtigter.
(1) Bei Papieren, die auf den Inhaber lauten oder die durch Indossament übertragen werden können und mit einem Blankoindossament versehen sind, ist der bisherige Inhaber des abhanden gekommenen oder vernichteten Papiers berechtigt, das Aufgebotsverfahren zu beantragen.

(2) Bei anderen Urkunden ist derjenige zu dem Antrag berechtigt, der das Recht aus der Urkunde geltend machen kann.

§ 1005 Gerichtsstand.
(1) [1]Für das Aufgebotsverfahren ist das Gericht des Ortes zuständig, den die Urkunde als den Erfüllungsort bezeichnet. [2]Enthält die Urkunde eine solche Bezeichnung nicht, so ist das Gericht zuständig, bei dem der Aussteller seinen allgemeinen Gerichtsstand hat, und in Ermangelung eines solchen Gerichts dasjenige, bei dem der Aussteller zur Zeit der Ausstellung seinen allgemeinen Gerichtsstand gehabt hat.

(2) Ist die Urkunde über ein im Grundbuch eingetragenes Recht ausgestellt, so ist das Gericht der belegenen Sache ausschließlich zuständig.

§ 1006 Bestelltes Aufgebotsgericht.
(1) [1]Die Erledigung der Anträge, das Aufgebot zum Zwecke der Kraftloserklärung eines auf den Inhaber lautenden Papiers zu erlassen, kann von der Landesjustizverwaltung für mehrere Amtsgerichtsbezirke einem Amtsgericht übertragen werden. [2]Auf Verlangen des Antragstellers wird der Antrag durch das nach § 1005 zuständige Gericht erledigt.

(2) Wird das Aufgebot durch ein anderes als das nach § 1005 zuständige Gericht erlassen, so ist das Aufgebot auch durch Anheftung an die Gerichtstafel des letzteren Gerichts öffentlich bekanntzumachen.

(3) Unberührt bleiben die landesgesetzlichen Vorschriften, durch die für das Aufgebotsverfahren zum Zwecke der Kraftloserklärung von Schuldverschreibungen auf den Inhaber, die ein deutsches Land oder früherer Bundesstaat oder eine ihm angehörende Körperschaft, Stiftung oder Anstalt des öffentlichen Rechts ausgestellt oder für deren Bezahlung ein deutsches Land oder früherer Bundesstaat die Haftung übernommen hat, ein bestimmtes Amtsgericht für ausschließlich zuständig erklärt wird.

§ 1007 Antragsbegründung. Der Antragsteller hat zur Begründung des Antrags:
1. entweder eine Abschrift der Urkunde beizubringen oder den wesentlichen Inhalt der Urkunde und alles anzugeben, was zu ihrer vollständigen Erkennbarkeit erforderlich ist;
2. den Verlust der Urkunde sowie diejenigen Tatsachen glaubhaft zu machen, von denen seine Berechtigung abhängt, das Aufgebotsverfahren zu beantragen;
3. sich zur Versicherung der Wahrheit seiner Angaben an Eides Statt zu erbieten.

§ 1008 Inhalt des Aufgebots. [1] In dem Aufgebot ist der Inhaber der Urkunde aufzufordern, spätestens im Aufgebotstermin seine Rechte bei dem Gericht anzumelden und die Urkunde vorzulegen. [2] Als Rechtsnachteil ist anzudrohen, daß die Urkunde für kraftlos erklärt werde.

§ 1009 Öffentliche Bekanntmachung. (1) Die öffentliche Bekanntmachung des Aufgebots erfolgt durch Anheftung an die Gerichtstafel und in dem Lokal der Börse, wenn eine solche am Sitz des Aufgebotsgerichts besteht, sowie durch einmalige Einrückung in den Bundesanzeiger.

(2) Das Gericht kann anordnen, daß die Einrückung noch in andere Blätter und zu mehreren Malen erfolge.

(3) [1] Betrifft das Aufgebot ein auf den Inhaber lautendes Papier und ist in der Urkunde vermerkt oder in den Bestimmungen, unter denen die erforderliche staatliche Genehmigung erteilt worden ist, vorgeschrieben, daß die öffentliche Bekanntmachung durch bestimmte andere Blätter zu erfolgen habe, so muß die Bekanntmachung auch durch Einrückung in diese Blätter erfolgen. [2] Das gleiche gilt bei Schuldverschreibungen, die von einem deutschen Land oder früheren Bundesstaat ausgegeben sind, wenn die öffentliche Bekanntmachung durch bestimmte Blätter landesgesetzlich vorgeschrieben ist.

§ 1010 Wertpapiere mit Zinsscheinen. (1) Bei Wertpapieren, für die von Zeit zu Zeit Zins-, Renten- oder Gewinnanteilscheine ausgegeben werden, ist der Aufgebotstermin so zu bestimmen, daß bis zu dem Termin der erste einer seit der Zeit des glaubhaft gemachten Verlustes ausgegebenen Reihe von Zins-, Renten- oder Gewinnanteilscheinen fällig geworden ist und seit seiner Fälligkeit sechs Monate abgelaufen sind.

(2) Vor Erlaß des Ausschlußurteils hat der Antragsteller ein nach Ablauf dieser sechsmonatigen Frist ausgestelltes Zeugnis der betreffenden Behörde, Kasse oder Anstalt beizubringen, daß die Urkunde seit der Zeit des glaubhaft gemachten Verlustes ihr zur Ausgabe neuer Scheine nicht vorgelegt sei und daß die neuen Scheine an einen anderen als den Antragsteller nicht ausgegeben seien.

§ 1011 Zinsscheine für mehr als 4 Jahre. (1) ¹Bei Wertpapieren, für die Zins-, Renten- oder Gewinnanteilscheine zuletzt für einen längeren Zeitraum als vier Jahre ausgegeben sind, genügt es, wenn der Aufgebotstermin so bestimmt wird, daß bis zu dem Termin seit der Zeit des glaubhaft gemachten Verlustes von den zuletzt ausgegebenen Scheinen solche für vier Jahre fällig geworden und seit der Fälligkeit des letzten derselben sechs Monate abgelaufen sind. ²Scheine für Zeitabschnitte, für die keine Zinsen, Renten oder Gewinnanteile gezahlt werden, kommen nicht in Betracht.

(2) ¹Vor Erlaß des Ausschlußurteils hat der Antragsteller ein nach Ablauf dieser sechsmonatigen Frist ausgestelltes Zeugnis der betreffenden Behörde, Kasse oder Anstalt beizubringen, daß die für die bezeichneten vier Jahre und später etwa fällig gewordenen Scheine ihr von einem anderen als dem Antragsteller nicht vorgelegt seien. ²Hat in der Zeit seit dem Erlaß des Aufgebots eine Ausgabe neuer Scheine stattgefunden, so muß das Zeugnis auch die im § 1010 Abs. 2 bezeichneten Angaben enthalten.

§ 1012 Vorlegung der Zinsscheine. ¹Die Vorschriften der §§ 1010, 1011 sind insoweit nicht anzuwenden, als die Zins-, Renten- oder Gewinnanteilscheine, deren Fälligkeit nach diesen Vorschriften eingetreten sein muß, von dem Antragsteller vorgelegt werden. ²Der Vorlegung der Scheine steht es gleich, wenn das Zeugnis der betreffenden Behörde, Kasse oder Anstalt beigebracht wird, daß die fällig gewordenen Scheine ihr von dem Antragsteller vorgelegt worden seien.

§ 1013 Abgelaufene Ausgabe der Zinsscheine. Bei Wertpapieren, für die Zins-, Renten- oder Gewinnanteilscheine ausgegeben sind, aber nicht mehr ausgegeben werden, ist, wenn nicht die Voraussetzungen der §§ 1010, 1011 vorhanden sind, der Aufgebotstermin so zu bestimmen, daß bis zu dem Termin seit der Fälligkeit des letzten ausgegebenen Scheines sechs Monate abgelaufen sind.

§ 1014 Aufgebotstermin bei bestimmter Fälligkeit. Ist in einer Schuldurkunde eine Verfallzeit angegeben, die zur Zeit der ersten Einrückung des Aufgebots in den Bundesanzeiger noch nicht eingetreten ist, und sind die Voraussetzungen der §§ 1010 bis 1013 nicht vorhanden, so ist der Aufgebotstermin so zu bestimmen, daß seit dem Verfalltag sechs Monate abgelaufen sind.

§ 1015 Aufgebotsfrist. ¹Die Aufgebotsfrist muß mindestens sechs Monate betragen. ²Der Aufgebotstermin darf nicht über ein Jahr hinaus bestimmt werden; solange ein so naher Termin nicht bestimmt werden kann, ist das Aufgebot nicht zulässig.

§ 1016 Anmeldung der Rechte. ¹Meldet der Inhaber der Urkunde vor dem Aufgebotstermin seine Rechte unter Vorlegung der Urkunde an, so hat das Gericht den Antragsteller hiervon zu benachrichtigen und ihm die Einsicht der Urkunde innerhalb einer zu bestimmenden Frist zu gestatten. ²Auf Antrag des Inhabers der Urkunde ist zu ihrer Vorlegung ein Termin zu bestimmen.

§ 1017 Ausschlussurteil. (1) In dem Ausschlußurteil ist die Urkunde für kraftlos zu erklären.

(2) ¹Das Ausschlußurteil ist seinem wesentlichen Inhalt nach durch den Bundesanzeiger bekanntzumachen. ²Die Vorschriften des § 1009 Abs. 3 gelten entsprechend.

(3) In gleicher Weise ist nach eingetretener Rechtskraft das auf die Anfechtungsklage ergangene Urteil, soweit dadurch die Kraftloserklärung aufgehoben wird, bekanntzumachen.

§ 1018 Wirkung des Ausschlussurteils. (1) Derjenige, der das Ausschlußurteil erwirkt hat, ist dem durch die Urkunde Verpflichteten gegenüber berechtigt, die Rechte aus der Urkunde geltend zu machen.

(2) Wird das Ausschlußurteil infolge einer Anfechtungsklage aufgehoben, so bleiben die auf Grund des Urteils von dem Verpflichteten bewirkten Leistungen auch Dritten, insbesondere dem Anfechtungskläger, gegenüber wirksam, es sei denn, daß der Verpflichtete zur Zeit der Leistung die Aufhebung des Ausschlußurteils gekannt hat.

§ 1019 Zahlungssperre. (1) ¹Bezweckt das Aufgebotsverfahren die Kraftloserklärung eines auf den Inhaber lautenden Papiers, so hat das Gericht auf Antrag an den Aussteller sowie an die in dem Papier und die von dem Antragsteller bezeichneten Zahlstellen das Verbot zu erlassen, an den Inhaber des Papiers eine Leistung zu bewirken, insbesondere neue Zins-, Renten- oder Gewinnanteilscheine oder einen Erneuerungsschein auszugeben (Zahlungssperre); mit dem Verbot ist die Benachrichtigung von der Einleitung des Aufgebotsverfahrens zu verbinden. ²Das Verbot ist in gleicher Weise wie das Aufgebot öffentlich bekanntzumachen.

(2) Das an den Aussteller erlassene Verbot ist auch den Zahlstellen gegenüber wirksam, die nicht in dem Papier bezeichnet sind.

(3) Die Einlösung der vor dem Verbot ausgegebenen Zins-, Renten- oder Gewinnanteilscheine wird von dem Verbot nicht betroffen.

§ 1020 Zahlungssperre vor Einleitung des Verfahrens. ¹Ist die sofortige Einleitung des Aufgebotsverfahrens nach § 1015 Satz 2 unzulässig, so hat das Gericht die Zahlungssperre auf Antrag schon vor der Einleitung des Verfahrens zu verfügen, sofern die übrigen Erfordernisse für die Einleitung vorhanden sind. ²Auf den Antrag sind die Vorschriften des § 947 Abs. 1 anzuwenden. ³Das Verbot ist durch Anheftung an die Gerichtstafel und durch einmalige Einrückung in den Bundesanzeiger öffentlich bekanntzumachen.

§ 1021 Entbehrlichkeit des Zeugnisses nach § 1010 Abs. 2. Wird die Zahlungssperre angeordnet, bevor seit der Zeit des glaubhaft gemachten Verlustes Zins-, Renten- oder Gewinnanteilscheine ausgegeben worden sind, so ist die Beibringung des im § 1010 Abs. 2 vorgeschriebenen Zeugnisses nicht erforderlich.

§ 1022 Aufhebung der Zahlungssperre. (1) [1] Wird das in Verlust gekommene Papier dem Gericht vorgelegt oder wird das Aufgebotsverfahren in anderer Weise ohne Erlaß eines Ausschlußurteils erledigt, so ist die Zahlungssperre von Amts wegen aufzuheben. [2] Das gleiche gilt, wenn die Zahlungssperre vor der Einleitung des Aufgebotsverfahrens angeordnet worden ist und die Einleitung nicht binnen sechs Monaten nach der Beseitigung des ihr entgegenstehenden Hindernisses beantragt wird. [3] Ist das Aufgebot oder die Zahlungssperre öffentlich bekanntgemacht worden, so ist die Erledigung des Verfahrens oder die Aufhebung der Zahlungssperre von Amts wegen durch den Bundesanzeiger bekanntzumachen.

(2) Im Falle der Vorlegung des Papiers ist die Zahlungssperre erst aufzuheben, nachdem dem Antragsteller die Einsicht nach Maßgabe des § 1016 gestattet worden ist.

(3) Gegen den Beschluß, durch den die Zahlungssperre aufgehoben wird, findet sofortige Beschwerde statt.

§ 1023 Hinkende Inhaberpapiere. [1] Bezweckt das Aufgebotsverfahren die Kraftloserklärung einer Urkunde der im § 808 des Bürgerlichen Gesetzbuchs bezeichneten Art, so gelten die Vorschriften des § 1006, des § 1009 Abs. 3, des § 1017 Abs. 2 Satz 2 und der §§ 1019 bis 1022 entsprechend. [2] Die Landesgesetze können über die Veröffentlichung des Aufgebots und der im § 1017 Abs. 2, 3 und in den §§ 1019, 1020, 1022 vorgeschriebenen Bekanntmachungen sowie über die Aufgebotsfrist abweichende Vorschriften erlassen.

§ 1024 Vorbehalt für die Landesgesetzgebung. (1) Bei Aufgeboten auf Grund der §§ 887, 927, 1104, 1112, 1162, 1170, 1171 des Bürgerlichen Gesetzbuchs, des § 110 des Gesetzes betreffend die privatrechtlichen Verhältnisse der Binnenschiffahrt, der §§ 6, 13, 66, 67 des Gesetzes über Rechte an eingetragenen Schiffen und Schiffsbauwerken und der §§ 13, 66, 67 des Gesetzes über Rechte an Luftfahrzeugen können die Landesgesetze die Art der Veröffentlichung des Aufgebots und des Ausschlußurteils sowie die Aufgebotsfrist anders bestimmen, als in §§ 948, 950, 956 vorgeschrieben ist.

(2) Bei Aufgeboten, die auf Grund des § 1162 des Bürgerlichen Gesetzbuchs ergehen, können die Landesgesetze die Art der Veröffentlichung des Aufgebots, des Ausschlußurteils und des im § 1017 Abs. 3 bezeichneten Urteils sowie die Aufgebotsfrist auch anders bestimmen, als in den §§ 1009, 1014, 1015, 1017 vorgeschrieben ist.

Buch 10.[1] **Schiedsrichterliches Verfahren**

Abschnitt 1. Allgemeine Vorschriften

§ 1025 **Anwendungsbereich.** (1) Die Vorschriften dieses Buches sind anzuwenden, wenn der Ort des schiedsrichterlichen Verfahrens im Sinne des § 1043 Abs. 1 in Deutschland liegt.

(2) Die Bestimmungen der §§ 1032, 1033 und 1050 sind auch dann anzuwenden, wenn der Ort des schiedsrichterlichen Verfahrens im Ausland liegt oder noch nicht bestimmt ist.

(3) Solange der Ort des schiedsrichterlichen Verfahrens noch nicht bestimmt ist, sind die deutschen Gerichte für die Ausübung der in den §§ 1034, 1035, 1037 und 1038 bezeichneten gerichtlichen Aufgaben zuständig, wenn der Beklagte oder der Kläger seinen Sitz oder seinen gewöhnlichen Aufenthalt in Deutschland hat.

(4) Für die Anerkennung und Vollstreckung ausländischer Schiedssprüche gelten die §§ 1061 bis 1065.

§ 1026 **Umfang gerichtlicher Tätigkeit.** Ein Gericht darf in den in den §§ 1025 bis 1061 geregelten Angelegenheiten nur tätig werden, soweit dieses Buch es vorsieht.

§ 1027 **Verlust des Rügerechts.** [1]Ist einer Bestimmung dieses Buches, von der die Parteien abweichen können, oder einem vereinbarten Erfordernis des schiedsrichterlichen Verfahrens nicht entsprochen worden, so kann eine Partei, die den Mangel nicht unverzüglich oder innerhalb einer dafür vorgesehenen Frist rügt, diesen später nicht mehr geltend machen. [2]Dies gilt nicht, wenn der Partei der Mangel nicht bekannt war.

§ 1028 **Empfang schriftlicher Mitteilungen bei unbekanntem Aufenthalt.** (1) Ist der Aufenthalt einer Partei oder einer zur Entgegennahme berechtigten Person unbekannt, gelten, sofern die Parteien nichts anderes vereinbart haben, schriftliche Mitteilungen an dem Tag als empfangen, an dem sie bei ordnungsgemäßer Übermittlung durch Einschreiben gegen Rück-

---

[1] Zum schiedsrichterlichen Verfahren beachte die in Art. 4 des Gesetzes zur Neuregelung den Schiedsverfahrensrechts (Schiedsverfahrens-Neuregelungsgesetz – SchiedsVfG) vom 22. 12. 1997 (BGBl. I S. 3224) erlassenen Übergangsvorschriften:

„**Art. 4. Übergangsvorschriften.** (1) Die Wirksamkeit von Schiedsvereinbarungen, die vor dem Inkrafttreten dieses Gesetzes geschlossen worden sind, beurteilt sich nach dem bisher geltenden Recht.

(2) [1]Für schiedsrichterliche Verfahren, die bei Inkrafttreten dieses Gesetzes begonnen, aber noch nicht beendet sind, ist das bisherige Recht mit der Maßgabe anzuwenden, daß an die Stelle des schiedsrichterlichen Vergleichs der Schiedsspruch mit vereinbartem Wortlaut tritt. [2]Die Parteien können jedoch die Anwendung des neuen Rechts vereinbaren.

(3) Für gerichtliche Verfahren, die bei Inkrafttreten dieses Gesetzes anhängig sind, ist das bisherige Recht weiter anzuwenden.

(4) Aus für vollstreckbar erklärten schiedsgerichtlichen Vergleichen, die vor dem Inkrafttreten dieses Gesetzes geschlossen worden sind, findet die Zwangsvollstreckung statt, sofern die Entscheidung über die Vollstreckbarkeit rechtskräftig oder für vorläufig vollstreckbar erklärt worden ist."

Abschnitt 2. Schiedsvereinbarung

schein oder auf eine andere Weise, welche den Zugang an der letztbekannten Postanschrift oder Niederlassung oder dem letztbekannten gewöhnlichen Aufenthalt des Adressaten belegt, dort hätten empfangen werden können.

(2) Absatz 1 ist auf Mitteilungen in gerichtlichen Verfahren nicht anzuwenden.

Abschnitt 2. Schiedsvereinbarung

§ 1029 Begriffsbestimmung. (1) Schiedsvereinbarung ist eine Vereinbarung der Parteien, alle oder einzelne Streitigkeiten, die zwischen ihnen in bezug auf ein bestimmtes Rechtsverhältnis vertraglicher oder nichtvertraglicher Art entstanden sind oder künftig entstehen, der Entscheidung durch ein Schiedsgericht zu unterwerfen.

(2) Eine Schiedsvereinbarung kann in Form einer selbständigen Vereinbarung (Schiedsabrede) oder in Form einer Klausel in einem Vertrag (Schiedsklausel) geschlossen werden.

§ 1030 Schiedsfähigkeit. (1) [1]Jeder vermögensrechtliche Anspruch kann Gegenstand einer Schiedsvereinbarung sein. [2]Eine Schiedsvereinbarung über nichtvermögensrechtliche Ansprüche hat insoweit rechtliche Wirkung, als die Parteien berechtigt sind, über den Gegenstand des Streites einen Vergleich zu schließen.

(2) [1]Eine Schiedsvereinbarung über Rechtsstreitigkeiten, die den Bestand eines Mietverhältnisses über Wohnraum im Inland betreffen, ist unwirksam. [2]Dies gilt nicht, soweit es sich um Wohnraum der in § 549 Abs. 2 Nr. 1 bis 3 des Bürgerlichen Gesetzbuchs bestimmten Art handelt.

(3) Gesetzliche Vorschriften außerhalb dieses Buches, nach denen Streitigkeiten einem schiedsrichterlichen Verfahren nicht oder nur unter bestimmten Voraussetzungen unterworfen werden dürfen, bleiben unberührt.

§ 1031 Form der Schiedsvereinbarung. (1) Die Schiedsvereinbarung muß entweder in einem von den Parteien unterzeichneten Schriftstück oder in zwischen ihnen gewechselten Schreiben, Fernkopien, Telegrammen oder anderen Formen der Nachrichtenübermittlung, die einen Nachweis der Vereinbarung sicherstellen, enthalten sein.

(2) Die Form des Absatzes 1 gilt auch dann als erfüllt, wenn die Schiedsvereinbarung in einem von der einen Partei der anderen Partei oder von einem Dritten beiden Parteien übermittelten Schriftstück enthalten ist und der Inhalt des Schriftstücks im Fall eines nicht rechtzeitig erfolgten Widerspruchs nach der Verkehrssitte als Vertragsinhalt angesehen wird.

(3) Nimmt ein den Formerfordernissen des Absatzes 1 oder 2 entsprechender Vertrag auf ein Schriftstück Bezug, das eine Schiedsklausel enthält, so begründet dies eine Schiedsvereinbarung, wenn die Bezugnahme dergestalt ist, daß sie diese Klausel zu einem Bestandteil des Vertrages macht.

(4) Eine Schiedsvereinbarung wird auch durch die Begebung eines Konnossements begründet, in dem ausdrücklich auf die in einem Chartervertrag enthaltene Schiedsklausel Bezug genommen wird.

(5) [1]Schiedsvereinbarungen, an denen ein Verbraucher beteiligt ist, müssen in einer von den Parteien eigenhändig unterzeichneten Urkunde enthalten

sein. ²Die schriftliche Form nach Satz 1 kann durch die elektronische Form nach § 126a des Bürgerlichen Gesetzbuchs ersetzt werden. ³Andere Vereinbarungen als solche, die sich auf das schiedsrichterliche Verfahren beziehen, darf die Urkunde oder das elektronische Dokument nicht enthalten; dies gilt nicht bei notarieller Beurkundung.

(6) Der Mangel der Form wird durch die Einlassung auf die schiedsgerichtliche Verhandlung zur Hauptsache geheilt.

§ 1032 Schiedsvereinbarung und Klage vor Gericht. (1) Wird vor einem Gericht Klage in einer Angelegenheit erhoben, die Gegenstand einer Schiedsvereinbarung ist, so hat das Gericht die Klage als unzulässig abzuweisen, sofern der Beklagte dies vor Beginn der mündlichen Verhandlung zur Hauptsache rügt, es sei denn, das Gericht stellt fest, daß die Schiedsvereinbarung nichtig, unwirksam oder undurchführbar ist.

(2) Bei Gericht kann bis zur Bildung des Schiedsgerichts Antrag auf Feststellung der Zulässigkeit oder Unzulässigkeit eines schiedsrichterlichen Verfahrens gestellt werden.

(3) Ist ein Verfahren im Sinne des Absatzes 1 oder 2 anhängig, kann ein schiedsrichterliches Verfahren gleichwohl eingeleitet oder fortgesetzt werden und ein Schiedsspruch ergehen.

§ 1033 Schiedsvereinbarung und einstweilige gerichtliche Maßnahmen. Eine Schiedsvereinbarung schließt nicht aus, daß ein Gericht vor oder nach Beginn des schiedsrichterlichen Verfahrens auf Antrag einer Partei eine vorläufige oder sichernde Maßnahme in bezug auf den Streitgegenstand des schiedsrichterlichen Verfahrens anordnet.

Abschnitt 3. Bildung des Schiedsgerichts

§ 1034 Zusammensetzung des Schiedsgerichts. (1) ¹Die Parteien können die Anzahl der Schiedsrichter vereinbaren. ²Fehlt eine solche Vereinbarung, so ist die Zahl der Schiedsrichter drei.

(2) ¹Gibt die Schiedsvereinbarung einer Partei bei der Zusammensetzung des Schiedsgerichts ein Übergewicht, das die andere Partei benachteiligt, so kann diese Partei bei Gericht beantragen, den oder die Schiedsrichter abweichend von der erfolgten Ernennung oder der vereinbarten Ernennungsregelung zu bestellen. ²Der Antrag ist spätestens bis zum Ablauf von zwei Wochen, nachdem der Partei die Zusammensetzung des Schiedsgerichts bekannt geworden ist, zu stellen. ³§ 1032 Abs. 3 gilt entsprechend.

§ 1035 Bestellung der Schiedsrichter. (1) Die Parteien können das Verfahren zur Bestellung des Schiedsrichters oder der Schiedsrichter vereinbaren.

(2) Sofern die Parteien nichts anderes vereinbart haben, ist eine Partei an die durch sie erfolgte Bestellung eines Schiedsrichters gebunden, sobald die andere Partei die Mitteilung über die Bestellung empfangen hat.

(3) ¹Fehlt eine Vereinbarung der Parteien über die Bestellung der Schiedsrichter, wird ein Einzelschiedsrichter, wenn die Parteien sich über seine Bestellung nicht einigen können, auf Antrag einer Partei durch das Gericht bestellt. ²In schiedsrichterlichen Verfahren mit drei Schiedsrichtern bestellt jede

Partei einen Schiedsrichter; diese beiden Schiedsrichter bestellen den dritten Schiedsrichter, der als Vorsitzender des Schiedsgerichts tätig wird. ³Hat eine Partei den Schiedsrichter nicht innerhalb eines Monats nach Empfang einer entsprechenden Aufforderung durch die andere Partei bestellt oder können sich die beiden Schiedsrichter nicht binnen eines Monats nach ihrer Bestellung über den dritten Schiedsrichter einigen, so ist der Schiedsrichter auf Antrag einer Partei durch das Gericht zu bestellen.

(4) Haben die Parteien ein Verfahren für die Bestellung vereinbart und handelt eine Partei nicht entsprechend diesem Verfahren oder können die Parteien oder die beiden Schiedsrichter eine Einigung entsprechend diesem Verfahren nicht erzielen oder erfüllt ein Dritter eine ihm nach diesem Verfahren übertragene Aufgabe nicht, so kann jede Partei bei Gericht die Anordnung der erforderlichen Maßnahmen beantragen, sofern das vereinbarte Bestellungsverfahren zur Sicherung der Bestellung nichts anderes vorsieht.

(5) ¹Das Gericht hat bei der Bestellung eines Schiedsrichters alle nach der Parteivereinbarung für den Schiedsrichter vorgeschriebenen Voraussetzungen zu berücksichtigen und allen Gesichtspunkten Rechnung zu tragen, die die Bestellung eines unabhängigen und unparteiischen Schiedsrichters sicherstellen. ²Bei der Bestellung eines Einzelschiedsrichters oder eines dritten Schiedsrichters hat das Gericht auch die Zweckmäßigkeit der Bestellung eines Schiedsrichters mit einer anderen Staatsangehörigkeit als derjenigen der Parteien in Erwägung zu ziehen.

§ 1036 Ablehnung eines Schiedsrichters. (1) ¹Eine Person, der ein Schiedsrichteramt angetragen wird, hat alle Umstände offenzulegen, die Zweifel an ihrer Unparteilichkeit oder Unabhängigkeit wecken können. ²Ein Schiedsrichter ist auch nach seiner Bestellung bis zum Ende des schiedsrichterlichen Verfahrens verpflichtet, solche Umstände den Parteien unverzüglich offenzulegen, wenn er sie ihnen nicht schon vorher mitgeteilt hat.

(2) ¹Ein Schiedsrichter kann nur abgelehnt werden, wenn Umstände vorliegen, die berechtigte Zweifel an seiner Unparteilichkeit oder Unabhängigkeit aufkommen lassen, oder wenn er nicht die zwischen den Parteien vereinbarten Voraussetzungen nicht erfüllt. ²Eine Partei kann einen Schiedsrichter, den sie bestellt oder an dessen Bestellung sie mitgewirkt hat, nur aus Gründen ablehnen, die ihr erst nach der Bestellung bekannt geworden sind.

§ 1037 Ablehnungsverfahren. (1) Die Parteien können vorbehaltlich des Absatzes 3 ein Verfahren für die Ablehnung eines Schiedsrichters vereinbaren.

(2) ¹Fehlt eine solche Vereinbarung, so hat die Partei, die einen Schiedsrichter ablehnen will, innerhalb von zwei Wochen, nachdem ihr die Zusammensetzung des Schiedsgerichts oder ein Umstand im Sinne des § 1036 Abs. 2 bekannt geworden ist, dem Schiedsgericht schriftlich die Ablehnungsgründe darzulegen. ²Tritt der abgelehnte Schiedsrichter von seinem Amt nicht zurück oder stimmt die andere Partei der Ablehnung nicht zu, so entscheidet das Schiedsgericht über die Ablehnung.

(3) ¹Bleibt die Ablehnung nach dem von den Parteien vereinbarten Verfahren oder nach dem in Absatz 2 vorgesehenen Verfahren erfolglos, so kann die ablehnende Partei innerhalb eines Monats, nachdem sie von der Entscheidung, mit der die Ablehnung verweigert wurde, Kenntnis erlangt hat, bei

Gericht eine Entscheidung über die Ablehnung beantragen; die Parteien können eine andere Frist vereinbaren. ²Während ein solcher Antrag anhängig ist, kann das Schiedsgericht einschließlich des abgelehnten Schiedsrichters das schiedsrichterliche Verfahren fortsetzen und einen Schiedsspruch erlassen.

§ 1038 Untätigkeit oder Unmöglichkeit der Aufgabenerfüllung.
(1) ¹Ist ein Schiedsrichter rechtlich oder tatsächlich außerstande, seine Aufgaben zu erfüllen, oder kommt er aus anderen Gründen seinen Aufgaben in angemessener Frist nicht nach, so endet sein Amt, wenn er zurücktritt oder wenn die Parteien die Beendigung seines Amtes vereinbaren. ²Tritt der Schiedsrichter von seinem Amt nicht zurück oder können sich die Parteien über dessen Beendigung nicht einigen, kann jede Partei bei Gericht eine Entscheidung über die Beendigung des Amtes beantragen.

(2) Tritt ein Schiedsrichter in den Fällen des Absatzes 1 oder des § 1037 Abs. 2 zurück oder stimmt eine Partei der Beendigung des Schiedsrichteramtes zu, so bedeutet dies nicht die Anerkennung der in Absatz 1 oder § 1036 Abs. 2 genannten Rücktrittsgründe.

§ 1039 Bestellung eines Ersatzschiedsrichters.
(1) ¹Endet das Amt eines Schiedsrichters nach den §§ 1037, 1038 oder wegen seines Rücktritts vom Amt aus einem anderen Grund oder wegen der Aufhebung seines Amtes durch Vereinbarung der Parteien, so ist ein Ersatzschiedsrichter zu bestellen. ²Die Bestellung erfolgt nach den Regeln, die auf die Bestellung des zu ersetzenden Schiedsrichters anzuwenden waren.

(2) Die Parteien können eine abweichende Vereinbarung treffen.

Abschnitt 4. Zuständigkeit des Schiedsgerichts

§ 1040 Befugnis des Schiedsgerichts zur Entscheidung über die eigene Zuständigkeit.
(1) ¹Das Schiedsgericht kann über die eigene Zuständigkeit und im Zusammenhang hiermit über das Bestehen oder die Gültigkeit der Schiedsvereinbarung entscheiden. ²Hierbei ist eine Schiedsklausel als eine von den übrigen Vertragsbestimmungen unabhängige Vereinbarung zu behandeln.

(2) ¹Die Rüge der Unzuständigkeit des Schiedsgerichts ist spätestens mit der Klagebeantwortung vorzubringen. ²Von der Erhebung einer solchen Rüge ist eine Partei nicht dadurch ausgeschlossen, daß sie einen Schiedsrichter bestellt oder an der Bestellung eines Schiedsrichters mitgewirkt hat. ³Die Rüge, das Schiedsgericht überschreite seine Befugnisse, ist zu erheben, sobald die Angelegenheit, von der dies behauptet wird, im schiedsrichterlichen Verfahren zur Erörterung kommt. ⁴Das Schiedsgericht kann in beiden Fällen eine spätere Rüge zulassen, wenn die Partei die Verspätung genügend entschuldigt.

(3) ¹Hält sich das Schiedsgericht für zuständig, so entscheidet es über eine Rüge nach Absatz 2 in der Regel durch Zwischenentscheid. ²In diesem Fall kann jede Partei innerhalb eines Monats nach schriftlicher Mitteilung des Entscheids eine gerichtliche Entscheidung beantragen. ³Während ein solcher Antrag anhängig ist, kann das Schiedsgericht das schiedsrichterliche Verfahren fortsetzen und einen Schiedsspruch erlassen.

§ 1041 Maßnahmen des einstweiligen Rechtsschutzes.
(1) ¹Haben die Parteien nichts anderes vereinbart, so kann das Schiedsgericht auf Antrag

einer Partei vorläufige oder sichernde Maßnahmen anordnen, die es in bezug auf den Streitgegenstand für erforderlich hält. ²Das Schiedsgericht kann von jeder Partei im Zusammenhang mit einer solchen Maßnahme angemessene Sicherheit verlangen.

(2) ¹Das Gericht kann auf Antrag einer Partei die Vollziehung einer Maßnahme nach Absatz 1 zulassen, sofern nicht schon eine entsprechende Maßnahme des einstweiligen Rechtsschutzes bei einem Gericht beantragt worden ist. ²Es kann die Anordnung abweichend fassen, wenn dies zur Vollziehung der Maßnahme notwendig ist.

(3) Auf Antrag kann das Gericht den Beschluß nach Absatz 2 aufheben oder ändern.

(4) ¹Erweist sich die Anordnung einer Maßnahme nach Absatz 1 als von Anfang an ungerechtfertigt, so ist die Partei, welche ihre Vollziehung erwirkt hat, verpflichtet, dem Gegner den Schaden zu ersetzen, der ihm aus der Vollziehung der Maßnahme oder dadurch entsteht, daß er Sicherheit leistet, um die Vollziehung abzuwenden. ²Der Anspruch kann im anhängigen schiedsrichterlichen Verfahren geltend gemacht werden.

Abschnitt 5. Durchführung des schiedsrichterlichen Verfahrens

§ 1042 Allgemeine Verfahrensregeln. (1) ¹Die Parteien sind gleich zu behandeln. ²Jeder Partei ist rechtliches Gehör zu gewähren.

(2) Rechtsanwälte dürfen als Bevollmächtigte nicht ausgeschlossen werden.

(3) Im übrigen können die Parteien vorbehaltlich der zwingenden Vorschriften dieses Buches das Verfahren selbst oder durch Bezugnahme auf eine schiedsrichterliche Verfahrensordnung regeln.

(4) ¹Soweit eine Vereinbarung der Parteien nicht vorliegt und dieses Buch keine Regelung enthält, werden die Verfahrensregeln vom Schiedsgericht nach freiem Ermessen bestimmt. ²Das Schiedsgericht ist berechtigt, über die Zulässigkeit einer Beweiserhebung zu entscheiden, diese durchzuführen und das Ergebnis frei zu würdigen.

§ 1043 Ort des schiedsrichterlichen Verfahrens. (1) ¹Die Parteien können eine Vereinbarung über den Ort des schiedsrichterlichen Verfahrens treffen. ²Fehlt eine solche Vereinbarung, so wird der Ort des schiedsrichterlichen Verfahrens vom Schiedsgericht bestimmt. ³Dabei sind die Umstände des Falles einschließlich der Eignung des Ortes für die Parteien zu berücksichtigen.

(2) Haben die Parteien nichts anderes vereinbart, so kann das Schiedsgericht ungeachtet des Absatzes 1 an jedem ihm geeignet erscheinenden Ort zu einer mündlichen Verhandlung, zur Vernehmung von Zeugen, Sachverständigen oder der Parteien, zur Beratung zwischen seinen Mitgliedern, zur Besichtigung von Sachen oder zur Einsichtnahme in Schriftstücke zusammentreten.

§ 1044 Beginn des schiedsrichterlichen Verfahrens. ¹Haben die Parteien nichts anderes vereinbart, so beginnt das schiedsrichterliche Verfahren über eine bestimmte Streitigkeit mit dem Tag, an dem der Beklagte den Antrag, die Streitigkeit einem Schiedsgericht vorzulegen, empfangen hat. ²Der

Antrag muß die Bezeichnung der Parteien, die Angabe des Streitgegenstandes und einen Hinweis auf die Schiedsvereinbarung enthalten.

§ 1045 Verfahrenssprache. (1) [1]Die Parteien können die Sprache oder die Sprachen, die im schiedsrichterlichen Verfahren zu verwenden sind, vereinbaren. [2]Fehlt eine solche Vereinbarung, so bestimmt hierüber das Schiedsgericht. [3]Die Vereinbarung der Parteien oder die Bestimmung des Schiedsgerichts ist, sofern darin nichts anderes vorgesehen wird, für schriftliche Erklärungen einer Partei, mündliche Verhandlungen, Schiedssprüche, sonstige Entscheidungen und andere Mitteilungen des Schiedsgerichts maßgebend.

(2) Das Schiedsgericht kann anordnen, daß schriftliche Beweismittel mit einer Übersetzung in die Sprache oder die Sprachen versehen sein müssen, die zwischen den Parteien vereinbart oder vom Schiedsgericht bestimmt worden sind.

§ 1046 Klage und Klagebeantwortung. (1) [1]Innerhalb der von den Parteien vereinbarten oder vom Schiedsgericht bestimmten Frist hat der Kläger seinen Anspruch und die Tatsachen, auf die sich dieser Anspruch stützt, darzulegen und der Beklagte hierzu Stellung zu nehmen. [2]Die Parteien können dabei alle ihnen erheblich erscheinenden Schriftstücke vorlegen oder andere Beweismittel bezeichnen, derer sie sich bedienen wollen.

(2) Haben die Parteien nichts anderes vereinbart, so kann jede Partei im Laufe des schiedsrichterlichen Verfahrens ihre Klage oder ihre Angriffs- und Verteidigungsmittel ändern oder ergänzen, es sei denn, das Schiedsgericht läßt dies wegen Verspätung, die nicht genügend entschuldigt wird, nicht zu.

(3) Die Absätze 1 und 2 gelten für die Widerklage entsprechend.

§ 1047 Mündliche Verhandlung und schriftliches Verfahren.
(1) [1]Vorbehaltlich einer Vereinbarung der Parteien entscheidet das Schiedsgericht, ob mündlich verhandelt werden soll oder ob das Verfahren auf der Grundlage von Schriftstücken und anderen Unterlagen durchzuführen ist. [2]Haben die Parteien die mündliche Verhandlung nicht ausgeschlossen, hat das Schiedsgericht eine solche Verhandlung in einem geeigneten Abschnitt des Verfahrens durchzuführen, wenn eine Partei es beantragt.

(2) Die Parteien sind von jeder Verhandlung und jedem Zusammentreffen des Schiedsgerichts zu Zwecken der Beweisaufnahme rechtzeitig in Kenntnis zu setzen.

(3) Alle Schriftsätze, Schriftstücke und sonstigen Mitteilungen, die dem Schiedsgericht von einer Partei vorgelegt werden, sind der anderen Partei, Gutachten und andere schriftliche Beweismittel, auf die sich das Schiedsgericht bei seiner Entscheidung stützen kann, sind beiden Parteien zur Kenntnis zu bringen.

§ 1048 Säumnis einer Partei. (1) Versäumt es der Kläger, seine Klage nach § 1046 Abs. 1 einzureichen, so beendet das Schiedsgericht das Verfahren.

(2) Versäumt es der Beklagte, die Klage nach § 1046 Abs. 1 zu beantworten, so setzt das Schiedsgericht das Verfahren fort, ohne die Säumnis als solche als Zugeständnis der Behauptungen des Klägers zu behandeln.

(3) Versäumt es eine Partei, zu einer mündlichen Verhandlung zu erscheinen oder innerhalb einer festgelegten Frist ein Schriftstück zum Beweis vorzulegen, so kann das Schiedsgericht das Verfahren fortsetzen und den Schiedsspruch nach den vorliegenden Erkenntnissen erlassen.

(4) ¹Wird die Säumnis nach Überzeugung des Schiedsgerichts genügend entschuldigt, bleibt sie außer Betracht. ²Im übrigen können die Parteien über die Folgen der Säumnis etwas anderes vereinbaren.

§ 1049 Vom Schiedsgericht bestellter Sachverständiger. (1) ¹Haben die Parteien nichts anderes vereinbart, so kann das Schiedsgericht einen oder mehrere Sachverständige zur Erstattung eines Gutachtens über bestimmte vom Schiedsgericht festzulegende Fragen bestellen. ²Es kann ferner eine Partei auffordern, dem Sachverständigen jede sachdienliche Auskunft zu erteilen oder alle für das Verfahren erheblichen Schriftstücke oder Sachen zur Besichtigung vorzulegen oder zugänglich zu machen.

(2) ¹Haben die Parteien nichts anderes vereinbart, so hat der Sachverständige, wenn eine Partei dies beantragt oder das Schiedsgericht es für erforderlich hält, nach Erstattung seines schriftlichen oder mündlichen Gutachtens an einer mündlichen Verhandlung teilzunehmen. ²Bei der Verhandlung können die Parteien dem Sachverständigen Fragen stellen und eigene Sachverständige zu den streitigen Fragen aussagen lassen.

(3) Auf den vom Schiedsgericht bestellten Sachverständigen sind die §§ 1036, 1037 Abs. 1 und 2 entsprechend anzuwenden.

§ 1050 Gerichtliche Unterstützung bei der Beweisaufnahme und sonstige richterliche Handlungen. ¹Das Schiedsgericht oder eine Partei mit Zustimmung des Schiedsgerichts kann bei Gericht Unterstützung bei der Beweisaufnahme oder die Vornahme sonstiger richterlicher Handlungen, zu denen das Schiedsgericht nicht befugt ist, beantragen. ²Das Gericht erledigt den Antrag, sofern es ihn nicht für unzulässig hält, nach seinen für die Beweisaufnahme oder die sonstige richterliche Handlung geltenden Verfahrensvorschriften. ³Die Schiedsrichter sind berechtigt, an einer gerichtlichen Beweisaufnahme teilzunehmen und Fragen zu stellen.

Abschnitt 6. Schiedsspruch und Beendigung des Verfahrens

§ 1051 Anwendbares Recht. (1) ¹Das Schiedsgericht hat die Streitigkeit in Übereinstimmung mit den Rechtsvorschriften zu entscheiden, die von den Parteien als auf den Inhalt des Rechtsstreits anwendbar bezeichnet worden sind. ²Die Bezeichnung des Rechts oder der Rechtsordnung eines bestimmten Staates ist, sofern die Parteien nicht ausdrücklich etwas anderes vereinbart haben, als unmittelbare Verweisung auf die Sachvorschriften dieses Staates und nicht auf sein Kollisionsrecht zu verstehen.

(2) Haben die Parteien die anzuwendenden Rechtsvorschriften nicht bestimmt, so hat das Schiedsgericht das Recht des Staates anzuwenden, mit dem der Gegenstand des Verfahrens die engsten Verbindungen aufweist.

(3) ¹Das Schiedsgericht hat nur dann nach Billigkeit zu entscheiden, wenn die Parteien es ausdrücklich dazu ermächtigt haben. ²Die Ermächtigung kann bis zur Entscheidung des Schiedsgerichts erteilt werden.

(4) In allen Fällen hat das Schiedsgericht in Übereinstimmung mit den Bestimmungen des Vertrages zu entscheiden und dabei bestehende Handelsbräuche zu berücksichtigen.

§ 1052 Entscheidung durch ein Schiedsrichterkollegium. (1) Haben die Parteien nichts anderes vereinbart, so ist in schiedsrichterlichen Verfahren mit mehr als einem Schiedsrichter jede Entscheidung des Schiedsgerichts mit Mehrheit der Stimmen aller Mitglieder zu treffen.

(2) ¹Verweigert ein Schiedsrichter die Teilnahme an einer Abstimmung, können die übrigen Schiedsrichter ohne ihn entscheiden, sofern die Parteien nichts anderes vereinbart haben. ²Die Absicht, ohne den verweigernden Schiedsrichter über den Schiedsspruch abzustimmen, ist den Parteien vorher mitzuteilen. ³Bei anderen Entscheidungen sind die Parteien von dem Abstimmungsverweigerung nachträglich in Kenntnis zu setzen.

(3) Über einzelne Verfahrensfragen kann der vorsitzende Schiedsrichter allein entscheiden, wenn die Parteien oder die anderen Mitglieder des Schiedsgerichts ihn dazu ermächtigt haben.

§ 1053 Vergleich. (1) ¹Vergleichen sich die Parteien während des schiedsrichterlichen Verfahrens über die Streitigkeit, so beendet das Schiedsgericht das Verfahren. ²Auf Antrag der Parteien hält es den Vergleich in der Form eines Schiedsspruchs mit vereinbartem Wortlaut fest, sofern der Inhalt des Vergleichs nicht gegen die öffentliche Ordnung (ordre public) verstößt.

(2) ¹Ein Schiedsspruch mit vereinbartem Wortlaut ist gemäß § 1054 zu erlassen und muß angeben, daß es sich um einen Schiedsspruch handelt. ²Ein solcher Schiedsspruch hat dieselbe Wirkung wie jeder andere Schiedsspruch zur Sache.

(3) Soweit die Wirksamkeit von Erklärungen eine notarielle Beurkundung erfordert, wird diese bei einem Schiedsspruch mit vereinbartem Wortlaut durch die Aufnahme der Erklärungen der Parteien in den Schiedsspruch ersetzt.

(4) ¹Mit Zustimmung der Parteien kann ein Schiedsspruch mit vereinbartem Wortlaut auch von einem Notar, der seinen Amtssitz im Bezirk des nach § 1062 Abs. 1, 2 für die Vollstreckbarerklärung zuständigen Gerichts hat, für vollstreckbar erklärt werden. ²Der Notar lehnt die Vollstreckbarerklärung ab, wenn die Voraussetzungen des Absatzes 1 Satz 2 nicht vorliegen.

§ 1054 Form und Inhalt des Schiedsspruchs. (1) ¹Der Schiedsspruch ist schriftlich zu erlassen und durch den Schiedsrichter oder die Schiedsrichter zu unterschreiben. ²In schiedsrichterlichen Verfahren mit mehr als einem Schiedsrichter genügen die Unterschriften der Mehrheit aller Mitglieder des Schiedsgerichts, sofern der Grund für eine fehlende Unterschrift angegeben wird.

(2) Der Schiedsspruch ist zu begründen, es sei denn, die Parteien haben vereinbart, daß keine Begründung gegeben werden muß, oder es handelt sich um einen Schiedsspruch mit vereinbartem Wortlaut im Sinne des § 1053.

(3) ¹Im Schiedsspruch sind der Tag, an dem er erlassen wurde, und der nach § 1043 Abs. 1 bestimmte Ort des schiedsrichterlichen Verfahrens anzugeben. ²Der Schiedsspruch gilt als an diesem Tag und diesem Ort erlassen.

(4) Jeder Partei ist ein von den Schiedsrichtern unterschriebener Schiedsspruch zu übersenden.

§ 1055 Wirkungen des Schiedsspruchs. Der Schiedsspruch hat unter den Parteien die Wirkungen eines rechtskräftigen gerichtlichen Urteils.

§ 1056 Beendigung des schiedsrichterlichen Verfahrens. (1) Das schiedsrichterliche Verfahren wird mit dem endgültigen Schiedsspruch oder mit einem Beschluß des Schiedsgerichts nach Absatz 2 beendet.

(2) Das Schiedsgericht stellt durch Beschluß die Beendigung des schiedsrichterlichen Verfahrens fest, wenn
1. der Kläger
   a) es versäumt, seine Klage nach § 1046 Abs. 1 einzureichen und kein Fall des § 1048 Abs. 4 vorliegt, oder
   b) seine Klage zurücknimmt, es sei denn, daß der Beklagte dem widerspricht und das Schiedsgericht ein berechtigtes Interesse des Beklagten an der endgültigen Beilegung der Streitigkeit anerkennt; oder
2. die Parteien die Beendigung des Verfahrens vereinbaren; oder
3. die Parteien das schiedsrichterliche Verfahren trotz Aufforderung des Schiedsgerichts nicht weiter betreiben oder die Fortsetzung des Verfahrens aus einem anderen Grund unmöglich geworden ist.

(3) Vorbehaltlich des § 1057 Abs. 2 und der §§ 1058, 1059 Abs. 4 endet das Amt des Schiedsgerichts mit der Beendigung des schiedsrichterlichen Verfahrens.

§ 1057 Entscheidung über die Kosten. (1) ¹Sofern die Parteien nichts anderes vereinbart haben, hat das Schiedsgericht in einem Schiedsspruch darüber zu entscheiden, zu welchem Anteil die Parteien die Kosten des schiedsrichterlichen Verfahrens einschließlich der den Parteien erwachsenen und zur zweckentsprechenden Rechtsverfolgung notwendigen Kosten zu tragen haben. ²Hierbei entscheidet das Schiedsgericht nach pflichtgemäßem Ermessen unter Berücksichtigung der Umstände des Einzelfalles, insbesondere des Ausgangs des Verfahrens.

(2) ¹Soweit die Kosten des schiedsrichterlichen Verfahrens feststehen, hat das Schiedsgericht auch darüber zu entscheiden, in welcher Höhe die Parteien sie zu tragen haben. ²Ist die Festsetzung der Kosten unterblieben oder erst nach Beendigung des schiedsrichterlichen Verfahrens möglich, wird hierüber in einem gesonderten Schiedsspruch entschieden.

§ 1058 Berichtigung, Auslegung und Ergänzung des Schiedsspruchs. (1) Jede Partei kann beim Schiedsgericht beantragen,
1. Rechen-, Schreib- und Druckfehler oder Fehler ähnlicher Art im Schiedsspruch zu berichtigen;
2. bestimmte Teile des Schiedsspruchs auszulegen;
3. einen ergänzenden Schiedsspruch über solche Ansprüche zu erlassen, die im schiedsrichterlichen Verfahren zwar geltend gemacht, im Schiedsspruch aber nicht behandelt worden sind.

(2) Sofern die Parteien keine andere First vereinbart haben, ist der Antrag innerhalb eines Monats nach Empfang des Schiedsspruchs zu stellen.

(3) Das Schiedsgericht soll über die Berichtigung oder Auslegung des Schiedsspruchs innerhalb eines Monats und über die Ergänzung des Schiedsspruchs innerhalb von zwei Monaten entscheiden.

(4) Eine Berichtigung des Schiedsspruchs kann das Schiedsgericht auch ohne Antrag vornehmen.

(5) § 1054 ist auf die Berichtigung, Auslegung oder Ergänzung des Schiedsspruchs anzuwenden.

Abschnitt 7. Rechtsbehelf gegen den Schiedsspruch

§ 1059 Aufhebungsantrag. (1) Gegen einen Schiedsspruch kann nur der Antrag auf gerichtliche Aufhebung nach den Absätzen 2 und 3 gestellt werden.

(2) Ein Schiedsspruch kann nur aufgehoben werden,
1. wenn der Antragsteller begründet geltend macht, daß
   a) eine der Parteien, die eine Schiedsvereinbarung nach den §§ 1029, 1031 geschlossen haben, nach dem Recht, das für sie persönlich maßgebend ist, hierzu nicht fähig war, oder daß die Schiedsvereinbarung nach dem Recht, dem die Parteien sie unterstellt haben oder, falls die Parteien hierüber nichts bestimmt haben, nach deutschem Recht ungültig ist oder
   b) er von der Bestellung eines Schiedsrichters oder von dem schiedsrichterlichen Verfahren nicht gehörig in Kenntnis gesetzt worden ist oder daß er aus einem anderen Grund seine Angriffs- oder Verteidigungsmittel nicht hat geltend machen können oder
   c) der Schiedsspruch eine Streitigkeit betrifft, die in der Schiedsabrede nicht erwähnt ist oder nicht unter die Bestimmungen der Schiedsklausel fällt, oder daß er Entscheidungen enthält, welche die Grenzen der Schiedsvereinbarung überschreiten; kann jedoch der Teil des Schiedsspruchs, der sich auf Streitpunkte bezieht, die dem schiedsrichterlichen Verfahren unterworfen waren, von dem Teil, der Streitpunkte betrifft, die ihm nicht unterworfen waren, getrennt werden, so kann nur der letztgenannte Teil des Schiedsspruchs aufgehoben werden; oder
   d) die Bildung des Schiedsgerichts oder das schiedsrichterliche Verfahren einer Bestimmung dieses Buches oder einer zulässigen Vereinbarung der Parteien nicht entsprochen hat und anzunehmen ist, daß sich dies auf den Schiedsspruch ausgewirkt hat; oder
2. wenn das Gericht feststellt, daß
   a) der Gegenstand des Streites nach deutschem Recht nicht schiedsfähig ist oder
   b) die Anerkennung oder Vollstreckung des Schiedsspruchs zu einem Ergebnis führt, daß der öffentlichen Ordnung (ordre public) widerspricht.

(3) [1]Sofern die Parteien nichts anderes vereinbaren, muß der Aufhebungsantrag innerhalb einer Frist von drei Monaten bei Gericht eingereicht werden. [2]Die Frist beginnt mit dem Tag, an dem der Antragsteller den Schiedsspruch empfangen hat. [3]Ist ein Antrag nach § 1058 gestellt worden, verlängert sich

die Frist um höchstens einen Monat nach Empfang der Entscheidung über diesen Antrag. [4]Der Antrag auf Aufhebung des Schiedsspruchs kann nicht mehr gestellt werden, wenn der Schiedsspruch von einem deutschen Gericht für vollstreckbar erklärt worden ist.

(4) Ist die Aufhebung beantragt worden, so kann das Gericht in geeigneten Fällen auf Antrag einer Partei unter Aufhebung des Schiedsspruchs die Sache an das Schiedsgericht zurückverweisen.

(5) Die Aufhebung des Schiedsspruchs hat im Zweifel zur Folge, daß wegen des Streitgegenstandes die Schiedsvereinbarung wiederauflebt.

Abschnitt 8. Voraussetzungen der Anerkennung und Vollstreckung von Schiedssprüchen

§ 1060 Inländische Schiedssprüche. (1) Die Zwangsvollstreckung findet statt, wenn der Schiedsspruch für vollstreckbar erklärt ist.

(2) [1]Der Antrag auf Vollstreckbarerklärung ist unter Aufhebung des Schiedsspruchs abzulehnen, wenn einer der in § 1059 Abs. 2 bezeichneten Aufhebungsgründe vorliegt. [2]Aufhebungsgründe sind nicht zu berücksichtigen, soweit im Zeitpunkt der Zustellung des Antrags auf Vollstreckbarerklärung ein auf sie gestützter Aufhebungsantrag rechtskräftig abgewiesen ist. [3]Aufhebungsgründe nach § 1059 Abs. 2 Nr. 1 sind auch dann nicht zu berücksichtigen, wenn die in § 1059 Abs. 3 bestimmten Fristen abgelaufen sind, ohne daß der Antragsgegner einen Antrag auf Aufhebung des Schiedsspruchs gestellt hat.

§ 1061 Ausländische Schiedssprüche. (1) [1]Die Anerkennung und Vollstreckung ausländischer Schiedssprüche richtet sich nach dem Übereinkommen vom 10. Juni 1958 über die Anerkennung und Vollstreckung ausländischer Schiedssprüche (BGBl. 1961 II S. 121). [2]Die Vorschriften in anderen Staatsverträgen über die Anerkennung und Vollstreckung von Schiedssprüchen bleiben unberührt.

(2) Ist die Vollstreckbarerklärung abzulehnen, stellt das Gericht fest, daß der Schiedsspruch im Inland nicht anzuerkennen ist.

(3) Wird der Schiedsspruch, nachdem er für vollstreckbar erklärt worden ist, im Ausland aufgehoben, so kann die Aufhebung der Vollstreckbarerklärung beantragt werden.

Abschnitt 9. Gerichtliches Verfahren

§ 1062 Zuständigkeit. (1) Das Oberlandesgericht, das in der Schiedsvereinbarung bezeichnet ist oder, wenn eine solche Bezeichnung fehlt, in dessen Bezirk der Ort des schiedsrichterlichen Verfahrens liegt, ist zuständig für Entscheidungen über Anträge betreffend
1. die Bestellung eines Schiedsrichters (§§ 1034, 1035), die Ablehnung eines Schiedsrichters (§ 1037) oder die Beendigung des Schiedsrichteramtes (§ 1038);
2. die Feststellung der Zulässigkeit oder Unzulässigkeit eines schiedsrichterlichen Verfahrens (§ 1032) oder die Entscheidung eines Schiedsgerichts, in der dieses seine Zuständigkeit in einem Zwischenentscheid bejaht hat (§ 1040);

Gerichtliches Verfahren **§§ 1063, 1064 ZPO 1**

3. die Vollziehung, Aufhebung oder Änderung der Anordnung vorläufiger oder sichernder Maßnahmen des Schiedsgerichts (§ 1041);
4. die Aufhebung (§ 1059) oder die Vollstreckbarerklärung des Schiedsspruchs (§§ 1060 ff.) oder die Aufhebung der Vollstreckbarerklärung (§ 1061).

(2) Besteht in den Fällen des Absatzes 1 Nr. 2 erste Alternative, Nr. 3 oder Nr. 4 kein deutscher Schiedsort, so ist für die Entscheidungen das Oberlandesgericht zuständig, in dessen Bezirk der Antragsgegner seinen Sitz oder gewöhnlichen Aufenthalt hat oder sich Vermögen des Antragsgegners oder der mit der Schiedsklage in Anspruch genommene oder von der Maßnahme betroffene Gegenstand befindet, hilfsweise das Kammergericht.

(3) In den Fällen des § 1025 Abs. 3 ist für die Entscheidung das Oberlandesgericht zuständig, in dessen Bezirk der Kläger oder der Beklagte seinen Sitz oder seinen gewöhnlichen Aufenthalt hat.

(4) Für die Unterstützung bei der Beweisaufnahme und sonstige richterliche Handlungen (§ 1050) ist das Amtsgericht zuständig, in dessen Bezirk die richterliche Handlung vorzunehmen ist.

(5) [1] Sind in einem Land mehrere Oberlandesgerichte errichtet, so kann die Zuständigkeit von der Landesregierung durch Rechtsverordnung einem Oberlandesgericht oder dem obersten Landesgericht übertragen werden; die Landesregierung kann die Ermächtigung durch Rechtsverordnung auf die Landesjustizverwaltung übertragen. [2] Mehrere Länder können die Zuständigkeit eines Oberlandesgerichts über die Ländergrenzen hinaus vereinbaren.

§ 1063 Allgemeine Vorschriften. (1) [1] Das Gericht entscheidet durch Beschluß. [2] Vor der Entscheidung ist der Gegner zu hören.

(2) Das Gericht hat die mündliche Verhandlung anzuordnen, wenn die Aufhebung des Schiedsspruchs beantragt wird oder wenn bei einem Antrag auf Anerkennung oder Vollstreckbarerklärung des Schiedsspruchs Aufhebungsgründe nach § 1059 Abs. 2 in Betracht kommen.

(3) [1] Der Vorsitzende des Zivilsenats kann ohne vorherige Anhörung des Gegners anordnen, daß der Antragsteller bis zur Entscheidung über den Antrag die Zwangsvollstreckung aus dem Schiedsspruch betreiben oder die vorläufige oder sichernde Maßnahme des Schiedsgerichts nach § 1041 vollziehen darf. [2] Die Zwangsvollstreckung aus dem Schiedsspruch darf nicht über Maßnahmen zur Sicherung hinausgehen. [3] Der Antragsgegner ist befugt, die Zwangsvollstreckung durch Leistung einer Sicherheit in Höhe des Betrages, wegen dessen der Antragsteller vollstrecken kann, abzuwenden.

(4) Solange eine mündliche Verhandlung nicht angeordnet ist, können zu Protokoll der Geschäftsstelle Anträge gestellt und Erklärungen abgegeben werden.

§ 1064 Besonderheiten bei der Vollstreckbarerklärung von Schiedssprüchen. (1) [1] Mit dem Antrag auf Vollstreckbarerklärung eines Schiedsspruchs ist der Schiedsspruch oder eine beglaubigte Abschrift des Schiedsspruchs vorzulegen. [2] Die Beglaubigung kann auch von dem für das gerichtliche Verfahren bevollmächtigten Rechtsanwalt vorgenommen werden.

(2) Der Beschluß, durch den ein Schiedsspruch für vollstreckbar erklärt wird, ist für vorläufig vollstreckbar zu erklären.

(3) Auf ausländische Schiedssprüche sind die Absätze 1 und 2 anzuwenden, soweit Staatsverträge nicht ein anderes bestimmen.

§ 1065 Rechtsmittel. (1) ¹Gegen die in § 1062 Abs. 1 Nr. 2 und 4 genannten Entscheidungen findet die Rechtsbeschwerde statt. ²Im Übrigen sind die Entscheidungen in den in § 1062 Abs. 1 bezeichneten Verfahren unanfechtbar.

(2) ¹Die Rechtsbeschwerde kann auch darauf gestützt werden, dass die Entscheidung auf einer Verletzung eines Staatsvertrages beruht. ²Die §§ 707, 717 sind entsprechend anzuwenden.

Abschnitt 10. Außervertragliche Schiedsgerichte

§ 1066 Entsprechende Anwendung der Vorschriften des Zehnten Buches. Für Schiedsgerichte, die in gesetzlich statthafter Weise durch letztwillige oder andere nicht auf Vereinbarung beruhende Verfügungen angeordnet werden, gelten die Vorschriften dieses Buches entsprechend.

Anlage zu § 850c ZPO 1

Anlage
(zu § 850c)

Netto-Lohn monatlich			Pfändbarer Betrag bei Unterhaltspflicht für ... Personen					
			0	1	2	3	4	5 und mehr
			in EUR					
	bis	939,99	–	–	–	–	–	–
940,00	bis	949,99	7,00	–	–	–	–	–
950,00	bis	959,99	14,00	–	–	–	–	–
960,00	bis	969,99	21,00	–	–	–	–	–
970,00	bis	979,99	28,00	–	–	–	–	–
980,00	bis	989,99	35,00	–	–	–	–	–
990,00	bis	999,99	42,00	–	–	–	–	–
1000,00	bis	1009,99	49,00	–	–	–	–	–
1010,00	bis	1019,99	56,00	–	–	–	–	–
1020,00	bis	1029,99	63,00	–	–	–	–	–
1030,00	bis	1039,99	70,00	–	–	–	–	–
1040,00	bis	1049,99	77,00	–	–	–	–	–
1050,00	bis	1059,99	84,00	–	–	–	–	–
1060,00	bis	1069,99	91,00	–	–	–	–	–
1070,00	bis	1079,99	98,00	–	–	–	–	–
1080,00	bis	1089,99	105,00	–	–	–	–	–
1090,00	bis	1099,99	112,00	–	–	–	–	–
1100,00	bis	1109,99	119,00	–	–	–	–	–
1110,00	bis	1119,99	126,00	–	–	–	–	–
1120,00	bis	1129,99	133,00	–	–	–	–	–
1130,00	bis	1139,99	140,00	–	–	–	–	–
1140,00	bis	1149,99	147,00	–	–	–	–	–
1150,00	bis	1159,99	154,00	–	–	–	–	–
1160,00	bis	1169,99	161,00	–	–	–	–	–
1170,00	bis	1179,99	168,00	–	–	–	–	–
1180,00	bis	1189,99	175,00	–	–	–	–	–
1190,00	bis	1199,99	182,00	–	–	–	–	–
1200,00	bis	1209,99	189,00	–	–	–	–	–
1210,00	bis	1219,99	196,00	–	–	–	–	–
1220,00	bis	1229,99	203,00	–	–	–	–	–
1230,00	bis	1239,99	210,00	–	–	–	–	–
1240,00	bis	1249,99	217,00	–	–	–	–	–
1250,00	bis	1259,99	224,00	–	–	–	–	–
1260,00	bis	1269,99	231,00	–	–	–	–	–
1270,00	bis	1279,99	238,00	–	–	–	–	–
1280,00	bis	1289,99	245,00	–	–	–	–	–
1290,00	bis	1299,99	252,00	5,00	–	–	–	–
1300,00	bis	1309,99	259,00	10,00	–	–	–	–
1310,00	bis	1319,99	266,00	15,00	–	–	–	–
1320,00	bis	1329,99	273,00	20,00	–	–	–	–

1 ZPO   Anlage zu § 850c

Netto-Lohn monatlich			Pfändbarer Betrag bei Unterhaltspflicht für ... Personen					
			0	1	2	3	4	5 und mehr
			in EUR					
1330,00	bis	1339,99	280,00	25,00	–	–	–	–
1340,00	bis	1349,99	287,00	30,00	–	–	–	–
1350,00	bis	1359,99	294,00	35,00	–	–	–	–
1360,00	bis	1369,99	301,00	40,00	–	–	–	–
1370,00	bis	1379,99	308,00	45,00	–	–	–	–
1380,00	bis	1389,99	315,00	50,00	–	–	–	–
1390,00	bis	1399,99	322,00	55,00	–	–	–	–
1400,00	bis	1409,99	329,00	60,00	–	–	–	–
1410,00	bis	1419,99	336,00	65,00	–	–	–	–
1420,00	bis	1429,99	343,00	70,00	–	–	–	–
1430,00	bis	1439,99	350,00	75,00	–	–	–	–
1440,00	bis	1449,99	357,00	80,00	–	–	–	–
1450,00	bis	1459,99	364,00	85,00	–	–	–	–
1460,00	bis	1469,99	371,00	90,00	–	–	–	–
1470,00	bis	1479,99	378,00	95,00	–	–	–	–
1480,00	bis	1489,99	385,00	100,00	2,00	–	–	–
1490,00	bis	1499,99	392,00	105,00	6,00	–	–	–
1500,00	bis	1509,99	399,00	110,00	10,00	–	–	–
1510,00	bis	1519,99	406,00	115,00	14,00	–	–	–
1520,00	bis	1529,99	413,00	120,00	18,00	–	–	–
1530,00	bis	1539,99	420,00	125,00	22,00	–	–	–
1540,00	bis	1549,99	427,00	130,00	26,00	–	–	–
1550,00	bis	1559,99	434,00	135,00	30,00	–	–	–
1560,00	bis	1569,99	441,00	140,00	34,00	–	–	–
1570,00	bis	1579,99	448,00	145,00	38,00	–	–	–
1580,00	bis	1589,99	455,00	150,00	42,00	–	–	–
1590,00	bis	1599,99	462,00	155,00	46,00	–	–	–
1600,00	bis	1609,99	469,00	160,00	50,00	–	–	–
1610,00	bis	1619,99	476,00	165,00	54,00	–	–	–
1620,00	bis	1629,99	483,00	170,00	58,00	–	–	–
1630,00	bis	1639,99	490,00	175,00	62,00	–	–	–
1640,00	bis	1649,99	497,00	180,00	66,00	–	–	–
1650,00	bis	1659,99	504,00	185,00	70,00	–	–	–
1660,00	bis	1669,99	511,00	190,00	74,00	–	–	–
1670,00	bis	1679,99	518,00	195,00	78,00	–	–	–
1680,00	bis	1689,99	525,00	200,00	82,00	3,00	–	–
1690,00	bis	1699,99	532,00	205,00	86,00	6,00	–	–
1700,00	bis	1709,99	539,00	210,00	90,00	9,00	–	–
1710,00	bis	1719,99	546,00	215,00	94,00	12,00	–	–
1720,00	bis	1729,99	553,00	220,00	98,00	15,00	–	–
1730,00	bis	1739,99	560,00	225,00	102,00	18,00	–	–
1740,00	bis	1749,99	567,00	230,00	106,00	21,00	–	–
1750,00	bis	1759,99	574,00	235,00	110,00	24,00	–	–
1760,00	bis	1769,99	581,00	240,00	114,00	27,00	–	–
1770,00	bis	1779,99	588,00	245,00	118,00	30,00	–	–

Anlage zu § 850c ZPO 1

Netto-Lohn monatlich			Pfändbarer Betrag bei Unterhaltspflicht für ... Personen					
			0	1	2	3	4	5 und mehr
			in EUR					
1780,00	bis	1789,99	595,00	250,00	122,00	33,00	–	–
1790,00	bis	1799,99	602,00	255,00	126,00	36,00	–	–
1800,00	bis	1809,99	609,00	260,00	130,00	39,00	–	–
1810,00	bis	1819,99	616,00	265,00	134,00	42,00	–	–
1820,00	bis	1829,99	623,00	270,00	138,00	45,00	–	–
1830,00	bis	1839,99	630,00	275,00	142,00	48,00	–	–
1840,00	bis	1849,99	637,00	280,00	146,00	51,00	–	–
1850,00	bis	1859,99	644,00	285,00	150,00	54,00	–	–
1860,00	bis	1869,99	651,00	290,00	154,00	57,00	–	–
1870,00	bis	1879,99	658,00	295,00	158,00	60,00	1,00	–
1880,00	bis	1889,99	665,00	300,00	162,00	63,00	3,00	–
1890,00	bis	1899,99	672,00	305,00	166,00	66,00	5,00	–
1900,00	bis	1909,99	679,00	310,00	170,00	69,00	7,00	–
1910,00	bis	1919,99	686,00	315,00	174,00	72,00	9,00	–
1920,00	bis	1929,99	693,00	320,00	178,00	75,00	11,00	–
1930,00	bis	1939,99	700,00	325,00	182,00	78,00	13,00	–
1940,00	bis	1949,99	707,00	330,00	186,00	81,00	15,00	–
1950,00	bis	1959,99	714,00	335,00	190,00	84,00	17,00	–
1960,00	bis	1969,99	721,00	340,00	194,00	87,00	19,00	–
1970,00	bis	1979,99	728,00	345,00	198,00	90,00	21,00	–
1980,00	bis	1989,99	735,00	350,00	202,00	93,00	23,00	–
1990,00	bis	1999,99	742,00	355,00	206,00	96,00	25,00	–
2000,00	bis	2009,99	749,00	360,00	210,00	99,00	27,00	–
2010,00	bis	2019,99	756,00	365,00	214,00	102,00	29,00	–
2020,00	bis	2029,99	763,00	370,00	218,00	105,00	31,00	–
2030,00	bis	2039,99	770,00	375,00	222,00	108,00	33,00	–
2040,00	bis	2049,99	777,00	380,00	226,00	111,00	35,00	–
2050,00	bis	2059,99	784,00	385,00	230,00	114,00	37,00	–
2060,00	bis	2069,99	791,00	390,00	234,00	117,00	39,00	–
2070,00	bis	2079,99	798,00	395,00	238,00	120,00	41,00	1,00
2080,00	bis	2089,99	805,00	400,00	242,00	123,00	43,00	2,00
2090,00	bis	2099,99	812,00	405,00	246,00	126,00	45,00	3,00
2100,00	bis	2109,99	819,00	410,00	250,00	129,00	47,00	4,00
2110,00	bis	2119,99	826,00	415,00	254,00	132,00	49,00	5,00
2120,00	bis	2129,99	833,00	420,00	258,00	135,00	51,00	6,00
2130,00	bis	2139,99	840,00	425,00	262,00	138,00	53,00	7,00
2140,00	bis	2149,99	847,00	430,00	266,00	141,00	55,00	8,00
2150,00	bis	2159,99	854,00	435,00	270,00	144,00	57,00	9,00
2160,00	bis	2169,99	861,00	440,00	274,00	147,00	59,00	10,00
2170,00	bis	2179,99	868,00	445,00	278,00	150,00	61,00	11,00
2180,00	bis	2189,99	875,00	450,00	282,00	153,00	63,00	12,00
2190,00	bis	2199,99	882,00	455,00	286,00	156,00	65,00	13,00
2200,00	bis	2209,99	889,00	460,00	290,00	159,00	67,00	14,00
2210,00	bis	2219,99	896,00	465,00	294,00	162,00	69,00	15,00
2220,00	bis	2229,99	903,00	470,00	298,00	165,00	71,00	16,00

1 ZPO Anlage zu § 850c

Netto-Lohn monatlich			Pfändbarer Betrag bei Unterhaltspflicht für ... Personen					
			0	1	2	3	4	5 und mehr
			in EUR					
2230,00	bis	2239,99	910,00	475,00	302,00	168,00	73,00	17,00
2240,00	bis	2249,99	917,00	480,00	306,00	171,00	75,00	18,00
2250,00	bis	2259,99	924,00	485,00	310,00	174,00	77,00	19,00
2260,00	bis	2269,99	931,00	490,00	314,00	177,00	79,00	20,00
2270,00	bis	2279,99	938,00	495,00	318,00	180,00	81,00	21,00
2280,00	bis	2289,99	945,00	500,00	322,00	183,00	83,00	22,00
2290,00	bis	2299,99	952,00	505,00	326,00	186,00	85,00	23,00
2300,00	bis	2309,99	959,00	510,00	330,00	189,00	87,00	24,00
2310,00	bis	2319,99	966,00	515,00	334,00	192,00	89,00	25,00
2320,00	bis	2329,99	973,00	520,00	338,00	195,00	91,00	26,00
2330,00	bis	2339,99	980,00	525,00	342,00	198,00	93,00	27,00
2340,00	bis	2349,99	987,00	530,00	346,00	201,00	95,00	28,00
2350,00	bis	2359,99	994,00	535,00	350,00	204,00	97,00	29,00
2360,00	bis	2369,99	1001,00	540,00	354,00	207,00	99,00	30,00
2370,00	bis	2379,99	1008,00	545,00	358,00	210,00	101,00	31,00
2380,00	bis	2389,99	1015,00	550,00	362,00	213,00	103,00	32,00
2390,00	bis	2399,99	1022,00	555,00	366,00	216,00	105,00	33,00
2400,00	bis	2409,99	1029,00	560,00	370,00	219,00	107,00	34,00
2410,00	bis	2419,99	1036,00	565,00	374,00	222,00	109,00	35,00
2420,00	bis	2429,99	1043,00	570,00	378,00	225,00	111,00	36,00
2430,00	bis	2439,99	1050,00	575,00	382,00	228,00	113,00	37,00
2440,00	bis	2449,99	1057,00	580,00	386,00	231,00	115,00	38,00
2450,00	bis	2459,99	1064,00	585,00	390,00	234,00	117,00	39,00
2460,00	bis	2469,99	1071,00	590,00	394,00	237,00	119,00	40,00
2470,00	bis	2479,99	1078,00	595,00	398,00	240,00	121,00	41,00
2480,00	bis	2489,99	1085,00	600,00	402,00	243,00	123,00	42,00
2490,00	bis	2499,99	1092,00	605,00	406,00	246,00	125,00	43,00
2500,00	bis	2509,99	1099,00	610,00	410,00	249,00	127,00	44,00
2510,00	bis	2519,99	1106,00	615,00	414,00	252,00	129,00	45,00
2520,00	bis	2529,99	1113,00	620,00	418,00	255,00	131,00	46,00
2530,00	bis	2539,99	1120,00	625,00	422,00	258,00	133,00	47,00
2540,00	bis	2549,99	1127,00	630,00	426,00	261,00	135,00	48,00
2550,00	bis	2559,99	1134,00	635,00	430,00	264,00	137,00	49,00
2560,00	bis	2569,99	1141,00	640,00	434,00	267,00	139,00	50,00
2570,00	bis	2579,99	1148,00	645,00	438,00	270,00	141,00	51,00
2580,00	bis	2589,99	1155,00	650,00	442,00	273,00	143,00	52,00
2590,00	bis	2599,99	1162,00	655,00	446,00	276,00	145,00	53,00
2600,00	bis	2609,99	1169,00	660,00	450,00	279,00	147,00	54,00
2610,00	bis	2619,99	1176,00	665,00	454,00	282,00	149,00	55,00
2620,00	bis	2629,99	1183,00	670,00	458,00	285,00	151,00	56,00
2630,00	bis	2639,99	1190,00	675,00	462,00	288,00	153,00	57,00
2640,00	bis	2649,99	1197,00	680,00	466,00	291,00	155,00	58,00
2650,00	bis	2659,99	1204,00	685,00	470,00	294,00	157,00	59,00
2660,00	bis	2669,99	1211,00	690,00	474,00	297,00	159,00	60,00
2670,00	bis	2679,99	1218,00	695,00	478,00	300,00	161,00	61,00

Anlage zu § 850c ZPO 1

Netto-Lohn monatlich			Pfändbarer Betrag bei Unterhaltspflicht für ... Personen					
			0	1	2	3	4	5 und mehr
			in EUR					
2680,00	bis	2689,99	1225,00	700,00	482,00	303,00	163,00	62,00
2690,00	bis	2699,99	1232,00	705,00	486,00	306,00	165,00	63,00
2700,00	bis	2709,99	1239,00	710,00	490,00	309,00	167,00	64,00
2710,00	bis	2719,99	1246,00	715,00	494,00	312,00	169,00	65,00
2720,00	bis	2729,99	1253,00	720,00	498,00	315,00	171,00	66,00
2730,00	bis	2739,99	1260,00	725,00	502,00	318,00	173,00	67,00
2740,00	bis	2749,99	1267,00	730,00	506,00	321,00	175,00	68,00
2750,00	bis	2759,99	1274,00	735,00	510,00	324,00	177,00	69,00
2760,00	bis	2769,99	1281,00	740,00	514,00	327,00	179,00	70,00
2770,00	bis	2779,99	1288,00	745,00	518,00	330,00	181,00	71,00
2780,00	bis	2789,99	1295,00	750,00	522,00	333,00	183,00	72,00
2790,00	bis	2799,99	1302,00	755,00	526,00	336,00	185,00	73,00
2800,00	bis	2809,99	1309,00	760,00	530,00	339,00	187,00	74,00
2810,00	bis	2819,99	1316,00	765,00	534,00	342,00	189,00	75,00
2820,00	bis	2829,99	1323,00	770,00	538,00	345,00	191,00	76,00
2830,00	bis	2839,99	1330,00	775,00	542,00	348,00	193,00	77,00
2840,00	bis	2849,99	1337,00	780,00	546,00	351,00	195,00	78,00
2850,00	bis	2851,00	1344,00	785,00	550,00	354,00	197,00	79,00
Der Mehrbetrag ab 2851,00 EUR ist voll pfändbar								

1 ZPO Anlage zu § 850c

Netto-Lohn wöchentlich			Pfändbarer Betrag bei Unterhaltspflicht für ... Personen					
			0	1	2	3	4	5 und mehr
			in EUR					
	bis	219,99	–	–	–	–	–	–
220,00	bis	222,49	1,75	–	–	–	–	–
222,50	bis	224,99	3,50	–	–	–	–	–
225,00	bis	227,49	5,25	–	–	–	–	–
227,50	bis	229,99	7,00	–	–	–	–	–
230,00	bis	232,49	8,75	–	–	–	–	–
232,50	bis	234,99	10,50	–	–	–	–	–
235,00	bis	237,49	12,25	–	–	–	–	–
237,50	bis	239,99	14,00	–	–	–	–	–
240,00	bis	242,49	15,75	–	–	–	–	–
242,50	bis	244,99	17,50	–	–	–	–	–
245,00	bis	247,49	19,25	–	–	–	–	–
247,50	bis	249,99	21,00	–	–	–	–	–
250,00	bis	252,49	22,75	–	–	–	–	–
252,50	bis	254,99	24,50	–	–	–	–	–
255,00	bis	257,49	26,25	–	–	–	–	–
257,50	bis	259,99	28,00	–	–	–	–	–
260,00	bis	262,49	29,75	–	–	–	–	–
262,50	bis	264,99	31,50	–	–	–	–	–
265,00	bis	267,49	33,25	–	–	–	–	–
267,50	bis	269,99	35,00	–	–	–	–	–
270,00	bis	272,49	36,75	–	–	–	–	–
272,50	bis	274,99	38,50	–	–	–	–	–
275,00	bis	277,49	40,25	–	–	–	–	–
277,50	bis	279,99	42,00	–	–	–	–	–
280,00	bis	282,49	43,75	–	–	–	–	–
282,50	bis	284,99	45,50	–	–	–	–	–
285,00	bis	287,49	47,25	–	–	–	–	–
287,50	bis	289,99	49,00	–	–	–	–	–
290,00	bis	292,49	50,75	–	–	–	–	–
292,50	bis	294,99	52,50	–	–	–	–	–
295,00	bis	297,49	54,25	–	–	–	–	–
297,50	bis	299,99	56,00	–	–	–	–	–
300,00	bis	302,49	57,75	0,75	–	–	–	–
302,50	bis	304,99	59,50	2,00	–	–	–	–
305,00	bis	307,49	61,25	3,25	–	–	–	–
307,50	bis	309,99	63,00	4,50	–	–	–	–
310,00	bis	312,49	64,75	5,75	–	–	–	–
312,50	bis	314,99	66,50	7,00	–	–	–	–
315,00	bis	317,49	68,25	8,25	–	–	–	–
317,50	bis	319,99	70,00	9,50	–	–	–	–
320,00	bis	322,49	71,75	10,75	–	–	–	–
322,50	bis	324,99	73,50	12,00	–	–	–	–
325,00	bis	327,49	75,25	13,25	–	–	–	–
327,50	bis	329,99	77,00	14,50	–	–	–	–

Anlage zu § 850c ZPO 1

Netto-Lohn wöchentlich			Pfändbarer Betrag bei Unterhaltspflicht für ... Personen					
			0	1	2	3	4	5 und mehr
			in EUR					
330,00	bis	332,49	78,75	15,75	–	–	–	–
332,50	bis	334,99	80,50	17,00	–	–	–	–
335,00	bis	337,49	82,25	18,25	–	–	–	–
337,50	bis	339,99	84,00	19,50	–	–	–	–
340,00	bis	342,49	85,75	20,75	–	–	–	–
342,50	bis	344,99	87,50	22,00	–	–	–	–
345,00	bis	347,49	89,25	23,25	0,60	–	–	–
347,50	bis	349,99	91,00	24,50	1,60	–	–	–
350,00	bis	352,49	92,75	25,75	2,60	–	–	–
352,50	bis	354,99	94,50	27,00	3,60	–	–	–
355,00	bis	357,49	96,25	28,25	4,60	–	–	–
357,50	bis	359,99	98,00	29,50	5,60	–	–	–
360,00	bis	362,49	99,75	30,75	6,60	–	–	–
362,50	bis	364,99	101,50	32,00	7,60	–	–	–
365,00	bis	367,49	103,25	33,25	8,60	–	–	–
367,50	bis	369,99	105,00	34,50	9,60	–	–	–
370,00	bis	372,49	106,75	35,75	10,60	–	–	–
372,50	bis	374,99	108,50	37,00	11,60	–	–	–
375,00	bis	377,49	110,25	38,25	12,60	–	–	–
377,50	bis	379,99	112,00	39,50	13,60	–	–	–
380,00	bis	382,49	113,75	40,75	14,60	–	–	–
382,50	bis	384,99	115,50	42,00	15,60	–	–	–
385,00	bis	387,49	117,25	43,25	16,60	–	–	–
387,50	bis	389,99	119,00	44,50	17,60	–	–	–
390,00	bis	392,49	120,75	45,75	18,60	0,45	–	–
392,50	bis	394,99	122,50	47,00	19,60	1,20	–	–
395,00	bis	397,49	124,25	48,25	20,60	1,95	–	–
397,50	bis	399,99	126,00	49,50	21,60	2,70	–	–
400,00	bis	402,49	127,75	50,75	22,60	3,45	–	–
402,50	bis	404,99	129,50	52,00	23,60	4,20	–	–
405,00	bis	407,49	131,25	53,25	24,60	4,95	–	–
407,50	bis	409,99	133,00	54,50	25,60	5,70	–	–
410,00	bis	412,49	134,75	55,75	26,60	6,45	–	–
412,50	bis	414,99	136,50	57,00	27,60	7,20	–	–
415,00	bis	417,49	138,25	58,25	28,60	7,95	–	–
417,50	bis	419,99	140,00	59,50	29,60	8,70	–	–
420,00	bis	422,49	141,75	60,75	30,60	9,45	–	–
422,50	bis	424,99	143,50	62,00	31,60	10,20	–	–
425,00	bis	427,49	145,25	63,25	32,60	10,95	–	–
427,50	bis	429,99	147,00	64,50	33,60	11,70	–	–
430,00	bis	432,49	148,75	65,75	34,60	12,45	–	–
432,50	bis	434,99	150,50	67,00	35,60	13,20	–	–
435,00	bis	437,49	152,25	68,25	36,60	13,95	0,30	–
437,50	bis	439,99	154,00	69,50	37,60	14,70	0,80	–
440,00	bis	442,49	155,75	70,75	38,60	15,45	1,30	–

1 ZPO Anlage zu § 850c

Netto-Lohn wöchentlich			Pfändbarer Betrag bei Unterhaltspflicht für ... Personen					
			0	1	2	3	4	5 und mehr
			in EUR					
442,50	bis	444,99	157,50	72,00	39,60	16,20	1,80	–
445,00	bis	447,49	159,25	73,25	40,60	16,95	2,30	–
447,50	bis	449,99	161,00	74,50	41,60	17,70	2,80	–
450,00	bis	452,49	162,75	75,75	42,60	18,45	3,30	–
452,50	bis	454,99	164,50	77,00	43,60	19,20	3,80	–
455,00	bis	457,49	166,25	78,25	44,60	19,95	4,30	–
457,50	bis	459,99	168,00	79,50	45,60	20,70	4,80	–
460,00	bis	462,49	169,75	80,75	46,60	21,45	5,30	–
462,50	bis	464,99	171,50	82,00	47,60	22,20	5,80	–
465,00	bis	467,49	173,25	83,25	48,60	22,95	6,30	–
467,50	bis	469,99	175,00	84,50	49,60	23,70	6,80	–
470,00	bis	472,49	176,75	85,75	50,60	24,45	7,30	–
472,50	bis	474,99	178,50	87,00	51,60	25,20	7,80	–
475,00	bis	477,49	180,25	88,25	52,60	25,95	8,30	–
477,50	bis	479,99	182,00	89,50	53,60	26,70	8,80	–
480,00	bis	482,49	183,75	90,75	54,60	27,45	9,30	0,15
482,50	bis	484,99	185,50	92,00	55,60	28,20	9,80	0,40
485,00	bis	487,49	187,25	93,25	56,60	28,95	10,30	0,65
487,50	bis	489,99	189,00	94,50	57,60	29,70	10,80	0,90
490,00	bis	492,49	190,75	95,75	58,60	30,45	11,30	1,15
492,50	bis	494,99	192,50	97,00	59,60	31,20	11,80	1,40
495,00	bis	497,49	194,25	98,25	60,60	31,95	12,30	1,65
497,50	bis	499,99	196,00	99,50	61,60	32,70	12,80	1,90
500,00	bis	502,49	197,75	100,75	62,60	33,45	13,30	2,15
502,50	bis	504,99	199,50	102,00	63,60	34,20	13,80	2,40
505,00	bis	507,49	201,25	103,25	64,60	34,95	14,30	2,65
507,50	bis	509,99	203,00	104,50	65,60	35,70	14,80	2,90
510,00	bis	512,49	204,75	105,75	66,60	36,45	15,30	3,15
512,50	bis	514,99	206,50	107,00	67,60	37,20	15,80	3,40
515,00	bis	517,49	208,25	108,25	68,60	37,95	16,30	3,65
517,50	bis	519,99	210,00	109,50	69,60	38,70	16,80	3,90
520,00	bis	522,49	211,75	110,75	70,60	39,45	17,30	4,15
522,50	bis	524,99	213,50	112,00	71,60	40,20	17,80	4,40
525,00	bis	527,49	215,25	113,25	72,60	40,95	18,30	4,65
527,50	bis	529,99	217,00	114,50	73,60	41,70	18,80	4,90
530,00	bis	532,49	218,75	115,75	74,60	42,45	19,30	5,15
532,50	bis	534,99	220,50	117,00	75,60	43,20	19,80	5,40
535,00	bis	537,49	222,25	118,25	76,60	43,95	20,30	5,65
537,50	bis	539,99	224,00	119,50	77,60	44,70	20,80	5,90
540,00	bis	542,49	225,75	120,75	78,60	45,45	21,30	6,15
542,50	bis	544,99	227,50	122,00	79,60	46,20	21,80	6,40
545,00	bis	547,49	229,25	123,25	80,60	46,95	22,30	6,65
547,50	bis	549,99	231,00	124,50	81,60	47,70	22,80	6,90
550,00	bis	552,49	232,75	125,75	82,60	48,45	23,30	7,15
552,50	bis	554,99	234,50	127,00	83,60	49,20	23,80	7,40

Anlage zu § 850c ZPO 1

Netto-Lohn wöchentlich			Pfändbarer Betrag bei Unterhaltspflicht für ... Personen					
			0	1	2	3	4	5 und mehr
			in EUR					
555,00	bis	557,49	236,25	128,25	84,60	49,95	24,30	7,65
557,50	bis	559,99	238,00	129,50	85,60	50,70	24,80	7,90
560,00	bis	562,49	239,75	130,75	86,60	51,45	25,30	8,15
562,50	bis	564,99	241,50	132,00	87,60	52,20	25,80	8,40
565,00	bis	567,49	243,25	133,25	88,60	52,95	26,30	8,65
567,50	bis	569,99	245,00	134,50	89,60	53,70	26,80	8,90
570,00	bis	572,49	246,75	135,75	90,60	54,45	27,30	9,15
572,50	bis	574,99	248,50	137,00	91,60	55,20	27,80	9,40
575,00	bis	577,49	250,25	138,25	92,60	55,95	28,30	9,65
577,50	bis	579,99	252,00	139,50	93,60	56,70	28,80	9,90
580,00	bis	582,49	253,75	140,75	94,60	57,45	29,30	10,15
582,50	bis	584,99	255,50	142,00	95,60	58,20	29,80	10,40
585,00	bis	587,49	257,25	143,25	96,60	58,95	30,30	10,65
587,50	bis	589,99	259,00	144,50	97,60	59,70	30,80	10,90
590,00	bis	592,49	260,75	145,75	98,60	60,45	31,30	11,15
592,50	bis	594,99	262,50	147,00	99,60	61,20	31,80	11,40
595,00	bis	597,49	264,25	148,25	100,60	61,95	32,30	11,65
597,50	bis	599,99	266,00	149,50	101,60	62,70	32,80	11,90
600,00	bis	602,49	267,75	150,75	102,60	63,45	33,30	12,15
602,50	bis	604,99	269,50	152,00	103,60	64,20	33,80	12,40
605,00	bis	607,49	271,25	153,25	104,60	64,95	34,30	12,65
607,50	bis	609,99	273,00	154,50	105,60	65,70	34,80	12,90
610,00	bis	612,49	274,75	155,75	106,60	66,45	35,30	13,15
612,50	bis	614,99	276,50	157,00	107,60	67,20	35,80	13,40
615,00	bis	617,49	278,25	158,25	108,60	67,95	36,30	13,65
617,50	bis	619,99	280,00	159,50	109,60	68,70	36,80	13,90
620,00	bis	622,49	281,75	160,75	110,60	69,45	37,30	14,15
622,50	bis	624,99	283,50	162,00	111,60	70,20	37,80	14,40
625,00	bis	627,49	285,25	163,25	112,60	70,95	38,30	14,65
627,50	bis	629,99	287,00	164,50	113,60	71,70	38,80	14,90
630,00	bis	632,49	288,75	165,75	114,60	72,45	39,30	15,15
632,50	bis	634,99	290,50	167,00	115,60	73,20	39,80	15,40
635,00	bis	637,49	292,25	168,25	116,60	73,95	40,30	15,65
637,50	bis	639,99	294,00	169,50	117,60	74,70	40,80	15,90
640,00	bis	642,49	295,75	170,75	118,60	75,45	41,30	16,15
642,50	bis	644,99	297,50	172,00	119,60	76,20	41,80	16,40
645,00	bis	647,49	299,25	173,25	120,60	76,95	42,30	16,65
647,50	bis	649,99	301,00	174,50	121,60	77,70	42,80	16,90
650,00	bis	652,49	302,75	175,75	122,60	78,45	43,30	17,15
652,50	bis	654,99	304,50	177,00	123,60	79,20	43,80	17,40
655,00	bis	657,49	306,25	178,25	124,60	79,95	44,30	17,65
657,50	bis	658,00	308,00	179,50	125,60	80,70	44,80	17,90
Der Mehrbetrag ab 658,00 EUR ist voll pfändbar								

1 ZPO Anlage zu § 850c

Netto-Lohn täglich			Pfändbarer Betrag bei Unterhaltspflicht für ... Personen					
			0	1	2	3	4	5 und mehr
			in EUR					
	bis	43,99	–	–	–	–	–	–
44,00	bis	44,49	0,35	–	–	–	–	–
44,50	bis	44,99	1,70	–	–	–	–	–
45,00	bis	45,49	1,05	–	–	–	–	–
45,50	bis	45,99	1,40	–	–	–	–	–
46,00	bis	46,49	1,75	–	–	–	–	–
46,50	bis	46,99	2,10	–	–	–	–	–
47,00	bis	47,49	2,45	–	–	–	–	–
47,50	bis	47,99	2,80	–	–	–	–	–
48,00	bis	48,49	3,15	–	–	–	–	–
48,50	bis	48,99	3,50	–	–	–	–	–
49,00	bis	49,49	3,85	–	–	–	–	–
49,50	bis	49,99	4,20	–	–	–	–	–
50,00	bis	50,49	4,55	–	–	–	–	–
50,50	bis	50,99	4,90	–	–	–	–	–
51,00	bis	51,49	5,25	–	–	–	–	–
51,50	bis	51,99	5,60	–	–	–	–	–
52,00	bis	52,49	5,95	–	–	–	–	–
52,50	bis	52,99	6,30	–	–	–	–	–
53,00	bis	53,49	6,65	–	–	–	–	–
53,50	bis	53,99	7,00	–	–	–	–	–
54,00	bis	54,49	7,35	–	–	–	–	–
54,50	bis	54,99	7,70	–	–	–	–	–
55,00	bis	55,49	8,05	–	–	–	–	–
55,50	bis	55,99	8,40	–	–	–	–	–
56,00	bis	56,49	8,75	–	–	–	–	–
56,50	bis	56,99	9,10	–	–	–	–	–
57,00	bis	57,49	9,45	–	–	–	–	–
57,50	bis	57,99	9,80	–	–	–	–	–
58,00	bis	58,49	10,15	–	–	–	–	–
58,50	bis	58,99	10,50	–	–	–	–	–
59,00	bis	59,49	10,85	–	–	–	–	–
59,50	bis	59,99	11,20	–	–	–	–	–
60,00	bis	60,49	11,55	–	–	–	–	–
60,50	bis	60,99	11,90	–	–	–	–	–
61,00	bis	61,49	12,25	0,25	–	–	–	–
61,50	bis	61,99	12,60	0,50	–	–	–	–
62,00	bis	62,49	12,95	0,75	–	–	–	–
62,50	bis	62,99	13,30	1,00	–	–	–	–
63,00	bis	63,49	13,65	1,25	–	–	–	–
63,50	bis	63,99	14,00	1,50	–	–	–	–
64,00	bis	64,49	14,35	1,75	–	–	–	–
64,50	bis	64,99	14,70	2,00	–	–	–	–
65,00	bis	65,49	15,05	2,25	–	–	–	–
65,50	bis	65,99	15,40	2,50	–	–	–	–

Anlage zu § 850c ZPO 1

Netto-Lohn täglich			Pfändbarer Betrag bei Unterhaltspflicht für ... Personen					
			0	1	2	3	4	5 und mehr
			in EUR					
66,00	bis	66,49	15,75	2,75	–	–	–	–
66,50	bis	66,99	16,10	3,00	–	–	–	–
67,00	bis	67,49	16,45	3,25	–	–	–	–
67,50	bis	67,99	16,80	3,50	–	–	–	–
68,00	bis	68,49	17,15	3,75	–	–	–	–
68,50	bis	68,99	17,50	4,00	–	–	–	–
69,00	bis	69,49	17,85	4,25	–	–	–	–
69,50	bis	69,99	18,20	4,50	–	–	–	–
70,00	bis	70,49	18,55	4,75	0,20	–	–	–
70,50	bis	70,99	18,90	5,00	0,40	–	–	–
71,00	bis	71,49	19,25	5,25	0,60	–	–	–
71,50	bis	71,99	19,60	5,50	0,80	–	–	–
72,00	bis	72,49	19,95	5,75	1,00	–	–	–
72,50	bis	72,99	20,30	6,00	1,20	–	–	–
73,00	bis	73,49	20,65	6,25	1,40	–	–	–
73,50	bis	73,99	21,00	6,50	1,60	–	–	–
74,00	bis	74,49	21,35	6,75	1,80	–	–	–
74,50	bis	74,99	21,70	7,00	2,00	–	–	–
75,00	bis	75,49	22,05	7,25	2,20	–	–	–
75,50	bis	75,99	22,40	7,50	2,40	–	–	–
76,00	bis	76,49	22,75	7,75	2,60	–	–	–
76,50	bis	76,99	23,10	8,00	2,80	–	–	–
77,00	bis	77,49	23,45	8,25	3,00	–	–	–
77,50	bis	77,99	23,80	8,50	3,20	–	–	–
78,00	bis	78,49	24,15	8,75	3,40	–	–	–
78,50	bis	78,99	24,50	9,00	3,60	–	–	–
79,00	bis	79,49	24,85	9,25	3,80	0,15	–	–
79,50	bis	79,99	25,20	9,50	4,00	0,30	–	–
80,00	bis	80,49	25,55	9,75	4,20	0,45	–	–
80,50	bis	80,99	25,90	10,00	4,40	0,60	–	–
81,00	bis	81,49	26,25	10,25	4,60	0,75	–	–
81,50	bis	81,99	26,60	10,50	4,80	0,90	–	–
82,00	bis	82,49	26,95	10,75	5,00	1,05	–	–
82,50	bis	82,99	27,30	11,00	5,20	1,20	–	–
83,00	bis	83,49	27,65	11,25	5,40	1,35	–	–
83,50	bis	83,99	28,00	11,50	5,60	1,50	–	–
84,00	bis	84,49	28,35	11,75	5,80	1,65	–	–
84,50	bis	84,99	28,70	12,00	6,00	1,80	–	–
85,00	bis	85,49	29,05	12,25	6,20	1,95	–	–
85,50	bis	85,99	29,40	12,50	6,40	2,10	–	–
86,00	bis	86,49	29,75	12,75	6,60	2,25	–	–
86,50	bis	86,99	30,10	13,00	6,80	2,40	–	–
87,00	bis	87,49	30,45	13,25	7,00	2,55	–	–
87,50	bis	87,99	30,80	13,50	7,20	2,70	–	–
88,00	bis	88,49	31,15	13,75	7,40	2,85	0,10	–

1 ZPO Anlage zu § 850c

Netto-Lohn täglich			Pfändbarer Betrag bei Unterhaltspflicht für ... Personen					
			0	1	2	3	4	5 und mehr
			in EUR					
88,50	bis	88,99	31,50	14,00	7,60	3,00	0,20	–
89,00	bis	89,49	31,85	14,25	7,80	3,15	0,30	–
89,50	bis	89,99	32,20	14,50	8,00	3,30	0,40	–
90,00	bis	90,49	32,55	14,75	8,20	3,45	0,50	–
90,50	bis	90,99	32,90	15,00	8,40	3,60	0,60	–
91,00	bis	91,49	33,25	15,25	8,60	3,75	0,70	–
91,50	bis	91,99	33,60	15,50	8,80	3,90	0,80	–
92,00	bis	92,49	33,95	15,75	9,00	4,05	0,90	–
92,50	bis	92,99	34,30	16,00	9,20	4,20	1,00	–
93,00	bis	93,49	34,65	16,25	9,40	4,35	1,10	–
93,50	bis	93,99	35,00	16,50	9,60	4,50	1,20	–
94,00	bis	94,49	35,35	16,75	9,80	4,65	1,30	–
94,50	bis	94,99	35,70	17,00	10,00	4,80	1,40	–
95,00	bis	95,49	36,05	17,25	10,20	4,95	1,50	–
95,50	bis	95,99	36,40	17,50	10,40	5,10	1,60	–
96,00	bis	96,49	36,75	17,75	10,60	5,25	1,70	–
96,50	bis	96,99	37,10	18,00	10,80	5,40	1,80	–
97,00	bis	97,49	37,45	18,25	11,00	5,55	1,90	0,05
97,50	bis	97,99	37,80	18,50	11,20	5,70	2,00	0,10
98,00	bis	98,49	38,15	18,75	11,40	5,85	2,10	0,15
98,50	bis	98,99	38,50	19,00	11,60	6,00	2,20	0,20
99,00	bis	99,49	38,85	19,25	11,80	6,15	2,30	0,25
99,50	bis	99,99	39,20	19,50	12,00	6,30	2,40	0,30
100,00	bis	100,49	39,55	19,75	12,20	6,45	2,50	0,35
100,50	bis	100,99	39,90	20,00	12,40	6,60	2,60	0,40
101,00	bis	101,49	40,25	20,25	12,60	6,75	2,70	0,45
101,50	bis	101,99	40,60	20,50	12,80	6,90	2,80	0,50
102,00	bis	102,49	40,95	20,75	13,00	7,05	2,90	0,55
102,50	bis	102,99	41,30	21,00	13,20	7,20	3,00	0,60
103,00	bis	103,49	41,65	21,25	13,40	7,35	3,10	0,65
103,50	bis	103,99	42,00	21,50	13,60	7,50	3,20	0,70
104,00	bis	104,49	42,35	21,75	13,80	7,65	3,30	0,75
104,50	bis	104,99	42,70	22,00	14,00	7,80	3,40	0,80
105,00	bis	105,49	43,05	22,25	14,20	7,95	3,50	0,85
105,50	bis	105,99	43,40	22,50	14,40	8,10	3,60	0,90
106,00	bis	106,49	43,75	22,75	14,60	8,25	3,70	0,95
106,50	bis	106,99	44,10	23,00	14,80	8,40	3,80	1,00
107,00	bis	107,49	44,45	23,25	15,00	8,55	3,90	1,05
107,50	bis	107,99	44,80	23,50	15,20	8,70	4,00	1,10
108,00	bis	108,49	45,15	23,75	15,40	8,85	4,10	1,15
108,50	bis	108,99	45,50	24,00	15,60	9,00	4,20	1,20
109,00	bis	109,49	45,85	24,25	15,80	9,15	4,30	1,25
109,50	bis	109,99	46,20	24,50	16,00	9,30	4,40	1,30
110,00	bis	110,49	46,55	24,75	16,20	9,45	4,50	1,35
110,50	bis	110,99	46,90	25,00	16,40	9,60	4,60	1,40

Anlage zu § 850c ZPO 1

Netto-Lohn täglich			Pfändbarer Betrag bei Unterhaltspflicht für ... Personen					
			0	1	2	3	4	5 und mehr
			in EUR					
111,00	bis	111,49	47,25	25,25	16,60	9,75	4,70	1,45
111,50	bis	111,99	47,60	25,50	16,80	9,90	4,80	1,50
112,00	bis	112,49	47,95	25,75	17,00	10,05	4,90	1,55
112,50	bis	112,99	48,30	26,00	17,20	10,20	5,00	1,60
113,00	bis	113,49	48,65	26,25	17,40	10,35	5,10	1,65
113,50	bis	113,99	49,00	26,50	17,60	10,50	5,20	1,70
114,00	bis	114,49	49,35	26,75	17,80	10,65	5,30	1,75
114,50	bis	114,99	49,70	27,00	18,00	10,80	5,40	1,80
115,00	bis	115,49	50,05	27,25	18,20	10,95	5,50	1,85
115,50	bis	115,99	50,40	27,50	18,40	11,10	5,60	1,90
116,00	bis	116,49	50,75	27,75	18,60	11,25	5,70	1,95
116,50	bis	116,99	51,10	28,00	18,80	11,40	5,80	2,00
117,00	bis	117,49	51,45	28,25	19,00	11,55	5,90	2,05
117,50	bis	117,99	51,80	28,50	19,20	11,70	6,00	2,10
118,00	bis	118,49	52,15	28,75	19,40	11,85	6,10	2,15
118,50	bis	118,99	52,50	29,00	19,60	12,00	6,20	2,20
119,00	bis	119,49	52,85	29,25	19,80	12,15	6,30	2,25
119,50	bis	119,99	53,20	29,50	20,00	12,30	6,40	2,30
120,00	bis	120,49	53,55	29,75	20,20	12,45	6,50	2,35
120,50	bis	120,99	53,90	30,00	20,40	12,60	6,60	2,40
121,00	bis	121,49	54,25	30,25	20,60	12,75	6,70	2,45
121,50	bis	121,99	54,60	30,50	20,80	12,90	6,80	2,50
122,00	bis	122,49	54,95	30,75	21,00	13,05	6,90	2,55
122,50	bis	122,99	55,30	31,00	21,20	13,20	7,00	2,60
123,00	bis	123,49	55,65	31,25	21,40	13,35	7,10	2,65
123,50	bis	123,99	56,00	31,50	21,60	13,50	7,20	2,70
124,00	bis	124,49	56,35	31,75	21,80	13,65	7,30	2,75
124,50	bis	124,99	56,70	32,00	22,00	13,80	7,40	2,80
125,00	bis	125,49	57,05	32,25	22,20	13,95	7,50	2,85
125,50	bis	125,99	57,40	32,50	22,40	14,10	7,60	2,90
126,00	bis	126,49	57,75	32,75	22,60	14,25	7,70	2,95
126,50	bis	126,99	58,10	33,00	22,80	14,40	7,80	3,00
127,00	bis	127,49	58,45	33,25	23,00	14,55	7,90	3,05
127,50	bis	127,99	58,80	33,50	23,20	14,70	8,00	3,10
128,00	bis	128,49	59,15	33,75	23,40	14,85	8,10	3,15
128,50	bis	128,99	59,50	34,00	23,60	15,00	8,20	3,20
129,00	bis	129,49	59,85	34,25	23,80	15,15	8,30	3,25
129,50	bis	129,99	60,20	34,50	24,00	15,30	8,40	3,30
130,00	bis	130,49	60,55	34,75	24,20	15,45	8,50	3,35
130,50	bis	130,99	60,90	35,00	24,40	15,60	8,60	3,40
131,00	bis	131,49	61,25	35,25	24,60	15,75	8,70	3,45
131,50	bis	131,58	61,60	35,50	24,80	15,90	8,80	3,50

Der Mehrbetrag ab 131,58 EUR ist voll pfändbar

2. Gesetz, betreffend die Einführung der Zivilprozeßordnung

Vom 30. Januar 1877 (RGBl. S. 244)

BGBl. III/FNA 310-2

zuletzt geändert durch Art. 3 Gesetz zur Reform des Zivilprozesses (Zivilprozessreformgesetz – ZPO-RG) vom 27. 7. 2001 (BGBl. I S. 1887, geänd. durch Art. 5 Abs. 1 a Gesetz zur Modernisierung des Schuldrechts vom 26. 11. 2001, BGBl. I S. 3138), Art. 5 Abs. 2 a Gesetz zur Modernisierung des Schuldrechts vom 26. 11. 2001, BGBl. I S. 3138), Art. 8 Gesetz zur Einführung des Euro in Rechtspflegegesetzen und in Gesetzen des Straf- und Ordnungswidrigkeitenrechts, zur Änderung der Mahnvordruckverordnungen sowie zur Änderung weiterer Gesetze vom 13. 12. 2001 (BGBl. I S. 3574) und Art. 4 Siebtes Gesetz zur Änderung der Pfändungsfreigrenzen vom 13. 12. 2001 (BGBl. I S. 3638)

§ 1 [Inkrafttreten] Die Zivilprozeßordnung tritt im ganzen Umfange des Reichs gleichzeitig mit dem Gerichtsverfassungsgesetz in Kraft.[1]

§ 2 [Kostenwesen] Das Kostenwesen in bürgerlichen Rechtsstreitigkeiten wird für den ganzen Umfang des Reichs durch eine Gebührenordnung geregelt.

§ 3 [Geltungsbereich der ZPO] (1) Die Zivilprozeßordnung findet auf alle bürgerlichen Rechtsstreitigkeiten Anwendung, welche vor die ordentlichen Gerichte gehören.

(2) Insoweit die Gerichtsbarkeit in bürgerlichen Rechtsstreitigkeiten, für welche besondere Gerichte zugelassen sind, durch die Landesgesetzgebung den ordentlichen Gerichten übertragen wird, kann dieselbe ein abweichendes Verfahren gestatten.

§ 4 [Kein Ausschluß des Rechtsweges] Für bürgerliche Rechtsstreitigkeiten, für welche nach dem Gegenstand oder der Art des Anspruchs der Rechtsweg zulässig ist, darf aus dem Grunde, weil als Partei der Fiskus, eine Gemeinde oder eine andere öffentliche Korporation beteiligt ist, der Rechtsweg durch die Landesgesetzgebung nicht ausgeschlossen werden.

§§ 5, 6. *(gegenstandslos)*

§ 7 [Entscheidung über die Verhandlungszuständigkeit durch Berufungsgericht im Falle des § 8 EGGVG] (1) ¹Ist in einem Land auf Grund des § 8 des Einführungsgesetzes zum Gerichtsverfassungsgesetz[2] für bürgerliche Rechtsstreitigkeiten ein oberstes Landesgericht[3] eingerichtet, so

---

[1] Am 1. 10. 1879 in Kraft getreten.
[2] Abgedruckt in **dtv „5005 ZPO"**.
[3] Nur in **Bayern** errichtet. In Bayern vgl. Art. 11 Abs. 1 Gesetz zur Ausführung des Gerichtsverfassungsgesetzes und von Verfahrensgesetzen des Bundes (AGGVG) vom 23. 6. 1981 (BayRS 300-1-1-J).

entscheidet das Berufungsgericht, wenn es die Revision zulässt, oder das Gericht, das die Rechtsbeschwerde zulässt, gleichzeitig über die Zuständigkeit für die Verhandlung und Entscheidung über das Rechtsmittel. ²Die Entscheidung ist für das oberste Landesgericht und den Bundesgerichtshof bindend.

(2) ¹Die Nichtzulassungsbeschwerde, der Antrag auf Zulassung der Sprungrevision oder die Rechtsbeschwerde im Falle des § 574 Abs. 1 Nr. 1 der Zivilprozeßordnung ist bei dem Bundesgerichtshof einzureichen. ²Betreffen die Gründe für die Zulassung der Revision oder der Rechtsbeschwerde im Wesentlichen Rechtsnormen, die in den Landesgesetzen enthalten sind, so erklärt sich der Bundesgerichtshof durch Beschluss zur Entscheidung über die Beschwerde oder den Antrag für unzuständig und übersendet dem obersten Landesgericht die Prozessakten. ³Das oberste Landesgericht ist an die Entscheidung des Bundesgerichtshofes über die Zuständigkeit gebunden. ⁴Es gibt Gelegenheit zu einer Änderung oder Ergänzung der Begründung der Beschwerde oder des Antrags.

§ 8. *(aufgehoben)*

§ 9 [Bestimmung des zuständigen Gerichts] Das oberste Landesgericht für bürgerliche Rechtsstreitigkeiten bestimmt das zuständige Gericht auch dann, wenn nach § 36 Abs. 2 der Zivilprozeßordnung ein in seinem Bezirk gelegenes Oberlandesgericht zu entscheiden hätte.

§ 10. *(gegenstandslos)*

§ 11 [Landesrechtliche Aufgebotsverfahren] Die Landesgesetze können bei Aufgeboten, deren Zulässigkeit auf landesgesetzlichen Vorschriften beruht, die Anwendung der Bestimmungen der Zivilprozeßordnung über das Aufgebotsverfahren ausschließen oder diese Bestimmungen durch andere Vorschriften ersetzen.

§ 12 [Gesetz im Sinne der ZPO] Gesetz im Sinne der Zivilprozeßordnung und dieses Gesetzes ist jede Rechtsnorm.

§ 13 [Verhältnis zu den Reichsgesetzen] (1) Die prozeßrechtlichen Vorschriften der Reichsgesetze werden durch die Zivilprozeßordnung nicht berührt.

(2)–(4) *(gegenstandslos)*

§ 14 [Verhältnis zu den Landesgesetzen] (1) Die prozeßrechtlichen Vorschriften der Landesgesetze treten für alle bürgerlichen Rechtsstreitigkeiten, deren Entscheidung in Gemäßheit des § 3 nach den Vorschriften der Zivilprozeßordnung zu erfolgen hat, außer Kraft, soweit nicht in der Zivilprozeßordnung auf sie verwiesen oder soweit nicht bestimmt ist, daß sie nicht berührt werden.

(2) *(gegenstandslos)*

Zivilprozeßordnung §§ 15, 15a EGZPO 2

§ 15 [Landesrechtliche Vorbehalte] Unberührt bleiben:
1. die landesgesetzlichen Vorschriften über die Einstellung des Verfahrens für den Fall, daß ein Kompetenzkonflikt zwischen den Gerichten und den Verwaltungsbehörden oder Verwaltungsgerichten entsteht
2. die landesgesetzlichen Vorschriften über das Verfahren bei Streitigkeiten, welche die Zwangsenteignung und die Entschädigung wegen derselben betreffen;
3. die landesgesetzlichen Vorschriften über die Zwangsvollstreckung wegen Geldforderungen gegen einen Gemeindeverband oder eine Gemeinde, soweit nicht dingliche Rechte verfolgt werden;
4. die landesgesetzlichen Vorschriften, nach welchen auf die Zwangsvollstreckung gegen einen Rechtsnachfolger des Schuldners, soweit sie in das zu einem Lehen, mit Einschluß eines allodifizierten Lehens, zu einem Stammgute, Familienfideikommiß oder Anerbengute gehörende Vermögen stattfinden soll, die Vorschriften über die Zwangsvollstreckung gegen einen Erben des Schuldners entsprechende Anwendung finden.

§ 15a [Einigungsversuch vor Gütestelle] (1) [1]Durch Landesgesetz[1] kann bestimmt werden, daß die Erhebung der Klage erst zulässig ist, nachdem von einer durch die Landesjustizverwaltung eingerichteten oder anerkannten Gütestelle versucht worden ist, die Streitigkeit einvernehmlich beizulegen:

---

[1] Bislang sind folgende Landesgesetze verkündet, deren sachlicher und örtlicher Anwendungsbereich jeweils abgedruckt wird:
Bayern: Bayerisches Schlichtungsgesetz (BaySchlG) vom 25. 4. 2000 (GVBl. S. 268):
„**Art. 1. Sachlicher Umfang der obligatorischen Schlichtung.** Vor den Amtsgerichten kann in folgenden bürgerlich-rechtlichen Streitigkeiten mit Ausnahme der in § 15a Abs. 2 EGZPO genannten Streitigkeiten eine Klage erst erhoben werden, wenn die Parteien einen Versuch unternommen haben, die Streitigkeit vor einer in Art. 3 genannten Schlichtungs- oder Gütestelle gütlich beizulegen:
1. in vermögensrechtlichen Streitigkeiten über Ansprüche, deren Gegenstand an Geld oder Geldeswert die Summe von eintausendfünfhundert Deutsche Mark nicht übersteigt,
2. in Streitigkeiten über Ansprüche wegen
 a) der in § 906 BGB geregelten Einwirkungen auf das Nachbargrundstück, sofern es sich nicht um Einwirkungen von einem gewerblichen Betrieb handelt,
 b) Überwuchses nach § 910 BGB,
 c) Hinüberfalls nach § 911 BGB,
 d) eines Grenzbaums nach § 923 BGB,
 e) der in den Art. 43 bis 54 AGBGB geregelten Nachbarrechte, sofern es sich nicht um Einwirkungen von einem gewerblichen Betrieb handelt,
3. in Streitigkeiten über Ansprüche wegen der Verletzung der persönlichen Ehre, die nicht in Presse oder Rundfunk begangen worden ist.
Art. 2. Örtlicher Umfang der obligatorischen Schlichtung. Ein Schlichtungsversuch nach Art. 1 vor Erhebung der Klage ist nur erforderlich, wenn die Parteien ihren Wohnsitz, ihren Sitz oder ihre Niederlassung im selben Landgerichtsbezirk haben. Die Bezirke der Landgerichte München I und München II gelten insoweit als ein Landgerichtsbezirk."
Nordrhein-Westfalen: Gütestellen- und Schlichtungsgesetz (GüSchlG NRW) vom 9. 5. 2000 (GVBl. S. 476):
„**§ 10. Sachlicher Anwendungsbereich.** (1) Die Erhebung einer Klage ist erst zulässig, nachdem von einer in § 12 genannten Gütestelle versucht worden ist, die Streitigkeit einvernehmlich beizulegen,

(Fortsetzung der Anm. nächste Seite)

(Fortsetzung der Anm. von Seite 307):
1. in vermögensrechtlichen Streitigkeiten vor dem Amtsgericht über Ansprüche, deren Gegenstand an Geld oder Geldeswert die Summe von 1200 Deutsche Mark nicht übersteigt,
2. in Streitigkeiten über Ansprüche wegen
    a) der in § 906 des Bürgerlichen Gesetzbuches geregelten Einwirkungen, sofern es sich nicht um Einwirkungen von einem gewerblichen Betrieb handelt,
    b) Überwuchses nach § 910 des Bürgerlichen Gesetzbuches,
    c) Hinüberfalls nach § 911 des Bürgerlichen Gesetzbuches,
    d) eines Grenzbaums nach § 923 des Bürgerlichen Gesetzbuches,
    e) des im Nachbarrechtsgesetz für Nordrhein-Westfalen geregelten Nachbarrechte, sofern es sich nicht um Einwirkungen von einem gewerblichen Betrieb handelt,
3. in Streitigkeiten über Ansprüche wegen Verletzungen der persönlichen Ehre, die nicht in Presse oder Rundfunk begangen worden sind.
    (2) Absatz 1 findet keine Anwendung auf
1. Klagen nach §§ 323, 324, 328 der Zivilprozeßordnung, Widerklagen und Klagen, die binnen einer gesetzlichen oder gerichtlich angeordneten Frist zu erheben sind,
2. Streitigkeiten in Familiensachen,
3. Wiederaufnahmeverfahren,
4. Ansprüche, die im Urkunden-, Wechsel- oder Scheckprozeß geltend gemacht werden,
5. die Durchführung des streitigen Verfahrens, wenn ein Anspruch im Mahnverfahren geltend gemacht worden ist,
6. Klagen wegen vollstreckungsrechtlicher Maßnahmen, insbesondere nach dem Achten Buch der Zivilprozeßordnung,
7. Anträge nach § 404 der Strafprozeßordnung,
8. Klagen, denen nach anderen gesetzlichen Bestimmungen ein Vorverfahren vorauszugehen hat.

§ 11. Räumlicher Anwendungsbereich. Ein Schlichtungsversuch nach § 10 Abs. 1 ist nur erforderlich, wenn die Parteien in demselben Landgerichtsbezirk wohnen oder ihren Sitz oder eine Niederlassung haben."

Baden-Württemberg: Gesetz zur obligatorischen außergerichtlichen Streitschlichtung und zur Änderung anderer Gesetze v. 28. 6. 2000 (GBl. S. 470):

„**§ 1. Anwendungsbereich.** (1) Die Erhebung der Klage vor den Amtsgerichten in bürgerlichen Rechtsstreitigkeiten ist
1. in vermögensrechtlichen Streitigkeiten über Ansprüche, deren Gegenstand an Geld oder Geldeswert bei Einreichung der Klage 1500 Deutsche Mark nicht übersteigt,
2. in Streitigkeiten über Ansprüche wegen
    a) der in § 906 des Bürgerlichen Gesetzbuches (BGB) geregelten Einwirkungen, sofern es sich nicht um Einwirkungen von einem gewerblichen Betrieb handelt,
    b) Überwuchses nach § 910 BGB,
    c) Hinüberfalls nach § 911 BGB,
    d) eines Grenzbaumes nach § 923 BGB,
    e) der im Nachbarrechtsgesetz geregelten Nachbarrechte, sofern es sich nicht um Einwirkungen von einem gewerblichen Betrieb handelt,
3. in Streitigkeiten über Ansprüche wegen Verletzungen der persönlichen Ehre, die nicht in Presse oder Rundfunk begangen worden sind,

erst zulässig, nachdem von einer nach § 2 eingerichteten Gütestelle im Sinne von § 15a Abs. 1 und 6 des Gesetzes betreffend die Einführung der Zivilprozeßordnung vom 30. Januar 1877 (RGBl. S. 244), eingefügt durch Gesetz vom 15. Dezember 1999 (BGBl. I S. 2400), versucht worden ist, die Streitigkeit einvernehmlich beizulegen. Der Kläger hat eine von der Schlichtungsperson der Gütestelle ausgestellte Bescheinigung über einen erfolglosen Einigungsversuch mit der Klage einzureichen. Diese Bescheinigung ist ihm auf Antrag auch dann auszustellen, wenn binnen einer Frist von drei Monaten das von ihm beantragte Schlichtungsverfahren nicht durchgeführt worden ist.

(2) Absatz 1 findet keine Anwendung auf
1. Klagen nach §§ 323, 324 und 328 der Zivilprozeßordnung (ZPO), Widerklagen und Klagen, die binnen einer gesetzlichen oder gerichtlich angeordneten Frist zu erheben sind,
2. Streitigkeiten in Familiensachen,
3. Wiederaufnahmeverfahren,
4. Ansprüche, die im Urkunden-, Wechsel- oder Scheckprozeß geltend gemacht werden,

(Fortsetzung der Anm. nächste Seite)

Zivilprozeßordnung **§ 15a EGZPO 2**

1. in vermögensrechtlichen Streitigkeiten vor dem Amtsgericht über Ansprüche, deren Gegenstand an Geld oder Geldeswert die Summe von 750 Euro nicht übersteigt,

---

(Fortsetzung der Anm. von Seite 308)
5. die Durchführung des streitigen Verfahrens, wenn ein Anspruch im Mahnverfahren geltend gemacht worden ist,
6. Klagen wegen vollstreckungsrechtlicher Maßnahmen, insbesondere nach dem achten Buch der Zivilprozeßordnung.

(3) Ein Einigungsversuch nach Absatz 1 ist nur erforderlich, wenn alle Parteien im Zeitpunkt des Eingangs des Antrags (§ 5) ihren Wohnsitz, ihren Sitz oder ihre Niederlassung in Baden-Württemberg in demselben oder in benachbarten Landgerichtsbezirken haben.

(4) Das Erfordernis eines Einigungsversuchs vor einer nach § 2 eingerichteten Gütestelle entfällt, wenn die Parteien einvernehmlich einen Einigungsversuch vor einer von der Landesjustizverwaltung nach § 794 Abs. 1 Nr. 1 ZPO anerkannten Gütestelle oder einer sonstigen Gütestelle im Sinne von § 15a Abs. 3 des Gesetzes betreffend die Einführung der Zivilprozeßordnung unternommen haben."

Brandenburg: Gesetz zur Einführung einer obligatorischen außergerichtlichen Streitschlichtung im Land Brandenburg (Brandenburgisches Schlichtungsgesetz – BbgSchlG) v. 5. 10. 2000 (GVBl. I S. 134):
„**§ 1. Sachlicher Anwendungsbereich.** (1) Die Erhebung einer Klage vor den Amtsgerichten ist erst zulässig, nachdem von einer der in § 3 genannten Gütestellen versucht worden ist, die Streitigkeit einvernehmlich beizulegen
1. in vermögensrechtlichen Streitigkeiten über Ansprüche, deren Gegenstand an Geld oder Geldeswert die Summe von 1500 Deutsche Mark nicht übersteigt;
2. in Streitigkeiten über Ansprüche aus dem Nachbarrecht wegen Überwuchses nach § 910 des Bürgerlichen Gesetzbuches, Hinüberfalls § 911 des Bürgerlichen Gesetzbuches, eines Grenzbaumes nach § 923 des Bürgerlichen Gesetzbuches und nach § 906 des Bürgerlichen Gesetzbuches sowie nach dem im Brandenburgischen Nachbarrechtsgesetz geregelten Nachbarrecht, sofern es sich nicht um Einwirkungen von einem gewerblichen Betrieb handelt,
3. in Streitigkeiten über Ansprüche wegen Verletzung der persönlichen Ehre, die nicht in Presse oder Rundfunk begangen worden sind.

(2) Absatz 1 findet keine Anwendung auf
1. Klagen nach den §§ 323, 324, 328 der Zivilprozessordnung, Widerklagen und Klagen, die binnen einer gesetzlichen oder gerichtlich angeordneten Frist zu erheben sind;
2. Streitigkeiten in Familiensachen;
3. Wiederaufnahmeverfahren;
4. Ansprüche, die im Urkunden- oder Wechselprozess geltend gemacht werden;
5. die Durchführung des streitigen Verfahrens, wenn ein Anspruch im Mahnverfahren geltend gemacht worden ist;
6. Klagen wegen vollstreckungsrechtlicher Maßnahmen, insbesondere nach dem Achten Buch der Zivilprozessordnung;
7. vermögensrechtliche Ansprüche, die im Strafverfahren gemäß den §§ 403 bis 406c der Strafprozessordnung geltend gemacht werden oder geltend gemacht worden sind;

(3) Das Erfordernis eines Einigungsversuchs vor einer der in § 3 genannten Stellen entfällt, wenn die Parteien einvernehmlich einen Einigungsversuch vor einer sonstigen Gütestelle, die Streitbeilegungen betreibt, unternommen haben. Das Einvernehmen nach Satz 1 wird unwiderleglich vermutet, wenn der Verbraucher eine branchengebundene Gütestelle, eine Gütestelle der Industrie- und Handelskammer, der Handwerkskammer oder der Innung angerufen hat.

„**§ 2. Räumlicher Anwendungsbereich.** Ein Schlichtungsversuch nach § 1 Abs. 1 ist nur erforderlich, wenn die Parteien in demselben Landgerichtsbezirk wohnen oder ihren Sitz oder eine Niederlassung haben."

(Fortsetzung der Anm. nächste Seite)

2. in Streitigkeiten über Ansprüche aus dem Nachbarrecht nach §§ 910, 911, 923 des Bürgerlichen Gesetzbuchs und nach § 906 des Bürgerlichen Gesetzbuchs sowie nach den landesgesetzlichen Vorschriften im Sinne des Artikels 124 des Einführungsgesetzes zum Bürgerlichen Gesetzbuche, sofern es sich nicht um Einwirkungen von einem gewerblichen Betrieb handelt,
3. in Streitigkeiten über Ansprüche wegen Verletzung der persönlichen Ehre, die nicht in Presse oder Rundfunk begangen worden sind.

²Der Kläger hat eine von der Gütestelle ausgestellte Bescheinigung über einen erfolglosen Einigungsversuch mit der Klage einzureichen. ³Diese Bescheinigung ist ihm auf Antrag auch auszustellen, wenn binnen einer Frist von drei Monaten das von ihm beantragte Einigungsverfahren nicht durchgeführt worden ist.

(2) ¹Absatz 1 findet keine Anwendung auf
1. Klagen nach §§ 323, 324, 328 der Zivilprozeßordnung, Widerklagen und Klagen, die binnen einer gesetzlichen oder gerichtlich angeordneten Frist zu erheben sind,
2. Streitigkeiten in Familiensachen,

(Fortsetzung der Anm. von Seite 309)
Hessen: Gesetz zur Regelung der außergerichtlichen Streitschlichtung v. 6. 2. 2001 (GVBl. I S. 98):

„**§ 1. Sachlicher Anwendungsbereich.** (1) Die Erhebung einer Klage vor Gerichten der ordentlichen Gerichtsbarkeit ist erst zulässig, nachdem von einer in § 3 genannten Gütestelle versucht worden ist, die Streitigkeit einvernehmlich beizulegen,

1. in vermögensrechtlichen Streitigkeiten vor dem Amtsgericht über Ansprüche, deren Gegenstand an Geld oder Geldeswert die Summe von tausendfünfhundert Deutsche Mark nicht übersteigt,
2. in Streitigkeiten über Ansprüche wegen
    a) der in § 906 des Bürgerlichen Gesetzbuches geregelten Einwirkungen, sofern es sich nicht um Einwirkungen eines gewerblichen Betriebs handelt,
    b) Überwuchses nach § 910 des Bürgerlichen Gesetzbuches,
    c) Hinüberfalls nach § 911 des Bürgerlichen Gesetzbuches,
    d) eines Grenzbaums nach § 923 des Bürgerlichen Gesetzbuches,
    e) der im Hessischen Nachbarrechtsgesetz geregelten Nachbarrechte, sofern es sich nicht um Einwirkungen eines gewerblichen Betriebs handelt,
3. in Streitigkeiten über Ansprüche wegen Verletzungen der persönlichen Ehre, die nicht in Presse oder Rundfunk begangen worden sind.

(2) Abs. 1 findet keine Anwendung auf
1. Klagen nach §§ 323, 324, 328 der Zivilprozessordnung, Widerklagen und Klagen, die binnen einer gesetzlichen oder gerichtlich angeordneten Frist zu erheben sind,
2. Streitigkeiten in Familiensachen,
3. Wiederaufnahmeverfahren,
4. Ansprüche, die im Urkunden- oder Wechselprozess geltend gemacht werden,
5. die Durchführung des streitigen Verfahrens, wenn ein Anspruch im Mahnverfahren geltend gemacht worden ist,
6. Klagen wegen vollstreckungsrechtlicher Maßnahmen, insbesondere nach dem Achten Buch der Zivilprozessordnung,
7. Klagen, die auf Duldung gerichtet und im Gewerbebetrieb der klagenden Partei begründet sind,
8. Anträge, die im Adhäsionsverfahren (§ 403 der Strafprozessordnung) gestellt werden,
9. Klagen, für die nach anderen Vorschriften ein obligatorisches Vorverfahren angeordnet ist.

§ 2. Räumlicher Anwendungsbereich. Ein Einigungsversuch nach 3 1 Abs. 1 ist nur erforderlich, wenn die Parteien in demselben Landgerichtsbezirk wohnen oder ihren Sitz oder eine Niederlassung haben."

3. Wiederaufnahmeverfahren,
4. Ansprüche, die im Urkunden- oder Wechselprozeß geltend gemacht werden,
5. die Durchführung des streitigen Verfahrens, wenn ein Anspruch im Mahnverfahren geltend gemacht worden ist,
6. Klagen wegen vollstreckungsrechtlicher Maßnahmen, insbesondere nach dem Achten Buch der Zivilprozeßordnung.
²Das gleiche gilt, wenn die Parteien nicht in demselben Land wohnen oder ihren Sitz oder eine Niederlassung haben.

(3) ¹Das Erfordernis eines Einigungsversuchs von einer von der Landesjustizverwaltung eingerichteten oder anerkannten Gütestelle entfällt, wenn die Parteien einvernehmlich einen Einigungsversuch vor einer sonstigen Gütestelle, die Streitbeilegungen betreibt, unternommen haben. ²Das Einvernehmen nach Satz 1 wird unwiderleglich vermutet, wenn der Verbraucher eine branchengebundene Gütestelle, eine Gütestelle der Industrie- und Handelskammer, der Handwerkskammer oder der Innung angerufen hat. ³Absatz 1 Satz 2 gilt entsprechend.

(4) Zu den Kosten des Rechtsstreits im Sinne des § 91 Abs. 1, 2 der Zivilprozeßordnung gehören die Kosten der Gütestelle, die durch das Einigungsverfahren nach Absatz 1 entstanden sind.

(5) Das Nähere regelt das Landesrecht; es kann auch den Anwendungsbereich des Absatzes 1 einschränken, die Ausschlußgründe des Absatzes 2 erweitern und bestimmen, daß die Gütestelle ihre Tätigkeit von der Einzahlung eines angemessenen Kostenvorschusses abhängig machen und gegen eine im Gütetermin nicht erschienene Partei ein Ordnungsgeld festsetzen darf.

(6) ¹Gütestellen im Sinne dieser Bestimmung können auch durch Landesrecht anerkannt werden. ²Die vor diesen Gütestellen geschlossenen Vergleiche gelten als Vergleiche im Sinne des § 794 Abs. 1 Nr. 1 der Zivilprozeßordnung.

§ 16 [Aufrechterhaltung bürgerlich-rechtlicher Vorschriften] Unberührt bleiben:
1. die Vorschriften des bürgerlichen Rechts über die Beweiskraft der Beurkundung des bürgerlichen Standes in Ansehung der Erklärungen, welche über Geburten und Sterbefälle von den zur Anzeige gesetzlich verpflichteten Personen abgegeben werden;
2. die Vorschriften des bürgerlichen Rechts über die Verpflichtung zur Abgabe einer eidesstattlichen Versicherung;
3. die Vorschriften des bürgerlichen Rechts, nach welchen in bestimmten Fällen einstweilige Verfügungen erlassen werden können.

§ 17 [Beweiskraft von Urkunden] (1) Die Beweiskraft eines Schuldscheins oder einer Quittung ist an den Ablauf einer Zeitfrist nicht gebunden.

(2) Abweichende Vorschriften des bürgerlichen Rechts über die zur Eintragung in das Grund- oder Hypothekenbuch bestimmten Schuldurkunden bleiben unberührt, soweit sie die Verfolgung des dinglichen Rechts betreffen.

§ 18. *(gegenstandslos)*

§ 19 [Begriff der Rechtskraft] (1) Rechtskräftig im Sinne dieses Gesetzes sind Endurteile, welche mit einem ordentlichen Rechtsmittel nicht mehr angefochten werden können.

(2) Als ordentliche Rechtsmittel im Sinne des vorstehenden Absatzes sind diejenigen Rechtsmittel anzusehen, welche an eine von dem Tage der Verkündung oder Zustellung des Urteils laufende Notfrist gebunden sind.

§ 20 [Übergangsvorschrift zum Siebten Gesetz zur Änderung der Pfändungsfreigrenzen vom 13. Dezember 2001]. (1) ¹Für eine vor dem 1. Januar 2002 ausgebrachte Pfändung sind hinsichtlich der nach diesem Zeitpunkt fälligen Leistungen die Vorschriften des § 850a Nr. 4, § 850b Abs. 1 Nr. 4, § 850c und § 850f Abs. 3 der Zivilprozessordnung in der ab diesem Zeitpunkt geltenden Fassung anzuwenden. ²Auf Antrag des Gläubigers, des Schuldners oder des Drittschuldners hat das Vollstreckungsgericht den Pfändungsbeschluss entsprechend zu berichtigen. ³Der Drittschuldner kann nach dem Inhalt des früheren Pfändungsbeschlusses mit befreiender Wirkung leisten, bis ihm der Berichtigungsbeschluss zugestellt wird.

(2) ¹Soweit die Wirksamkeit einer Verfügung über Arbeitseinkommen davon abhängt, dass die Forderung der Pfändung unterworfen ist, sind die Vorschriften des § 850a Nr. 4, § 850b Abs. 1 Nr. 4, § 850c und § 850f Abs. 3 der Zivilprozessordnung in der ab dem 1. Januar 2002 geltenden Fassung hinsichtlich der Leistungen, die nach diesem Zeitpunkt fällig werden, auch anzuwenden, wenn die Verfügung vor diesem Zeitpunkt erfolgt ist. ²Der Drittschuldner kann nach den bis zum 1. Januar 2002 geltenden Vorschriften solange mit befreiender Wirkung leisten, bis ihm eine entgegenstehende vollstreckbare gerichtliche Entscheidung zugestellt wird oder eine Verzichtserklärung desjenigen zugeht, an den der Schuldner nach den ab diesem Zeitpunkt geltenden Vorschriften weniger zu leisten hat.

§§ 21–23 *(gegenstandslos bzw. aufgehoben)*

§ 24 [Übergangsvorschrift zum Gesetz zur Neugliederung, Vereinfachung und Reform des Mietrechts vom 19. Juni 2001] Auf einen Räumungsrechtsstreit, der vor dem 1. September 2001 rechtshängig geworden ist, finden § 93b Abs. 1 und 2, § 721 Abs. 7 sowie § 794a Abs. 5 der Zivilprozessordnung[1)] in der bis zu diesem Zeitpunkt geltenden Fassung Anwendung.

[1)] § 93b Abs. 1 und 2, § 721 Abs. 7 und § 794a Abs.5 lauteten:

„**§ 93b [Kosten bei Räumungsklagen]** (1) ¹Wird einer Klage auf Räumung von Wohnraum mit Rücksicht darauf stattgegeben, daß ein Verlangen des Beklagten auf Fortsetzung des Mietverhältnisses auf Grund der §§ 556a, 556b des Bürgerlichen Gesetzbuchs wegen der berechtigten Interessen des Klägers nicht gerechtfertigt ist, so kann das Gericht die Kosten ganz oder teilweise dem Kläger auferlegen, wenn der Beklagte die Fortsetzung des Mietverhältnisses unter Angabe von Gründen verlangt hatte und
1. der Kläger aus Gründen obsiegt, die erst nachträglich entstanden sind (§ 556a Abs. 1 Satz 3 des Bürgerlichen Gesetzbuchs), oder
2. in den Fällen des § 556b des Bürgerlichen Gesetzbuchs der Kläger dem Beklagten nicht unverzüglich seine berechtigten Interessen bekanntgegeben hat.

²Dies gilt in einem Rechtsstreit wegen Fortsetzung des Mietverhältnisses bei Abweisung der Klage entsprechend.

(Fortsetzung der Anm. nächste Seite)

§ 24a [Verordnungsermächtigung zur Vordruckeinführung] Das Bundesministerium der Justiz wird ermächtigt, durch Rechtsverordnung mit Zustimmung des Bundesrates Vordrucke zur Vereinfachung und Vereinheitlichung der Zustellung nach den Vorschriften der Zivilprozessordnung in der durch Gesetz vom 25. Juni 2001 (BGBl. I S. 1206) geänderten Fassung einzuführen.

Fassung des § 25 bis 30. 6. 2002:

§ 25 [Erlaubnisinhaber nach dem Rechtsberatungsgesetz] Der in die Rechtsanwaltskammer gemäß § 209 der Bundesrechtsanwaltsordnung aufgenommene Erlaubnisinhaber steht im Sinne der § 88 Abs. 2, § 121 Abs. 2, § 133 Abs. 2, §§ 135, 157 Abs. 1 Satz 1 und Abs. 2 Satz 1, § 170 Abs. 2, § 183 Abs. 2, §§ 198, 212a, 317 Abs. 4 Satz 2, § 397 Abs. 2, § 811 Nr. 7 der Zivilprozeßordnung einem Rechtsanwalt gleich.

Fassung des § 25 ab 1. 7. 2002:

§ 25 [Erlaubnisinhaber nach dem Rechtsberatungsgesetz] Der in die Rechtsanwaltskammer gemäß § 209 der Bundesrechtsanwaltsordnung aufgenommene Erlaubnisinhaber steht im Sinne der § 88 Abs. 2, § 121 Abs. 2, § 133 Abs. 2, §§ 135, 157 Abs. 1 Satz 1 und Abs. 2 Satz 1, § 169 Abs. 2, §§ 174, 178 Abs. 1 Nr. 2, §§ 195, 317 Abs. 4 Satz 2, § 397 Abs. 2, § 811 Nr. 7 der Zivilprozeßordnung einem Rechtsanwalt gleich.

§ 26 [Übergangsvorschriften zum Gesetz zur Reform des Zivilprozesses vom 27. Juli 2001] Für das Gesetz zur Reform des Zivilprozesses vom 27. Juli 2001 gelten folgende Übergangsvorschriften:

1. § 78 der Zivilprozeßordnung ist in Berufungen und Beschwerden gegen Entscheidungen der Amtsgerichte, die vor dem 1. Januar 2008 eingelegt werden und nicht familiengerichtliche Entscheidungen zum Gegenstand haben, mit der Maßgabe anzuwenden, dass ein bei einem Landgericht zugelassener Rechtsanwalt bei dem Oberlandesgericht als zugelassen gilt.
2. Für am 1. Januar 2002 anhängige Verfahren finden die §§ 23, 105 Abs. 3 des Gerichtsverfassungsgesetzes und § 92 Abs. 2, §§ 128, 269 Abs. 3, §§ 278, 313a, 495a der Zivilprozeßordnung sowie die Vorschriften über das Verfahren im ersten Rechtszug vor dem Einzelrichter in der am 31. Dezember 2001 geltenden Fassung weiter Anwendung. Für das Ordnungsgeld gilt § 178 des Gerichtsverfassungsgesetzes in der am

---

(Fortsetzung der Anm. von Seite 312)
(2) [1] Wird eine Klage auf Räumung von Wohnraum mit Rücksicht darauf abgewiesen, daß auf Verlangen des Beklagten die Fortsetzung des Mietverhältnisses auf Grund der §§ 556a, 556b des Bürgerlichen Gesetzbuchs bestimmt wird, so kann das Gericht die Kosten ganz oder teilweise dem Beklagten auferlegen, wenn er auf Verlangen des Klägers nicht unverzüglich über die Gründe des Widerspruchs Auskunft erteilt hat. [2] Dies gilt in einem Rechtsstreit wegen Fortsetzung des Mietverhältnisses entsprechend, wenn der Klage stattgegeben wird.

§ 721 [Räumungsfrist für Wohnraum] (7) Die Absätze 1 bis 6 gelten nicht für Mietverhältnisse über Wohnraum im Sinne des § 564b Abs. 7 Nr. 4 und 5 und in den Fällen des § 564c Abs. 2 des Bürgerlichen Gesetzbuchs.

§ 794a [Zwangsvollstreckung aus Räumungsvergleich] (5) Die Absätze 1 bis 4 gelten nicht für Mietverhältnisse über Wohnraum im Sinne des § 564b Abs. 7 Nr. 4 und 5 und in den Fällen des § 564c Abs. 2 des Bürgerlichen Gesetzbuchs."

31. Dezember 2001 geltenden Fassung, wenn der Beschluss, der es festsetzt, vor dem 1. Januar 2002 verkündet oder, soweit eine Verkündung nicht stattgefunden hat, der Geschäftsstelle übergeben worden ist.

3. Das Bundesministerium der Justiz gibt die nach § 115 Abs. 3 Nr. 2 Satz 1 vom Einkommen abzusetzenden Beträge für die Zeit vom 1. Januar 2002 bis zum 30. Juni 2002 neu bekannt. Die Prozesskostenhilfebekanntmachung 2001 ist insoweit nicht mehr anzuwenden.

4. Ist die Prozesskostenhilfe vor dem 1. Januar 2002 bewilligt worden, gilt § 115 Abs. 1 Satz 4 der Zivilprozessordnung für den Rechtszug in der im Zeitpunkt der Bewilligung geltenden Fassung weiter.

5. Für die Berufung gelten die am 31. Dezember 2001 geltenden Vorschriften weiter, wenn die mündliche Verhandlung, auf die das anzufechtende Urteil ergeht, vor dem 1. Januar 2002 geschlossen worden ist. In schriftlichen Verfahren tritt an die Stelle des Schlusses der mündlichen Verhandlung der Zeitpunkt, bis zu dem Schriftsätze eingereicht werden können.

6. § 541 der Zivilprozessordnung in der am 31. Dezember 2001 geltenden Fassung ist nur noch anzuwenden, soweit nach Nummer 5 Satz 1 über die Berufung nach den bisherigen Vorschriften zu entscheiden ist, am 1. Januar 2002 Rechtsfragen zur Vorabentscheidung dem übergeordneten Oberlandesgericht oder dem Bundesgerichtshof vorliegen oder nach diesem Zeitpunkt noch vorzulegen sind.

7. Für die Revision gelten die am 31. Dezember 2001 geltenden Vorschriften weiter, wenn die mündliche Verhandlung auf die das anzufechtende Urteil ergeht, vor dem 1. Januar 2002 geschlossen worden ist. In schriftlichen Verfahren tritt an die Stelle des Schlusses der mündlichen Verhandlung der Zeitpunkt, bis zu dem Schriftsätze eingereicht werden können.

8. § 544 der Zivilprozessordnung in der Fassung des Gesetzes zur Reform des Zivilprozesses vom 27. Juli 2001 (BGBl. I S. 1887) ist bis einschließlich 31. Dezember 2006 mit der Maßgabe anzuwenden, dass die Beschwerde gegen die Nichtzulassung der Revision durch das Berufungsgericht nur zulässig ist, wenn der Wert der mit der Revision geltend zu machender Beschwer zwanzigtausend Euro übersteigt.

9. In Familiensachen finden die Bestimmungen über die Nichtzulassungsbeschwerde (§ 543 Abs. 1 Nr. 2, §§ 544, 621e Abs. 2 Satz 1 Nr. 2 der Zivilprozessordnung in der Fassung des Gesetzes zur Reform des Zivilprozesses vom 27. Juli 2001, BGBl. I S. 1887) keine Anwendung, soweit die anzufechtende Entscheidung vor dem 1. Januar 2007 verkündet oder einem Beteiligten zugestellt oder sonst bekannt gemacht worden ist.

10. Für Beschwerden und für die Erinnerung finden die am 31. Dezember 2001 geltenden Vorschriften weiter Anwendung, wenn die anzufechtende Entscheidung vor dem 1. Januar 2002 verkündet oder, soweit eine Verkündung nicht stattgefunden hat, der Geschäftsstelle übergeben worden ist.

11. Soweit nach den Nummern 2 bis 5, 7 und 9 in der vor dem 1. Januar 2002 geltenden Fassung Vorschriften weiter anzuwenden sind, die auf Geldbeträge in Deutscher Mark Bezug nehmen, sind diese Vorschriften vom 1. Januar 2002 an mit der Maßgabe anzuwenden, dass die Beträge nach dem Umrechnungskurs 1 Euro = 1,95583 Deutsche Mark und den Rundungsregeln der Verordnung (EG) Nr. 1103/97 des Rates vom

17. Juni 1997 über bestimmte Vorschriften im Zusammenhang mit der Einführung des Euro (ABl. EG Nr. L 162 S. 1) in die Euro-Einheit umgerechnet werden.

§ 27 [**Übergangsvorschrift zum Gesetz zur Einführung des Euro in Rechtspflegegesetzen und in Gesetzen des Straf- und Ordnungswidrigkeitenrechts, zur Änderung der Mahnvordruckverordnungen sowie zur Änderung weiterer Gesetze vom 13. Dezember 2001**]. Auf vereinfachte Verfahren über den Unterhalt Minderjähriger (§§ 645 bis 660 der Zivilprozessordnung), in denen der Antrag auf Festsetzung von Unterhalt vor dem 1. Januar 2002 eingereicht wurde, finden die Vorschriften über das vereinfachte Verfahren über den Unterhalt Minderjähriger in der am 31. Dezember 2001 geltenden Fassung weiter Anwendung.

§ 28 [**Übergangsvorschrift zum Gesetz zur Modernisierung des Schuldrechts vom 26. November 2001**]. (1) Das Mahnverfahren findet nicht statt für Ansprüche eines Unternehmers aus einem Vertrag, für den das Verbraucherkreditgesetz gilt, wenn der nach dem Verbraucherkreditgesetz anzugebende effektive oder anfängliche effektive Jahreszins den bei Vertragsschluss geltenden Basiszinssatz um mehr als zwölf Prozentpunkte übersteigt.

(2) § 690 Abs. 1 Nr. 3 der Zivilprozessordnung findet auf Verträge, für die das Verbraucherkreditgesetz gilt, mit der Maßgabe Anwendung, dass an die Stelle der Angabe des nach den §§ 492, 502 des Bürgerlichen Gesetzbuchs anzugebenden effektiven oder anfänglichen effektiven Jahreszinses die Angabe des nach dem Verbraucherkreditgesetz anzugebenden effektiven oder anfänglichen effektiven Jahreszinses tritt.

3. Gerichtsverfassungsgesetz (GVG)

Vom 27. Januar 1877 (RGBl. I S. 41)
in der Fassung der Bekanntmachung vom 9. Mai 1975
(BGBl. I S. 1077)

BGBl. III/FNA 300-2

zuletzt geändert durch Art. 1 Gesetz zur Reform des Zivilprozesses (Zivilprozessreformgesetz – ZPO-RG) vom 27. 7. 2001 (BGBl. I S. 1887), Art. 5 Abs. 1 Gesetz zur Modernisierung des Schuldrechts vom 26. 11. 2001 (BGBl. I S. 3138) und Art. 3 Gesetz zur Verbesserung des zivilgerichtlichen Schutzes bei Gewalttaten und Nachstellungen sowie zur Erleichterung der Überlassung der Ehewohnung bei Trennung vom 11. 12. 2001 (BGBl. I S. 3513)

(Auszug)[1]

Erster Titel. Gerichtsbarkeit

§ 1 [Richterliche Unabhängigkeit] Die richterliche Gewalt wird durch unabhängige, nur dem Gesetz unterworfene Gerichte ausgeübt.

§§ 2–9. *(weggefallen)*

§ 10 [Referendare] ¹Unter Aufsicht des Richters können Referendare Rechtshilfeersuchen erledigen und außer in Strafsachen Verfahrensbeteiligte anhören, Beweise erheben und die mündliche Verhandlung leiten. ²Referendare sind nicht befugt, eine Beeidigung anzuordnen oder einen Eid abzunehmen.

§ 11. *(weggefallen)*

§ 12 [Ordentliche Gerichte] Die ordentliche streitige Gerichtsbarkeit wird durch Amtsgerichte, Landgerichte, Oberlandesgerichte und durch den Bundesgerichtshof (den obersten Gerichtshof des Bundes für das Gebiet der ordentlichen Gerichtsbarkeit) ausgeübt.[2]

§ 13 [Zuständigkeit der ordentlichen Gerichte] Vor die ordentlichen Gerichte gehören alle bürgerlichen Rechtsstreitigkeiten und Strafsachen, für die nicht entweder die Zuständigkeit von Verwaltungsbehörden oder Verwaltungsgerichten begründet ist oder auf Grund von Vorschriften des Bundesrechts besondere Gerichte bestellt oder zugelassen sind.

§ 13 a. *(weggefallen)*

---

[1] Vollständig abgedruckt in **Schönfelder; Nr. 95**.
[2] **Bayern** hat außerdem ein Oberstes Landesgericht mit dem Sitz in München errichtet: § 8 EGGVG – abgedruckt in **dtv 5005 „ZPO"** – und Art. 10 und 11 AGGVG vom 23. 6. 1981 (BayRS 300-1-1-J) mit späteren Änderungen.

§ 14 [Besondere Gerichte] Als besondere Gerichte werden Gerichte der Schiffahrt für die in den Staatsverträgen bezeichneten Angelegenheiten zugelassen.

§ 15. *(weggefallen)*

§ 16 [Ausnahmegerichte] [1] Ausnahmegerichte sind unstatthaft. [2] Niemand darf seinem gesetzlichen Richter entzogen werden.

§ 17 [Entscheidung über die Zulässigkeit des Rechtsweges] (1) [1] Die Zulässigkeit des beschrittenen Rechtsweges wird durch eine nach Rechtshängigkeit eintretende Veränderung der sie begründenden Umstände nicht berührt. [2] Während der Rechtshängigkeit kann die Sache von keiner Partei anderweitig anhängig gemacht werden.

(2) [1] Das Gericht des zulässigen Rechtsweges entscheidet den Rechtsstreit unter allen in Betracht kommenden rechtlichen Gesichtspunkten. [2] Artikel 14 Abs. 3 Satz 4 und Artikel 34 Satz 3 des Grundgesetzes bleiben unberührt.

§ 17a [Bindungswirkung der Rechtswegentscheidung] (1) Hat ein Gericht den zu ihm beschrittenen Rechtsweg rechtskräftig für zulässig erklärt, sind andere Gerichte an diese Entscheidung gebunden.

(2) [1] Ist der beschrittene Rechtsweg unzulässig, spricht das Gericht dies nach Anhörung der Parteien von Amts wegen aus und verweist den Rechtsstreit zugleich an das zuständige Gericht des zulässigen Rechtsweges. [2] Sind mehrere Gerichte zuständig, wird an das vom Kläger oder Antragsteller auszuwählende Gericht verwiesen oder, wenn die Wahl unterbleibt, an das vom Gericht bestimmte. [3] Der Beschluß ist für das Gericht, an das der Rechtsstreit verwiesen worden ist, hinsichtlich des Rechtsweges bindend.

(3) [1] Ist der beschrittene Rechtsweg zulässig, kann das Gericht dies vorab aussprechen. [2] Es hat vorab zu entscheiden, wenn eine Partei die Zulässigkeit des Rechtsweges rügt.

(4) [1] Der Beschluß nach den Absätzen 2 und 3 kann ohne mündliche Verhandlung ergehen. [2] Er ist zu begründen. [3] Gegen den Beschluß ist die sofortige Beschwerde nach den Vorschriften der jeweils anzuwendenden Verfahrensordnung gegeben. [4] Den Beteiligten steht die Beschwerde gegen einen Beschluß des oberen Landesgerichts an den obersten Gerichtshof des Bundes nur zu, wenn sie in dem Beschluß zugelassen worden ist. [5] Die Beschwerde ist zuzulassen, wenn die Rechtsfrage grundsätzliche Bedeutung hat oder wenn das Gericht von der Entscheidung eines obersten Gerichtshofes des Bundes oder des Gemeinsamen Senats der obersten Gerichtshöfe des Bundes abweicht. [6] Der oberste Gerichtshof des Bundes ist an die Zulassung der Beschwerde gebunden.

(5) Das Gericht, das über ein Rechtsmittel gegen eine Entscheidung in der Hauptsache entscheidet, prüft nicht, ob der beschrittene Rechtsweg zulässig ist.

§ 17b [Rechtsfolgen des Verweisungsbeschlusses] (1) [1] Nach Eintritt der Rechtskraft des Verweisungsbeschlusses wird der Rechtsstreit mit Eingang der Akten bei dem im Beschluß bezeichneten Gericht anhängig. [2] Die Wirkungen der Rechtshängigkeit bleiben bestehen.

(2) ¹Wird ein Rechtsstreit an ein anderes Gericht verwiesen, so werden die Kosten im Verfahren vor dem angegangenen Gericht als Teil der Kosten behandelt, die bei dem Gericht erwachsen, an das der Rechtsstreit verwiesen wurde. ²Dem Kläger sind die entstandenen Mehrkosten auch dann aufzuerlegen, wenn er in der Hauptsache obsiegt.

§ 18 [Exterritorialität von Mitgliedern der diplomatischen Missionen] ¹Die Mitglieder der im Geltungsbereich dieses Gesetzes errichteten diplomatischen Missionen, ihre Familienmitglieder und ihre privaten Hausangestellten sind nach Maßgabe des Wiener Übereinkommens über diplomatische Beziehungen vom 18. April 1961 (Bundesgesetzbl. 1964 II S. 957 ff.) von der deutschen Gerichtsbarkeit befreit. ²Dies gilt auch, wenn ihr Entsendestaat nicht Vertragspartei dieses Übereinkommens ist; in diesem Falle findet Artikel 2 des Gesetzes vom 6. August 1964 zu dem Wiener Übereinkommen vom 18. April 1961 über diplomatische Beziehungen (Bundesgesetzbl. 1964 II S. 957) entsprechende Anwendung.

§ 19 [Exterritorialität von Mitgliedern der konsularischen Vertretungen] (1) ¹Die Mitglieder der im Geltungsbereich dieses Gesetzes errichteten konsularischen Vertretungen einschließlich der Wahlkonsularbeamten sind nach Maßgabe des Wiener Übereinkommens über konsularische Beziehungen vom 24. April 1963 (Bundesgesetzbl. 1969 II S. 1585 ff.) von der deutschen Gerichtsbarkeit befreit. ²Dies gilt auch, wenn ihr Entsendestaat nicht Vertragspartei dieses Übereinkommens ist; in diesem Falle findet Artikel 2 des Gesetzes vom 26. August 1969 zu dem Wiener Übereinkommen vom 24. April 1963 über konsularische Beziehungen (Bundesgesetzbl. 1969 II S. 1585) entsprechende Anwendung.

(2) Besondere völkerrechtliche Vereinbarungen über die Befreiung der in Absatz 1 genannten Personen von der deutschen Gerichtsbarkeit bleiben unberührt.

§ 20 [Weitere Exterritoriale] (1) Die deutsche Gerichtsbarkeit erstreckt sich auch nicht auf Repräsentanten anderer Staaten und deren Begleitung, die sich auf amtliche Einladung der Bundesrepublik Deutschland im Geltungsbereich dieses Gesetzes aufhalten.

(2) Im übrigen erstreckt sich die deutsche Gerichtsbarkeit auch nicht auf andere als die in Absatz 1 und in den §§ 18 und 19 genannten Personen, soweit sie nach den allgemeinen Regeln des Völkerrechts, auf Grund völkerrechtlicher Vereinbarungen oder sonstiger Rechtsvorschriften von ihr befreit sind.

§ 21. *(weggefallen)*

Zweiter Titel. Allgemeine Vorschriften über das Präsidium und die Geschäftsverteilung

§ 21 a [**Präsidium**] (1) Bei jedem Gericht wird ein Präsidium gebildet.

(2) Das Präsidium besteht aus dem Präsidenten oder aufsichtführenden Richter als Vorsitzenden und

1. bei Gerichten mit mindestens achtzig Richterplanstellen aus zehn gewählten Richtern,
2. bei Gerichten mit mindestens vierzig Richterplanstellen aus acht gewählten Richtern,
3. bei Gerichten mit mindestens zwanzig Richterplanstellen aus sechs gewählten Richtern,
4. bei Gerichten mit mindestens acht Richterplanstellen aus vier gewählten Richtern,
5. bei den anderen Gerichten aus den nach § 21 b Abs. 1 wählbaren Richtern.

§ 21 b [**Wahl zum Präsidium**] (1) [1] Wahlberechtigt sind die Richter auf Lebenszeit und die Richter auf Zeit, denen bei dem Gericht ein Richteramt übertragen ist, sowie die bei dem Gericht tätigen Richter auf Probe, die Richter kraft Auftrags und die für eine Dauer von mindestens drei Monaten abgeordneten Richter, die Aufgaben der Rechtsprechung wahrnehmen. [2] Wählbar sind die Richter auf Lebenszeit und die Richter auf Zeit, denen bei dem Gericht ein Richteramt übertragen ist. [3] Nicht wahlberechtigt und nicht wählbar sind Richter, die für mehr als drei Monate an ein anderes Gericht abgeordnet, für mehr als drei Monate beurlaubt oder an eine Verwaltungsbehörde abgeordnet sind.

(2) Jeder Wahlberechtigte wählt höchstens die vorgeschriebene Zahl von Richtern.

(3) [1] Die Wahl ist unmittelbar und geheim. [2] Gewählt ist, wer die meisten Stimmen auf sich vereint. [3] Durch Landesgesetz können andere Wahlverfahren für die Wahl zum Präsidium bestimmt werden; in diesem Fall erläßt die Landesregierung durch Rechtsverordnung die erforderlichen Wahlordnungsvorschriften; sie kann die Ermächtigung hierzu auf die Landesjustizverwaltung übertragen. [4] Bei Stimmengleichheit entscheidet das Los.

(4) [1] Die Mitglieder werden für vier Jahre gewählt. [2] Alle zwei Jahre scheidet die Hälfte aus. [3] Die zum ersten Mal ausscheidenden Mitglieder werden durch das Los bestimmt.

(5) Das Wahlverfahren wird durch eine Rechtsverordnung geregelt, die von der Bundesregierung mit Zustimmung des Bundesrates erlassen wird.

(6) [1] Ist bei der Wahl ein Gesetz verletzt worden, so kann die Wahl von den in Absatz 1 Satz 1 bezeichneten Richtern angefochten werden. [2] Über die Wahlanfechtung entscheidet ein Senat des zuständigen Oberlandesgerichts, bei dem Bundesgerichtshof ein Senat dieses Gerichts. [3] Wird die Anfechtung für begründet erklärt, so kann ein Rechtsmittel gegen eine gerichtliche Entscheidung nicht darauf gestützt werden, das Präsidium sei deswegen nicht

ordnungsgemäß zusammengesetzt gewesen. ⁴Im übrigen sind auf das Verfahren die Vorschriften des Gesetzes über die Angelegenheiten der freiwilligen Gerichtsbarkeit sinngemäß anzuwenden.

§ 21 c [**Vertretung der Mitglieder des Präsidiums**] (1) ¹Bei einer Verhinderung des Präsidenten oder aufsichtführenden Richters tritt sein Vertreter (§ 21 h) an seine Stelle. ²Ist der Präsident oder aufsichtführende Richter anwesend, so kann sein Vertreter, wenn er nicht selbst gewählt ist, an den Sitzungen des Präsidiums mit beratender Stimme teilnehmen. ³Die gewählten Mitglieder des Präsidiums werden nicht vertreten.

(2) Scheidet ein gewähltes Mitglied des Präsidiums aus dem Gericht aus, wird es für mehr als drei Monate an ein anderes Gericht abgeordnet oder für mehr als drei Monate beurlaubt, wird es an eine Verwaltungsbehörde abgeordnet oder wird es kraft Gesetzes Mitglied des Präsidiums, so tritt an seine Stelle der durch die letzte Wahl Nächstberufene.

§ 21 d [**Größe des Präsidiums**] (1) Für die Größe des Präsidiums ist die Zahl der Richterplanstellen am Ablauf des Tages maßgebend, der dem Tage, an dem das Geschäftsjahr beginnt, um sechs Monate vorhergeht.

(2) ¹Ist die Zahl der Richterplanstellen bei einem Gericht mit einem Präsidium nach § 21a Abs. 2 Nr. 1 bis 3 unter die jeweils genannte Mindestzahl gefallen, so ist bei der nächsten Wahl, die nach § 21 b Abs. 4 stattfindet, die folgende Zahl von Richtern zu wählen:
1. bei einem Gericht mit einem Präsidium nach § 21a Abs. 2 Nr. 1 vier Richter,
2. bei einem Gericht mit einem Präsidium nach § 21a Abs. 2 Nr. 2 drei Richter,
3. bei einem Gericht mit einem Präsidium nach § 21a Abs. 2 Nr. 3 zwei Richter.

²Neben den nach § 21b Abs. 4 ausscheidenden Mitgliedern scheidet jeweils ein weiteres Mitglied, das durch das Los bestimmt wird, aus.

(3) ¹Ist die Zahl der Richterplanstellen bei einem Gericht mit einem Präsidium nach § 21a Abs. 2 Nr. 2 bis 4 über die für die bisherige Größe des Präsidiums maßgebende Höchstzahl gestiegen, so ist bei der nächsten Wahl, die nach § 21 b Abs. 4 stattfindet, die folgende Zahl von Richtern zu wählen:
1. bei einem Gericht mit einem Präsidium nach § 21a Abs. 2 Nr. 2 sechs Richter,
2. bei einem Gericht mit einem Präsidium nach § 21a Abs. 2 Nr. 3 fünf Richter,
3. bei einem Gericht mit einem Präsidium nach § 21a Abs. 2 Nr. 4 vier Richter.

²Hiervon scheidet jeweils ein Mitglied, das durch das Los bestimmt wird, nach zwei Jahren aus.

§ 21 e [**Aufgaben und Befugnisse des Präsidiums; Geschäftsverteilung**] (1) ¹Das Präsidium bestimmt die Besetzung der Spruchkörper, bestellt die Ermittlungsrichter, regelt die Vertretung und verteilt die Geschäfte. ²Es trifft diese Anordnungen vor dem Beginn des Geschäftsjahres für dessen

Dauer. ³Der Präsident bestimmt, welche richterlichen Aufgaben er wahrnimmt. ⁴Jeder Richter kann mehreren Spruchkörpern angehören.

(2) Vor der Geschäftsverteilung ist den Richtern, die nicht Mitglied des Präsidiums sind, Gelegenheit zur Äußerung zu geben.

(3) ¹Die Anordnungen nach Absatz 1 dürfen im Laufe des Geschäftsjahres nur geändert werden, wenn dies wegen Überlastung oder ungenügender Auslastung eines Richters oder Spruchkörpers oder infolge Wechsels oder dauernder Verhinderung einzelner Richter nötig wird. ²Vor der Änderung ist den Vorsitzenden Richtern, deren Spruchkörper von der Änderung der Geschäftsverteilung berührt wird, Gelegenheit zu einer Äußerung zu geben.

(4) Das Präsidium kann anordnen, daß ein Richter oder Spruchkörper, der in einer Sache tätig geworden ist, für diese nach einer Änderung der Geschäftsverteilung zuständig bleibt.

(5) Soll ein Richter einem anderen Spruchkörper zugeteilt oder soll sein Zuständigkeitsbereich geändert werden, so ist ihm, außer in Eilfällen, vorher Gelegenheit zu einer Äußerung zu geben.

(6) Soll ein Richter für Aufgaben der Justizverwaltung ganz oder teilweise freigestellt werden, so ist das Präsidium vorher zu hören.

(7) ¹Das Präsidium entscheidet mit Stimmenmehrheit. ²§ 21i Abs. 2 gilt entsprechend.

(8) ¹Das Präsidium kann beschließen, daß Richter des Gerichts bei den Beratungen und Abstimmungen des Präsidiums für die gesamte Dauer oder zeitweise zugegen sein können. ²§ 171b gilt entsprechend.

(9) Der Geschäftsverteilungsplan des Gerichts ist in der von dem Präsidenten oder aufsichtführenden Richter bestimmten Geschäftsstelle des Gerichts zur Einsichtnahme aufzulegen; einer Veröffentlichung bedarf es nicht.

§ 21 f [Vorsitz in den Spruchkörpern]
(1) Den Vorsitz in den Spruchkörpern bei den Landgerichten, bei den Oberlandesgerichten sowie bei dem Bundesgerichtshof führen der Präsident und die Vorsitzenden Richter.

(2) ¹Bei Verhinderung des Vorsitzenden führt den Vorsitz das vom Präsidium bestimmte Mitglied des Spruchkörpers. ²Ist auch dieser Vertreter verhindert, führt das dienstälteste, bei gleichem Dienstalter das lebensälteste Mitglied des Spruchkörpers den Vorsitz.

§ 21 g [Geschäftsverteilung innerhalb der Spruchkörper]
(1) ¹Innerhalb des mit mehreren Richtern besetzten Spruchkörpers werden die Geschäfte durch Beschluß aller dem Spruchkörper angehörenden Berufsrichter auf die Mitglieder verteilt. ²Bei Stimmengleichheit entscheidet das Präsidium.

(2) Der Beschluß bestimmt vor Beginn des Geschäftsjahres für dessen Dauer, nach welchen Grundsätzen die Mitglieder an den Verfahren mitwirken; er kann nur geändert werden, wenn es wegen Überlastung, ungenügender Auslastung, Wechsels oder dauernder Verhinderung einzelner Mitglieder des Spruchkörpers nötig wird.

(3) Absatz 2 gilt entsprechend, soweit nach den Vorschriften der Prozeßordnungen die Verfahren durch den Spruchkörper einem seiner Mitglieder zur Entscheidung als Einzelrichter übertragen werden können.

Dritter Titel. Amtsgerichte §§ 21h–22 GVG 3

(4) Ist ein Berufsrichter an der Beschlußfassung verhindert, tritt der durch den Geschäftsverteilungsplan bestimmte Vertreter an seine Stelle.

(5) § 21 i Abs. 2 findet mit der Maßgabe entsprechende Anwendung, daß die Bestimmung durch den Vorsitzenden getroffen wird.

(6) Vor der Beschlußfassung ist den Berufsrichtern, die von dem Beschluß betroffen werden, Gelegenheit zur Äußerung zu geben.

(7) § 21 e Abs. 9 findet entsprechende Anwendung.

§ 21 h [**Vertretung des Präsidenten und des aufsichtführenden Richters**] ¹Der Präsident oder aufsichtführende Richter wird in seinen durch dieses Gesetz bestimmten Geschäften, die nicht durch das Präsidium zu verteilen sind, durch seinen ständigen Vertreter, bei mehreren ständigen Vertretern durch den dienstältesten, bei gleichem Dienstalter durch den lebensältesten von ihnen vertreten. ²Ist ein ständiger Vertreter nicht bestellt oder ist er verhindert, wird der Präsident oder aufsichtführende Richter durch den dienstältesten, bei gleichem Dienstalter durch den lebensältesten Richter vertreten.

§ 21 i [**Beschlußfähigkeit des Präsidiums**] (1) Das Präsidium ist beschlußfähig, wenn mindestens die Hälfte seiner gewählten Mitglieder anwesend ist.

(2) ¹Sofern eine Entscheidung des Präsidiums nicht rechtzeitig ergehen kann, werden die in § 21 e bezeichneten Anordnungen von dem Präsidenten oder aufsichtführenden Richter getroffen. ²Die Gründe für die getroffene Anordnung sind schriftlich niederzulegen. ³Die Anordnung ist dem Präsidium unverzüglich zur Genehmigung vorzulegen. ⁴Sie bleibt in Kraft, solange das Präsidium nicht anderweit beschließt.

Dritter Titel. Amtsgerichte

§ 22 [**Richter beim Amtsgericht**] (1) Den Amtsgerichten stehen Einzelrichter vor.

(2) Einem Richter beim Amtsgericht kann zugleich ein weiteres Richteramt bei einem anderen Amtsgericht oder bei einem Landgericht übertragen werden.

(3) ¹Die allgemeine Dienstaufsicht kann von der Landesjustizverwaltung dem Präsidenten des übergeordneten Landgerichts übertragen werden. ²Geschieht dies nicht, so ist, wenn das Amtsgericht mit mehreren Richtern besetzt ist, einem von ihnen von der Landesjustizverwaltung die allgemeine Dienstaufsicht zu übertragen.

(4) Jeder Richter beim Amtsgericht erledigt die ihm obliegenden Geschäfte, soweit dieses Gesetz nichts anderes bestimmt, als Einzelrichter.

(5) ¹Es können Richter kraft Auftrags verwendet werden. ²Richter auf Probe können verwendet werden, soweit sich aus Absatz 6, § 23 b Abs. 3 Satz 2 oder § 29 Abs. 1 Satz 2 nichts anderes ergibt.

(6) Ein Richter auf Probe darf im ersten Jahr nach seiner Ernennung Geschäfte in Insolvenzsachen nicht wahrnehmen.

§ 22 a [Präsident des LG oder AG als Vorsitzender des Präsidiums]
Bei Amtsgerichten mit einem aus allen wählbaren Richtern bestehenden Präsidium (§ 21 a Abs. 2 Nr. 5) gehört der Präsident des übergeordneten Landgerichts oder, wenn der Präsident eines anderen Amtsgerichts die Dienstaufsicht ausübt, dieser Präsident dem Präsidium als Vorsitzender an.

§ 22 b [Vertretung von Richtern] (1) Ist ein Amtsgericht nur mit einem Richter besetzt, so beauftragt das Präsidium des Landgerichts einen Richter seines Bezirks mit der ständigen Vertretung dieses Richters.

(2) Wird an einem Amtsgericht die vorübergehende Vertretung durch einen Richter eines anderen Gerichts nötig, so beauftragt das Präsidium des Landgerichts einen Richter seines Bezirks längstens für zwei Monate mit der Vertretung.

(3) [1]In Eilfällen kann der Präsident des Landgerichts einen zeitweiligen Vertreter bestellen. [2]Die Gründe für die getroffene Anordnung sind schriftlich niederzulegen.

(4) Bei Amtsgerichten, über die der Präsident eines anderen Amtsgerichts die Dienstaufsicht ausübt, ist in den Fällen der Absätze 1 und 2 das Präsidium des anderen Amtsgerichts und im Falle des Absatzes 3 dessen Präsident zuständig.

§ 22 c [Bereitschaftsdienst] (1) [1]Die Landesregierungen werden ermächtigt, durch Rechtsverordnung ein Amtsgericht zu bestimmen, das für mehrere Amtsgerichte im Bezirk des Landgerichts Geschäfte des Bereitschaftsdienstes an dienstfreien Tagen ganz oder teilweise wahrnimmt, wenn dies zur Sicherstellung einer gleichmäßigeren Belastung der Richter mit Bereitschaftsdiensten angezeigt ist. [2]Zu dem Bereitschaftsdienst sind die Richter der in Satz 1 bezeichneten Amtsgerichte heranzuziehen. [3]Über die Verteilung der Geschäfte des Bereitschaftsdienstes beschließt nach Maßgabe des § 21 e das Präsidium des Landgerichts.

(2) Die Landesregierungen können die Ermächtigung nach Absatz 1 auf die Landesjustizverwaltungen übertragen.

§ 22 d [Handlungen eines unzuständigen Richters] Die Gültigkeit der Handlung eines Richters beim Amtsgericht wird nicht dadurch berührt, daß die Handlung nach der Geschäftsverteilung von einem anderen Richter wahrzunehmen gewesen wäre.

§ 23[1) [Zuständigkeit in Zivilsachen] Die Zuständigkeit der Amtsgerichte umfaßt in bürgerlichen Rechtsstreitigkeiten, soweit sie nicht ohne Rücksicht auf den Wert des Streitgegenstandes den Landgerichten zugewiesen sind:

1. Streitigkeiten über Ansprüche, deren Gegenstand an Geld oder Geldeswert die Summe von fünftausend Euro nicht übersteigt;
2. ohne Rücksicht auf den Wert des Streitgegenstandes:
    a) Streitigkeiten über Ansprüche aus einem Mietverhältnis über Wohnraum oder über den Bestand eines solchen Mietverhältnisses; diese Zuständigkeit ist ausschließlich;

[1)] Beachte hierzu die für das Gesetz zur Reform des Zivilprozesses vom 27. 7. 2001 geltende Übergangsvorschrift in § 26 Nr. 2 EGZPO; Nr. **2**.

Dritter Titel. Amtsgerichte **§§ 23a, 23b GVG 3**

b) Streitigkeiten zwischen Reisenden und Wirten, Fuhrleuten, Schiffern oder Auswanderungsexpedienten in den Einschiffungshäfen, die über Wirtszechen, Fuhrlohn, Überfahrtsgelder, Beförderung der Reisenden und ihrer Habe und über Verlust und Beschädigung der letzteren, sowie Streitigkeiten zwischen Reisenden und Handwerkern, die aus Anlaß der Reise entstanden sind;

c) *(aufgehoben)*

d) Streitigkeiten wegen Wildschadens;

e), f) *(weggefallen)*

g) Ansprüche aus einem mit der Überlassung eines Grundstücks in Verbindung stehenden Leibgedings-, Leibzuchts-, Altenteils- oder Auszugsvertrag;

h) das Aufgebotsverfahren.

§ 23a [Zuständigkeit in Kindschafts-, Unterhalts- und Ehesachen]
Die Amtsgerichte sind in bürgerlichen Rechtsstreitigkeiten ferner zuständig für

1. Streitigkeiten in Kindschaftssachen;
2. Streitigkeiten, die eine durch Ehe oder Verwandtschaft begründete gesetzliche Unterhaltspflicht betreffen;
3. Ansprüche nach den §§ 1615l, 1615m des Bürgerlichen Gesetzbuchs;
4. Ehesachen;
5. Streitigkeiten über Ansprüche aus dem ehelichen Güterrecht, auch wenn Dritte am Verfahren beteiligt sind;
6. Lebenspartnerschaftssachen;
7. Streitigkeiten nach dem Gewaltschutzgesetz[1], wenn die Parteien einen auf Dauer angelegten gemeinsamen Haushalt führen oder innerhalb von sechs Monaten vor der Antragstellung geführt haben.

§ 23b [Familiengerichte] (1) [1]Bei den Amtsgerichten werden Abteilungen für Familiensachen (Familiengerichte) gebildet. [2]Familiensachen sind:

1. Ehesachen;
2. Verfahren betreffend die elterliche Sorge für ein Kind, soweit nach den Vorschriften des Bürgerlichen Gesetzbuchs hierfür das Familiengericht zuständig ist;
3. Verfahren über die Regelung des Umgangs mit einem Kind, soweit nach den Vorschriften des Bürgerlichen Gesetzbuchs hierfür das Familiengericht zuständig ist;
4. Verfahren über die Herausgabe eines Kindes, für das die elterliche Sorge besteht;
5. Streitigkeiten, die die durch Verwandtschaft begründete gesetzliche Unterhaltspflicht betreffen;
6. Streitigkeiten, die die durch Ehe begründete gesetzliche Unterhaltspflicht betreffen;
7. Verfahren, die den Versorgungsausgleich betreffen;

---

[1] Gesetz zum zivilrechtlichen Schutz vor Gewalttaten und Nachstellungen (Gewaltschutzgesetz – GewSchG) vom 11. 12. 2001 (BGBl. I S. 3513).

8. Verfahren über Regelungen nach der Verordnung über die Behandlung der Ehewohnung und des Hausrats;

8 a. Verfahren nach dem Gewaltschutzgesetz[1]), wenn die Beteiligten einen auf Dauer angelegten gemeinsamen Haushalt führen oder innerhalb von sechs Monaten vor der Antragstellung geführt haben;

9. Streitigkeiten über Ansprüche aus dem ehelichen Güterrecht, auch wenn Dritte am Verfahren beteiligt sind;

10. Verfahren nach den §§ 1382 und 1383 des Bürgerlichen Gesetzbuchs;

11. Verfahren nach der Verordnung (EG) Nr. 1347/2000 des Rates vom 29. Mai 2000 über die Zuständigkeit und die Anerkennung und Vollstreckung von Entscheidungen in Ehesachen und in Verfahren betreffend die elterliche Verantwortung für die gemeinsamen Kinder der Ehegatten (ABl. EG Nr. L 160 S. 19) und nach dem Zweiten Teil des Sorgerechtsübereinkommens-Ausführungsgesetzes vom 5. April 1990 (BGBl. I S. 701), zuletzt geändert durch Artikel 2 Abs. 6 des Gesetzes vom 19. Februar 2001 (BGBl. I S. 288);

12. Kindschaftssachen;

13. Streitigkeiten über Ansprüche nach den §§ 1615l, 1615m des Bürgerlichen Gesetzbuchs;

14. Verfahren nach § 1303 Abs. 2 bis 4, § 1308 Abs. 2 und § 1315 Abs. 1 Satz 1 Nr. 1, Satz 3 des Bürgerlichen Gesetzbuchs;

15. Lebenspartnerschaftssachen.

(2) ¹Sind wegen des Umfangs der Geschäfte oder wegen der Zuweisung von Vormundschafts-, Betreuungs- und Unterbringungssachen mehrere Abteilungen für Familiensachen zu bilden, so sollen alle Familiensachen, die denselben Personenkreis betreffen, derselben Abteilung zugewiesen werden. ²Wird eine Ehesache rechtshängig, während eine andere Familiensache nach Absatz 1 Satz 2 Nr. 6 bis 10 bei einer anderen Abteilung im ersten Rechtszug anhängig ist, so ist diese von Amts wegen an die Abteilung der Ehesache abzugeben; für andere Familiensachen nach Absatz 1 Satz 2 Nr. 2 bis 5 gilt dies nur, soweit sie betreffen

1. in den Fällen der Nummer 2 die elterliche Sorge für ein gemeinschaftliches Kind einschließlich der Übertragung der elterlichen Sorge oder eines Teils der elterlichen Sorge wegen Gefährdung des Kindeswohls auf einen Elternteil, Vormund oder Pfleger,

2. in den Fällen der Nummer 3 die Regelung des Umgangs mit einem gemeinschaftlichen Kind der Ehegatten nach den §§ 1684 und 1685 des Bürgerlichen Gesetzbuchs oder des Umgangs des Ehegatten mit einem Kind des anderen Ehegatten nach § 1685 Abs. 2 des Bürgerlichen Gesetzbuchs,

3. in den Fällen der Nummer 4 die Herausgabe eines Kindes an den anderen Elternteil,

4. in den Fällen der Nummer 5 die Unterhaltspflicht gegenüber einem gemeinschaftlichen Kind.

³Wird bei einer Abteilung ein Antrag nach dem Zweiten Teil des Sorgerechtsübereinkommens-Ausführungsgesetzes vom 5. April 1990 (BGBl. I S. 701),

---

[1]) Gesetz zum zivilrechtlichen Schutz vor Gewalttaten und Nachstellungen (Gewaltschutzgesetz – GewSchG) vom 11. 12. 2001 (BGBl. I S. 3513).

zuletzt geändert durch Artikel 2 Abs. 6 des Gesetzes vom 19. Februar 2001 (BGBl. I S. 288), oder auf Vollstreckbarerklärung oder auf Feststellung der Anerkennung oder Nichtanerkennung einer die elterliche Verantwortung betreffenden Entscheidung nach der Verordnung (EG) Nr.1347/2000 des Rates vom 29. Mai 2000 über die Zuständigkeit und die Anerkennung und Vollstreckung von Entscheidungen in Ehesachen und in Verfahren betreffend die elterliche Verantwortung für die gemeinsamen Kinder der Ehegatten (ABl. EG Nr. L 160 S. 19) anhängig, während eine Familiensache nach Absatz 1 Satz 2 Nr. 2 bis 4 bei einer anderen Abteilung im ersten Rechtszug anhängig ist, so ist diese von Amts wegen an die erstgenannte Abteilung abzugeben; dies gilt nicht, wenn der Antrag offensichtlich unzulässig ist. [4] Auf übereinstimmenden Antrag beider Elternteile sind die Regelungen des Satzes 3 auch auf andere Familiensachen anzuwenden, an denen diese beteiligt sind.

(3) [1] Die Abteilungen für Familiensachen werden mit Familienrichtern besetzt. [2] Ein Richter auf Probe darf im ersten Jahr nach seiner Ernennung Geschäfte des Familienrichters nicht wahrnehmen.

§ 23 c [Gemeinsames Amtsgericht in Familien- und Vormundschaftssachen] [1] Die Landesregierungen werden ermächtigt, durch Rechtsverordnung einem Amtsgericht für die Bezirke mehrerer Amtsgerichte die Familiensachen sowie ganz oder teilweise die Vormundschafts-, Betreuungs- und Unterbringungssachen zuzuweisen, sofern die Zusammenfassung der sachlichen Förderung der Verfahren dient oder zur Sicherung einer einheitlichen Rechtsprechung geboten erscheint. [2] Die Landesregierungen können die Ermächtigungen auf die Landesjustizverwaltungen übertragen.

§§ 24–26.[1] *(betreffen Strafsachen)*

§ 26 a. *(weggefallen)*

§ 27 [Sonstige Zuständigkeit und Geschäftskreis] Im übrigen wird die Zuständigkeit und der Geschäftskreis der Amtsgerichte durch die Vorschriften dieses Gesetzes und der Prozeßordnungen bestimmt.

Vierter Titel. Schöffengerichte

§§ 28–58.[1] *(betreffen Strafsachen)*

Fünfter Titel. Landgerichte

§ 59 [Besetzung] (1) Die Landgerichte werden mit einem Präsidenten sowie mit Vorsitzenden Richtern und weiteren Richtern besetzt.

(2) Den Richtern kann gleichzeitig ein weiteres Richteramt bei einem Amtsgericht übertragen werden.

(3) Es können Richter auf Probe und Richter kraft Auftrags verwendet werden.

---

[1] Abgedruckt in **Schönfelder; Nr. 95**.

§ 60 [Zivil- und Strafkammern] Bei den Landgerichten werden Zivil- und Strafkammern gebildet.

§§ 61–69. *(weggefallen)*

§ 70 [Vertretung der Kammermitglieder] (1) Soweit die Vertretung eines Mitgliedes nicht durch ein Mitglied desselben Gerichts möglich ist, wird sie auf den Antrag des Präsidiums durch die Landesjustizverwaltung geordnet.

(2) Die Beiordnung eines Richters auf Probe oder eines Richters kraft Auftrags ist auf eine bestimmte Zeit auszusprechen und darf vor Ablauf dieser Zeit nicht widerrufen werden.

(3) Unberührt bleiben die landesgesetzlichen Vorschriften, nach denen richterliche Geschäfte nur von auf Lebenszeit ernannten Richtern wahrgenommen werden können, sowie die, welche die Vertretung durch auf Lebenszeit ernannte Richter regeln.

§ 71 [Zuständigkeit in Zivilsachen in 1. Instanz] (1) Vor die Zivilkammern, einschließlich der Kammern für Handelssachen, gehören alle bürgerlichen Rechtsstreitigkeiten, die nicht den Amtsgerichten zugewiesen sind.

(2) Die Landgerichte sind ohne Rücksicht auf den Wert des Streitgegenstandes ausschließlich zuständig

1.[1] für die Ansprüche, die auf Grund der Beamtengesetze gegen den Fiskus erhoben werden;
2. für die Ansprüche gegen Richter und Beamte wegen Überschreitung ihrer amtlichen Befugnisse oder wegen pflichtwidriger Unterlassung von Amtshandlungen.

(3) Der Landesgesetzgebung bleibt überlassen, Ansprüche gegen den Staat oder eine Körperschaft des öffentlichen Rechts wegen Verfügungen der Verwaltungsbehörden sowie Ansprüche wegen öffentlicher Abgaben ohne Rücksicht auf den Wert des Streitgegenstandes den Landgerichten ausschließlich zuzuweisen.

§ 72 [Zuständigkeit in Zivilsachen in 2. Instanz] Die Zivilkammern, einschließlich der Kammern für Handelssachen, sind die Berufungs- und Beschwerdegerichte in den vor den Amtsgerichten verhandelten bürgerlichen Rechtsstreitigkeiten, soweit nicht die Zuständigkeit der Oberlandesgerichte begründet ist.

§§ 73–74 e.[2] *(betreffen Strafsachen)*

§ 75 [Besetzung der Zivilkammern] Die Zivilkammern sind, soweit nicht nach den Vorschriften der Prozeßgesetze an Stelle der Kammer der Einzelrichter zu entscheiden hat, mit drei Mitgliedern einschließlich des Vorsitzenden besetzt.

§§ 76–78.[2] *(betreffen Strafsachen)*

---

[1] § 71 Abs. 2 Nr. 1 ist praktisch gegenstandslos, weil für alle Klagen aus dem Beamten- oder Richterverhältnis der Verwaltungsrechtsweg gegeben ist.
[2] Abgedruckt in **Schönfelder; Nr. 95**.

5a. Titel. Strafvollstreckungskammern

§§ 78a, 78b.[2] *(betreffen Strafsachen)*

Sechster Titel. Schwurgerichte

§§ 79-92. *(weggefallen)*

Siebenter Titel. Kammern für Handelssachen

§ 93 [Bildung] (1) Soweit die Landesjustizverwaltung ein Bedürfnis als vorhanden annimmt, können bei den Landgerichten für deren Bezirke oder für örtlich abgegrenzte Teile davon Kammern für Handelssachen gebildet werden.

(2) Solche Kammern können ihren Sitz innerhalb des Landgerichtsbezirks auch an Orten haben, an denen das Landgericht seinen Sitz nicht hat.

§ 94 [Zuständigkeit] Ist bei einem Landgericht eine Kammer für Handelssachen gebildet, so tritt für Handelssachen diese Kammer an die Stelle der Zivilkammern nach Maßgabe der folgenden Vorschriften.

§ 95 [Begriff der Handelssachen] (1) Handelssachen im Sinne dieses Gesetzes sind die bürgerlichen Rechtsstreitigkeiten, in denen durch die Klage ein Anspruch geltend gemacht wird:
1. gegen einen Kaufmann im Sinne des Handelsgesetzbuches, sofern er in das Handelsregister oder Genossenschaftsregister eingetragen ist oder auf Grund einer gesetzlichen Sonderregelung für juristische Personen des öffentlichen Rechts nicht eingetragen zu werden braucht, aus Geschäften, die für beide Teile Handelsgeschäfte sind;
2. aus einem Wechsel im Sinne des Wechselgesetzes oder aus einer der im § 363 des Handelsgesetzbuchs bezeichneten Urkunden;
3. auf Grund des Scheckgesetzes;
4. aus einem der nachstehend bezeichneten Rechtsverhältnisse:
   a) aus dem Rechtsverhältnis zwischen den Mitgliedern einer Handelsgesellschaft oder zwischen dieser und ihren Mitgliedern oder zwischen dem stillen Gesellschafter und dem Inhaber des Handelsgeschäfts, sowohl während des Bestehens als auch nach Auflösung des Gesellschaftsverhältnisses, und aus dem Rechtsverhältnis zwischen den Vorstehern oder den Liquidatoren einer Handelsgesellschaft und der Gesellschaft oder deren Mitgliedern;
   b) aus dem Rechtsverhältnis, welches das Recht zum Gebrauch der Handelsfirma betrifft;
   c) aus den Rechtsverhältnissen, die sich auf den Schutz der Marken und sonstigen Kennzeichen sowie der Muster und Modelle beziehen;
   d) aus dem Rechtsverhältnis, das durch den Erwerb eines bestehenden Handelsgeschäfts unter Lebenden zwischen dem bisherigen Inhaber und dem Erwerber entsteht;

e) aus dem Rechtsverhältnis zwischen einem Dritten und dem, der wegen mangelnden Nachweises der Prokura oder Handlungsvollmacht haftet;
f) aus den Rechtsverhältnissen des Seerechts, insbesondere aus denen, die sich auf die Reederei, auf die Rechte und Pflichten des Reeders oder Schiffseigners, des Korrespondentreeders und der Schiffsbesatzung, auf *die Bodmerei*[1]) und die Haverei, auf den Schadensersatz im Falle des Zusammenstoßes von Schiffen, auf die Bergung und Hilfeleistung und auf die Ansprüche der Schiffsgläubiger beziehen;
5. auf Grund des Gesetzes gegen den unlauteren Wettbewerb mit Ausnahme der Ansprüche der letzten Verbraucher aus § 13a des Gesetzes gegen den unlauteren Wettbewerb, soweit nicht ein beiderseitiges Handelsgeschäft nach Absatz 1 gegeben ist;
6. aus den §§ 45 bis 48 des Börsengesetzes (Reichsgesetzbl. 1908 S. 215).

(2) Handelssachen im Sinne dieses Gesetzes sind ferner die Rechtsstreitigkeiten, in denen sich die Zuständigkeit des Landgerichts nach § 246 Abs. 3 Satz 1 oder § 396 Abs. 1 Satz 2 des Aktiengesetzes sowie nach § 10 und § 306 des Umwandlungsgesetzes richtet.

§ 96 [Antrag auf Verhandlung vor der Kammer für Handelssachen]
(1) Der Rechtsstreit wird vor der Kammer für Handelssachen verhandelt, wenn der Kläger dies in der Klageschrift beantragt hat.

(2) Ist ein Rechtsstreit nach den Vorschriften der §§ 281, 506 der Zivilprozeßordnung vom Amtsgericht an das Landgericht zu verweisen, so hat der Kläger den Antrag auf Verhandlung vor der Kammer für Handelssachen vor dem Amtsgericht zu stellen.

§ 97 [Verweisung an Zivilkammer wegen ursprünglicher Unzuständigkeit]
(1) Wird vor der Kammer für Handelssachen eine nicht vor sie gehörige Klage zur Verhandlung gebracht, so ist der Rechtsstreit auf Antrag des Beklagten an die Zivilkammer zu verweisen.

(2) [1]Gehört die Klage oder die im Falle des § 506 der Zivilprozeßordnung erhobene Widerklage als Klage nicht vor die Kammer für Handelssachen, so ist diese auch von Amts wegen befugt, den Rechtsstreit an die Zivilkammer zu verweisen, solange nicht eine Verhandlung zur Hauptsache erfolgt und darauf ein Beschluß verkündet ist. [2]Die Verweisung von Amts wegen kann nicht aus dem Grund erfolgen, daß der Beklagte nicht Kaufmann ist.

§ 98 [Verweisung an Kammer für Handelssachen]
(1) [1]Wird vor der Zivilkammer eine vor die Kammer für Handelssachen gehörige Klage zur Verhandlung gebracht, so ist der Rechtsstreit auf Antrag des Beklagten an die Kammer für Handelssachen zu verweisen. [2]Ein Beklagter, der nicht in das Handelsregister oder Genossenschaftsregister eingetragen ist, kann den Antrag nicht darauf stützen, daß er Kaufmann ist.

(2) Der Antrag ist zurückzuweisen, wenn die im Falle des § 506 der Zivilprozeßordnung erhobene Widerklage als Klage vor die Kammer für Handelssachen nicht gehören würde.

---

[1]) Gegenstandslos infolge Aufhebung der §§ 679 bis 699 HGB (Bodmerei) durch Art. 1 Nr. 26 Seerechtsänderungsgesetz vom 21. 6. 1972 (BGBl. I S. 966).

Siebenter Titel. Kammern für Handelssachen §§ 99–104 GVG 3

(3) Zu einer Verweisung von Amts wegen ist die Zivilkammer nicht befugt.

(4) Die Zivilkammer ist zur Verwerfung des Antrags auch dann befugt, wenn der Kläger ihm zugestimmt hat.

§ 99 [**Verweisung an Zivilkammer wegen nachträglicher Unzuständigkeit**] (1) Wird in einem bei der Kammer für Handelssachen anhängigen Rechtsstreit die Klage nach § 256 Abs. 2 der Zivilprozeßordnung durch den Antrag auf Feststellung eines Rechtsverhältnisses erweitert oder eine Widerklage erhoben und gehört die erweiterte Klage oder die Widerklage als Klage nicht vor die Kammer für Handelssachen, so ist der Rechtsstreit auf Antrag des Gegners an die Zivilkammer zu verweisen.

(2) ¹Unter der Beschränkung des § 97 Abs. 2 ist die Kammer zu der Verweisung auch von Amts wegen befugt. ²Diese Befugnis tritt auch dann ein, wenn durch eine Klageänderung ein Anspruch geltend gemacht wird, der nicht vor die Kammer für Handelssachen gehört.

§ 100 [**Zuständigkeit in 2. Instanz**] Die §§ 96 bis 99 sind auf das Verfahren im zweiten Rechtszuge vor den Kammern für Handelssachen entsprechend anzuwenden.

§ 101 [**Antrag auf Verweisung**] (1) ¹Der Antrag auf Verweisung des Rechtsstreits an eine andere Kammer ist nur vor der Verhandlung des Antragstellers zur Sache zulässig. ²Ist dem Antragsteller vor der mündlichen Verhandlung eine Frist zur Klageerwiderung oder Berufungserwiderung gesetzt, so hat er den Antrag innerhalb der Frist zu stellen. ³§ 296 Abs. 3 der Zivilprozeßordnung gilt entsprechend; der Entschuldigungsgrund ist auf Verlangen des Gerichts glaubhaft zu machen.

(2) ¹Über den Antrag ist vorab zu entscheiden. ²Die Entscheidung kann ohne mündliche Verhandlung ergehen.

§ 102 [**Unanfechtbarkeit der Verweisung**] ¹Die Entscheidung über Verweisung eines Rechtsstreits an die Zivilkammer oder an die Kammer für Handelssachen ist nicht anfechtbar. ²Erfolgt die Verweisung an eine andere Kammer, so ist diese Entscheidung für die Kammer, an die der Rechtsstreit verwiesen wird, bindend. ³Der Termin zur weiteren mündlichen Verhandlung wird von Amts wegen bestimmt und den Parteien bekanntgemacht.

§ 103 [**Hauptintervention**] Bei der Kammer für Handelssachen kann ein Anspruch nach § 64 der Zivilprozeßordnung nur dann geltend gemacht werden, wenn der Rechtsstreit nach den Vorschriften der §§ 94, 95 vor die Kammer für Handelssachen gehört.

§ 104 [**Verweisung in Beschwerdesachen**] (1) ¹Wird die Kammer für Handelssachen als Beschwerdegericht mit einer vor sie nicht gehörenden Beschwerde befaßt, so ist die Beschwerde von Amts wegen an die Zivilkammer zu verweisen. ²Ebenso hat die Zivilkammer, wenn sie als Beschwerdegericht in einer Handelssache mit einer Beschwerde befaßt wird, diese von Amts wegen an die Kammer für Handelssachen zu verweisen. ³Die Vorschriften des § 102 Satz 1, 2 sind entsprechend anzuwenden.

(2) Eine Beschwerde kann nicht an eine andere Kammer verwiesen werden, wenn bei der Kammer, die mit der Beschwerde befaßt wird, die Hauptsache anhängig ist oder diese Kammer bereits eine Entscheidung in der Hauptsache erlassen hat.

§ 105[1] **[Besetzung]** (1) Die Kammern für Handelssachen entscheiden in der Besetzung mit einem Mitglied des Landgerichts als Vorsitzenden und zwei ehrenamtlichen Richtern, soweit nicht nach den Vorschriften der Prozeßgesetze an Stelle der Kammer der Vorsitzende zu entscheiden hat.

(2) Sämtliche Mitglieder der Kammer für Handelssachen haben gleiches Stimmrecht.

§ 106 [Auswärtige Kammer für Handelssachen] Im Falle des § 93 Abs. 2 kann ein Richter beim Amtsgericht Vorsitzender der Kammer für Handelssachen sein.

§ 107 [Entschädigung] (1) Die ehrenamtlichen Richter, die weder ihren Wohnsitz noch ihre gewerbliche Niederlassung am Sitz der Kammer für Handelssachen haben, erhalten Tage- und Übernachtungsgelder nach den für Richter am Landgericht geltenden Vorschriften.

(2) Den ehrenamtlichen Richtern werden die Fahrtkosten in entsprechender Anwendung des § 3 des Gesetzes über die Entschädigung der ehrenamtlichen Richter ersetzt.

§ 108 [Dauer der Ernennung] Die ehrenamtlichen Richter werden auf gutachtlichen Vorschlag der Industrie- und Handelskammern für die Dauer von vier Jahren ernannt; eine wiederholte Ernennung ist nicht ausgeschlossen.

§ 109 [Voraussetzungen der Ernennung] (1) Zum ehrenamtlichen Richter kann ernannt werden, wer
1. Deutscher ist,
2. das dreißigste Lebensjahr vollendet hat und
3. als Kaufmann, Vorstandsmitglied oder Geschäftsführer einer juristischen Person oder als Prokurist in das Handelsregister oder das Genossenschaftsregister eingetragen ist oder eingetragen war oder als Vorstandsmitglied einer juristischen Person des öffentlichen Rechts aufgrund einer gesetzlichen Sonderregelung für diese juristische Person nicht eingetragen zu werden braucht.

(2) ¹Wer diese Voraussetzungen erfüllt, soll nur ernannt werden, wenn er
1. in dem Bezirk der Kammer für Handelssachen wohnt oder
2. in diesem Bezirk eine Handelsniederlassung hat oder
3. einem Unternehmen angehört, das in diesem Bezirk seinen Sitz oder seine Niederlassung hat.

---

[1]) Beachte hierzu die für das Gesetz zur Reform des Zivilprozesses vom 27. 7. 2001 geltende Übergangsvorschrift in § 26 Nr. 2 EGZPO; Nr. **2**.

²Darüber hinaus soll nur ernannt werden
1. ein Prokurist, wenn er im Unternehmen eine der eigenverantwortlichen Tätigkeit des Unternehmers vergleichbare selbständige Stellung einnimmt,
2. ein Vorstandsmitglied einer Genossenschaft, wenn es hauptberuflich in einer Genossenschaft tätig ist, die in ähnlicher Weise wie eine Handelsgesellschaft am Handelsverkehr teilnimmt.

(3) ¹Zum ehrenamtlichen Richter kann nicht ernannt werden, wer zu dem Amt eines Schöffen unfähig ist oder nach § 33 Nr. 4 zu dem Amt eines Schöffen nicht berufen werden soll. ²Zum ehrenamtlichen Richter soll nicht ernannt werden, wer nach § 33 Nr. 5 zu dem Amt eines Schöffen nicht berufen werden soll.

§ 110 [Ehrenamtliche Richter an Seeplätzen] An Seeplätzen können ehrenamtliche Richter auch aus dem Kreis der Schiffahrtskundigen ernannt werden.

§ 111. *(weggefallen)*

§ 112 [Rechte und Pflichten] Die ehrenamtlichen Richter haben während der Dauer ihres Amts in Beziehung auf dasselbe alle Rechte und Pflichten eines Richters.

§ 113 [Amtsenthebung] (1) Ein ehrenamtlicher Richter ist seines Amtes zu entheben, wenn er
1. eine der für seine Ernennung erforderlichen Eigenschaften verliert oder Umstände eintreten oder nachträglich bekanntwerden, die einer Ernennung nach § 109 entgegenstehen, oder
2. seine Amtspflichten gröblich verletzt hat.

(2) Ein ehrenamtlicher Richter soll seines Amtes enthoben werden, wenn Umstände eintreten oder bekannt werden, bei deren Vorhandensein eine Ernennung nach § 109 Abs. 3 Satz 2 nicht erfolgen soll.

(3) ¹Die Entscheidung trifft der erste Zivilsenat des Oberlandesgerichts durch Beschluß nach Anhörung des Beteiligten. ²Sie ist unanfechtbar.

(4) Beantragt der ehrenamtliche Richter selbst die Entbindung von seinem Amt, so trifft die Entscheidung die Landesjustizverwaltung.

§ 114 [Entscheidung auf Grund eigener Sachkunde] Über Gegenstände, zu deren Beurteilung eine kaufmännische Begutachtung genügt, sowie über das Bestehen von Handelsgebräuchen kann die Kammer für Handelssachen auf Grund eigener Sachkunde und Wissenschaft entscheiden.

Achter Titel. Oberlandesgerichte

§ 115 [Besetzung] Die Oberlandesgerichte werden mit einem Präsidenten sowie mit Vorsitzenden Richtern und weiteren Richtern besetzt.

§ 115a. *(weggefallen)*

§ 116 [Zivil- und Strafsenate; Ermittlungsrichter] (1) ¹Bei den Oberlandesgerichten werden Zivil- und Strafsenate gebildet. ²Bei den nach § 120 zuständigen Oberlandesgerichten werden Ermittlungsrichter bestellt; zum Ermittlungsrichter kann auch jedes Mitglied eines anderen Oberlandesgerichts, das in dem in § 120 bezeichneten Gebiet seinen Sitz hat, bestellt werden.

(2) ¹Durch Anordnung der Landesjustizverwaltung können außerhalb des Sitzes des Oberlandesgerichts für den Bezirk eines oder mehrerer Landgerichte Zivil- oder Strafsenate gebildet und ihnen für diesen Bezirk die gesamte Tätigkeit des Zivil- oder Strafsenats des Oberlandesgerichts oder ein Teil dieser Tätigkeit zugewiesen werden. ²Ein auswärtiger Senat für Familiensachen kann für die Bezirke mehrerer Familiengerichte gebildet werden.

§ 117 [Vertretung der Senatsmitglieder] Die Vorschrift des § 70 Abs. 1 ist entsprechend anzuwenden.

§ 118. *(weggefallen)*

§ 119 [Zuständigkeit in Zivilsachen] (1) Die Oberlandesgerichte[1]) sind in bürgerlichen Rechtsstreitigkeiten zuständig für die Verhandlung und Entscheidung über die Rechtsmittel:
1. der Berufung und der Beschwerde gegen Entscheidungen der Amtsgerichte
   a) in den von den Familiengerichten entschiedenen Sachen;
   b) in Streitigkeiten über Ansprüche, die von einer oder gegen eine Partei erhoben werden, die ihren allgemeinen Gerichtsstand im Zeitpunkt der Rechtshängigkeit in erster Instanz außerhalb des Geltungsbereiches dieses Gesetzes hatte;
   c) in denen das Amtsgericht ausländisches Recht angewendet und dies in den Entscheidungsgründen ausdrücklich festgestellt hat;
2. der Berufung und der Beschwerde gegen Entscheidungen der Landgerichte.

(2) § 23b Abs. 1 und 2 gilt entsprechend.

(3) ¹Durch Landesgesetz kann bestimmt werden, dass die Oberlandesgerichte über Absatz 1 hinaus für alle Berufungen und Beschwerden gegen amtsgerichtliche Entscheidungen zuständig sind. ²Das Nähere regelt das Landesrecht; es kann von der Befugnis nach Satz 1 in beschränktem Umfang Gebrauch machen, insbesondere die Bestimmung auf die Entscheidungen einzelner Amtsgerichte oder bestimmter Sachen beschränken.

(4) Soweit eine Bestimmung nach Absatz 3 Satz 1 getroffen wird, hat das Landesgesetz zugleich Regelungen zu treffen, die eine Belehrung über das zuständige Rechtsmittelgericht in der angefochtenen Entscheidung sicherstellen.

(5) Bestimmungen nach Absatz 3 gelten nur für Berufungen und Beschwerden, die vor dem 1. Januar 2008 eingelegt werden.

(6) ¹Die Bundesregierung unterrichtet den Deutschen Bundestag zum 1. Januar 2004 und zum 1. Januar 2006 über Erfahrungen und wissenschaftli-

---
[1]) **Bayern:** Beachte ferner die Zuständigkeit des Bayerischen Obersten Landesgerichts gemäß Art. 11 Bayer. AGGVG vom 23. 6. 1981 (BayRS 300-1-1-J).

che Erkenntnisse, welche die Länder, die von der Ermächtigung nach Absatz 3 Gebrauch gemacht haben, gewonnen haben. ²Die Unterrichtung dient dem Zweck, dem Deutschen Bundestag die Prüfung und Entscheidung zu ermöglichen, welche bundeseinheitliche Gerichtsstruktur die insgesamt sachgerechteste ist, weil sie den Bedürfnissen und Anforderungen des Rechtsverkehrs am besten entspricht.

§§ 120, 121.[1)] *(betreffen Strafsachen)*

§ 122 [Besetzung der Senate] (1) Die Senate der Oberlandesgerichte entscheiden, soweit nicht nach den Vorschriften der Prozeßgesetze an Stelle des Senats der Einzelrichter zu entscheiden hat, in der Besetzung von drei Mitgliedern mit Einschluß des Vorsitzenden.

(2)[1)] *(betrifft Strafsachen)*

Neunter Titel. Bundesgerichtshof

§ 123 [Sitz] Sitz des Bundesgerichtshofes ist Karlsruhe.

§ 124 [Besetzung] Der Bundesgerichtshof wird mit einem Präsidenten sowie mit Vorsitzenden Richtern und weiteren Richtern besetzt.

§ 125 [Ernennung der Mitglieder] (1) Die Mitglieder des Bundesgerichtshofes werden durch den Bundesminister der Justiz gemeinsam mit dem Richterwahlausschuß gemäß dem Richterwahlgesetz berufen und vom Bundespräsidenten ernannt.

(2) Zum Mitglied des Bundesgerichtshofes kann nur berufen werden, wer das fünfunddreißigste Lebensjahr vollendet hat.

§§ 126–129. *(weggefallen)*

§ 130 [Zivil- und Strafsenate; Ermittlungsrichter] (1) ¹Bei dem Bundesgerichtshof werden Zivil- und Strafsenate gebildet und Ermittlungsrichter bestellt. ²Ihre Zahl bestimmt der Bundesminister der Justiz.[2)]

(2) Der Bundesminister der Justiz wird ermächtigt, Zivil- und Strafsenate auch außerhalb des Sitzes des Bundesgerichtshofes zu bilden und die Dienstsitze für Ermittlungsrichter des Bundesgerichtshofes zu bestimmen.

§§ 131, 131 a. *(weggefallen)*

[1)] Abgedruckt in **Schönfelder; Nr. 95**.
[2)] Z. Zt. 12 Zivilsenate, 5 Strafsenate, 1 Großer Senat für Zivilsachen, 1 Großer Senat für Strafsachen, 1 Vereinigter Großer Senat, 1 Kartellsenat, 1 Dienstgericht des Bundes, 1 Senat für Notarsachen, 1 Senat für Anwaltssachen, 1 Senat für Patentanwaltssachen, 1 Senat für Wirtschaftsprüfersachen, 1 Senat für Steuerberater- und Steuerbevollmächtigtensachen, 1 Senat für Landwirtschaftssachen.

§ 132 [Große Senate] (1) ¹Beim Bundesgerichtshof werden ein Großer Senat für Zivilsachen und ein Großer Senat für Strafsachen gebildet. ²Die Großen Senate bilden die Vereinigten Großen Senate.

(2) Will ein Senat in einer Rechtsfrage von der Entscheidung eines anderen Senats abweichen, so entscheiden der Große Senat für Zivilsachen, wenn ein Zivilsenat von einem anderen Zivilsenat oder von dem Großen Zivilsenat, der Große Senat für Strafsachen, wenn ein Strafsenat von einem anderen Strafsenat oder von dem Großen Senat für Strafsachen, die Vereinigten Großen Senate, wenn ein Zivilsenat von einem Strafsenat oder von dem Großen Senat für Strafsachen oder ein Strafsenat von einem Zivilsenat oder von dem Großen Senat für Zivilsachen oder ein Senat von den Vereinigten Großen Senaten abweichen will.

(3) ¹Eine Vorlage an den Großen Senat oder die Vereinigten Großen Senate ist nur zulässig, wenn der Senat, von dessen Entscheidung abgewichen werden soll, auf Anfrage des erkennenden Senats erklärt hat, daß er an seiner Rechtsauffassung festhält. ²Kann der Senat, von dessen Entscheidung abgewichen werden soll, wegen einer Änderung des Geschäftsverteilungsplanes mit der Rechtsfrage nicht mehr befaßt werden, tritt der Senat an seine Stelle, der nach dem Geschäftsverteilungsplan für den Fall, in dem abweichend entschieden wurde, zuständig wäre. ³Über die Anfrage und die Antwort entscheidet der jeweilige Senat durch Beschluß in der für Urteile erforderlichen Besetzung; § 97 Abs. 2 Satz 1 des Steuerberatungsgesetzes und § 74 Abs. 2 Satz 1 der Wirtschaftsprüferordnung bleiben unberührt.

(4) Der erkennende Senat kann eine Frage von grundsätzlicher Bedeutung dem Großen Senat zur Entscheidung vorlegen, wenn das nach seiner Auffassung zur Fortbildung des Rechts oder zur Sicherung einer einheitlichen Rechtsprechung erforderlich ist.

(5) ¹Der Große Senat für Zivilsachen besteht aus dem Präsidenten und je einem Mitglied der Zivilsenate, der Große Senat für Strafsachen aus dem Präsidenten und je zwei Mitgliedern der Strafsenate. ²Legt ein anderer Senat vor oder soll von dessen Entscheidung abgewichen werden, ist auch ein Mitglied dieses Senats im Großen Senat vertreten. ³Die Vereinigten Großen Senate bestehen aus dem Präsidenten und den Mitgliedern der Großen Senate.

(6) ¹Die Mitglieder und die Vertreter werden durch das Präsidium für ein Geschäftsjahr bestellt. ²Dies gilt auch für das Mitglied eines anderen Senats nach Absatz 5 Satz 2 und für seinen Vertreter. ³Den Vorsitz in den Großen Senaten und den Vereinigten Großen Senaten führt der Präsident, bei Verhinderung das dienstälteste Mitglied. ⁴Bei Stimmengleichheit gibt die Stimme des Vorsitzenden den Ausschlag.

§ 133 [Zuständigkeit in Zivilsachen] In bürgerlichen Rechtsstreitigkeiten ist der Bundesgerichtshof zuständig für die Verhandlung und Entscheidung über die Rechtsmittel der Revision, der Sprungrevision und der Rechtsbeschwerde

§§ 134, 134a. *(weggefallen)*

§ 135.[1] *(betrifft Strafsachen)*

---

[1] Abgedruckt in **Schönfelder; Nr. 95**.

§§ 136, 137. *(aufgehoben)*

§ 138 [Verfahren vor den Großen Senaten] (1) ¹Die Großen Senate und die Vereinigten Großen Senate entscheiden nur über die Rechtsfrage. ²Sie können ohne mündliche Verhandlung entscheiden. ³Die Entscheidung ist in der vorliegenden Sache für den erkennenden Senat bindend.

(2) ¹Vor der Entscheidung des Großen Senats für Strafsachen oder der Vereinigten Großen Senate und in Rechtsstreitigkeiten, welche die Anfechtung einer Todeserklärung zum Gegenstand haben, ist der Generalbundesanwalt zu hören. ²Der Generalbundesanwalt kann auch in der Sitzung seine Auffassung darlegen.

(3) Erfordert die Entscheidung der Sache eine erneute mündliche Verhandlung vor dem erkennenden Senat, so sind die Beteiligten unter Mitteilung der ergangenen Entscheidung der Rechtsfrage zu der Verhandlung zu laden.

§ 139 [Besetzung der Senate] (1) Die Senate des Bundesgerichtshofes entscheiden in der Besetzung von fünf Mitgliedern einschließlich des Vorsitzenden.

(2)¹⁾ *(betrifft Strafsachen)*

§ 140 [Geschäftsordnung] Der Geschäftsgang wird durch eine Geschäftsordnung geregelt, die das Plenum beschließt; sie bedarf der Bestätigung durch den Bundesrat.

9a. Titel. Zuständigkeit für Wiederaufnahmeverfahren in Strafsachen

§ 140a.¹⁾ *(betrifft Strafsachen)*

Zehnter Titel. Staatsanwaltschaft

§§ 141–152.¹⁾ *(vom Abdruck wurde abgesehen)*

Elfter Titel. Geschäftsstelle

§ 153. (1) Bei jedem Gericht und jeder Staatsanwaltschaft wird eine Geschäftsstelle eingerichtet, die mit der erforderlichen Zahl von Urkundsbeamten besetzt wird.

(2) ¹Mit den Aufgaben eines Urkundsbeamten der Geschäftsstelle kann betraut werden, wer einen Vorbereitungsdienst von zwei Jahren abgeleistet und die Prüfung für den mittleren Justizdienst oder für den mittleren Dienst bei der Arbeitsgerichtsbarkeit bestanden hat. ²Sechs Monate des Vorbereitungsdienstes sollen auf einen Fachlehrgang entfallen.

(3) Mit den Aufgaben eines Urkundsbeamten der Geschäftsstelle kann auch betraut werden,

---

¹⁾ Abgedruckt in **Schönfelder; Nr. 95**.

1. wer die Rechtspflegerprüfung oder die Prüfung für den gehobenen Dienst bei der Arbeitsgerichtsbarkeit bestanden hat,
2. wer nach den Vorschriften über den Laufbahnwechsel die Befähigung für die Laufbahn des mittleren Justizdienstes erhalten hat,
3. wer als anderer Bewerber (§ 4 Abs. 3 des Rahmengesetzes zur Vereinheitlichung des Beamtenrechts) nach den landesrechtlichen Vorschriften in die Laufbahn des mittleren Justizdienstes übernommen worden ist.

(4) [1]Die näheren Vorschriften zur Ausführung der Absätze 1 bis 3 erlassen der Bund und die Länder für ihren Bereich. [2]Sie können auch bestimmen, ob und inwieweit Zeiten einer dem Ausbildungsziel förderlichen sonstigen Ausbildung oder Tätigkeit auf den Vorbereitungsdienst angerechnet werden können.

(5) Der Bund und die Länder können ferner bestimmen, daß mit Aufgaben eines Urkundsbeamten der Geschäftsstelle auch betraut werden kann, wer auf dem Sachgebiet, das ihm übertragen werden soll, einen Wissens- und Leistungsstand aufweist, der dem durch die Ausbildung nach Absatz 2 vermittelten Stand gleichwertig ist.

Zwölfter Titel. Zustellungs- und Vollstreckungsbeamte

§ 154 [**Gerichtsvollzieher**] Die Dienst- und Geschäftsverhältnisse der mit den Zustellungen, Ladungen und Vollstreckungen zu betrauenden Beamten (Gerichtsvollzieher) werden bei dem Bundesgerichtshof durch den Bundesminister der Justiz, bei den Landesgerichten durch die Landesjustizverwaltung bestimmt.

§ 155 [**Ausschließung des Gerichtsvollziehers**] Der Gerichtsvollzieher ist von der Ausübung seines Amts kraft Gesetzes ausgeschlossen:
I. in bürgerlichen Rechtsstreitigkeiten:
  1. wenn er selbst Partei oder gesetzlicher Vertreter einer Partei ist oder zu einer Partei in dem Verhältnis eines Mitberechtigten, Mitverpflichteten oder Schadensersatzpflichtigen steht;
  2. wenn sein Ehegatte oder Lebenspartner Partei ist, auch wenn die Ehe oder Lebenspartnerschaft nicht mehr besteht;
  3. wenn eine Person Partei ist, mit der er in gerader Linie verwandt oder verschwägert, in der Seitenlinie bis zum dritten Grad verwandt oder bis zum zweiten Grad verschwägert ist oder war;
II.[1] *(betrifft Strafsachen)*

Dreizehnter Titel. Rechtshilfe

§ 156 [**Rechtshilfepflicht**] Die Gerichte haben sich in bürgerlichen Rechtsstreitigkeiten und in Strafsachen Rechtshilfe zu leisten.

---

[1] Abgedruckt in **Schönfelder; Nr. 95**.

§ 157 [Rechtshilfegericht] (1) Das Ersuchen um Rechtshilfe ist an das Amtsgericht zu richten, in dessen Bezirk die Amtshandlung vorgenommen werden soll.

(2) ¹Die Landesregierungen werden ermächtigt, durch Rechtsverordnung die Erledigung von Rechtshilfeersuchen für die Bezirke mehrerer Amtsgerichte einem von ihnen ganz oder teilweise zuzuweisen, sofern dadurch der Rechtshilfeverkehr erleichtert oder beschleunigt wird. ²Die Landesregierungen können diese Ermächtigung durch Rechtsverordnung auf die Landesjustizverwaltungen übertragen.

§ 158 [Ablehnung der Rechtshilfe] (1) Das Ersuchen darf nicht abgelehnt werden.

(2) ¹Das Ersuchen eines nicht im Rechtszuge vorgesetzten Gerichts ist jedoch abzulehnen, wenn die vorzunehmende Handlung nach dem Recht des ersuchten Gerichts verboten ist. ²Ist das ersuchte Gericht örtlich nicht zuständig, so gibt es das Ersuchen an das zuständige Gericht ab.

§ 159 [Entscheidung des Oberlandesgerichts] (1) ¹Wird das Ersuchen abgelehnt oder wird der Vorschrift des § 158 Abs. 2 zuwider dem Ersuchen stattgegeben, so entscheidet das Oberlandesgericht, zu dessen Bezirk das ersuchte Gericht gehört. ²Die Entscheidung ist nur anfechtbar, wenn sie die Rechtshilfe für unzulässig erklärt und das ersuchende und das ersuchte Gericht den Bezirken verschiedener Oberlandesgerichte angehören. ³Über die Beschwerde entscheidet der Bundesgerichtshof.

(2) Die Entscheidungen ergehen auf Antrag der Beteiligten oder des ersuchenden Gerichts ohne mündliche Verhandlung.

§ 160 [Vollstreckungen, Ladungen, Zustellungen] Vollstreckungen, Ladungen und Zustellungen werden nach Vorschrift der Prozeßordnungen bewirkt ohne Rücksicht darauf, ob sie in dem Land, dem das Prozeßgericht angehört, oder in einem anderen deutschen Land vorzunehmen sind.

§ 161 [Vermittlung bei Beauftragung eines Gerichtsvollziehers]
¹Gerichte, Staatsanwaltschaften und Geschäftsstellen der Gerichte können wegen Erteilung eines Auftrags an einen Gerichtsvollzieher die Mitwirkung der Geschäftsstelle des Amtsgerichts in Anspruch nehmen, in dessen Bezirk der Auftrag ausgeführt werden soll. ²Der von der Geschäftsstelle beauftragte Gerichtsvollzieher gilt als unmittelbar beauftragt.

§ 162 [Vollstreckung von Freiheitsstrafen] Hält sich ein zu einer Freiheitsstrafe Verurteilter außerhalb des Bezirks der Strafvollstreckungsbehörde auf, so kann diese Behörde die Staatsanwaltschaft des Landgerichts, in dessen Bezirk sich der Verurteilte befindet, um die Vollstreckung der Strafe ersuchen.

§ 163 [Vollstreckung; Ergreifung, Ablieferung außerhalb des Gerichtsbezirks] Soll eine Freiheitsstrafe in dem Bezirk eines anderen Gerichts vollstreckt oder ein in dem Bezirk eines anderen Gerichts befindlicher Verurteilter zum Zwecke der Strafverbüßung ergriffen und abgeliefert werden, so ist die Staatsanwaltschaft bei dem Landgericht des Bezirks um die Ausführung zu ersuchen.

§ 164 [Kostenersatz] (1) Kosten und Auslagen der Rechtshilfe werden von der ersuchenden Behörde nicht erstattet.

(2) Gebühren oder andere öffentliche Abgaben, denen die von der ersuchenden Behörde übersendeten Schriftstücke (Urkunden, Protokolle) nach dem Recht der ersuchten Behörde unterliegen, bleiben außer Ansatz.

§ 165. *(weggefallen)*

§ 166 [Amtshandlungen außerhalb des Gerichtsbezirks] Ein Gericht darf Amtshandlungen im Geltungsbereich dieses Gesetzes auch außerhalb seines Bezirks vornehmen.

§ 167 [Verfolgung von Flüchtigen über Landesgrenzen] (1) Die Polizeibeamten eines deutschen Landes sind ermächtigt, die Verfolgung eines Flüchtigen auf das Gebiet eines anderen deutschen Landes fortzusetzen und den Flüchtigen dort zu ergreifen.

(2) Der Ergriffene ist unverzüglich an das nächste Gericht oder die nächste Polizeibehörde des Landes, in dem er ergriffen wurde, abzuführen.

§ 168 [Mitteilung von Akten] Die in einem deutschen Land bestehenden Vorschriften über die Mitteilung von Akten einer öffentlichen Behörde an ein Gericht dieses Landes sind auch dann anzuwenden, wenn das ersuchende Gericht einem anderen deutschen Land angehört.

Vierzehnter Titel. Öffentlichkeit und Sitzungspolizei

§ 169 [Öffentlichkeit] [1] Die Verhandlung vor dem erkennenden Gericht einschließlich der Verkündung der Urteile und Beschlüsse ist öffentlich. [2] Ton- und Fernseh-Rundfunkaufnahmen sowie Ton- und Filmaufnahmen zum Zwecke der öffentlichen Vorführung oder Veröffentlichung ihres Inhalts sind unzulässig.

§ 170 [Nicht öffentliche Verhandlung in Familiensachen] [1] Die Verhandlung in Familiensachen ist nicht öffentlich. [2] Dies gilt nicht für die Familiensachen des § 23 b Abs. 1 Satz 2 Nr. 13 und für die Familiensachen des § 23 b Abs. 1 Satz 2 Nr. 5, 6, 9 nur, soweit sie mit einer der anderen Familiensachen verhandelt werden.

§ 171. *(aufgehoben)*

§ 171 a.[1] *(betrifft Strafsachen)*

§ 171 b [Ausschluß der Öffentlichkeit zum Schutz der Privatsphäre]
(1) [1] Die Öffentlichkeit kann ausgeschlossen werden, soweit Umstände aus dem persönlichen Lebensbereich eines Prozeßbeteiligten, Zeugen oder durch

---

[1] Abgedruckt in **Schönfelder; Nr. 95**.

Vierzehnter Titel. Öffentlichkeit und Sitzungspolizei §§ 172–174 GVG 3

eine rechtswidrige Tat (§ 11 Abs. 1 Nr. 5 des Strafgesetzbuches) Verletzten zur Sprache kommen, deren öffentliche Erörterung schutzwürdige Interessen verletzen würde, soweit nicht das Interesse an der öffentlichen Erörterung dieser Umstände überwiegt. ²Dies gilt nicht, soweit die Personen, deren Lebensbereiche betroffen sind, in der Hauptverhandlung dem Ausschluß der Öffentlichkeit widersprechen.

(2) Die Öffentlichkeit ist auszuschließen, wenn die Voraussetzungen des Absatzes 1 Satz 1 vorliegen und der Ausschluß von der Person, deren Lebensbereich betroffen ist, beantragt wird.

(3) Die Entscheidungen nach den Absätzen 1 und 2 sind unanfechtbar.

§ 172 [Gründe für Ausschluß der Öffentlichkeit] Das Gericht kann für die Verhandlung oder für einen Teil davon die Öffentlichkeit ausschließen, wenn

1. eine Gefährdung der Staatssicherheit, der öffentlichen Ordnung oder der Sittlichkeit zu besorgen ist,

1a. eine Gefährdung des Lebens, des Leibes oder der Freiheit eines Zeugen oder einer anderen Person zu besorgen ist,

2. ein wichtiges Geschäfts-, Betriebs-, Erfindungs- oder Steuergeheimnis zur Sprache kommt, durch dessen öffentliche Erörterung überwiegende schutzwürdige Interessen verletzt würden,

3. ein privates Geheimnis erörtert wird, dessen unbefugte Offenbarung durch den Zeugen oder Sachverständigen mit Strafe bedroht ist,

4. eine Person unter sechzehn Jahren vernommen wird.

§ 173 [Öffentliche Urteilsverkündung] (1) Die Verkündung des Urteils erfolgt in jedem Falle öffentlich.

(2) Durch einen besonderen Beschluß des Gerichts kann unter den Voraussetzungen der §§ 171b und 172 auch für die Verkündung der Urteilsgründe oder eines Teiles davon die Öffentlichkeit ausgeschlossen werden.

§ 174 [Verhandlung über Ausschluß der Öffentlichkeit; Schweigepflicht] (1) ¹Über die Ausschließung der Öffentlichkeit ist in nicht öffentlicher Sitzung zu verhandeln, wenn ein Beteiligter es beantragt oder das Gericht es für angemessen erachtet. ²Der Beschluß, der die Öffentlichkeit ausschließt, muß öffentlich verkündet werden; er kann in nicht öffentlicher Sitzung verkündet werden, wenn zu befürchten ist, daß seine öffentliche Verkündung eine erhebliche Störung der Ordnung in der Sitzung zur Folge haben würde. ³Bei der Verkündung ist in den Fällen der §§ 171b, 172 und 173 anzugeben, aus welchem Grund die Öffentlichkeit ausgeschlossen worden ist.

(2) Soweit die Öffentlichkeit wegen Gefährdung der Staatssicherheit ausgeschlossen wird, dürfen Presse, Rundfunk und Fernsehen keine Berichte über die Verhandlung und den Inhalt eines die Sache betreffenden amtlichen Schriftstücks veröffentlichen.

(3) ¹Ist die Öffentlichkeit wegen Gefährdung der Staatssicherheit oder aus den in §§ 171b und 172 Nr. 2 und 3 bezeichneten Gründen ausgeschlossen, so kann das Gericht den anwesenden Personen die Geheimhaltung von Tatsa-

chen, die durch die Verhandlung oder durch ein die Sache betreffendes amtliches Schriftstück zu ihrer Kenntnis gelangen, zur Pflicht machen. ²Der Beschluß ist in das Sitzungsprotokoll aufzunehmen. ³Er ist anfechtbar. ⁴Die Beschwerde hat keine aufschiebende Wirkung.

§ 175 [Versagung des Zutritts] (1) Der Zutritt zu öffentlichen Verhandlungen kann unerwachsenen und solchen Personen versagt werden, die in einer der Würde des Gerichts nicht entsprechenden Weise erscheinen.

(2) ¹Zu nicht öffentlichen Verhandlungen kann der Zutritt einzelnen Personen vom Gericht gestattet werden. ²In Strafsachen soll dem Verletzten der Zutritt gestattet werden. ³Einer Anhörung der Beteiligten bedarf es nicht.

(3) Die Ausschließung der Öffentlichkeit steht der Anwesenheit der die Dienstaufsicht führenden Beamten der Justizverwaltung bei den Verhandlungen vor dem erkennenden Gericht nicht entgegen.

§ 176 [Sitzungspolizei] Die Aufrechterhaltung der Ordnung in der Sitzung obliegt dem Vorsitzenden.

§ 177 [Maßnahmen zur Aufrechterhaltung der Ordnung] ¹Parteien, Beschuldigte, Zeugen, Sachverständige oder bei der Verhandlung nicht beteiligte Personen, die den zur Aufrechterhaltung der Ordnung getroffenen Anordnungen nicht Folge leisten, können aus dem Sitzungszimmer entfernt sowie zur Ordnungshaft abgeführt und während einer zu bestimmenden Zeit, die vierundzwanzig Stunden nicht übersteigen darf, festgehalten werden. ²Über Maßnahmen nach Satz 1 entscheidet gegenüber Personen, die bei der Verhandlung nicht beteiligt sind, der Vorsitzende, in den übrigen Fällen das Gericht.

§ 178[1]) [Ordnungsmittel wegen Ungebühr] (1) ¹Gegen Parteien, Beschuldigte, Zeugen, Sachverständige oder bei der Verhandlung nicht beteiligte Personen, die sich in der Sitzung einer Ungebühr schuldig machen, kann vorbehaltlich der strafgerichtlichen Verfolgung ein Ordnungsgeld bis zu eintausend Euro oder Ordnungshaft bis zu einer Woche festgesetzt und sofort vollstreckt werden. ²Bei der Festsetzung von Ordnungsgeld ist zugleich für den Fall, daß dieses nicht beigetrieben werden kann, zu bestimmen, in welchem Maße Ordnungshaft an seine Stelle tritt.

(2) Über die Festsetzung von Ordnungsmitteln entscheidet gegenüber Personen, die bei der Verhandlung nicht beteiligt sind, der Vorsitzende, in den übrigen Fällen das Gericht.

(3) Wird wegen derselben Tat später auf Strafe erkannt, so sind das Ordnungsgeld oder die Ordnungshaft auf die Strafe anzurechnen.

§ 179 [Vollstreckung der Ordnungsmittel] Die Vollstreckung der vorstehend bezeichneten Ordnungsmittel hat der Vorsitzende unmittelbar zu veranlassen.

---

¹) Beachte hierzu die für das Gesetz zur Reform des Zivilprozesses vom 27. 7. 2001 geltende Übergangsvorschrift in § 26 Nr. 2 EGZPO; Nr. **2**.

§ 180 [Befugnisse außerhalb der Sitzung] Die in den §§ 176 bis 179 bezeichneten Befugnisse stehen auch einem einzelnen Richter bei der Vornahme von Amtshandlungen außerhalb der Sitzung zu.

§ 181 [Beschwerde gegen Ordnungsmittel] (1) Ist in den Fällen der §§ 178, 180 ein Ordnungsmittel festgesetzt, so kann gegen die Entscheidung binnen der Frist von einer Woche nach ihrer Bekanntmachung Beschwerde eingelegt werden, sofern sie nicht von dem Bundesgerichtshof oder einem Oberlandesgericht getroffen ist.

(2) Die Beschwerde hat in dem Falle des § 178 keine aufschiebende Wirkung, in dem Falle des § 180 aufschiebende Wirkung.

(3) Über die Beschwerde entscheidet das Oberlandesgericht.

§ 182 [Protokollierung] Ist ein Ordnungsmittel wegen Ungebühr festgesetzt oder eine Person zur Ordnungshaft abgeführt oder eine bei der Verhandlung beteiligte Person entfernt worden, so ist der Beschluß des Gerichts und dessen Veranlassung in das Protokoll aufzunehmen.

§ 183 [Straftaten in der Sitzung] [1] Wird eine Straftat in der Sitzung begangen, so hat das Gericht den Tatbestand festzustellen und der zuständigen Behörde das darüber aufgenommene Protokoll mitzuteilen. [2] In geeigneten Fällen ist die vorläufige Festnahme des Täters zu verfügen.

Fünfzehnter Titel. Gerichtssprache

§ 184 [Deutsche Sprache] Die Gerichtssprache ist deutsch.

§ 185 [Dolmetscher] (1) [1] Wird unter Beteiligung von Personen verhandelt, die der deutschen Sprache nicht mächtig sind, so ist ein Dolmetscher zuzuziehen. [2] Ein Nebenprotokoll in der fremden Sprache wird nicht geführt; jedoch sollen Aussagen und Erklärungen in fremder Sprache, wenn und soweit der Richter dies mit Rücksicht auf die Wichtigkeit der Sache für erforderlich erachtet, auch in der fremden Sprache in das Protokoll oder in eine Anlage niedergeschrieben werden. [3] In den dazu geeigneten Fällen soll dem Protokoll eine durch den Dolmetscher zu beglaubigende Übersetzung beigefügt werden.

(2) Die Zuziehung eines Dolmetschers kann unterbleiben, wenn die beteiligten Personen sämtlich der fremden Sprache mächtig sind.

§ 186 [Taube, Stumme] Zur Verhandlung mit tauben oder stummen Personen ist, sofern nicht eine schriftliche Verständigung erfolgt, eine Person als Dolmetscher zuzuziehen, mit deren Hilfe die Verständigung in anderer Weise erfolgen kann.

§ 187 [Vortrag Tauber und Fremdsprachiger] (1) Ob eine Partei, die taub ist, bei der mündlichen Verhandlung der Vortrag zu gestatten sei, bleibt dem Ermessen des Gerichts überlassen.

(2) Dasselbe gilt in Anwaltsprozessen von einer Partei, die der deutschen Sprache nicht mächtig ist.

§ 188 [Eide Fremdsprachiger] Personen, die der deutschen Sprache nicht mächtig sind, leisten Eide in der ihnen geläufigen Sprache.

§ 189 [Dolmetschereid] (1) ¹Der Dolmetscher hat einen Eid dahin zu leisten:
daß er treu und gewissenhaft übertragen werde.
²Gibt der Dolmetscher an, daß er aus Glaubens- oder Gewissensgründen keinen Eid leisten wolle, so hat er eine Bekräftigung abzugeben. ³Diese Bekräftigung steht dem Eid gleich; hierauf ist der Dolmetscher hinzuweisen.

(2) Ist der Dolmetscher für Übertragungen der betreffenden Art im allgemeinen beeidigt, so genügt die Berufung auf den geleisteten Eid.

§ 190 [Urkundsbeamter als Dolmetscher] ¹Der Dienst des Dolmetschers kann von dem Urkundsbeamten der Geschäftsstelle wahrgenommen werden. ²Einer besonderen Beeidigung bedarf es nicht.

§ 191 [Ausschließung und Ablehnung des Dolmetschers] ¹Auf den Dolmetscher sind die Vorschriften über Ausschließung und Ablehnung der Sachverständigen entsprechend anzuwenden. ²Es entscheidet das Gericht oder der Richter, von dem der Dolmetscher zugezogen ist.

Sechzehnter Titel. Beratung und Abstimmung

§ 192 [Mitwirkende Richter] (1) Bei Entscheidungen dürfen Richter nur in der gesetzlich bestimmten Anzahl mitwirken.

(2) Bei Verhandlungen von längerer Dauer kann der Vorsitzende die Zuziehung von Ergänzungsrichtern anordnen, die der Verhandlung beizuwohnen und im Falle der Verhinderung eines Richters für ihn einzutreten haben.

(3)¹⁾ *(betrifft Strafsachen)*

§ 193 [Anwesenheit von auszubildenden Personen und ausländischen Juristen; Verpflichtung zur Geheimhaltung] (1) Bei der Beratung und Abstimmung dürfen außer den zur Entscheidung berufenen Richtern nur die bei demselben Gericht zu ihrer juristischen Ausbildung beschäftigten Personen und die dort beschäftigten wissenschaftlichen Hilfskräfte zugegen sein, soweit der Vorsitzende deren Anwesenheit gestattet.

(2) ¹Ausländische Berufsrichter, Staatsanwälte und Anwälte, die einem Gericht zur Ableistung eines Studienaufenthaltes zugewiesen worden sind, können bei demselben Gericht bei der Beratung und Abstimmung zugegen sein, soweit der Vorsitzende deren Anwesenheit gestattet und sie gemäß den Absätzen 3 und 4 verpflichtet sind. ²Satz 1 gilt entsprechend für ausländische Juristen, die im Entsendestaat in einem Ausbildungsverhältnis stehen.

---

¹⁾ Abgedruckt in **Schönfelder; Nr. 95**.

Sechzehnter Titel. Beratung und Abstimmung §§ 194–198 GVG 3

(3) ¹Die in Absatz 2 genannten Personen sind auf ihren Antrag zur Geheimhaltung besonders zu verpflichten. ²§ 1 Abs. 2 und 3 des Verpflichtungsgesetzes vom 2. März 1974 (BGBl. I S. 469, 547 – Artikel 42) gilt entsprechend. ³Personen, die nach Satz 1 besonders verpflichtet worden sind, stehen für die Anwendung der Vorschriften des Strafgesetzbuches über die Verletzung von Privatgeheimnissen (§ 203 Abs. 2 Satz 1 Nr. 2, Satz 2, Abs. 4 und 5, § 205), Verwertung fremder Geheimnisse (§§ 204, 205), Verletzung des Dienstgeheimnisses (§ 353b Abs. 1 Satz 1 Nr. 2, Satz 2, Abs. 3 und 4) sowie Verletzung des Steuergeheimnisses (§ 355) den für den öffentlichen Dienst besonders Verpflichteten gleich.

(4) ¹Die Verpflichtung wird vom Präsidenten oder vom aufsichtsführenden Richter des Gerichts vorgenommen. ²Er kann diese Befugnis auf den Vorsitzenden des Spruchkörpers oder auf den Richter übertragen, dem die in Absatz 2 genannten Personen zugewiesen sind. ³Einer erneuten Verpflichtung bedarf es während der Dauer des Studienaufenthaltes nicht. ⁴In den Fällen des § 355 des Strafgesetzbuches ist der Richter, der die Verpflichtung vorgenommen hat, neben dem Verletzten antragsberechtigt.

§ 194 [**Gang der Beratung**] (1) Der Vorsitzende leitet die Beratung, stellt die Fragen und sammelt die Stimmen.

(2) Meinungsverschiedenheiten über den Gegenstand, die Fassung und die Reihenfolge der Fragen oder über das Ergebnis der Abstimmung entscheidet das Gericht.

§ 195 [**Keine Verweigerung der Abstimmung**] Kein Richter oder Schöffe darf die Abstimmung über eine Frage verweigern, weil er bei der Abstimmung über eine vorhergegangene Frage in der Minderheit geblieben ist.

§ 196 [**Absolute Mehrheit; Meinungsmehrheit**] (1) Das Gericht entscheidet, soweit das Gesetz nicht ein anderes bestimmt, mit der absoluten Mehrheit der Stimmen.

(2) Bilden sich in Beziehung auf Summen, über die zu entscheiden ist, mehr als zwei Meinungen, deren keine die Mehrheit für sich hat, so werden die für die größte Summe abgegebenen Stimmen den für die zunächst geringere abgegebenen so lange hinzugerechnet, bis sich eine Mehrheit ergibt.

(3), (4)¹⁾ *(betrifft Strafsachen)*

§ 197 [**Reihenfolge der Stimmabgabe**] ¹Die Richter stimmen nach dem Dienstalter, bei gleichem Dienstalter nach dem Lebensalter, ehrenamtliche Richter und Schöffen nach dem Lebensalter; der jüngere stimmt vor dem älteren. ²Die Schöffen stimmen vor den Richtern. ³Wenn ein Berichterstatter ernannt ist, so stimmt er zuerst. ⁴Zuletzt stimmt der Vorsitzende.

§ 198. *(weggefallen)*

---

¹⁾ Abgedruckt in **Schönfelder; Nr. 95**.

Siebzehnter Titel. Gerichtsferien

§§ 199–202. *(aufgehoben)*

4. Gegenüberstellung ZPO, EGZPO, GVG neu/alt

Vorbemerkung:
In der linken Spalte sind die inhaltlichen Änderungen gegenüber der Altfassung durch Unterstreichungen im Text kenntlich gemacht; in der Altfassung sind entfallene Passagen durch Kursivdruck hervorgehoben.

a) Zivilprozeßordnung

idF der Bek. vom 12. September 1950 (BGBl. S. 533)

BGBl. III/FNA 310-4

(Auszug)

ab dem 1. 1. 2002 geltende Fassung	bis zum 31. 12. 2001 geltende Fassung
Zuletzt geändert durch Gesetz vom 14. 12. 2001 (BGBl. I S. 3721)	Zuletzt geändert durch Gesetz vom 13. 7. 2001 (BGBl. I S. 1542)
Buch 1. Allgemeine Vorschriften	**Erstes Buch. Allgemeine Vorschriften**
Abschnitt 1. Gerichte	**Erster Abschnitt. Gerichte**
Titel 1. Sachliche Zuständigkeit der Gerichte und Wertvorschriften	**Erster Titel. Sachliche Zuständigkeit der Gerichte und Wertvorschriften**
§ 10 *(aufgehoben)*	**§ 10** *[Verstoß gegen sachliche Zuständigkeit]* Das Urteil eines Landgerichts kann nicht aus dem Grunde angefochten werden, weil die Zuständigkeit des Amtsgerichts begründet gewesen sei.
Titel 2. Gerichtsstand	**Zweiter Titel. Gerichtsstand**
§ 37 Verfahren bei gerichtlicher Bestimmung. (1) Die Entscheidung über das Gesuch um Bestimmung des zuständigen Gerichts <u>ergeht durch Beschluss.</u> (2) Der Beschluß, der das zuständige Gericht bestimmt, ist nicht anfechtbar.	**§ 37** [Verfahren bei gerichtlicher Bestimmung] (1) Die Entscheidung über das Gesuch um Bestimmung des zuständigen Gerichts kann ohne mündliche Verhandlung ergehen. (2) Der Beschluß, der das zuständige Gericht bestimmt, ist nicht anfechtbar.
Titel 3. Vereinbarung über die Zuständigkeit der Gerichte	**Dritter Titel. Vereinbarung über die Zuständigkeit der Gerichte**
§ 40 Unwirksame und unzulässige Gerichtsstandsvereinbarung. (1) Die Vereinbarung hat keine rechtliche Wirkung, wenn sie nicht auf ein	**§ 40** [Unwirksame und unzulässige Gerichtsstandsvereinbarung] (1) Die Vereinbarung hat keine rechtliche Wirkung, wenn sie nicht auf ein

| ab dem 1. 1. 2002 geltende Fassung | bis zum 31. 12. 2001 geltende Fassung |

bestimmtes Rechtsverhältnis und die aus ihm entspringenden Rechtsstreitigkeiten sich bezieht.
(2) ¹Eine Vereinbarung ist unzulässig, wenn
1. der Rechtsstreit nichtvermögensrechtliche Ansprüche betrifft, die den Amtsgerichten ohne Rücksicht auf den Wert des Streitgegenstandes zugewiesen sind oder
2. für die Klage ein ausschließlicher Gerichtsstand begründet ist.
²In diesen Fällen wird die Zuständigkeit eines Gerichts auch nicht durch rügeloses Verhandeln zur Hauptsache begründet.

Titel 4. Ausschließung und Ablehnung der Gerichtspersonen

§ 45 Entscheidung über das Ablehnungsgesuch. (1) Über das Ablehnungsgesuch entscheidet das Gericht, dem der Abgelehnte angehört, ohne dessen Mitwirkung.

(2) ¹Wird ein Richter beim Amtsgericht abgelehnt, so entscheidet ein anderer Richter des Amtsgerichts über das Gesuch. ²Einer Entscheidung bedarf es nicht, wenn der abgelehnte Richter das Ablehnungsgesuchs für begründet hält.

(3) Wird das zur Entscheidung berufene Gericht durch Ausscheiden des abgelehnten Mitglieds beschlussunfähig, so entscheidet das im Rechtszug zunächst höhere Gericht.

§ 46 Entscheidung und Rechtsmittel. (1) Die Entscheidung über das Ablehnungsgesuch ergeht durch Beschluss.
(2) Gegen den Beschluß, durch den das Gesuch für begründet erklärt

bestimmtes Rechtsverhältnis und die aus ihm entspringenden Rechtsstreitigkeiten sich bezieht.
(2) ¹Eine Vereinbarung ist unzulässig, wenn der Rechtsstreit andere als vermögensrechtliche Ansprüche betrifft oder wenn für die Klage ein ausschließlicher Gerichtsstand begründet ist. ²In diesen Fällen wird die Zuständigkeit eines Gerichts auch nicht durch rügeloses Verhandeln zur Hauptsache begründet.

Vierter Titel. Ausschließung und Ablehnung der Gerichtspersonen

§ 45 [Zuständigkeit zur Entscheidung] (1) Über das Ablehnungsgesuch entscheidet das Gericht, dem der Abgelehnte angehört; wenn dieses Gericht durch Ausscheiden des abgelehnten Mitglieds beschlußunfähig wird, das im Rechtszuge zunächst höhere Gericht.

(2) ¹Wird ein Richter beim Amtsgericht abgelehnt, so entscheidet das Landgericht, bei Ablehnung eines Familienrichters das Oberlandesgericht. ²Einer Entscheidung bedarf es nicht, wenn der Richter *beim Amtsgericht* das Ablehnungsgesuch für begründet hält.

§ 46 [Entscheidung und Rechtsmittel] (1) Die Entscheidung über das Ablehnungsgesuch kann ohne mündliche Verhandlung ergehen.
(2) Gegen den Beschluß, durch den das Gesuch für begründet erklärt

Neue/alte Fassung

ZPO neu/alt 4

| ab dem 1. 1. 2002 geltende Fassung | bis zum 31. 12. 2001 geltende Fassung |

wird, findet kein Rechtsmittel, gegen den Beschluß, durch den das Gesuch für unbegründet erklärt wird, findet sofortige Beschwerde statt.

Abschnitt 2. Parteien

Titel 4. Prozessbevollmächtigte und Beistände

§ 78 Anwaltsprozess. (1) Vor den Landgerichten müssen sich die Parteien durch einen bei einem Amts- oder Landgericht zugelassenen Rechtsanwalt und vor allen Gerichten des höheren Rechtszuges durch einen bei dem Prozessgericht zugelassenen Rechtsanwalt als Bevollmächtigten vertreten lassen (Anwaltsprozess).
(2) ¹In Familiensachen müssen sich die Parteien und Beteiligten vor den Familiengerichten durch einen bei einem Amts- oder Landgericht zugelassenen Rechtsanwalt und vor allen Gerichten des höheren Rechtszuges durch einen bei dem Prozessgericht zugelassenen Rechtsanwalt nach Maßgabe der folgenden Vorschriften vertreten lassen:
1. die Ehegatten in Ehesachen und Folgesachen in allen Rechtszügen, am Verfahren über Folgesachen beteiligte Dritte nur für die <u>Rechtsbeschwerde und die Nichtzulassungsbeschwerde</u> nach § 621 e Abs. 2 vor dem Bundesgerichtshof,
1a. die Lebenspartner in Lebenspartnerschaftssachen nach § 661 Abs. 1 Nr. 1 bis 3 und Folgesachen in allen Rechtszügen,
2. die Parteien und am Verfahren beteiligte Dritte in selbständigen Familiensachen des § 621 Abs. 1 Nr. 8 und § 661 Abs. 1 Nr. 6 in allen Rechtszügen, in selbständi-

wird, findet kein Rechtsmittel, gegen den Beschluß, durch den das Gesuch für unbegründet erklärt wird, findet sofortige Beschwerde statt.

Zweiter Abschnitt. Parteien

Vierter Titel. Prozeßbevollmächtigte und Beistände

§ 78 Anwaltsprozess. (1) Vor den Landgerichten müssen sich die Parteien durch einen bei einem Amts- oder Landgericht zugelassenen Rechtsanwalt und vor allen Gerichten des höheren Rechtszuges durch einen bei dem Prozessgericht zugelassenen Rechtsanwalt als Bevollmächtigten vertreten lassen (Anwaltsprozess).
(2) ¹In Familiensachen müssen sich die Parteien und Beteiligten vor den Familiengerichten durch einen bei einem Amts- oder Landgericht zugelassenen Rechtsanwalt und vor allen Gerichten des höheren Rechtszuges durch einen bei dem Prozessgericht zugelassenen Rechtsanwalt nach Maßgabe der folgenden Vorschriften vertreten lassen:
1. die Ehegatten in Ehesachen und Folgesachen in allen Rechtszügen, am Verfahren über Folgesachen beteiligte Dritte nur für die weitere Beschwerde nach § 621 e Abs. 2 vor dem Bundesgerichtshof,
1a. die Lebenspartner in Lebenspartnerschaftssachen nach § 661 Abs. 1 Nr. 1 bis 3 und Folgesachen in allen Rechtszügen,
2. die Parteien und am Verfahren beteiligte Dritte in selbständigen Familiensachen des § 621 Abs. 1 Nr. 8 und § 661 Abs. 1 Nr. 6 in allen Rechtszügen, in selbständi-

ZPO neu/alt — Neue/alte Fassung

ab dem 1. 1. 2002 geltende Fassung

gen Familiensachen des § 621 Abs. 1 Nr. 4, 5, 10 mit Ausnahme der Verfahren nach § 1600e Abs. 2 des Bürgerlichen Gesetzbuchs, Nr. 11 sowie in Lebenspartnerschaftssachen nach § 661 Abs. 1 Nr. 4 nur vor den Gerichten des höheren Rechtszuges,

3. die Beteiligten in selbständigen Familiensachen des § 621 Abs. 1 Nr. 1 bis 3, 6, 10 in Verfahren nach § 1600e Abs. 2 des Bürgerlichen Gesetzbuchs sowie Nr. 12 nur für die <u>Rechtsbeschwerde und die Nichtzulassungsbeschwerde</u> nach § 621e Abs. 2 vor dem Bundesgerichtshof.

²Das Jugendamt, die Träger der gesetzlichen Rentenversicherungen sowie sonstige Körperschaften, Anstalten oder Stiftungen des öffentlichen Rechts und deren Verbände einschließlich der Spitzenverbände und ihrer Arbeitsgemeinschaften brauchen sich in den Fällen des Satzes 1 Nr. 1 und 3 nicht durch einen Rechtsanwalt vertreten zu lassen.

(3) Diese Vorschriften sind auf das Verfahren vor einem beauftragten oder ersuchten Richter sowie auf Prozesshandlungen, die vor dem Urkundsbeamten der Geschäftsstelle vorgenommen werden können, nicht anzuwenden.

(4) Ein Rechtsanwalt, der nach Maßgabe der Absätze 1 und 2 zur Vertretung berechtigt ist, kann sich selbst vertreten.

§ 78b Notanwalt. (1) Insoweit eine Vertretung durch Anwälte geboten ist, hat das Prozeßgericht einer Partei auf ihren Antrag <u>durch Beschluss</u> für den Rechtszug einen Rechtsanwalt zur Wahrnehmung ihrer Rechte beizuordnen, wenn sie ei-

bis zum 31. 12. 2001 geltende Fassung

gen Familiensachen des § 621 Abs. 1 Nr. 4, 5, 10 mit Ausnahme der Verfahren nach § 1600e Abs. 2 des Bürgerlichen Gesetzbuchs, Nr. 11 sowie in Lebenspartnerschaftssachen nach § 661 Abs. 1 Nr. 4 nur vor den Gerichten des höheren Rechtszuges,

3. die Beteiligten in selbständigen Familiensachen des § 621 Abs. 1 Nr. 1 bis 3, 6, 10 in Verfahren nach § 1600e Abs. 2 des Bürgerlichen Gesetzbuchs sowie Nr. 12 nur für die weitere Beschwerde nach § 621e Abs. 2 vor dem Bundesgerichtshof.

²Das Jugendamt, die Träger der gesetzlichen Rentenversicherungen sowie sonstige Körperschaften, Anstalten oder Stiftungen des öffentlichen Rechts und deren Verbände einschließlich der Spitzenverbände und ihrer Arbeitsgemeinschaften brauchen sich in den Fällen des Satzes 1 Nr. 1 und 3 nicht durch einen Rechtsanwalt vertreten zu lassen.

(3) Diese Vorschriften sind auf das Verfahren vor einem beauftragten oder ersuchten Richter sowie auf Prozesshandlungen, die vor dem Urkundsbeamten der Geschäftsstelle vorgenommen werden können, nicht anzuwenden.

(4) Ein Rechtsanwalt, der nach Maßgabe der Absätze 1 und 2 zur Vertretung berechtigt ist, kann sich selbst vertreten.

§ 78b [Beiordnung eines Rechtsanwalts] (1) ¹Insoweit eine Vertretung durch Anwälte geboten ist, hat das Prozeßgericht einer Partei auf ihren Antrag für den Rechtszug einen Rechtsanwalt zur Wahrnehmung ihrer Rechte beizuordnen,

ab dem 1. 1. 2002 geltende Fassung	bis zum 31. 12. 2001 geltende Fassung
nen zu ihrer Vertretung bereiten Rechtsanwalt nicht findet und die Rechtsverfolgung oder Rechtsverteidigung nicht mutwillig oder aussichtslos erscheint. (2) Gegen den Beschluß, durch den die Beiordnung eines Rechtsanwalts abgelehnt wird, findet die <u>sofortige</u> Beschwerde statt. (3) *(aufgehoben)* **§ 78c Auswahl des Rechtsanwalts.** (1) Der nach § 78b beizuordnende Rechtsanwalt wird durch den Vorsitzenden des Gerichts aus der Zahl der bei dem Prozeßgericht zugelassenen Rechtsanwälte ausgewählt. (2) Der beigeordnete Rechtsanwalt kann die Übernahme der Vertretung davon abhängig machen, daß die Partei ihm einen Vorschuß zahlt, der nach der Bundesgebührenordnung für Rechtsanwälte zu bemessen ist. (3) ¹Gegen eine Verfügung, die nach Absatz 1 getroffen wird, steht der Partei und dem Rechtsanwalt die <u>sofortige</u> Beschwerde zu. ²Dem Rechtsanwalt steht die <u>sofortige</u> Beschwerde auch zu, wenn der Vorsitzende des Gerichts den Antrag, die Beiordnung aufzuheben (§ 48 Abs. 2 der Bundesrechtsanwaltsordnung), ablehnt. **Titel 5. Prozesskosten** **§ 91a Kosten bei Erledigung der Hauptsache.** (1) Haben die Parteien in der mündlichen Verhandlung oder durch Einreichung eines Schriftsatzes oder zu Protokoll der Geschäftsstelle den Rechtsstreit in der Hauptsache für erledigt erklärt, so entscheidet das Gericht über die Kosten unter Berücksichtigung des bisherigen Sach- und Streitstandes nach billigem Ermessen durch Beschluß.	wenn sie einen zu ihrer Vertretung bereiten Rechtsanwalt nicht findet und die Rechtsverfolgung oder Rechtsverteidigung nicht mutwillig oder aussichtslos erscheint. ²*Über den Antrag kann ohne mündliche Verhandlung entschieden werden.* (2) Gegen den Beschluß, durch den die Beiordnung eines Rechtsanwalts abgelehnt wird, findet die Beschwerde statt. (3) *(aufgehoben)* **§ 78c [Auswahl des Rechtsanwalts]** (1) Der nach § 78b beizuordnende Rechtsanwalt wird durch den Vorsitzenden des Gerichts aus der Zahl der bei dem Prozeßgericht zugelassenen Rechtsanwälte ausgewählt. (2) Der beigeordnete Rechtsanwalt kann die Übernahme der Vertretung davon abhängig machen, daß die Partei ihm einen Vorschuß zahlt, der nach der Bundesgebührenordnung für Rechtsanwälte zu bemessen ist. (3) ¹Gegen eine Verfügung, die nach Absatz 1 getroffen wird, steht der Partei und dem Rechtsanwalt die Beschwerde zu. ²Dem Rechtsanwalt steht die Beschwerde auch zu, wenn der Vorsitzende des Gerichts den Antrag, die Beiordnung aufzuheben (§ 48 Abs. 2 der Bundesrechtsanwaltsordnung), ablehnt. **Fünfter Titel. Prozeßkosten** **§ 91a [Kosten bei Erledigung der Hauptsache]** (1) ¹Haben die Parteien in der mündlichen Verhandlung oder durch Einreichung eines Schriftsatzes oder zu Protokoll der Geschäftsstelle den Rechtsstreit in der Hauptsache für erledigt erklärt, so entscheidet das Gericht über die Kosten unter Berücksichtigung des bisherigen Sach- und Streitstandes nach billigem Ermessen durch Beschluß.

4 ZPO neu/alt

| **ab dem 1. 1. 2002 geltende Fassung** | **bis zum 31. 12. 2001 geltende Fassung** |

²Die Entscheidung kann ohne mündliche Verhandlung ergehen.

(2) ¹Gegen die Entscheidung findet die sofortige Beschwerde statt. ²Dies gilt nicht, wenn der Streitwert der Hauptsache den in § 511 genannten Betrag nicht übersteigt. ³Vor der Entscheidung über die Beschwerde ist der Gegner zu hören.

(2) ¹Gegen die Entscheidung findet sofortige Beschwerde statt.

²Vor der Entscheidung über die Beschwerde ist der Gegner zu hören.

§ 92 Kosten bei teilweisem Obsiegen.
(1) ¹Wenn jede Partei teils obsiegt, teils unterliegt, so sind die Kosten gegeneinander aufzuheben oder verhältnismäßig zu teilen. ²Sind die Kosten gegeneinander aufgehoben, so fallen die Gerichtskosten jeder Partei zur Hälfte zur Last.

(2) Das Gericht kann der einen Partei die gesamten Prozesskosten auferlegen, wenn
1. die Zuvielforderung der anderen Partei verhältnismäßig geringfügig war und keine oder nur geringfügig höhere Kosten veranlasst hat oder
2. der Betrag der Forderung der anderen Partei von der Festsetzung durch richterliches Ermessen, von der Ermittlung durch Sachverständige oder von einer gegenseitigen Berechnung abhängig war.

§ 92 [Kostenteilung bei teilweisem Obsiegen]
(1) ¹Wenn jede Partei teils obsiegt, teils unterliegt, so sind die Kosten gegeneinander aufzuheben oder verhältnismäßig zu teilen. ²Sind die Kosten gegeneinander aufgehoben, so fallen die Gerichtskosten jeder Partei zur Hälfte zur Last.

(2) Das Gericht kann der einen Partei die gesamten Prozeßkosten auferlegen, wenn die Zuvielforderung der anderen Partei verhältnismäßig geringfügig war und keine besonderen Kosten veranlaßt hat oder wenn der Betrag der Forderung der anderen Partei von der Festsetzung durch richterliches Ermessen, von der Ausmittlung durch Sachverständige oder von einer gegenseitigen Berechnung abhängig war.

§ 93 d Kosten bei Unterhaltsklagen.
Hat zu einem Verfahren, das die gesetzliche Unterhaltspflicht betrifft, die in Anspruch genommene Partei dadurch Anlaß gegeben, daß sie der Verpflichtung, über ihre Einkünfte und ihr Vermögen Auskunft zu erteilen, nicht oder nicht vollständig nachgekommen ist, so können ihr die Kosten des Verfahrens abweichend von den Vorschriften der §§ 91 bis 93a und 269 Abs. 3 Satz 2 nach billigem Ermessen ganz oder teilweise auferlegt werden.

§ 93 d [Kosten bei Unterhaltsklagen]
Hat zu einem Verfahren, das die gesetzliche Unterhaltspflicht betrifft, die in Anspruch genommene Partei dadurch Anlaß gegeben, daß sie der Verpflichtung, über ihre Einkünfte und ihr Vermögen Auskunft zu erteilen, nicht oder nicht vollständig nachgekommen ist, so können ihr die Kosten des Verfahrens abweichend von den Vorschriften der §§ 91 bis 93a und 269 Abs. 3 nach billigem Ermessen ganz oder teilweise auferlegt werden.

Neue/alte Fassung · ZPO neu/alt 4

| ab dem 1. 1. 2002 geltende Fassung | bis zum 31. 12. 2001 geltende Fassung |

§ 99 Anfechtung von Kostenentscheidungen. (1) Die Anfechtung der <u>Kostenentscheidung</u> ist unzulässig, wenn nicht gegen die Entscheidung in der Hauptsache ein Rechtsmittel eingelegt wird.

(2) [1]Ist die Hauptsache durch eine aufgrund eines Anerkenntnisses ausgesprochene Verurteilung erledigt, so findet gegen die <u>Kostenentscheidung</u> die sofortige Beschwerde statt. [2]<u>Dies gilt nicht, wenn der Streitwert der Hauptsache den in § 511 genannten Betrag nicht übersteigt.</u>
[3]Vor der Entscheidung über die Beschwerde ist der Gegner zu hören.

§ 104 Kostenfestsetzungsverfahren. (1) [1]Über den Festsetzungsantrag entscheidet das Gericht des ersten Rechtszuges. [2]Auf Antrag ist auszusprechen, daß die festgesetzten Kosten vom Eingang des Festsetzungsantrags, im Falle des § 105 Abs. 2 von der Verkündung des Urteils ab mit <u>fünf Prozentpunkten über dem Basiszinssatz</u> zu verzinsen sind. [3]Die Entscheidung ist, sofern dem Antrag ganz oder teilweise entsprochen wird, dem Gegner des Antragstellers unter Beifügung einer Abschrift der Kostenrechnung von Amts wegen zuzustellen. [4]Dem Antragsteller ist die Entscheidung nur dann von Amts wegen zuzustellen, wenn der Antrag ganz oder teilweise zurückgewiesen wird; im übrigen ergeht die Mitteilung formlos.
(2) [1]Zur Berücksichtigung eines Ansatzes genügt, daß er glaubhaft gemacht ist. [2]Hinsichtlich der einem Rechtsanwalt erwachsenen Auslagen für Post- und Telekommunikationsdienstleistungen genügt die Versicherung des Rechtsanwalts, daß diese Auslagen entstanden sind. [3]Zur Be-

§ 99 [Anfechtung von Kostenentscheidungen] (1) Die Anfechtung der Entscheidung über den Kostenpunkt ist unzulässig, wenn nicht gegen die Entscheidung in der Hauptsache ein Rechtsmittel eingelegt wird.

(2) [1]Ist die Hauptsache durch eine auf Grund eines Anerkenntnisses ausgesprochene Verurteilung erledigt, so findet gegen die Entscheidung über den Kostenpunkt sofortige Beschwerde statt.

[2]Vor der Entscheidung über die Beschwerde ist der Gegner zu hören.

§ 104 [Verfahren bei Kostenfestsetzung; sofortige Beschwerde] (1) [1]Über den Festsetzungsantrag entscheidet das Gericht des ersten Rechtszuges. [2]Auf Antrag ist auszusprechen, daß die festgesetzten Kosten vom Eingang des Festsetzungsantrags, im Falle des § 105 Abs. 2 von der Verkündung des Urteils ab mit vier vom Hundert zu verzinsen sind. [3]Die Entscheidung ist, sofern dem Antrag ganz oder teilweise entsprochen wird, dem Gegner des Antragstellers unter Beifügung einer Abschrift der Kostenrechnung von Amts wegen zuzustellen. [4]Dem Antragsteller ist die Entscheidung nur dann von Amts wegen zuzustellen, wenn der Antrag ganz oder teilweise zurückgewiesen wird; im übrigen ergeht die Mitteilung formlos.
(2) [1]Zur Berücksichtigung eines Ansatzes genügt, daß er glaubhaft gemacht ist. [2]Hinsichtlich der einem Rechtsanwalt erwachsenen Auslagen für Post- und Telekommunikationsdienstleistungen genügt die Versicherung des Rechtsanwalts, daß diese Auslagen entstanden sind. [3]Zur Be-

4 ZPO neu/alt — Neue/alte Fassung

ab dem 1. 1. 2002 geltende Fassung

rücksichtigung von Umsatzsteuerbeträgen genügt die Erklärung des Antragstellers, daß er die Beträge nicht als Vorsteuer abziehen kann.

(3) ¹Gegen die Entscheidung findet sofortige Beschwerde statt. ²Das Beschwerdegericht kann das Verfahren aussetzen, bis die Entscheidung, auf die der Festsetzungsantrag gestützt wird, rechtskräftig ist.

Titel 6. Sicherheitsleistung

§ 108 Art und Höhe der Sicherheit. (1) ¹In den Fällen der Bestellung einer prozessualen Sicherheit kann das Gericht nach freiem Ermessen bestimmen, in welcher Art und Höhe die Sicherheit zu leisten ist. ²Soweit das Gericht eine Bestimmung nicht getroffen hat und die Parteien ein anderes nicht vereinbart haben, ist die Sicherheitsleistung <u>durch die schriftliche, unwiderrufliche, unbedingte und unbefristete Bürgschaft eines im Inland zum Geschäftsbetrieb befugten Kreditinstituts oder</u> durch Hinterlegung von Geld oder solchen Wertpapieren zu bewirken, die nach § 234 Abs. 1 und 3 des Bürgerlichen Gesetzbuchs zur Sicherheitsleistung geeignet sind.

(2) Die Vorschriften des § 234 Abs. 2 und des § 235 des Bürgerlichen Gesetzbuchs sind entsprechend anzuwenden.

§ 109 Rückgabe der Sicherheit. (1) Ist die Veranlassung für eine Sicherheitsleistung weggefallen, so hat auf Antrag das Gericht, das die Bestellung der Sicherheit angeordnet oder zugelassen hat, eine Frist zu bestimmen, binnen der ihm die Partei, zu deren Gunsten die Sicherheit geleistet ist, die Einwilligung in die Rückgabe der Sicherheit zu erklären

bis zum 31. 12. 2001 geltende Fassung

rücksichtigung von Umsatzsteuerbeträgen genügt die Erklärung des Antragstellers, daß er die Beträge nicht als Vorsteuer abziehen kann.

(3) ¹Gegen die Entscheidung findet sofortige Beschwerde statt. ²Das Beschwerdegericht kann das Verfahren aussetzen, bis die Entscheidung, auf die der Festsetzungsantrag gestützt wird, rechtskräftig ist.

Sechster Titel. Sicherheitsleistung

§ 108 [Art und Höhe der Sicherheit] (1) ¹In den Fällen der Bestellung einer prozessualen Sicherheit kann das Gericht nach freiem Ermessen bestimmen, in welcher Art und Höhe die Sicherheit zu leisten ist. ²Soweit das Gericht eine Bestimmung nicht getroffen hat und die Parteien ein anderes nicht vereinbart haben, ist die Sicherheitsleistung durch Hinterlegung von Geld oder solchen Wertpapieren zu bewirken, die nach § 234 Abs. 1, 3 des Bürgerlichen Gesetzbuchs zur Sicherheitsleistung geeignet sind.

(2) Die Vorschriften des § 234 Abs. 2 und des § 235 des Bürgerlichen Gesetzbuchs sind entsprechend anzuwenden.

§ 109 [Rückgabe der Sicherheit] (1) Ist die Veranlassung für eine Sicherheitsleistung weggefallen, so hat auf Antrag das Gericht, das die Bestellung der Sicherheit angeordnet oder zugelassen hat, eine Frist zu bestimmen, binnen der ihm die Partei, zu deren Gunsten die Sicherheit geleistet ist, die Einwilligung in die Rückgabe der Sicherheit zu erklären

Neue/alte Fassung ZPO neu/alt 4

| ab dem 1. 1. 2002 geltende Fassung | bis zum 31. 12. 2001 geltende Fassung |

oder die Erhebung der Klage wegen ihrer Ansprüche nachzuweisen hat.
(2) ¹Nach Ablauf der Frist hat das Gericht auf Antrag die Rückgabe der Sicherheit anzuordnen, wenn nicht inzwischen die Erhebung der Klage nachgewiesen ist; ist die Sicherheit durch eine Bürgschaft bewirkt worden, so ordnet das Gericht das Erlöschen der Bürgschaft an. ²Die Anordnung wird erst mit der Rechtskraft wirksam.
(3) ¹Die Anträge und die Einwilligung in die Rückgabe der Sicherheit können vor der Geschäftsstelle zu Protokoll erklärt werden. ²Die Entscheidungen <u>ergehen durch Beschluss.</u>
(4) Gegen den Beschluß, durch den der im Absatz 1 vorgesehene Antrag abgelehnt wird, steht dem Antragsteller, gegen die im Absatz 2 bezeichnete Entscheidung steht beiden Teilen die sofortige Beschwerde zu.

Titel 7. Prozesskostenhilfe und Prozesskostenvorschuss

§ 115 Einsatz von Einkommen und Vermögen. (1) ¹Die Partei hat ihr Einkommen einzusetzen. ²Zum Einkommen gehören alle Einkünfte in Geld oder Geldeswert. ³Von ihm sind abzusetzen:
1. die in § 76 Abs. 2, 2a des Bundessozialhilfegesetzes bezeichneten Beträge;
2. für die Partei und ihren Ehegatten oder ihren Lebenspartner jeweils 64 vom Hundert und bei weiteren Unterhaltsleistungen auf Grund gesetzlicher Unterhaltspflicht für jede unterhaltsberechtigte Person 45 vom Hundert des Grundbetrags nach § 79 Abs. 1 Nr. 1, § 82 des Bundessozialhilfegesetzes, der im Zeitpunkt der Bewilligung der Prozeßkostenhilfe gilt;

oder die Erhebung der Klage wegen ihrer Ansprüche nachzuweisen hat.
(2) ¹Nach Ablauf der Frist hat das Gericht auf Antrag die Rückgabe der Sicherheit anzuordnen, wenn nicht inzwischen die Erhebung der Klage nachgewiesen ist; ist die Sicherheit durch eine Bürgschaft bewirkt worden, so ordnet das Gericht das Erlöschen der Bürgschaft an. ²Die Anordnung wird erst mit der Rechtskraft wirksam.
(3) ¹Die Anträge und die Einwilligung in die Rückgabe der Sicherheit können vor der Geschäftsstelle zu Protokoll erklärt werden. ²Die Entscheidungen können ohne mündliche Verhandlung ergehen.
(4) Gegen den Beschluß, durch den der im Absatz 1 vorgesehene Antrag abgelehnt wird, steht dem Antragsteller, gegen die im Absatz 2 bezeichnete Entscheidung steht beiden Teilen die sofortige Beschwerde zu.

Siebenter Titel. Prozeßkostenhilfe und Prozeßkostenvorschuß

§ 115 [Einzusetzendes Einkommen und Vermögen] (1) ¹Die Partei hat ihr Einkommen einzusetzen. ²Zum Einkommen gehören alle Einkünfte in Geld oder Geldeswert. ³Von ihm sind abzusetzen:
1. die in § 76 Abs. 2, 2a des Bundessozialhilfegesetzes bezeichneten Beträge;
2. für die Partei und ihren Ehegatten oder ihren Lebenspartner jeweils 64 vom Hundert und bei weiteren Unterhaltsleistungen auf Grund gesetzlicher Unterhaltspflicht für jede unterhaltsberechtigte Person 45 vom Hundert des Grundbetrags nach § 79 Abs. 1 Nr. 1, § 82 des Bundessozialhilfegesetzes, der im Zeitpunkt der Bewilligung der Prozeßkostenhilfe gilt;

4 ZPO neu/alt

ab dem 1. 1. 2002 geltende Fassung	bis zum 31. 12. 2001 geltende Fassung
<u>die Beträge sind entsprechend § 82 des Bundessozialhilfegesetzes zu runden;</u> das Bundesministerium der Justiz gibt jährlich die vom 1. Juli des Jahres bis zum 30. Juni des nächsten Jahres maßgebenden Beträge im Bundesgesetzblatt bekannt. Der Unterhaltsfreibetrag vermindert sich um eigenes Einkommen der unterhaltsberechtigten Person. Wird eine Geldrente gezahlt, ist sie anstelle des Freibetrags abzusetzen, soweit dies angemessen ist;	das Bundesministerium der Justiz gibt jährlich die vom 1. Juli des Jahres bis zum 30. Juni des nächsten Jahres maßgebenden Beträge im Bundesgesetzblatt bekannt. Der Unterhaltsfreibetrag vermindert sich um eigenes Einkommen der unterhaltsberechtigten Person. Wird eine Geldrente gezahlt, ist sie anstelle des Freibetrags abzusetzen, soweit dies angemessen ist;
3. die Kosten der Unterkunft und Heizung, soweit sie nicht in einem auffälligen Mißverhältnis zu den Lebensverhältnissen der Partei stehen;	3. die Kosten der Unterkunft und Heizung, soweit sie nicht in einem auffälligen Mißverhältnis zu den Lebensverhältnissen der Partei stehen;
4. weitere Beträge, soweit dies mit Rücksicht auf besondere Belastungen angemessen ist; § 1610a des Bürgerlichen Gesetzbuchs gilt entsprechend.	4. weitere Beträge, soweit dies mit Rücksicht auf besondere Belastungen angemessen ist; § 1610a des Bürgerlichen Gesetzbuchs gilt entsprechend.
[4]Von dem nach den Abzügen verbleibenden, auf volle <u>Euro</u> abzurundenden Teil des monatlichen Einkommens (einzusetzendes Einkommen) sind unabhängig von der Zahl der Rechtszüge höchstens achtundvierzig Monatsraten aufzubringen, und zwar bei einem	[4]Von dem nach den Abzügen verbleibenden, auf volle Deutsche Mark abzurundenden Teil des monatlichen Einkommens (einzusetzendes Einkommen) sind unabhängig von der Zahl der Rechtszüge höchstens achtundvierzig Monatsraten aufzubringen, und zwar bei einem

Neue/alte Fassung ZPO neu/alt 4

ab dem 1. 1. 2002 geltende Fassung		bis zum 31. 12. 2001 geltende Fassung	
einzusetzenden Einkommen (Euro)	eine Monatsrate von (Euro)	einzusetzenden Einkommen (Deutsche Mark)	eine Monatsrate von (Deutsche Mark)
bis 15	0	bis 30	0
50	15	100	30
100	30	200	60
150	45	300	90
200	60	400	120
250	75	500	150
300	95	600	190
350	115	700	230
400	135	800	270
450	155	900	310
500	175	1000	350
550	200	1100	400
600	225	1200	450
650	250	1300	500
700	275	1400	550
750	300	1500	600
über 750	300 zuzüglich des 750 übersteigenden Teils des einzusetzenden Einkommens	über 1500	600 zuzüglich des 1500 übersteigenden Teils des einzusetzenden Einkommens

(2) [1]Die Partei hat ihr Vermögen einzusetzen, soweit dies zumutbar ist. [2]§ 88 des Bundessozialhilfegesetzes gilt entsprechend.
(3) Prozeßkostenhilfe wird nicht bewilligt, wenn die Kosten der Prozeßführung der Partei vier Monatsraten und die aus dem Vermögen aufzubringenden Teilbeträge voraussichtlich nicht übersteigen.

§ 127 Entscheidungen. (1) [1]Entscheidungen im Verfahren über die Prozeßkostenhilfe ergehen ohne mündliche Verhandlung. [2]Zuständig ist das Gericht des ersten Rechtszuges; ist das Verfahren in einem höheren Rechtszug anhängig, so ist das Gericht dieses Rechtszuges zuständig. [3]Soweit die Gründe der Entscheidung Angaben über die persönlichen und wirtschaftlichen Verhältnisse der Partei enthalten, dürfen sie dem Gegner nur mit Zustimmung der Partei zugänglich gemacht werden.
(2) [1]Die Bewilligung der Prozeßkostenhilfe kann nur nach Maßgabe des Absatzes 3 angefochten werden. [2]Im Übrigen findet die sofortige Be-

(2) [1]Die Partei hat ihr Vermögen einzusetzen, soweit dies zumutbar ist. [2]§ 88 des Bundessozialhilfegesetzes gilt entsprechend.
(3) Prozeßkostenhilfe wird nicht bewilligt, wenn die Kosten der Prozeßführung der Partei vier Monatsraten und die aus dem Vermögen aufzubringenden Teilbeträge voraussichtlich nicht übersteigen.

§ 127 [Entscheidungen; Rechtsmittel] (1) [1]Entscheidungen im Verfahren über die Prozeßkostenhilfe ergehen ohne mündliche Verhandlung. [2]Zuständig ist das Gericht des ersten Rechtszuges; ist das Verfahren in einem höheren Rechtszug anhängig, so ist das Gericht dieses Rechtszuges zuständig. [3]Soweit die Gründe der Entscheidung Angaben über die persönlichen und wirtschaftlichen Verhältnisse der Partei enthalten, dürfen sie dem Gegner nur mit Zustimmung der Partei zugänglich gemacht werden.
(2) [1]Die Bewilligung der Prozeßkostenhilfe kann nur nach Maßgabe des Absatzes 3 angefochten werden. [2]Im übrigen findet die Beschwerde statt.

4 ZPO neu/alt

Neue/alte Fassung

| ab dem 1. 1. 2002 geltende Fassung | bis zum 31. 12. 2001 geltende Fassung |

schwerde statt; <u>dies gilt nicht, wenn der Streitwert der Hauptsache den in § 511 genannten Betrag nicht übersteigt, es sei denn, das Gericht hat ausschließlich die persönlichen oder wirtschaftlichen Voraussetzungen für die Prozesskostenhilfe verneint.</u> [3]<u>Die Notfrist des § 569 Abs. 1 Satz 1 beträgt einen Monat.</u>
(3) [1]Gegen die Bewilligung der Prozeßkostenhilfe findet die <u>sofortige</u> Beschwerde der Staatskasse statt, wenn weder Monatsraten noch aus dem Vermögen zu zahlende Beträge festgesetzt worden sind. [2]Die Beschwerde kann nur darauf gestützt werden, daß die Partei nach ihren persönlichen und wirtschaftlichen Verhältnissen Zahlungen zu leisten hat. [3]<u>Die Notfrist des § 569 Abs. 1 Satz 1 beträgt einen Monat und beginnt mit der Bekanntgabe des Beschlusses.</u>
[4]Nach Ablauf von drei Monaten seit der Verkündung der Entscheidung ist die Beschwerde unstatthaft. [5]Wird die Entscheidung nicht verkündet, so tritt an die Stelle der Verkündung der Zeitpunkt, in dem die unterschriebene Entscheidung der Geschäftsstelle übergeben wird. [6]Die Entscheidung wird der Staatskasse nicht von Amts wegen mitgeteilt.
(4) Die Kosten des Beschwerdeverfahrens werden nicht erstattet.

Abschnitt 3. Verfahren

Titel 1. Mündliche Verhandlung

§ 128 Grundsatz der Mündlichkeit; schriftliches Verfahren.
(1) Die Parteien verhandeln über den Rechtsstreit vor dem erkennenden Gericht mündlich.
(2) [1]Mit Zustimmung der Parteien, die nur bei einer wesentlichen Änderung der Prozeßlage widerruflich ist,

(3) [1]Gegen die Bewilligung der Prozeßkostenhilfe findet die Beschwerde der Staatskasse statt, wenn weder Monatsraten noch aus dem Vermögen zu zahlende Beträge festgesetzt worden sind. [2]Die Beschwerde kann nur darauf gestützt werden, daß die Partei nach ihren persönlichen und wirtschaftlichen Verhältnissen Zahlungen zu leisten hat.

[3]Nach Ablauf von drei Monaten seit der Verkündung der Entscheidung ist die Beschwerde unstatthaft. [4]Wird die Entscheidung nicht verkündet, so tritt an die Stelle der Verkündung der Zeitpunkt, in dem die unterschriebene Entscheidung der Geschäftsstelle übergeben wird. [5]Die Entscheidung wird der Staatskasse nicht von Amts wegen mitgeteilt.
(4) Die Kosten des Beschwerdeverfahrens werden nicht erstattet.

Dritter Abschnitt. Verfahren

Erster Titel. Mündliche Verhandlung

§ 128 [Grundsatz der Mündlichkeit] (1) Die Parteien verhandeln über den Rechtsstreit vor dem erkennenden Gericht mündlich.

(2) [1]Mit Zustimmung der Parteien, die nur bei einer wesentlichen Änderung der Prozeßlage widerruflich ist,

Neue/alte Fassung ZPO neu/alt

| ab dem 1. 1. 2002 geltende Fassung | bis zum 31. 12. 2001 geltende Fassung |

kann das Gericht eine Entscheidung ohne mündliche Verhandlung treffen. ²Es bestimmt alsbald den Zeitpunkt, bis zu dem Schriftsätze eingereicht werden können, und den Termin zur Verkündung der Entscheidung. ³Eine Entscheidung ohne mündliche Verhandlung ist unzulässig, wenn seit der Zustimmung der Parteien mehr als drei Monate verstrichen sind. <u>(3) Ist nur noch über die Kosten zu entscheiden, kann die Entscheidung ohne mündliche Verhandlung ergehen.</u>

<u>(4) Entscheidungen des Gerichts, die nicht Urteile sind, können ohne mündliche Verhandlung ergehen, soweit nichts anderes bestimmt ist.</u>

§ 128 a <u>Verhandlung im Wege der Bild- und Tonübertragung. (1) ¹Im Einverständnis mit den Parteien kann das Gericht den Parteien sowie ihren Bevollmächtigten und Beiständen auf Antrag gestatten, sich während einer Verhandlung an einem anderen Ort aufzuhalten und dort Verfahrenshandlungen vorzunehmen. ²Die Verhandlung wird zeitgleich in Bild und Ton an den Ort, an dem sich die Parteien, Bevollmächtigten und Beistände aufhalten, und in das Sitzungszimmer übertragen.</u>

kann das Gericht eine Entscheidung ohne mündliche Verhandlung treffen. ²Es bestimmt alsbald den Zeitpunkt, bis zu dem Schriftsätze eingereicht werden können, und den Termin zur Verkündung der Entscheidung. ³Eine Entscheidung ohne mündliche Verhandlung ist unzulässig, wenn seit der Zustimmung der Parteien mehr als drei Monate verstrichen sind. *(3) ¹Bei Streitigkeiten über vermögensrechtliche Ansprüche kann das Gericht von Amts wegen anordnen, daß schriftlich zu verhandeln ist, wenn eine Vertretung durch einen Rechtsanwalt nicht geboten ist, der Wert des Streitgegenstandes bei Einreichung der Klage eintausendfünfhundert Deutsche Mark nicht übersteigt und einer Partei das Erscheinen vor Gericht wegen großer Entfernung oder aus sonstigem wichtigen Grunde nicht zuzumuten ist. ²Das Gericht bestimmt mit der Anordnung nach Satz 1 den Zeitpunkt, der dem Schluß der mündlichen Verhandlung entspricht, und den Termin zur Verkündung des Urteils. ³Es kann hierüber erneut bestimmen, wenn dies auf Grund einer Änderung der Prozeßlage geboten ist. ⁴Die Anordnung nach Satz 1 ist aufzuheben, wenn eine der Parteien es beantragt oder wenn das persönliche Erscheinen der Parteien zur Aufklärung des Sachverhalts unumgänglich erscheint.*

4 ZPO neu/alt

Neue/alte Fassung

ab dem 1. 1. 2002 geltende Fassung	bis zum 31. 12. 2001 geltende Fassung
(2) ¹Im Einverständnis mit den Parteien kann das Gericht gestatten, dass sich ein Zeuge, ein Sachverständiger oder eine Partei während der Vernehmung an einem anderen Ort aufhält. ²Die Vernehmung wird zeitgleich in Bild und Ton in das Sitzungszimmer übertragen. ³Ist Parteien, Bevollmächtigten und Beiständen nach Absatz 1 gestattet worden, sich an einem anderen Ort aufzuhalten, so wird die Vernehmung zeitgleich in Bild und Ton auch an diesen Ort übertragen. (3) Die Übertragung wird nicht aufgezeichnet. Entscheidungen nach den Absätzen 1 und 2 sind nicht anfechtbar.	
§ 136 Prozessleitung durch Vorsitzenden. (1) Der Vorsitzende eröffnet und leitet die Verhandlung.	**§ 136 [Prozeßleitung durch Vorsitzenden]** (1) Der Vorsitzende eröffnet und leitet die *mündliche* Verhandlung.
(2) ¹Er erteilt das Wort und kann es demjenigen, der seinen Anordnungen nicht Folge leistet, entziehen. ²Er hat jedem Mitglied des Gerichts auf Verlangen zu gestatten, Fragen zu stellen.	(2) Er erteilt das Wort und kann es demjenigen, der seinen Anordnungen nicht Folge leistet, entziehen. **§ 139 [Richterliche Aufklärungspflicht]** (3) Er hat jedem Mitglied des Gerichts auf Verlangen zu gestatten, Fragen zu stellen.
(3) Er hat Sorge zu tragen, daß die Sache erschöpfend erörtert und die Verhandlung ohne Unterbrechung zu Ende geführt wird; erforderlichenfalls hat er die Sitzung zur Fortsetzung der Verhandlung sofort zu bestimmen.	**§ 136.** (3) Er hat Sorge zu tragen, daß die Sache erschöpfend erörtert und die Verhandlung ohne Unterbrechung zu Ende geführt wird; erforderlichenfalls hat er die Sitzung zur Fortsetzung der Verhandlung sofort zu bestimmen.
(4) Er schließt die Verhandlung, wenn nach Ansicht des Gerichts die Sache vollständig erörtert ist, und verkündet die Urteile und Beschlüsse des Gerichts.	(4) Er schließt die Verhandlung, wenn nach Ansicht des Gerichts die Sache vollständig erörtert ist, und verkündet die Urteile und Beschlüsse des Gerichts.
§ 139 Materielle Prozessleitung. (1) ¹Das Gericht hat das Sach- und Streitverhältnis, soweit erforderlich, mit den Parteien nach der tatsächlichen und rechtlichen Seite zu erör-	**§ 273 [Vorbereitung des Termins]** (1) ²In jeder Lage des Verfahrens ist darauf hinzuwirken, daß sich die Parteien rechtzeitig und vollständig erklären.

Neue/alte Fassung ZPO neu/alt 4

| ab dem 1. 1. 2002 geltende Fassung | bis zum 31. 12. 2001 geltende Fassung |

tern und Fragen zu stellen. ²Es hat dahin zu wirken, dass die Parteien sich rechtzeitig und vollständig über alle erheblichen Tatsachen erklären, insbesondere ungenügende Angaben zu den geltend gemachten Tatsachen ergänzen, die Beweismittel bezeichnen und die sachdienlichen Anträge stellen.

(2) ¹Auf einen Gesichtspunkt, den eine Partei erkennbar übersehen oder für unerheblich gehalten hat, darf das Gericht, soweit nicht nur eine Nebenforderung betroffen ist, seine Entscheidung nur stützen, wenn es darauf hingewiesen und Gelegenheit zur Äußerung dazu gegeben hat. ²Dasselbe gilt für einen Gesichtspunkt den das Gericht anders beurteilt als beide Parteien.
(3) Das Gericht hat auf die Bedenken aufmerksam zu machen, die hinsichtlich der von Amts wegen zu berücksichtigenden Punkte bestehen.

(4) ¹Hinweise nach dieser Vorschrift sind so früh wie möglich zu erteilen und aktenkundig zu machen. ²Ihre Erteilung kann nur durch den Inhalt der Akten bewiesen werden. ³Gegen den Inhalt der Akten ist nur der Nachweis der Fälschung zulässig.
(5) Ist eine Partei eine sofortige Erklärung zu einem gerichtlichen Hinweis nicht möglich, so soll auf ihren Antrag das Gericht eine Frist bestimmen, in der sie die Erklärung in einem Schriftsatz nachbringen kann.

§ 142 Anordnung der Urkundenvorlegung. (1) ¹Das Gericht kann anordnen, dass eine Partei oder ein Dritter die in ihrem oder seinem

§ 139 [Richterliche Aufklärungspflicht] (1) ¹Der Vorsitzende hat dahin zu wirken, daß die Parteien über alle erheblichen Tatsachen sich vollständig erklären und die sachdienlichen Anträge stellen, insbesondere auch ungenügende Angaben der geltend gemachten Tatsachen ergänzen und die Beweismittel bezeichnen. ²Er hat zu diesem Zwecke, soweit erforderlich, das Sach- und Streitverhältnis mit den Parteien nach der tatsächlichen und der rechtlichen Seite zu erörtern und Fragen zu stellen.
§ 278 [Haupttermin] (3) Auf einen rechtlichen Gesichtspunkt, den eine Partei erkennbar übersehen oder für unerheblich gehalten hat, darf das Gericht, soweit nicht nur eine Nebenforderung betroffen ist, seine Entscheidung nur stützen, wenn es Gelegenheit zur Äußerung dazu gegeben hat.

§ 139. (2) Der Vorsitzende hat auf die Bedenken aufmerksam zu machen, die in Ansehung der von Amts wegen zu berücksichtigenden Punkte obwalten.

§ 142 [Anordnung der Urkundenvorlegung] (1) Das Gericht kann anordnen, daß eine Partei die in *ihren Händen* befindlichen Urkunden,

4 ZPO neu/alt

ab dem 1. 1. 2002 geltende Fassung	bis zum 31. 12. 2001 geltende Fassung

Besitz befindlichen Urkunden und sonstigen Unterlagen, auf die sich eine Partei bezogen hat, vorlegt. ²Das Gericht kann hierfür eine Frist setzen sowie anordnen, dass die vorgelegten Unterlagen während einer von ihm zu bestimmenden Zeit auf der Geschäftsstelle verbleiben.
(2) ¹Dritte sind zur Vorlegung nicht verpflichtet, soweit ihnen diese nicht zumutbar ist oder sie zur Zeugnisverweigerung gemäss den §§ 383 bis 385 berechtigt sind. ²Die §§ 386 bis 390 gelten entsprechend.
(3) ¹Das Gericht kann anordnen, dass von den in fremder Sprache abgefassten Urkunden eine Übersetzung beigebracht werde, die ein nach den Richtlinien der Landesjustizverwaltung hierzu ermächtigter Übersetzer angefertigt hat. ²Die Anordnung kann nicht gegenüber dem Dritten ergehen.

§ 144 Augenschein; Sachverständige. (1) ¹Das Gericht kann die Einnahme des Augenscheins sowie die Begutachtung durch Sachverständige anordnen. ²Es kann zu diesem Zweck einer Partei oder einem Dritten die Vorlegung eines in ihrem oder seinem Besitz befindlichen Gegenstandes aufgeben und hierfür eine Frist setzen. ³Es kann auch die Duldung der Maßnahme nach Satz 1 aufgeben, sofern nicht eine Wohnung betroffen ist.
(2) ¹Dritte sind zur Vorlegung oder Duldung nicht verpflichtet, soweit ihnen diese nicht zumutbar ist oder sie zur Zeugnisverweigerung gemäß den §§ 383 bis 385 berechtigt sind. ²Die §§ 386 bis 390 gelten entsprechend.
(3) Das Verfahren richtet sich nach den Vorschriften, die eine auf Antrag angeordnete Einnahme des Augenscheins oder Begutachtung durch

auf die sie sich bezogen hat, *sowie Stammbäume, Pläne, Risse und sonstige Zeichnungen vorlege.*
(2) Das Gericht kann anordnen, daß die vorgelegten Schriftstücke während einer von ihm zu bestimmenden Zeit auf der Geschäftsstelle verbleiben.

(3) Das Gericht kann anordnen, daß von den in fremder Sprache abgefaßten Urkunden eine Übersetzung beigebracht werde, die ein nach den Richtlinien der Landesjustizverwaltung hierzu ermächtigter Übersetzer angefertigt hat.

§ 144 [Augenschein; Sachverständige] (1) Das Gericht kann die Einnahme des Augenscheins sowie die Begutachtung durch Sachverständige anordnen.

(2) Das Verfahren richtet sich nach den Vorschriften, die eine auf Antrag angeordnete Einnahme des Augenscheins oder Begutachtung durch

Neue/alte Fassung

ZPO neu/alt 4

| ab dem 1. 1. 2002 geltende Fassung | bis zum 31. 12. 2001 geltende Fassung |

Sachverständige zum Gegenstand haben.

§ 149 Aussetzung bei Verdacht einer Straftat. (1) Das Gericht kann, wenn sich im Laufe eines Rechtsstreits der Verdacht einer Straftat ergibt, deren Ermittlung auf die Entscheidung von Einfluss ist, die Aussetzung der Verhandlung bis zur Erledigung des Strafverfahrens anordnen.
(2) ¹Das Gericht hat die Verhandlung auf Antrag einer Partei fortzusetzen, wenn seit der Aussetzung ein Jahr vergangen ist. ²Dies gilt nicht, wenn gewichtige Gründe für die Aufrechterhaltung der Aussetzung sprechen.

§ 150 Aufhebung von Trennung, Verbindung oder Aussetzung. ¹Das Gericht kann die von ihm erlassenen, eine Trennung, Verbindung oder Aussetzung betreffenden Anordnungen wieder aufheben. ²§ 149 Abs. 2 bleibt unberührt.

§ 156 Wiedereröffnung der Verhandlung. (1) Das Gericht kann die Wiedereröffnung einer Verhandlung, die geschlossen war, anordnen.
(2) Das Gericht hat die Wiedereröffnung insbesondere anzuordnen, wenn
1. das Gericht einen entscheidungserheblichen und rügbaren Verfahrensfehler (§ 295), insbesondere eine Verletzung der Hinweis- und Aufklärungspflicht (§ 139) oder eine Verletzung des Anspruchs auf rechtliches Gehör, feststellt,
2. nachträglich Tatsachen vorgetragen und glaubhaft gemacht werden, die einen Wiederaufnahmegrund (§§ 579, 580) bilden, oder
3. zwischen dem Schluss der mündlichen Verhandlung und dem Schluss der Beratung und Abstim-

Sachverständige zum Gegenstand haben.

§ 149 [Aussetzung bei Verdacht einer Straftat] Das Gericht kann, wenn sich im Laufe eines Rechtsstreits der Verdacht einer Straftat ergibt, deren Ermittlung auf die Entscheidung von Einfluß ist, die Aussetzung der Verhandlung bis zur Erledigung des Strafverfahrens anordnen.

§ 150 [Änderung von Prozeßleitungsbeschlüssen] Das Gericht kann die von ihm erlassenen, eine Trennung, Verbindung oder Aussetzung betreffenden Anordnungen wieder aufheben.

§ 156 [Wiedereröffnung der Verhandlung] Das Gericht kann die Wiedereröffnung einer Verhandlung, die geschlossen war, anordnen.

4 ZPO neu/alt

ab dem 1. 1. 2002 geltende Fassung	bis zum 31. 12. 2001 geltende Fassung

mung (§§ 192 bis 197 des Gerichtsverfassungsgesetzes) ein Richter ausgeschieden ist.

§ 157 Ungeeignete Vertreter; Prozessagenten. (1) ¹Mit Ausnahme der Rechtsanwälte sind Personen, die die Besorgung fremder Rechtsangelegenheiten vor Gericht geschäftsmäßig betreiben, als Bevollmächtigte und Beistände in der Verhandlung ausgeschlossen. ²Sie sind auch dann ausgeschlossen, wenn sie als Partei einen ihnen abgetretenen Anspruch geltend machen und nach der Überzeugung des Gerichts der Anspruch abgetreten ist, um ihren Ausschluß von der Verhandlung zu vermeiden.
(2) ¹Das Gericht kann Parteien, Bevollmächtigten und Beiständen, die nicht Rechtsanwälte sind, wenn ihnen die Fähigkeit zum geeigneten Vortrag mangelt, den weiteren Vortrag untersagen. ²Diese Anordnung ist unanfechtbar.
(3) ¹Die Vorschrift des Absatzes 1 ist auf Personen, denen das mündliche Verhandeln vor Gericht durch Anordnung der Justizverwaltung gestattet ist, nicht anzuwenden. ²Die Justizverwaltung soll bei ihrer Entschließung sowohl auf die Eignung der Person als auch darauf Rücksicht nehmen, ob im Hinblick auf die Zahl der bei dem Gericht zugelassenen Rechtsanwälte ein Bedürfnis zur Zulassung besteht.

§ 159 Protokollaufnahme.
(1) ¹Über die Verhandlung und jede Beweisaufnahme ist ein Protokoll aufzunehmen. ²Für die Protokollführung ist ein Urkundsbeamter der Geschäftsstelle zuzuziehen, wenn nicht der Vorsitzende davon absieht.

(2) Absatz 1 gilt entsprechend für Verhandlungen, die außerhalb der

§ 157 [Ungeeignete Vertreter; Prozeßagenten] (1) ¹Mit Ausnahme der Rechtsanwälte sind Personen, die die Besorgung fremder Rechtsangelegenheiten vor Gericht geschäftsmäßig betreiben, als Bevollmächtigte und Beistände in der *mündlichen* Verhandlung ausgeschlossen. ²Sie sind auch dann ausgeschlossen, wenn sie als Partei einen ihnen abgetretenen Anspruch geltend machen und nach der Überzeugung des Gerichts der Anspruch abgetreten ist, um ihren Ausschluß von der *mündlichen* Verhandlung zu vermeiden.
(2) ¹Das Gericht kann Parteien, Bevollmächtigten und Beiständen, die nicht Rechtsanwälte sind, wenn ihnen die Fähigkeit zum geeigneten Vortrag mangelt, den weiteren Vortrag untersagen. ²Diese Anordnung ist unanfechtbar.
(3) ¹Die Vorschrift des Absatzes 1 ist auf Personen, denen das mündliche Verhandeln vor Gericht durch Anordnung der Justizverwaltung gestattet ist, nicht anzuwenden. ²Die Justizverwaltung soll bei ihrer Entschließung sowohl auf die Eignung der Person als auch darauf Rücksicht nehmen, ob im Hinblick auf die Zahl der bei dem Gericht zugelassenen Rechtsanwälte ein Bedürfnis zur Zulassung besteht.

§ 159 [Protokollaufnahme]
(1) ¹Über die *mündliche* Verhandlung und jede Beweisaufnahme ist ein Protokoll aufzunehmen. ²Für die Protokollführung ist ein Urkundsbeamter der Geschäftsstelle zuzuziehen, wenn nicht der Vorsitzende davon absieht.
(2) Absatz 1 gilt entsprechend für Verhandlungen, die außerhalb der

Neue/alte Fassung ZPO neu/alt 4

| ab dem 1. 1. 2002 geltende Fassung | bis zum 31. 12. 2001 geltende Fassung |

Sitzung vor Richtern beim Amtsgericht oder vor beauftragten oder ersuchten Richtern stattfinden.

§ 160 Inhalt des Protokolls.
(1) Das Protokoll enthält
1. den Ort und den Tag der Verhandlung;
2. die Namen der Richter, des Urkundsbeamten der Geschäftsstelle und des etwa zugezogenen Dolmetschers;
3. die Bezeichnung des Rechtsstreits;
4. die Namen der erschienenen Parteien, Nebenintervenienten, Vertreter, Bevollmächtigten, Beistände, Zeugen und Sachverständigen <u>und im Falle des § 128a der Ort, von dem aus sie an der Verhandlung teilnehmen</u>;
5. die Angabe, daß öffentlich verhandelt oder die Öffentlichkeit ausgeschlossen worden ist.

(2) Die wesentlichen Vorgänge der Verhandlung sind aufzunehmen.
(3) Im Protokoll sind festzustellen
1. Anerkenntnis, Anspruchsverzicht und Vergleich;
2. die Anträge;
3. Geständnis und Erklärung über einen Antrag auf Parteivernehmung sowie sonstige Erklärungen, wenn ihre Feststellung vorgeschrieben ist;
4. die Aussagen der Zeugen, Sachverständigen und vernommenen Parteien; bei einer wiederholten Vernehmung braucht die Aussage nur insoweit in das Protokoll aufgenommen zu werden, als sie von der früheren abweicht;
5. das Ergebnis eines Augenscheins;
6. die Entscheidungen (Urteile, Beschlüsse und Verfügungen) des Gerichts;

Sitzung vor Richtern beim Amtsgericht oder vor beauftragten oder ersuchten Richtern stattfinden.

§ 160 [Inhalt des Protokolls]
(1) Das Protokoll enthält
1. den Ort und den Tag der Verhandlung;
2. die Namen der Richter, des Urkundsbeamten der Geschäftsstelle und des etwa zugezogenen Dolmetschers;
3. die Bezeichnung des Rechtsstreits;
4. die Namen der erschienenen Parteien, Nebenintervenienten, Vertreter, Bevollmächtigten, Beistände, Zeugen und Sachverständigen;

5. die Angabe, daß öffentlich verhandelt oder die Öffentlichkeit ausgeschlossen worden ist.

(2) Die wesentlichen Vorgänge der Verhandlung sind aufzunehmen.
(3) Im Protokoll sind festzustellen
1. Anerkenntnis, Anspruchsverzicht und Vergleich;
2. die Anträge;
3. Geständnis und Erklärung über einen Antrag auf Parteivernehmung sowie sonstige Erklärungen, wenn ihre Feststellung vorgeschrieben ist;
4. die Aussagen der Zeugen, Sachverständigen und vernommenen Parteien; bei einer wiederholten Vernehmung braucht die Aussage nur insoweit in das Protokoll aufgenommen zu werden, als sie von der früheren abweicht;
5. das Ergebnis eines Augenscheins;
6. die Entscheidungen (Urteile, Beschlüsse und Verfügungen) des Gerichts;

4 ZPO neu/alt Neue/alte Fassung

| ab dem 1. 1. 2002 geltende Fassung | bis zum 31. 12. 2001 geltende Fassung |

7. die Verkündung der Entscheidungen;
8. die Zurücknahme der Klage oder eines Rechtsmittels;
9. der Verzicht auf Rechtsmittel;
10. <u>das Ergebnis der Güteverhandlung.</u>

(4) ¹Die Beteiligten können beantragen, daß bestimmte Vorgänge oder Äußerungen in das Protokoll aufgenommen werden. ²Das Gericht kann von der Aufnahme absehen, wenn es auf die Feststellung des Vorgangs oder der Äußerung nicht ankommt. ³Dieser Beschluß ist unanfechtbar; er ist in das Protokoll aufzunehmen.

(5) Der Aufnahme in das Protokoll steht die Aufnahme in eine Schrift gleich, die dem Protokoll als Anlage beigefügt und in ihm als solche bezeichnet ist.

§ 165 Beweiskraft des Protokolls. ¹Die Beachtung der für die Verhandlung vorgeschriebenen Förmlichkeiten kann nur durch das Protokoll bewiesen werden. ²Gegen seinen diese Förmlichkeiten betreffenden Inhalt ist nur der Nachweis der Fälschung zulässig.

Titel 2. Verfahren bei Zustellungen

Untertitel 1. Zustellung auf Betreiben der Parteien

§ 174 Notwendigkeit eines Zustellungsbevollmächtigten.
(1) ¹Wohnt eine Partei weder am Ort des Prozeßgerichts noch innerhalb des Amtsgerichtsbezirkes, in dem das Prozeßgericht seinen Sitz hat, so kann das Gericht, falls sie nicht einen in diesem Ort oder Bezirk wohnhaften Prozeßbevollmächtigten bestellt

---

7. die Verkündung der Entscheidungen;
8. die Zurücknahme der Klage oder eines Rechtsmittels;
9. der Verzicht auf Rechtsmittel.

(4) ¹Die Beteiligten können beantragen, daß bestimmte Vorgänge oder Äußerungen in das Protokoll aufgenommen werden. ²Das Gericht kann von der Aufnahme absehen, wenn es auf die Feststellung des Vorgangs oder der Äußerung nicht ankommt. ³Dieser Beschluß ist unanfechtbar; er ist in das Protokoll aufzunehmen.

(5) Der Aufnahme in das Protokoll steht die Aufnahme in eine Schrift gleich, die dem Protokoll als Anlage beigefügt und in ihm als solche bezeichnet ist.

§ 165 [Beweiskraft des Protokolls] ¹Die Beachtung der für die *mündliche* Verhandlung vorgeschriebenen Förmlichkeiten kann nur durch das Protokoll bewiesen werden. ²Gegen seinen diese Förmlichkeiten betreffenden Inhalt ist nur der Nachweis der Fälschung zulässig.

Zweiter Titel. Verfahren bei Zustellungen

I. Zustellung auf Betreiben der Parteien

§ 174 [Notwendigkeit eines Zustellungsbevollmächtigten]
(1) ¹Wohnt eine Partei weder am Ort des Prozeßgerichts noch innerhalb des Amtsgerichtsbezirkes, in dem das Prozeßgericht seinen Sitz hat, so kann das Gericht, falls sie nicht einen in diesem Ort oder Bezirk wohnhaften Prozeßbevollmächtigten bestellt

Neue/alte Fassung ZPO neu/alt 4

| ab dem 1. 1. 2002 geltende Fassung | bis zum 31. 12. 2001 geltende Fassung |

hat, auf Antrag <u>durch Beschluss</u> anordnen, daß sie eine daselbst wohnhafte Person zum Empfang der für sie bestimmten Schriftstücke bevollmächtige. ²Eine Anfechtung des Beschlusses findet nicht statt.

(2) Wohnt die Partei nicht im Inland, so ist sie auch ohne Anordnung des Gerichts zur Benennung eines Zustellungsbevollmächtigten verpflichtet, falls sie nicht einen in dem durch den ersten Absatz bezeichneten Ort oder Bezirk wohnhaften Prozeßbevollmächtigten bestellt hat.

§ 177 Unbekannter Aufenthalt des Prozessbevollmächtigten.
(1) Ist der Aufenthalt eines Prozeßbevollmächtigten unbekannt, so hat das Prozeßgericht auf Antrag <u>durch Beschluss</u> die Zustellung an den Zustellungsbevollmächtigten, in Ermangelung eines solchen an den Gegner selbst zu bewilligen.
(2) Eine Anfechtung der die Zustellung bewilligenden Entscheidung findet nicht statt.

Titel 4. Folgen der Versäumung; Wiedereinsetzung in den vorigen Stand

§ 233 Wiedereinsetzung in den vorigen Stand. War eine Partei ohne ihr Verschulden verhindert, eine Notfrist oder die Frist zur Begründung der Berufung, der Revision, <u>der Nichtzulassungsbeschwerde, der Rechtsbeschwerde</u> oder der Beschwerde nach §§ 621 e, 629 a Abs. 2 oder die Frist des § 234 Abs. 1 einzuhalten, so ist ihr auf Antrag Wiedereinsetzung in den vorigen Stand zu gewähren.

hat, auf Antrag anordnen, daß sie eine daselbst wohnhafte Person zum Empfang der für sie bestimmten Schriftstücke bevollmächtige. ²*Diese Anordnung kann ohne mündliche Verhandlung ergehen.* ³Eine Anfechtung des Beschlusses findet nicht statt.
(2) Wohnt die Partei nicht im Inland, so ist sie auch ohne Anordnung des Gerichts zur Benennung eines Zustellungsbevollmächtigten verpflichtet, falls sie nicht einen in dem durch den ersten Absatz bezeichneten Ort oder Bezirk wohnhaften Prozeßbevollmächtigten bestellt hat.

§ 177 [Unbekannter Aufenthalt des Prozeßbevollmächtigten]
(1) Ist der Aufenthalt eines Prozeßbevollmächtigten unbekannt, so hat das Prozeßgericht auf Antrag die Zustellung an den Zustellungsbevollmächtigten, in Ermangelung eines solchen an den Gegner selbst zu bewilligen.
(2) ¹*Die Entscheidung über den Antrag kann ohne mündliche Verhandlung erlassen werden.* ²Eine Anfechtung der die Zustellung bewilligenden Entscheidung findet nicht statt.

Vierter Titel. Folgen der Versäumung. Wiedereinsetzung in den vorigen Stand

§ 233 [Wiedereinsetzung in den vorigen Stand] War eine Partei ohne ihr Verschulden verhindert, eine Notfrist oder die Frist zur Begründung der Berufung, der Revision oder der Beschwerde nach §§ 621 e, 629 a Abs. 2 oder die Frist des § 234 Abs. 1 einzuhalten, so ist ihr auf Antrag Wiedereinsetzung in den vorigen Stand zu gewähren.

4 ZPO neu/alt — Neue/alte Fassung

| ab dem 1. 1. 2002 geltende Fassung | bis zum 31. 12. 2001 geltende Fassung |

Titel 5. Unterbrechung und Aussetzung des Verfahrens

§ 251 Ruhen des Verfahrens. ¹Das Gericht hat das Ruhen des Verfahrens anzuordnen, wenn beide Parteien dies beantragen und anzunehmen ist, daß wegen Schwebens von Vergleichsverhandlungen oder aus sonstigen wichtigen Gründen diese Anordnung zweckmäßig ist. ²Die Anordnung hat auf den Lauf der im § 233 bezeichneten Fristen keinen Einfluß.

§ 252 Rechtsmittel bei Aussetzung. Gegen die Entscheidung, durch die auf Grund der Vorschriften dieses Titels oder auf Grund anderer gesetzlicher Bestimmungen die Aussetzung des Verfahrens angeordnet oder abgelehnt wird, findet <u>die sofortige Beschwerde statt.</u>

Buch 2. Verfahren im ersten Rechtszug

Abschnitt 1. Verfahren vor den Landgerichten

Titel 1. Verfahren bis zum Urteil

§ 253 Klageschrift. (1) Die Erhebung der Klage erfolgt durch Zustellung eines Schriftsatzes (Klageschrift).

(2) Die Klageschrift muß enthalten:
1. die Bezeichnung der Parteien und des Gerichts;
2. die bestimmte Angabe des Gegenstandes und des Grundes des erhobenen Anspruchs, sowie einen bestimmten Antrag.

Fünfter Titel. Unterbrechung und Aussetzung des Verfahrens

§ 251 [Ruhen des Verfahrens] (1) ¹Das Gericht hat das Ruhen des Verfahrens anzuordnen, wenn beide Parteien dies beantragen und anzunehmen ist, daß wegen Schwebens von Vergleichsverhandlungen oder aus sonstigen wichtigen Gründen diese Anordnung zweckmäßig ist. ²Die Anordnung hat auf den Lauf der im § 233 bezeichneten Fristen keinen Einfluß.
(2) ¹Vor Ablauf von drei Monaten kann das Verfahren nur mit Zustimmung des Gerichts aufgenommen werden. ²Das Gericht erteilt die Zustimmung, wenn ein wichtiger Grund vorliegt.

§ 252 [Rechtsmittel] Gegen die Entscheidung, durch die auf Grund der Vorschriften dieses Titels oder auf Grund anderer gesetzlicher Bestimmungen die Aussetzung des Verfahrens angeordnet oder abgelehnt wird, findet *Beschwerde, im Falle der Ablehnung* sofortige Beschwerde statt.

Zweites Buch. Verfahren im ersten Rechtszuge

Erster Abschnitt. Verfahren vor den Landgerichten

Erster Titel. Verfahren bis zum Urteil

§ 253 [Klageschrift] (1) Die Erhebung der Klage erfolgt durch Zustellung eines Schriftsatzes (Klageschrift).

(2) Die Klageschrift muß enthalten:
1. die Bezeichnung der Parteien und des Gerichts;
2. die bestimmte Angabe des Gegenstandes und des Grundes des erhobenen Anspruchs, sowie einen bestimmten Antrag.

| ab dem 1. 1. 2002 geltende Fassung | bis zum 31. 12. 2001 geltende Fassung |

(3) Die Klageschrift soll ferner die Angabe des Wertes des Streitgegenstandes enthalten, wenn hiervon die Zuständigkeit des Gerichts abhängt und der Streitgegenstand nicht in einer bestimmten Geldsumme besteht, sowie eine Äußerung dazu, ob einer <u>Entscheidung der Sache durch</u> den Einzelrichter Gründe entgegenstehen.
(4) Außerdem sind die allgemeinen Vorschriften über die vorbereitenden Schriftsätze auch auf die Klageschrift anzuwenden.
(5) Die Klageschrift sowie sonstige Anträge und Erklärungen einer Partei, die zugestellt werden sollen, sind bei dem Gericht schriftlich unter Beifügung der für ihre Zustellung oder Mitteilung erforderlichen Zahl von Abschriften einzureichen.

§ 269 Klagerücknahme. (1) Die Klage kann ohne Einwilligung des Beklagten nur bis zum Beginn der mündlichen Verhandlung des Beklagten zur Hauptsache zurückgenommen werden.
(2) ¹Die Zurücknahme der Klage und, soweit sie zur Wirksamkeit der Zurücknahme erforderlich ist, auch die Einwilligung des Beklagten sind dem Gericht gegenüber zu erklären. ²Die Zurücknahme der Klage erfolgt, wenn sie nicht bei der mündlichen Verhandlung erklärt wird, durch Einreichung eines Schriftsatzes. <u>³Der Schriftsatz ist dem Beklagten zuzustellen, wenn seine Einwilligung zur Wirksamkeit der Zurücknahme der Klage erforderlich ist. ⁴Widerspricht der Beklagte der Zurücknahme der Klage nicht innerhalb einer Notfrist von zwei Wochen seit der Zustellung des Schriftsatzes, so gilt seine Einwilligung als erteilt, wenn der Beklagte zuvor auf diese Folge hingewiesen worden ist.</u>

---

(3) Die Klageschrift soll ferner die Angabe des Wertes des Streitgegenstandes enthalten, wenn hiervon die Zuständigkeit des Gerichts abhängt und der Streitgegenstand nicht in einer bestimmten Geldsumme besteht, sowie eine Äußerung dazu, ob einer Übertragung der Sache auf den Einzelrichter Gründe entgegenstehen.
(4) Außerdem sind die allgemeinen Vorschriften über die vorbereitenden Schriftsätze auch auf die Klageschrift anzuwenden.
(5) Die Klageschrift sowie sonstige Anträge und Erklärungen einer Partei, die zugestellt werden sollen, sind bei dem Gericht schriftlich unter Beifügung der für ihre Zustellung oder Mitteilung erforderlichen Zahl von Abschriften einzureichen.

§ 269 [**Klagerücknahme**] (1) Die Klage kann ohne Einwilligung des Beklagten nur bis zum Beginn der mündlichen Verhandlung des Beklagten zur Hauptsache zurückgenommen werden.
(2) ¹Die Zurücknahme der Klage und, soweit sie zur Wirksamkeit der Zurücknahme erforderlich ist, auch die Einwilligung des Beklagten sind dem Gericht gegenüber zu erklären. ²Die Zurücknahme der Klage erfolgt, wenn sie nicht bei der mündlichen Verhandlung erklärt wird, durch Einreichung eines Schriftsatzes.

| ab dem 1. 1. 2002 geltende Fassung | bis zum 31. 12. 2001 geltende Fassung |

(3) ¹Wird die Klage zurückgenommen, so ist der Rechtsstreit als nicht anhängig geworden anzusehen; ein bereits ergangenes, noch nicht rechtskräftiges Urteil wird wirkungslos, ohne dass es seiner ausdrücklichen Aufhebung bedarf. ²Der Kläger ist verpflichtet, die Kosten des Rechtsstreits zu tragen, soweit nicht bereits rechtskräftig über sie erkannt ist oder sie dem Beklagten <u>aus einem anderen Grund</u> aufzuerlegen sind. ³<u>Ist der Anlass zur Einreichung der Klage vor Rechtshängigkeit weggefallen und wird die Klage daraufhin unverzüglich zurückgenommen, so bestimmt sich die Kostentragungspflicht unter Berücksichtigung des bisherigen Sach- und Streitstandes nach billigem Ermessen.</u>
<u>(4) Das Gericht entscheidet auf Antrag über die nach Absatz 3 eintretenden Wirkungen durch Beschluss.</u>

<u>(5) ¹Gegen den Beschluss findet die sofortige Beschwerde statt, wenn der Streitwert der Hauptsache den in § 511 genannten Betrag übersteigt. ²Die Beschwerde ist unzulässig, wenn gegen die Entscheidung über den Festsetzungsantrag (§ 104) ein Rechtsmittel nicht mehr zulässig ist.</u>
(6) Wird die Klage von neuem angestellt, so kann der Beklagte die Einlassung verweigern, bis die Kosten erstattet sind.

§ 270 Zustellung; formlose Mitteilung. (1) Die Zustellungen erfolgen, soweit nicht ein anderes vorgeschrieben ist, von Amts wegen.
(2) ¹Mit Ausnahme der Klageschrift und solcher Schriftsätze, die Sachanträge enthalten, sind Schriftsätze und sonstige Erklärungen der Parteien, sofern nicht das Gericht die Zustellung anordnet, ohne besondere Form mitzuteilen. ²Bei Übersendung

---

(3) ¹Wird die Klage zurückgenommen, so ist der Rechtsstreit als nicht anhängig geworden anzusehen; ein bereits ergangenes, noch nicht rechtskräftiges Urteil wird wirkungslos, ohne daß es seiner ausdrücklichen Aufhebung bedarf. ²Der Kläger ist verpflichtet, die Kosten des Rechtsstreits zu tragen, soweit nicht bereits rechtskräftig über sie erkannt ist oder sie dem Beklagten aufzuerlegen sind.

³Auf Antrag sind die in Satz 1 und 2 bezeichneten Wirkungen durch Beschluß auszusprechen. ⁴*Der Beschluß bedarf keiner mündlichen Verhandlung.* ⁵Er unterliegt der sofortigen Beschwerde.

(4) Wird die Klage von neuem angestellt, so kann der Beklagte die Einlassung verweigern, bis die Kosten erstattet sind.

§ 270 [Zustellung von Amts wegen] (1) Die Zustellungen erfolgen, soweit nicht ein anderes vorgeschrieben ist, von Amts wegen.
(2) ¹Mit Ausnahme der Klageschrift und solcher Schriftsätze, die Sachanträge *oder eine Zurücknahme der Klage* enthalten, sind Schriftsätze und sonstige Erklärungen der Parteien, sofern nicht das Gericht die Zustellung anordnet, ohne besondere Form

Neue/alte Fassung

| ab dem 1. 1. 2002 geltende Fassung | bis zum 31. 12. 2001 geltende Fassung |

durch die Post gilt die Mitteilung, wenn die Wohnung der Partei im Bereich des Ortsbestellverkehrs liegt, an dem folgenden, im übrigen an dem zweiten Werktage nach der Aufgabe zur Post als bewirkt, sofern nicht die Partei glaubhaft macht, daß ihr die Mitteilung nicht oder erst in einem späteren Zeitpunkt zugegangen ist.
(3) Soll durch die Zustellung eine Frist gewahrt <u>werden oder die Verjährung neu beginnen oder nach § 204 des Bürgerlichen Gesetzbuchs gehemmt</u> werden, so tritt die Wirkung, sofern die Zustellung demnächst erfolgt, bereits mit der Einreichung oder Anbringung des Antrags oder der Erklärung ein.

§ 272 Bestimmung der Verfahrensweise. (1) Der Rechtsstreit ist in der Regel in einem umfassend vorbereiteten Termin zur mündlichen Verhandlung (Haupttermin) zu erledigen.
(2) Der Vorsitzende bestimmt entweder einen frühen ersten Termin zur mündlichen Verhandlung (§ 275) oder veranlaßt ein schriftliches Vorverfahren (§ 276).
(3) <u>Die Güteverhandlung und</u> die mündliche Verhandlung sollen so früh wie möglich stattfinden.

§ 273 Vorbereitung des Termins. (1) Das Gericht hat erforderliche vorbereitende Maßnahmen rechtzeitig zu veranlassen.

(2) Zur Vorbereitung jedes Termins kann der Vorsitzende oder ein von ihm bestimmtes Mitglied des Prozeßgerichts insbesondere
1. den Parteien die Ergänzung oder Erläuterung ihrer vorbereitenden Schriftsätze aufgeben, insbeson-

mitzuteilen. ²Bei Übersendung durch die Post gilt die Mitteilung, wenn die Wohnung der Partei im Bereich des Ortsbestellverkehrs liegt, an dem folgenden, im übrigen an dem zweiten Werktage nach der Aufgabe zur Post als bewirkt, sofern nicht die Partei glaubhaft macht, daß ihr die Mitteilung nicht oder erst in einem späteren Zeitpunkt zugegangen ist.
(3) Soll durch die Zustellung eine Frist gewahrt oder die Verjährung unterbrochen werden, so tritt die Wirkung, sofern die Zustellung demnächst erfolgt, bereits mit der Einreichung oder Anbringung des Antrags oder der Erklärung ein.

§ 272 [Beschleunigung des Verfahrens] (1) Der Rechtsstreit ist in der Regel in einem umfassend vorbereiteten Termin zur mündlichen Verhandlung (Haupttermin) zu erledigen.
(2) Der Vorsitzende bestimmt entweder einen frühen ersten Termin zur mündlichen Verhandlung (§ 275) oder veranlaßt ein schriftliches Vorverfahren (§ 276).
(3) Die mündliche Verhandlung soll so früh wie möglich stattfinden.

§ 273 [Vorbereitung des Termins] (1) ¹Das Gericht hat erforderliche vorbereitende Maßnahmen rechtzeitig zu veranlassen. ²*In jeder Lage des Verfahrens ist darauf hinzuwirken, daß sich die Parteien rechtzeitig und vollständig erklären.*
(2) Zur Vorbereitung jedes Termins kann der Vorsitzende oder ein von ihm bestimmtes Mitglied des Prozeßgerichts insbesondere
1. den Parteien die Ergänzung oder Erläuterung ihrer vorbereitenden Schriftsätze *sowie die Vorlegung von*

4 ZPO neu/alt

ab dem 1. 1. 2002 geltende Fassung	bis zum 31. 12. 2001 geltende Fassung

dere eine Frist zur Erklärung über bestimmte klärungsbedürftige Punkte setzen;

2. Behörden oder Träger eines öffentlichen Amtes um Mitteilung von Urkunden oder um Erteilung amtlicher Auskünfte ersuchen;
3. das persönliche Erscheinen der Parteien anordnen;
4. Zeugen, auf die sich eine Partei bezogen hat, und Sachverständige zur mündlichen Verhandlung laden sowie eine Anordnung nach § 378 treffen;
5. Anordnungen nach den §§ 142, 144 treffen.

(3) ¹Anordnungen nach Absatz 2 Nr. 4 und, soweit die Anordnungen nicht gegenüber einer Partei zu treffen sind, 5 sollen nur ergehen, wenn der Beklagte dem Klageanspruch bereits widersprochen hat. ²Für die Anordnungen nach Absatz 2 Nr. 4 gilt § 379 entsprechend.

(4) ¹Die Parteien sind von jeder Anordnung zu benachrichtigen. ²Wird das persönliche Erscheinen der Parteien angeordnet, so gelten die Vorschriften des § 141 Abs. 2, 3.

§ 275 Früher erster Termin.
(1) ¹Zur Vorbereitung des frühen ersten Termins zur mündlichen Verhandlung kann der Vorsitzende oder ein von ihm bestimmtes Mitglied des Prozeßgerichts dem Beklagten eine Frist zur schriftlichen Klageerwiderung setzen. ²Andernfalls ist der Beklagte aufzufordern, etwa vorzubringende Verteidigungsmittel unverzüglich durch den zu bestellenden Rechtsanwalt in einem Schriftsatz dem Gericht mitzuteilen; § 277 Abs. 1 Satz 2 gilt entsprechend.

Urkunden und von anderen zur Niederlegung bei Gericht geeigneten Gegenständen aufgeben, insbesondere eine Frist zur Erklärung über bestimmte klärungsbedürftige Punkte setzen;

2. Behörden oder Träger eines öffentlichen Amtes um Mitteilung von Urkunden oder um Erteilung amtlicher Auskünfte ersuchen;
3. das persönliche Erscheinen der Parteien anordnen;
4. Zeugen, auf die sich eine Partei bezogen hat, und Sachverständige zur mündlichen Verhandlung laden sowie eine Anordnung nach § 378 treffen.

(3) ¹Anordnungen nach Absatz 2 Nr. 4 sollen nur ergehen, wenn der Beklagte dem Klageanspruch bereits widersprochen hat. ²Für sie gilt § 379 entsprechend.

(4) ¹Die Parteien sind von jeder Anordnung zu benachrichtigen. ²Wird das persönliche Erscheinen der Parteien angeordnet, so gelten die Vorschriften des § 141 Abs. 2, 3.

§ 275 [Früher erster Termin zur mündlichen Verhandlung]
(1) ¹Zur Vorbereitung des frühen ersten Termins zur mündlichen Verhandlung kann der Vorsitzende oder ein von ihm bestimmtes Mitglied des Prozeßgerichts dem Beklagten eine Frist zur schriftlichen Klageerwiderung setzen. ²Andernfalls ist der Beklagte aufzufordern, etwa vorzubringende Verteidigungsmittel unverzüglich durch den zu bestellenden Rechtsanwalt in einem Schriftsatz dem Gericht mitzuteilen; § 277 Abs. 1 Satz 2 gilt entsprechend.

Neue/alte Fassung | ZPO neu/alt

| ab dem 1. 1. 2002 geltende Fassung | bis zum 31. 12. 2001 geltende Fassung |

(2) Wird das Verfahren in dem frühen ersten Termin zur mündlichen Verhandlung nicht abgeschlossen, so trifft das Gericht alle Anordnungen, die zur Vorbereitung des Haupttermins noch erforderlich sind.
(3) Das Gericht setzt in dem Termin eine Frist zur schriftlichen Klageerwiderung, wenn der Beklagte noch nicht oder nicht ausreichend auf die Klage erwidert hat und ihm noch keine Frist nach Absatz 1 Satz 1 gesetzt war.
(4) [1]Das Gericht kann dem Kläger in dem Termin oder nach Eingang der Klageerwiderung eine Frist zur schriftlichen Stellungnahme auf die Klageerwiderung setzen. [2]<u>Außerhalb der mündlichen Verhandlung kann der Vorsitzende die Frist setzen.</u>

§ 277 Klageerwiderung; Replik.
(1) [1]In der Klageerwiderung hat der Beklagte seine Verteidigungsmittel vorzubringen, soweit es nach der Prozeßlage einer sorgfältigen und auf Förderung des Verfahrens bedachten Prozeßführung entspricht. [2]Die Klageerwiderung soll ferner eine Äußerung dazu enthalten, ob einer <u>Entscheidung der Sache durch</u> den Einzelrichter Gründe entgegenstehen.
(2) Der Beklagte ist darüber, daß die Klageerwiderung durch den zu bestellenden Rechtsanwalt bei Gericht einzureichen ist, und über die Folgen einer Fristversäumung zu belehren.
(3) Die Frist zur schriftlichen Klageerwiderung nach § 275 Abs. 1 Satz 1, Abs. 3 beträgt mindestens zwei Wochen.
(4) Für die schriftliche Stellungnahme auf die Klageerwiderung gelten Absatz 1 Satz 1 und Absätze 2 und 3 entsprechend.

(2) Wird das Verfahren in dem frühen ersten Termin zur mündlichen Verhandlung nicht abgeschlossen, so trifft das Gericht alle Anordnungen, die zur Vorbereitung des Haupttermins noch erforderlich sind.
(3) Das Gericht setzt in dem Termin eine Frist zur schriftlichen Klageerwiderung, wenn der Beklagte noch nicht oder nicht ausreichend auf die Klage erwidert hat und ihm noch keine Frist nach Absatz 1 Satz 1 gesetzt war.
(4) Das Gericht kann dem Kläger in dem Termin oder nach Eingang der Klageerwiderung eine Frist zur schriftlichen Stellungnahme auf die Klageerwiderung setzen.

§ 277 [Klageerwiderung] (1) [1]In der Klageerwiderung hat der Beklagte seine Verteidigungsmittel vorzubringen, soweit es nach der Prozeßlage einer sorgfältigen und auf Förderung des Verfahrens bedachten Prozeßführung entspricht. [2]Die Klageerwiderung soll ferner eine Äußerung dazu enthalten, ob einer Übertragung der Sache auf den Einzelrichter Gründe entgegenstehen.
(2) Der Beklagte ist darüber, daß die Klageerwiderung durch den zu bestellenden Rechtsanwalt bei Gericht einzureichen ist, und über die Folgen einer Fristversäumung zu belehren.
(3) Die Frist zur schriftlichen Klageerwiderung nach § 275 Abs. 1 Satz 1, Abs. 3 beträgt mindestens zwei Wochen.
(4) Für die schriftliche Stellungnahme auf die Klageerwiderung gelten Absatz 1 Satz 1 und Absätze 2 und 3 entsprechend.

4 ZPO neu/alt

| ab dem 1. 1. 2002 geltende Fassung | bis zum 31. 12. 2001 geltende Fassung |

§ 278 Gütliche Streitbeilegung, Güteverhandlung, Vergleich.
(1) Das Gericht soll in jeder Lage des Verfahrens auf eine gütliche Beilegung des Rechtsstreits oder einzelner Streitpunkte bedacht sein.
(2) ^{1}Der mündlichen Verhandlung geht zum Zwecke der gütlichen Beilegung des Rechtsstreits eine Güteverhandlung voraus, es sei denn, es hat bereits ein Einigungsversuch vor einer außergerichtlichen Gütestelle stattgefunden oder die Güteverhandlung erscheint erkennbar aussichtslos. ^{2}Das Gericht hat in der Güteverhandlung den Sach- und Streitstand mit den Parteien unter freier Würdigung aller Umstände zu erörtern und, soweit erforderlich, Fragen zu stellen. ^{3}Die erschienenen Parteien sollen hierzu persönlich gehört werden.
(3) ^{1}Für die Güteverhandlung sowie für weitere Güteversuche soll das persönliche Erscheinen der Parteien angeordnet werden. ^{2}§ 141 Abs. 1 Satz 2, Abs. 2 und 3 gilt entsprechend.
(4) Erscheinen beide Parteien in der Güteverhandlung nicht, ist das Ruhen des Verfahrens anzuordnen.
(5) ^{1}Das Gericht kann die Parteien für die Güteverhandlung vor einen beauftragten oder ersuchten Richter verweisen. ^{2}In geeigneten Fällen kann das Gericht den Parteien eine außergerichtliche Streitschlichtung vorschlagen. ^{3}Entscheiden sich die Parteien hierzu, gilt § 251 entsprechend.
(6) ^{1}Ein gerichtlicher Vergleich kann auch dadurch geschlossen werden, dass die Parteien einen schriftlichen Vergleichsvorschlag des Gerichts durch Schriftsatz gegenüber dem Gericht annehmen. ^{2}Das Gericht stellt das Zustandekommen und den Inhalt eines nach Satz 1 geschlossenen Vergleichs durch Beschluss fest. ^{3}§ 164 gilt entsprechend.

§ 279 [Gütliche Beilegung des Rechtsstreits; Güteversuch]
(1) ^{1}Das Gericht soll in jeder Lage des Verfahrens auf eine gütliche Beilegung des Rechtsstreits oder einzelner Streitpunkte bedacht sein.

(2) ^{1}Für den Güteversuch kann das persönliche Erscheinen der Parteien angeordnet werden. ^{2}Wird das Erscheinen angeordnet, so gilt § 141 Abs. 2 entsprechend.

(1) ^{2}Es kann die Parteien für einen Güteversuch vor einen beauftragten oder ersuchten Richter verweisen.

Neue/alte Fassung

ZPO neu/alt 4

| ab dem 1. 1. 2002 geltende Fassung | bis zum 31. 12. 2001 geltende Fassung |

§ 279 Mündliche Verhandlung.
(1) ¹Erscheint eine Partei in der Güteverhandlung nicht oder ist die Güteverhandlung erfolglos, soll sich die mündliche Verhandlung (früher erster Termin oder Haupttermin) unmittelbar anschließen. ²Andernfalls ist unverzüglich Termin zur mündlichen Verhandlung zu bestimmen.
(2) Im Haupttermin soll der streitigen Verhandlung die Beweisaufnahme unmittelbar folgen.
(3) Im Anschluss an die Beweisaufnahme hat das Gericht erneut den Sach- und Streitstand und, soweit bereits möglich, das Ergebnis der Beweisaufnahme mit den Parteien zu erörtern.

§ 278 [Haupttermin] (1) ¹Im Haupttermin führt das Gericht in den Sach- und Streitstand ein. ²Die erschienenen Parteien sollen hierzu persönlich gehört werden.

(2) ¹Der streitigen Verhandlung soll die Beweisaufnahme unmittelbar folgen.
²Im Anschluß an die Beweisaufnahme ist der Sach- und Streitstand erneut mit den Parteien zu erörtern.

(4) Ein erforderlicher neuer Termin ist möglichst kurzfristig anzuberaumen.

§ 281 Verweisung bei Unzuständigkeit. (1) ¹Ist auf Grund der Vorschriften über die örtliche oder sachliche Zuständigkeit der Gerichte die Unzuständigkeit des Gerichts auszusprechen, so hat das angegangene Gericht, sofern das zuständige Gericht bestimmt werden kann, auf Antrag des Klägers durch Beschluß sich für unzuständig zu erklären und den Rechtsstreit an das zuständige Gericht zu verweisen. ²Sind mehrere Gerichte zuständig, so erfolgt die Verweisung an das vom Kläger gewählte Gericht.
(2) ¹Anträge und Erklärungen zur Zuständigkeit des Gerichts können vor dem Urkundsbeamten der Geschäftsstelle abgegeben werden. ²Der Beschluß ist unanfechtbar. ³Der Rechtsstreit wird bei dem im Beschluß bezeichneten Gericht mit Eingang der Akten anhängig. ⁴Der Beschluß ist für dieses Gericht bindend.

§ 281 [Verweisung bei Unzuständigkeit] (1) ¹Ist auf Grund der Vorschriften über die örtliche oder sachliche Zuständigkeit der Gerichte die Unzuständigkeit des Gerichts auszusprechen, so hat das angegangene Gericht, sofern das zuständige Gericht bestimmt werden kann, auf Antrag des Klägers durch Beschluß sich für unzuständig zu erklären und den Rechtsstreit an das zuständige Gericht zu verweisen. ²Sind mehrere Gerichte zuständig, so erfolgt die Verweisung an das vom Kläger gewählte Gericht.
(2) ¹Anträge und Erklärungen zur Zuständigkeit des Gerichts können vor dem Urkundsbeamten der Geschäftsstelle abgegeben werden. ²*Die Entscheidung kann ohne mündliche Verhandlung ergehen.* ³Der Beschluß ist unanfechtbar. ⁴Der Rechtsstreit wird bei dem im Beschluß bezeichneten Gericht mit Eingang der Akten anhängig. ⁵Der Beschluß ist für dieses Gericht bindend.

| ab dem 1. 1. 2002 geltende Fassung | bis zum 31. 12. 2001 geltende Fassung |

(3) ¹Die im Verfahren vor dem angegangenen Gericht erwachsenen Kosten werden als Teil der Kosten behandelt, die bei dem im Beschluß bezeichneten Gericht erwachsen. ²Dem Kläger sind die entstandenen Mehrkosten auch dann aufzuerlegen, wenn er in der Hauptsache obsiegt.

§ 296 Zurückweisung verspäteten Vorbringens. (1) Angriffs- und Verteidigungsmittel, die erst nach Ablauf einer hierfür gesetzten Frist (§ 273 Abs. 2 Nr. 1 und, soweit die Fristsetzung gegenüber einer Partei ergeht, 5, § 275 Abs. 1 Satz 1, Abs. 3, 4, § 276 Abs. 1 Satz 2, Abs. 3, § 277) vorgebracht werden, sind nur zuzulassen, wenn nach der freien Überzeugung des Gerichts ihre Zulassung die Erledigung des Rechtsstreits nicht verzögern würde oder wenn die Partei die Verspätung genügend entschuldigt.

(2) Angriffs- und Verteidigungsmittel, die entgegen § 282 Abs. 1 nicht rechtzeitig vorgebracht oder entgegen § 282 Abs. 2 nicht rechtzeitig mitgeteilt werden, können zurückgewiesen werden, wenn ihre Zulassung nach der freien Überzeugung des Gerichts die Erledigung des Rechtsstreits verzögern würde und die Verspätung auf grober Nachlässigkeit beruht.

(3) Verspätete Rügen, die die Zulässigkeit der Klage betreffen und auf die der Beklagte verzichten kann, sind nur zuzulassen, wenn der Beklagte die Verspätung genügend entschuldigt.

(4) In den Fällen der Absätze 1 und 3 ist der Entschuldigungsgrund auf Verlangen des Gerichts glaubhaft zu machen.

§ 296 a Vorbringen nach Schluss der mündlichen Verhandlung. ¹Nach Schluß der mündlichen

---

(3) ¹Die im Verfahren vor dem angegangenen Gericht erwachsenen Kosten werden als Teil der Kosten behandelt, die bei dem im Beschluß bezeichneten Gericht erwachsen. ²Dem Kläger sind die entstandenen Mehrkosten auch dann aufzuerlegen, wenn er in der Hauptsache obsiegt.

§ 296 [Verspätet vorgebrachte Angriffs- und Verteidigungsmittel und Rügen] (1) Angriffs- und Verteidigungsmittel, die erst nach Ablauf einer hierfür gesetzten Frist (§ 273 Abs. 2 Nr. 1, § 275 Abs. 1 Satz 1, Abs. 3, 4, § 276 Abs. 1 Satz 2, Abs. 3, § 277) vorgebracht werden, sind nur zuzulassen, wenn nach der freien Überzeugung des Gerichts ihre Zulassung die Erledigung des Rechtsstreits nicht verzögern würde oder wenn die Partei die Verspätung genügend entschuldigt.

(2) Angriffs- und Verteidigungsmittel, die entgegen § 282 Abs. 1 nicht rechtzeitig vorgebracht oder entgegen § 282 Abs. 2 nicht rechtzeitig mitgeteilt werden, können zurückgewiesen werden, wenn ihre Zulassung nach der freien Überzeugung des Gerichts die Erledigung des Rechtsstreits verzögern würde und die Verspätung auf grober Nachlässigkeit beruht.

(3) Verspätete Rügen, die die Zulässigkeit der Klage betreffen und auf die der Beklagte verzichten kann, sind nur zuzulassen, wenn der Beklagte die Verspätung genügend entschuldigt.

(4) In den Fällen der Absätze 1 und 3 ist der Entschuldigungsgrund auf Verlangen des Gerichts glaubhaft zu machen.

§ 296 a [Angriffs- und Verteidigungsmittel nach Schluß der mündlichen Verhandlung] ¹Nach

Neue/alte Fassung ZPO neu/alt 4

ab dem 1. 1. 2002 geltende Fassung	bis zum 31. 12. 2001 geltende Fassung

Verhandlung, auf die das Urteil ergeht, können Angriffs- und Verteidigungsmittel nicht mehr vorgebracht werden. ²§ 139 Abs. 5, §§ 156, 283 bleiben unberührt.

Schluß der mündlichen Verhandlung, auf die das Urteil ergeht, können Angriffs- und Verteidigungsmittel nicht mehr vorgebracht werden. ²§§ 156, 283 bleiben unberührt.

Titel 2. Urteil

§ 307 Anerkenntnis. (1) Erkennt eine Partei den gegen sie geltend gemachten Anspruch bei der mündlichen Verhandlung ganz oder zum Teil an, so ist sie dem Anerkenntnis gemäß zu verurteilen.
(2) Erklärt der Beklagte auf eine Aufforderung nach § 276 Abs. 1 Satz 1, daß er den Anspruch des Klägers ganz oder zum Teil anerkenne, so ist er ohne mündliche Verhandlung dem Anerkenntnis gemäß zu verurteilen.

Zweiter Titel. Urteil

§ 307 [Anerkenntnis] (1) Erkennt eine Partei den gegen sie geltend gemachten Anspruch bei der mündlichen Verhandlung ganz oder zum Teil an, so ist sie *auf Antrag* dem Anerkenntnis gemäß zu verurteilen.
(2) ¹Erklärt der Beklagte auf eine Aufforderung nach § 276 Abs. 1 Satz 1, daß er den Anspruch des Klägers ganz oder zum Teil anerkenne, so ist er *auf Antrag des Klägers* ohne mündliche Verhandlung dem Anerkenntnis gemäß zu verurteilen. ²*Der Antrag kann schon in der Klageschrift gestellt werden.*

§ 311 Form der Urteilsverkündung. (1) Das Urteil ergeht im Namen des Volkes.
(2) ¹Das Urteil wird durch Vorlesung der Urteilsformel verkündet. ²Die Vorlesung der Urteilsformel kann durch eine Bezugnahme auf die Urteilsformel ersetzt werden, wenn bei der Verkündung von den Parteien niemand erschienen ist.
³Versäumnisurteile, Urteile, die auf Grund eines Anerkenntnisses erlassen werden, sowie Urteile, welche die Folge der Zurücknahme der Klage oder des Verzichts auf den Klageanspruch aussprechen, können verkündet werden, auch wenn die Urteilsformel noch nicht schriftlich abgefaßt ist.
(3) Die Entscheidungsgründe werden, wenn es für angemessen erachtet wird, durch Vorlesung der Gründe oder durch mündliche Mitteilung des wesentlichen Inhalts verkündet.

§ 311 [Form der Verkündung] (1) Das Urteil ergeht im Namen des Volkes.
(2) ¹Das Urteil wird durch Vorlesung der Urteilsformel verkündet.
²Versäumnisurteile, Urteile, die auf Grund eines Anerkenntnisses erlassen werden, sowie Urteile, welche die Folge der Zurücknahme der Klage oder des Verzichts auf den Klageanspruch aussprechen, können verkündet werden, auch wenn die Urteilsformel noch nicht schriftlich abgefaßt ist.
(3) Die Entscheidungsgründe werden, wenn es für angemessen erachtet wird, durch Vorlesung der Gründe oder durch mündliche Mitteilung des wesentlichen Inhalts verkündet.

4 ZPO neu/alt — Neue/alte Fassung

ab dem 1. 1. 2002 geltende Fassung	bis zum 31. 12. 2001 geltende Fassung
(4) Wird das Urteil nicht in dem Termin verkündet, in dem die mündliche Verhandlung geschlossen wird, so kann es der Vorsitzende in Abwesenheit der anderen Mitglieder des Prozeßgerichts verkünden.	(4) ¹Wird das Urteil nicht in dem Termin verkündet, in dem die mündliche Verhandlung geschlossen wird, so kann es der Vorsitzende in Abwesenheit der anderen Mitglieder des Prozeßgerichts verkünden. ²*Die Verlesung der Urteilsformel kann durch eine Bezugnahme auf die Urteilsformel ersetzt werden, wenn in dem Verkündungstermin von den Parteien niemand erschienen ist.*
§ 313a Weglassen von Tatbestand und Entscheidungsgründen. (1) ¹Des Tatbestandes bedarf es nicht, wenn ein Rechtsmittel gegen das Urteil unzweifelhaft nicht zulässig ist. ²In diesem Fall bedarf es auch keiner Entscheidungsgründe, wenn die Parteien auf sie verzichten oder wenn ihr wesentlicher Inhalt in das Protokoll aufgenommen worden ist. (2) ¹Wird das Urteil in dem Termin, in dem die mündliche Verhandlung geschlossen worden ist, verkündet, so bedarf es des Tatbestands und der Entscheidungsgründe nicht, wenn beide Parteien auf Rechtsmittel gegen das Urteil verzichten. ²Ist das Urteil nur für eine Partei anfechtbar, so genügt es, wenn diese verzichtet. (3) Der Verzicht nach Absatz 1 oder 2 kann bereits vor der Verkündung des Urteils erfolgen; er muss spätestens binen einer Woche nach dem Schluss der mündlichen Verhandlung gegenüber dem Gericht erklärt sein. (4) Die Absätze 1 bis 3 finden keine Anwendung: 1. in Ehesachen, mit Ausnahme der eine Scheidung aussprechenden Entscheidungen; 2. in Lebenspartnerschaftssachen nach § 661 Abs. 1 Nr. 2 und 3; 3. in Kindschaftssachen; 4. im Falle der Verurteilung zu künftig fällig werdenden wiederkehrenden Leistungen;	**§ 313a [Weglassen von Tatbestand und Entscheidungsgründen]** (1) ¹Des Tatbestandes bedarf es nicht, wenn ein Rechtsmittel gegen das Urteil unzweifelhaft nicht eingelegt werden kann. ²Das gleiche gilt für die Entscheidungsgründe, sofern die Parteien zusätzlich spätestens am zweiten Tag nach dem Schluß der mündlichen Verhandlung auf sie verzichten. (2) Absatz 1 ist nicht anzuwenden 1. in Ehesachen, mit Ausnahme der eine Scheidung aussprechenden Entscheidungen; 1a. in Lebenspartnerschaftssachen nach § 661 Abs. 1 Nr. 2 und 3; 2. in Kindschaftssachen; 3. im Falle der Verurteilung zu künftig fällig werdenden wiederkehrenden Leistungen;

Neue/alte Fassung

ZPO neu/alt 4

| ab dem 1. 1. 2002 geltende Fassung | bis zum 31. 12. 2001 geltende Fassung |

5. wenn zu erwarten ist, dass das Urteil im Ausland geltend gemacht werden wird.
(5) Soll ein ohne Tatbestand und Entscheidungsgründe hergestelltes Urteil im Ausland geltend gemacht werden, so gelten die Vorschriften über die Vervollständigung von Versäumnis- und Anerkenntnisurteilen entsprechend.

§ 319 Berichtigung des Urteils. (1) Schreibfehler, Rechnungsfehler und ähnliche offenbare Unrichtigkeiten, die in dem Urteil vorkommen, sind jederzeit von dem Gericht auch von Amts wegen zu berichtigen.
(2) Der Beschluß, der eine Berichtigung ausspricht, wird auf dem Urteil und den Ausfertigungen vermerkt.

(3) Gegen den Beschluß, durch den der Antrag auf Berichtigung zurückgewiesen wird, findet kein Rechtsmittel, gegen den Beschluß, der eine Berichtigung ausspricht, findet sofortige Beschwerde statt.

§ 321 a Abhilfe bei Verletzung des Anspruchs auf rechtliches Gehör. (1) Auf die Rüge der durch das Urteil beschwerten Partei ist der Prozess vor dem Gericht des ersten Rechtszuges fortzuführen, wenn
1. eine Berufung nach § 511 Abs. 2 nicht zulässig ist und
2. das Gericht des ersten Rechtszuges den Anspruch auf rechtliches Gehör in entscheidungserheblicher Weise verletzt hat.
(2) ¹Die Rüge ist durch Einreichung eines Schriftsatzes (Rügeschrift) zu erheben, der enthalten muss:
1. die Bezeichnung des Prozesses, dessen Fortführung begehrt wird;

4. wenn zu erwarten ist, daß das Urteil im Ausland geltend gemacht werden wird; soll ein ohne Tatbestand und Entscheidungsgründe hergestelltes Urteil im Ausland geltend gemacht werden, so gelten die Vorschriften über die Vervollständigung von Versäumnis- und Anerkenntnisurteilen entsprechend.

§ 319 [Berichtigung des Urteils]
(1) Schreibfehler, Rechnungsfehler und ähnliche offenbare Unrichtigkeiten, die in dem Urteil vorkommen, sind jederzeit von dem Gericht auch von Amts wegen zu berichtigen.
(2) *¹Über die Berichtigung kann ohne mündliche Verhandlung entschieden werden.* ²Der Beschluß, der eine Berichtigung ausspricht, wird auf dem Urteil und den Ausfertigungen vermerkt.
(3) Gegen den Beschluß, durch den der Antrag auf Berichtigung zurückgewiesen wird, findet kein Rechtsmittel, gegen den Beschluß, der eine Berichtigung ausspricht, findet sofortige Beschwerde statt.

4 ZPO neu/alt

Neue/alte Fassung

ab dem 1. 1. 2002 geltende Fassung	bis zum 31. 12. 2001 geltende Fassung

2. die Darlegung der Verletzung des Anspruchs auf rechtliches Gehör und der Entscheidungserheblichkeit der Verletzung.
²Die Rügeschrift ist innerhalb einer Notfrist von zwei Wochen bei dem Gericht des ersten Rechtszuges einzureichen. ³Die Frist beginnt mit der Zustellung des in vollständiger Form abgefassten Urteils, im Falle des § 313a Abs. 1 Satz 2 jedoch erst dann, wenn auch das Protokoll zugestellt ist.
(3) Dem Gegner ist, soweit erforderlich, Gelegenheit zur Stellungnahme zu geben.
(4) ¹Das Gericht hat von Amts wegen zu prüfen, ob die Rüge an sich statthaft und ob sie in der gesetzlichen Form und Frist erhoben ist. ²Mangelt es an einem dieser Erfordernisse, so ist die Rüge als unzulässig zu verwerfen. ³Ist die Rüge unbegründet, weist das Gericht sie zurück. ⁴Die Entscheidungen ergehen durch kurz zu begründenden Beschluss, der nicht anfechtbar ist.
(5) ¹Ist die Rüge begründet, so hilft ihr das Gericht ab, indem es den Prozess fortführt. ²Der Prozess wird in die Lage zurückversetzt, in der er sich vor dem Schluss der mündlichen Verhandlung befand. ³§ 343 gilt entsprechend.
(6) § 707 Abs. 1 Satz 1, Abs. 2 ist entsprechend anzuwenden.

§ 329 Beschlüsse und Verfügungen. (1) ¹Die auf Grund einer mündlichen Verhandlung ergehenden Beschlüsse des Gerichts müssen verkündet werden. ²Die Vorschriften der §§ 309, 310 Abs. 1 und des § 311 Abs. 4 sind auf Beschlüsse des Gerichts, die Vorschriften des § 312 und des § 317 Abs. 2 Satz 1, Abs. 3 auf Beschlüsse des Gerichts und auf Verfügungen des Vorsitzenden sowie

§ 329 [Verkündung und Zustellung von Beschlüssen und Verfügungen] (1) ¹Die auf Grund einer mündlichen Verhandlung ergehenden Beschlüsse des Gerichts müssen verkündet werden. ²Die Vorschriften der §§ 309, 310 Abs. 1 und des § 311 Abs. 4 sind auf Beschlüsse des Gerichts, die Vorschriften des § 312 und des § 317 Abs. 2 Satz 1, Abs. 3 auf Beschlüsse des Gerichts und auf Ver-

Neue/alte Fassung ZPO neu/alt 4

| ab dem 1. 1. 2002 geltende Fassung | bis zum 31. 12. 2001 geltende Fassung |

eines beauftragten oder ersuchten Richters entsprechend anzuwenden.

(2) ¹Nicht verkündete Beschlüsse des Gerichts und nicht verkündete Verfügungen des Vorsitzenden oder eines beauftragten oder ersuchten Richters sind den Parteien formlos mitzuteilen. ²Enthält die Entscheidung eine Terminsbestimmung oder setzt sie eine Frist in Lauf, so ist sie zuzustellen.
(3) Entscheidungen, die einen Vollstreckungstitel bilden oder die der sofortigen Beschwerde oder der Erinnerung nach <u>§ 573 Abs. 1</u> unterliegen, sind zuzustellen.

Titel 3. Versäumnisurteil

§ 339 Einspruchsfrist. (1) Die Einspruchsfrist beträgt zwei Wochen; sie ist eine Notfrist und beginnt mit der Zustellung des Versäumnisurteils.
(2) Muß die Zustellung im Ausland oder durch öffentliche Bekanntmachung erfolgen, so hat das Gericht die Einspruchsfrist im Versäumnisurteil oder nachträglich durch besonderen Beschluß zu bestimmen.

§ 341 Einspruchsprüfung.
(1) ¹Das Gericht hat von Amts wegen zu prüfen, ob der Einspruch an sich statthaft und ob er in der gesetzlichen Form und Frist eingelegt ist. ²Fehlt es an einem dieser Erfordernisse, so ist der Einspruch als unzulässig zu verwerfen.
<u>(2) Das Urteil kann ohne mündliche Verhandlung ergehen.</u>

fügungen des Vorsitzenden sowie eines beauftragten oder ersuchten Richters entsprechend anzuwenden.

(2) ¹Nicht verkündete Beschlüsse des Gerichts und nicht verkündete Verfügungen des Vorsitzenden oder eines beauftragten oder ersuchten Richters sind den Parteien formlos mitzuteilen. ²Enthält die Entscheidung eine Terminsbestimmung oder setzt sie eine Frist in Lauf, so ist sie zuzustellen.
(3) Entscheidungen, die einen Vollstreckungstitel bilden oder die der sofortigen Beschwerde oder der *befristeten* Erinnerung nach § 577 Abs. 4 unterliegen, sind zuzustellen.

Dritter Titel. Versäumnisurteil

§ 339 [Einspruchsfrist] (1) Die Einspruchsfrist beträgt zwei Wochen; sie ist eine Notfrist und beginnt mit der Zustellung des Versäumnisurteils.
(2) Muß die Zustellung im Ausland oder durch öffentliche Bekanntmachung erfolgen, so hat das Gericht die Einspruchsfrist im Versäumnisurteil oder nachträglich durch besonderen Beschluß, *der ohne mündliche Verhandlung erlassen werden kann*, zu bestimmen.

§ 341 [Prüfung des Einspruchs]
(1) ¹Das Gericht hat von Amts wegen zu prüfen, ob der Einspruch an sich statthaft und ob er in der gesetzlichen Form und Frist eingelegt ist. ²Fehlt es an einem dieser Erfordernisse, so ist der Einspruch als unzulässig zu verwerfen.
(2) ¹Die Entscheidung kann ohne mündliche Verhandlung *durch Beschluß* ergehen. ²*Sie unterliegt in diesem Falle der sofortigen Beschwerde, sofern gegen ein Urteil gleichen Inhalts die Berufung stattfinden würde.*

ZPO neu/alt — Neue/alte Fassung

ab dem 1. 1. 2002 geltende Fassung

§ 341 a Einspruchstermin. Wird der Einspruch nicht als unzulässig verworfen, so ist der Termin zur mündlichen Verhandlung über den Einspruch und die Hauptsache zu bestimmen und den Parteien bekanntzumachen.

Titel 4. Verfahren vor dem Einzelrichter

§ 348 Originärer Einzelrichter. (1) ¹Die Zivilkammer entscheidet durch eines ihrer Mitglieder als Einzelrichter. ²Dies gilt nicht, wenn
1. das Mitglied Richter auf Probe ist und noch nicht über einen Zeitraum von einem Jahr geschäftsverteilungsplanmäßig Rechtsprechungsaufgaben in bürgerlichen Rechtsstreitigkeiten wahrzunehmen hatte oder
2. die Zuständigkeit der Kammer nach dem Geschäftsverteilungsplan des Gerichtes wegen der Zuordnung des Rechtsstreits zu den nachfolgenden Sachgebieten begründet ist:
   a) Streitigkeiten über Ansprüche aus Veröffentlichungen durch Druckerzeugnisse, Bild- und Tonträger jeder Art, insbesondere in Presse, Rundfunk, Film und Fernsehen;
   b) Streitigkeiten aus Bank- und Finanzgeschäften;
   c) Streitigkeiten aus Bau- und Architektenverträgen sowie aus Ingenieurverträgen, soweit sie im Zusammenhang mit Bauleistungen stehen;
   d) Streitigkeiten aus der Berufstätigkeit der Rechtsanwälte, Patentanwälte, Notare, Steuerberater, Steuerbevollmächtigten, Wirtschaftsprüfer und vereidigten Buchprüfer;
   e) Streitigkeiten über Ansprüche aus Heilbehandlungen;

bis zum 31. 12. 2001 geltende Fassung

§ 341 a [**Termin zur mündlichen Verhandlung**] Wird der Einspruch nicht *durch Beschluß* als unzulässig verworfen, so ist der Termin zur mündlichen Verhandlung über den Einspruch und die Hauptsache zu bestimmen und den Parteien bekanntzumachen.

Vierter Titel. Verfahren vor dem Einzelrichter

Neue/alte Fassung ZPO neu/alt 4

ab dem 1. 1. 2002 geltende Fassung	bis zum 31. 12. 2001 geltende Fassung

<u>f) Streitigkeiten aus Handelssachen im Sinne des § 95 des Gerichtsverfassungsgesetzes;
g) Streitigkeiten über Ansprüche aus Fracht-, Speditions- und Lagergeschäften;
h) Streitigkeiten aus Versicherungsvertragsverhältnissen;
i) Streitigkeiten aus den Bereichen des Urheber- und Verlagsrechts;
j) Streitigkeiten aus den Bereichen der Kommunikations- und Informationstechnologie;
k) Streitigkeiten, die dem Landgericht ohne Rücksicht auf den Streitwert zugewiesen sind.
(2) Bei Zweifeln über das Vorliegen der Voraussetzungen des Absatzes 1 entscheidet die Kammer durch unanfechtbaren Beschluss.
(3) ¹Der Einzelrichter legt den Rechtsstreit der Zivilkammer zur Entscheidung über eine Übernahme vor, wenn
1. die Sache besondere Schwierigkeiten tatsächlicher oder rechtlicher Art aufweist,
2. die Rechtssache grundsätzliche Bedeutung hat oder
3. die Parteien dies übereinstimmend beantragen.
²Die Kammer übernimmt den Rechtsstreit, wenn die Voraussetzungen nach Satz 1 Nummer 1 oder 2 vorliegen. ³Sie entscheidet hierüber durch Beschluss. ⁴Eine Zurückübertragung auf den Einzelrichter ist ausgeschlossen.
(4) Auf eine erfolgte oder unterlassene Vorlage oder Übernahme kann ein Rechtsmittel nicht gestützt werden.</u>

§ 348 a <u>Obligatorischer Einzelrichter. (1) Ist eine originäre Einzelrichterzuständigkeit nach § 348 Abs. 1 nicht begründet, überträgt die Zivilkammer die Sache durch Be-</u> | **§ 348** [**Einzelrichter bei Zivilkammer**] (1) Die Zivilkammer soll in der Regel den Rechtsstreit einem ihrer Mitglieder als Einzelrichter zur Entscheidung übertragen, wenn

4 ZPO neu/alt

ab dem 1. 1. 2002 geltende Fassung	bis zum 31. 12. 2001 geltende Fassung

schluss einem ihrer Mitglieder als Einzelrichter zur Entscheidung, wenn
1. die Sache keine besonderen Schwierigkeiten tatsächlicher oder rechtlicher Art aufweist,
2. die Rechtssache keine grundsätzliche Bedeutung hat und
3. nicht bereits im Haupttermin vor der Zivilkammer zur Hauptsache verhandelt worden ist, es sei denn, dass inzwischen ein Vorbehalts-, Teil- oder Zwischenurteil ergangen ist.

(2) [1]Der Einzelrichter legt den Rechtsstreit der Zivilkammer zur Entscheidung über eine Übernahme vor, wenn

1. sich aus einer wesentlichen Änderung der Prozesslage besondere tatsächliche oder rechtliche Schwierigkeiten der Sache oder die grundsätzliche Bedeutung der Rechtssache ergeben oder
2. die Parteien dies übereinstimmend beantragen.

[2]Die Kammer übernimmt den Rechtsstreit, wenn die Voraussetzungen nach Satz 1 Nummer 1 vorliegen. [3]Sie entscheidet hierüber nach Anhörung der Parteien durch Beschluss. [4]Eine erneute Übertragung auf den Einzelrichter ist ausgeschlossen.

(3) Auf eine erfolgte oder unterlassene Übertragung, Vorlage oder Übernahme kann ein Rechtsmittel nicht gestützt werden.

§ 349 Vorsitzender der Kammer für Handelssachen. (1) [1]In der Kammer für Handelssachen hat

---

1. die Sache keine besonderen Schwierigkeiten tatsächlicher oder rechtlicher Art aufweist und
2. die Rechtssache keine grundsätzliche Bedeutung hat.

(3) Der Rechtsstreit darf dem Einzelrichter nicht übertragen werden, wenn bereits im Haupttermin vor der Zivilkammer zur Hauptsache verhandelt worden ist, es sei denn, daß inzwischen ein Vorbehalts-, Teil- oder Zwischenurteil ergangen ist.

(4) [1]Der Einzelrichter kann nach Anhörung der Parteien den Rechtsstreit auf die Zivilkammer zurückübertragen, wenn sich aus einer wesentlichen Änderung der Prozeßlage ergibt, daß die Entscheidung von grundsätzlicher Bedeutung ist. [2]Eine erneute Übertragung auf den Einzelrichter ist ausgeschlossen.

(2) [1]Über die Übertragung auf den Einzelrichter kann die Kammer ohne mündliche Verhandlung entscheiden. [2]Der Beschluß ist unanfechtbar.

§ 349 [Vorsitzender der Kammer für Handelssachen] (1) [1]In der Kammer für Handelssachen hat

Neue/alte Fassung ZPO neu/alt 4

ab dem 1. 1. 2002 geltende Fassung	bis zum 31. 12. 2001 geltende Fassung

der Vorsitzende die Sache so weit zu fördern, daß sie in einer mündlichen Verhandlung vor der Kammer erledigt werden kann. ²Beweise darf er nur insoweit erheben, als anzunehmen ist, daß es für die Beweiserhebung auf die besondere Sachkunde der ehrenamtlichen Richter nicht ankommt und die Kammer das Beweisergebnis auch ohne unmittelbaren Eindruck von dem Verlauf der Beweisaufnahme sachgemäß zu würdigen vermag.
(2) Der Vorsitzende entscheidet
 1. über die Verweisung des Rechtsstreits;
 2. über Rügen, die die Zulässigkeit der Klage betreffen, soweit über sie abgesondert verhandelt wird;
 3. über die Aussetzung des Verfahrens;
 4. bei Zurücknahme der Klage, Verzicht auf den geltend gemachten Anspruch oder Anerkenntnis des Anspruchs;
 5. bei Säumnis einer Partei oder beider Parteien;
 6. über die Kosten des Rechtsstreits nach § 91 a;
 7. im Verfahren über die Bewilligung der Prozeßkostenhilfe;
 8. in Wechsel- und Scheckprozessen;
 9. über die Art einer angeordneten Sicherheitsleistung;
 10. über die einstweilige Einstellung der Zwangsvollstreckung;
 11. über den Wert des Streitgegenstandes;
 12. über Kosten, Gebühren und Auslagen.
(3) Im Einverständnis der Parteien kann der Vorsitzende auch im übrigen an Stelle der Kammer entscheiden.
(4) Die §§ 348 und 348a sind nicht anzuwenden.

der Vorsitzende die Sache so weit zu fördern, daß sie in einer mündlichen Verhandlung vor der Kammer erledigt werden kann. ²Beweise darf er nur insoweit erheben, als anzunehmen ist, daß es für die Beweiserhebung auf die besondere Sachkunde der ehrenamtlichen Richter nicht ankommt und die Kammer das Beweisergebnis auch ohne unmittelbaren Eindruck von dem Verlauf der Beweisaufnahme sachgemäß zu würdigen vermag.
(2) Der Vorsitzende entscheidet
 1. über die Verweisung des Rechtsstreits;
 2. über Rügen, die die Zulässigkeit der Klage betreffen, soweit über sie abgesondert verhandelt wird;
 3. über die Aussetzung des Verfahrens;
 4. bei Zurücknahme der Klage, Verzicht auf den geltend gemachten Anspruch oder Anerkenntnis des Anspruchs;
 5. bei Säumnis einer Partei oder beider Parteien;
 6. über die Kosten des Rechtsstreits nach § 91 a;
 7. im Verfahren über die Bewilligung der Prozeßkostenhilfe;
 8. in Wechsel- und Scheckprozessen;
 9. über die Art einer angeordneten Sicherheitsleistung;
 10. über die einstweilige Einstellung der Zwangsvollstreckung;
 11. über den Wert des Streitgegenstandes;
 12. über Kosten, Gebühren und Auslagen.
(3) Im Einverständnis der Parteien kann der Vorsitzende auch im übrigen an Stelle der Kammer entscheiden.
(4) § 348 ist nicht anzuwenden.

4 ZPO neu/alt — Neue/alte Fassung

| ab dem 1. 1. 2002 geltende Fassung | bis zum 31. 12. 2001 geltende Fassung |

§ 350 Rechtsmittel. Für die Anfechtung der Entscheidungen des Einzelrichters (§§ 348, 348 a) und des Vorsitzenden der Kammer für Handelssachen (§ 349) gelten dieselben Vorschriften wie für die Anfechtung entsprechender Entscheidungen der Kammer.

§ 350 [Rechtsmittel] Für die Anfechtung der Entscheidungen des Einzelrichters (§ 348) und des Vorsitzenden der Kammer für Handelssachen (§ 349) gelten dieselben Vorschriften wie für die Anfechtung entsprechender Entscheidungen der Kammer.

Titel 5. Allgemeine Vorschriften über die Beweisaufnahme

Fünfter Titel. Allgemeine Vorschriften über die Beweisaufnahme

§ 356 Beibringungsfrist. Steht der Aufnahme des Beweises ein Hindernis von ungewisser Dauer entgegen, so ist durch Beschluss eine Frist zu bestimmen, nach deren fruchtlosem Ablauf das Beweismittel nur benutzt werden kann, wenn nach der freien Überzeugung des Gerichts dadurch das Verfahren nicht verzögert wird.

§ 356 [Beibringungsfrist] [1]Steht der Aufnahme des Beweises ein Hindernis von ungewisser Dauer entgegen, so ist eine Frist zu bestimmen, nach deren fruchtlosem Ablauf das Beweismittel nur benutzt werden kann, wenn nach der freien Überzeugung des Gerichts dadurch das Verfahren nicht verzögert wird. [2]*Die Frist kann ohne mündliche Verhandlung bestimmt werden.*

Titel 6. Beweis durch Augenschein

Sechster Titel. Beweis durch Augenschein

§ 371 Beweis durch Augenschein. (1) [1]Der Beweis durch Augenschein wird durch Bezeichnung des Gegenstandes des Augenscheins und durch die Angabe der zu beweisenden Tatsachen angetreten. [2]Ist ein elektronisches Dokument Gegenstand des Beweises, wird der Beweis durch Vorlegung oder Übermittlung der Datei angetreten.
(2) [1]Befindet sich der Gegenstand nach der Behauptung des Beweisführers nicht in seinem Besitz, so wird der Beweis außerdem durch den Antrag angetreten, zur Herbeischaffung des Gegenstandes eine Frist zu setzen oder eine Anordnung nach § 144 zu erlassen. [2]Die §§ 422 bis 432 gelten entsprechend.

§ 371 [Beweisantritt] [1]Der Beweis durch Augenschein wird durch die Bezeichnung des Gegenstandes des Augenscheins und durch die Angabe der zu beweisenden Tatsachen angetreten. [2]Ist ein elektronisches Dokument Gegenstand des Beweises, wird der Beweis durch Vorlegung oder Übermittlung der Datei angetreten; befindet diese sich nicht im Besitz des Beweisführers, gelten die §§ 422 bis 432 entsprechend.

Neue/alte Fassung ZPO neu/alt 4

| ab dem 1. 1. 2002 geltende Fassung | bis zum 31. 12. 2001 geltende Fassung |

(3) <u>Vereitelt eine Partei die ihr zumutbare Einnahme des Augenscheins, so können die Behauptungen des Gegners über die Beschaffenheit des Gegenstandes als bewiesen angesehen werden.</u>

Titel 7. Zeugenbeweis	**Siebenter Titel. Zeugenbeweis**
§ 375 Beweisaufnahme durch beauftragten oder ersuchten Richter. (1) Die Aufnahme des Zeugenbeweises darf einem Mitglied des Prozeßgerichts oder einem anderen Gericht nur übertragen werden, wenn von vornherein anzunehmen ist, daß das Prozeßgericht das Beweisergebnis auch ohne unmittelbaren Eindruck von dem Verlauf der Beweisaufnahme sachgemäß zu würdigen vermag, und 1. wenn zur Ausmittlung der Wahrheit die Vernehmung des Zeugen an Ort und Stelle dienlich erscheint oder nach gesetzlicher Vorschrift der Zeuge nicht an der Gerichtsstelle, sondern an einem anderen Ort zu vernehmen ist; 2. wenn der Zeuge verhindert ist, vor dem Prozeßgericht zu erscheinen <u>und eine Zeugenvernehmung nach § 128a Abs. 2 nicht stattfindet;</u> 3. wenn dem Zeugen das Erscheinen vor dem Prozeßgericht wegen großer Entfernung unter Berücksichtigung der Bedeutung seiner Aussage nicht zugemutet werden kann <u>und eine Zeugenvernehmung nach § 128a Abs. 2 nicht stattfindet.</u> (1 a) Einem Mitglied des Prozeßgerichts darf die Aufnahme des Zeugenbeweises auch dann übertragen werden, wenn dies zur Vereinfachung der Verhandlung vor dem Prozeßgericht zweckmäßig erscheint und wenn von vornherein anzunehmen ist,	**§ 375** [Beweisaufnahme durch beauftragten oder ersuchten Richter] (1) Die Aufnahme des Zeugenbeweises darf einem Mitglied des Prozeßgerichts oder einem anderen Gericht nur übertragen werden, wenn von vornherein anzunehmen ist, daß das Prozeßgericht das Beweisergebnis auch ohne unmittelbaren Eindruck von dem Verlauf der Beweisaufnahme sachgemäß zu würdigen vermag, und 1. wenn zur Ausmittlung der Wahrheit die Vernehmung des Zeugen an Ort und Stelle dienlich erscheint oder nach gesetzlicher Vorschrift der Zeuge nicht an der Gerichtsstelle, sondern an einem anderen Ort zu vernehmen ist; 2. wenn der Zeuge verhindert ist, vor dem Prozeßgericht zu erscheinen; 3. wenn dem Zeugen das Erscheinen vor dem Prozeßgericht wegen großer Entfernung unter Berücksichtigung der Bedeutung seiner Aussage nicht zugemutet werden kann. (1 a) Einem Mitglied des Prozeßgerichts darf die Aufnahme des Zeugenbeweises auch dann übertragen werden, wenn dies zur Vereinfachung der Verhandlung vor dem Prozeßgericht zweckmäßig erscheint und wenn von vornherein anzunehmen

ab dem 1. 1. 2002 geltende Fassung	bis zum 31. 12. 2001 geltende Fassung
daß das Prozeßgericht das Beweisergebnis auch ohne unmittelbaren Eindruck von dem Verlauf der Beweisaufnahme sachgemäß zu würdigen vermag. (2) Der Bundespräsident ist in seiner Wohnung zu vernehmen.	ist, daß das Prozeßgericht das Beweisergebnis auch ohne unmittelbaren Eindruck von dem Verlauf der Beweisaufnahme sachgemäß zu würdigen vermag. (2) Der Bundespräsident ist in seiner Wohnung zu vernehmen.
§ 378 Aussageerleichternde Unterlagen. (1) ¹Soweit es die Aussage über seine Wahrnehmungen erleichtert, hat der Zeuge Aufzeichnungen und andere Unterlagen einzusehen und zu dem Termin mitzubringen, wenn ihm dies gestattet und zumutbar ist. ²<u>Die §§ 142 und 429 bleiben</u> unberührt. (2) Kommt der Zeuge auf eine bestimmte Anordnung des Gerichts der Verpflichtung nach Absatz 1 nicht nach, so kann das Gericht die in § 390 bezeichneten Maßnahmen treffen; hierauf ist der Zeuge vorher hinzuweisen.	**§ 378** [Aussage erleichternde Unterlagen] (1) ¹Soweit es die Aussage über seine Wahrnehmungen erleichtert, hat der Zeuge Aufzeichnungen und andere Unterlagen einzusehen und zu dem Termin mitzubringen, wenn ihm dies gestattet und zumutbar ist. ²§ 429 bleibt unberührt. (2) Kommt der Zeuge auf eine bestimmte Anordnung des Gerichts der Verpflichtung nach Absatz 1 nicht nach, so kann das Gericht die in § 390 bezeichneten Maßnahmen treffen; hierauf ist der Zeuge vorher hinzuweisen.
§ 380 Folgen des Ausbleibens des Zeugen. (1) ¹Einem ordnungsgemäß geladenen Zeugen, der nicht erscheint, werden, ohne daß es eines Antrages bedarf, die durch das Ausbleiben verursachten Kosten auferlegt. ²Zugleich wird gegen ihn ein Ordnungsgeld und für den Fall, daß dieses nicht beigetrieben werden kann, Ordnungshaft festgesetzt. (2) Im Falle wiederholten Ausbleibens wird das Ordnungsmittel noch einmal festgesetzt; auch kann die zwangsweise Vorführung des Zeugen angeordnet werden. (3) Gegen diese Beschlüsse findet die <u>sofortige</u> Beschwerde statt.	**§ 380** [Folgen des Ausbleibens des Zeugen] (1) ¹Einem ordnungsgemäß geladenen Zeugen, der nicht erscheint, werden, ohne daß es eines Antrages bedarf, die durch das Ausbleiben verursachten Kosten auferlegt. ²Zugleich wird gegen ihn ein Ordnungsgeld und für den Fall, daß dieses nicht beigetrieben werden kann, Ordnungshaft festgesetzt. (2) Im Falle wiederholten Ausbleibens wird das Ordnungsmittel noch einmal festgesetzt; auch kann die zwangsweise Vorführung des Zeugen angeordnet werden. (3) Gegen diese Beschlüsse findet die Beschwerde statt.
§ 381 Genügende Entschuldigung des Ausbleibens. <u>(1)</u> ¹<u>Die Auferlegung der Kosten und die Fest-</u>	**§ 381** [Genügende Entschuldigung des Ausbleibens] (1) ¹Die Festsetzung eines Ordnungsmittels

Neue/alte Fassung ZPO neu/alt 4

| ab dem 1. 1. 2002 geltende Fassung | bis zum 31. 12. 2001 geltende Fassung |

setzung eines Ordnungsmittels unterbleiben, wenn das Ausbleiben des Zeugen rechtzeitig genügend entschuldigt wird. ²Erfolgt die Entschuldigung nach Satz 1 nicht rechtzeitig, so unterbleiben die Auferlegung der Kosten und die Festsetzung eines Ordnungsmittels nur dann, wenn glaubhaft gemacht wird, dass den Zeugen an der Verspätung der Entschuldigung kein Verschulden trifft. ³Erfolgt die genügende Entschuldigung oder die Glaubhaftmachung nachträglich, so werden die getroffenen Anordnungen unter den Voraussetzungen des Satzes 2 aufgehoben.
(2) Die Anzeigen und Gesuche des Zeugen können schriftlich oder zum Protokoll der Geschäftsstelle oder mündlich in dem zur Vernehmung bestimmten neuen Termin angebracht werden.

§ 390 Folgen der Zeugnisverweigerung. (1) ¹Wird das Zeugnis oder die Eidesleistung ohne Angabe eines Grundes oder aus einem rechtskräftig für unerheblich erklärten Grund verweigert, so werden dem Zeugen, ohne daß es eines Antrages bedarf, die durch die Weigerung verursachten Kosten auferlegt. ²Zugleich wird gegen ihn ein Ordnungsgeld und für den Fall, daß dieses nicht beigetrieben werden kann, Ordnungshaft festgesetzt.
(2) ¹Im Falle wiederholter Weigerung ist auf Antrag zur Erzwingung des Zeugnisses die Haft anzuordnen, jedoch nicht über den Zeitpunkt der Beendigung des Prozesses in dem Rechtszuge hinaus. ²Die Vorschriften über die Haft im Zwangsvollstreckungsverfahren gelten entsprechend.
(3) Gegen die Beschlüsse findet die sofortige Beschwerde statt.

und die Auferlegung der Kosten sowie die Anordnung der zwangsweisen Vorführung unterbleiben, wenn der Zeuge glaubhaft macht, daß ihm die Ladung nicht rechtzeitig zugegangen ist, oder wenn sein Ausbleiben genügend entschuldigt ist. ²Erfolgt die Glaubhaftmachung oder die genügende Entschuldigung nachträglich, so werden die gegen den Zeugen getroffenen Anordnungen wieder aufgehoben.

(2) Die Anzeigen und Gesuche des Zeugen können schriftlich oder zum Protokoll der Geschäftsstelle oder mündlich in dem zur Vernehmung bestimmten neuen Termin angebracht werden.

§ 390 [Zeugniszwang] (1) ¹Wird das Zeugnis oder die Eidesleistung ohne Angabe eines Grundes oder aus einem rechtskräftig für unerheblich erklärten Grund verweigert, so werden dem Zeugen, ohne daß es eines Antrages bedarf, die durch die Weigerung verursachten Kosten auferlegt. ²Zugleich wird gegen ihn ein Ordnungsgeld und für den Fall, daß dieses nicht beigetrieben werden kann, Ordnungshaft festgesetzt.
(2) ¹Im Falle wiederholter Weigerung ist auf Antrag zur Erzwingung des Zeugnisses die Haft anzuordnen, jedoch nicht über den Zeitpunkt der Beendigung des Prozesses in dem Rechtszuge hinaus. ²Die Vorschriften über die Haft im Zwangsvollstreckungsverfahren gelten entsprechend.
(3) Gegen die Beschlüsse findet die Beschwerde statt.

4 ZPO neu/alt

Neue/alte Fassung

| ab dem 1. 1. 2002 geltende Fassung | bis zum 31. 12. 2001 geltende Fassung |

Titel 8. Beweis durch Sachverständige

§ 406 Ablehnung eines Sachverständigen. (1) ¹Ein Sachverständiger kann aus denselben Gründen, die zur Ablehnung eines Richters berechtigen, abgelehnt werden. ²Ein Ablehnungsgrund kann jedoch nicht daraus entnommen werden, daß der Sachverständige als Zeuge vernommen worden ist.

(2) ¹Der Ablehnungsantrag ist bei dem Gericht oder Richter, von dem der Sachverständige ernannt ist, vor seiner Vernehmung zu stellen, spätestens jedoch binnen zwei Wochen nach Verkündung oder Zustellung des Beschlusses über die Ernennung. ²Zu einem späteren Zeitpunkt ist die Ablehnung nur zulässig, wenn der Antragsteller glaubhaft macht, daß er ohne sein Verschulden verhindert war, den Ablehnungsgrund früher geltend zu machen. ³Der Antrag kann vor der Geschäftsstelle zu Protokoll erklärt werden.

(3) Der Ablehnungsgrund ist glaubhaft zu machen; zur Versicherung an Eides Statt darf die Partei nicht zugelassen werden.

(4) Die Entscheidung ergeht von dem im zweiten Absatz bezeichneten Gericht oder Richter <u>durch Beschluss.</u>

(5) Gegen den Beschluß, durch den die Ablehnung für begründet erklärt wird, findet kein Rechtsmittel, gegen den Beschluß, durch den sie für unbegründet erklärt wird, findet sofortige Beschwerde statt.

§ 409 Folgen des Ausbleibens oder der Gutachtenverweigerung. (1) ¹Wenn ein Sachverständiger nicht erscheint oder sich weigert, ein Gutachten zu erstatten, obgleich er dazu verpflichtet ist, oder wenn er Akten

Achter Titel. Beweis durch Sachverständige

§ 406 [Ablehnung des Sachverständigen] (1) ¹Ein Sachverständiger kann aus denselben Gründen, die zur Ablehnung eines Richters berechtigen, abgelehnt werden. ²Ein Ablehnungsgrund kann jedoch nicht daraus entnommen werden, daß der Sachverständige als Zeuge vernommen worden ist.

(2) ¹Der Ablehnungsantrag ist bei dem Gericht oder Richter, von dem der Sachverständige ernannt ist, vor seiner Vernehmung zu stellen, spätestens jedoch binnen zwei Wochen nach Verkündung oder Zustellung des Beschlusses über die Ernennung. ²Zu einem späteren Zeitpunkt ist die Ablehnung nur zulässig, wenn der Antragsteller glaubhaft macht, daß er ohne sein Verschulden verhindert war, den Ablehnungsgrund früher geltend zu machen. ³Der Antrag kann vor der Geschäftsstelle zu Protokoll erklärt werden.

(3) Der Ablehnungsgrund ist glaubhaft zu machen; zur Versicherung an Eides Statt darf die Partei nicht zugelassen werden.

(4) Die Entscheidung ergeht von dem im zweiten Absatz bezeichneten Gericht oder Richter; eine mündliche Verhandlung der Beteiligten ist nicht erforderlich.

(5) Gegen den Beschluß, durch den die Ablehnung für begründet erklärt wird, findet kein Rechtsmittel, gegen den Beschluß, durch den sie für unbegründet erklärt wird, findet sofortige Beschwerde statt.

§ 409 [Folgen des Ausbleibens oder der Weigerung] (1) ¹Wenn ein Sachverständiger nicht erscheint oder sich weigert, ein Gutachten zu erstatten, obgleich er dazu verpflichtet ist, oder wenn er Akten oder son-

Neue/alte Fassung ZPO neu/alt 4

ab dem 1. 1. 2002 geltende Fassung	bis zum 31. 12. 2001 geltende Fassung

oder sonstige Unterlagen zurückbehält, werden ihm die dadurch verursachten Kosten auferlegt. ²Zugleich wird gegen ihn ein Ordnungsgeld festgesetzt. ³Im Falle wiederholten Ungehorsams kann das Ordnungsgeld noch einmal festgesetzt werden.
(2) Gegen den Beschluß findet <u>sofortige</u> Beschwerde statt.

Titel 9. Beweis durch Urkunden

§ 428 Vorlegung durch Dritte; Beweisantritt. Befindet sich die Urkunde nach der Behauptung des Beweisführers im Besitz eines Dritten, so wird der Beweis durch den Antrag angetreten, zur Herbeischaffung der Urkunde eine Frist zu bestimmen <u>oder eine Anordnung nach § 142 zu erlassen.</u>

§ 429 Vorlegungspflicht Dritter. ¹Der Dritte ist aus denselben Gründen wie der Gegner des Beweisführers zur Vorlegung einer Urkunde verpflichtet; er kann zur Vorlegung nur im Wege der Klage genötigt werden. ²<u>§ 142 bleibt unberührt.</u>

§ 431 Vorlegungsfrist bei Vorlegung durch Dritte. (1) ¹Ist die Tatsache, die durch die Urkunde bewiesen werden soll, erheblich und entspricht der Antrag den Vorschriften des vorstehenden Paragraphen, so hat das Gericht <u>durch Beschluss</u> eine Frist zur Vorlegung der Urkunde zu bestimmen.

(2) Der Gegner kann die Fortsetzung des Verfahrens vor dem Ablauf der Frist beantragen, wenn die Klage gegen den Dritten erledigt ist oder wenn der Beweisführer die Erhebung der Klage oder die Betreibung des Prozesses oder der Zwangsvollstreckung verzögert.

stige Unterlagen zurückbehält, werden ihm die dadurch verursachten Kosten auferlegt. ²Zugleich wird gegen ihn ein Ordnungsgeld festgesetzt. ³Im Falle wiederholten Ungehorsams kann das Ordnungsgeld noch einmal festgesetzt werden.
(2) Gegen den Beschluß findet Beschwerde statt.

Neunter Titel. Beweis durch Urkunden

§ 428 [Vorlegung durch Dritte; Beweisantritt] Befindet sich die Urkunde nach der Behauptung des Beweisführers in den Händen eines Dritten, so wird der Beweis durch den Antrag angetreten, zur Herbeischaffung der Urkunde eine Frist zu bestimmen.

§ 429 [Vorlegungspflicht Dritter] Der Dritte ist aus denselben Gründen wie der Gegner des Beweisführers zur Vorlegung einer Urkunde verpflichtet; er kann zur Vorlegung nur im Wege der Klage genötigt werden.

§ 431 [Vorlegungsfrist bei Vorlegung durch Dritte] (1) ¹Ist die Tatsache, die durch die Urkunde bewiesen werden soll, erheblich und entspricht der Antrag den Vorschriften des vorstehenden Paragraphen, so hat das Gericht eine Frist zur Vorlegung der Urkunde zu bestimmen. ²*Die Frist kann ohne mündliche Verhandlung bestimmt werden.*
(2) Der Gegner kann die Fortsetzung des Verfahrens vor dem Ablauf der Frist beantragen, wenn die Klage gegen den Dritten erledigt ist oder wenn der Beweisführer die Erhebung der Klage oder die Betreibung des Prozesses oder der Zwangsvollstreckung verzögert.

| ab dem 1. 1. 2002 geltende Fassung | bis zum 31. 12. 2001 geltende Fassung |

Titel 10. Beweis durch Parteivernehmung

§ 450 Beweisbeschluss. (1) ¹Die Vernehmung einer Partei wird durch Beweisbeschluß angeordnet. ²Die Partei ist, wenn sie bei der Verkündung des Beschlusses nicht persönlich anwesend ist, zu der Vernehmung unter Mitteilung des Beweisbeschlusses von Amts wegen zu laden. ³<u>Die Ladung ist der Partei selbst mitzuteilen, auch wenn sie einen Prozeßbevollmächtigten bestellt hat; der Zustellung bedarf die Ladung nicht.</u>
(2) ¹Die Ausführung des Beschlusses kann ausgesetzt werden, wenn nach seinem Erlaß über die zu beweisende Tatsache neue Beweismittel vorgebracht werden. ²Nach Erhebung der neuen Beweise ist von der Parteivernehmung abzusehen, wenn das Gericht die Beweisfrage für geklärt erachtet.

Titel 11. Abnahme von Eiden und Bekräftigungen

§ 479 Eidesleistung vor beauftragtem oder ersuchtem Richter. (1) Das Prozeßgericht kann anordnen, daß der Eid vor einem seiner Mitglieder oder vor einem anderen Gericht geleistet werde, wenn der Schwurpflichtige am Erscheinen vor dem Prozeßgericht verhindert ist oder sich in großer Entfernung von dessen Sitz aufhält <u>und die Leistung des Eides nach § 128a Abs. 2 nicht stattfindet.</u>
(2) Der Bundespräsident leistet den Eid in seiner Wohnung vor einem Mitglied des Prozeßgerichts oder vor einem anderen Gericht.

Zehnter Titel. Beweis durch Parteivernehmung

§ 450 [Beweisbeschluß] (1) ¹Die Vernehmung einer Partei wird durch Beweisbeschluß angeordnet. ²Die Partei ist, wenn sie bei der Verkündung des Beschlusses nicht persönlich anwesend ist, zu der Vernehmung unter Mitteilung des Beweisbeschlusses *persönlich durch Zustellung* von Amts wegen zu laden.

(2) ¹Die Ausführung des Beschlusses kann ausgesetzt werden, wenn nach seinem Erlaß über die zu beweisende Tatsache neue Beweismittel vorgebracht werden. ²Nach Erhebung der neuen Beweise ist von der Parteivernehmung abzusehen, wenn das Gericht die Beweisfrage für geklärt erachtet.

Elfter Titel. Abnahme von Eiden und Bekräftigungen

§ 479 [Leistung vor dem kommissarischen Richter] (1) Das Prozeßgericht kann anordnen, daß der Eid vor einem seiner Mitglieder oder vor einem anderen Gericht geleistet werde, wenn der Schwurpflichtige am Erscheinen vor dem Prozeßgericht verhindert ist oder sich in großer Entfernung von dessen Sitz aufhält.

(2) Der Bundespräsident leistet den Eid in seiner Wohnung vor einem Mitglied des Prozeßgerichts oder vor einem anderen Gericht.

Neue/alte Fassung ZPO neu/alt 4

| ab dem 1. 1. 2002 geltende Fassung | bis zum 31. 12. 2001 geltende Fassung |

Titel 12. Selbständiges Beweisverfahren

§ 490 Entscheidung über den Antrag. (1) Über den Antrag <u>entscheidet das Gericht durch Beschluss.</u>

(2) ¹In dem Beschluß, durch welchen dem Antrag stattgegeben wird, sind die Tatsachen, über die der Beweis zu erheben ist, und die Beweismittel unter Benennung der zu vernehmenden Zeugen und Sachverständigen zu bezeichnen. ²Der Beschluß ist nicht anfechtbar.

§ 494 a Frist zur Klageerhebung. (1) Ist ein Rechtsstreit nicht anhängig, hat das Gericht nach Beendigung der Beweiserhebung auf Antrag ohne mündliche Verhandlung anzuordnen, daß der Antragsteller binnen einer zu bestimmenden Frist Klage zu erheben hat.

(2) ¹Kommt der Antragsteller dieser Anordnung nicht nach, hat das Gericht auf Antrag durch Beschluß auszusprechen, daß er die dem Gegner entstandenen Kosten zu tragen hat. ²<u>Die Entscheidung</u> unterliegt der sofortigen Beschwerde.

Abschnitt 2. Verfahren vor den Amtsgerichten

§ 495 a Verfahren nach billigem Ermessen. ¹Das Gericht kann sein Verfahren nach billigem Ermessen bestimmen, wenn der Streitwert <u>sechshundert Euro</u> nicht übersteigt. ²Auf Antrag muss mündlich verhandelt werden.

Zwölfter Titel. Selbständiges Beweisverfahren

§ 490 [Entscheidung über den Antrag] (1) Über den Antrag kann ohne mündliche Verhandlung entschieden werden.

(2) ¹In dem Beschluß, durch welchen dem Antrag stattgegeben wird, sind die Tatsachen, über die der Beweis zu erheben ist, und die Beweismittel unter Benennung der zu vernehmenden Zeugen und Sachverständigen zu bezeichnen. ²Der Beschluß ist nicht anfechtbar.

§ 494 a [Klagefrist] (1) Ist ein Rechtsstreit nicht anhängig, hat das Gericht nach Beendigung der Beweiserhebung auf Antrag ohne mündliche Verhandlung anzuordnen, daß der Antragsteller binnen einer zu bestimmenden Frist Klage zu erheben hat.

(2) ¹Kommt der Antragsteller dieser Anordnung nicht nach, hat das Gericht auf Antrag durch Beschluß auszusprechen, daß er die dem Gegner entstandenen Kosten zu tragen hat. ²*Die Entscheidung kann ohne mündliche Verhandlung ergehen.* ³Sie unterliegt der sofortigen Beschwerde.

Zweiter Abschnitt. Verfahren vor den Amtsgerichten

§ 495 a [Verfahren nach billigem Ermessen; Inhalt des Urteils] (1) ¹Das Gericht kann sein Verfahren nach billigem Ermessen bestimmen, wenn der Streitwert eintausendzweihundert Deutsche Mark nicht übersteigt. ²Auf Antrag muß mündlich verhandelt werden.

(2) ¹Das Gericht entscheidet über den Rechtsstreit durch Urteil, das keines Tatbestandes bedarf. ²Entscheidungsgründe braucht das Urteil nicht zu enthalten,

4 ZPO neu/alt

Neue/alte Fassung

| ab dem 1. 1. 2002 geltende Fassung | bis zum 31. 12. 2001 geltende Fassung |

wenn ihr wesentlicher Inhalt in das Protokoll aufgenommen worden ist.

Buch 3. Rechtsmittel

Abschnitt 1. Berufung

§ 511 Statthaftigkeit der Berufung. (1) Die Berufung findet gegen die im ersten Rechtszug erlassenen Endurteile statt.
(2) Die Berufung ist nur zulässig, wenn
1. Der Wert des Beschwerdegegenstandes sechshundert Euro übersteigt oder
2. das Gericht des ersten Rechtszuges die Berufung im Urteil zugelassen hat.
(3) Der Berufungskläger hat den Wert nach Absatz 2 Nr. 1 glaubhaft zu machen; zur Versicherung an Eides Statt darf er nicht zugelassen werden.
(4) ¹Das Gericht des ersten Rechtszuges lässt die Berufung zu, wenn

1. die Rechtssache grundsätzliche Bedeutung hat oder
2. die Fortbildung des Rechts oder die Sicherung einer einheitlichen Rechtsprechung eine Entscheidung des Berufungsgerichts erfordert.
²Das Berufungsgericht ist an die Zulassung gebunden.

§ 512 Vorentscheidungen im ersten Rechtszug. Der Beurteilung des Berufungsgerichts unterliegen

Drittes Buch. Rechtsmittel

Erster Abschnitt. Berufung

§ 511 [Zulässigkeit] Die Berufung findet gegen die im ersten Rechtszuge erlassenen Endurteile statt.
§ 511 a [Berufungssumme; Mietstreitigkeiten] (1) ¹Die Berufung ist unzulässig, wenn der Wert des Beschwerdegegenstandes eintausendfünfhundert Deutsche Mark nicht übersteigt.

²Der Berufungskläger hat diesen Wert glaubhaft zu machen; zur Versicherung an Eides Statt darf er nicht zugelassen werden.

(2) In Streitigkeiten über Ansprüche aus einem Mietverhältnis über Wohnraum oder über den Bestand eines solchen Mietverhältnisses findet die Berufung auch statt, wenn das Amtsgericht in einer Rechtsfrage von einer Entscheidung eines Oberlandesgerichts oder des Bundesgerichtshofes abgewichen ist und die Entscheidung auf der Abweichung beruht.

§ 512 [Vorentscheidungen im ersten Rechtszug] Der Beurteilung des Berufungsgerichts unterliegen

Neue/alte Fassung　　　　　　　　　　　　ZPO neu/alt 4

| ab dem 1. 1. 2002 geltende Fassung | bis zum 31. 12. 2001 geltende Fassung |

auch diejenigen Entscheidungen, die dem Endurteil vorausgegangen sind, sofern sie nicht nach den Vorschriften dieses Gesetzes unanfechtbar oder mit der <u>sofortigen</u> Beschwerde anfechtbar sind.

§ 513 Berufungsgründe. <u>(1) Die Berufung kann nur darauf gestützt werden, dass die Entscheidung auf einer Rechtsverletzung (§ 546) beruht oder nach § 529 zugrunde zu legende Tatsachen eine andere Entscheidung rechtfertigen.
(2) Die Berufung kann nicht darauf gestützt werden, dass das Gericht des ersten Rechtszuges seine Zuständigkeit zu Unrecht angenommen hat</u>

auch diejenigen Entscheidungen, die dem Endurteil vorausgegangen sind, sofern sie nicht nach den Vorschriften dieses Gesetzes unanfechtbar oder mit der Beschwerde anfechtbar sind.

§ 512a [Örtliche Unzuständigkeit des Gerichts des ersten Rechtszuges] Die Berufung kann in Streitigkeiten über vermögensrechtliche Ansprüche nicht darauf gestützt werden, daß das Gericht des ersten Rechtszuges seine *örtliche* Zuständigkeit mit Unrecht angenommen hat.

§ 10 [Verstoß gegen sachliche Zuständigkeit] Das Urteil eines Landgerichts kann nicht aus dem Grunde angefochten werden, weil die Zuständigkeit des Amtsgerichts begründet gewesen sei.

§ 514 Versäumnisurteile. (1) Ein Versäumnisurteil kann von der Partei, gegen die es erlassen ist, mit der Berufung <u>oder Anschlussberufung</u> nicht <u>angefochten werden.</u>
(2) Ein Versäumnisurteil, gegen das der Einspruch an sich nicht statthaft ist, unterliegt der Berufung <u>oder Anschlussberufung</u> insoweit, als sie darauf gestützt wird, dass der Fall der schuldhaften Versäumung nicht vorgelegen habe. <u>§ 511 Abs. 2</u> ist nicht anzuwenden.

§ 513 [Versäumnisurteile] (1) Ein Versäumnisurteil kann von der Partei, gegen die es erlassen ist, mit der Berufung nicht angefochten werden.

(2) [1]Ein Versäumnisurteil, gegen das der Einspruch an sich nicht statthaft ist, unterliegt der Berufung insoweit, als sie darauf gestützt wird, daß der Fall der Versäumung nicht vorgelegen habe. [2]§ 511 a ist nicht anzuwenden.

§ 521 [Anschlußberufung]
(2) Die Vorschriften über die Anfechtung des Versäumnisurteils durch Berufung sind auch auf seine Anfechtung durch Anschließung anzuwenden.

4 ZPO neu/alt

Neue/alte Fassung

ab dem 1. 1. 2002 geltende Fassung

§ 515 Verzicht auf Berufung. Die Wirksamkeit eines Verzichts auf das Recht der Berufung ist nicht davon abhängig, dass der Gegner die Verzichtsleistung angenommen hat.

§ 516 Zurücknahme der Berufung. (1) Der Berufungskläger kann die Berufung bis zur Verkündung des Berufungsurteils zurücknehmen.

(2) ¹Die Zurücknahme ist dem Gericht gegenüber zu erklären. ²Sie erfolgt, wenn sie nicht bei der mündlichen Verhandlung erklärt wird, durch Einreichung eines Schriftsatzes.
(3) ¹Die Zurücknahme hat den Verlust des eingelegten Rechtsmittels und die Verpflichtung zur Folge, die durch das Rechtsmittel entstandenen Kosten zu tragen. ²Diese Wirkungen sind durch Beschluss auszusprechen.

§ 517 Berufungsfrist. Die Berufungsfrist beträgt einen Monat; sie ist eine Notfrist und beginnt mit der Zustellung des in vollständiger Form abgefassten Urteils, spätestens aber mit dem Ablauf von fünf Monaten nach der Verkündung.

§ 518 Berufungsfrist bei Urteilsergänzung. ¹Wird innerhalb der Berufungsfrist ein Urteil durch eine nachträgliche Entscheidung ergänzt (§ 321), so beginnt mit der Zustellung der nachträglichen Entschei-

bis zum 31. 12. 2001 geltende Fassung

§ 514 [Verzicht auf Berufung] Die Wirksamkeit eines *nach Erlaß des Urteils erklärten* Verzichts auf das Recht der Berufung ist nicht davon abhängig, daß der Gegner die Verzichtsleistung angenommen hat.

§ 515 [Zurücknahme der Berufung] (1) Die Zurücknahme der Berufung ist ohne Einwilligung des Berufungsbeklagten nur bis zum Beginn der mündlichen Verhandlung des Berufungsbeklagten zulässig.
(2) ¹Die Zurücknahme ist dem Gericht gegenüber zu erklären. ²Sie erfolgt, wenn sie nicht bei der mündlichen Verhandlung erklärt wird, durch Einreichung eines Schriftsatzes.
(3) ¹Die Zurücknahme hat den Verlust des eingelegten Rechtsmittels und die Verpflichtung zur Folge, die durch das Rechtsmittel entstandenen Kosten zu tragen. ²Auf Antrag des Gegners sind diese Wirkungen durch Beschluß auszusprechen; *hat der Gegner für die Berufungsinstanz keinen Prozeßbevollmächtigten bestellt, so kann der Antrag von einem bei dem Berufungsgericht nicht zugelassenen Rechtsanwalt gestellt werden.* ³*Der Beschluß bedarf keiner mündlichen Verhandlung und ist nicht anfechtbar.*

§ 516 [Berufungsfrist] Die Berufungsfrist beträgt einen Monat; sie ist eine Notfrist und beginnt mit der Zustellung des in vollständiger Form abgefaßten Urteils, spätestens aber mit dem Ablauf von fünf Monaten nach der Verkündung.

§ 517 [Berufungsfrist bei Urteilsergänzung] ¹Wird innerhalb der Berufungsfrist ein Urteil durch eine nachträgliche Entscheidung ergänzt (§ 321), so beginnt mit der Zustellung der nachträglichen Entschei-

Neue/alte Fassung　　　　　　　　　　ZPO neu/alt

| ab dem 1. 1. 2002 geltende Fassung | bis zum 31. 12. 2001 geltende Fassung |

dung der Lauf der Berufungsfrist auch für die Berufung gegen das zuerst ergangene Urteil von neuem. ²Wird gegen beide Urteile von derselben Partei Berufung eingelegt, so sind beide Berufungen miteinander zu verbinden.

§ 519 Berufungsschrift. (1) Die Berufung wird durch Einreichung der Berufungsschrift bei dem Berufungsgericht eingelegt.
(2) Die Berufungsschrift muss enthalten:
1. die Bezeichnung des Urteils, gegen das die Berufung gerichtet wird;
2. die Erklärung, dass gegen dieses Urteil Berufung eingelegt werde.
(3) Mit der Berufungsschrift soll eine Ausfertigung oder beglaubigte Abschrift des angefochtenen Urteils vorgelegt werden.
(4) Die allgemeinen Vorschriften über die vorbereitenden Schriftsätze sind auch auf die Berufungsschrift anzuwenden.

§ 520 Berufungsbegründung.
(1) Der Berufungskläger muss die Berufung begründen.
(2) ¹Die Frist für die Berufungsbegründung beträgt zwei Monate und beginnt mit der Zustellung des in vollständiger Form abgefassten Urteils, spätestens aber mit Ablauf von fünf Monaten nach der Verkündung. ²Die Frist kann auf Antrag von dem Vorsitzenden verlängert werden, wenn der Gegner einwilligt. ³Ohne Einwilligung kann die Frist um bis zu einem Monat verlängert werden, wenn nach freier Überzeugung des Vorsitzenden der Rechtsstreit durch die Verlängerung nicht verzögert wird oder wenn der Berufungskläger erhebliche Gründe darlegt.

dung der Lauf der Berufungsfrist auch für die Berufung gegen das zuerst ergangene Urteil von neuem. ²Wird gegen beide Urteile von derselben Partei Berufung eingelegt, so sind beide Berufungen miteinander zu verbinden.

§ 518 [Berufungsschrift] (1) Die Berufung wird durch Einreichung der Berufungsschrift bei dem Berufungsgericht eingelegt.
(2) Die Berufungsschrift muß enthalten:
1. die Bezeichnung des Urteils, gegen das die Berufung gerichtet wird;
2. die Erklärung, daß gegen dieses Urteil Berufung eingelegt werde.
(3) Mit der Berufungsschrift soll eine Ausfertigung oder beglaubigte Abschrift des angefochtenen Urteils vorgelegt werden.
(4) Die allgemeinen Vorschriften über die vorbereitenden Schriftsätze sind auch auf die Berufungsschrift anzuwenden.

§ 519 [Berufungsbegründung] (1) Der Berufungskläger muß die Berufung begründen.
(2) ¹Die Berufungsbegründung ist, sofern sie nicht bereits in der Berufungsschrift enthalten ist, in einem Schriftsatz bei dem Berufungsgericht einzureichen. ²Die Frist für die Berufungsbegründung beträgt einen Monat; sie beginnt mit der Einlegung der Berufung. ³Die Frist kann auf Antrag von dem Vorsitzenden verlängert werden, wenn nach seiner freien Überzeugung der Rechtsstreit durch die Verlängerung nicht verzögert wird oder wenn der Berufungskläger erhebliche Gründe darlegt.

| ab dem 1. 1. 2002 geltende Fassung | bis zum 31. 12. 2001 geltende Fassung |

(3) ¹Die Berufungsbegründung ist, sofern sie nicht bereits in der Berufungsschrift enthalten ist, in einem Schriftsatz bei dem Berufungsgericht einzureichen. ²Die Berufungsbegründung muss enthalten:
1. die Erklärung, inwieweit das Urteil angefochten wird und welche Abänderungen des Urteils beantragt werden (Berufungsanträge);
2. die Bezeichnung der Umstände, aus denen sich die Rechtsverletzung und deren Erheblichkeit für die angefochtene Entscheidung ergibt;
3. die Bezeichnung konkreter Anhaltspunkte, die Zweifel an der Richtigkeit oder Vollständigkeit der Tatsachenfeststellungen im angefochtenen Urteil begründen und deshalb eine erneute Feststellung gebieten;
4. die Bezeichnung der neuen Angriffs- und Verteidigungsmittel sowie der Tatsachen, aufgrund derer die neuen Angriffs- und Verteidigungsmittel nach § 531 Abs. 2 zuzulassen sind.

(4) Die Berufungsbegründung soll ferner enthalten:

1. die Angabe des Wertes des nicht in einer bestimmten Geldsumme bestehenden Beschwerdegegenstandes, wenn von ihm die Zulässigkeit der Berufung abhängt;
2. eine Äußerung dazu, ob einer Entscheidung der Sache durch den Einzelrichter Gründe entgegenstehen.

---

(3) Die Berufungsbegründung muß enthalten:
1. die Erklärung, inwieweit das Urteil angefochten wird und welche Abänderungen des Urteils beantragt werden (Berufungsanträge);
2. die bestimmte Bezeichnung der im einzelnen anzuführenden Gründe der Anfechtung (Berufungsgründe) sowie der neuen Tatsachen, Beweismittel und Beweiseinreden, die die Partei zur Rechtfertigung ihrer Berufung anzuführen hat.

(4) In der Berufungsbegründung soll ferner der Wert des nicht in einer bestimmten Geldsumme bestehenden Beschwerdegegenstandes angegeben werden, wenn von ihm die Zulässigkeit der Berufung abhängt.

Neue/alte Fassung ZPO neu/alt 4

| ab dem 1. 1. 2002 geltende Fassung | bis zum 31. 12. 2001 geltende Fassung |

(5) Die allgemeinen Vorschriften über die vorbereitenden Schriftsätze sind auch auf die Berufungsbegründung anzuwenden.

§ 521 Zustellung der Berufungsschrift und -begründung. (1) Die Berufungsschrift und die Berufungsbegründung sind der Gegenpartei zuzustellen.

(2) [1]Der Vorsitzende oder das Berufungsgericht kann der Gegenpartei eine Frist zur schriftlichen Berufungserwiderung und dem Berufungskläger eine Frist zur schriftlichen Stellungnahme auf die Berufungserwiderung setzen. [2]§ 277 gilt entsprechend.

§ 522 Zulässigkeitsprüfung; Zurückweisungsbeschluss. (1) [1]Das Berufungsgericht hat von Amts wegen zu prüfen, ob die Berufung an sich statthaft und ob sie in der gesetzlichen Form und Frist eingelegt und begründet ist. [2]Mangelt es an einem dieser Erfordernisse, so ist die Berufung als unzulässig zu verwerfen. [3]Die Entscheidung kann durch Beschluss ergehen. [4]Gegen den Beschluss findet die Rechtsbeschwerde statt.

(2) [1]Das Berufungsgericht weist die Berufung durch einstimmigen Beschluss unverzüglich zurück, wenn es davon überzeugt ist, dass

(5) Die allgemeinen Vorschriften über die vorbereitenden Schriftsätze sind auch auf die Berufungsbegründung anzuwenden.

§ 519 a [Zustellung der Berufungsschrift und -begründung] [1]Die Berufungsschrift und die Berufungsbegründung sind der Gegenpartei zuzustellen. [2]*Mit der Zustellung der Berufungsschrift ist der Zeitpunkt mitzuteilen, in dem die Berufung eingelegt ist.* [3]*Die erforderliche Zahl von beglaubigten Abschriften soll der Beschwerdeführer mit der Berufungsschrift oder der Berufungsbegründung einreichen.*

§ 520 [Einlassungsfrist] (2) [1]Der Vorsitzende oder das Berufungsgericht kann dem Berufungsbeklagten eine Frist zur schriftlichen Berufungserwiderung und dem Berufungskläger eine Frist zur schriftlichen Stellungnahme auf die Berufungserwiderung setzen. [2]*Im Falle des Absatzes 1 Satz 2 wird dem Berufungsbeklagten eine Frist von mindestens einem Monat zur schriftlichen Berufungserwiderung gesetzt.* [3]§ 277 Abs. 1 Satz 1, Abs. 2, 4 gilt entsprechend.

§ 519 b [Prüfung der Zulässigkeit] (1) [1]Das Berufungsgericht hat von Amts wegen zu prüfen, ob die Berufung an sich statthaft und ob sie in der gesetzlichen Form und Frist eingelegt und begründet ist. [2]Mangelt es an einem dieser Erfordernisse, so ist die Berufung als unzulässig zu verwerfen. (2) Die Entscheidung kann ohne mündliche Verhandlung durch Beschluß ergehen; sie unterliegt in diesem Falle der sofortigen Beschwerde, sofern gegen ein Urteil gleichen Inhalts die Revision zulässig wäre.

399

| ab dem 1. 1. 2002 geltende Fassung | bis zum 31. 12. 2001 geltende Fassung |

1. die Berufung keine Aussicht auf Erfolg hat,
2. die Rechtssache keine grundsätzliche Bedeutung hat und
3. die Fortbildung des Rechts oder die Sicherung einer einheitlichen Rechtsprechung eine Entscheidung des Berufungsgerichts nicht erfordert.

²Das Berufungsgericht oder der Vorsitzende hat zuvor die Parteien auf die beabsichtigte Zurückweisung der Berufung und die Gründe hierfür hinzuweisen und dem Berufungsführer binnen einer zu bestimmenden Frist Gelegenheit zur Stellungnahme zu geben. ³Der Beschluss nach Satz 1 ist zu begründen, soweit die Gründe für die Zurückweisung nicht bereits in dem Hinweis nach Satz 2 enthalten sind.
(3) Der Beschluss nach Absatz 2 Satz 1 ist nicht anfechtbar.

§ 523 Terminsbestimmung.
(1) ¹Wird die Berufung nicht nach § 522 durch Beschluss verworfen oder zurückgewiesen, so entscheidet das Berufungsgericht über die Übertragung des Rechtsstreits auf den Einzelrichter. ²Sodann ist unverzüglich Termin zur mündlichen Verhandlung zu bestimmen.

(2) Auf die Frist, die zwischen dem Zeitpunkt der Bekanntmachung des Termins und der mündlichen Verhandlung liegen muss, ist § 274 Abs. 3 entsprechend anzuwenden.

§ 520 [Terminsbestimmung]
(1) ¹*Wird die Berufung nicht durch Beschluß als unzulässig verworfen, so ist der Termin zur mündlichen Verhandlung zu bestimmen und den Parteien bekanntzumachen.* ²*Von der Bestimmung eines Termins zur mündlichen Verhandlung kann zunächst abgesehen werden, wenn zur abschließenden Vorbereitung eines Haupttermins ein schriftliches Vorverfahren erforderlich erscheint.*
(3) ¹*Mit der Bekanntmachung nach Absatz 1 Satz 1 oder der Fristsetzung zur Berufungserwiderung nach Absatz 2 Satz 2 ist der Berufungsbeklagte darauf hinzuweisen, daß er sich vor dem Berufungsgericht durch einen Rechtsanwalt, vor dem Oberlandesgericht durch einen bei diesem Gericht zugelassenen Rechtsanwalt vertreten lassen muß.* ²*Auf die Frist, die zwischen dem Zeitpunkt der Bekanntmachung des Termins und der mündlichen Verhandlung liegen*

Neue/alte Fassung | **ab dem 1. 1. 2002 geltende Fassung** | **bis zum 31. 12. 2001 geltende Fassung**

muß, sind die Vorschriften des § 274 Abs. 3 entsprechend anzuwenden.

§ 524 Anschlussberufung.
(1) ¹Der Berufungsbeklagte kann sich der Berufung anschließen. ²Die Anschließung erfolgt durch Einreichung der Berufungsanschlussschrift bei dem Berufungsgericht.
(2) ¹Die Anschließung ist auch statthaft, wenn der Berufungsbeklagte auf die Berufung verzichtet hat oder die Berufungsfrist verstrichen ist. ²Sie ist zulässig bis zum Ablauf eines Monats nach der Zustellung der Berufungsbegründungsschrift.
(3) ¹Die Anschlussberufung muss in der Anschlussschrift begründet werden. ²Die Vorschriften des § 519 Abs. 2, 4 und des § 520 Abs. 3 sowie des § 521 gelten entsprechend.
(4) Die Anschließung verliert ihre Wirkung, wenn die Berufung zurückgenommen, verworfen oder durch Beschluss zurückgewiesen wird.

§ 521 [Anschlußberufung]
(1) Der Berufungsbeklagte kann sich der Berufung anschließen, selbst wenn er auf die Berufung verzichtet hat oder wenn die Berufungsfrist verstrichen ist.

§ 522 [Unselbständige und selbständige Anschließung] (1) Die Anschließung verliert ihre Wirkung, wenn die Berufung zurückgenommen oder als unzulässig verworfen wird.

§ 525 Allgemeine Verfahrensgrundsätze. ¹Auf das weitere Verfahren sind die im ersten Rechtszuge für das Verfahren vor den Landgerichten geltenden Vorschriften entsprechend anzuwenden, soweit sich nicht Abweichungen aus den Vorschriften dieses Abschnitts ergeben. ²Einer Güteverhandlung bedarf es nicht.

§ 523 [Allgemeine Verfahrensgrundsätze] Auf das weitere Verfahren sind die im ersten Rechtszuge für das Verfahren vor den Landgerichten geltenden Vorschriften entsprechend anzuwenden, soweit sich nicht Abweichungen aus den Vorschriften dieses Abschnitts ergeben.

§ 526 Entscheidender Richter.
(1) Das Berufungsgericht kann durch Beschluss den Rechtsstreit einem seiner Mitglieder als Einzelrichter zur Entscheidung übertragen wenn
1. die angefochtene Entscheidung von einem Einzelrichter erlassen wurde,
2. die Sache keine besonderen Schwierigkeiten tatsächlicher oder rechtlicher Art aufweist,

4 ZPO neu/alt — Neue/alte Fassung

ab dem 1. 1. 2002 geltende Fassung	bis zum 31. 12. 2001 geltende Fassung
3. die Rechtssache keine grundsätzliche Bedeutung hat und 4. nicht bereits im Haupttermin zur Hauptsache verhandelt worden ist, es sei denn, dass inzwischen ein Vorbehalts-, Teil- oder Zwischenurteil ergangen ist. (2) ¹Der Einzelrichter legt den Rechtsstreit dem Berufungsgericht zur Entscheidung über eine Übernahme vor, wenn 1. sich aus einer wesentlichen Änderung der Prozesslage besondere tatsächliche oder rechtliche Schwierigkeiten der Sache oder die grundsätzliche Bedeutung der Rechtssache ergeben oder 2. die Parteien dies übereinstimmend beantragen. ²Das Berufungsgericht übernimmt den Rechtsstreit, wenn die Voraussetzungen nach Satz 1 Nr. 1 vorliegen. ³Es entscheidet hierüber nach Anhörung der Parteien durch Beschluss. Eine erneute Übertragung auf den Einzelrichter ist ausgeschlossen. (3) Auf eine erfolgte oder unterlassene Übertragung, Vorlage oder Übernahme kann ein Rechtsmittel nicht gestützt werden. (4) In Sachen der Kammer für Handelssachen kann Einzelrichter nur der Vorsitzende sein.	
§ 527 Vorbereitender Einzelrichter. (1) ¹Wird der Rechtsstreit nicht nach § 526 dem Einzelrichter übertragen, kann das Berufungsgericht die Sache einem seiner Mitglieder als Einzelrichter zur Vorbereitung der Entscheidung zuweisen. ²In der Kammer für Handelssachen ist Einzelrichter der Vorsitzende; außerhalb der mündlichen Verhandlung bedarf es einer Zuweisung nicht. (2) ¹Der Einzelrichter hat die Sache so weit zu fördern, dass sie in einer	**§ 524 [Einzelrichter]** (1) ¹Zur Vorbereitung der Entscheidung kann der Vorsitzende oder in der mündlichen Verhandlung das Berufungsgericht die Sache dem Einzelrichter zuweisen. ²Einzelrichter ist der Vorsitzende oder ein von ihm zu bestimmendes Mitglied des Berufungsgerichts, in Sachen der Kammern für Handelssachen der Vorsitzende. (2) ¹Der Einzelrichter hat die Sache so weit zu fördern, daß sie in einer

Neue/alte Fassung ZPO neu/alt 4

ab dem 1. 1. 2002 geltende Fassung	bis zum 31. 12. 2001 geltende Fassung

mündlichen Verhandlung vor dem Berufungsgericht erledigt werden kann. ²Er kann zu diesem Zweck einzelne Beweise erheben, <u>soweit dies zur</u> Vereinfachung der Verhandlung vor dem Berufungsgericht wünschenswert und von vornherein anzunehmen ist, dass das Berufungsgericht das Beweisergebnis auch ohne unmittelbaren Eindruck von dem Verlauf der Beweisaufnahme sachgemäß zu würdigen vermag.

<u>(3) Der Einzelrichter entscheidet</u>

<u>1.</u> bei Zurücknahme der Klage oder der Berufung, Verzicht auf den geltend gemachten Anspruch oder Anerkenntnis des Anspruchs;
<u>2.</u> bei Säumnis einer Partei oder beider Parteien;
<u>3. über die Verpflichtung, die Prozesskosten zu tragen, sofern nicht das Berufungsgericht gleichzeitig mit der Hauptsache hierüber entscheidet;</u>
<u>4.</u> über den Wert des Streitgegenstandes;
<u>5.</u> über Kosten, Gebühren und Auslagen.
(4) Im Einverständnis der Parteien kann der Einzelrichter auch im Übrigen entscheiden.

§ 528 **Bindung an die Berufungsanträge.** ¹<u>Der Prüfung und Entscheidung des Berufungsgerichts unterliegen nur die Berufungsanträge.</u>
²Das Urteil des ersten Rechtszuges darf nur insoweit abgeändert werden, als eine Abänderung beantragt ist.

mündlichen Verhandlung vor dem Berufungsgericht erledigt werden kann. ²Er kann zu diesem Zweck einzelne Beweise erheben; dies darf nur insoweit geschehen, als es zur Vereinfachung der Verhandlung vor dem Berufungsgericht wünschenswert und von vornherein anzunehmen ist, daß das Berufungsgericht das Beweisergebnis auch ohne unmittelbaren Eindruck von dem Verlauf der Beweisaufnahme sachgemäß zu würdigen vermag.

(3) Der Einzelrichter entscheidet
1. über die Verweisung nach § 100 in Verbindung mit den §§ 97 bis 99 des Gerichtsverfassungsgesetzes;
2. bei Zurücknahme der Klage oder der Berufung, Verzicht auf den geltend gemachten Anspruch oder Anerkenntnis des Anspruchs;
3. bei Säumnis einer Partei oder beider Parteien;
4. über die Kosten des Rechtsstreits nach § 91 a;

5. über den Wert des Streitgegenstandes;
6. über Kosten, Gebühren und Auslagen.
(4) Im Einverständnis der Parteien kann der Einzelrichter auch im übrigen entscheiden.

§ 536 [**Abänderung des angefochtenen Urteils**] Das Urteil des ersten Rechtszuges darf nur insoweit abgeändert werden, als eine Abänderung beantragt ist.

4 ZPO neu/alt

Neue/alte Fassung

| ab dem 1. 1. 2002 geltende Fassung | bis zum 31. 12. 2001 geltende Fassung |

§ 529 Prüfungsumfang des Berufungsgerichts. (1) Das Berufungsgericht hat seiner Verhandlung und Entscheidung zugrunde zu legen:
1. die vom Gericht des ersten Rechtszuges festgestellten Tatsachen, soweit nicht konkrete Anhaltspunkte Zweifel an der Richtigkeit oder Vollständigkeit der entscheidungserheblichen Feststellungen begründen und deshalb eine erneute Feststellung gebieten;
2. neue Tatsachen, soweit deren Berücksichtigung zulässig ist.

(2) ¹Auf einen Mangel des Verfahrens, der nicht von Amts wegen zu berücksichtigen ist, wird das angefochtene Urteil nur geprüft, wenn dieser nach § 520 Abs. 3 geltend gemacht worden ist. ²Im Übrigen ist das Berufungsgericht an die geltend gemachten Berufungsgründe nicht gebunden.

§ 530 Verspätet vorgebrachte Angriffs- und Verteidigungsmittel. Werden Angriffs- oder Verteidigungsmittel entgegen den §§ 520 und 521 Abs. 2 nicht rechtzeitig vorgebracht, so gilt § 296 Abs. 1 und 4 entsprechend.

§ 531 Zurückgewiesene und neue Angriffs- und Verteidigungsmittel. (1) Angriffs- und Verteidigungsmittel, die im ersten Rechtszuge zu Recht zurückgewiesen worden sind, bleiben ausgeschlossen.
(2) ¹Neue Angriffs- und Verteidigungsmittel sind nur zuzulassen, wenn sie
1. einen Gesichtspunkt betreffen, der vom Gericht des ersten

§ 525 [Neue Verhandlung] Vor dem Berufungsgericht wird der Rechtsstreit in den durch die Anträge bestimmten Grenzen von neuem verhandelt.

§ 527 [Verspätet vorgebrachte Angriffs- oder Verteidigungsmittel] Werden Angriffs- oder Verteidigungsmittel entgegen § 519 oder § 520 Abs. 2 nicht rechtzeitig vorgebracht, so gilt § 296 Abs. 1, 4 entsprechend.

§ 528 [Zulassung neuer Angriffs- und Verteidigungsmittel] (3) Angriffs- und Verteidigungsmittel, die im ersten Rechtszuge zu Recht zurückgewiesen worden sind, bleiben ausgeschlossen.

(1) ¹Neue Angriffs- und Verteidigungsmittel, die im ersten Rechtszug entgegen einer hierfür gesetzten Frist (§ 273 Abs. 2 Nr. 1, § 275 Abs. 1 Satz 1, Abs. 3, 4, § 276 Abs. 1

Neue/alte Fassung ZPO neu/alt 4

| ab dem 1. 1. 2002 geltende Fassung | bis zum 31. 12. 2001 geltende Fassung |

<u>Rechtszuges erkennbar übersehen oder für unerheblich gehalten worden ist,</u>
2. <u>infolge eines Verfahrensmangels im ersten Rechtszug nicht geltend gemacht wurden oder</u>
3. <u>im ersten Rechtszug nicht geltend gemacht worden sind, ohne dass dies auf einer Nachlässigkeit der Partei beruht.</u>

Satz 2, Abs. 3, § 277) nicht vorgebracht worden sind, sind nur zuzulassen, wenn nach der freien Überzeugung des Gerichts ihre Zulassung die Erledigung des Rechtsstreits nicht verzögern würde oder wenn die Partei die Verspätung genügend entschuldigt. ²Der Entschuldigungsgrund ist auf Verlangen des Gerichts glaubhaft zu machen.
(2) Neue Angriffs- und Verteidigungsmittel, die im ersten Rechtszug entgegen § 282 Abs. 1 nicht rechtzeitig vorgebracht oder entgegen § 282 Abs. 2 nicht rechtzeitig mitgeteilt worden sind, sind nur zuzulassen, wenn ihre Zulassung nach der freien Überzeugung des Gerichts die Erledigung des Rechtsstreits nicht verzögern würde oder wenn die Partei das Vorbringen im ersten Rechtszug nicht aus grober Nachlässigkeit unterlassen hatte.

²<u>Das Berufungsgericht kann die Glaubhaftmachung der Tatsachen verlangen, aus denen sich die Zulässigkeit der neuen Angriffs- und Verteidigungsmittel ergibt.</u>

§ 532 Rügen der Unzulässigkeit der Klage. ¹Verzichtbare Rügen, die die Zulässigkeit der Klage betreffen und die entgegen <u>den §§ 520 und 521 Abs. 2</u> nicht rechtzeitig vorgebracht werden, sind nur zuzulassen, wenn die Partei die Verspätung genügend entschuldigt. ²Dasselbe gilt für verzichtbare neue Rügen, die die Zulässigkeit der Klage betreffen, wenn die Partei sie im ersten Rechtszug hätte vorbringen können. ³<u>Der Entschuldigungsgrund ist auf Verlangen des Gerichts glaubhaft zu machen.</u>

§ 529 [Rügen der Unzulässigkeit der Klage] (1) ¹Verzichtbare Rügen, die die Zulässigkeit der Klage betreffen und die entgegen § 519 oder § 520 Abs. 2 nicht rechtzeitig vorgebracht werden, sind nur zuzulassen, wenn die Partei die Verspätung genügend entschuldigt. ²Dasselbe gilt für verzichtbare neue Rügen, die die Zulässigkeit der Klage betreffen, wenn die Partei sie im ersten Rechtszug hätte vorbringen können.

(2) In Streitigkeiten über vermögensrechtliche Ansprüche prüft das Berufungsgericht die ausschließliche Zuständigkeit oder die Zuständigkeit des Arbeitsgerichts

ZPO neu/alt — Neue/alte Fassung

ab dem 1. 1. 2002 geltende Fassung | **bis zum 31. 12. 2001 geltende Fassung**

nicht von Amts wegen; eine Rüge des Beklagten ist ausgeschlossen, wenn er im ersten Rechtszug ohne die Rüge zur Hauptsache verhandelt hat und dies nicht genügend entschuldigt.
(3) [1]Das Berufungsgericht prüft nicht von Amts wegen, ob eine Familiensache vorliegt. [2]Die Rüge ist ausgeschlossen, wenn sie nicht bereits im ersten Rechtszug erhoben worden ist und dies nicht genügend entschuldigt wird.
(4) § 528 Abs. 1 Satz 2 gilt entsprechend.

§ 533 Klageänderung; Aufrechnungserklärung; Widerklage. Klageänderung, Aufrechnungserklärung und Widerklage sind nur zulässig, wenn
1. der Gegner einwilligt oder das Gericht dies für sachdienlich hält und
2. diese auf Tatsachen gestützt werden können, die das Berufungsgericht seiner Verhandlung und Entscheidung über die Berufung ohnehin nach § 529 zugrunde zu legen hat.

§ 530 [Widerklage; Aufrechnung einer Gegenforderung]
(1) Die Erhebung einer Widerklage ist nur zuzulassen, wenn der Gegner einwilligt oder das Gericht die Geltendmachung des mit ihr verfolgten Anspruchs in dem anhängigen Verfahren für sachdienlich hält.
(2) Macht der Beklagte die Aufrechnung einer Gegenforderung geltend, so ist die hierauf gegründete Einwendung nur zuzulassen, wenn der Kläger einwilligt oder das Gericht die Geltendmachung in dem anhängigen Verfahren für sachdienlich hält.

§ 534 Verlust des Rügerechts. Die Verletzung einer das Verfahren des ersten Rechtszuges betreffenden Vorschrift kann in der Berufungsinstanz nicht mehr gerügt werden, wenn die Partei das Rügerecht bereits im ersten Rechtszuge nach der Vorschrift des § 295 verloren hat.

§ 531 [Verlust des Rügerechts]
Die Verletzung einer das Verfahren des ersten Rechtszuges betreffenden Vorschrift kann in der Berufungsinstanz nicht mehr gerügt werden, wenn die Partei das Rügerecht bereits im ersten Rechtszuge nach der Vorschrift des § 295 verloren hat.

§ 535 Gerichtliches Geständnis. Das im ersten Rechtszuge abgelegte gerichtliche Geständnis behält seine Wirksamkeit auch für die Berufungsinstanz.

§ 532 [Gerichtliches Geständnis]
Das im ersten Rechtszuge abgelegte gerichtliche Geständnis behält seine Wirksamkeit auch für die Berufungsinstanz.

§ 536 Parteivernehmung. (1) Das Berufungsgericht darf die Vernehmung oder Beeidigung einer Partei,

§ 533 [Parteivernehmung]
(1) Das Berufungsgericht darf die Vernehmung oder Beeidigung einer

Neue/alte Fassung ZPO neu/alt 4

ab dem 1. 1. 2002 geltende Fassung	bis zum 31. 12. 2001 geltende Fassung
die im ersten Rechtszuge die Vernehmung abgelehnt oder die Aussage oder den Eid verweigert hatte, nur anordnen, wenn es der Überzeugung ist, dass die Partei zu der Ablehnung oder Weigerung genügende Gründe hatte und diese Gründe seitdem weggefallen sind. (2) War eine Partei im ersten Rechtszuge vernommen und auf ihre Aussage beeidigt, so darf das Berufungsgericht die eidliche Vernehmung des Gegners nur anordnen, wenn die Vernehmung oder Beeidigung im ersten Rechtszuge unzulässig war. **§ 537** Vorläufige Vollstreckbarkeit. (1) [1]Ein nicht oder nicht unbedingt für vorläufig vollstreckbar erklärtes Urteil des ersten Rechtszuges ist, soweit es durch die Berufungsanträge nicht angefochten wird, auf Antrag von dem Berufungsgericht durch Beschluss für vorläufig vollstreckbar zu erklären. [2]Die Entscheidung ist erst nach Ablauf der Berufungsbegründungsfrist zulässig. (2) Eine Anfechtung des Beschlusses findet nicht statt. **§ 538** Zurückverweisung. (1) Das Berufungsgericht hat die notwendigen Beweise zu erheben und in der Sache selbst zu entscheiden. (2) [1]Das Berufungsgericht darf die Sache, soweit ihre weitere Verhandlung erforderlich ist, unter Aufhebung des Urteils und des Verfahrens an das Gericht des ersten Rechtszuges nur zurückverweisen, 1. soweit das Verfahren im ersten Rechtszuge an einem wesentlichen Mangel leidet und aufgrund dieses Mangels eine umfangreiche oder aufwändige Beweisaufnahme notwendig ist,	Partei, die im ersten Rechtszuge die Vernehmung abgelehnt oder die Aussage oder den Eid verweigert hatte, nur anordnen, wenn es der Überzeugung ist, daß die Partei zu der Ablehnung oder Weigerung genügende Gründe hatte und diese Gründe seitdem weggefallen sind. (2) War eine Partei im ersten Rechtszuge vernommen und auf ihre Aussage beeidigt, so darf das Berufungsgericht die eidliche Vernehmung des Gegners nur anordnen, wenn die Vernehmung oder Beeidigung im ersten Rechtszuge unzulässig war. **§ 534** [Vorläufige Vollstreckbarkeit] (1) [1]Ein nicht oder nicht unbedingt für vorläufig vollstreckbar erklärtes Urteil des ersten Rechtszuges ist, soweit es durch die Berufungsanträge nicht angefochten wird, auf Antrag von dem Berufungsgericht durch Beschluß für vorläufig vollstreckbar zu erklären. [2]*Die Entscheidung kann ohne mündliche Verhandlung ergehen;* sie ist erst nach Ablauf der Berufungsbegründungsfrist zulässig. (2) Eine Anfechtung der Entscheidung findet nicht statt. **§ 540** [Eigene Sachentscheidung] In den Fällen der §§ 538, 539 kann das Berufungsgericht von einer Zurückverweisung absehen und selbst entscheiden, wenn es dies für sachdienlich hält. **§ 539** [Zurückverweisung wegen Verfahrensmängeln] Leidet das Verfahren des ersten Rechtszuges an einem wesentlichen Mangel, so kann das Berufungsgericht unter Aufhebung des Urteils und des Verfahrens, soweit das letztere durch den Mangel betroffen wird, die Sache an das Gericht des ersten Rechtszuges zurückverweisen. **§ 538** [Notwendige Zurückverweisung] (1) Das Berufungsgericht

407

4 ZPO neu/alt

Neue/alte Fassung

ab dem 1. 1. 2002 geltende Fassung	bis zum 31. 12. 2001 geltende Fassung

hat die Sache, insofern ihre weitere Verhandlung erforderlich ist, an das Gericht des ersten Rechtszuges zurückzuverweisen:

2. wenn durch das angefochtene Urteil ein Einspruch als unzulässig verworfen ist,
3. wenn durch das angefochtene Urteil nur über die Zulässigkeit der Klage entschieden ist,
4. wenn im Falle eines nach Grund und Betrag streitigen Anspruchs durch das angefochtene Urteil über den Grund des Anspruchs vorab entschieden oder die Klage abgewiesen ist, es sei denn, dass der Streit über den Betrag des Anspruchs zur Entscheidung reif ist,
5. wenn das angefochtene Urteil im Urkunden- oder Wechselprozess unter Vorbehalt der Rechte erlassen ist,
6. wenn das angefochtene Urteil ein Versäumnisurteil ist oder
7. <u>wenn das angefochtene Urteil ein entgegen den Voraussetzungen des § 301 erlassenes Teilurteil ist und eine Partei die Zurückverweisung beantragt.</u> ²Im Fall der Nummer <u>3</u> hat das Berufungsgericht sämtliche Rügen zu erledigen. ³<u>Im Fall der Nummern 7 bedarf es eines Antrags nicht.</u>

1. wenn durch das angefochtene Urteil ein Einspruch als unzulässig verworfen ist;
2. wenn durch das angefochtene Urteil nur über die Zulässigkeit der Klage entschieden ist;
3. wenn im Falle eines nach Grund und Betrag streitigen Anspruchs durch das angefochtene Urteil über den Grund des Anspruchs vorab entschieden oder die Klage abgewiesen ist, es sei denn, daß der Streit über den Betrag des Anspruchs zur Entscheidung reif ist;
4. wenn das angefochtene Urteil im Urkunden- oder Wechselprozeß unter Vorbehalt der Rechte erlassen ist;
5. wenn das angefochtene Urteil ein Versäumnisurteil ist.

(2) Im Falle der Nummer 2 hat das Berufungsgericht die sämtlichen Rügen zu erledigen.

§ 539 Versäumnisverfahren.

(1) Erscheint der Berufungskläger im Termin zur mündlichen Verhandlung nicht, so ist seine Berufung auf Antrag durch Versäumnisurteil zurückzuweisen.

(2) ¹Erscheint der Berufungsbeklagte nicht und beantragt der Berufungskläger gegen ihn das Versäumnisurteil, so ist das <u>zulässige</u> tatsächliche Vorbringen des Berufungsklägers als zugestanden anzunehmen. ²Soweit es den Berufungsantrag rechtfertigt, ist nach dem Antrag zu erkennen; soweit

§ 542 [Versäumnisverfahren]

(1) Erscheint der Berufungskläger im Termin zur mündlichen Verhandlung nicht, so ist seine Berufung auf Antrag durch Versäumnisurteil zurückzuweisen.

(2) ¹Erscheint der Berufungsbeklagte nicht und beantragt der Berufungskläger gegen ihn das Versäumnisurteil, so ist das tatsächliche *mündliche* Vorbringen des Berufungsklägers als zugestanden anzunehmen. ²Soweit es den Berufungsantrag rechtfertigt, ist nach dem Antrag zu erkennen; soweit

Neue/alte Fassung ZPO neu/alt 4

| ab dem 1. 1. 2002 geltende Fassung | bis zum 31. 12. 2001 geltende Fassung |

dies nicht der Fall ist, ist die Berufung zurückzuweisen.
(3) Im Übrigen gelten die Vorschriften über das Versäumnisverfahren im ersten Rechtszug sinngemäß.

§ 540 Inhalt des Berufungsurteils. (1) [1]Anstelle von Tatbestand und Entscheidungsgründen enthält das Urteil
1. die Bezugnahme auf die tatsächlichen Feststellungen im angefochtenen Urteil mit Darstellung etwaiger Änderungen oder Ergänzungen,
2. eine kurze Begründung für die Abänderung, Aufhebung oder Bestätigung der angefochtenen Entscheidung.
[2]Wird das Urteil in dem Termin, in dem die mündliche Verhandlung geschlossen worden ist, verkündet, so können die nach Satz 1 erforderlichen Darlegungen auch in das Protokoll aufgenommen werden.
(2) §§ 313a, 313b gelten entsprechend.

§ 541 Prozessakten. (1) Die Geschäftsstelle des Berufungsgerichts hat, nachdem die Berufungsschrift eingereicht ist, unverzüglich von der Geschäftsstelle des Gerichts des ersten Rechtszuges die Prozessakten einzufordern.
(2) Nach Erledigung der Berufung sind die Akten der Geschäftsstelle des Gerichts des ersten Rechtszuges nebst einer beglaubigten Abschrift der in der Berufungsinstanz ergangenen Entscheidung zurückzusenden.

Abschnitt 2. Revision

§ 542 Statthaftigkeit der Revision. (1) Die Revision findet gegen die in der Berufungsinstanz erlasse-

§ 543 [Tatbestand und Entscheidungsgründe des Urteils] (1) Im Urteil kann von der Darstellung des Tatbestandes und, soweit das Berufungsgericht den Gründen der angefochtenen Entscheidung folgt und dies in seinem Urteil feststellt, auch von der Darstellung der Entscheidungsgründe abgesehen werden.
(2) [1]Findet gegen das Urteil die Revision statt, so soll der Tatbestand eine gedrängte Darstellung des Sach- und Streitstandes auf der Grundlage der mündlichen Vorträge der Parteien enthalten. [2]Eine Bezugnahme auf das angefochtene Urteil sowie auf Schriftsätze, Protokolle und andere Unterlagen ist zulässig, soweit hierdurch die Beurteilung des Parteivorbringens durch das Revisionsgericht nicht wesentlich erschwert wird.

§ 544 [Prozeßakten] (1) Die Geschäftsstelle des Berufungsgerichts hat *innerhalb vierundzwanzig Stunden,* nachdem die Berufungsschrift eingereicht ist, von der Geschäftsstelle des Gerichts des ersten Rechtszuges die Prozeßakten einzufordern.
(2) Nach Erledigung der Berufung sind die Akten der Geschäftsstelle des Gerichts des ersten Rechtszuges nebst einer beglaubigten Abschrift des in der Berufungsinstanz erlassenen Urteils zurückzusenden.

Zweiter Abschnitt. Revision

§ 545 [Zulässigkeit] (1) Die Revision findet gegen die in der Berufungsinstanz von den Oberlandes-

4 ZPO neu/alt — Neue/alte Fassung

ab dem 1. 1. 2002 geltende Fassung	bis zum 31. 12. 2001 geltende Fassung

nen Endurteile nach Maßgabe der folgenden Vorschriften statt.

(2) ¹Gegen Urteile, durch die über die Anordnung, Abänderung oder Aufhebung eines Arrestes oder einer einstweiligen Verfügung entschieden worden ist, findet die Revision nicht statt. ²Dasselbe gilt für Urteile über die vorzeitige Besitzeinweisung im Enteignungsverfahren oder im Umlegungsverfahren.

§ 543 Zulassungsrevision. (1) Die Revision findet nur statt, wenn sie
1. das Berufungsgericht in dem Urteil oder
2. das Revisionsgericht auf Beschwerde gegen die Nichtzulassung

zugelassen hat.
(2) ¹Die Revision ist zuzulassen, wenn
1. die Rechtssache grundsätzliche Bedeutung hat oder
2. die Fortbildung des Rechts oder die Sicherung einer einheitlichen Rechtsprechung eine Entscheidung des Revisionsgerichts erfordert.

²Das Revisionsgericht ist an die Zulassung durch das Berufungsgericht gebunden.

§ 544 **Nichtzulassungsbeschwerde.** (1) ¹Die Nichtzulassung der Revision durch das Berufungsgericht unterliegt der Beschwerde (Nichtzulassungsbeschwerde). ²Die

gerichten erlassenen Endurteile nach Maßgabe der folgenden Vorschriften statt.

(2) ¹Gegen Urteile, durch die über die Anordnung, Abänderung oder Aufhebung eines Arrestes oder einer einstweiligen Verfügung entschieden wird, ist die Revision nicht zulässig. ²Dasselbe gilt für Urteile über die vorzeitige Besitzeinweisung im Enteignungsverfahren oder im Umlegungsverfahren.

§ 546 [Revisionssumme; Zulassung der Revision] (1) ¹In Rechtsstreitigkeiten über vermögensrechtliche Ansprüche, bei denen der Wert der Beschwer sechzigtausend Deutsche Mark nicht übersteigt, und über nichtvermögensrechtliche Ansprüche findet die Revision nur statt, wenn das Oberlandesgericht sie in dem Urteil zugelassen hat. ²Das Oberlandesgericht läßt die Revision zu, wenn
1. die Rechtssache grundsätzliche Bedeutung hat oder
2. das Urteil von einer Entscheidung des Bundesgerichtshofes oder des Gemeinsamen Senats der obersten Gerichtshöfe des Bundes abweicht und auf dieser Abweichung beruht.

³Das Revisionsgericht ist an die Zulassung gebunden.
(2) ¹In Rechtsstreitigkeiten über vermögensrechtliche Ansprüche setzt das Oberlandesgericht den Wert der Beschwer in seinem Urteil fest. ²Das Revisionsgericht ist an die Wertfestsetzung gebunden, wenn der festgesetzte Wert der Beschwer sechzigtausend Deutsche Mark übersteigt.

Neue/alte Fassung ZPO neu/alt 4

ab dem 1. 1. 2002 geltende Fassung	bis zum 31. 12. 2001 geltende Fassung

Beschwerde ist innerhalb einer Notfrist von einem Monat nach Zustellung des in vollständiger Form abgefassten Urteils, spätestens aber bis zum Ablauf von sechs Monaten nach der Verkündung des Urteils bei dem Revisionsgericht einzulegen. ³Mit der Beschwerdeschrift soll eine Ausfertigung oder beglaubigte Abschrift des Urteils, gegen das die Revision eingelegt werden soll, vorgelegt werden.
(2) ¹Die Beschwerde ist innerhalb von zwei Monaten nach Zustellung des in vollständiger Form abgefassten Urteils, spätestens aber bis zum Ablauf von sieben Monaten nach der Verkündung des Urteils zu begründen. ²§ 551 Abs. 2 Satz 5 und 6 gilt entsprechend. ³In der Begründung müssen die Zulassungsgründe (§ 543 Abs. 2) dargelegt werden.
(3) Das Revisionsgericht gibt dem Gegner des Beschwerdeführers Gelegenheit zur Stellungnahme.
(4) ¹Das Revisionsgericht entscheidet über die Beschwerde durch Beschluss. ²Der Beschluss soll kurz begründet werden; von einer Begründung kann abgesehen werden, wenn sie nicht geeignet wäre, zur Klärung der Voraussetzungen beizutragen, unter denen eine Revision zuzulassen ist, oder wenn der Beschwerde stattgegeben wird. ³Die Entscheidung über die Beschwerde ist den Parteien zuzustellen.
(5) ¹Die Einlegung der Beschwerde hemmt die Rechtskraft des Urteils. ²§ 719 Abs. 2 und 3 ist entsprechend anzuwenden. ³Mit der Ablehnung der Beschwerde durch das Revisionsgericht wird das Urteil rechtskräftig.
(6) ¹Wird der Beschwerde gegen die Nichtzulassung der Revision stattgegeben, so wird das Beschwerdeverfahren als Revisionsverfahren fortgesetzt. ²In diesem Fall gilt die form- und fristgerechte Einlegung der

ZPO neu/alt

Neue/alte Fassung

| ab dem 1. 1. 2002 geltende Fassung | bis zum 31. 12. 2001 geltende Fassung |

<u>Nichtzulassungsbeschwerde als Einlegung der Revision.</u> [3]<u>Mit der Zustellung der Entscheidung beginnt die Revisionsbegründungsfrist.</u>

§ 545 Revisionsgründe. (1) Die Revision kann nur darauf gestützt werden, dass die Entscheidung auf der Verletzung des Bundesrechts oder einer Vorschrift beruht, deren Geltungsbereich sich über den Bezirk eines Oberlandesgerichts hinaus erstreckt.
<u>(2) Die Revision kann nicht darauf gestützt werden, dass das Gericht des ersten Rechtszuges seine Zuständigkeit zu Unrecht angenommen oder verneint hat.</u>

§ 546 Begriff der Rechtsverletzung. Das <u>Recht</u> ist verletzt, wenn eine Rechtsnorm nicht oder nicht richtig angewendet worden ist.

§ 547 Absolute Revisionsgründe. Eine Entscheidung ist stets als auf einer Verletzung des Rechts beruhend anzusehen,
1. wenn das erkennende Gericht nicht vorschriftsmäßig besetzt war;
2. wenn bei der Entscheidung ein Richter mitgewirkt hat, der von der Ausübung des Richteramts kraft Gesetzes ausgeschlossen war, sofern nicht dieses Hindernis mittels eines Ablehnungsgesuchs ohne Erfolg geltend gemacht ist;
3. wenn bei der Entscheidung ein Richter mitgewirkt hat, obgleich er wegen Besorgnis der Befangenheit abgelehnt und das Ablehnungsgesuch für begründet erklärt war;

§ 549 [Revisionsgründe] (1) Die Revision kann nur darauf gestützt werden, daß die Entscheidung auf der Verletzung des Bundesrechts oder einer Vorschrift beruht, deren Geltungsbereich sich über den Bezirk eines Oberlandesgerichts hinaus erstreckt.
(2) Das Revisionsgericht prüft nicht, ob das Gericht des ersten Rechtszuges sachlich oder örtlich zuständig war, ob die Zuständigkeit des Arbeitsgerichts begründet war oder ob eine Familiensache vorliegt.

§ 550 [Begriff der Gesetzesverletzung] Das Gesetz ist verletzt, wenn eine Rechtsnorm nicht oder nicht richtig angewendet worden ist.

§ 551 [Absolute Revisionsgründe] Eine Entscheidung ist stets als auf einer Verletzung des Gesetzes beruhend anzusehen:
1. wenn das erkennende Gericht nicht vorschriftsmäßig besetzt war;
2. wenn bei der Entscheidung ein Richter mitgewirkt hat, der von der Ausübung des Richteramts kraft Gesetzes ausgeschlossen war, sofern nicht dieses Hindernis mittels eines Ablehnungsgesuchs ohne Erfolg geltend gemacht ist;
3. wenn bei der Entscheidung ein Richter mitgewirkt hat, obgleich er wegen Besorgnis der Befangenheit abgelehnt und das Ablehnungsgesuch für begründet erklärt war;
4. *wenn das Gericht seine Zuständigkeit oder Unzuständigkeit mit Unrecht angenommen hat;*

Neue/alte Fassung ZPO neu/alt 4

| ab dem 1. 1. 2002 geltende Fassung | bis zum 31. 12. 2001 geltende Fassung |

4. wenn eine Partei in dem Verfahren nicht nach Vorschrift der Gesetze vertreten war, sofern sie nicht die Prozessführung ausdrücklich oder stillschweigend genehmigt hat;
5. wenn die Entscheidung aufgrund einer mündlichen Verhandlung ergangen ist, bei der die Vorschriften über die Öffentlichkeit des Verfahrens verletzt sind;
6. wenn die Entscheidung <u>entgegen den Bestimmungen dieses Gesetzes</u> nicht mit Gründen versehen ist.

§ 548 Revisionsfrist. <u>Die Frist für die Einlegung der Revision (Revisionsfrist)</u> beträgt einen Monat; sie ist eine Notfrist und beginnt mit der Zustellung des in vollständiger Form abgefassten Berufungsurteils, spätestens aber mit dem Ablauf von fünf Monaten nach der Verkündung.

§ 549 Revisionseinlegung.
(1) ¹Die Revision wird durch Einreichung der Revisionsschrift bei dem Revisionsgericht eingelegt. ²Die Revisionsschrift muss enthalten:
1. die Bezeichnung des Urteils, gegen das die Revision gerichtet wird;
2. die Erklärung, dass gegen dieses Urteil die Revision eingelegt werde.

³<u>§ 544 Abs. 6 Satz 2 bleibt unberührt.</u>
(2) Die allgemeinen Vorschriften über die vorbereitenden Schriftsätze sind auch auf die Revisionsschrift anzuwenden.

§ 550 Zustellung der Revisionsschrift. (1) Mit der Revisionsschrift soll eine Ausfertigung oder beglaubigte Abschrift des angefochtenen Urteils vorgelegt werden, <u>soweit dies</u>

---

5. wenn eine Partei in dem Verfahren nicht nach Vorschrift der Gesetze vertreten war, sofern sie nicht die Prozeßführung ausdrücklich oder stillschweigend genehmigt hat;
6. wenn die Entscheidung auf Grund einer mündlichen Verhandlung ergangen ist, bei der die Vorschriften über die Öffentlichkeit des Verfahrens verletzt sind;
7. wenn die Entscheidung nicht mit Gründen versehen ist.

§ 552 [Revisionsfrist] Die Revisionsfrist beträgt einen Monat; sie ist eine Notfrist und beginnt mit der Zustellung des in vollständiger Form abgefaßten Urteils, spätestens aber mit dem Ablauf von fünf Monaten nach der Verkündung.

§ 553 [Revisionsschrift] (1) ¹Die Revision wird durch Einreichung der Revisionsschrift bei dem Revisionsgericht eingelegt. ²Die Revisionsschrift muß enthalten:
1. die Bezeichnung des Urteils, gegen das die Revision gerichtet wird;
2. die Erklärung, daß gegen dieses Urteil die Revision eingelegt werde.

(2) Die allgemeinen Vorschriften über die vorbereitenden Schriftsätze sind auch auf die Revisionsschrift anzuwenden.

§ 553 a [Zustellung der Revisionsschrift] (1) Mit der Revisionsschrift soll eine Ausfertigung oder beglaubigte Abschrift des angefochtenen Urteils vorgelegt werden.

413

4 ZPO neu/alt

Neue/alte Fassung

ab dem 1. 1. 2002 geltende Fassung

nicht bereits nach § 544 Abs. 1 Satz 4 geschehen ist.
(2) Die Revisionsschrift ist der Gegenpartei zuzustellen.

§ 551 Revisionsbegründung.
(1) Der Revisionskläger muß die Revision begründen.
(2) ¹Die Revisionsbegründung ist, sofern sie nicht bereits in der Revisionsschrift enthalten ist, in einem Schriftsatz bei dem Revisionsgericht einzureichen. ²Die Frist für die Revisionsbegründung beträgt zwei Monate. ³Sie beginnt mit der Zustellung des in vollständiger Form abgefassten Urteils, spätestens aber mit Ablauf von fünf Monaten nach der Verkündung. ⁴§ 544 Abs. 6 Satz 3 bleibt unberührt. ⁵Die Frist kann auf Antrag von dem Vorsitzenden verlängert werden, wenn der Gegner einwilligt. ⁶Ohne Einwilligung kann die Frist um bis zu zwei Monate verlängert werden, wenn nach freier Überzeugung des Vorsitzenden der Rechtsstreit durch die Verlängerung nicht verzögert wird oder wenn der Revisionskläger erhebliche Gründe darlegt.
(3) ¹Die Revisionsbegründung muss enthalten:
1. die Erklärung, inwieweit das Urteil angefochten und dessen Aufhebung beantragt werde (Revisionsanträge);

2. die Angabe der Revisionsgründe, und zwar:
a) die bestimmte Bezeichnung der Umstände, aus denen sich die Rechtsverletzung ergibt;

bis zum 31. 12. 2001 geltende Fassung

(2) ¹Die Revisionsschrift ist der Gegenpartei zuzustellen. ²*Hierbei ist der Zeitpunkt mitzuteilen, in dem die Revision eingelegt ist.* ³*Die erforderliche Zahl von beglaubigten Abschriften soll der Beschwerdeführer mit der Revisionsschrift einreichen.*

§ 554 [Revisionsbegründung]
(1) Der Revisionskläger muß die Revision begründen.
(2) ¹Die Revisionsbegründung ist, sofern sie nicht bereits in der Revisionsschrift enthalten ist, in einem Schriftsatz bei dem Revisionsgericht einzureichen. ²Die Frist für die Revisionsbegründung beträgt einen Monat; sie beginnt mit der Einlegung der Revision und kann auf Antrag von dem Vorsitzenden verlängert werden.

(3) Die Revisionsbegründung muß enthalten:
1. die Erklärung, inwieweit das Urteil angefochten und dessen Aufhebung beantragt werde (Revisionsanträge);
2. in den Fällen des § 554 b eine Darlegung darüber, ob die Rechtssache grundsätzliche Bedeutung hat;
3. die Angabe der Revisionsgründe, und zwar:
a) die Bezeichnung der verletzten Rechtsnorm;

Neue/alte Fassung ZPO neu/alt 4

| ab dem 1. 1. 2002 geltende Fassung | bis zum 31. 12. 2001 geltende Fassung |

<u>b)</u> <u>soweit die Revision darauf gestützt wird, dass das Gesetz in Bezug auf das Verfahren verletzt sei, die Bezeichnung der Tatsachen, die den Mangel ergeben.</u>
²<u>Ist die Revision aufgrund einer Nichtzulassungsbeschwerde zugelassen worden, kann zur Begründung der Revision auf die Begründung der Nichtzulassungsbeschwerde Bezug genommen werden.</u>

b) insoweit die Revision darauf gestützt wird, daß das Gesetz in bezug auf das Verfahren verletzt sei, die Bezeichnung der Tatsachen, die den Mangel ergeben.

(4) Wenn in Rechtsstreitigkeiten über vermögensrechtliche Ansprüche der von dem Oberlandesgericht festgesetzte Wert der Beschwer sechzigtausend Deutsche Mark nicht übersteigt und das Oberlandesgericht die Revision nicht zugelassen hat, soll in der Revisionsbegründung ferner der Wert der nicht in einer bestimmten Geldsumme bestehenden Beschwer angegeben werden.

<u>(4) § 549 Abs. 2 und § 550 Abs. 2 sind auf die Revisionsbegründung entsprechend anzuwenden.</u>

(5) Die Vorschriften des § 553 Abs. 2 und des § 553a Abs. 2 Satz 1, 3 sind auf die Revisionsbegründung entsprechend anzuwenden.

§ 552 Zulässigkeitsprüfung. (1) ¹Das Revisionsgericht hat von Amts wegen zu prüfen, ob die Revision an sich statthaft und ob sie in der gesetzlichen Form und Frist eingelegt und begründet ist. ²Mangelt es an einem dieser Erfordernisse, so ist die Revision als unzulässig zu verwerfen.

(2) Die Entscheidung kann <u>durch Beschluss</u> ergehen.

§ 554a [Prüfung der Zulässigkeit] (1) ¹Das Revisionsgericht hat von Amts wegen zu prüfen, ob die Revision an sich statthaft und ob sie in der gesetzlichen Form und Frist eingelegt und begründet ist. ²Mangelt es an einem dieser Erfordernisse, so ist die Revision als unzulässig zu verwerfen.

(2) Die Entscheidung kann ohne mündliche Verhandlung durch Beschluß ergehen.

§ 553 Terminsbestimmung; Einlassungsfrist. (1) Wird die Revision nicht durch Beschluss als unzulässig verworfen, so ist Termin zur mündlichen Verhandlung zu bestimmen und den Parteien bekannt zu machen.

§ 555 [Terminsbestimmung; Einlassungsfrist] (1) Wird nicht durch Beschluß die Revision als unzulässig verworfen oder die Annahme der Revision abgelehnt, so ist der Termin zur mündlichen Verhandlung *von Amts wegen* zu bestimmen und den Parteien bekanntzumachen.

ab dem 1. 1. 2002 geltende Fassung

(2) Auf die Frist, die zwischen dem Zeitpunkt der Bekanntmachung des Termins und der mündlichen Verhandlung liegen muss, ist § 274 Abs. 3 entsprechend anzuwenden.

§ 554 Anschlussrevision. (1) ¹Der Revisionsbeklagte kann sich der Revision anschließen. ²Die Anschließung erfolgt durch Einreichung der Revisionsanschlussschrift bei dem Revisionsgericht.
(2) ¹Die Anschließung ist auch statthaft, wenn der Revisionsbeklagte auf die Revision verzichtet hat, die Revisionsfrist verstrichen oder die Revision nicht zugelassen worden ist. ²Die Anschließung ist bis zum Ablauf eines Monats nach der Zustellung der Revisionsbegründung zu erklären.
(3) ¹Die Anschlussrevision muss in der Anschlussschrift begründet werden. ²§ 549 Abs. 1 Satz 2 und Abs. 2 und die §§ 550 und 551 Abs. 3 gelten entsprechend.
(4) Die Anschließung verliert ihre Wirkung, wenn die Revision zurückgenommen oder als unzulässig verworfen wird.

§ 555 Allgemeine Verfahrensgrundsätze. (1) ¹Auf das weitere Verfahren sind, soweit sich nicht Abweichungen aus den Vorschriften dieses Abschnitts ergeben, die im ersten Rechtszuge für das Verfahren vor den Landgerichten geltenden Vorschriften entsprechend anzuwenden. ²Einer Güteverhandlung bedarf es nicht.
(2) Die Vorschriften der §§ 348 bis 350 sind nicht anzuwenden.

§ 556 Verlust des Rügerechts. Die Verletzung einer das Verfahren der Berufungsinstanz betreffenden Vorschrift kann in der Revisions-

bis zum 31. 12. 2001 geltende Fassung

(2) Auf die Frist, die zwischen dem Zeitpunkt der Bekanntmachung des Termins und der mündlichen Verhandlung liegen muß, sind die Vorschriften des § 274 Abs. 3 entsprechend anzuwenden.

§ 556 [Anschlußrevision] (1) Der Revisionsbeklagte kann sich der Revision bis zum Ablauf eines Monats nach der Zustellung der Revisionsbegründung oder des Beschlusses über die Annahme der Revision (§ 554b) anschließen, selbst wenn er auf die Revision verzichtet hat.
(2) ¹Die Anschließung erfolgt durch Einreichung der Revisionsanschlußschrift bei dem Revisionsgericht. ²Die Anschlußrevision muß in der Anschlußschrift begründet werden. ³Die Vorschriften des § 521 Abs. 2, der §§ 522, 553, des § 553 a Abs. 2 Satz 1, 3, des § 554 Abs. 3 und des § 554 a gelten entsprechend. *⁴Die Anschließung verliert auch dann ihre Wirkung, wenn die Annahme der Revision nach § 554b abgelehnt wird.*

§ 557 [Allgemeine Verfahrensgrundsätze] Auf das weitere Verfahren sind die im ersten Rechtszuge für das Verfahren vor den Landgerichten geltenden Vorschriften entsprechend anzuwenden, soweit sich nicht Abweichungen aus den Vorschriften dieses Abschnitts ergeben.
§ 557 a [Kein Einzelrichter] Die Vorschriften der §§ 348 bis 350 sind nicht anzuwenden.

§ 558 [Verlust des Rügerechts] Die Verletzung einer das Verfahren der Berufungsinstanz betreffenden Vorschrift kann in der Revisions-

Neue/alte Fassung ZPO neu/alt 4

| ab dem 1. 1. 2002 geltende Fassung | bis zum 31. 12. 2001 geltende Fassung |

instanz nicht mehr gerügt werden, wenn die Partei das Rügerecht bereits in der Berufungsinstanz nach der Vorschrift des § 295 verloren hat.

§ 557 Umfang der Revisionsprüfung. (1) Der Prüfung des Revisionsgerichts unterliegen nur die von den Parteien gestellten Anträge.

(2) Der Beurteilung des Revisionsgerichts unterliegen auch diejenigen Entscheidungen, die dem Endurteil vorausgegangen sind, sofern sie nicht nach den Vorschriften dieses Gesetzes unanfechtbar sind.

(3) Das Revisionsgericht ist an die geltend gemachten Revisionsgründe nicht gebunden. Auf Verfahrensmängel, die nicht von Amts wegen zu berücksichtigen sind, darf das angefochtene Urteil nur geprüft werden, wenn die Mängel nach den §§ 551 und 554 Abs. 3 gerügt worden sind.

§ 558 Vorläufige Vollstreckbarkeit. [1]Ein nicht oder nicht unbedingt für vorläufig vollstreckbar erklärtes Urteil des Berufungsgerichts ist, soweit es durch die Revisionsanträge nicht angefochten wird, auf Antrag von dem Revisionsgericht durch Beschluss für vorläufig vollstreckbar zu erklären. [2]Die Entscheidung ist erst nach Ablauf der Revisionsbegründungsfrist zulässig.

§ 559 Beschränkte Nachprüfung tatsächlicher Feststellungen.
(1) [1]Der Beurteilung des Revisionsgerichts unterliegt nur dasjenige Parteivorbringen, das aus dem Berufungsurteil oder dem Sitzungsprotokoll ersichtlich ist. [2]Außerdem können nur die im § 551 Abs. 3 Nr. 2 Buchstabe b erwähnten Tatsachen berücksichtigt werden.

instanz nicht mehr gerügt werden, wenn die Partei das Rügerecht bereits in der Berufungsinstanz nach der Vorschrift des § 295 verloren hat.

§ 559 [Umfang der Revisionsprüfung] (1) Der Prüfung des Revisionsgerichts unterliegen nur die von den Parteien gestellten Anträge.

§ 548 [Vorentscheidungen der Vorinstanz] Der Beurteilung des Revisionsgerichts unterliegen auch diejenigen Entscheidungen, die dem Endurteil vorausgegangen sind, sofern sie nicht nach den Vorschriften dieses Gesetzes unanfechtbar sind.

§ 549 [Revisionsgründe] (2) Das Revisionsgericht prüft nicht, ob das Gericht des ersten Rechtszuges sachlich oder örtlich zuständig war, ob die Zuständigkeit des Arbeitsgerichts begründet war oder ob eine Familiensache vorliegt.

§ 560 [Vorläufige Vollstreckbarkeit] [1]Ein nicht oder nicht unbedingt für vorläufig vollstreckbar erklärtes Urteil des Berufungsgerichts ist, soweit es durch die Revisionsanträge nicht angefochten wird, auf Antrag von dem Revisionsgericht durch Beschluß für vorläufig vollstreckbar zu erklären. [2]*Die Entscheidung kann ohne mündliche Verhandlung ergehen;* sie ist erst nach Ablauf der Revisionsbegründungsfrist zulässig.

§ 561 [Tatsächliche Grundlagen der Nachprüfung] (1) [1]Der Beurteilung des Revisionsgerichts unterliegt nur dasjenige Parteivorbringen, das aus dem *Tatbestand des Berufungsurteils* oder dem Sitzungsprotokoll ersichtlich ist. [2]Außerdem können nur die in § 554 Abs. 3 Nr. 3 Buchstabe b erwähnten Tatsachen berücksichtigt werden.

ab dem 1. 1. 2002 geltende Fassung

(2) Hat das Berufungsgericht festgestellt, dass eine tatsächliche Behauptung wahr oder nicht wahr sei, so ist diese Feststellung für das Revisionsgericht bindend, es sei denn, dass in Bezug auf die Feststellung ein zulässiger und begründeter Revisionsangriff erhoben ist.

§ 560 Nicht revisible Gesetze. Die Entscheidung des Berufungsgerichts über das Bestehen und den Inhalt von Gesetzen, auf deren Verletzung die Revision nach § 545 nicht gestützt werden kann, ist für die auf die Revision ergehende Entscheidung maßgebend.

§ 561 Revisionszurückweisung. Ergibt die Begründung des Berufungsurteils zwar eine Rechtsverletzung, stellt die Entscheidung selbst aber aus anderen Gründen sich als richtig dar, so ist die Revision zurückzuweisen.

§ 562 Aufhebung des angefochtenen Urteils. (1) Insoweit die Revision für begründet erachtet wird, ist das angefochtene Urteil aufzuheben.
(2) Wird das Urteil wegen eines Mangels des Verfahrens aufgehoben, so ist zugleich das Verfahren insoweit aufzuheben, als es durch den Mangel betroffen wird.

§ 563 Zurückverweisung; eigene Sachentscheidung. (1) ¹Im Falle der Aufhebung des Urteils ist die Sache zur neuen Verhandlung und Entscheidung an das Berufungsgericht zurückzuverweisen. ²Die Zurückverweisung kann an einen anderen Spruchkörper des Berufungsgerichts erfolgen.
(2) Das Berufungsgericht hat die rechtliche Beurteilung, die der Aufhebung zugrunde gelegt ist, auch

bis zum 31. 12. 2001 geltende Fassung

(2) Hat das Berufungsgericht festgestellt, daß eine tatsächliche Behauptung wahr oder nicht wahr sei, so ist diese Feststellung für das Revisionsgericht bindend, es sei denn, daß in bezug auf die Feststellung ein zulässiger und begründeter Revisionsangriff erhoben ist.

§ 562 [Nicht revisible Gesetze] Die Entscheidung des Berufungsgerichts über das Bestehen und den Inhalt von Gesetzen, auf deren Verletzung die Revision nach § 549 nicht gestützt werden kann, ist für die auf die Revision ergehende Entscheidung maßgebend.

§ 563 [Revisionszurückweisung] Ergeben die Entscheidungsgründe zwar eine Gesetzesverletzung, stellt die Entscheidung selbst aber aus anderen Gründen sich als richtig dar, so ist die Revision zurückzuweisen.

§ 564 [Aufhebung des angefochtenen Urteils] (1) Insoweit die Revision für begründet erachtet wird, ist das angefochtene Urteil aufzuheben.
(2) Wird das Urteil wegen eines Mangels des Verfahrens aufgehoben, so ist zugleich das Verfahren insoweit aufzuheben, als es durch den Mangel betroffen wird.

§ 565 [Zurückverweisung; eigene Sachentscheidung] (1) ¹Im Falle der Aufhebung des Urteils ist die Sache zur anderweiten Verhandlung und Entscheidung an das Berufungsgericht zurückzuverweisen. ²Die Zurückverweisung kann an einen anderen Senat des Berufungsgerichts erfolgen.
(2) Das Berufungsgericht hat die rechtliche Beurteilung, die der Aufhebung zugrunde gelegt ist, auch

ab dem 1. 1. 2002 geltende Fassung	**bis zum 31. 12. 2001 geltende Fassung**
seiner Entscheidung zugrunde zu legen. <u>(3) Das Revisionsgericht hat jedoch in der Sache selbst zu entscheiden, wenn die Aufhebung des Urteils nur wegen Rechtsverletzung bei Anwendung des Gesetzes auf das festgestellte Sachverhältnis erfolgt und nach letzterem die Sache zur Endentscheidung reif ist.</u>	seiner Entscheidung zugrunde zu legen. (3) Das Revisionsgericht hat jedoch in der Sache selbst zu entscheiden: 1. wenn die Aufhebung des Urteils nur wegen Gesetzesverletzung bei Anwendung des Gesetzes auf das festgestellte Sachverhältnis erfolgt und nach letzterem die Sache zur Endentscheidung reif ist; 2. wenn die Aufhebung des Urteils wegen Unzuständigkeit des Gerichts oder wegen Unzulässigkeit des Rechtswegs erfolgt.
(4) Kommt <u>im Fall des Absatzes 3</u> für die in der Sache selbst zu erlassende Entscheidung die Anwendbarkeit von Gesetzen, auf deren Verletzung die Revision nach <u>§ 545</u> nicht gestützt werden kann, in Frage, so kann die Sache zur Verhandlung und Entscheidung an das Berufungsgericht zurückverwiesen werden.	(4) Kommt in den Fällen der Nummern 1 und 2 für die in der Sache selbst zu erlassende Entscheidung die Anwendbarkeit von Gesetzen, auf deren Verletzung die Revision nach § 549 nicht gestützt werden kann, in Frage, so kann die Sache zur *anderweiten* Verhandlung und Entscheidung an das Berufungsgericht zurückverwiesen werden.
§ 564 Keine Begründung der Entscheidung bei Rügen von Verfahrensmängeln. ¹Die Entscheidung braucht nicht begründet zu werden, soweit das Revisionsgericht Rügen von Verfahrensmängeln nicht für durchgreifend erachtet. ²Dies gilt nicht für Rügen nach <u>§ 547.</u>	**§ 565 a** [Keine Begründung der Entscheidung bei Rügen von Verfahrensmängeln] ¹Die Entscheidung braucht nicht begründet zu werden, soweit das Revisionsgericht Rügen von Verfahrensmängeln nicht für durchgreifend erachtet. ²Dies gilt nicht für Rügen nach § 551.
§ 565 Anzuwendende Vorschriften des Berufungsverfahrens. Die für die Berufung geltenden Vorschriften über die Anfechtbarkeit der Versäumnisurteile, über die Verzichtsleistung auf das Rechtsmittel und seine Zurücknahme, über die Rügen der Unzulässigkeit der Klage und über die Einforderung und Zurücksendung der Prozessakten sind auf die Revision entsprechend anzuwenden.	**§ 566** [Anzuwendende Vorschriften des Berufungsverfahrens] Die für die Berufung geltenden Vorschriften über die Anfechtbarkeit der Versäumnisurteile, über die Verzichtleistung auf das Rechtsmittel und seine Zurücknahme, *über die Vertagung der mündlichen Verhandlung,* über die Rügen der Unzulässigkeit der Klage, *über den Vortrag der Parteien bei der mündlichen Verhandlung* und über die Einforderung und Zurücksendung der Prozeßakten sind auf die Revision entsprechend anzuwenden.

| ab dem 1. 1. 2002 geltende Fassung | bis zum 31. 12. 2001 geltende Fassung |

§ 566 Sprungrevision. (1) ¹Gegen die im ersten Rechtszug erlassenen Endurteile, die ohne Zulassung der Berufung unterliegen, findet auf Antrag unter Übergehung der Berufungsinstanz unmittelbar die Revision (Sprungrevision) statt, wenn
1. der Gegner in die Übergehung der Berufungsinstanz einwilligt und
2. das Revisionsgericht die Sprungrevision zulässt.

²Der Antrag auf Zulassung der Sprungrevision sowie die Erklärung der Einwilligung gelten als Verzicht auf das Rechtsmittel der Berufung.
(2) ¹Die Zulassung ist durch Einreichung eines Schriftsatzes (Zulassungsschrift) bei dem Revisionsgericht zu beantragen. ²Die §§ 548 bis 550 gelten entsprechend. ³In dem Antrag müssen die Voraussetzungen für die Zulassung der Sprungrevision (Absatz 4) dargelegt werden. ⁴Die schriftliche Erklärung der Einwilligung des Antragsgegners ist dem Zulassungsantrag beizufügen; sie kann auch von dem Prozessbevollmächtigten des ersten Rechtszuges oder, wenn der Rechtsstreit im ersten Rechtszug nicht als Anwaltsprozess zu führen gewesen ist, zu Protokoll der Geschäftsstelle abgegeben werden.
(3) ¹Der Antrag auf Zulassung der Sprungrevision hemmt die Rechtskraft des Urteils. § 719 Abs. 2 und 3 ist entsprechend anzuwenden. ²Die Geschäftsstelle des Revisionsgerichts hat, nachdem der Antrag eingereicht ist, unverzüglich von der Geschäftsstelle des Gerichts des ersten Rechtszuges die Prozessakten einzufordern.
(4) ¹Die Sprungrevision ist nur zuzulassen, wenn
1. die Rechtssache grundsätzliche Bedeutung hat oder
2. die Fortbildung des Rechts oder die Sicherung einer einheitlichen

§ 566 a [Sprungrevision] (1) Gegen die im ersten Rechtszug erlassenen Endurteile der Landgerichte kann mit den folgenden Maßgaben unter Übergehung der Berufungsinstanz unmittelbar die Revision eingelegt werden.
(2) ¹Die Übergehung der Berufungsinstanz bedarf der Einwilligung des Gegners. ²Die schriftliche Erklärung der Einwilligung ist der Revisionsschrift beizufügen; sie kann auch von dem Prozeßbevollmächtigten des ersten Rechtszuges abgegeben werden.
(3) ¹Das Revisionsgericht kann die Annahme der Revision ablehnen, wenn die Rechtssache keine grundsätzliche Bedeutung hat; § 554 b Abs. 2, 3 ist anzuwenden. ²Die Revision kann nicht auf Mängel des Verfahrens gestützt werden.
(4) Die Einlegung der Revision und die Erklärung der Einwilligung (Absatz 2) gelten als Verzicht auf das Rechtsmittel der Berufung.
(5) ¹Verweist das Revisionsgericht die Sache zur anderweitigen Verhandlung und Entscheidung zurück, so kann die Zurückverweisung nach seinem Ermessen auch an dasjenige Oberlandesgericht erfolgen, das für die Berufung zuständig gewesen wäre. ²In diesem Falle gelten für das Verfahren vor dem Oberlandesgericht die gleichen Grundsätze, wie wenn der Rechtsstreit auf eine ordnungsmäßig eingelegte Berufung beim Oberlandesgericht anhängig geworden wäre.
(6) Die Vorschrift des § 565 Abs. 2 ist in allen Fällen der Zurückverweisung entsprechend anzuwenden.
(7) Von der Einlegung der Revision nach Absatz 1 hat die Geschäftsstelle des Revisionsgerichts innerhalb vierundzwanzig Stunden der Geschäftsstelle des Landgerichts Nachricht zu geben.

ab dem 1. 1. 2002 geltende Fassung	bis zum 31. 12. 2001 geltende Fassung
Rechtsprechung eine Entscheidung des Revisionsgerichts erfordert. ²Die Sprungrevision kann nicht auf einen Mangel des Verfahrens gestützt werden. (5) ¹Das Revisionsgericht entscheidet über den Antrag auf Zulassung der Sprungrevision durch Beschluss. ²Der Beschluss ist den Parteien zuzustellen. (6) Wird der Antrag auf Zulassung der Revision abgelehnt, so wird das Urteil rechtskräftig. (7) ¹Wird die Revision zugelassen, so wird das Verfahren als Revisionsverfahren fortgesetzt. ²In diesem Fall gilt der form- und fristgerechte Antrag auf Zulassung als Einlegung der Revision. ³Mit der Zustellung der Entscheidung beginnt die Revisionsbegründungsfrist. (8) ¹Das weitere Verfahren bestimmt sich nach den für die Revision geltenden Bestimmungen. ²§ 563 ist mit der Maßgabe anzuwenden, dass die Zurückverweisung an das erstinstanzliche Gericht erfolgt. ³Wird gegen die nachfolgende Entscheidung des erstinstanzlichen Gerichts Berufung eingelegt, so hat das Berufungsgericht die rechtliche Beurteilung, die der Aufhebung durch das Revisionsgericht zugrunde gelegt ist, auch seiner Entscheidung zugrunde zu legen.	

Abschnitt 3. Beschwerde

Titel 1. Sofortige Beschwerde

§ 567 Sofortige Beschwerde; Anschlussbeschwerde. (1) Die sofortige Beschwerde findet statt gegen die im ersten Rechtszug ergangenen Entscheidungen der Amtsgerichte und Landgerichte, wenn
1. dies im Gesetz ausdrücklich bestimmt ist oder

Dritter Abschnitt. Beschwerde

§ 567 [Zulässigkeit] (1) Das Rechtsmittel der Beschwerde findet in den in diesem Gesetz besonders hervorgehobenen Fällen und gegen solche eine mündliche Verhandlung nicht erfordernde Entscheidungen statt, durch die ein das Verfahren betreffendes Gesuch zurückgewiesen ist.

| ab dem 1. 1. 2002 geltende Fassung | bis zum 31. 12. 2001 geltende Fassung |

2. es sich um solche eine mündliche Verhandlung nicht erfordernde Entscheidungen handelt, durch die ein das Verfahren betreffendes Gesuch zurückgewiesen worden ist.
(2) ¹Gegen Entscheidungen über die Verpflichtung, die Prozesskosten zu tragen, ist die Beschwerde nur zulässig, wenn der Wert des Beschwerdegegenstandes einhundert Euro übersteigt. ²Gegen andere Entscheidungen über Kosten ist die Beschwerde nur zulässig, wenn der Wert des Beschwerdegegenstandes fünfzig Euro übersteigt.
(3) ¹Der Beschwerdegegner kann sich der Beschwerde anschließen, selbst wenn er auf die Beschwerde verzichtet hat oder die Beschwerdefrist verstrichen ist. ²Die Anschließung verliert ihre Wirkung, wenn die Beschwerde zurückgenommen oder als unzulässig verworfen wird.

§ 568 Originärer Einzelrichter.
¹Das Beschwerdegericht entscheidet durch eines seiner Mitglieder als Einzelrichter, wenn die angefochtene Entscheidung von einem Einzelrichter oder einem Rechtspfleger erlassen wurde. ²Der Einzelrichter überträgt das Verfahren dem Beschwerdegericht zur Entscheidung in der im Gerichtsverfassungsgesetz vorgeschriebenen Besetzung, wenn
1. die Sache besondere Schwierigkeiten tatsächlicher oder rechtlicher Art aufweist oder
2. die Rechtssache grundsätzliche Bedeutung hat.
³Auf eine erfolgte oder unterlassene Übertragung kann ein Rechtsmittel nicht gestützt werden.

(2) ¹Gegen Entscheidungen über die Verpflichtung, die Prozeßkosten zu tragen, ist die Beschwerde nur zulässig, wenn der Wert des Beschwerdegegenstandes zweihundert Deutsche Mark übersteigt. ²Gegen andere Entscheidungen über Kosten ist die Beschwerde nur zulässig, wenn der Wert des Beschwerdegegenstandes einhundert Deutsche Mark übersteigt.
§ 577 a [Anschlußbeschwerde]
¹Der Beschwerdegegner kann sich der Beschwerde anschließen, selbst wenn er auf die Beschwerde verzichtet hat oder die Beschwerdefrist verstrichen ist. ²Die Anschließung verliert ihre Wirkung, wenn die Beschwerde zurückgenommen oder als unzulässig verworfen wird. ³*Hat sich der Gegner einer befristeten Beschwerde vor Ablauf der Beschwerdefrist angeschlossen und auf die Beschwerde nicht verzichtet, gilt die Anschließung als selbständige Beschwerde.*

Neue/alte Fassung ZPO neu/alt 4

| ab dem 1. 1. 2002 geltende Fassung | bis zum 31. 12. 2001 geltende Fassung |

§ 569 Frist und Form. (1) ¹Die sofortige Beschwerde ist, soweit keine andere Frist bestimmt ist, binnen einer Notfrist von zwei Wochen bei dem Gericht, dessen Entscheidung angefochten wird, oder bei dem Beschwerdegericht einzulegen. ²Die Notfrist beginnt, soweit nichts anderes bestimmt ist, mit der Zustellung der Entscheidung, spätestens mit dem Ablauf von fünf Monaten nach der Verkündung des Beschlusses. ³Liegen die Erfordernisse der Nichtigkeits- oder der Restitutionsklage vor, so kann die Beschwerde auch nach Ablauf der Notfrist innerhalb der für diese Klagen geltenden Notfristen erhoben werden.
(2) ¹Die Beschwerde wird durch Einreichung einer Beschwerdeschrift eingelegt. ²Die Beschwerdeschrift muss die Bezeichnung der angefochtenen Entscheidung sowie die Erklärung enthalten, dass Beschwerde gegen diese Entscheidung eingelegt werde.
(3) Die Beschwerde kann auch durch Erklärung zu Protokoll der Geschäftsstelle eingelegt werden, wenn

1. der Rechtsstreit im ersten Rechtszug nicht als Anwaltsprozess zu führen ist oder war,
2. die Beschwerde die Prozesskostenhilfe betrifft oder
3. sie von einem Zeugen, Sachverständigen oder Dritten im Sinne der §§ 142, 144 erhoben wird.

§ 570 Aufschiebende Wirkung; einstweilige Anordnungen.
(1) Die Beschwerde hat nur dann aufschiebende Wirkung, wenn sie die Festsetzung eines Ordnungs- oder Zwangsmittels zum Gegenstand hat.

(2) Das Gericht oder der Vorsitzende, dessen Entscheidung angefochten

§ 577 [Sofortige Beschwerde]
(1) Für die Fälle der sofortigen Beschwerde gelten die nachfolgenden besonderen Vorschriften.
(2) ¹Die Beschwerde ist binnen einer Notfrist von zwei Wochen, die mit der Zustellung, in den Fällen der §§ 336 und 952 Abs. 4 mit der Verkündung der Entscheidung beginnt, einzulegen. ²Die Einlegung bei dem Beschwerdegericht genügt zur Wahrung der Notfrist, auch wenn der Fall für dringlich nicht erachtet wird. ³Liegen die Erfordernisse der Nichtigkeits- oder der Restitutionsklage vor, so kann die Beschwerde auch nach Ablauf der Notfrist innerhalb der für diese Klagen geltenden Notfristen erhoben werden.
§ 569 [Form] (2) ¹Die Beschwerde wird durch Einreichung einer Beschwerdeschrift eingelegt. ²Sie kann auch durch Erklärung zu Protokoll der Geschäftsstelle eingelegt werden, wenn der Rechtsstreit im ersten Rechtszug nicht als Anwaltsprozeß zu führen ist oder war, wenn die Beschwerde die Prozeßkostenhilfe betrifft oder wenn sie von einem Zeugen oder Sachverständigen erhoben wird.

§ 572 [Aufschiebende Wirkung; einstweilige Anordnungen]
(1) Die Beschwerde hat nur dann aufschiebende Wirkung, wenn sie gegen eine der in den §§ 380, 390, 409, 613 erwähnten Entscheidungen gerichtet ist.
(2) Das Gericht oder der Vorsitzende, dessen Entscheidung angefochten

4 ZPO neu/alt

ab dem 1. 1. 2002 geltende Fassung	bis zum 31. 12. 2001 geltende Fassung

wird, kann die Vollziehung der Entscheidung aussetzen.
(3) Das Beschwerdegericht kann vor der Entscheidung eine einstweilige Anordnung erlassen; es kann insbesondere die Vollziehung der angefochtenen Entscheidung aussetzen.

§ 571 Begründung, Präklusion, Ausnahmen vom Anwaltszwang.
(1) Die Beschwerde soll begründet werden.
(2) ¹Die Beschwerde kann auf neue Angriffs- und Verteidigungsmittel gestützt werden. ²Sie kann nicht darauf gestützt werden, dass das Gericht des ersten Rechtszuges seine Zuständigkeit zu Unrecht angenommen hat.
(3) ¹Der Vorsitzende oder das Beschwerdegericht kann für das Vorbringen von Angriffs- und Verteidigungsmitteln eine Frist setzen. ²Werden Angriffs- und Verteidigungsmittel nicht innerhalb der Frist vorgebracht, so sind sie nur zuzulassen, wenn nach der freien Überzeugung des Gerichts ihre Zulassung die Erledigung des Verfahrens nicht verzögern würde oder wenn die Partei die Verspätung genügend entschuldigt. ³Der Entschuldigungsgrund ist auf Verlangen des Gerichts glaubhaft zu machen.
(4) ¹Die Beteiligten können sich im Beschwerdeverfahren auch durch einen bei einem Amts- oder Landgericht zugelassenen Rechtsanwalt vertreten lassen. ²Ordnet das Gericht eine schriftliche Erklärung an, so kann diese zu Protokoll der Geschäftsstelle abgegeben werden, wenn die Beschwerde zu Protokoll der Geschäftsstelle eingelegt werden darf (§ 569 Abs. 3).

wird, kann anordnen, daß ihre Vollziehung auszusetzen sei.
(3) Das Beschwerdegericht kann vor der Entscheidung eine einstweilige Anordnung erlassen; es kann insbesondere anordnen, daß die Vollziehung der angefochtenen Entscheidung auszusetzen sei.

§ 570 [Neues Vorbringen] Die Beschwerde kann auf neue Tatsachen und Beweise gestützt werden.

§ 573 [Verfahren] (2) ¹Ordnet das Gericht eine schriftliche Erklärung an, so ist sie durch einen Rechtsanwalt abzugeben. ²In den Fällen, in denen die Beschwerde zum Protokoll der Geschäftsstelle eingelegt werden darf, kann auch die Erklärung zum Protokoll der Geschäftsstelle abgegeben werden.

Neue/alte Fassung ZPO neu/alt 4

| ab dem 1. 1. 2002 geltende Fassung | bis zum 31. 12. 2001 geltende Fassung |

§ 572 Gang des Beschwerdeverfahrens. (1) [1]Erachtet das Gericht oder der Vorsitzende, dessen Entscheidung angefochten wird, die Beschwerde für begründet, so haben sie ihr abzuhelfen; andernfalls ist die Beschwerde unverzüglich dem Beschwerdegericht vorzulegen. [2]§ 318 bleibt unberührt.
(2) [1]Das Beschwerdegericht hat von Amts wegen zu prüfen, ob die Beschwerde an sich statthaft und ob sie in der gesetzlichen Form und Frist eingelegt ist. [2]Mangelt es an einem dieser Erfordernisse, so ist die Beschwerde als unzulässig zu verwerfen.

(3) Erachtet das Beschwerdegericht die Beschwerde für begründet, so kann es dem Gericht oder Vorsitzenden, von dem die beschwerende Entscheidung erlassen war, die erforderliche Anordnung übertragen.

(4) Die Entscheidung über die Beschwerde ergeht durch Beschluss.

§ 573 Erinnerung. (1) [1]Gegen die Entscheidungen des beauftragten oder ersuchten Richters oder des Urkundsbeamten der Geschäftsstelle kann binnen einer Notfrist von zwei Wochen die Entscheidung des Gerichts beantragt werden (Erinnerung). [2]Die Erinnerung ist schriftlich oder zu Protokoll der Geschäftsstelle einzulegen. [3]§ 569 Abs. 1 Satz 1 und 2, Abs. 2 und die §§ 570 und 572 gelten entsprechend.
(2) Gegen die im ersten Rechtszug ergangene Entscheidung des Gerichts über die Erinnerung findet die sofortige Beschwerde statt.
(3) Die Vorschrift des Absatzes 1 gilt auch für die Oberlandesgerichte und den Bundesgerichtshof.

§ 571 [Abhilfe oder Vorlegung] Erachtet das Gericht oder der Vorsitzende, dessen Entscheidung angefochten wird, die Beschwerde für begründet, so haben sie ihr abzuhelfen; andernfalls ist die Beschwerde vor Ablauf einer Woche dem Beschwerdegericht vorzulegen.

§ 574 [Prüfung der Zulässigkeit] [1]Das Beschwerdegericht hat von Amts wegen zu prüfen, ob die Beschwerde an sich statthaft und ob sie in der gesetzlichen Form und Frist eingelegt ist. [2]Mangelt es an einem dieser Erfordernisse, so ist die Beschwerde als unzulässig zu verwerfen.

§ 575 [Zurückverweisung] Erachtet das Beschwerdegericht die Beschwerde für begründet, so kann es dem Gericht oder Vorsitzenden, von dem die beschwerende Entscheidung erlassen war, die erforderliche Anordnung übertragen.

§ 576 [Entscheidung des Prozeßgerichts] (1) Wird die Änderung einer Entscheidung des beauftragten oder ersuchten Richters oder des Urkundsbeamten der Geschäftsstelle verlangt, so ist die Entscheidung des Prozeßgerichts nachzusuchen.

(2) Die Beschwerde findet gegen die Entscheidung des Prozeßgerichts statt.

(3) Die Vorschrift des ersten Absatzes gilt auch für den Bundesgerichtshof und die Oberlandesgerichte.

Titel 2. Rechtsbeschwerde

ab dem 1. 1. 2002 geltende Fassung

§ 574 Rechtsbeschwerde; Anschlussrechtsbeschwerde. (1) Gegen einen Beschluss ist die Rechtsbeschwerde statthaft, wenn
1. dies im Gesetz ausdrücklich bestimmt ist oder
2. das Beschwerdegericht, das Berufungsgericht oder das Oberlandesgericht im ersten Rechtszug sie in dem Beschluss zugelassen hat.

(2) In den Fällen des Absatzes 1 Nr. 1 ist die Rechtsbeschwerde nur zulässig, wenn
1. die Rechtssache grundsätzliche Bedeutung hat oder
2. die Fortbildung des Rechts oder die Sicherung einer einheitlichen Rechtsprechung eine Entscheidung des Rechtsbeschwerdegerichts erfordert.

(3) [1]In den Fällen des Absatzes 1 Nr. 2 ist die Rechtsbeschwerde zuzulassen, wenn die Voraussetzungen des Absatzes 2 vorliegen. [2]Das Rechtsbeschwerdegericht ist an die Zulassung gebunden.

(4) [1]Der Rechtsbeschwerdegegner kann sich bis zum Ablauf einer Notfrist von einem Monat nach der Zustellung der Begründungsschrift der Rechtsbeschwerde durch Einreichen der Rechtsbeschwerdeanschlussschrift beim Rechtsbeschwerdegericht anschließen, auch wenn er auf die Rechtsbeschwerde verzichtet hat, die Rechtsbeschwerdefrist verstrichen oder die Rechtsbeschwerde nicht zugelassen worden ist. [2]Die Anschlussbeschwerde ist in der Anschlussschrift zu begründen. [3]Die Anschließung verliert ihre Wirkung, wenn die Rechtsbeschwerde zurückgenommen oder als unzulässig verworfen wird.

bis zum 31. 12. 2001 geltende Fassung

§ 568 [Weitere Beschwerde]
(2) [1]Gegen die Entscheidung des Beschwerdegerichts findet eine weitere Beschwerde statt, wenn dies im Gesetz besonders bestimmt ist. [2]Sie ist nur zulässig, soweit in der Entscheidung ein neuer selbständiger Beschwerdegrund enthalten ist.

Neue/alte Fassung ZPO neu/alt 4

| ab dem 1. 1. 2002 geltende Fassung | bis zum 31. 12. 2001 geltende Fassung |

§ 575 Frist, Form und Begründung der Rechtsbeschwerde.
(1) ¹Die Rechtsbeschwerde ist binnen einer Notfrist von einem Monat nach Zustellung des Beschlusses durch Einreichen einer Beschwerdeschrift bei dem Rechtsbeschwerdegericht einzulegen. ²Die Rechtsbeschwerdeschrift muss enthalten:
1. die Bezeichnung der Entscheidung, gegen die die Rechtsbeschwerde gerichtet wird und
2. die Erklärung, dass gegen diese Entscheidung Rechtsbeschwerde eingelegt werde.

³Mit der Rechtsbeschwerdeschrift soll eine Ausfertigung oder beglaubigte Abschrift der angefochtenen Entscheidung vorgelegt werden.

(2) ¹Die Rechtsbeschwerde ist, sofern die Beschwerdeschrift keine Begründung enthält, binnen einer Frist von einem Monat zu begründen. ²Die Frist beginnt mit der Zustellung der angefochtenen Entscheidung. ³§ 551 Abs. 2 Satz 5 und 6 gilt entsprechend.

(3) Die Begründung der Rechtsbeschwerde muss enthalten:
1. die Erklärung, inwieweit die Entscheidung des Beschwerdegerichts oder des Berufungsgerichts angefochten und deren Aufhebung beantragt werde (Rechtsbeschwerdeanträge),
2. in den Fällen des § 574 Abs. 1 Nr. 1 eine Darlegung zu den Zulässigkeitsvoraussetzungen des § 574 Abs. 2,
3. die Angabe der Rechtsbeschwerdegründe, und zwar
    a) die bestimmte Bezeichnung der Umstände, aus denen sich die Rechtsverletzung ergibt;
    b) soweit die Rechtsbeschwerde darauf gestützt wird, dass das Gesetz in Bezug auf das Verfahren verletzt sei, die Be-

ab dem 1. 1. 2002 geltende Fassung

zeichnung der Tatsachen, die den Mangel ergeben.
(4) ¹Die allgemeinen Vorschriften über die vorbereitenden Schriftsätze sind auch auf die Beschwerde- und die Begründungsschrift anzuwenden. ²Die Beschwerde- und die Begründungsschrift sind der Gegenpartei zuzustellen.
(5) Die §§ 541 und 570 Abs. 1, 3 gelten entsprechend.

§ 576 Gründe der Rechtsbeschwerde. (1) Die Rechtsbeschwerde kann nur darauf gestützt werden, dass die Entscheidung auf der Verletzung des Bundesrechts oder einer Vorschrift beruht, deren Geltungsbereich sich über den Bezirk eines Oberlandesgerichts hinaus erstreckt.
(2) Die Rechtsbeschwerde kann nicht darauf gestützt werden, dass das Gericht des ersten Rechtszuges seine Zuständigkeit zu Unrecht angenommen oder verneint hat.
(3) Die §§ 546, 547, 556 und 560 gelten entsprechend.

§ 577 Prüfung und Entscheidung der Rechtsbeschwerde.
(1) ¹Das Rechtsbeschwerdegericht hat von Amts wegen zu prüfen, ob die Rechtsbeschwerde an sich statthaft und ob sie in der gesetzlichen Form und Frist eingelegt und begründet ist. ²Mangelt es an einem dieser Erfordernisse, so ist die Rechtsbeschwerde als unzulässig zu verwerfen.
(2) ¹Der Prüfung des Rechtsbeschwerdegerichts unterliegen nur die von den Parteien gestellten Anträge. ²Das Rechtsbeschwerdegericht ist an die geltend gemachten Rechtsbeschwerdegründe nicht gebunden. ³Auf Verfahrensmängel, die nicht von Amts wegen zu berücksichtigen sind,

bis zum 31. 12. 2001 geltende Fassung

| ab dem 1. 1. 2002 geltende Fassung | bis zum 31. 12. 2001 geltende Fassung |

darf die angefochtene Entscheidung nur geprüft werden, wenn die Mängel nach § 575 Abs. 3 und § 574 Abs. 4 Satz 2 gerügt worden sind. [4]§ 559 gilt entsprechend.
(3) Ergibt die Begründung der angefochtenen Entscheidung zwar eine Rechtsverletzung, stellt die Entscheidung selbst aber aus anderen Gründen sich als richtig dar, so ist die Rechtsbeschwerde zurückzuweisen.
(4) [1]Wird die Rechtsbeschwerde für begründet erachtet, ist die angefochtene Entscheidung aufzuheben und die Sache zur erneuten Entscheidung zurückzuverweisen. [2]§ 562 Abs. 2 gilt entsprechend. [3]Die Zurückverweisung kann an einen anderen Spruchkörper des Gerichts erfolgen, das die angefochtene Entscheidung erlassen hat. [4]Das Gericht, an das die Sache zurückverwiesen ist, hat die rechtliche Beurteilung, die der Aufhebung zugrunde liegt, auch seiner Entscheidung zugrunde zu legen.
(5) [1]Das Rechtsbeschwerdegericht hat in der Sache selbst zu entscheiden, wenn die Aufhebung der Entscheidung nur wegen Rechtsverletzung bei Anwendung des Rechts auf das festgestellte Sachverhältnis erfolgt und nach letzterem die Sache zur Endentscheidung reif ist. [2]§ 563 Abs. 4 gilt entsprechend.
(6) [1]Die Entscheidung über die Rechtsbeschwerde ergeht durch Beschluss. [2]§ 564 gilt entsprechend.

Buch 6. Verfahren in Familiensachen

Abschnitt 1. Allgemeine Vorschriften für Verfahren in Ehesachen

§ 615 Zurückweisung von Angriffs- und Verteidigungsmitteln.
(1) Angriffs- und Verteidigungsmit-

Sechstes Buch. Verfahren in Familiensachen

Erster Abschnitt. Allgemeine Vorschriften für Verfahren in Ehesachen

§ 615 [Zurückweisung von Angriffs- und Verteidigungsmitteln]
(1) Angriffs- und Verteidigungsmit-

ab dem 1. 1. 2002 geltende Fassung

tel, die nicht rechtzeitig vorgebracht werden, können zurückgewiesen werden, wenn ihre Zulassung nach der freien Überzeugung des Gerichts die Erledigung des Rechtsstreits verzögern würde und die Verspätung auf grober Nachlässigkeit beruht.
<u>(2) Im Übrigen sind die Angriffs- und Verteidigungsmittel abweichend von den allgemeinen Vorschriften zuzulassen.</u>

§ 620 a Verfahren bei einstweiliger Anordnung. <u>(1) Das Gericht entscheidet durch Beschluss.</u>

(2) [1]Der Antrag ist zulässig, sobald die Ehesache anhängig oder ein Antrag auf Bewilligung der Prozeßkostenhilfe eingereicht ist. [2]Der Antrag kann zu Protokoll der Geschäftsstelle erklärt werden. [3]Der Antragsteller soll die Voraussetzungen für die Anordnung glaubhaft machen.
(3) [1]Vor einer Anordnung nach § 620 Satz 1 Nr. 1, 2 oder 3 sollen das Kind und das Jugendamt angehört werden. [2]Ist dies wegen der besonderen Eilbedürftigkeit nicht möglich, so soll die Anhörung unverzüglich nachgeholt werden.
(4) [1]Zuständig ist das Gericht des ersten Rechtszuges, wenn die Ehesache in der Berufungsinstanz anhängig ist, das Berufungsgericht. [2]Ist eine Folgesache im zweiten oder dritten Rechtszug anhängig, deren Gegenstand dem des Anordnungsverfahrens entspricht, so ist das Berufungs- oder Beschwerdegericht der Folgesache zuständig. [3]Satz 2 gilt entsprechend, wenn ein Kostenvorschuß für eine Ehesache oder Folgesache begehrt wird, die im zweiten oder dritten Rechtszug anhängig ist oder dort anhängig gemacht werden soll.

bis zum 31. 12. 2001 geltende Fassung

tel, die nicht rechtzeitig vorgebracht werden, können zurückgewiesen werden, wenn ihre Zulassung nach der freien Überzeugung des Gerichts die Erledigung des Rechtsstreits verzögern würde und die Verspätung auf grober Nachlässigkeit beruht.
(2) §§ 527, 528 sind nicht anzuwenden.

§ 620 a [Verfahren bei einstweiliger Anordnung] (1) Der Beschluß kann ohne mündliche Verhandlung ergehen.
(2) [1]Der Antrag ist zulässig, sobald die Ehesache anhängig oder ein Antrag auf Bewilligung der Prozeßkostenhilfe eingereicht ist. [2]Der Antrag kann zu Protokoll der Geschäftsstelle erklärt werden. [3]Der Antragsteller soll die Voraussetzungen für die Anordnung glaubhaft machen.
(3) [1]Vor einer Anordnung nach § 620 Satz 1 Nr. 1, 2 oder 3 sollen das Kind und das Jugendamt angehört werden. [2]Ist dies wegen der besonderen Eilbedürftigkeit nicht möglich, so soll die Anhörung unverzüglich nachgeholt werden.
(4) [1]Zuständig ist das Gericht des ersten Rechtszuges, wenn die Ehesache in der Berufungsinstanz anhängig ist, das Berufungsgericht. [2]Ist eine Folgesache im zweiten oder dritten Rechtszug anhängig, deren Gegenstand dem des Anordnungsverfahrens entspricht, so ist das Berufungs- oder Beschwerdegericht der Folgesache zuständig. [3]Satz 2 gilt entsprechend, wenn ein Kostenvorschuß für eine Ehesache oder Folgesache begehrt wird, die im zweiten oder dritten Rechtszug anhängig ist oder dort anhängig gemacht werden soll.

Neue/alte Fassung ZPO neu/alt 4

| ab dem 1. 1. 2002 geltende Fassung | bis zum 31. 12. 2001 geltende Fassung |

Abschnitt 2. Allgemeine Vorschriften für Verfahren in anderen Familiensachen

§ 621 d Zurückweisung von Angriffs- und Verteidigungsmitteln. ¹In Familiensachen des § 621 Abs. 1 Nr. 4, 5, 8 und 11 können Angriffs- und Verteidigungsmittel, die nicht rechtzeitig vorgebracht werden, zurückgewiesen werden, wenn ihre Zulassung nach der freien Überzeugung des Gerichts die Erledigung des Rechtsstreits verzögern würde und die Verspätung auf grober Nachlässigkeit beruht. ²Im Übrigen sind die Angriffs- und Verteidigungsmittel abweichend von den allgemeinen Vorschriften zuzulassen.

§ 621 e Befristete Beschwerde; Rechtsbeschwerde. (1) Gegen die im ersten Rechtszug ergangenen Endentscheidungen über Familiensachen des § 621 Abs. 1 Nr. 1 bis 3, 6, 7, 9, 10 in Verfahren nach § 1600 e Abs. 2 des Bürgerlichen Gesetzbuchs, Nr. 12 sowie 13 findet die Beschwerde statt.
(2) ¹In den Familiensachen des § 621 Abs. 1 Nr. 1 bis 3, 6 und 10 in Verfahren nach § 1600 e Abs. 2 des Bürgerlichen Gesetzbuchs sowie Nr. 12 findet die Rechtsbeschwerde statt, wenn sie
1. das Beschwerdegericht in dem Beschluss oder
2. auf Beschwerde gegen die Nichtzulassung durch das Beschwerdegericht das Rechtsbeschwerdegericht
zugelassen hat; § 543 Abs. 2 und § 544 gelten entsprechend. ²Die Rechtsbeschwerde kann nur darauf gestützt werden, dass die Entscheidung auf einer Verletzung des Rechts beruht.

Zweiter Abschnitt. Allgemeine Vorschriften für Verfahren in anderen Familiensachen

§ 621 d [Revision] (1) Gegen die in der Berufungsinstanz erlassenen Endurteile über Familiensachen des § 621 Abs. 1 Nr. 4, 5, 8, 10 mit Ausnahme der Verfahren nach § 1600 e Abs. 2 des Bürgerlichen Gesetzbuchs sowie 11 findet die Revision nur statt, wenn das Oberlandesgericht sie in dem Urteil zugelassen hat; § 546 Abs. 1 Satz 2, 3 gilt entsprechend.

(2) Die Revision findet ferner statt, soweit das Berufungsgericht die Berufung als unzulässig verworfen hat.

§ 621 e [Befristete Beschwerde; weitere Beschwerde] (1) Gegen die im ersten Rechtszug ergangenen Endentscheidungen über Familiensachen des § 621 Abs. 1 Nr. 1 bis 3, 6, 7, 9, 10 in Verfahren nach § 1600 e Abs. 2 des Bürgerlichen Gesetzbuchs sowie 12 findet die Beschwerde statt.
(2) ¹In den Familiensachen des § 621 Abs. 1 Nr. 1 bis 3, 6, 10 in Verfahren nach § 1600 e Abs. 2 des Bürgerlichen Gesetzbuchs sowie 12 findet die weitere Beschwerde statt, wenn das Oberlandesgericht sie in dem Beschluß zugelassen hat; § 546 Abs. 1 Satz 2, 3 gilt entsprechend. ²Die weitere Beschwerde findet ferner statt, soweit das Oberlandesgericht die Beschwerde als unzulässig verworfen hat. ³Die weitere Beschwerde kann nur darauf gestützt werden, daß die Entscheidung auf einer Verletzung des Gesetzes beruht.

4 ZPO neu/alt

ab dem 1. 1. 2002 geltende Fassung	bis zum 31. 12. 2001 geltende Fassung

(3) ¹Die Beschwerde wird durch Einreichung der Beschwerdeschrift bei dem Beschwerdegericht eingelegt. ²<u>Die §§ 318, 517, 518, 520 Abs. 1, 2 und 3 Satz 1, Abs. 4, §§ 521, 522 Abs. 1, §§ 526, 527, 548 und 551 Abs. 1, 2 und 4 gelten entsprechend.</u>
<u>(4) ¹Die Beschwerde kann nicht darauf gestützt werden, dass das Gericht des ersten Rechtszuges seine Zuständigkeit zu Unrecht angenommen hat. ²Die Rechtsbeschwerde kann nicht darauf gestützt werden, dass das Gericht des ersten Rechtszuges seine Zuständigkeit zu Unrecht angenommen oder verneint hat.</u>

Abschnitt 3. Verfahren in Scheidungs- und Folgesachen

§ 626 Zurücknahme des Scheidungsantrags. (1) ¹Wird ein Scheidungsantrag zurückgenommen, so gilt § 269 Abs. 3 <u>bis 5</u> auch für die Folgesachen, soweit sie nicht die Übertragung der elterlichen Sorge oder eines Teils der elterlichen Sorge wegen Gefährdung des Kindeswohls auf einen Elternteil, einen Vormund oder einen Pfleger betreffen; in diesem Fall wird die Folgesache als selbständige Familiensache fortgeführt. ²Erscheint die Anwendung des § 269 Abs. 3 Satz 2 im Hinblick auf den bisherigen Sach- und Streitstand in den Folgesachen der in § 621 Abs. 1 Nr. 4, 5, 8 bezeichneten Art als unbillig, so kann das Gericht die Kosten anderweitig verteilen. ³Das Gericht spricht die Wirkungen der Zurücknahme auf Antrag eines Ehegatten aus.
(2) ¹Auf Antrag einer Partei ist ihr durch Beschluß vorzubehalten, eine Folgesache als selbständige Familiensache fortzuführen. ²In der selbständigen Familiensache wird über die Kosten besonders entschieden.

(3) ¹Die Beschwerde wird durch Einreichung der Beschwerdeschrift bei dem Beschwerdegericht eingelegt. ²Die §§ 516, 517, 519 Abs. 1, 2, §§ 519a, 552, 554 Abs. 1, 2, 5, § 577 Abs. 3 gelten entsprechend.

(4) ¹Für das Beschwerdegericht gilt § 529 Abs. 3, 4 entsprechend. ²Das Gericht der weiteren Beschwerde prüft nicht, ob eine Familiensache vorliegt.

Dritter Abschnitt. Verfahren in Scheidungs- und Folgesachen

§ 626 [Zurücknahme des Scheidungsantrags] (1) ¹Wird ein Scheidungsantrag zurückgenommen, so gilt § 269 Abs. 3 auch für die Folgesachen, soweit sie nicht die Übertragung der elterlichen Sorge oder eines Teils der elterlichen Sorge wegen Gefährdung des Kindeswohls auf einen Elternteil, einen Vormund oder einen Pfleger betreffen; in diesem Fall wird die Folgesache als selbständige Familiensache fortgeführt. ²Erscheint die Anwendung des § 269 Abs. 3 Satz 2 im Hinblick auf den bisherigen Sach- und Streitstand in den Folgesachen der in § 621 Abs. 1 Nr. 4, 5, 8 bezeichneten Art als unbillig, so kann das Gericht die Kosten anderweitig verteilen. ³Das Gericht spricht die Wirkungen der Zurücknahme auf Antrag eines Ehegatten aus.
(2) ¹Auf Antrag einer Partei ist ihr durch Beschluß vorzubehalten, eine Folgesache als selbständige Familiensache fortzuführen. ²*Der Beschluß bedarf keiner mündlichen Verhandlung.* ³In der selbständigen Familiensache wird über die Kosten besonders entschieden.

Neue/alte Fassung · ZPO neu/alt 4

| ab dem 1. 1. 2002 geltende Fassung | bis zum 31. 12. 2001 geltende Fassung |

§ 629 a Rechtsmittel. (1) Gegen Urteile des Berufungsgerichts ist die Revision nicht zulässig, soweit darin über Folgesachen der in § 621 Abs. 1 Nr. 7 oder 9 bezeichneten Art erkannt ist.
(2) ¹Soll ein Urteil nur angefochten werden, soweit darin über Folgesachen der in § 621 Abs. 1 Nr. 1 bis 3, 6, 7, 9 bezeichneten Art erkannt ist, so ist § 621 e entsprechend anzuwenden. ²Wird nach Einlegung der Beschwerde auch Berufung oder Revision eingelegt, so ist über das Rechtsmittel einheitlich als Berufung oder Revision zu entscheiden. ³Im Verfahren vor dem Rechtsmittelgericht gelten für Folgesachen § 623 Abs. 1 und die §§ 627 bis 629 entsprechend.
(3) ¹Ist eine nach § 629 Abs. 1 einheitlich ergangene Entscheidung teilweise durch Berufung, Beschwerde, Revision oder Rechtsbeschwerde angefochten worden, so kann eine Änderung von Teilen der einheitlichen Entscheidung, die eine andere Familiensache betreffen, nur noch bis zum Ablauf eines Monats nach Zustellung der Rechtsmittelbegründung, bei mehreren Zustellungen bis zum Ablauf eines Monats nach der letzten Zustellung beantragt werden. ²Wird in dieser Frist eine Abänderung beantragt, so verlängert sich die Frist um einen weiteren Monat. ³Satz 2 gilt entsprechend, wenn in der verlängerten Frist erneut eine Abänderung beantragt wird. ⁴Die §§ 517, 548 und 621 e Abs. 3 Satz 2 in Verbindung mit den §§ 517 und 548 bleiben unberührt.
(4) Haben die Ehegatten auf Rechtsmittel gegen den Scheidungsausspruch verzichtet, so können sie auf dessen Anfechtung im Wege der Anschließung an ein Rechtsmittel in einer Folgesache verzichten, bevor ein solches Rechtsmittel eingelegt ist.

§ 629 a [Rechtsmittel] (1) Gegen Urteile des Berufungsgerichts ist die Revision nicht zulässig, soweit darin über Folgesachen der in § 621 Abs. 1 Nr. 7 oder 9 bezeichneten Art erkannt ist.
(2) ¹Soll ein Urteil nur angefochten werden, soweit darin über Folgesachen der in § 621 Abs. 1 Nr. 1 bis 3, 6, 7, 9 bezeichneten Art erkannt ist, so ist § 621 e entsprechend anzuwenden. ²Wird nach Einlegung der Beschwerde auch Berufung oder Revision eingelegt, so ist über das Rechtsmittel einheitlich als Berufung oder Revision zu entscheiden. ³Im Verfahren vor dem Rechtsmittelgericht gelten für Folgesachen § 623 Abs. 1 und die §§ 627 bis 629 entsprechend.
(3) ¹Ist eine nach § 629 Abs. 1 einheitlich ergangene Entscheidung teilweise durch Berufung, Beschwerde, Revision oder weitere Beschwerde angefochten worden, so kann eine Änderung von Teilen der einheitlichen Entscheidung, die eine andere Familiensache betreffen, nur noch bis zum Ablauf eines Monats nach Zustellung der Rechtsmittelbegründung, bei mehreren Zustellungen bis zum Ablauf eines Monats nach der letzten Zustellung beantragt werden. ²Wird in dieser Frist eine Abänderung beantragt, so verlängert sich die Frist um einen weiteren Monat. ³Satz 2 gilt entsprechend, wenn in der verlängerten Frist erneut eine Abänderung beantragt wird. ⁴Die §§ 516, 552 und 621 e Abs. 3 Satz 2 in Verbindung mit den §§ 516, 552 bleiben unberührt.
(4) Haben die Ehegatten auf Rechtsmittel gegen den Scheidungsausspruch verzichtet, so können sie auf dessen Anfechtung im Wege der Anschließung an ein Rechtsmittel in einer Folgesache verzichten, bevor ein solches Rechtsmittel eingelegt ist.

4 ZPO neu/alt

| ab dem 1. 1. 2002 geltende Fassung | bis zum 31. 12. 2001 geltende Fassung |

§ 629 b Zurückverweisung. (1) ¹Wird ein Urteil aufgehoben, durch das der Scheidungsantrag abgewiesen ist, so ist die Sache an das Gericht zurückzuverweisen, das die Abweisung ausgesprochen hat, wenn bei diesem Gericht eine Folgesache zur Entscheidung ansteht. ²Dieses Gericht hat die rechtliche Beurteilung, die der Aufhebung zugrunde gelegt ist, auch seiner Entscheidung zugrunde zu legen.
(2) Das Gericht, an das die Sache zurückverwiesen ist, kann, wenn gegen das Aufhebungsurteil Revision <u>oder Beschwerde gegen die Nichtzulassung der Revision</u> eingelegt wird, auf Antrag anordnen, daß über die Folgesachen verhandelt wird.

§ 629 c Erweiterte Aufhebung. ¹Wird eine Entscheidung auf Revision oder <u>Rechtsbeschwerde</u> teilweise aufgehoben, so kann das Gericht auf Antrag einer Partei die Entscheidung auch insoweit aufheben und die Sache zur anderweitigen Verhandlung und Entscheidung an das Berufungs- oder Beschwerdegericht zurückverweisen, als dies wegen des Zusammenhangs mit der aufgehobenen Entscheidung geboten erscheint. ²Eine Aufhebung des Scheidungsausspruchs kann nur innerhalb eines Monats nach Zustellung der Rechtsmittelbegründung <u>oder des Beschlusses über die Zulassung der Revision oder der Rechtsbeschwerde,</u> bei mehreren Zustellungen bis zum Ablauf eines Monats nach der letzten Zustellung beantragt werden.

Abschnitt 5. Verfahren in Kindschaftssachen

§ 641 d Einstweilige Anordnung. (1) ¹Sobald ein Rechtsstreit auf Feststellung des Bestehens der Vaterschaft nach § 1600 d des Bürgerli-

§ 629 b [Zurückverweisung] (1) ¹Wird ein Urteil aufgehoben, durch das der Scheidungsantrag abgewiesen ist, so ist die Sache an das Gericht zurückzuverweisen, das die Abweisung ausgesprochen hat, wenn bei diesem Gericht eine Folgesache zur Entscheidung ansteht. ²Dieses Gericht hat die rechtliche Beurteilung, die der Aufhebung zugrunde gelegt ist, auch seiner Entscheidung zugrunde zu legen.
(2) Das Gericht, an das die Sache zurückverwiesen ist, kann, wenn gegen das Aufhebungsurteil Revision eingelegt wird, auf Antrag anordnen, daß über die Folgesachen verhandelt wird.

§ 629 c [Erweiterte Aufhebung bei Teilanfechtung] ¹Wird eine Entscheidung auf Revision oder weitere Beschwerde teilweise aufgehoben, so kann das Gericht auf Antrag einer Partei die Entscheidung auch insoweit aufheben und die Sache zur anderweitigen Verhandlung und Entscheidung an das Berufungs- oder Beschwerdegericht zurückverweisen, als dies wegen des Zusammenhangs mit der aufgehobenen Entscheidung geboten erscheint. ²Eine Aufhebung des Scheidungsausspruchs kann nur innerhalb eines Monats nach Zustellung der Rechtsmittelbegründung, bei mehreren Zustellungen bis zum Ablauf eines Monats nach der letzten Zustellung beantragt werden.

Fünfter Abschnitt. Verfahren in Kindschaftssachen

§ 641 d [Einstweilige Anordnung] (1) ¹Sobald ein Rechtsstreit auf Feststellung des Bestehens der Vaterschaft nach § 1600 d des Bürgerli-

ab dem 1. 1. 2002 geltende Fassung	bis zum 31. 12. 2001 geltende Fassung
chen Gesetzbuchs anhängig oder ein Antrag auf Bewilligung der Prozeßkostenhilfe eingereicht ist, kann das Gericht auf Antrag des Kindes seinen Unterhalt und auf Antrag der Mutter ihren Unterhalt durch eine einstweilige Anordnung regeln. ²Das Gericht kann bestimmen,, daß der Mann Unterhalt zu zahlen oder für den Unterhalt Sicherheit zu leisten hat, und die Höhe des Unterhalts regeln. (2) ¹Der Antrag ist zulässig, sobald die Klage eingereicht ist. ²Er kann vor der Geschäftsstelle zu Protokoll erklärt werden. ³Der Anspruch und die Notwendigkeit einer einstweiligen Anordnung sind glaubhaft zu machen. ⁴Die Entscheidung ergeht auf Grund mündlicher Verhandlung durch Beschluß. ⁵Zuständig ist das Gericht des ersten Rechtszuges und, wenn der Rechtsstreit in der Berufungsinstanz schwebt, das Berufungsgericht. (3) ¹Gegen einen Beschluß, den das Gericht des ersten Rechtszuges erlassen hat, findet die *sofortige* Beschwerde statt. ²Schwebt der Rechtsstreit in der Berufungsinstanz, so ist die Beschwerde bei dem Berufungsgericht einzulegen. (4) Die entstehenden Kosten eines von einer Partei beantragten Verfahrens der einstweiligen Anordnung gelten für die Kostenentscheidung als Teil der Kosten der Hauptsache, diejenigen eines Nebenintervenienten beantragten Verfahrens der einstweiligen Anordnung als Teil der Kosten der Nebenintervention; § 96 gilt insoweit sinngemäß.	chen Gesetzbuchs anhängig oder ein Antrag auf Bewilligung der Prozeßkostenhilfe eingereicht ist, kann das Gericht auf Antrag des Kindes seinen Unterhalt und auf Antrag der Mutter ihren Unterhalt durch eine einstweilige Anordnung regeln. ²Das Gericht kann bestimmen, daß der Mann Unterhalt zu zahlen oder für den Unterhalt Sicherheit zu leisten hat, und die Höhe des Unterhalts regeln. (2) ¹Der Antrag ist zulässig, sobald die Klage eingereicht ist. ²Er kann vor der Geschäftsstelle zu Protokoll erklärt werden. ³Der Anspruch und die Notwendigkeit einer einstweiligen Anordnung sind glaubhaft zu machen. ⁴Die Entscheidung ergeht auf Grund mündlicher Verhandlung durch Beschluß. ⁵Zuständig ist das Gericht des ersten Rechtszuges und, wenn der Rechtsstreit in der Berufungsinstanz schwebt, das Berufungsgericht. (3) ¹Gegen einen Beschluß, den das Gericht des ersten Rechtszuges erlassen hat, findet die Beschwerde statt. ²Schwebt der Rechtsstreit in der Berufungsinstanz, so ist die Beschwerde bei dem Berufungsgericht einzulegen. (4) Die entstehenden Kosten eines von einer Partei beantragten Verfahrens der einstweiligen Anordnung gelten für die Kostenentscheidung als Teil der Kosten der Hauptsache, diejenigen eines vom Nebenintervenienten beantragten Verfahrens der einstweiligen Anordnung als Teil der Kosten der Nebenintervention; § 96 gilt insoweit sinngemäß.

| ab dem 1. 1. 2002 geltende Fassung | bis zum 31. 12. 2001 geltende Fassung |

Abschnitt 6. Verfahren über den Unterhalt

Titel 2. Vereinfachte Verfahren über den Unterhalt Minderjähriger

§ 649 Feststellungsbeschluss. (1) [1]Werden keine oder lediglich nach § 648 Abs. 1 Satz 3 zurückweisende oder nach § 648 Abs. 2 unzulässige Einwendungen erhoben, wird der Unterhalt nach Ablauf der in § 647 Abs. 1 Satz 2 Nr. 3 bezeichneten Frist durch Beschluß festgesetzt. [2]In dem Beschluß ist auszusprechen, daß der Antragsgegner den festgesetzten Unterhalt an den Unterhaltsberechtigten zu zahlen hat. [3]In dem Beschluß sind auch die dahin entstandenen erstattungsfähigen Kosten des Verfahrens festzusetzen, soweit sie ohne weiteres ermittelt werden können; es genügt, wenn der Antragsteller die zu ihrer Berechnung notwendigen Angaben dem Gericht mitteilt.

(2) In dem Beschluß ist darauf hinzuweisen, welche Einwendungen mit der sofortigen Beschwerde geltend gemacht werden können und unter welchen Voraussetzungen eine Abänderung im Wege der Klage nach § 654 verlangt werden kann.

Buch 7. Mahnverfahren

§ 688 Zulässigkeit. (1) Wegen eines Anspruchs, der die Zahlung einer bestimmten Geldsumme in Euro zum Gegenstand hat, ist auf Antrag des Antragstellers ein Mahnbescheid zu erlassen.
(2) Das Mahnverfahren findet nicht statt:
1. für Ansprüche eines Unternehmers aus einem Vertrag gemäß

Sechster Abschnitt. Verfahren über den Unterhalt

Zweiter Titel. Vereinfachte Verfahren über den Unterhalt Minderjähriger

§ 649 [Feststellungsbeschluß] (1) [1]Werden keine oder lediglich nach § 648 Abs. 1 Satz 3 zurückweisende oder nach § 648 Abs. 2 unzulässige Einwendungen erhoben, wird der Unterhalt nach Ablauf der in § 647 Abs. 1 Satz 2 Nr. 2 bezeichneten Frist durch Beschluß festgesetzt. [2]In dem Beschluß ist auszusprechen, daß der Antragsgegner den festgesetzten Unterhalt an den Unterhaltsberechtigten zu zahlen hat. [3]In dem Beschluß sind auch die bis dahin entstandenen erstattungsfähigen Kosten des Verfahrens festzusetzen, soweit sie ohne weiteres ermittelt werden können; es genügt, wenn der Antragsteller die zu ihrer Berechnung notwendigen Angaben dem Gericht mitteilt.
(2) Die Entscheidung kann ohne mündliche Verhandlung ergehen.
(3) In dem Beschluß ist darauf hinzuweisen, welche Einwendungen mit der sofortigen Beschwerde geltend gemacht werden können und unter welchen Voraussetzungen eine Abänderung im Wege der Klage nach § 654 verlangt werden kann.

Siebentes Buch. Mahnverfahren

§ 688 [Zulässigkeit] (1) Wegen eines Anspruchs, der die Zahlung einer bestimmten Geldsumme in Euro *oder Deutscher Mark* zum Gegenstand hat, ist auf Antrag des Antragstellers ein Mahnbescheid zu erlassen.
(2) Das Mahnverfahren findet nicht statt:
1. für Ansprüche des Kreditgebers, wenn der nach dem Verbraucher-

Neue/alte Fassung ZPO neu/alt 4

| ab dem 1. 1. 2002 geltende Fassung | bis zum 31. 12. 2001 geltende Fassung |

<u>den §§ 491 bis 504 des Bürgerlichen Gesetzbuchs, wenn der nach den §§ 492, 502 des Bürgerlichen Gesetzbuchs</u> anzugebende effektive oder anfängliche effektive Jahreszins den bei <u>Vertragsschluss</u> geltenden <u>Basiszinssatz um mehr als zwölf Prozentpunkte</u> übersteigt;
2. wenn die Geltendmachung des Anspruchs von einer noch nicht erbrachten Gegenleistung abhängig ist;
3. wenn die Zustellung des Mahnbescheids durch öffentliche Bekanntmachung erfolgen müßte.

(3) Müßte der Mahnbescheid im Ausland zugestellt werden, findet das Mahnverfahren nur statt, soweit das Anerkennungs- und Vollstreckungsausführungsgesetz vom 19. Februar 2001 (BGBl. I S. 288) dies vorsieht.

§ 691 Zurückweisung des Mahnantrags. (1) ¹Der Antrag wird zurückgewiesen:
1. wenn er den Vorschriften der §§ 688, 689, 690, 703c Abs. 2 nicht entspricht;
2. wenn der Mahnbescheid nur wegen eines Teiles des Anspruchs nicht erlassen werden kann.

²Vor der Zurückweisung ist der Antragsteller zu hören.
(2) Sollte durch die Zustellung des Mahnbescheids eine Frist gewahrt <u>werden oder die Verjährung neu beginnen oder nach § 204 des Bürgerlichen Gesetzbuchs gehemmt</u> werden, so tritt die Wirkung mit der Einreichung oder Anbringung des Antrags auf Erlaß des Mahnbescheids ein, wenn innerhalb eines Monats seit der Zustellung der Zurückweisung des Antrags Klage eingereicht und diese demnächst zugestellt wird.
(3) ¹Gegen die Zurückweisung findet die <u>sofortige</u> Beschwerde statt, wenn

kreditgesetz anzugebende effektive oder anfängliche effektive Jahreszins den bei Vertragsabschluß geltenden Diskontsatz der Deutschen Bundesbank zuzüglich zwölf vom Hundert übersteigt;
2. wenn die Geltendmachung des Anspruchs von einer noch nicht erbrachten Gegenleistung abhängig ist;
3. wenn die Zustellung des Mahnbescheids durch öffentliche Bekanntmachung erfolgen müßte.

(3) Müßte der Mahnbescheid im Ausland zugestellt werden, findet das Mahnverfahren nur statt, soweit das Anerkennungs- und Vollstreckungsausführungsgesetz vom 19. Februar 2001 (BGBl. I S. 288) dies vorsieht.

§ 691 [Zurückweisung des Mahnantrags] (1) ¹Der Antrag wird zurückgewiesen:
1. wenn er den Vorschriften der §§ 688, 689, 690, 703c Abs. 2 nicht entspricht;
2. wenn der Mahnbescheid nur wegen eines Teiles des Anspruchs nicht erlassen werden kann.

²Vor der Zurückweisung ist der Antragsteller zu hören.
(2) Sollte durch die Zustellung des Mahnbescheids eine Frist gewahrt oder die Verjährung unterbrochen werden, so tritt die Wirkung mit der Einreichung oder Anbringung des Antrags auf Erlaß des Mahnbescheids ein, wenn innerhalb eines Monats seit der Zustellung der Zurückweisung des Antrags Klage eingereicht und diese demnächst zugestellt wird.

(3) ¹Gegen die Zurückweisung findet die Beschwerde statt, wenn der An-

ZPO neu/alt

Neue/alte Fassung

| ab dem 1. 1. 2002 geltende Fassung | bis zum 31. 12. 2001 geltende Fassung |

der Antrag in einer nur maschinell lesbaren Form übermittelt und mit der Begründung zurückgewiesen worden ist, daß diese Form dem Gericht für seine maschinelle Bearbeitung nicht geeignet erscheine. ²Im übrigen sind die Entscheidungen nach Absatz 1 unanfechtbar.

§ 697 Einleitung des Streitverfahrens. (1) ¹Die Geschäftsstelle des Gerichts, an das die Streitsache abgegeben wird, hat dem Antragsteller unverzüglich aufzugeben, seinen Anspruch binnen zwei Wochen in einer der Klageschrift entsprechenden Form zu begründen. ²§ 270 Abs. 2 Satz 2 gilt entsprechend.
(2) ¹Bei Eingang der Anspruchsbegründung ist wie nach Eingang einer Klage weiter zu verfahren. ²Zur schriftlichen Klageerwiderung im Vorverfahren nach § 276 kann auch eine mit der Zustellung der Anspruchsbegründung beginnende Frist gesetzt werden.
(3) ¹Geht die Anspruchsbegründung nicht rechtzeitig ein, so wird bis zu ihrem Eingang Termin zur mündlichen Verhandlung nur auf Antrag des Antragsgegners bestimmt. ²Mit der Terminbestimmung setzt der Vorsitzende dem Antragsteller eine Frist zur Begründung des Anspruchs; § 296 Abs. 1, 4 gilt entsprechend.
(4) ¹Der Antragsgegner kann den Widerspruch bis zum Beginn seiner mündlichen Verhandlung zur Hauptsache zurücknehmen, jedoch nicht nach Erlaß eines Versäumnisurteils gegen ihn. ²Die Zurücknahme kann zu Protokoll der Geschäftsstelle erklärt werden.
(5) ¹Zur Herstellung eines Urteils in abgekürzter Form nach § 313b Abs. 2, § 317 Abs. 4 kann der Mahnbescheid an Stelle der Klageschrift benutzt werden. ²Ist das

trag in einer nur maschinell lesbaren Form übermittelt und mit der Begründung zurückgewiesen worden ist, daß diese Form dem Gericht für seine maschinelle Bearbeitung nicht geeignet erscheine. ²Im übrigen sind die Entscheidungen nach Absatz 1 unanfechtbar.

§ 697 [Einleitung des Streitverfahrens] (1) ¹Die Geschäftsstelle des Gerichts, an das die Streitsache abgegeben wird, hat dem Antragsteller unverzüglich aufzugeben, seinen Anspruch binnen zwei Wochen in einer der Klageschrift entsprechenden Form zu begründen.

(2) ¹Bei Eingang der Anspruchsbegründung ist wie nach Eingang einer Klage weiter zu verfahren. ²Zur schriftlichen Klageerwiderung im Vorverfahren nach § 276 kann auch eine mit der Zustellung der Anspruchsbegründung beginnende Frist gesetzt werden.
(3) ¹Geht die Anspruchsbegründung nicht rechtzeitig ein, so wird bis zu ihrem Eingang Termin zur mündlichen Verhandlung nur auf Antrag des Antragsgegners bestimmt. ²Mit der Terminbestimmung setzt der Vorsitzende dem Antragsteller eine Frist zur Begründung des Anspruchs; § 296 Abs. 1, 4 gilt entsprechend.
(4) ¹Der Antragsgegner kann den Widerspruch bis zum Beginn seiner mündlichen Verhandlung zur Hauptsache zurücknehmen, jedoch nicht nach Erlaß eines Versäumnisurteils gegen ihn. ²Die Zurücknahme kann zu Protokoll der Geschäftsstelle erklärt werden.
(5) ¹Zur Herstellung eines Urteils in abgekürzter Form nach § 313b Abs. 2, § 317 Abs. 4 kann der Mahnbescheid an Stelle der Klageschrift benutzt werden. ²Ist das

Neue/alte Fassung ZPO neu/alt 4

ab dem 1. 1. 2002 geltende Fassung	bis zum 31. 12. 2001 geltende Fassung

Mahnverfahren maschinell bearbeitet worden, so tritt an die Stelle der Klageschrift der maschinell erstellte Aktenausdruck.

§ 700 Einspruch gegen den Vollstreckungsbescheid. (1) Der Vollstreckungsbescheid steht einem für vorläufig vollstreckbar erklärten Versäumnisurteil gleich.
(2) Die Streitsache gilt als mit der Zustellung des Mahnbescheids rechtshängig geworden.
(3) [1]Wird Einspruch eingelegt, so gibt das Gericht, das den Vollstreckungsbescheid erlassen hat, den Rechtsstreit von Amts wegen an das Gericht ab, das in dem Mahnbescheid gemäß § 692 Abs. 1 Nr. 1 bezeichnet worden ist, wenn die Parteien übereinstimmend die Abgabe an ein anderes Gericht verlangen, an dieses. [2]§ 696 Abs. 1 Satz 3 bis 5, Abs. 2, 5, § 697 Abs. 1, 4, § 698 gelten entsprechend. [3]§ 340 Abs. 3 ist nicht anzuwenden.
(4) [1]Bei Eingang der Anspruchsbegründung ist wie nach Eingang einer Klage weiter zu verfahren, wenn der Einspruch nicht als unzulässig verworfen wird. [2]§ 276 Abs. 1 Satz 1, 3, Abs. 2 ist nicht anzuwenden.
(5) Geht die Anspruchsbegründung innerhalb der von der Geschäftsstelle gesetzten Frist nicht ein und wird der Einspruch auch nicht als unzulässig verworfen, bestimmt der Vorsitzende unverzüglich Termin; § 697 Abs. 3 Satz 2 gilt entsprechend.

(6) Der Einspruch darf nach § 345 nur verworfen werden, soweit die Voraussetzungen des § 331 Abs. 1, 2 erster Halbsatz für ein Versäumnisurteil vorliegen; soweit die Voraussetzungen nicht vorliegen, wird der Vollstreckungsbescheid aufgehoben.

§ 700 [Wirkung des Vollstreckungsbescheids; Einspruch]
(1) Der Vollstreckungsbescheid steht einem für vorläufig vollstreckbar erklärten Versäumnisurteil gleich.
(2) Die Streitsache gilt als mit der Zustellung des Mahnbescheids rechtshängig geworden.
(3) [1]Wird Einspruch eingelegt, so gibt das Gericht, das den Vollstreckungsbescheid erlassen hat, den Rechtsstreit von Amts wegen an das Gericht ab, das in dem Mahnbescheid gemäß § 692 Abs. 1 Nr. 1 bezeichnet worden ist, wenn die Parteien übereinstimmend die Abgabe an ein anderes Gericht verlangen, an dieses. [2]§ 696 Abs. 1 Satz 3 bis 5, Abs. 2, 5, § 697 Abs. 1, 4, § 698 gelten entsprechend. [3]§ 340 Abs. 3 ist nicht anzuwenden.
(4) [1]Bei Eingang der Anspruchsbegründung ist wie nach Eingang einer Klage weiter zu verfahren, wenn der Einspruch nicht *durch Beschluß* als unzulässig verworfen wird. [2]§ 276 Abs. 1 Satz 1, 3, Abs. 2 ist nicht anzuwenden.
(5) Geht die Anspruchsbegründung innerhalb der von der Geschäftsstelle gesetzten Frist nicht ein und wird der Einspruch auch nicht *durch Beschluß* als unzulässig verworfen, bestimmt der Vorsitzende unverzüglich Termin; § 697 Abs. 3 Satz 2 gilt entsprechend.

(6) Der Einspruch darf nach § 345 nur verworfen werden, soweit die Voraussetzungen des § 331 Abs. 1, 2 erster Halbsatz für ein Versäumnisurteil vorliegen; soweit die Voraussetzungen nicht vorliegen, wird der Vollstreckungsbescheid aufgehoben.

4 ZPO neu/alt

Neue/alte Fassung

| ab dem 1. 1. 2002 geltende Fassung | bis zum 31. 12. 2001 geltende Fassung |

Buch 8. Zwangsvollstreckung

Achtes Buch. Zwangsvollstreckung

Abschnitt 1. Allgemeine Vorschriften

Erster Abschnitt. Allgemeine Vorschriften

§ 705 Formelle Rechtskraft. [1]Die Rechtskraft der Urteile tritt vor Ablauf der für die Einlegung des zulässigen Rechtsmittels, des zulässigen Einspruchs oder der zulässigen Rüge nach § 321 a bestimmten Frist nicht ein. [2]Der Eintritt der Rechtskraft wird durch rechtzeitige Einlegung des Rechtsmittels, des Einspruchs oder der Rüge nach § 321 a gehemmt.

§ 705 [Formelle Rechtskraft] [1]Die Rechtskraft der Urteile tritt vor Ablauf der für die Einlegung des zulässigen Rechtsmittels oder des zulässigen Einspruchs bestimmten Frist nicht ein. [2]Der Eintritt der Rechtskraft wird durch rechtzeitige Einlegung des Rechtsmittels oder des Einspruchs gehemmt.

§ 706 Rechtskraft- und Notfristzeugnis. (1) [1]Zeugnisse über die Rechtskraft der Urteile sind auf Grund der Prozeßakten von der Geschäftsstelle des Gerichts des ersten Rechtszuges und, solange der Rechtsstreit in einem höheren Rechtszuge anhängig ist, von der Geschäftsstelle des Gerichts dieses Rechtszuges zu erteilen. [2]In Ehe- und Kindschaftssachen wird den Parteien von Amts wegen ein Rechtskraftzeugnis auf einer weiteren Ausfertigung in der Form des § 317 Abs. 2 Satz 2 Halbsatz 1 erteilt.
(2) [1]Insoweit die Erteilung des Zeugnisses davon abhängt, daß gegen das Urteil ein Rechtsmittel nicht eingelegt ist, genügt ein Zeugnis der Geschäftsstelle des für das Rechtsmittel zuständigen Gerichts, daß bis zum Ablauf der Notfrist eine Rechtsmittelschrift nicht eingereicht sei. [2]Eines Zeugnisses der Geschäftsstelle des Revisionsgerichts, daß ein Antrag auf Zulassung der Revision nach § 566 nicht eingereicht sei, bedarf es nicht.

§ 706 [Rechtskraft- und Notfristzeugnis] (1) Zeugnisse über die Rechtskraft der Urteile sind auf Grund der Prozeßakten von der Geschäftsstelle des Gerichts des ersten Rechtszuges und, solange der Rechtsstreit in einem höheren Rechtszuge anhängig ist, von der Geschäftsstelle des Gerichts dieses Rechtszuges zu erteilen.

(2) [1]Insoweit die Erteilung des Zeugnisses davon abhängt, daß gegen das Urteil ein Rechtsmittel nicht eingelegt ist, genügt ein Zeugnis der Geschäftsstelle des für das Rechtsmittel zuständigen Gerichts, daß bis zum Ablauf der Notfrist eine Rechtsmittelschrift nicht eingereicht sei. [2]Eines Zeugnisses der Geschäftsstelle des Revisionsgerichts, daß eine Revisionsschrift nach § 566 a nicht eingereicht sei, bedarf es nicht.

Neue/alte Fassung — ZPO neu/alt 4

| ab dem 1. 1. 2002 geltende Fassung | bis zum 31. 12. 2001 geltende Fassung |

§ 707 Einstweilige Einstellung der Zwangsvollstreckung. (1) ¹Wird die Wiedereinsetzung in den vorigen Stand oder eine Wiederaufnahme des Verfahrens beantragt oder wird der Rechtsstreit nach der Verkündung eines Vorbehaltsurteils fortgesetzt, so kann das Gericht auf Antrag anordnen, daß die Zwangsvollstreckung gegen oder ohne Sicherheitsleistung einstweilen eingestellt werde oder nur gegen Sicherheitsleistung stattfinde und daß die Vollstreckungsmaßregeln gegen Sicherheitsleistung aufzuheben seien. ²Die Einstellung der Zwangsvollstreckung ohne Sicherheitsleistung ist nur zulässig, wenn glaubhaft gemacht wird, daß der Schuldner zur Sicherheitsleistung nicht in der Lage ist und die Vollstreckung einen nicht zu ersetzenden Nachteil bringen würde.

(2) ¹Die Entscheidung ergeht durch Beschluss. ²Eine Anfechtung des Beschlusses findet nicht statt.

§ 708 Vorläufige Vollstreckbarkeit ohne Sicherheitsleistung. Für vorläufig vollstreckbar ohne Sicherheitsleistung sind zu erklären:
1. Urteile, die auf Grund eines Anerkenntnisses oder eines Verzichts ergehen;
2. Versäumnisurteile und Urteile nach Lage der Akten gegen die säumige Partei gemäß § 331 a;
3. Urteile, durch die gemäß § 341 der Einspruch als unzulässig verworfen wird;
4. Urteile, die im Urkunden-, Wechsel- oder Scheckprozeß erlassen werden;
5. Urteile, die ein Vorbehaltsurteil, das im Urkunden-, Wechsel- oder Scheckprozeß erlassen wurde, für vorbehaltlos erklären;

§ 707 [Einstweilige Einstellung bei Wiedereinsetzungs- und Wiederaufnahmeantrag] (1) ¹Wird die Wiedereinsetzung in den vorigen Stand oder eine Wiederaufnahme des Verfahrens beantragt oder der Rechtsstreit nach der Verkündung eines Vorbehaltsurteils fortgesetzt, so kann das Gericht auf Antrag anordnen, daß die Zwangsvollstreckung gegen oder ohne Sicherheitsleistung einstweilen eingestellt werde oder nur gegen Sicherheitsleistung stattfinde und daß die Vollstreckungsmaßregeln gegen Sicherheitsleistung aufzuheben seien. ²Die Einstellung der Zwangsvollstreckung ohne Sicherheitsleistung ist nur zulässig, wenn glaubhaft gemacht wird, daß der Schuldner zur Sicherheitsleistung nicht in der Lage ist und die Vollstreckung einen nicht zu ersetzenden Nachteil bringen würde.

(2) ¹Die Entscheidung *kann ohne mündliche Verhandlung ergehen*. ²Eine Anfechtung des Beschlusses findet nicht statt.

§ 708 [Vorläufige Vollstreckbarkeit ohne Sicherheitsleistung] Für vorläufig vollstreckbar ohne Sicherheitsleistung sind zu erklären:
1. Urteile, die auf Grund eines Anerkenntnisses oder eines Verzichts ergehen;
2. Versäumnisurteile und Urteile nach Lage der Akten gegen die säumige Partei gemäß § 331 a;
3. Urteile, durch die gemäß § 341 der Einspruch als unzulässig verworfen wird;
4. Urteile, die im Urkunden-, Wechsel- oder Scheckprozeß erlassen werden;
5. Urteile, die ein Vorbehaltsurteil, das im Urkunden-, Wechsel- oder Scheckprozeß erlassen wurde, für vorbehaltlos erklären;

4 ZPO neu/alt — Neue/alte Fassung

ab dem 1. 1. 2002 geltende Fassung	**bis zum 31. 12. 2001 geltende Fassung**

6. Urteile, durch die Arreste oder einstweilige Verfügungen abgelehnt oder aufgehoben werden;
7. Urteile in Streitigkeiten zwischen dem Vermieter und dem Mieter oder Untermieter von Wohnräumen oder anderen Räumen oder zwischen dem Mieter und dem Untermieter solcher Räume wegen Überlassung, Benutzung oder Räumung, wegen Fortsetzung des Mietverhältnisses über Wohnraum auf Grund der §§ 574 bis 574 b des Bürgerlichen Gesetzbuchs sowie wegen Zurückhaltung der von dem Mieter oder dem Untermieter in die Mieträume eingebrachten Sachen;
8. Urteile, die die Verpflichtung aussprechen, Unterhalt, Renten wegen Entziehung einer Unterhaltsforderung oder Renten wegen einer Verletzung des Körpers oder der Gesundheit zu entrichten, soweit sich die Verpflichtung auf die Zeit nach der Klageerhebung und auf das ihr vorausgehende letzte Vierteljahr bezieht;
9. Urteile nach §§ 861, 862 des Bürgerlichen Gesetzbuchs auf Wiedereinräumung des Besitzes oder auf Beseitigung oder Unterlassung einer Besitzstörung;
10. Urteile der Oberlandesgerichte in vermögensrechtlichen Streitigkeiten;
11. andere Urteile in vermögensrechtlichen Streitigkeiten, wenn der Gegenstand der Verurteilung in der Hauptsache <u>eintausendzweihundertfünfzig Euro</u> nicht übersteigt oder wenn nur die Entscheidung über die Kosten vollstreckbar ist und eine Vollstreckung im Wert von nicht

---

6. Urteile, durch die Arreste oder einstweilige Verfügungen abgelehnt oder aufgehoben werden;
7. Urteile in Streitigkeiten zwischen dem Vermieter und dem Mieter oder Untermieter von Wohnräumen oder anderen Räumen oder zwischen dem Mieter und dem Untermieter solcher Räume wegen Überlassung, Benutzung oder Räumung, wegen Fortsetzung des Mietverhältnisses über Wohnraum auf Grund der §§ 574 bis 574 b des Bürgerlichen Gesetzbuchs sowie wegen Zurückhaltung der von dem Mieter oder dem Untermieter in die Mieträume eingebrachten Sachen;
8. Urteile, die die Verpflichtung aussprechen, Unterhalt, Renten wegen Entziehung einer Unterhaltsforderung oder Renten wegen einer Verletzung des Körpers oder der Gesundheit zu entrichten, soweit sich die Verpflichtung auf die Zeit nach der Klageerhebung und auf das ihr vorausgehende letzte Vierteljahr bezieht;
9. Urteile nach §§ 861, 862 des Bürgerlichen Gesetzbuchs auf Wiedereinräumung des Besitzes oder auf Beseitigung oder Unterlassung einer Besitzstörung;
10. Urteile der Oberlandesgerichte in vermögensrechtlichen Streitigkeiten;
11. andere Urteile in vermögensrechtlichen Streitigkeiten, wenn der Gegenstand der Verurteilung in der Hauptsache zweitausendfünfhundert Deutsche Mark nicht übersteigt oder wenn nur die Entscheidung über die Kosten vollstreckbar ist und eine Vollstreckung im Wert von nicht

Neue/alte Fassung ZPO neu/alt 4

| ab dem 1. 1. 2002 geltende Fassung | bis zum 31. 12. 2001 geltende Fassung |

mehr als <u>eintausendfünfhundert Euro</u> ermöglicht.

§ 709 Vorläufige Vollstreckbarkeit gegen Sicherheitsleistung. ¹Andere Urteile sind gegen eine der Höhe nach zu bestimmende Sicherheit für vorläufig vollstreckbar zu erklären. ²<u>Soweit wegen einer Geldforderung zu vollstrecken ist, genügt es, wenn die Höhe der Sicherheitsleistung in einem bestimmten Verhältnis zur Höhe des jeweils zu vollstreckenden Betrages angegeben wird.</u> ³Handelt es sich um ein Urteil, das ein Versäumnisurteil aufrechterhält, so ist auszusprechen, daß die Vollstreckung aus dem Versäumnisurteil nur gegen Leistung der Sicherheit fortgesetzt werden darf.

§ 711 Abwendungsbefugnis. ¹In den Fällen des § 708 Nr. 4 bis 11 hat das Gericht auszusprechen, daß der Schuldner die Vollstreckung durch Sicherheitsleistung oder Hinterlegung abwenden darf, wenn nicht der Gläubiger vor der Vollstreckung Sicherheit leistet. ²<u>§ 709 Satz 2 gilt entsprechend, für den Schuldner jedoch mit der Maßgabe, dass Sicherheit in einem bestimmten Verhältnis zur Höhe des aufgrund des Urteils vollstreckbaren Betrages zu leisten ist.</u> ³Für den Gläubiger gilt § 710 entsprechend.

§ 712 Schutzantrag des Schuldners. (1) ¹Würde die Vollstreckung dem Schuldner einen nicht zu ersetzenden Nachteil bringen, so hat ihm das Gericht auf Antrag zu gestatten, die Vollstreckung durch Sicherheitsleistung oder Hinterlegung ohne Rücksicht auf eine Sicherheitsleistung des Gläubigers abzuwenden; <u>§ 709 Satz 2 gilt in den Fällen des § 709 Satz 1 entsprechend.</u> ²Ist der Schuld-

mehr als dreitausend Deutsche Mark ermöglicht.

§ 709 [Vorläufige Vollstreckbarkeit gegen Sicherheitsleistung] ¹Andere Urteile sind gegen eine der Höhe nach zu bestimmende Sicherheit für vorläufig vollstreckbar zu erklären.

²Handelt es sich um ein Urteil, das ein Versäumnisurteil aufrechterhält, so ist auszusprechen, daß die Vollstreckung aus dem Versäumnisurteil nur gegen Leistung der Sicherheit fortgesetzt werden darf.

§ 711 [Ausnahmen von § 708 Nr. 4 bis 11] ¹In den Fällen des § 708 Nr. 4 bis 11 hat das Gericht auszusprechen, daß der Schuldner die Vollstreckung durch Sicherheitsleistung oder Hinterlegung abwenden darf, wenn nicht der Gläubiger vor der Vollstreckung Sicherheit leistet.

²Für den Gläubiger gilt § 710 entsprechend.

§ 712 [Abwendung der Vollstreckung durch Sicherheitsleistung] (1) ¹Würde die Vollstreckung dem Schuldner einen nicht zu ersetzenden Nachteil bringen, so hat ihm das Gericht auf Antrag zu gestatten, die Vollstreckung durch Sicherheitsleistung oder Hinterlegung ohne Rücksicht auf eine Sicherheitsleistung des Gläubigers abzuwenden. ²Ist der Schuldner dazu nicht in der Lage, so ist das Urteil

| ab dem 1. 1. 2002 geltende Fassung | bis zum 31. 12. 2001 geltende Fassung |

ner dazu nicht in der Lage, so ist das Urteil nicht für vorläufig vollstreckbar zu erklären oder die Vollstreckung auf die in § 720a Abs. 1, 2 bezeichneten Maßregeln zu beschränken.
(2) [1]Dem Antrag des Schuldners ist nicht zu entsprechen, wenn ein überwiegendes Interesse des Gläubigers entgegensteht. [2]In den Fällen des § 708 kann das Gericht anordnen, daß das Urteil nur gegen Sicherheitsleistung vorläufig vollstreckbar ist.

§ 714 Anträge zur vorläufigen Vollstreckbarkeit. (1) Anträge nach den §§ 710, 711 Satz 3, § 712 sind vor Schluß der mündlichen Verhandlung zu stellen, auf die das Urteil ergeht.
(2) Die tatsächlichen Voraussetzungen sind glaubhaft zu machen.

§ 719 Einstweilige Einstellung bei Rechtsmittel und Einspruch.
(1) [1]Wird gegen ein für vorläufig vollstreckbar erklärtes Urteil der Einspruch oder die Berufung eingelegt, so gelten die Vorschriften des § 707 entsprechend. [2]Die Zwangsvollstreckung aus einem Versäumnisurteil darf nur gegen Sicherheitsleistung eingestellt werden, es sei denn, daß das Versäumnisurteil nicht in gesetzlicher Weise ergangen ist oder die säumige Partei glaubhaft macht, daß ihre Säumnis unverschuldet war.
(2) [1]Wird Revision gegen ein für vorläufig vollstreckbar erklärtes Urteil eingelegt, so ordnet das Revisionsgericht auf Antrag an, daß die Zwangsvollstreckung einstweilen eingestellt wird, wenn die Vollstreckung dem Schuldner einen nicht zu ersetzenden Nachteil bringen würde und nicht ein überwiegendes Interesse des Gläubigers entgegensteht. [2]Die Parteien haben die tatsächlichen Voraussetzungen glaubhaft zu machen.

nicht für vorläufig vollstreckbar zu erklären oder die Vollstreckung auf die in § 720a Abs. 1, 2 bezeichneten Maßregeln zu beschränken.
(2) [1]Dem Antrag des Schuldners ist nicht zu entsprechen, wenn ein überwiegendes Interesse des Gläubigers entgegensteht. [2]In den Fällen des § 708 kann das Gericht anordnen, daß das Urteil nur gegen Sicherheitsleistung vorläufig vollstreckbar ist.

§ 714 [Anträge zur vorläufigen Vollstreckbarkeit] (1) Anträge nach den §§ 710, 711 Satz 2, § 712 sind vor Schluß der mündlichen Verhandlung zu stellen, auf die das Urteil ergeht.
(2) Die tatsächlichen Voraussetzungen sind glaubhaft zu machen.

§ 719 [Einstweilige Einstellung bei Rechtsmittel und Einspruch]
(1) [1]Wird gegen ein für vorläufig vollstreckbar erklärtes Urteil der Einspruch oder die Berufung eingelegt, so gelten die Vorschriften des § 707 entsprechend. [2]Die Zwangsvollstreckung aus einem Versäumnisurteil darf nur gegen Sicherheitsleistung eingestellt werden, es sei denn, daß das Versäumnisurteil nicht in gesetzlicher Weise ergangen ist oder die säumige Partei glaubhaft macht, daß ihre Säumnis unverschuldet war.
(2) [1]Wird Revision gegen ein für vorläufig vollstreckbar erklärtes Urteil eingelegt, so ordnet das Revisionsgericht auf Antrag an, daß die Zwangsvollstreckung einstweilen eingestellt wird, wenn die Vollstreckung dem Schuldner einen nicht zu ersetzenden Nachteil bringen würde und nicht ein überwiegendes Interesse des Gläubigers entgegensteht. [2]Die Parteien haben die tatsächlichen Voraussetzungen glaubhaft zu machen.

Neue/alte Fassung ZPO neu/alt 4

| ab dem 1. 1. 2002 geltende Fassung | bis zum 31. 12. 2001 geltende Fassung |

(3) Die Entscheidung <u>ergeht durch Beschluss.</u>

§ 721 Räumungsfrist. (1) ¹Wird auf Räumung von Wohnraum erkannt, so kann das Gericht auf Antrag oder von Amts wegen dem Schuldner eine den Umständen nach angemessene Räumungsfrist gewähren. ²Der Antrag ist vor dem Schluß der mündlichen Verhandlung zu stellen, auf die das Urteil ergeht. ³Ist der Antrag bei der Entscheidung übergangen, so gilt § 321; bis zur Entscheidung kann das Gericht auf Antrag die Zwangsvollstreckung wegen des Räumungsanspruchs einstweilen einstellen.

(2) ¹Ist auf künftige Räumung erkannt und über eine Räumungsfrist noch nicht entschieden, so kann dem Schuldner eine den Umständen nach angemessene Räumungsfrist gewährt werden, wenn er spätestens zwei Wochen vor dem Tage, an dem nach dem Urteil zu räumen ist, einen Antrag stellt. ²§§ 233 bis 238 gelten sinngemäß.

(3) ¹Die Räumungsfrist kann auf Antrag verlängert oder verkürzt werden. ²Der Antrag auf Verlängerung ist spätestens zwei Wochen vor Ablauf der Räumungsfrist zu stellen. ³§§ 233 bis 238 gelten sinngemäß.

(4) ¹Über Anträge nach den Absätzen 2 oder 3 entscheidet das Gericht erster Instanz, solange die Sache in der Berufungsinstanz anhängig ist, das Berufungsgericht. ²<u>Die Entscheidung ergeht durch Beschluss.</u> ³Vor der Entscheidung ist der Gegner zu hören. ⁴Das Gericht ist befugt, die im § 732 Abs. 2 bezeichneten Anordnungen zu erlassen.

(5) ¹Die Räumungsfrist darf insgesamt nicht mehr als ein Jahr betragen. ²Die Jahresfrist rechnet vom Tage der Rechtskraft des Urteils oder,

(3) Die Entscheidung kann ohne mündliche Verhandlung ergehen.

§ 721 [Räumungsfrist für Wohnraum] (1) ¹Wird auf Räumung von Wohnraum erkannt, so kann das Gericht auf Antrag oder von Amts wegen dem Schuldner eine den Umständen nach angemessene Räumungsfrist gewähren. ²Der Antrag ist vor dem Schluß der mündlichen Verhandlung zu stellen, auf die das Urteil ergeht. ³Ist der Antrag bei der Entscheidung übergangen, so gilt § 321; bis zur Entscheidung kann das Gericht auf Antrag die Zwangsvollstreckung wegen des Räumungsanspruchs einstweilen einstellen.

(2) ¹Ist auf künftige Räumung erkannt und über eine Räumungsfrist noch nicht entschieden, so kann dem Schuldner eine den Umständen nach angemessene Räumungsfrist gewährt werden, wenn er spätestens zwei Wochen vor dem Tage, an dem nach dem Urteil zu räumen ist, einen Antrag stellt. ²§§ 233 bis 238 gelten sinngemäß.

(3) ¹Die Räumungsfrist kann auf Antrag verlängert oder verkürzt werden. ²Der Antrag auf Verlängerung ist spätestens zwei Wochen vor Ablauf der Räumungsfrist zu stellen. ³§§ 233 bis 238 gelten sinngemäß.

(4) ¹Über Anträge nach den Absätzen 2 oder 3 entscheidet das Gericht erster Instanz, solange die Sache in der Berufungsinstanz anhängig ist, das Berufungsgericht. ²Die Entscheidung kann ohne mündliche Verhandlung ergehen. ³Vor der Entscheidung ist der Gegner zu hören. ⁴Das Gericht ist befugt, die im § 732 Abs. 2 bezeichneten Anordnungen zu erlassen.

(5) ¹Die Räumungsfrist darf insgesamt nicht mehr als ein Jahr betragen. ²Die Jahresfrist rechnet vom Tage der Rechtskraft des Urteils oder,

4 ZPO neu/alt

| **ab dem 1. 1. 2002 geltende Fassung** | **bis zum 31. 12. 2001 geltende Fassung** |

wenn nach einem Urteil auf künftige Räumung an einem späteren Tage zu räumen ist, von diesem Tage an.
(6) Die sofortige Beschwerde findet statt
1. gegen Urteile, durch die auf Räumung von Wohnraum erkannt ist, wenn sich das Rechtsmittel lediglich gegen die Versagung, Gewährung oder Bemessung einer Räumungsfrist richtet;
2. gegen Beschlüsse über Anträge nach den Absätzen 2 oder 3.
(7) ¹Die Absätze 1 bis 6 gelten nicht für Mietverhältnisse über Wohnraum im Sinne des § 549 Abs. 2 Nr. 3 sowie in den Fällen des § 575 des Bürgerlichen Gesetzbuchs. ²Endet ein Mietverhältnis im Sinne des § 575 des Bürgerlichen Gesetzbuchs durch außerordentliche Kündigung, kann eine Räumungsfrist höchstens bis zum vertraglich bestimmten Zeitpunkt der Beendigung gewährt werden.

§ 732 Erinnerung gegen Erteilung der Vollstreckungsklausel.
(1) ¹Über Einwendungen des Schuldners, welche die Zulässigkeit der Vollstreckungsklausel betreffen, entscheidet das Gericht, von dessen Geschäftsstelle die Vollstreckungsklausel erteilt ist. ²Die Entscheidung <u>ergeht durch Beschluss.</u>

(2) Das Gericht kann vor der Entscheidung eine einstweilige Anordnung erlassen; es kann insbesondere anordnen, daß die Zwangsvollstreckung gegen oder ohne Sicherheitsleistung einstweilen einzustellen oder nur gegen Sicherheitsleistung fortzusetzen sei.

§ 764 Vollstreckungsgericht.
(1) Die den Gerichten zugewiesene Anordnung von Vollstreckungshand-

---

wenn nach einem Urteil auf künftige Räumung an einem späteren Tage zu räumen ist, von diesem Tage an.
(6) Die sofortige Beschwerde findet statt
1. gegen Urteile, durch die auf Räumung von Wohnraum erkannt ist, wenn sich das Rechtsmittel lediglich gegen die Versagung, Gewährung oder Bemessung einer Räumungsfrist richtet;
2. gegen Beschlüsse über Anträge nach den Absätzen 2 oder 3.
(7) ¹Die Absätze 1 bis 6 gelten nicht für Mietverhältnisse über Wohnraum im Sinne des § 549 Abs. 2 Nr. 3 sowie in den Fällen des § 575 des Bürgerlichen Gesetzbuchs. ²Endet ein Mietverhältnis im Sinne des § 575 des Bürgerlichen Gesetzbuchs durch außerordentliche Kündigung, kann eine Räumungsfrist höchstens bis zum vertraglich bestimmten Zeitpunkt der Beendigung gewährt werden.

§ 732 [Erinnerung gegen Erteilung der Vollstreckungsklausel]
(1) ¹Über Einwendungen des Schuldners, welche die Zulässigkeit der Vollstreckungsklausel betreffen, entscheidet das Gericht, von dessen Geschäftsstelle die Vollstreckungsklausel erteilt ist. ²Die Entscheidung kann ohne mündliche Verhandlung ergehen.

(2) Das Gericht kann vor der Entscheidung eine einstweilige Anordnung erlassen; es kann insbesondere anordnen, daß die Zwangsvollstreckung gegen oder ohne Sicherheitsleistung einstweilen einzustellen oder nur gegen Sicherheitsleistung fortzusetzen sei.

§ 764 [Vollstreckungsgericht]
(1) Die den Gerichten zugewiesene Anordnung von Vollstreckungshand-

Neue/alte Fassung   ZPO neu/alt 4

| ab dem 1. 1. 2002 geltende Fassung | bis zum 31. 12. 2001 geltende Fassung |

lungen und Mitwirkung bei solchen gehört zur Zuständigkeit der Amtsgerichte als Vollstreckungsgerichte.
(2) Als Vollstreckungsgericht ist, sofern nicht das Gesetz ein anderes Amtsgericht bezeichnet, das Amtsgericht anzusehen, in dessen Bezirk das Vollstreckungsverfahren stattfinden soll oder stattgefunden hat.
(3) Die Entscheidungen des Vollstreckungsgerichts ergehen durch Beschluss.

§ 769 Einstweilige Anordnungen. (1) ^{1}Das Prozeßgericht kann auf Antrag anordnen, daß bis zum Erlaß des Urteils über die in den §§ 767, 768 bezeichneten Einwendungen die Zwangsvollstreckung gegen oder ohne Sicherheitsleistung eingestellt oder nur gegen Sicherheitsleistung fortgesetzt werde und daß Vollstreckungsmaßregeln gegen Sicherheitsleistung aufzuheben seien. ^{2}Die tatsächlichen Behauptungen, die den Antrag begründen, sind glaubhaft zu machen.
(2) ^{1}In dringenden Fällen kann das Vollstreckungsgericht eine solche Anordnung erlassen, unter Bestimmung einer Frist, innerhalb der die Entscheidung des Prozeßgerichts beizubringen sei. ^{2}Nach fruchtlosem Ablauf der Frist wird die Zwangsvollstreckung fortgesetzt.
(3) Die Entscheidung über diese Anträge ergeht durch Beschluss.

§ 793 Sofortige Beschwerde. Gegen Entscheidungen, die im Zwangsvollstreckungsverfahren ohne mündliche Verhandlung ergehen können, findet sofortige Beschwerde statt.

lungen und Mitwirkung bei solchen gehört zur Zuständigkeit der Amtsgerichte als Vollstreckungsgerichte.
(2) Als Vollstreckungsgericht ist, sofern nicht das Gesetz ein anderes Amtsgericht bezeichnet, das Amtsgericht anzusehen, in dessen Bezirk das Vollstreckungsverfahren stattfinden soll oder stattgefunden hat.
(3) Die Entscheidungen des Vollstreckungsgerichts können ohne mündliche Verhandlung ergehen.

§ 769 [Einstweilige Anordnungen] (1) ^{1}Das Prozeßgericht kann auf Antrag anordnen, daß bis zum Erlaß des Urteils über die in den §§ 767, 768 bezeichneten Einwendungen die Zwangsvollstreckung gegen oder ohne Sicherheitsleistung eingestellt oder nur gegen Sicherheitsleistung fortgesetzt werde und daß Vollstreckungsmaßregeln gegen Sicherheitsleistung aufzuheben seien. ^{2}Die tatsächlichen Behauptungen, die den Antrag begründen, sind glaubhaft zu machen.
(2) ^{1}In dringenden Fällen kann das Vollstreckungsgericht eine solche Anordnung erlassen, unter Bestimmung einer Frist, innerhalb der die Entscheidung des Prozeßgerichts beizubringen sei. ^{2}Nach fruchtlosem Ablauf der Frist wird die Zwangsvollstreckung fortgesetzt.
(3) Die Entscheidung über diese Anträge kann ohne mündliche Verhandlung ergehen.

§ 793 [Sofortige Beschwerde] (1) Gegen Entscheidungen, die im Zwangsvollstreckungsverfahren ohne mündliche Verhandlung ergehen können, findet sofortige Beschwerde statt.
(2) Hat das Landgericht über die Beschwerde entschieden, so findet, soweit das Gesetz nicht etwas anderes bestimmt, die sofortige weitere Beschwerde statt.

4 ZPO neu/alt

Neue/alte Fassung

| ab dem 1. 1. 2002 geltende Fassung | bis zum 31. 12. 2001 geltende Fassung |

§ 794 Weitere Vollstreckungstitel. (1) ¹Die Zwangsvollstreckung findet ferner statt:
1. aus Vergleichen, die zwischen den Parteien oder zwischen einer Partei und einem Dritten zur Beilegung des Rechtsstreits seinem ganzen Umfang nach oder in betreff eines Teiles des Streitgegenstandes vor einem deutschen Gericht oder vor einer durch die Landesjustizverwaltung eingerichteten oder anerkannten Gütestelle abgeschlossen sind, sowie aus Vergleichen, die gemäß § 118 Abs. 1 Satz 3 oder § 492 Abs. 3 zu richterlichem Protokoll genommen sind;
2. aus Kostenfestsetzungsbeschlüssen;
2a. aus Beschlüssen, die in einem vereinfachten Verfahren über den Unterhalt Minderjähriger den Unterhalt festsetzen, einen Unterhaltstitel abändern oder den Antrag zurückweisen;
2b. *(aufgehoben)*
3. aus Entscheidungen, gegen die das Rechtsmittel der Beschwerde stattfindet; dies gilt nicht für Entscheidungen nach <u>§ 620 Nr. 1, 3</u> und § 620b in Verbindung mit <u>§ 620 Nr. 1, 3</u>;
3a. aus einstweiligen Anordnungen nach den §§ 127a, 620 Nr. 4 bis <u>10, dem § 621 f und dem § 621 g Satz 1, soweit Gegenstand des Verfahrens Regelungen nach der Verordnung über die Behandlung der Ehewohnung und des Hausrats sind,</u> sowie nach dem § 644;
4. aus Vollstreckungsbescheiden;
4a. aus Entscheidungen, die Schiedssprüche für vollstreckbar erklären, sofern die Entscheidungen

§ 794 [Weitere Vollstreckungstitel] (1) ¹Die Zwangsvollstreckung findet ferner statt:
1. aus Vergleichen, die zwischen den Parteien oder zwischen einer Partei und einem Dritten zur Beilegung des Rechtsstreits seinem ganzen Umfang nach oder in betreff eines Teiles des Streitgegenstandes vor einem deutschen Gericht oder vor einer durch die Landesjustizverwaltung eingerichteten oder anerkannten Gütestelle abgeschlossen sind, sowie aus Vergleichen, die gemäß § 118 Abs. 1 Satz 3 oder § 492 Abs. 3 zu richterlichem Protokoll genommen sind;
2. aus Kostenfestsetzungsbeschlüssen;
2a. aus Beschlüssen, die in einem vereinfachten Verfahren über den Unterhalt Minderjähriger den Unterhalt festsetzen, einen Unterhaltstitel abändern oder den Antrag zurückweisen;
2b. *(aufgehoben)*
3. aus Entscheidungen, gegen die das Rechtsmittel der Beschwerde stattfindet; dies gilt nicht für Entscheidungen nach § 620 Satz *1* Nr. 1, 3 und § 620b in Verbindung mit § 620 Satz *1* Nr. 1, 3;
3a. aus einstweiligen Anordnungen nach den §§ 127a, 620 *Satz 1* Nr. 4 bis 9, §§ 621 f, 644;

4. aus Vollstreckungsbescheiden;
4a. aus Entscheidungen, die Schiedssprüche für vollstreckbar erklären, sofern die Entscheidungen

Neue/alte Fassung · ZPO neu/alt 4

ab dem 1. 1. 2002 geltende Fassung	bis zum 31. 12. 2001 geltende Fassung
rechtskräftig oder für vorläufig vollstreckbar erklärt sind; 4b. aus Beschlüssen nach § 796 b oder § 796 c; 5. aus Urkunden, die von einem deutschen Gericht oder von einem deutschen Notar innerhalb der Grenzen seiner Amtsbefugnisse in der vorgeschriebenen Form aufgenommen sind, sofern die Urkunde über einen Anspruch errichtet ist, der einer vergleichsweisen Regelung zugänglich, nicht auf Abgabe einer Willenserklärung gerichtet ist und nicht den Bestand eines Mietverhältnisses über Wohnraum betrifft, und der Schuldner sich in der Urkunde wegen des zu bezeichnenden Anspruchs der sofortigen Zwangsvollstreckung unterworfen hat. (2) Soweit nach den Vorschriften der §§ 737, 743, des § 745 Abs. 2 und des § 748 Abs. 2 die Verurteilung eines Beteiligten zur Duldung der Zwangsvollstreckung erforderlich ist, wird sie dadurch ersetzt, daß der Beteiligte in einer nach Absatz 1 Nr. 5 aufgenommenen Urkunde die sofortige Zwangsvollstreckung in die seinem Rechte unterworfenen Gegenstände bewilligt.	rechtskräftig oder für vorläufig vollstreckbar erklärt sind; 4b. aus Beschlüssen nach § 796 b oder § 796 c; 5. aus Urkunden, die von einem deutschen Gericht oder von einem deutschen Notar innerhalb der Grenzen seiner Amtsbefugnisse in der vorgeschriebenen Form aufgenommen sind, sofern die Urkunde über einen Anspruch errichtet ist, der einer vergleichsweisen Regelung zugänglich, nicht auf Abgabe einer Willenserklärung gerichtet ist und nicht den Bestand eines Mietverhältnisses über Wohnraum betrifft, und der Schuldner sich in der Urkunde wegen des zu bezeichnenden Anspruchs der sofortigen Zwangsvollstreckung unterworfen hat. (2) Soweit nach den Vorschriften der §§ 737, 743, des § 745 Abs. 2 und des § 748 Abs. 2 die Verurteilung eines Beteiligten zur Duldung der Zwangsvollstreckung erforderlich ist, wird sie dadurch ersetzt, daß der Beteiligte in einer nach Absatz 1 Nr. 5 aufgenommenen Urkunde die sofortige Zwangsvollstreckung in die seinem Rechte unterworfenen Gegenstände bewilligt.
§ 794a Zwangsvollstreckung aus Räumungsvergleich. (1) [1]Hat sich der Schuldner in einem Vergleich, aus dem die Zwangsvollstreckung stattfindet, zur Räumung von Wohnraum verpflichtet, so kann ihm das Amtsgericht, in dessen Bezirk der Wohnraum belegen ist, auf Antrag eine den Umständen nach angemessene Räumungsfrist bewilligen. [2]Der Antrag ist spätestens zwei Wochen vor dem Tage, an dem nach dem Vergleich zu räumen ist, zu stellen; §§ 233 bis 238 gelten sinngemäß.	**§ 794a [Zwangsvollstreckung aus Räumungsvergleich]** (1) [1]Hat sich der Schuldner in einem Vergleich, aus dem die Zwangsvollstreckung stattfindet, zur Räumung von Wohnraum verpflichtet, so kann ihm das Amtsgericht, in dessen Bezirk der Wohnraum belegen ist, auf Antrag eine den Umständen nach angemessene Räumungsfrist bewilligen. [2]Der Antrag ist spätestens zwei Wochen vor dem Tage, an dem nach dem Vergleich zu räumen ist, zu stellen; §§ 233 bis 238 gelten sinngemäß.

| ab dem 1. 1. 2002 geltende Fassung | bis zum 31. 12. 2001 geltende Fassung |

[3]Die Entscheidung ergeht durch Beschluss. [4]Vor der Entscheidung ist der Gläubiger zu hören. [5]Das Gericht ist befugt, die im § 732 Abs. 2 bezeichneten Anordnungen zu erlassen.

(2) [1]Die Räumungsfrist kann auf Antrag verlängert oder verkürzt werden. [2]Absatz 1 Sätze 2 bis 5 gilt entsprechend.

(3) [1]Die Räumungsfrist darf insgesamt nicht mehr als ein Jahr, gerechnet vom Tage des Abschlusses des Vergleichs, betragen. [2]Ist nach dem Vergleich an einem späteren Tage zu räumen, so rechnet die Frist von diesem Tage an.

(4) Gegen die Entscheidung des Amtsgerichts findet die sofortige Beschwerde statt.

(5) [1]Die Absätze 1 bis 4 gelten nicht für Mietverhältnisse über Wohnraum im Sinne des § 549 Abs. 2 Nr. 3 sowie in den Fällen des § 575 des Bürgerlichen Gesetzbuchs. [2]Endet ein Mietverhältnis im Sinne des § 575 des Bürgerlichen Gesetzbuchs durch außerordentliche Kündigung, kann eine Räumungsfrist höchstens bis zum vertraglich bestimmten Zeitpunkt der Beendigung gewährt werden.

§ 796 b Vollstreckbarerklärung durch das Prozessgericht. (1) Für die Vollstreckbarerklärung nach § 796 a Abs. 1 ist das Gericht als Prozeßgericht zuständig, das für die gerichtliche Geltendmachung des zu vollstreckenden Anspruchs zuständig wäre.

(2) [1]Vor der Entscheidung über den Antrag auf Vollstreckbarerklärung ist der Gegner zu hören. [2]Die Entscheidung ergeht durch Beschluß. [3]Eine Anfechtung findet nicht statt.

[3]Die Entscheidung kann ohne mündliche Verhandlung ergehen. [4]Vor der Entscheidung ist der Gläubiger zu hören. [5]Das Gericht ist befugt, die im § 732 Abs. 2 bezeichneten Anordnungen zu erlassen.

(2) [1]Die Räumungsfrist kann auf Antrag verlängert oder verkürzt werden. [2]Absatz 1 Sätze 2 bis 5 gilt entsprechend.

(3) [1]Die Räumungsfrist darf insgesamt nicht mehr als ein Jahr, gerechnet vom Tage des Abschlusses des Vergleichs, betragen. [2]Ist nach dem Vergleich an einem späteren Tage zu räumen, so rechnet die Frist von diesem Tage an.

(4) Gegen die Entscheidung des Amtsgerichts findet die sofortige Beschwerde statt.

(5) [1]Die Absätze 1 bis 4 gelten nicht für Mietverhältnisse über Wohnraum im Sinne des § 549 Abs. 2 Nr. 3 sowie in den Fällen des § 575 des Bürgerlichen Gesetzbuchs. [2]Endet ein Mietverhältnis im Sinne des § 575 des Bürgerlichen Gesetzbuchs durch außerordentliche Kündigung, kann eine Räumungsfrist höchstens bis zum vertraglich bestimmten Zeitpunkt der Beendigung gewährt werden.

§ 796 b [Zuständigkeit, Verfahren] (1) Für die Vollstreckbarerklärung nach § 796 a Abs. 1 ist das Gericht als Prozeßgericht zuständig, das für die gerichtliche Geltendmachung des zu vollstreckenden Anspruchs zuständig wäre.

(2) [1]Über den Antrag auf Vollstreckbarerklärung kann ohne mündliche Verhandlung entschieden werden; vor der Entscheidung ist der Gegner zu hören. [2]Die Entscheidung ergeht durch Beschluß. [3]Eine Anfechtung findet nicht statt.

Neue/alte Fassung   **ZPO neu/alt 4**

ab dem 1. 1. 2002 geltende Fassung	bis zum 31. 12. 2001 geltende Fassung

Abschnitt 3. Zwangsvollstreckung zur Erwirkung der Herausgabe von Sachen und zur Erwirkung von Handlungen oder Unterlassungen

§ 891 Verfahren; Anhörung des Schuldners; Kostenentscheidung. [1]Die nach den §§ 887 bis 890 zu erlassenden Entscheidungen <u>ergehen durch Beschluss.</u> [2]Vor der Entscheidung ist der Schuldner zu hören. [3]Für die Kostenentscheidung gelten die §§ 91 bis 93, 95 bis 100, 106, 107 entsprechend.

Abschnitt 5. Arrest und einstweilige Verfügung

§ 921 Entscheidung über das Arrestgesuch.

[1]Das Gericht kann, auch wenn der Anspruch oder der Arrestgrund nicht glaubhaft gemacht ist, den Arrest anordnen, sofern wegen der dem Gegner drohenden Nachteile Sicherheit geleistet wird. [2]Es kann die Anordnung des Arrestes von einer Sicherheitsleistung abhängig machen, selbst wenn der Anspruch und der Arrestgrund glaubhaft gemacht sind.

§ 934 Aufhebung der Arrestvollziehung. (1) Wird der in dem Arrestbefehl festgestellte Geldbetrag hinterlegt, so wird der vollzogene Arrest von dem Vollstreckungsgericht aufgehoben.
(2) Das Vollstreckungsgericht kann die Aufhebung des Arrestes auch anordnen, wenn die Fortdauer besondere Aufwendungen erfordert und die Partei, auf deren Gesuch der Arrest verhängt wurde, den nötigen Geldbetrag nicht vorschießt.

Dritter Abschnitt. Zwangsvollstreckung zur Erwirkung der Herausgabe von Sachen und zur Erwirkung von Handlungen oder Unterlassungen

§ 891 [Verfahren; Anhörung des Schuldners] [1]Die nach den §§ 887 bis 890 zu erlassenden Entscheidungen können ohne mündliche Verhandlung ergehen. [2]Vor der Entscheidung ist der Schuldner zu hören. [3]Für die Kostenentscheidung gelten die §§ 91 bis 93, 95 bis 100, 106, 107 entsprechend.

Fünfter Abschnitt. Arrest und einstweilige Verfügung

§ 921 [Entscheidung über das Arrestgesuch] *(1) Die Entscheidung kann ohne mündliche Verhandlung ergehen.*
(2) [1]Das Gericht kann, auch wenn der Anspruch oder der Arrestgrund nicht glaubhaft gemacht ist, den Arrest anordnen, sofern wegen der dem Gegner drohenden Nachteile Sicherheit geleistet wird. [2]Es kann die Anordnung des Arrestes von einer Sicherheitsleistung abhängig machen, selbst wenn der Anspruch und der Arrestgrund glaubhaft gemacht sind.

§ 934 [Aufhebung der Arrestvollziehung] (1) Wird der in dem Arrestbefehl festgestellte Geldbetrag hinterlegt, so wird der vollzogene Arrest von dem Vollstreckungsgericht aufgehoben.
(2) Das Vollstreckungsgericht kann die Aufhebung des Arrestes auch anordnen, wenn die Fortdauer besondere Aufwendungen erfordert und die Partei, auf deren Gesuch der Arrest verhängt wurde, den nötigen Geldbetrag nicht vorschießt.

4 ZPO neu/alt

ab dem 1. 1. 2002 geltende Fassung	bis zum 31. 12. 2001 geltende Fassung

(3) Die in diesem Paragraphen erwähnten Entscheidungen <u>ergehen durch Beschluss.</u>

(4) Gegen den Beschluß, durch den der Arrest aufgehoben wird, findet sofortige Beschwerde statt.

§ 942 Zuständigkeit des Amtsgerichts der belegenen Sache.
(1) In dringenden Fällen kann das Amtsgericht, in dessen Bezirk sich der Streitgegenstand befindet, eine einstweilige Verfügung erlassen unter Bestimmung einer Frist, innerhalb der die Ladung des Gegners zur mündlichen Verhandlung über die Rechtmäßigkeit der einstweiligen Verfügung bei dem Gericht der Hauptsache zu beantragen ist.
(2) [1]Die einstweilige Verfügung, auf Grund deren eine Vormerkung oder ein Widerspruch gegen die Richtigkeit des Grundbuchs, des Schiffsregisters oder des Schiffsbauregisters eingetragen werden soll, kann von dem Amtsgericht erlassen werden, in dessen Bezirk das Grundstück belegen ist oder der Heimathafen oder der Heimatort des Schiffes oder der Bauort des Schiffsbauwerks sich befindet, auch wenn der Fall nicht für dringlich erachtet wird; liegt der Heimathafen des Schiffes nicht im Inland, so kann die einstweilige Verfügung vom Amtsgericht in Hamburg erlassen werden. [2]Die Bestimmung der im Absatz 1 bezeichneten Frist hat nur auf Antrag des Gegners zu erfolgen.
(3) Nach fruchtlosem Ablauf der Frist hat das Amtsgericht auf Antrag die erlassene Verfügung aufzuheben.
(4) Die in diesem Paragraphen erwähnten Entscheidungen des Amtsgerichts <u>ergehen durch Beschluss.</u>

(3) Die in diesem Paragraphen erwähnten Entscheidungen können ohne mündliche Verhandlung ergehen.

(4) Gegen den Beschluß, durch den der Arrest aufgehoben wird, findet sofortige Beschwerde statt.

§ 942 [Zuständigkeit des Amtsgerichts der belegenen Sache]
(1) In dringenden Fällen kann das Amtsgericht, in dessen Bezirk sich der Streitgegenstand befindet, eine einstweilige Verfügung erlassen unter Bestimmung einer Frist, innerhalb der die Ladung des Gegners zur mündlichen Verhandlung über die Rechtmäßigkeit der einstweiligen Verfügung bei dem Gericht der Hauptsache zu beantragen ist.
(2) [1]Die einstweilige Verfügung, auf Grund deren eine Vormerkung oder ein Widerspruch gegen die Richtigkeit des Grundbuchs, des Schiffsregisters oder des Schiffsbauregisters eingetragen werden soll, kann von dem Amtsgericht erlassen werden, in dessen Bezirk das Grundstück belegen ist oder der Heimathafen oder der Heimatort des Schiffes oder der Bauort des Schiffsbauwerks sich befindet, auch wenn der Fall nicht für dringlich erachtet wird; liegt der Heimathafen des Schiffes nicht im Inland, so kann die einstweilige Verfügung vom Amtsgericht in Hamburg erlassen werden. [2]Die Bestimmung der im Absatz 1 bezeichneten Frist hat nur auf Antrag des Gegners zu erfolgen.
(3) Nach fruchtlosem Ablauf der Frist hat das Amtsgericht auf Antrag die erlassene Verfügung aufzuheben.
(4) Die in diesem Paragraphen erwähnten Entscheidungen des Amtsgerichts können ohne mündliche Verhandlung ergehen.

Neue/alte Fassung | ZPO neu/alt 4

| ab dem 1. 1. 2002 geltende Fassung | bis zum 31. 12. 2001 geltende Fassung |

Buch 10. Schiedsrichterliches Verfahren

Abschnitt 9. Gerichtliches Verfahren

§ 1063 Allgemeine Vorschriften.
(1) ¹Das Gericht entscheidet durch Beschluß. ²Vor der Entscheidung ist der Gegner zu hören.

(2) Das Gericht hat die mündliche Verhandlung anzuordnen, wenn die Aufhebung des Schiedsspruchs beantragt wird oder wenn bei einem Antrag auf Anerkennung oder Vollstreckbarerklärung des Schiedsspruchs Aufhebungsgründe nach § 1059 Abs. 2 in Betracht kommen.
(3) ¹Der Vorsitzende des Zivilsenats kann ohne vorherige Anhörung des Gegners anordnen, daß der Antragsteller bis zur Entscheidung über den Antrag die Zwangsvollstreckung aus dem Schiedsspruch betreiben oder die vorläufige oder sichernde Maßnahme des Schiedsgerichts nach § 1041 vollziehen darf. ²Die Zwangsvollstreckung aus dem Schiedsspruch darf nicht über Maßnahmen zur Sicherung hinausgehen. ³Der Antragsgegner ist befugt, die Zwangsvollstreckung durch Leistung einer Sicherheit in Höhe des Betrages, wegen dessen der Antragsteller vollstrecken kann, abzuwenden.
(4) Solange eine mündliche Verhandlung nicht angeordnet ist, können zu Protokoll der Geschäftsstelle Anträge gestellt und Erklärungen abgegeben werden.

§ 1065 Rechtsmittel. <u>(1) ¹Gegen die in § 1062 Abs. 1 Nr. 2 und 4 genannten Entscheidungen findet die Rechtsbeschwerde statt.</u> ²Im Übrigen sind die Entscheidungen in den in § 1062 Abs. 1 bezeichneten Verfahren unanfechtbar.

Zehntes Buch. Schiedsrichterliches Verfahren

Neunter Abschnitt. Gerichtliches Verfahren

§ 1063 Allgemeine Vorschriften.
(1) ¹Das Gericht entscheidet durch Beschluß, *der ohne mündliche Verhandlung ergehen kann.* ²Vor der Entscheidung ist der Gegner zu hören.
(2) Das Gericht hat die mündliche Verhandlung anzuordnen, wenn die Aufhebung des Schiedsspruchs beantragt wird oder wenn bei einem Antrag auf Anerkennung oder Vollstreckbarerklärung des Schiedsspruchs Aufhebungsgründe nach § 1059 Abs. 2 in Betracht kommen.
(3) ¹Der Vorsitzende des Zivilsenats kann ohne vorherige Anhörung des Gegners anordnen, daß der Antragsteller bis zur Entscheidung über den Antrag die Zwangsvollstreckung aus dem Schiedsspruch betreiben oder die vorläufige oder sichernde Maßnahme des Schiedsgerichts nach § 1041 vollziehen darf. ²Die Zwangsvollstreckung aus dem Schiedsspruch darf nicht über Maßnahmen zur Sicherung hinausgehen. ³Der Antragsgegner ist befugt, die Zwangsvollstreckung durch Leistung einer Sicherheit in Höhe des Betrages, wegen dessen der Antragsteller vollstrecken kann, abzuwenden.
(4) Solange eine mündliche Verhandlung nicht angeordnet ist, können zu Protokoll der Geschäftsstelle Anträge gestellt und Erklärungen abgegeben werden.

§ 1065 Rechtsmittel. (1) ¹Die Rechtsbeschwerde zum Bundesgerichtshof findet gegen die in § 1062 Abs. 1 Nr. 2 und 4 genannten Entscheidungen statt, wenn gegen diese, wären sie durch Endurteil ergangen, die Revision gegeben wä-

4 ZPO neu/alt

ab dem 1. 1. 2002 geltende Fassung	bis zum 31. 12. 2001 geltende Fassung

(2) ¹Die Rechtsbeschwerde kann auch darauf gestützt werden, dass die Entscheidung auf einer Verletzung eines Staatsvertrages beruht. ²Die §§ 707, 717 sind entsprechend anzuwenden.

re. ²Im übrigen sind die Entscheidungen in den in § 1062 Abs. 1 bezeichneten Verfahren unanfechtbar.
(2) ¹Der Bundesgerichtshof kann nur überprüfen, ob der Beschluß auf der Verletzung eines Staatsvertrages oder eines anderen Gesetzes beruht. ²§ 546 Abs. 1 Satz 3, Abs. 2, § 549 Abs. 2, die §§ 550 bis 554b, 556, 558, 559, 561, 563, 573 Abs. 1 und die §§ 575 und 707 und 717 sind entsprechend anzuwenden.

b) Gesetz, betreffend die Einführung der Zivilprozeßordnung

Vom 30. Januar 1877 (RGBl. S. 244)

BGBl. III/FNA 310-2

(Auszug)

ab dem 1. 1. 2002 geltende Fassung	bis zum 31. 12. 2001 geltende Fassung
Zuletzt geändert durch Gesetz vom 13. 12. 2001 (BGBl. I S. 3638)	Zuletzt geändert durch Mietrechtsreformgesetz vom 19. 6. 2001 (BGBl. I S. 1149)

§ 7. (1) ¹Ist in einem Land auf Grund des § 8 des Einführungsgesetzes zum Gerichtsverfassungsgesetz für bürgerliche Rechtsstreitigkeiten ein oberstes Landesgericht eingerichtet, so entscheidet das Berufungsgericht, wenn es die Revision zulässt, oder das Gericht, das die Rechtsbeschwerde zulässt, gleichzeitig über die Zuständigkeit für die Verhandlung und Entscheidung über das Rechtsmittel. ²Die Entscheidung ist für das oberste Landesgericht und den Bundesgerichtshof bindend.
(2) ¹Die Nichtzulassungsbeschwerde, der Antrag auf Zulassung der Sprungrevision oder die Rechtsbeschwerde im Falle des § 574 Abs. 1 Nr. 1 der Zivilprozessordnung ist bei dem Bundesgerichtshof einzureichen. ²Betreffen die Gründe für die Zulassung der Revision oder der Rechtsbeschwerde im Wesentlichen Rechtsnormen, die in den Landesgesetzen enthalten sind, so erklärt sich der Bundesgerichtshof durch Beschluss zur Entscheidung über die Beschwerde oder den Antrag für unzuständig und übersendet dem obersten Landesgericht die Prozessakten. ³Das oberste Landesgericht ist an die Entscheidung des Bundesgerichtshofes über die Zuständigkeit gebunden. ⁴Es gibt Gelegenheit zu einer Änderung oder Ergänzung der Begründung der Beschwerde oder des Antrags.

§ 7 [Revisionseinlegung beim Obersten Landesgericht] (1) ¹Ist in einem Land auf Grund des § 8 des Einführungsgesetzes zum Gerichtsverfassungsgesetz für bürgerliche Rechtsstreitigkeiten ein oberstes Landesgericht *errichtet*, so entscheidet *in den Fällen des § 546 der Zivilprozeßordnung das Oberlandesgericht mit der Zulassung* gleichzeitig über die Zuständigkeit für die Verhandlung und Entscheidung *der Revision*. ²Die Entscheidung ist für das *Revisionsgericht* bindend.
(2) ¹In den Fällen der §§ 547, 554b und 566a der Zivilprozeßordnung ist die Revision bei dem obersten Landesgericht einzulegen. ²Die Vorschriften der §§ 553, 553a der Zivilprozeßordnung gelten entsprechend. ³Das oberste Landesgericht entscheidet ohne mündliche Verhandlung endgültig über die Zuständigkeit für die Verhandlung und Entscheidung der Revision. ⁴Erklärt es sich für unzuständig, weil der Bundesgerichtshof zuständig sei, so sind diesem die Prozeßakten zu übersenden.

4 EGZPO neu/alt

ab dem 1. 1. 2002 geltende Fassung	bis zum 31. 12. 2001 geltende Fassung
	(3) Die Entscheidung des obersten Landesgerichts über die Zuständigkeit ist auch für den Bundesgerichtshof bindend. (4) Die Fristbestimmung im § 555 der Zivilprozeßordnung bemißt sich nach dem Zeitpunkt der Bekanntmachung des Termins zur mündlichen Verhandlung an den Revisionsbeklagten. (5) Wird der Beschluß des obersten Landesgerichts, durch den der Bundesgerichtshof für zuständig erklärt wird, dem Revisionskläger erst nach Beginn der Frist für die Revisionsbegründung zugestellt, so beginnt mit der Zustellung des Beschlusses der Lauf der Frist für die Revisionsbegründung von neuem. (6) Die vorstehenden Vorschriften sind auf das Rechtsmittel der Beschwerde gegen Entscheidungen der Oberlandesgerichte in den Fällen des § 519b Abs. 2, des § 542 Abs. 3 in Verbindung mit § 341 Abs. 2, des § 568a und des § 621e Abs. 2 der Zivilprozeßordnung entsprechend anzuwenden.
§ 8. *(aufgehoben)*	**§ 8 [Verfahren vor dem obersten Landesgericht]** (1) Die Parteien können sich in den in § 7 Abs. 2 genannten Fällen bis zur Entscheidung des obersten Landesgerichts über die Zuständigkeit auch durch einen bei einem Landgericht, Oberlandesgericht oder dem Bundesgerichtshof zugelassenen Rechtsanwalt vertreten lassen. (2) Die Zustellung der Abschrift der Revisionsschrift an den Revisionsbeklagten und die Bekanntmachung des Termins zur mündlichen Verhandlung an die Parteien erfolgt gemäß § 210a der Zivilprozeßordnung.
§ 26. Für das Gesetz zur Reform des Zivilprozesses vom 27. Juli 2001 gelten folgende Übergangsvorschriften:	

Neue/alte Fassung EGZPO neu/alt 4

ab dem 1. 1. 2002 geltende Fassung	bis zum 31. 12. 2001 geltende Fassung

1. § 78 der Zivilprozessordnung ist in Berufungen und Beschwerden gegen Entscheidungen der Amtsgerichte, die vor dem 1. Januar 2008 eingelegt werden und nicht familiengerichtliche Entscheidungen zum Gegenstand haben, mit der Maßgabe anzuwenden, dass ein bei einem Landgericht zugelassener Rechtsanwalt bei dem Oberlandesgericht als zugelassen gilt.
2. Für am 1. Januar 2002 anhängige Verfahren finden die §§ 23, 105 Abs. 3 des Gerichtsverfassungsgesetzes und § 92 Abs. 2, §§ 128, 269 Abs. 3, §§ 278, 313a, 495a der Zivilprozessordnung sowie die Vorschriften über das Verfahren im ersten Rechtszug vor dem Einzelrichter in der am 31. Dezember 2001 geltenden Fassung weiter Anwendung. Für das Ordnungsgeld gilt § 178 des Gerichtsverfassungsgesetzes in der am 31. Dezember 2001 geltenden Fassung, wenn der Beschluss, der es festsetzt, vor dem 1. Januar 2002 verkündet oder, soweit eine Verkündung nicht stattgefunden hat, der Geschäftsstelle übergeben worden ist.
3. Das Bundesministerium der Justiz gibt die nach § 115 Abs. 3 Nr. 2 Satz 1 vom Einkommen abzusetzenden Beträge für die Zeit vom 1. Januar 2002 bis zum 30. Juni 2002 neu bekannt. Die Prozesskostenhilfebekanntmachung 2001 ist insoweit nicht mehr anzuwenden.
4. Ist die Prozesskostenhilfe vor dem 1. Januar 2002 bewilligt worden, gilt § 115 Abs. 1 Satz 4 der Zivilprozessordnung für den Rechtszug in der im Zeitpunkt

ab dem 1. 1. 2002 geltende Fassung	bis zum 31. 12. 2001 geltende Fassung

der Bewilligung geltenden Fassung weiter.
5. Für die Berufung gelten die am 31. Dezember 2001 geltenden Vorschriften weiter, wenn die mündliche Verhandlung, auf die das anzufechtende Urteil ergeht, vor dem 1. Januar 2002 geschlossen worden ist. In schriftlichen Verfahren tritt an die Stelle des Schlusses der mündlichen Verhandlung der Zeitpunkt, bis zu dem Schriftsätze eingereicht werden können.
6. § 541 der Zivilprozessordnung in der am 31. Dezember 2001 geltenden Fassung ist nur noch anzuwenden, soweit nach Nummer 5 Satz 1 über die Berufung nach den bisherigen Vorschriften zu entscheiden ist, am 1. Januar 2002 Rechtsfragen zur Vorabentscheidung dem übergeordneten Oberlandesgericht oder dem Bundesgerichtshof vorliegen oder nach diesem Zeitpunkt noch vorzulegen sind.
7. Für die Revision gelten die am 31. Dezember 2001 geltenden Vorschriften weiter, wenn die mündliche Verhandlung auf die das anzufechtende Urteil ergeht, vor dem 1. Januar 2002 geschlossen worden ist. In schriftlichen Verfahren tritt an die Stelle des Schlusses der mündlichen Verhandlung der Zeitpunkt, bis zu dem Schriftsätze eingereicht werden können.
8. § 544 der Zivilprozessordnung in der Fassung des Gesetzes zur Reform des Zivilprozesses vom 27. Juli 2001 (BGBl. I S. 1887) ist bis einschließlich 31. Dezember 2006 mit der Maßgabe anzuwenden, dass die Beschwerde gegen die Nichtzulassung der Revision durch das Berufungs-

| ab dem 1. 1. 2002 geltende Fassung | bis zum 31. 12. 2001 geltende Fassung |

gericht nur zulässig ist, wenn der Wert der mit der Revision geltend zu machenden Beschwerde zwanzigtausend Euro übersteigt.
9. In Familiensachen finden die Bestimmungen über die Nichtzulassungsbeschwerde (§ 543 Abs. 1 Nr. 2, §§ 544, 621 e Abs. 2 Satz 1 Nr. 2 der Zivilprozessordnung in der Fassung des Gesetzes zur Reform des Zivilprozesses vom 27. Juli 2001, BGBl. I S. 1887) keine Anwendung, soweit die anzufechtende Entscheidung vor dem 1. Januar 2007 verkündet oder einem Beteiligten zugestellt oder sonst bekannt gemacht worden ist.
10. Für Beschwerden und für die Erinnerung finden die am 31. Dezember 2001 geltenden Vorschriften weiter Anwendung, wenn die anzufechtende Entscheidung vor dem 1. Januar 2002 verkündet oder, soweit eine Verkündung nicht stattgefunden hat, der Geschäftsstelle übergeben worden ist.
11. Soweit nach den Nummern 2 bis 5, 7 und 9 in der vor dem 1. Januar 2002 geltenden Fassung Vorschriften weiter anzuwenden sind, die auf Geldbeträge in Deutscher Mark Bezug nehmen, sind diese Vorschriften vom 1. Januar 2002 an mit der Maßgabe anzuwenden, dass die Beträge nach dem Umrechnungskurs 1 Euro = 1,95 583 Deutsche Mark und den Rundungsregeln der Verordnung (EG) Nr. 1103/97 des Rates vom 17. Juni 1997 über bestimmte Vorschriften im Zusammenhang mit der Einführung des Euro (ABl. EG Nr. L 162 S. 1) in die Euro-Einheit umgerechnet werden.

c) Gerichtsverfassungsgesetz (GVG)

Vom 27. Januar 1877 (RGBl. I S. 41)
in der Fassung der Bekanntmachung vom 9. Mai 1975 (BGBl. I S. 1077)
BGBl. III/FNA 300-2

(Auszug)

ab dem 1. 1. 2002 geltende Fassung	bis zum 31. 12. 2001 geltende Fassung
Zuletzt geändert durch Gesetz vom 11. 12. 2001 (BGBl. I S. 3513)	Zuletzt geändert durch Gesetz vom 19. 2. 2001 (BGBl. I S. 288, ber. S. 436)

Dritter Titel. Amtsgerichte

§ 23 [**Zuständigkeit in Zivilsachen**] Die Zuständigkeit der Amtsgerichte umfaßt in bürgerlichen Rechtsstreitigkeiten, soweit sie nicht ohne Rücksicht auf den Wert des Streitgegenstandes den Landgerichten zugewiesen sind:
1. Streitigkeiten über Ansprüche, deren Gegenstand an Geld oder Geldeswert die Summe von <u>fünftausend Euro</u> nicht übersteigt;
2. ohne Rücksicht auf den Wert des Streitgegenstandes:
   a) Streitigkeiten über Ansprüche aus einem Mietverhältnis über Wohnraum oder über den Bestand eines solchen Mietverhältnisses; diese Zuständigkeit ist ausschließlich;
   b) Streitigkeiten zwischen Reisenden und Wirten, Fuhrleuten, Schiffern oder Auswanderungsexpedienten in den Einschiffungshäfen, die über Wirtszechen, Fuhrlohn, Überfahrtsgelder, Beförderung der Reisenden und ihrer Habe und über Verlust und Beschädigung der letzteren, sowie Streitigkeiten zwischen Reisenden und Handwerkern, die

Dritter Titel. Amtsgerichte

§ 23 [**Zuständigkeit in Zivilsachen**] Die Zuständigkeit der Amtsgerichte umfaßt in bürgerlichen Rechtsstreitigkeiten, soweit sie nicht ohne Rücksicht auf den Wert des Streitgegenstandes den Landgerichten zugewiesen sind:
1. Streitigkeiten über Ansprüche, deren Gegenstand an Geld oder Geldeswert die Summe von zehntausend Deutsche Mark nicht übersteigt;
2. ohne Rücksicht auf den Wert des Streitgegenstandes:
   a) Streitigkeiten über Ansprüche aus einem Mietverhältnis über Wohnraum oder über den Bestand eines solchen Mietverhältnisses; diese Zuständigkeit ist ausschließlich;
   b) Streitigkeiten zwischen Reisenden und Wirten, Fuhrleuten, Schiffern oder Auswanderungsexpedienten in den Einschiffungshäfen, die über Wirtszechen, Fuhrlohn, Überfahrtsgelder, Beförderung der Reisenden und ihrer Habe und über Verlust und Beschädigung der letzteren, sowie Streitigkeiten zwischen Reisenden und Handwerkern, die

Neue/alte Fassung GVG neu/alt 4

| ab dem 1. 1. 2002 geltende Fassung | bis zum 31. 12. 2001 geltende Fassung |

aus Anlaß der Reise entstanden sind;
c) *(aufgehoben)*
d) Streitigkeiten wegen Wildschadens;
e), f) *(weggefallen)*
g) Ansprüche aus einem mit der Überlassung eines Grundstücks in Verbindung stehenden Leibgedings-, Leibzuchts-, Altenteils- oder Auszugsvertrag;
h) das Aufgebotsverfahren.

Fünfter Titel. Landgerichte

§ 72 [Zuständigkeit in Zivilsachen in 2. Instanz] Die Zivilkammern, einschließlich der Kammern für Handelssachen, sind die Berufungs- und Beschwerdegerichte in den vor den Amtsgerichten verhandelten bürgerlichen Rechtsstreitigkeiten, <u>soweit nicht die Zuständigkeit der Oberlandesgerichte begründet ist.</u>

Siebenter Titel. Kammer für Handelssachen

§ 105 [Besetzung] (1) Die Kammern für Handelssachen entscheiden in der Besetzung mit einem Mitglied des Landgerichts als Vorsitzenden und zwei ehrenamtlichen Richtern, soweit nicht nach den Vorschriften der Prozeßgesetze an Stelle der Kammer der Vorsitzende zu entscheiden hat.
(2) Sämtliche Mitglieder der Kammer für Handelssachen haben gleiches Stimmrecht.
(3) *(aufgehoben)*

aus Anlaß der Reise entstanden sind;
c) *Streitigkeiten wegen Viehmängel;*
d) Streitigkeiten wegen Wildschadens;
e), f) *(weggefallen)*
g) Ansprüche aus einem mit der Überlassung eines Grundstücks in Verbindung stehenden Leibgedings-, Leibzuchts-, Altenteils- oder Auszugsvertrag;
h) das Aufgebotsverfahren.

Fünfter Titel. Landgerichte

§ 72 [Zuständigkeit in Zivilsachen in 2. Instanz] Die Zivilkammern, einschließlich der Kammern für Handelssachen, sind die Berufungs- und Beschwerdegerichte in den vor den Amtsgerichten verhandelten bürgerlichen Rechtsstreitigkeiten *mit Ausnahme der von den Familiengerichten entschiedenen Sachen.*

Siebenter Titel. Kammer für Handelssachen

§ 105 [Besetzung] (1) Die Kammern für Handelssachen entscheiden in der Besetzung mit einem Mitglied des Landgerichts als Vorsitzenden und zwei ehrenamtlichen Richtern, soweit nicht nach den Vorschriften der Prozeßgesetze an Stelle der Kammer der Vorsitzende zu entscheiden hat.
(2) Sämtliche Mitglieder der Kammer für Handelssachen haben gleiches Stimmrecht.
(3) *In Streitigkeiten, die sich auf das Rechtsverhältnis zwischen Reeder oder Schiffer und Schiffsmannschaft beziehen, kann die Entscheidung im ersten Rechtszug durch den Vorsitzenden allein erfolgen.*

4 GVG neu/alt

Neue/alte Fassung

| ab dem 1. 1. 2002 geltende Fassung | bis zum 31. 12. 2001 geltende Fassung |

Achter Titel. Oberlandesgerichte

§ 119 [**Zuständigkeit in Zivilsachen**] (1) Die Oberlandesgerichte sind in bürgerlichen Rechtsstreitigkeiten zuständig für die Verhandlung und Entscheidung über die Rechtsmittel:
1. der Berufung und der Beschwerde gegen Entscheidungen der Amtsgerichte

   a) in den von den Familiengerichten entschiedenen Sachen;

   b) in Streitigkeiten über Ansprüche, die von einer oder gegen eine Partei erhoben werden, die ihren allgemeinen Gerichtsstand im Zeitpunkt der Rechtshängigkeit in erster Instanz außerhalb des Geltungsbereiches dieses Gesetzes hatte;

   c) in denen das Amtsgericht ausländisches Recht angewendet und dies in den Entscheidungsgründen ausdrücklich festgestellt hat;
2. der Berufung und der Beschwerde gegen Entscheidungen der Landgerichte.

(2) § 23 b Abs. 1 und 2 gilt entsprechend.

(3) ¹Durch Landesgesetz kann bestimmt werden, dass die Oberlandesgerichte über Absatz 1 hinaus für alle Berufungen und Beschwerden gegen amtsgerichtliche Entscheidungen zuständig sind. ²Das Nähere regelt das Landesrecht; es kann von der Befugnis nach Satz 1 in beschränktem Umfang Gebrauch machen, insbesondere die Bestimmung auf die Entscheidungen einzelner Amtsgerichte oder bestimmter Sachen beschränken.

Achter Titel. Oberlandesgerichte

§ 119 [**Zuständigkeit in Zivilsachen**] (1) Die Oberlandesgerichte sind in bürgerlichen Rechtsstreitigkeiten zuständig für die Verhandlung und Entscheidung über die Rechtsmittel:
1. der Berufung gegen die Endurteile der Amtsgerichte in den von den Familiengerichten entschiedenen Sachen;
2. der Beschwerde gegen Entscheidungen der Amtsgerichte in den von den Familiengerichten entschiedenen Sachen;
3. der Berufung gegen die Endurteile der Landgerichte;
4. der Beschwerde gegen Entscheidungen der Landgerichte.

(2) § 23 b Abs. 1, 2 gilt entsprechend.

Neue/alte Fassung GVG neu/alt 4

| ab dem 1. 1. 2002 geltende Fassung | bis zum 31. 12. 2001 geltende Fassung |

(4) Soweit eine Bestimmung nach Absatz 3 Satz 1 getroffen wird, hat das Landesgesetz zugleich Regelungen zu treffen, die eine Belehrung über das zuständige Rechtsmittelgericht in der angefochtenen Entscheidung sicherstellen.
(5) Bestimmungen nach Absatz 3 gelten nur für Berufungen und Beschwerden, die vor dem 1. Januar 2008 eingelegt werden.
(6) ¹Die Bundesregierung unterrichtet den Deutschen Bundestag zum 1. Januar 2004 und zum 1. Januar 2006 über Erfahrungen und wissenschaftliche Erkenntnisse, welche die Länder, die von der Ermächtigung nach Absatz 3 Gebrauch gemacht haben, gewonnen haben. ²Die Unterrichtung dient dem Zweck, dem Deutschen Bundestag die Prüfung und Entscheidung zu ermöglichen, welche bundeseinheitliche Gerichtsstruktur die insgesamt sachgerechteste ist, weil sie den Bedürfnissen und Anforderungen des Rechtsverkehrs am besten entspricht.

Neunter Titel. Bundesgerichtshof

§ 133 [**Zuständigkeit in Zivilsachen**] In bürgerlichen Rechtsstreitigkeiten ist der Bundesgerichtshof zuständig für die Verhandlung und Entscheidung über die Rechtsmittel der Revision, der Sprungrevision und der Rechtsbeschwerde.

Neunter Titel. Bundesgerichtshof

§ 133 [**Zuständigkeit in Zivilsachen**] In bürgerlichen Rechtsstreitigkeiten ist der Bundesgerichtshof zuständig für die Verhandlung und Entscheidung über die Rechtsmittel:
1. der Revision gegen die Endurteile der Oberlandesgerichte sowie gegen die Endurteile der Landgerichte im Falle des § 566 a der Zivilprozeßordnung;
2. der Beschwerde gegen Entscheidungen der Oberlandesgerichte in den Fällen des § 519 b Abs. 2, des § 542 Abs. 3 in Verbindung mit § 341 Abs. 2, des § 568 a und des § 621 e Abs. 2 der Zivilprozeßordnung.

4 GVG neu/alt

ab dem 1. 1. 2002 geltende Fassung

Vierzehnter Titel. Öffentlichkeit und Sitzungspolizei

§ 178 [Ordnungsmittel wegen Ungebühr] (1) ¹Gegen Parteien, Beschuldigte, Zeugen, Sachverständige oder bei der Verhandlung nicht beteiligte Personen, die sich in der Sitzung einer Ungebühr schuldig machen, kann vorbehaltlich der strafgerichtlichen Verfolgung ein Ordnungsgeld bis zu eintausend Euro oder Ordnungshaft bis zu einer Woche festgesetzt und sofort vollstreckt werden. ²Bei der Festsetzung von Ordnungsgeld ist zugleich für den Fall, daß dieses nicht beigetrieben werden kann, zu bestimmen, in welchem Maße Ordnungshaft an seine Stelle tritt.
(2) Über die Festsetzung von Ordnungsmitteln entscheidet gegenüber Personen, die bei der Verhandlung nicht beteiligt sind, der Vorsitzende, in den übrigen Fällen das Gericht.
(3) Wird wegen derselben Tat später auf Strafe erkannt, so sind das Ordnungsgeld oder die Ordnungshaft auf die Strafe anzurechnen.

bis zum 31. 12. 2001 geltende Fassung

Vierzehnter Titel. Öffentlichkeit und Sitzungspolizei

§ 178 [Ordnungsmittel wegen Ungebühr] (1) ¹Gegen Parteien, Beschuldigte, Zeugen, Sachverständige oder bei der Verhandlung nicht beteiligte Personen, die sich in der Sitzung einer Ungebühr schuldig machen, kann vorbehaltlich der strafgerichtlichen Verfolgung ein Ordnungsgeld bis zu zweitausend Deutsche Mark oder Ordnungshaft bis zu einer Woche festgesetzt und sofort vollstreckt werden. ²Bei der Festsetzung von Ordnungsgeld ist zugleich für den Fall, daß dieses nicht beigetrieben werden kann, zu bestimmen, in welchem Maße Ordnungshaft an seine Stelle tritt.
(2) Über die Festsetzung von Ordnungsmitteln entscheidet gegenüber Personen, die bei der Verhandlung nicht beteiligt sind, der Vorsitzende, in den übrigen Fällen das Gericht.
(3) Wird wegen derselben Tat später auf Strafe erkannt, so sind das Ordnungsgeld oder die Ordnungshaft auf die Strafe anzurechnen.

Paragraphen-Synopse

a) ZPO

bis zum 31.12.2001 geltende Fassung	ab dem 1.1.2002 geltende Fassung	bis zum 31.12.2001 geltende Fassung	ab dem 1.1.2002 geltende Fassung
§ 10	§ 513 Abs. 2	§ 142	§ 142
§ 37 Abs. 1	§ 37 Abs. 1	§ 144	§ 144
§ 40 Abs. 2 Satz 1	§ 40 Abs. 2 Satz 1	§ 149	§ 149
§ 45	§ 45	§ 150	§ 150
§ 46 Abs. 1	§ 46 Abs. 1	§ 156	§ 156
§ 78 Abs. 2 Satz 1 Nrn. 1 und 3	§ 78 Abs. 2 Satz 1 Nrn. 1 und 3	§ 157 Abs. 1 Sätze 1 und 2	§ 157 Abs. 1 Sätze 1 und 2
§ 78 b Abs. 1 Satz 1, Abs. 2	§ 78 b Abs. 1, Abs. 2	§ 159 Abs. 1 Satz 1	§ 159 Abs. 1 Satz 1
§ 78 b Abs. 1 Satz 2	*(aufgehoben)*	§ 160 Abs. 1 Nr. 4	§ 160 Abs. 1 Nr. 4
		–	§ 160 Abs. 3 Nr. 10
§ 78 c Abs. 3 Sätze 1 und 2	§ 78 c Abs. 3 Sätze 1 und 2	§ 165 Satz 1	§ 165 Satz 1
§ 91 a Abs. 1 Satz 2	§ 128 Abs. 3	§ 174 Abs. 1 Satz 1	§ 174 Abs. 1 Satz 1
§ 91 a Abs. 2 Satz 1	§ 91 a Abs. 2 Satz 1	§ 174 Abs. 1 Satz 2	§ 128 Abs. 4
–	§ 91 a Abs. 2 Satz 2	§ 174 Abs. 1 Satz 3	§ 174 Abs. 1 Satz 2
§ 91 a Abs. 2 Satz 2	§ 91 a Abs. 2 Satz 3	§ 177 Abs. 1	§ 177 Abs. 1
§ 92 Abs. 2	§ 92 Abs. 2	§ 177 Abs. 2 Satz 1	§ 128 Abs. 4
§ 93 d	§ 93 d	§ 177 Abs. 2 Satz 2	§ 177 Abs. 2
§ 99 Abs. 1, Abs. 2 Satz 1	§ 99 Abs. 1, Abs. 2 Satz 1	§ 233	§ 233
–	§ 99 Abs. 2 Satz 2	§ 251 Abs. 1	§ 251
§ 99 Abs. 2 Satz 2	§ 99 Abs. 2 Satz 3	§ 251 Abs. 2	*(aufgehoben)*
§ 104 Abs. 1 Satz 2	§ 104 Abs. 1 Satz 2	§ 252	§ 252
§ 108 Abs. 1 Satz 2	§ 108 Abs. 1 Satz 2	§ 253 Abs. 3	§ 253 Abs. 3
§ 109 Abs. 3 Satz 2	§ 109 Abs. 3 Satz 2	–	§ 269 Abs. 2 Sätze 3 und 4
§ 115 Abs. 1 Satz 3 Nr. 2 Satz 1, Satz 4	§ 115 Abs. 1 Satz 3 Nr. 2 Satz 1, Satz 4	§ 269 Abs. 3 Satz 1 und 2	§ 269 Abs. 3 Satz 1 und 2
§ 127 Abs. 2 Satz 2	§ 127 Abs. 2 Satz 2	–	§ 269 Abs. 3 Satz 3
–	§ 127 Abs. 2 Satz 3	§ 269 Abs. 3 Satz 3	§ 269 Abs. 4
§ 127 Abs. 3 Satz 1	§ 127 Abs. 3 Satz 1	§ 269 Abs. 3 Satz 4	§ 128 Abs. 3
–	§ 127 Abs. 3 Satz 3	§ 269 Abs. 3 Satz 5	§ 269 Abs. 5 Satz 1
		§ 269 Abs. 4	§ 269 Abs. 6
§ 127 Abs. 3 Sätze 3 bis 5	§ 127 Abs. 3 Sätze 4 bis 6	§ 270 Abs. 2 Satz 1	§ 270 Abs. 2 Satz 1
§ 128 Abs. 3	*(aufgehoben)*	§ 272 Abs. 3	§ 272 Abs. 3
–	§ 128 Abs. 4	§ 273 Abs. 1 Satz 2	§ 139 Abs. 1 Satz 2
–	§ 128 a	§ 273 Abs. 2 Nr. 1, Abs. 3	§ 273 Abs. 2 Nr. 1, Abs. 3
§ 136 Abs. 1	§ 136 Abs. 1	–	§ 273 Abs. 2 Nr. 5
–	§ 136 Abs. 2 Satz 2	–	§ 275 Abs. 4 Satz 2
§ 139 Abs. 1 Satz 1	§ 139 Abs. 1 Satz 2	§ 277 Abs. 1 Satz 2	§ 277 Abs. 1 Satz 2
§ 139 Abs. 1 Satz 2	§ 139 Abs. 1 Satz 1	–	§ 279 Abs. 1
§ 139 Abs. 2	§ 139 Abs. 3	§ 278 Abs. 2 Satz 1	§ 279 Abs. 2
§ 139 Abs. 3	§ 136 Abs. 2 Satz 2	§ 278 Abs. 2 Satz 2	§ 279 Abs. 3

465

4 ZPO neu/alt

bis zum 31.12.2001 geltende Fassung	ab dem 1.1.2002 geltende Fassung	bis zum 31.12.2001 geltende Fassung	ab dem 1.1.2002 geltende Fassung
§ 278 Abs. 3	§ 139 Abs. 3 Satz 1	–	§ 429 Satz 2
§ 279 Abs. 1 Satz 1	§ 278 Abs. 1	§ 431 Abs. 1 Satz 1	§ 431 Abs. 1 Satz 1
(aufgehoben)	§ 278 Abs. 2	§ 450 Abs. 1 Satz 2	§ 450 Abs. 1 Satz 2
§ 279 Abs. 1 Satz 2	§ 278 Abs. 5 Satz 1	–	§ 450 Abs. 1 Satz 3
–	§ 278 Abs. 5 Satz 2 und 3	§ 479 Abs. 1	§ 479 Abs. 1
		§ 490 Abs. 1	§ 490 Abs. 1
§ 279 Abs. 2	§ 278 Abs. 3	§ 494a Abs. 2 Satz 2	§ 138 Abs. 4
(aufgehoben)	§ 278 Abs. 4 und 6	§ 494a Abs. 2 Satz 3	§ 494a Abs. 2 Satz 2
§ 281 Abs. 2 Satz 2	§ 128 Abs. 4	§ 495 Abs. 1	§ 495a
§ 296 Abs. 1	§ 296 Abs. 1	§ 495a Abs. 2	§ 313a Abs. 1
§ 296a Satz 2	§ 296a Satz 2	§ 511	§ 511 Abs. 1
§ 307 Abs. 1, Abs. 2 Satz 1	§ 307 Abs. 1, Abs. 2 Satz 1	§ 511a Abs. 1 Satz 1	§ 511 Abs. 2
		§ 511a Abs. 1 Satz 2	§ 511 Abs. 3
(aufgehoben)	§ 311 Abs. 2 Satz 2	–	§ 511 Abs. 4
§ 311 Abs. 2 Satz 2	§ 311 Abs. 2 Satz 3	§ 512	§ 512
§ 311 Abs. 4 Satz 2	§ 311 Abs. 2 Satz 2	§ 512a	§ 513 Abs. 2
§ 313a Abs. 1	§ 313a Abs. 1	§ 513	§ 514
§ 313a Abs. 2	§ 313a Abs. 4	§ 514	§ 515
§ 313a Abs. 2 Nr. 4 Halbsatz 2	§ 313a Abs. 5	§ 515 Abs. 1 und 2	§ 516 Abs. 1 und 2
		§ 515 Abs. 3 Satz 1	§ 516 Abs. 3 Satz 1
§ 319 Abs. 2 Satz 1	§ 128 Abs. 4	§ 515 Abs. 3 Satz 2	§ 516 Abs. 3 Satz 2
§ 319 Abs. 2 Satz 2	§ 319 Abs. 2	§ 515 Abs. 3 Satz 3	§ 128 Abs. 4
(aufgehoben)	§ 321a	§ 516	§ 517
§ 329 Abs. 3	§ 329 Abs. 3	§ 517	§ 518
§ 339 Abs. 2	§ 339 Abs. 2	§ 518	§ 519
§ 341 Abs. 2	§ 341 Abs. 2	§ 519 Abs. 1	§ 520 Abs. 1
§ 341a	§ 341a	§ 519 Abs. 2 Satz 1	§ 520 Abs. 3 Satz 1
§ 348 Abs. 1 Nr. 1 und 2	§ 348a Abs. 1 Nr. 1 und 2	§ 519 Abs. 2 Satz 2	§ 520 Abs. 2 Satz 1
		§ 519 Abs. 2 Satz 3	§ 520 Abs. 2 Satz 2
§ 348 Abs. 2 Satz 1	§ 128 Abs. 4	§ 519 Abs. 3	§ 520 Abs. 3 Satz 2
§ 348 Abs. 2 Satz 2	§ 348a Abs. 3	§ 519 Abs. 4	§ 520 Abs. 4
§ 348 Abs. 3	§ 348a Abs. 1 Nr. 3	§ 519 Abs. 5	§ 520 Abs. 5
§ 348 Abs. 4	§ 348 Abs. 3	§ 519a	§ 521 Abs. 1
§ 349 Abs. 4	§ 349 Abs. 4	§ 519b Abs. 1 Satz 1 und 2	§ 522 Abs. 1 Satz 1 und 2
§ 350	§ 350		
§ 356 Satz 1	§ 356 Satz 1	§ 519b Abs. 2	§ 522 Abs. 1 Satz 3 und 4
§ 371	§ 371		
§ 375 Abs. 1 Nrn. 2 und 3	§ 375 Abs. 1 Nrn. 2 und 3	§ 519 Abs. 2 Satz 3	§ 520 Abs. 2 Satz 3
		§ 520 Abs. 1	§ 523 Abs. 1
§ 378 Abs. 1 Satz 2	§ 378 Abs. 1 Satz 2	§ 520 Abs. 2	§ 521 Abs. 2
§ 380 Abs. 3	§ 380 Abs. 3	§ 520 Abs. 3 Satz 2	§ 523 Abs. 2
§ 381 Abs. 1	§ 381 Abs. 1	§ 521 Abs. 1	§ 524 Abs. 1 und 2
§ 390 Abs. 3	§ 390 Abs. 3	§ 521 Abs. 2	§ 514 Abs. 2 Satz 1
§ 406 Abs. 4 Halbsatz 2	§ 128 Abs. 4	§ 522 Abs. 1	§ 524 Abs. 4
		§ 522a Abs. 1	§ 524 Abs. 1 Satz 2
§ 409 Abs. 2	§ 409 Abs. 2	§ 522a Abs. 3	§ 524 Abs. 3
§ 428	§ 428	§ 523	§ 525

Neue/alte Fassung ZPO neu/alt 4

bis zum 31.12.2001 geltende Fassung	ab dem 1.1.2002 geltende Fassung	bis zum 31.12.2001 geltende Fassung	ab dem 1.1.2002 geltende Fassung
–	§ 526	§ 560	§ 558
§ 524	§ 527	§ 561	§ 559
§ 525	§ 529	§ 562	§ 560
§ 526	*(aufgehoben)*	§ 563	§ 561
§ 527	§ 530	§ 564	§ 562
§ 528	§ 531	§ 565	§ 563
§ 529 Abs. 1	§ 532 Satz 1 und 2	§ 565 a	§ 564
§ 529 Abs. 2, 3	*(aufgehoben)*	§ 566	§ 565
§ 529 Abs. 4	§ 532 Satz 3	§ 566 a	§ 566
§ 530	§ 533	§ 567 Abs. 1 und 2	§ 567 Abs. 1 und 2
§ 531	§ 534	–	§ 568
§ 532	§ 535	§ 568	§ 574
§ 533	§ 536	§ 569	§ 569
§ 534	§ 537	§ 570	§ 571 Abs. 2
§ 535 (weggefallen)	–	–	§ 571 Abs. 1 und 3
§ 536	§ 528 Satz 2	§ 571	§ 572 Abs. 1
§ 537	*(aufgehoben)*	§ 572	§ 570
§ 538	§ 538 Abs. 2 Nr. 2 bis 7	§ 573 Abs. 1	§ 572 Abs. 4
		§ 571	§ 572 Abs. 1
§ 539	§ 538 Abs. 2 Nr. 1	§ 572	§ 570
§ 540	§ 538 Abs. 1	§ 573 Abs. 2	§ 571 Abs. 4
§ 541	*(aufgehoben)*	§ 574	§ 572 Abs. 2
§ 542	§ 539	§ 575	§ 572 Abs. 3
§ 543	§ 540	§ 576	§ 573
§ 544	§ 541	§ 577 Abs. 1 und 2	§ 569 Abs. 1
§ 545	§ 542	§ 577 a	§ 567 Abs. 3
§ 546	§ 543	–	§ 575
–	§ 544	–	§ 576
§ 547	*(aufgehoben)*	–	§ 577
§ 548	§ 557 Abs. 2	§ 615 Abs. 2	§ 615 Abs. 2
§ 549 Abs. 1	§ 545 Abs. 1	§ 620 a Abs. 1	§ 620 a Abs. 1
§ 549 Abs. 2	§ 557 Abs. 3	§ 621 d	§ 621 d
§ 550	§ 546	§ 621 e Abs. 2, Abs. 3 Satz 2, Abs. 4	§ 621 e Abs. 2, Abs. 3 Satz 2, Abs. 4
§ 551	§ 547		
§ 552	§ 548		
§ 553	§ 549	§ 626 Abs. 1 Satz 1	§ 626 Abs. 1 Satz 1
§ 553 a	§ 550	§ 626 Abs. 2 Satz 2	*(aufgehoben)*
§ 554	§ 551	§ 629 a Abs. 3 Sätze 1 und 4	§ 629 a Abs. 3 Sätze 1 und 4
§ 554 a	§ 552		
§ 554 b	*(aufgehoben)*	§ 629 b Abs. 2	§ 629 b Abs. 2
§ 555	§ 553	§ 629 c	§ 629 c
§ 556	§ 554	§ 641 d Abs. 3 Satz 1	§ 641 d Abs. 3 Satz 1
§ 557	§ 555 Abs. 1	§ 649 Abs. 2	*(aufgehoben)*
§ 557 a	§ 555 Abs. 2	§ 649 Abs. 3	§ 649 Abs. 2
§ 558	§ 556	§ 688 Abs. 1, Abs. 2 Nr. 1	§ 688 Abs. 1, Abs. 2 Nr. 1
§ 559 Abs. 1	§ 557 Abs. 1		
§ 559 Abs. 2	§ 557 Abs. 3	§ 691 Abs. 3 Satz 1	§ 691 Abs. 3 Satz 1

4 ZPO neu/alt

bis zum 31.12.2001 geltende Fassung	ab dem 1.1.2002 geltende Fassung
–	§ 697 Abs. 1 Satz 2
§ 700 Abs. 4 Satz 1, Abs. 5	§ 700 Abs. 4 Satz 1, Abs. 5
§ 705	§ 705
–	§ 706 Abs. 1 Satz 2
§ 706 Abs. 2 Satz 2	§ 706 Abs. 2 Satz 2
§ 707 Abs. 2 Satz 1	§ 707 Abs. 2 Satz 1
§ 708 Nr. 11	§ 708 Nr. 11
–	§ 709 Satz 2
§ 709 Satz 2	§ 709 Satz 3
–	§ 711 Satz 2
§ 711 Satz 2	§ 711 Satz 3
§ 712 Abs. 1 Satz 1	§ 712 Abs. 1 Satz 1
§ 714 Abs. 1	§ 714 Abs. 1
§ 719 Abs. 3	§ 719 Abs. 3
§ 721 Abs. 4 Satz 2	§ 721 Abs. 4 Satz 2

bis zum 31.12.2001 geltende Fassung	ab dem 1.1.2002 geltende Fassung
§ 732 Abs. 1 Satz 2	§ 732 Abs. 1 Satz 2
§ 764 Abs. 3	§ 764 Abs. 3
§ 769 Abs. 3	§ 769 Abs. 3
§ 793 Abs. 1	§ 793
§ 793 Abs. 2	*(aufgehoben)*
§ 794 Abs. 1 Nrn. 3 und 3a	§ 794 Abs. 1 Nrn. 3 und 3a
§ 794a Abs. 1 Satz 3	§ 794a Abs. 1 Satz 3
§ 796b Abs. 2 Satz 1	§ 796b Abs. 2 Satz 1
§ 891 Satz 1	§ 891 Satz 1
§ 921 Abs. 1	*(aufgehoben)*
§ 921 Abs. 2	§ 921
§ 934 Abs. 3	§ 934 Abs. 3
§ 942 Abs. 4	§ 942 Abs. 4
§ 1063 Abs. 1 Satz 1	§ 1063 Abs. 1 Satz 1
§ 1065	§ 1065

b) EGZPO

bis zum 31.12.2001 geltende Fassung	ab dem 1.1.2002 geltende Fassung
§ 7	§ 7
§ 8	§ 8 *(aufgehoben)*
–	§ 26

c) GVG

bis zum 31.12.2001 geltende Fassung	ab dem 1.1.2002 geltende Fassung
§ 23 Nr. 1	§ 23 Nr. 1
§ 72	§ 72
§ 105 Abs. 3	–
§ 119	§ 119
§ 133	§ 133
§ 178 Abs. 1 Satz 1	§ 178 Abs. 1 Satz 1

Sachverzeichnis

Die fetten Zahlen bezeichnen die Gesetze, die mageren Zahlen bezeichnen deren Artikel oder Paragraphen. Die Buchstaben ä, ö und ü sind wie a, o und u in das Alphabet eingeordnet.

Abänderungsklage 1 323; gegen Unterhaltsfestsetzung **1** 654
Abdruck aus Schuldnerverzeichnis **1** 915 d
Abgabe der eidesstattl. Versicherung, Klage **1** 254, bei Zwangsvollstr. **1** 807, 889, 899
Abgesonderte Verhandlung über Widerklage **1** 145; über Wiederaufnahme **1** 590
Ablehnung des Richters im Zivilprozeß **1** 42 bis 48
Abschrift aus Akten **1** 299, 760; von öffentl. Urkunden **1** 435; von Schriftsätzen, Anzahl **1** 133; des Widerspruchs gegen Mahnbescheid **1** 695
Abstammung, Feststellung der **1** 372a
Abstimmung über Gerichtsentscheidung **3** 192 bis 197; Stimmenmehrheit **3** 196; keine Verweigerung **3** 195
Abtretung des geltend gemachten Anspruchs **1** 265
Akten, Einsicht **1** 299, 760; Rechtshilfe bei Mitteilungen von **3** 168
Altenteilsvertrag, Zuständigkeit des Amtsgerichts **3** 23
Amtsgeheimnis, Aussagegenehmigung für Beamte **1** 376
Amtsgericht 3 12; Belehrung bei Unzuständigkeit **1** 504; Besetzung **3** 22; EDV im Mahnverf. **1** 703c; Inhalt des Urteils **1** 495a; Rechtshilfe **3** 157; Richter auf Probe oder kraft Auftrags **3** 22; Verfahren **1** 495 bis 510, nach billigem Ermessen **1** 495a; als Vollstreckungsgericht **1** 764, Vorsitz des Präsidiums **3** 22a; Zuständigkeit **3** 23 bis 27, bei einstweiliger Verfügung **1** 942, für Familiensachen mehrerer Bezirke **3** 23c, im Mahnverf. **1** 689, für Unterhalt **1** 642, für vereinfachtes Verf. bei Unterhalt **1** 660
Amtspflichtverletzung, Zuständigkeit des Landgerichts **3** 71
Amtsverschwiegenheit der Beamten **1** 376
Änderung des Arrestes **1** 925; der Klage **1** 268; der Unpfändbarkeitsvoraussetzung **1** 850g; des Urteils des ersten Rechtszuges **1** 528
Anerkenntnis, Belehrung über Folgen **1** 499; Prozeßkosten **1** 93

Anerkenntnisurteil 1 307; abgekürzte Form **1** 313b; Verkündung **1** 311; Vollstreckbarkeit **1** 708; Zustellung statt Verkündung **1** 310
Anerkennung, ausländischer Entscheidungen in Ehesachen **1** 606a; des Urteils eines ausländischen Gerichts **1** 328, 723; der Vaterschaft **1** 641c;
Anfechtung in Kostenentscheidungen **1** 99; der Vaterschaft, Aussetzung eines Verfahrens **1** 153, Kosten der Klage **1** 93c
Anfechtungsklage gegen Ausschlußurteil im Aufgebotsverf. **1** 957, 958, 1017
Angriffsmittel in der Berufungsinstanz **1** 530, 531; Kosten erfolgloser **1** 96; verspätetes Vorbringen **1** 296, in Ehesachen **1** 615, in Familiensachen **1** 621d
Anhörung vor Erteilung der Vollstreckungsklausel **1** 730; bei Erwirkung von Handlungen oder Unterlassungen **1** 891; der Parteien über Rechtmäßigkeit einer Zeugnisverweigerung **1** 387; keine vor Pfändung einer Forderung **1** 834
Anmeldung von Ansprüchen im Aufgebotsverf. **1** 946, 951, 953, 996
Annahmeverzug bei Zug-um-Zug-Leistung **1** 756, 765
Anordnung, -en, einstweilige in Ehesachen **1** 620, 620a; des Gerichts, Gebühren **1** 141 bis 156; vorläufige A. bei schiedsrichterl. Verf. **1** 1033, im Schiedsverf. **1** 1041
Anschlußberufung 1 524
Anschlußbeschwerde 1 567
Anschlußpfändung 1 826, 827
Anschlußrevision 1 554
Anspruch auf rechtliches Gehör **1** 321a; Schiedsfähigkeit **1** 1030
Anstalten, Gerichtsstand **1** 17; Zwangsvollstr. gegen **1** 882a
Antrag für Aufgebotsverf. **1** 947; Aufnahme des A. der Parteien **1** 308; Begründung **1** 620d; auf einstweilige Anordnung in Ehesachen **1** 620, 620a; auf Entscheidung nach Lage der Akten **1** 331a, 335; Erklärung zu Protokoll der Geschäftsstelle **1** 496; auf Prozeßkostenhilfe **1** 116; auf schriftl. Verfahren **1** 331; auf Verweisung

469

Sachverzeichnis

Die fetten Zahlen bezeichnen die Gesetze,

des Rechtsstreits **1** 506; auf Vollstreckbarerklärung eines Schiedsspruchs **1** 1060
Antragstellung im Zivilprozeß **1** 297
Anwalt, Bestellung eines neuen Rechtsanwalts **1** 244
Anwaltsgebühren, Beitreibung **1** 125
Anwaltsprozeß 1 78; Anträge und Erklärungen **1** 297; Anzeige der Bestellung eines anderen Anwalts **1** 87; Aufforderung zur Bestellung eines Anwalts **1** 215; vorbereitende Schriftsätze **1** 130, 131
Anwaltszwang 1 78
Anwesenheit bei Urteilsverkündung **1** 312
Anzeige der Bestellung eines neuen Anwalts **1** 87
Arbeiter, Gerichtsstand **1** 20
Arbeitnehmer, Gerichtsstand **1** 20
Arbeitseinkommen, Begriff iSd Pfändungsschutzvorschriften **1** 850; Berechnung des pfändbaren **1** 850 e; Pfändung gleichgestellter Bezüge **1** 850; Pfändungsfreigrenze **1** 850 c; Pfändungsschutz **1** 850 bis 850; Schätzung bei Lohnpfändung **1** 850 i
Arbeitslohn, Pfändung **1** 850 bis 850
Arrest 1 916 bis 934; Aufhebung **1** 923, 925 ff., 934; Ausschluß der Revision **1** 542; dingl. **1** 917; Gebühren für Anordnung, Abänderung, Gesuch **1** 920; persönl. **1** 918, 933; Schadensersatz nach Aufhebung eines ungerechtfertigten **1** 945; Unzulässigkeit des dingl. **1** Anm. zu 917; Vollmacht für **1** 82; Vollstreckbarkeit des aufhebenden Urteils **1** 708; Vollziehung **1** 928 bis 933
Arrestbefehl 1 923, 924
Arrestbeschluß 1 922
Arrestgericht 1 919, 926
Arrestgrund 1 917, 918, 920; Erledigung **1** 927
Arresthypothek 1 932
Arrestpfandrecht an Schiffen **1** 931
Arresturteil 1 922
Aufbewahrung des Protokolls über Beweissicherung **1** 492
Aufenthalt, gewöhnl. A. als Gerichtsstand **1** 640 a
Aufenthaltsort, Gerichtsstand **1** 16, 20, 606
Aufforderung im Aufgebotsverf. **1** 946, 1008
Aufgebot des Grundstückseigentümers **1** 977 bis 981; des Schiffseigentümers **1** 981 a
Aufgebotsfrist 1 950, 994, 1010 bis 1016
Aufgebotstermin 1 947, 950, 1008, 1010 bis 1016
Aufgebotsverfahren 1 946 bis 1024; zur Ausschließung des Berechtigten bei Vormerkung von Schiffsgläubigern **1** 1002, Vorkaufsrecht, Reallast, Schiffshypothek **1** 981 a, 987 a, 988; des Eigentümers eines Grundstücks **1** 977 bis 981; eines Hypotheken-, Grundschuld- oder Rentenschuldgläubigers **1** 982 bis 987; zur Kraftloserklärung von Urkunden **1** 1003 bis 1024; landesrechtl. Vorschr. **2** 11; Vorbehalte für Landesrecht **1** 1023, 1024; Zuständigkeit **3** 23
Aufhebung der einstweiligen Verfügung **1** 939; eines Schiedsspruchs **1** 1059; der Strafen gegen ausgebliebene Parteien, Zeugen und Sachverständige **1** 400; der Trennung, Verbindung oder Aussetzung eines Rechtsstreits **1** 150, 155; von Vollstreckungsmaßregeln **1** 811 d, 851 b, ohne Sicherheit **1** 776; der vorläufigen Vollstreckbarkeit **1** 868
Aufhebung der Ehe 1 631; Zuständigkeit für Verf. **1** 6, 606
Aufklärung des Sachverhaltes, persönl. Erscheinen **1** 141
Aufklärungspflicht des Gerichts **1** 139
Auflage, Bestimmung einer Frist zur Vollziehung der A. im Urteil **1** 255
Aufnahme des unterbrochenen oder ausgesetzten Verfahrens **1** 239 bis 250
Aufrechnung, abgetrennte Verhandlung über die **1** 145; Entscheidung über **1** 322; Zulässigkeit neuer A. im Berufungsrechtszug **1** 533
Aufruf der Sache **1** 220
Aufschiebende Einreden des Erben bei Zwangsvollstr. **1** 782, 783, 785
Aufschiebende Wirkung der Berufung und Revision **1** 705; der Beschwerde **1** 570
Auftrag, zur Zustellung **1** 166 bis 169; zur Zwangsvollstr. **1** 753 ff.
Augenschein, Anordnung **1** 3, 144; Beweis durch **1** 371 bis 372, Anordnung **1** 358 a; Einnahme **1** 219
Ausfertigung, Leistung, Zug um Zug **1** 726, für und gegen Testamentsvollstr. **1** 749
Ausgleich des Zugewinnes der Ehegatten, Pfändbarkeit **1** 852
Ausgleichsforderung aus ehel. Güterrecht, Zuständigkeit **1** 621; **3** 23 b
Auskunft über Eintragungen im Schuldnerverzeichnis **1** 915 b
Auslagen Erstattung bei Rechtshilfesachen **3** 164
Ausland, Anerkennung ausländischer Entscheidungen in Ehesachen **1** 606 a; Beweisaufnahme im **1** 363, 364, 369; Vernehmung von Zeugen im **1** 363; Zustellung **1** 199 bis 202; Zwangsvollstr. **1** 791, 917

Sachverzeichnis

Ausländer, Ehe eines deutschen Staatsangehörigen mit **1** 606 a; Gerichtsstand in Ehesachen **1** 606 a
Ausländische Schuldtitel, Vollstreckbarerklärung **1** 722
Ausländische Urkunden 1 438
Ausländische Urteile 1 328
Ausländischer Schiedsspruch 1 1061
Ausnahmegerichte, Verbot **3** 16
Aussagegenehmigung bei Vernehmung von Beamten **1** 376
Aussagen, widersprechende **1** 394
Ausschließliche Gerichtsstände 1 24, 802
Ausschließung, Aufgebotsverfahren zum Zwecke der A. des Grundstückseigentümers **1** 977 bis 981; eines Nachlaßgläubigers **1** 989 bis 1001; der Richter **1** 41 bis 48; eines Schiffsgläubigers **1** 988; eines Schiffshypothekengläubigers **1** 987 a; der Urkundsbeamten **1** 49
Ausschlußurteil, Anfechtungsklage gegen **1** 957, 958; im Aufgebotsverf. **1** 951 bis 954, 956, 987, 997, 1010, 1011, 1017, 1018
Außerkrafttreten einstweiliger Anordnung **1** 620
Aussetzung des Aufgebotsverf. **1** 953; wegen Aufhebung einer Ehe **1** 152; des Verf. in Ehesachen **1** 614, wegen sonstiger Gründe **1** 246 bis 250; der Verhandlung wegen anderer Entscheidungen **1** 148, 149; der Vollziehung einer Entscheidung **1** 570
Austauschpfändung 1 811 a, 811 b
Auszugsvertrag, Zuständigkeit des Amtsgerichts **3** 23

Bankguthaben, Pfändungsschutz **1** 850 k
Bayerisches Oberstes Landesgericht 3 Anm. zu 119; Zuständigkeit **2** 7, 8
Beamte, Gerichtsstand der Auslandsbeamten **1** 15; als Sachverständige **1** 408; Verhaftung zur Abgabe einer eidesstattl. Versicherung **1** 910; Vorlegung von Urkunden durch **1** 432; als Zeugen **1** 376
Beauftragter Richter, kein Anwaltszwang vor **1** 78; keine Ausschließung **1** 41; Befugnisse **1** 229, 329, 405; Beweisaufnahme **1** 355, 370, 372, 375, 389, 398, 400; Erinnerung gegen **1** 573; Güteverhandlung **1** 278; Protokollierung **1** 389; Vernehmung der Partei **1** 613
Bedingte Ansprüche, Arrest wegen **1** 916
Bedingte Forderungen, Verwertung gepfändeter **1** 844
Beeidigung des Dolmetschers **3** 189; der Partei **1** 452 bis 455, 536; Zwangsmittel bei unbegründeter Eidesverweigerung **1** 390

Beeinträchtigung des Eigentums **1** 77
Befangenheit des Richters **1** 42, 43; des Sachverständigen **1** 406; des Urkundsbeamten **1** 49
Beförderung, Streitigkeiten wegen B. der Reisenden **3** 23
Befreiung von Vertretungspflicht im Anwaltsprozeß **1** 78
Befriedigung, Klage auf vorzugsweise **1** 805
Beglaubigung des Handzeichens **1** 416, 440
Begutachtung, Anordnung von Amts wegen **1** 3, 144, 287; wiederholte **1** 412
Behörde, Beweisaufnahme durch ausländische **1** 364; Gerichtsstand **1** 17 ff.; Vorlegung von Urkunden durch **1** 432; Zwangsvollstr. mittels Ersuchens einer **1** 789
Beiladung in Kindschaftssachen **1** 640 e
Beistand, Erscheinen mit **1** 90; Zurückweisung **1** 157
Beitreibung gepfändeter Geldforderungen **1** 842, 843
Bekanntmachung öffentl. bei Aufgeboten **1** 948, 949, 956, 1009, 1017
Beklagter, Folgen eines Anerkenntnisses **1** 499; Versäumnis des **1** 612
Belegene Sache, Gerichtsstand **1** 25, 26; Zuständigkeit des Gerichts für Aufgebotsverf. **1** 978
Belehrung über schriftl. Anerkenntnis **1** 499; bei Unzuständigkeit des Amtsgerichts **1** 504
Benachrichtigung der Parteien **1** 362, 365
Beratung des Gerichts **3** 192 ff.; Leitung durch Vorsitzenden **3** 194
Berechnung des Streitwertes **1** 4 bis 9
Berechtigungen, Zwangsvollstr. und Arrestvollziehung in grundstücksgleiche **1** 864
Berichterstatter, Stimmabgabe **3** 197; bei Zwischenstreit über Zeugnisverweigerung **1** 388, 389
Berichtigung der Klage **1** 264
Berlin als Gerichtsstand **1** 606, 640 a
Berufung 1 511 bis 541, Anschlußberufung **1** 524; Begründung **1** 520; Berechnung des Streitwerts **1** 4; Einlegung **1** 519; Einstellung der Vollstreckung wegen **1** 719; Einzelrichter **1** 527; keine B. wegen fehlender Zuständigkeit **1** 513; auf geleisteten Eid **1** 398; in Kindschaftssachen **3** 119; Kosten **1** 97; Verf. in Zivilsachen **1** 525 ff.; Verhandlung **1** 529; Versäumnisverf. auf die **1** 539; verspätete Angriffs- oder Verteidigungsmittel **1** 530; Verzicht **1** 515, 566; vorläufige Vollstreckbarkeit des Urteils **1** 718; Widerklage **1** 533; im Zivilprozeß **1** 511 bis 541; **3** 119; Zulässigkeit **1** 511 ff., 522; Zulassung neuer

471

Sachverzeichnis

Die fetten Zahlen bezeichnen die Gesetze,

Angriffs- und Verteidigungsmittel **1** 531; Zurücknahme **1** 516, 524; Zuständigkeit in Zivilsachen **3** 72
Berufungsanschlußschrift 1 524
Berufungsantrag 1 520, 528
Berufungsbegründung, Wiedereinsetzung bei Versäumung der Frist **1** 233
Berufungsfrist in Zivilsachen **1** 517, 518
Berufungsgericht als Gericht der Hauptsache **1** 943; Nachprüfung von Entscheidungen im ersten Rechtszug **1** 512
Berufungsinstanz, Vollstreckbarkeit des ersten Urteils **1** 537
Berufungsschrift, Zustellung **1** 521
Berufungssumme 1 511
Berufungsurteil, Inhalt **1** 540
Beschäftigung, Gerichtsstand **1** 20
Beschlagnahme Pfändung von Früchten und Zubehör nach **1** 810, 865
Beschluß, über Ablehnung eines Sachverständigen **1** 406; über Ablehnungsgesuch **1** 46; über Antrag auf selbständiges Beweisverfahren **1** 490; Aufhebung **1** 620 b, der Arrestvollziehung **1** 934; über Ausschluß der Öffentlichkeit, Verkündung **3** 174; über Beibringungsfrist **1** 356; über Beiordnung eines Notanwalts **1** 78 b; über Berichtigung des Urteils **1** 319; im Beweisverf. **1** 359, 409; über einstweilige Anordnung in Ehesachen **1** 620 a, 620 b; über einstweilige Einstellung der Zwangsvollstreckung **1** 707; Entwürfe **1** 299; über Erinnerung gegen Vollstreckungsklausel **1** 732; formlose Mitteilung **1** 329; über gerichtliche Bestimmung **1** 37; bei Klagerücknahme **1** 269; über Räumungsfrist **1** 721; Rückgabe der Sicherheit **1** 109; über Rüge der Verletzung des Anspruchs auf rechtliches Gehör **1** 321 a; Verkündung **1** 136, 329; über Verweisung wegen Unzuständigkeit des Gerichts **1** 281, 506; Verwerfung der Berufung **1** 522, der Revision **1** 552; über vorläufige Vollstreckbarkeit in Berufungsinstanz **1** 537; über Vorlegungsfrist für Urkunde **1** 431; über Zulässigkeit des Einspruchs **1** 341; über Zustellungsbevollmächtigten **1** 174
Beschränkte Haftung des Miterben, Urteil unter Vorbehalt **1** 305; und Zwangsvollstr. **1** 780 bis 786
Beschränkung der Haftung des Erben **1** 305, 781, und Zwangsvollstr. **1** 786; der Verhandlung auf einzelne Angriffs- und Verteidigungsmittel **1** 146
Beschuldigter, Maßnahmen wegen Ungehorsams **3** 177 ff.
Beschwerde, Abhilfe oder Vorlegung **1** 572; Anschlußbeschwerde **1** 567; aufschiebende Wirkung **1** 570; in bürgerl. Rechtsstreitigkeiten **1** 567 bis 577; in Ehesachen **1** 620 f; Einlegung **1** 569 bis 571; gegen einstweilige Anordnung, Begründung **1** 620 d; in Familiensachen **1** 621 e; in Kindschaftssachen **3** 119; Rechtsbeschwerde **1** 574 bis 577; gegen Schuldnerverzeichnis **1** 915 c; wegen Schweigegebots über Verhandlungen **3** 174; sofortige **1** 567 bis 573; gegen verhängte Ordnungsmittel **3** 181; wegen versagter Rechtshilfe **3** 159; Wiedereinsetzung bei Versäumung der B.-frist **1** 233; Zulässigkeit **1** 567, 574; Zuständigkeit in Beschwerdesachen **3** 72, 133; im Zwangsvollstreckungsverf. **1** 793
Beschwerdefrist 1 569
Beschwerdegegenstand, Wert bei Berufung **1** 511
Beschwerdegericht 1 568
Beschwerdegrund 1 571
Beschwerdeschrift 1 569
Beschwerdesumme 1 511, 567
Besetzung, Mangel ordnungsgem. B. als Revisions- und Nichtigkeitsgrund **1** 579
Besitz, Wert bei Streit über **1** 6
Besitzer, Benennung des mittelbaren **1** 76; Rechtsstreit mit B. eines Grundstücks **1** 266; Wirkung des Urteils gegen **1** 325
Besitzklage 1 24
Besitzmittler, Wirkung eines rechtskräftigen Urteils **1** 325
Besondere Gerichte 3 14
Besorgnis der Befangenheit **1** 406; nicht rechtzeitiger Leistung **1** 259; des Verlustes einer Urkunde **1** 434; der Vollstreckungsvereitelung **1** 917 (Arrest)
Bestätigung des Arrests **1** 925, 927
Bestellung eines Anwalts **1** 271; eines Sequesters **1** 848
Bestimmung einer Frist im Urteil **1** 510 b
Betagte Ansprüche, Arrest **1** 916; Verwertung bei Pfändung **1** 844
Beteiligungen, Dritter am Rechtsstreit **1** 64 bis 77
Betrag des Anspruchs, Verhandlung über **1** 304, 347, 538
Betreiben der Partei, Zustellung des Arrestbeschlusses **1** 922; des Pfändungsbeschlusses an den Drittschuldner **1** 829
Betriebsgeheimnis, Ausschluß der Öffentlichkeit **3** 172
Beurkundung des Vaterschaftsanerkenntnisses **1** 641 c; vollstreckbarer Urkunden **1** 799, 800
Bevollmächtigte, Verschulden **1** 85; Zurückweisung **1** 157

Bewegliche Sachen, Erwerb streitbefangener 1 325; des Schuldners 1 777; Überweisung einer durch Pfandrecht gesicherten Forderung 1 838; Zwangsvollstr. 1 803 ff., in Ansprüche auf Herausgabe 1 847, 854, 886
Bewegliches Vermögen, Arrestvollziehung 1 930; Zwangsvollstr. 1 803 bis 863
Beweis durch Augenschein 1 371 bis 372; des Gegenteils 1 292; des mündl. Parteivorbringens 1 314; durch Parteivernehmung 1 445 bis 455; durch Sachverständige 1 402 bis 414; Sicherung 1 485 bis 494; nicht bedürftige Tatsachen und Rechte 1 288, 291, 293; durch Urkunden 1 415 bis 444; voller 1 415 bis 418; durch Zeugen 1 373 bis 401
Beweisantritt durch Urkunden 1 420 bis 432
Beweisaufnahme 1 284; allg. Vorschriften 1 355 bis 370; Anordnung 1 3; Anwesenheit der Parteien 1 357; Ausbleiben von Parteien 1 367; im Ausland 1 363, 364, 369; durch beauftragten oder ersuchten Richter 1 355, 360 ff., 365, 366; Beschluß vor mündl. Verhandlung 1 358 a; im Haupttermin 1 279; Hindernis 1 356; vor einem Mitglied des Prozeßgerichts 1 355, 375, 434; Protokollführung durch Urkundsbeamten 1 159; vor Prozeßgericht 1 355, 372; Termin zur 1 361, 370; Terminsbestimmung von Amts wegen 1 366; durch Urkunden 1 434, 435; Vervollständigung der 1 367
Beweisbeschluß 1 284, 358 bis 361; Änderung 1 360; Anordnung der Parteivernehmung 1 359, 450, 595; vor mündlicher Verhandlung 1 358 a
Beweiserhebung durch Einzelrichter 1 527; durch Vorsitzenden der Kammer für Handelssachen 1 349
Beweiskraft von öffentl. und Privaturkunden 1 415 ff.; der Personenstandsurkunden 2 16; des Tatbestands 1 314
Beweislast über Echtheit der Urkunden 1 437 bis 444; und Parteivernehmung 1 448
Beweismittel, Angabe 1 588; Bezeichnung im Beweisbeschluß 1 359; drohender Verlust 1 434; Geltendmachung anderer 1 450; nachträgl. Vorbringen 1 356; im Urkundenprozeß 1 595; zulässige im Urkundenprozeß 1 592
Beweissicherung 1 485 bis 494
Beweistermin, Nichterscheinen der Partei 1 367, 368
Beweisthema 1 359
Beweisverfahren, Entscheidungen 1 490; selbständiges 1 485 bis 494; Zuständigkeit 1 486

Beweisverhandlungen, mündl. Vortrag 1 285
Beweiswürdigung, freie 1 286, 287, 419, 435, 442
Bewilligung von Prozeßkostenhilfe 1 115, 116, Antrag 1 117, Aufhebung 1 124
Bezüge, bedingt pfändbare 1 850 b
Bild- und Tonübertragung bei Verhandlung 1 128 a
Bildträger, Wiedergabe von Prozeßakten 1 299 a
Bindung des Berufungsgerichts im Falle der Zurückverweisung 1 563; des Revisionsgerichts 1 559 ff.; 3 138; an Verweisungsbeschluß 1 506
Binnenschiffahrtsrechtliche Haftungsbeschränkung 1 786 a
Blutgruppenbestimmung zur Feststellung der Abstammung 1 372 a
Blutprobe, Entnahme 1 372 a
Botschafter, Exterritorialität 3 18 ff.
Brief, Unpfändbarkeit auf der Post 1 Anm. zu 811
Bruchteil, Zwangsvollstr. 1 864
Bund, Zwangsvollstr. gegen 1 882 a
Bundesgerichtshof 3 12, 123 bis 140; Besetzung 3 124; Ermittlungsgerichte an 3 130; Ernennung der Mitglieder 3 125; Geschäftsordnung 3 140; Große Senate und Vereinigte Große Senate 3 132; Senate 3 130; Zuständigkeit in Zivilsachen 3 133
Bundeskonsul, Beweisaufnahme 1 363
Bundespräsident, Vernehmung 1 219, 375, 376
Bundesrecht, Verletzung einer Vorschrift als Revisionsgrund 1 545
Bundesregierung, Vernehmung von Mitgliedern 1 376, 382
Bundestag, Vernehmung von Mitgliedern 1 382
Bundestagsabgeordnete, Vernehmung als Zeugen 1 382
Bürge, Bürgschaft, Erlöschen bei Antrag auf Rückgabe der Sicherheit 1 715; als Sicherheitsleistung 1 108
Bürgerliche Rechtsstreitigkeiten, Ausschließung der Gerichtsvollzieher 3 155; Berufung 1 511 bis 541; 3 119; Beschwerde 1 567 bis 577; 3 119, 133; Gerichtsbarkeit 3 13; Kosten 2 2; Mahnverf. 1 688 bis 703; Revision 1 542 bis 566; 3 133; Zivilprozeß 1; Zuständigkeit der Amtsgerichte 3 23, 23 a, des BGH 3 133, der Landgerichte 3 71, 72, der OLG 3 119

Datenschutz beim Schuldnerverzeichnis 1 915 e

Sachverzeichnis Die fetten Zahlen bezeichnen die Gesetze,

Deputat als Arbeitseinkommen **1** 850 e
Deutsche Sprache als Gerichtssprache **3** 184
Dienstalter der Richter **3** 197
Dienstaufsicht bei Amtsgerichten **3** 22
Dienstbarkeiten, Gerichtsstand **1** 25
Dienstbehörde, Anzeige des Gerichtsvollziehers **1** 910; Genehmigung zur Vernehmung eines Beamten **1** 376
Dienstbezüge, Pfändung **1** 850
Dienstboten, Gerichtsstand **1** 20
Diensteinkommen, Pfändung **1** 832, 833, 850
Dienstleistungen, Verurteilung zu **1** 888
Dienstverhältnis, Ansprüche aus D. der Beamten **3** 71
Dinglicher Arrest 1 917
Dinglicher Gerichtsstand 1 24 ff.
Diplomaten, Exterritorialität **3** 18 ff.
Dolmetscher, Ausschließung und Ablehnung **3** 191; Beeidigung **3** 189; bei Gerichtsverhandlungen **3** 185, 186, 189 ff.; bei Taubheit der zu Vernehmenden **3** 186
Dringlichkeit bei Arrest und einstweiliger Verfügung **1** 937, 942, 944
Dritte, Beteiligung am Rechtsstreit **1** 64 bis 77; Geltendmachung eines Pfand- oder Vorzugsrechts durch einen nichtbesitzenden **1** 805; Gewahrsam bei Pfändung **1** 886; Pfändung von körperl. Sachen **1** 809; Rechtskraft gegenüber **1** 325; Vorlegung von Urkunden **1** 428 bis 431; Vornahme einer Handlung **1** 887; Widerspruch gegen Zwangsvollstr. **1** 771; Zwangsvollstr. **1** 750
Drittschuldner, Anzeige an Amtsgericht **1** 853 bis 856; Erklärung über gepfändete Forderungen **1** 840; Zahlungsverbot an **1** 829; Zwangsvollstr. in Vermögensrechte **1** 857
Drittwiderspruch, Drittwiderspruchsklage **1** 771
Duldung, Zwangsvollstr. zur Erwirkung einer **1** 890, 892
Duldungstitel 1 737, 739, 743, 748
Durchstreichungen in Urkunden **1** 419
Durchsuchung durch Gerichtsvollzieher **1** 758

Echtheit, Beweis **1** 440; öffentl. Urkunden **1** 437, 438; der Privaturkunden **1** 440; Vermutung **1** 440
Editionsparteivernehmung 1 426, 427
EDV im Mahnverf. **1** 703 c
Ehe, Aufhebung **1** 606, Zuständigkeit **3** 23 b; Aufhebungsklage **1** 631; Aussetzung bis zur F. des Bestehens einer **1** 154; Feststellungsklage über Bestehen oder Nichtbestehen **1** 632; Streitigkeiten über Unterhaltspflicht **3** 23 a; Untersuchungsgrundsatz in Ehesachen **1** 616
Eheaufhebbarkeit, Aussetzung eines Verfahrens **1** 152
Ehegatte, Pfändung des Anteils am Gesamtgut der Gütergemeinschaft **1** 860; Prozeßfähigkeit eines beschränkt geschäftsfähigen **1** 607; Rechtsstellung bei Zwangsvollstr. gegen den anderen **1** 739 bis 745; Stellung bei Zwangsvollstr. gegen die Frau **1** 739 bis 745; Tod **1** 619; Urteil unter Vorbehalt **1** 305; Widerspruchsklage gegen Zwangsvollstr. **1** 774; Zwangsvollstr. **1** 744 a
Eheliches Güterrecht, Verfahrensvorschr. **1** 621 b; Zuständigkeit des Amtsgerichts **3** 23 a, für Ausgleichsforderung **3** 23 b, des Familiengerichts **1** 621
Ehemündigkeit, Zuständigkeit **3** 23 b
Ehesachen, Anerkennung ausländischer Entscheidungen **1** 606 a; Anhörung vor Berücksichtigung von Tatsachen **1** 616; Anwaltszwang **1** 78; Ausschluß des schriftl. Vorverf. **1** 611; Aussetzung des Verf. **1** 614; Beschränkung der Verhandlungsgrundsatzes **1** 617; besondere Prozeßvollmacht **1** 609; einstweilige Anordnung **1** 620 bis 620; Großer Senat des BGH **3** 139; Prozeßfähigkeit eines beschränkt geschäftsfähigen Ehegatten **1** 607; sofortige Beschwerde **1** 620 c, 620 f; Urteil, nicht vorläufig vollstreckbar **1** 704; Verf. **1** 606 bis 620; kein Versäumnisurteil **1** 612; Vollstreckung der Urteile **1** 888; anzuwendende Vorschriften **1** 608; Zuständigkeit **1** 606, 606 a; **3** 23 b; Zustellung von Urteilen **1** 618
Ehescheidung, Zustellung von Urteilen **1** 618
Eheschließung, Verurteilung zur **1** 888; keine Verurteilung zur **1** 894
Eheverbote, Zuständigkeit **3** 23 b
Ehewohnung, Benützungsregelung **1** 620; Zuständigkeit **1** 621; **3** 23 b
Ehrenamt, Handelsrichter **3** 107
Ehrenamtliche Richter Amtsenthebung **3** 113; Entschädigung **3** 107; Ernennung **3** 108 ff.; Pflichten **3** 112; Reihenfolge der Stimmabgabe **3** 197
Eid des Dolmetschers **3** 189; der Partei **1** 452 bis 455; des Sachverständigen **1** 410; Verfahren bei Abnahme **1** 478 bis 484; Wirksamkeit für Berufungsrechtszug **1** 536; des Zeugen **1** 391 bis 393
Eidesleistung der Fremdsprachigen **3** 188; Verfahren nach ZPO **1** 478 bis 484
Eidesmündigkeit, Parteivernehmung Minderjähriger **1** 455

Eidespflicht, Hinweis auf 1 395
Eidesstattliche Versicherung 1 899 bis 903, 915; 2 16; im Aufgebotsverf. 1 952, 985, 986, 1007; zur Glaubhaftmachung 1 294, der Gründe für Ablehnung von Sachverständigen 1 406; Klage auf Abgabe einer 1 254; bei Pfändung 1 807; Verpflichtung zur Abgabe 1 883, 889
Eidesunfähigkeit einer Partei 1 455
Eigenmacht, verbotene 1 940 a
Eigentum, Gerichtsstand 1 24
Eigentümer, Aufgebot des Grundstücks. 1 977 bis 981; Benennung des Urhebers bei Klage des 1 77; Bestellung eines Vertreters 1 58; Unterwerfung unter sofortige Zwangsvollstr. 1 799, 800
Eigentümerhypothek 1 868
Einlassung auf abgeänderte Klage 1 267; zur Hauptsache 1 504
Einlassungsfrist 1 274, 276; Abkürzung 1 226; im Revisionsrechtszug 1 553; im Urkundenprozeß 1 593
Einlegung, Zeitpunkt für Wertberechnung 1 4
Einreden, aufschiebende E. des Erben, des überlebenden Ehegatten 1 305; im Berufungsrechtszug 1 513, 531; der mangelnden Sachbefugnis 1 265, 266; prozeßhindernde E. der Rechtshängigkeit 1 261; der Rechtskraft 1 322; des Schiedsvertrags 1 1032; Vorbringen 1 282
Einreichung von Schriftsätzen 1 496
Einsicht in Urkunden 1 1016
Einspruch, Einstellung der Vollstreckung nach 1 719; Entscheidung über Zulässigkeit 1 341; Frist 1 339; im Mahnverf. 1 694; kein weiterer E. gegen Versäumnisurteil 1 345; gegen Versäumnisurteile 1 338 bis 340, Wirkung 1 342; Verzicht oder Zurücknahme 1 346; gegen Vollstreckungsbescheid 1 700; Wiedereinsetzung 1 233
Einspruchsschrift, Erfordernisse 1 340; Zustellung 1 340 a
Einstellung der Zwangsvollstr. 1 719, 868, beim Antrag auf Wiedereinsetzung oder Wiederaufnahme des Verf. 1 707, bei Einwendungen gegen Zulässigkeit der Vollstreckungsklausel 1 769, bei Widersprüchen Dritter 1 805
Einstweilige Anordnung, Aussetzung der Vollziehung 1 620 e; bei Beschwerde gegen Entscheidungen 1 570; in Ehesachen 1 620, 621, Außerkrafttreten 1 620 f, Kosten 1 620 g; bei Einwendungen gegen Zulässigkeit der Vollstreckungsklausel 1 732, 769; in Kindschaftssachen 1 641 bis 641; für Unterhalt 1 44, 644; bei Widerspruch gegen Arrest 1 924, Dritter gegen Zwangsvollstr. 1 805
Einstweilige Einstellung der Zwangsvollstr. 1 707, 719, 769
Einstweilige Verfügung 1 935 bis 945; Anordnung 2 16; Aufhebung 1 942; Räumung von Wohnraum 1 940 a; gegen Sicherheitsleistung 1 939; zur Sicherung des Rechtsfriedens 1 940; Unzulässigkeit der Revision gegen Urteile über 1 542; Vollmacht 1 82; Vollstreckbarkeit des Urteils 1 708; Vollziehung 1 936; Vormerkung oder Widerspruch aufgrund einer 1 942; Zulässigkeit 2 16
Eintragung in öffentl. Buch oder Register 1 895, 896; einer Sicherungshypothek aus vollstreckbarem Urteil 1 868
Einwendungen gegen Ansprüche auf wiederkehrende Leistungen 1 323; gegen Mahnbescheid 1 692; Mitteilungen des Gerichts 1 650; gegen vereinfachtes Verf. bei Unterhalt 1 648; gegen vollstreckbare gerichtl. und notarielle Urkunden 1 797; gegen vollstreckbaren Anspruch 1 767 bis 770, 796, 797; gegen Vollstreckungsbescheid 1 796; Vorbringen von 1 282; gegen Zulässigkeit der Vollstreckungsklausel 1 732, 797 a; Zurückweisung im Urkundenprozeß 1 598; gegen Zwangsvollstr. 1 766
Einwendungsausschluß bei Unterhaltsgewährung 1 798 a
Einwilligung in Klageänderung, ausdrückl. 1 263; in Parteivernehmung 1 447; in Zurücknahme der Berufung 1 516
Einzelrichter beim Amtsgericht 3 22; Anfechtung der Entscheidungen 1 350; Entscheidung durch 1 348; im Berufungsverfahren 1 526, 527; in Handelssachen 3 105; obligatorischer 1 348 a; originärer 1 348; nicht im Revisionsverf. 1 555; Rückübertragung 1 348 a; Übertragung der Sache auf 1 253; Verfahren vor 1 348 bis 350
Eisenbahnbetrieb, Zwangsvollstr. 1 871
Eisenbahnen, Unpfändbarkeit der Fahrbetriebsmittel 1 Anm. zu 811; Unzulässigkeit der Sicherungsbeschlagnahme im Frachtverkehr 1 Anm. zu 917
Elektronische Datenverarbeitung, Beweiskraft des Aktenausdrucks 1 696; Einsatz im Mahnverf. 1 689 ff., 695 ff., 703 b, 703 c
Elterliche Sorge, Anhörung im Scheidungsverfahren 1 613; Feststellung des Bestehens oder Nichtbestehens 1 640; als Folgesache 1 623; Regelung durch einstweilige Anordnung 1 620; Vorabentscheidung über 1 627; Zuständigkeit des Familiengerichts 1 621; 3 23 b

Sachverzeichnis Die fetten Zahlen bezeichnen die Gesetze,

Eltern-Kind-Verhältnis, Aussetzung des Verfahrens wegen Streits über Bestehen eines **1** 154; Feststellungsklage **1** 640
Endurteil 1 300 ff.; in Ansehung der Rechtsmittel, Urteil über Grund des Anspruchs **1** 304; Arrestverf. **1** 922, 925, 927; Aussetzung der Verkündung **1** 89; Berufung **1** 511 ff.; bindende Kraft **1** 318; der Rechte beim Urkundenprozeß **1** 599; Revision **1** 542; unter Vorbehalt der Aufrechnung **1** 302; Zwangsvollstreckung **1** 704 bis 723
Entbindungskosten, Erstattung **3** 23 a
Enteignung, Gerichtsstand für Entschädigungsklagen **1** 26; eines Grundstücks, landesrechtl. Vorschr. **2** 15; keine Revision gegen Urteile über vorzeitige Besitzeinweisung **1** 542
Entfernung, große E. des Zeugen vom Prozeßgericht **1** 375
Entlassung des hinterlegenden Schuldners aus dem Rechtsstreit **1** 75
Entschädigung ehrenamtl. Richter **3** 107; der Sachverständigen **1** 413; Verurteilung zur Zahlung einer **1** 510b, 888a; für Zeitversäumnis **1** 91; von Zeugen **1** 401
Entscheidung über Familien- und Folgesachen **1** 629; des Gerichts ohne mündl. Verhandlung **1** 128; nach Lage der Akten **1** 251a, 331a; durch Vorsitzenden der Kammer für Handelssachen, Anfechtung **1** 350, Zuständigkeit **1** 349
Entscheidungsgründe nach Ausschluß der Öffentlichkeit **3** 173; Revision wegen unrichtiger **1** 561
Entziehung des Wortes **1** 157
Erbe, Antrag auf Aufgebot der Nachlaßgläubiger **1** 991; Aufnahme des Rechtsstreits **1** 239; Beschränkung in guter Absicht **1** 863; Geltendmachung der Haftungsbeschränkung **1** 780 bis 785; Rechtskraftwirkung für und gegen **1** 325; Vorbehaltsurteil gegen den **1** 305; Wirksamkeit von Urteilen für und gegen **1** 327, Nacherben **1** 728; Zwangsvollstr. gegen **1** 747, 748, 778 bis 785
Erbkundliche Untersuchungen 1 372 a
Erblasser, Urteil gegen **1** 750
Erbschaft, Aufgebot der Nachlaßgläubiger bei Verkauf einer **1** 1000; Gerichtsstand **1** 27, 28; Nießbrauch **1** 737, 738; Pfändung der Nutzungen einer E. bei Nacherbfolge **1** 863; Zwangsvollstr. in **1** 778
Erbschein, Zwangsvollstr. **1** 792, 896
Erfüllungsort, Gerichtsstand **1** 29
Ergänzung der Anführungen **1** 264; einer Urkunde **1** 419
Ergänzungsurteil 1 302, 321, 518, 599, 716

Erhebung der Klage im Verfahren vor Amtsgericht **1** 496
Erinnerung, gegen Art und Weise der Zwangsvollstr. **1** 766; gegen Kostenfestsetzungsbeschlüsse **1** 104, 107;
Erklärung vor Amtsgericht **1** 510a; über Beweismittel und Tatsachen **1** 138; des Drittschuldners über gepfändete Forderung **1** 840; über Urkunden **1** 425, 439
Erklärungsfrist 1 283
Erledigung des Arrestgrundes **1** 927; der Hauptsache, Außerkraftsetzung einstweiliger Anordnung **1** 620, 621, Kostenbeschluß **1** 91 a; des Rechtsstreits in Ehesachen **1** 619
Ermächtigung zur Vornahme einer vertretbaren Handlung **1** 887
Ermessen des Gerichts bei einstweiliger Verfügung **1** 938
Ermittlungsgerichte am BGH **3** 130
Ermittlungsrichter des BGH **3** 130
Erneuerungsschein, Verbot der Ausgabe **1** 1019
Ersatz wegen einstweiliger Verfügungen **1** 945; des Schadens wegen Nichterfüllung einer Verpflichtung **1** 255; wegen ungerechtfertigter Arreste **1** 945; wegen Vollstreckung eines Vorbehaltsurteils **1** 600; der durch Zulassung eines Geschäftsführers ohne Auftrag entstandenen Kosten und Schäden **1** 89
Ersatzbeschaffung für unpfändbare Sache **1** 811a, 811b
Ersatzzustellung 1 181 bis 187
Erscheinen, persönl. Anordnung des Gerichts **1** 141
Erstattung der Auslagen der Rechtshilfe **3** 164; der Kosten vor Erhebung einer neuen Klage **1** 269; der Prozeßkosten durch Gegner **1** 91
Ersteher, Wirkung des Urteils gegen **1** 325
Ersuchen einer Behörde um Zustellung **1** 199 bis 202
Ersuchter Richter, Befugnisse **1** 229; Beweisaufnahme **1** 362, 365, 370, 372; Entscheidungsbefugnis **1** 400; Erinnerung gegen **1** 573; Güteverhandlung **1** 278; Protokollierung **1** 389; Verkündung der Verfügungen **1** 329; Vernehmung der Partei in Ehesachen **1** 613; Vertretung durch Anwälte nicht notwendig **1** 78
Erweitertes Schöffengericht 3 196
Erweiterung, Zulässigkeit der E. des Klageantrags **1** 264
Erwerb im Streit befangener Sachen **1** 266
Erwerbsgeschäft eines Ehegatten, Zwangsvollstr. **1** 741

Erzeugnisse, landwirtschaftl., Zulässigkeit und Voraussetzung der Pfändung 1 813
Exterritoriale, Gerichtsbarkeit über 3 18 bis 20; Gerichtsstand, deutscher 1 15

Fabrik, Niederlassung als besonderer Gerichtsstand 1 21
Fabrikarbeiter, Gerichtsstand 1 20
Fahrtkosten Ersatz für ehrenamtl. Richter 3 107
Familienangehörige, Anwesenheit bei Vollstreckungshandlungen 1 759
Familiengericht, Anwaltszwang 1 78; Ausnahmen vom Anwaltszwang 1 78; Regelung des Umgangs mit einem Kind 3 23 b; Zuständigkeit 1 606, 621; 3 23 b; Zuweisung mehrerer F. an ein Amtsgericht 3 23 c
Familienrichter 3 23 b
Familiensachen, Abgabe an Gericht der Ehesache 3 23 b; Ausschluß der Öffentlichkeit 3 170; Kostenvorschuß 1 621 f; Rechtsmittel 1 621 e; selbständige 1 629; Verbindung mit Scheidungssache 1 623; Verf. 1 606 bis 660; Versäumnisurteil 1 629; Zuständigkeit der OLG 3 119
Faustpfandrecht 1 804
Feldfrüchte, Zulässigkeit und Voraussetzung der Pfändung 1 813
Fernsehaufnahmen von Gerichtsverhandlungen 3 169
Festhaltung wegen Ungebühr 3 177
Festnahme wegen Straftat während der Sitzung 3 183
Feststellung eines im Laufe des Prozesses streitig gewordenen Rechtsverhältnisses 1 256, 506; eines Rechtsverhältnisses 1 256; durch Sitzungsprotokoll 1 389, 510 a
Feststellungsbeschluß bei Unterhalt 1 649
Feststellungsklage 1 256, 506; über Bestehen oder Nichtbestehen einer Ehe 1 606, 632; Gerichtsstand 1 29; Zwischenfeststellungsklage 1 256
Fiktion der Rechtshängigkeit 1 696
Filmaufnahmen von Gerichtsverhandlungen 3 169
Fiskus, Gerichtsstand 1 18; Zwangsvollstr. gegen 1 882 a
Flößerei, Zuständigkeit des Gerichts 3 23
Flucht, Verfolgung Flüchtiger in anderes deutsches Land 3 167
Flüchtige, Recht der Verfolgung auf Gebieten anderer deutscher Länder 3 167
Folgesachen, Entscheidung nach Scheidungsurteil 1 628; als Familiensachen 1 623
Forderungen, Anschlußpfändung 1 853 bis 856; Gerichtsstand 1 23; Pfändbarkeit 1 851; Zwangsvollstr. in 1 828 bis 863
Forderungsabtretung, Prozeßkosten bei unterlassener Mitteilung 1 94
Form des Schiedsvertrags 1 1031
Formmangel, Heilung 1 1031
Formvorschrift, Rüge der Verletzung von F. erst in der Berufungsinstanz 1 534, unzulässig, wenn darauf verzichtet ist 1 295
Fortgesetzte Gütergemeinschaft, Zwangsvollstr. 1 745
Fortsetzung von Mietverhältnissen trotz Kündigung 1 308 a; der mündl. Verhandlung 1 332, 590
Fragen, Beanstandung 1 140, 398, der Gerichtsmitglieder 1 396, der Parteien 1 397, des Vorsitzenden 1 396
Fragepflicht und -recht des Gerichts 1 139, 396, 397
Freie Beweiswürdigung 1 286, 287
Freiheitsstrafe, Vollstreckung durch Rechtshilfe 3 162, 163
Freiwillige Gerichtsbarkeit, Familiensachen 1 621 a
Fremdes Recht, Ermittlungen 1 293
Fristen für Abgabe von Erklärungen 1 283; für Anfechtung des Ausschlußurteils 1 958; für Antrag auf Änderung der Kostenfestsetzung 1 107, auf Vollstreckungsbescheid 1 699; Aussetzung des Ehescheidungsverf. 1 614; für Benützung von Beweismitteln 1 356; für Berufung 1 517, 518; für Beschaffung von Urkunden 1 364, 428, 431; für Beschwerden gegen Ordnungsmittel 3 181; Bestimmung im Urteil 1 255; für Einreichung der Kostenrechnung 1 106; für Einsicht von Urkunden 1 134; für Einspruch 1 339; zur Klageerwiderung 1 275 ff., im Mahnverf. 1 697; im Mahnverf. 1 692, 693; für Mitteilung von Schriftsätzen 1 132; für Rechtsmittel 1 233, 548, 551, 569; bei Sicherheitsleistung 1 109, 113; Übergabefrist für Urteile 1 315; für Urteilsberichtigung 1 320, 321; Versäumung, Kosten 1 95, bei Streitgenossen 1 62; für Wiederaufnahmeklagen 1 586; für Wiedereinsetzungsantrag 1 234; nach ZPO 1 221, 222, 523; Zustellung von Urteil mit Vollstreckungsklausel 1 750
Fristenabkürzung oder -verlängerung 1 222, 225
Früchte, Entscheidung über F. nur auf Antrag 1 308; als Nebenforderungen 1 4; Pfändung der F. auf dem Halm 1 810; Versteigerung 1 824
Fruchtlose Pfändung, eidesstattl. Versicherung 1 903

477

Sachverzeichnis

Die fetten Zahlen bezeichnen die Gesetze,

Fuhrleute, Zuständigkeit des Amtsgerichts wegen Streitigkeiten mit **3** 23

Gebühren Erstattung der G. des Rechtsanwalts **1** 91; Gerichtsstand für Einklagung der **1** 34; GKG **2** 2; der Sachverständigen, Gesetz **1** 413;

Gegenanspruch, Gerichtsstand **1** 33

Gegenbeweis gegen öffentl. Urkunden **1** 418

Gegenforderung, Geltendmachung, erst im Berufungsrechtszug **1** 533; Rechtskraft der Entscheidung über **1** 322; Trennung der Verhandlung über **1** 145

Gegenleistung von G. unabhängige Ansprüche **1** 257; Verwertung einer von einer G. abhängigen gepfändeten Forderung **1** 844

Gehalt, Pfändung **1** 832, 833, 850 bis 850

Geheimhaltungspflicht bei Beratung **3** 193

Geistliche, Verhaftung **1** 910

Geld, Hinterlegung von gepfändetem **1** 930; Pfändung **1** 808

Geldforderungen, Arrest wegen **1** 916; Klage auf künftige Zahlung **1** 257; Pfändung **1** 829 bis 834, 853; Überweisung **1** 835 bis 840; Verwertung **1** 844; Zahlungsbefehl **1** 688; Zwangsvollstr. in **1** 829 bis 844, wegen **1** 803 bis 882

Geldrente, Abänderungsklage **1** 323; Sicherheitsleistung bei Verurteilung zur Zahlung einer **1** 324; Vollstreckbarkeit des Urteils **1** 708

Geldsumme, Mahnverf. **1** 688; Urkundenprozeß **1** 592

Gemeinde, Gerichtsstand **1** 17, 22; Zwangsvollstr. gegen **1** 882a; **2** 15

Genossenschaft, Gerichtsstand **1** 17, 22

Gerichte, besondere **3** 14; Bindung, eigene End- und Zwischenurteile **1** 318, an Entscheidung über Zulässigkeit des Rechtsweges **3** 17; Fristbestimmung **1** 283; ordentl. **2** 3; **3** 12; örtl. Zuständigkeit **1** 12 bis 37; Präsidium und Geschäftsverteilung **3** 21 bis 21; Rechtshilfe **3** 156, 157; sachl. Zuständigkeit **1** 1 bis 11; Unabhängigkeit **3** 1; vereinfachtes Verf. bei Unterhalt **1** 647

Gerichtsbarkeit, Ausübung **3** 12; über Exterritoriale **3** 18 bis 20

Gerichtsbezirk, Amtshandlungen außerhalb **3** 166

Gerichtskosten, Beitreibung **1** 125

Gerichtspersonen, Ausschließung und Ablehnung **1** 41 bis 49

Gerichtssiegel 1 313b; auf Vollstreckungsklausel **1** 725

Gerichtssprache 3 184 bis 191

Gerichtsstand 1 12 bis 37; allg. **1** 36; im Arrestverf. **1** 919, 927; im Aufgebotsverf. **1** 946, 957, 1005, 1006; ausschließl. **1** 12, 24, 40, 584, 606, 802, 943, 1005, 1006; besonderer **1** 20 bis 34; Bestimmung **1** 37; **2** 9; dingl. **1** 36; in Ehesachen **1** 606; für einstweilige Verfügungen **1** 937; der Exterritorialen **1** 15; in Kindschaftssachen **1** 640a; **3** 23a, 72, 119; im Mahnverf. **1** 689; für Nichtigkeits- und Restitutionsklagen **1** 584; der Niederlassung **1** 21; Prorogation **1** 38ff.; des Vermögens **1** 797, 828, 983, 988; für Vollstreckungsklausel **1** 797; für Wechselklagen **1** 603; für Widerspruchsklagen im Verteilungsverf. **1** 879; im Zwangsvollstreckungsverf. **1** 802

Gerichtsverfassungsgesetz 3

Gerichtsverhandlung, Versagung des Zutritts **3** 175

Gerichtsvollzieher, Aufschieben einer Vollstreckungsmaßnahme **1** 765a; Ausschließung des **3** 155; Austauschpfändung **1** 811b; Bestellung und Zuständigkeit **1** 827; **3** 154; Durchsuchungen **1** 758; Einsicht in Akten der **1** 760; Erinnerung gegen Art und Weise der Zwangsvollstr. **1** 766; Klagen der **1** 34; Legitimation **1** 755; Mitteilungen an Gläubiger **1** 806a; Pflicht zur gütlichen und zügigen Erledigung anzuhalten **1** 806b; Protokoll **1** 762, 763; Quittung des **1** 754, 757; in Rechtshilfesachen **3** 161; richterl. Anordnung einer Durchsuchung **1** 758a; Zustellung durch **1** 166 bis 192; Zwangsvollstr. **1** 753, 808 bis 827, 831, 847, 854, 883, 892

Gesamtgut, Aufgebot der Nachlaßgläubiger **1** 999, 1001; Unpfändbarkeit des Anteils eines Ehegatten am **1** 860; Voraussetzungen für Zwangsvollstr. **1** 740 bis 745

Gesamthypothek, Aufgebotsverf. **1** 984

Gesandte, Exterritorialität **3** 18ff.; Gerichtsstand deutscher G. im Ausland **1** 15

Geschäftsfähigkeit, Prozeßfähigkeit eines in G. beschränkten Ehegatten **1** 607

Geschäftsführung ohne Auftrag **1** 89

Geschäftsgeheimnisse, Ausschluß der Öffentlichkeit **3** 172

Geschäftsstelle 3 153; Anträge und Erklärungen der Parteien **1** 496; Auskunftserteilung aus Schuldnerverzeichnis **1** 915; Ausschließung und Ablehnung von Urkundsbeamten **1** 49; Bescheinigung der Zustellung **1** 213a; Einforderung der Prozeßakten **1** 541; Erklärungen zu Protokoll der **1** 381, 386ff., 406, 496, 569, 571,

920, 924, 947; Ladungen im Zivilprozeß, (Parteien) **1** 497, (Zeugen) **1** 377; Niederlegung von Unterlagen auf **1** 133, 142, 411; Rechtshilfe **3** 161; Rechtskraftzeugnis, Notfristzeugnis **1** 706; Übergabe des Urteils an **1** 315; Übersendung von Protokollen an zuständige **1** 129 a; Urkundsbeamter der (Protokollführer) als Dolmetscher **3** 190; Vermittlung der Zustellung durch **1** 166 bis 169, 829; Verwahrung von Urkunden **1** 443; Zustellung von Amts wegen durch **1** 209

Gesellschaft des bürgerlichen Rechts, Gerichtsstand **1** 17, 22; Pfändung des Anteils **1** 859; Zwangsvollstr. **1** 736

Gesellschaftsanteile, Pfändung **1** 859

Gesellschaftsvermögen, Zwangsvollstr. in **1** 736

Gesetz, ausländisches **1** 293; iSd ZPO **2** 12

Gesetzgebende Versammlung, Vernehmung der Mitglieder **1** 382

Gesetzliche Vermutung, Beweis des Gegenteils **1** 292

Gesetzlicher Vertreter, Tod des **1** 241

Geständnis im Falle der Versäumung oder des Nichtverhandelns **1** 539; Feststellung des G. zum Protokoll **1** 510 a; gerichtl. **1** 288 ff.; durch Stillschweigen **1** 138, 439; Wirksamkeit für Berufungsrechtszug **1** 535

Gesuch, Beschwerde gegen Zurückweisung **1** 567

Getrenntleben der Ehegatten **1** 620, Widerspruch gegen Aussetzung des Verf. **1** 614

Gewährleistung 1 72; keine G. bei Zwangsveräußerung **1** 806

Gewalt, Anwendung von G. durch Gerichtsvollzieher **1** 758

Gewerbegeheimnis, Zeugnisverweigerung **1** 384

Gewerkschaft, bergrechtl. G., Gerichtsstand **1** 17

Gewinnanteilscheine, Aufgebot der Urkunden mit **1** 1010 bis 1013

Gewohnheitsrecht, Ermittlung **1** 293

Glaubhaftmachung 1 294; des Ablehnungsgrundes **1** 406; des Antrags für Aufgebotsverf. **1** 1007; der Berufungssumme **1** 511; von Entschuldigungsgründen **1** 531, 532; bei Nichtigkeits- und Restitutionsklage **1** 589; der Verhinderung an Vorlegung einer Urkunde in Urschrift **1** 435; der Verpflichtung zur Vorlegung einer Urkunde **1** 424, 430; des Zeugnisverweigerungsgrundes **1** 386

Gläubigerstreit 1 75

Glaubwürdigkeit eines Zeugen **1** 395

Grenzscheidungsklage, Gerichtsstand **1** 24

Grobe Nachlässigkeit des Schuldners bei Zwangsvollstr. **1** 813 b

Großer Senat beim BGH **3** 132

Grund des erhobenen Anspruchs **1** 253; Zurückverweisung bei Entscheidung nur über **1** 538

Grundbuch, eingetragene Urkunden **2** 17; Eintragung **1** 941, 942; im Zwangsvollstreckungsverfahren **1** 895

Grunddienstbarkeit, Streitwert **1** 7

Grundlose Klagen, Prozeßkosten **1** 93

Grundschuld, Gerichtsstand für Klagen aus **1** 25; Urkundenprozeß wegen **1** 592; Urteil über Ansprüche aus **1** 325; Verurteilung zur Bestellung einer **1** 897

Grundschuldgläubiger, Aufgebot zum Zwecke der Ausschließung des **1** 982 bis 988

Grundstücke, Arrestvollziehung **1** 932; Aufgebot **1** 977; Gerichtsstand **1** 24 ff.; herrenlose, Zwangsvollstr. **1** 787; Recht auf Befriedigung aus einem **1** 810; Veräußerung während des Rechtsstreits **1** 266, 325; Vertretung herrenloser G. im Prozeß **1** 58; Zwangsvollstr. **1** 864 bis 869

Grundstücksgleiche Rechte, Zwangsvollstr. **1** 870

Gutachten, Bedenken und Anträge **1** 411; Niederlegung auf der Geschäftsstelle **1** 411; Sachverständiger, Ablehnung **1** 406; Verweigerung **1** 408, 409

Gütergemeinschaft, Aufgebot von Gesamtgutsgläubigern **1** 1001; Aufgebotsverf. **1** 999; fortgesetzte, Verurteilung unter Vorbehalt beschränkter Haftung **1** 305; Unpfändbarkeit des Anteils eines Ehegatten am Gesamtgut **1** 860; Widerspruchsklage bei Zwangsvollstr. **1** 774; Zwangsvollstr. **1** 740 bis 745, 750

Gütestellen, Einigungsversuch von **2** 15a; Vergleiche vor, Vollstreckung **1** 797 a

Güteverfahren, Kosten **1** 91

Güteverhandlung im Zivilprozeß **1** 278

Gütliche Beilegung des Rechtsstreits, Versuch **1** 278, 495

Haft, Erzwingung der Abgabe einer eidesstattl. Versicherung **1** 901 bis 915; Unzulässigkeit **1** 904, 905; Vollziehung des persönl. Sicherheitsarrestes durch **1** 933

Haftbefehl zur Abgabe der eidesstattl. Versicherung **1** 901

Hafterneuerung nach Entlassung **1** 911

Haftung für Prozeßkosten **1** 100; Vorbehalt beschränkter H. des Erben bzw. Ehegatten **1** 305; Zwangsvollstr. gegen beschränkt haftenden Erben **1** 780 bis 786

Sachverzeichnis

Die fetten Zahlen bezeichnen die Gesetze,

Haftungsbeschränkung, seerechtl. **1** 305a
Handakten, Anordnung der Vorlegung **1** 143
Handelsgebrauch 3 114
Handelsgeschäfte, vollstreckbare Urteilsausfertigung gegen Übernehmer eines **1** 729
Handelssachen, Besetzung und Vorsitz der Kammer für **3** 105; Kammer für **3** 71, 72, 93 bis 114; im Sinne des GVG **3** 94, 95, 103; Zuständigkeit für **3** 94
Handlungen, Gerichtsstand für Klagen aus unerlaubten **1** 32; Zwangsvollstr. zur Erwirkung von **1** 887, 888
Handwerker, Zuständigkeit **3** 23
Handzeichen, beglaubigte **1** 416, 440
Härteklausel bei Ehescheidung **1** 616
Hauptintervention 1 64, 65; Erhebung **1** 265; Vollmacht **1** 82
Hauptpartei 1 265, 266
Hauptprozeß 1 65; Gerichtsstand für Gebührenforderung **1** 34; streitgenössische Nebenintervention **1** 69; Vollmacht **1** 82
Hauptsache, Erledigung der H. in Ehesachen **1** 619, im Zivilprozeß **1** 91a; Gericht der **1** 943; Verhandlung zur **1** 269, 504, 506, 590
Haupttermin, Bestimmung durch Vorsitzenden **1** 272; Beweisaufnahme **1** 279; Vorbereitung **1** 275; in Zivilsachen **1** 279
Hausgewerbetreibende, Lohnpfändung **1** 850 mit Anm.
Hausrat, Beschränkung der Pfändung **1** 812; Zuständigkeit für Regelung **3** 23b
Hausratssachen, Zuständigkeit **1** 621
Heimarbeit, Lohnpfändung **1** 850 mit Anm.
Hemmung des Arrestes durch Hinterlegung **1** 923
Herausgabe, Ansprüche auf H. körperlicher Sachen **1** 846 bis 849; bei Aufhebung von Urteilen der OLG **1** 717; bewegl. Sachen **1** 854, 886; eines Kindes bei elterl. Sorgerecht, Zuständigkeit **1** 621, als Folgesache **1** 623; Klage auf **1** 254; des Pfandes für überwiesene Forderung **1** 838; der Sache zur Pfändung **1** 847; unbewegl. Sachen **1** 848, 855, 885; von Urkunden **1** 422; Zwangsvollstr. zur Erwirkung der H. von Sachen **1** 883 bis 886
Herstellung, Klage auf **1** 606
Hindernis für Vorlegung einer Urkunde in mündlicher Verhandlung **1** 434
Hinterbliebenenbezüge als Arbeitseinkommen **1** 850
Hinterlegung, Abwendung der Zwangsvollstr. **1** 720, 839, 868; im Aufgebotsverf. **1** 987; Aufhebung des Arrestes gegen **1** 923, 934; des Erlöses verkaufter bewegl. Sachen **1** 885, der Zwangsvollstr. **1** 805, 854; des Schuldbetrags einer überwiesenen Forderung **1** 839, 853; als Sicherheitsleistung **1** 108; bei Streit der Gläubiger **1** 75; eines Vorschusses für Zeugengebühren **1** 379
Hochseekabel, Unpfändbarkeit **1** Anm. zu 811
Höchstbetragshypothek 1 932
Höhe der Pfändungsfreigrenze **1** 850c
Hypothek, Eintragung neuer Gläubiger **1** 837; Klage auf Löschung **1** 25; Pfändung **1** 830, 837; Urkundenprozeß wegen **1** 592; Verurteilung zur Bestellung einer **1** 897; Wirkung des rechtskräftigen Urteils bei Ansprüchen aus **1** 325;
Hypothekenbrief, Übergabe bei Pfändung **1** 830
Hypothekengläubiger, Aufgebot zum Zwecke der Ausschließung **1** 982 bis 988

Indossable Papiere, Aufgebot **1** 1004
Industrie- und Handelskammer, Vorschlag von ehrenamtl. Richtern **3** 108
Inhaberpapiere, Aufgebot **1** 1004, 1009, Zahlungssperre für verlorene **1** 1019 bis 1023; Wiederinkurssetzung **1** 823
Inhalt des Mahnbescheids **1** 692
Insolvenzverfahren, bei Nachlaßsachen **1** 243, 782; einer Partei **1** 240
Insolvenzverwalter, Gerichtsstand **1** 19a
Instandsetzungsarbeiten, Unpfändbarkeit der zu I. benötigten Mittel **1** 851b
Internationales Privatrecht, Zuständigkeit in Ehesachen **1** 606a
Intervention, Beteiligung Dritter am Rechtsstreit **1** 64ff.
Inzident(zwischen)feststellungsklage und -widerklage **1** 256, 506; **3** 99
Irrtum, Widerruf des Geständnisses **1** 290

Jugendamt, Befreiung von Vertretungspflicht im Anwaltsprozeß **1** 78
Jugendlicher, Beeidigung **1** 393; Zutritt zu Gerichtsverhandlungen **3** 175
Juristische Personen, Gerichtsstand **1** 17, 38; des öffentl. Rechts **2** 15; Prozeßkostenhilfe **1** 116; Zwangsvollstr. gegen **1** 882a

Kammer für Handelssachen **3** 71, 72, 93 bis 114, Besetzung **3** 105, Vorsitz **3** 105, Vorsitzender **1** 349
Kaufleute, Gerichtsstandsvereinbarung **1** 38
Kaufmännische Begutachtung durch Kammer für Handelssachen **3** 114

die mageren deren Artikel oder Paragraphen **Sachverzeichnis**

Kinder, Prozeßvertretung durch Beistand 1 53 a; Regelung für elterl. Sorge 1 620, des persönl. Umgangs mit 1 620; Unterhaltspflicht 1 620; Zuständigkeit für Herausgabe 3 23 b

Kindschaftssachen, Anerkenntnis ausländischer Urteile 1 328; Begriff 1 640; Beschwerde 3 119; nichtöffentl. Verhandlung 3 170; Urteile, nicht vorläufig vollstreckbar 1 704; Verf. 1 640 bis 641; zuständiges Gericht 1 640 a; 3 23 a, 72, 119; Zuständigkeit 1 640 a; 3 23 b, des Familiengerichts 1 621

Klage gegen Abänderungsbeschluß bei Unterhalt 1 656; auf Abgabe einer eidesstattl. Versicherung 1 254; vor dem Amtsgericht 1 496, 498; auf Anfechtung des Ausschlußurteils 1 957; eines Dritten gegen Zwangsvollstr. 1 771; wegen Einwendungen gegen vollstreckbaren Anspruch 1 767; auf Erteilung der Vollstreckungsklausel 1 731, 797; auf Feststellung eines Rechtsverhältnisses 1 506; auf Hinterlegung oder Herausgabe 1 856; auf das Interesse wegen Nichterfüllung 1 893; auf künftige Zahlung oder Räumung 1 257 ff.; auf Rechnungslegung 1 254; Unzulässigkeit bei Schiedsabrede 1 1032; wegen Unzulässigkeit der Vollstreckungsklausel 1 768; im Urkundenprozeß 1 593; Verhandlung über Zulässigkeit der 1 280; auf Vorlegung einer Urkunde 1 429, 430, eines Vermögensverzeichnisses 1 254; auf vorzugsweise Befriedigung aus Erlös 1 805; im Wechselprozeß 1 604; Wertberechnung im Zeitpunkt der Erhebung 1 4; zur Wiederaufnahme des Verf. 1 587, 588

Klageänderung 1 263

Klageantrag 1 253; Erweiterung oder Beschränkung 1 264

Klageerwiderung 1 277, 496; Frist für schriftl. 1 276

Klagefrist nach selbständigem Beweisverf. 1 494 a

Klagegrund 1 253; Änderung 1 264, 611

Klagenhäufung, objektive 1 260, 610; subjektive 1 59, 60

Klagenverbindung in Kindschaftssachen 1 640 c

Kläger, formlose Ladung 1 497; Verzicht auf Anspruch 1 306

Klagerücknahme im Zivilprozeß 1 269, wegen mangelnder Sicherheitsleistung 1 113

Klageschrift 1 253; Ladung 1 214; Zustellung 1 253, 271, 498, des Protokolls statt 1 498

Kommissarische Vernehmung im Zivilprozeß 1 375

Kommunalverbände, Zwangsvollstr. gegen 2 15

Kompetenzkonflikte 1 36; 2 9, 15

Konsul, Gerichtsstand 1 15

Körperliche Sachen, Anschlußpfändung 1 826; Versteigerung 1 814 bis 821; Verwertung 1 825; Zwangsvollstr. 1 808 bis 827

Körperschaft, Zwangsvollstr. 1 882 a; 2 15

Korporationen, Gerichtsstand 1 17, 22

Korrespondentreeder, Zustellung des Pfändungsbeschlusses 1 858

Kostbarkeiten, Schätzung 1 813

Kosten, Anfechtung der Entscheidung über K. im Zivilprozeß 1 99, der Vaterschaftsanerkennung 1 93 c; des Ausbleibens der Sachverständigen 1 409; Beschwerde gegen Entscheidungen über 1 567; der einstw. Anordnung 1 641 d; gegen K. des Gerichtsvollziehers 1 766; bei Erledigung der Hauptsache 1 91 a; Festsetzung durch Beschluß 1 103 bis 107; auf Urteil 1 105; der Hinterlegung 1 75; der Klagerücknahme 1 269; des Mahnverf. 1 696; als Nebenforderungen 1 4; der Prozeßführung, Prozeßkostenhilfe 1 114 bis 127; bei Räumungsklagen 1 93 b; für Rechtshilfe 3 164; der Rechtsmittel 1 97; des Rechtsstreits 1 91; in Scheidungs- und Folgesachen 1 626; des Sühneversuchs 1 91; Teilung bei teilweisem Obsiegen 1 92; Unterhaltsklagen von Kindern 1 93 d; des Versäumnisurteils 1 344; der Versäumung 1 95; des Verteilungsverfahrens 1 874; wegen Unzuständigkeit 1 281, 506; Vollmacht zum Empfang der 1 81; der Wiedereinsetzung 1 238; der Zeugen 1 380; der Zeugnisverweigerung 1 390; im Zivilprozeß 1 91 bis 107; der Zurücknahme des Rechtsmittels 1 516, 565; der Zwangsvollstr. 1 788, 803, 811 a

Kostenberechnung für Feststellungsbeschluß 1 105

Kostenentscheidung, ohne Antrag 1 308; Vollstreckbarkeit 1 708

Kostenerstattung trotz Prozeßkostenhilfe 1 123

Kostenfestsetzungsbeschluß 1 103 bis 107; als Vollstreckungstitel 1 795 a

Kraftloserklärung von Urkunden, Aufgebotsverf. 1 1003 bis 1024

Krankheit, keine Haft zur Abgabe der eidesstattl. Versicherung 1 906

Krieg, Stillstand des Verf. 1 245

Kündigung der Prozeßvollmacht 1 87

Künftige Leistungen, Klagen auf 1 257, 258

Sachverzeichnis

Die fetten Zahlen bezeichnen die Gesetze,

Kunstgeheimnis, Zeugnisverweigerung **1** 384

Ladung, allg. Vorschr. im Zivilprozeß **1** 214, 216; von Amts wegen **1** 214, 389; im amtsgerichtl. Verf. **1** 497, 498; zur Aufnahme des Rechtsstreits **1** 239; im Beweisverfahren **1** 377, 389, 491; in Ehesachen **1** 612; zur mündl. Verhandlung **1** 214, 321; der Parteien **1** 274, wegen Einigung **1** 492; zum persönl. Erscheinen **1** 141, 613; Rechtshilfe **3** 160; zur Verhandlung über Berichtigung des Tatbestandes **1** 320; zur Vernehmung **1** 450; von Zeugen und Sachverständigen **1** 377, 379

Ladungsfrist, Abkürzung **1** 226; im Wechselprozeß **1** 604; im Zivilprozeß **1** 217, 239

Lage der Akten **1** 251 a

Länder, Zwangsvollstr. gegen **1** 882 a

Landesgesetze, prozeßrechtl. Vorschr. **2** 14, 15; den L. vorbehaltene Bestimmungen **1** 871, 1006

Landesjustizverwaltung, Dienstaufsicht **3** 22; Einrichtung einer Geschäftsstelle **3** 153; Pfändungsbestimmungen **1** 813; Vertretung der Gerichtsmitglieder **3** 70

Landesrechtliche Schuldtitel, Vollstreckung **1** Anm. zu 801

Landesregierungen, Mitglieder, Vernehmung **1** 376, 382, Verweigerung der Vernehmung **1** 408

Landgerichte 3 12, 59 bis 78; Anwaltszwang **1** 78; ausschließl. Zuständigkeit **3** 71; Verf. vor **1** 253 bis 494, in Ehesachen **1** 608; Verweisung **1** 281, vom Amtsgericht an **1** 506; Zuständigkeiten **3** 71 bis 74

Landtag, Mitglieder, Vernehmung **1** 382

Landwirtschaft, Pfändung des Geräts **1** 813

Landwirtschaftliche Erzeugnisse, Forderungen aus Verkauf, bedingte Pfändbarkeit **1** 851 a

Lebenspartnerschaftssachen, Verfahren **1** 661

Lehrer, Verhaftung zur Abgabe einer eidesstattl. Versicherung **1** 910

Leistung, Zwangsvollstr. in Ansprüche auf **1** 846, körperl. Sachen **1** 883 bis 886

Leistungsklage 1 253, 257 ff.

Lohnpfändung bei Heimarbeitern und Hausgewerbetreibenden **1** 850 mit Anm.; Pfändungsschutz **1** 850 bis 850

Lohnpfändungstabelle 1 850 c, Anl. nach 1048

Lohnschiebungsverträge 1 850 h

Lokaltermin 1 219, 375

Löschung einer Eintragung aus Schuldnerverzeichnis **1** 915 a;

Mahnantrag, Inhalt **1** 690; Zurückweisung **1** 691

Mahnbescheid 1 688, 690, 692; Abschriften **1** 695; Kraftloswerden **1** 701; Scheck-M. **1** 703 a; Urkunden-M. **1** 703 a; Verweisung **1** 696; Wechsel-M. **1** 703 a; Widerspruch **1** 694; Zustellung **1** 693

Mahnverfahren 1 688 bis 703; Begründung des Anspruchs **1** 697; Kosten **1** 699; Verf. nach Widerspruch **1** 696; Verfahrensablaufplan bei Anwendung der EDV **1** 703 b; Verfahrensvorschr. **1** 702; Vollstreckungsbescheid **1** 699; Vordrucke **1** 703 c; Zuständigkeit **1** 703 d

Mangel der Parteifähigkeit **1** 56; der Prozeßfähigkeit **1** 56; einer Urkunde **1** 419

Maschinelle Bearbeitung von Mahnverf. **1** 703 c

Mehrheit bei Abstimmungen und Beschlüssen **3** 196; von Ansprüchen **1** 260; von Gerichtsständen **1** 35; von Prozeßbevollmächtigten **1** 84

Meineid 1 452

Meß- und Marktsachen, Ladungsfrist **1** 217

Miete, Räumungsfrist **1** 721

Mietstreitigkeiten, Gerichtsstand **1** 29 a; Schiedsvertrag **1** 1030; Vollstreckbarkeit des Urteils in **1** 708, 721; Zuständigkeit **3** 23

Mietverhältnis, Streitwert **1** 8; Vollstreckungsschutz **1** 721

Mietverträge, Änderung durch Gericht **1** 308 a

Mietzins, beschränkte Zwangsvollstr. in **1** 851 b

Mikrofilm, Wiedergabe von Prozeßakten **1** 299 a

Minderjährige, Unterhaltsverf. **1** 642 bis 660; Vernehmung als Partei **1** 455, als Zeugen **1** 393

Minister, Vernehmung **1** 376, 382

Miterbe, Zwangsvollstr. in den Anteil **1** 859

Mittelbarer Besitz, Streitverkündung an **1** 76

Mittelbares Arbeitseinkommen, Pfändung **1** 850 h

Mündliche Verhandlung, Aussetzung **1** 148 bis 155; Entscheidungen ohne **1** 926; vor erkennendem Gericht **1** 128 bis 165; Fortsetzung nach Beweisaufnahme **1** 370; vor ordentl. Gericht **1** 136 ff.

Nacherbe, Antrag auf Aufgebot der Nachlaßgläubiger **1** 998; Beschränkung der Pfändung wegen Einsetzung eines **1** 863; Eintritt in den Prozeß **1** 242; vollstreckbare Ausfertigung für und gegen **1** 728; Widerspruch gegen Zwangsvollstr. in Vorerbschaft **1** 773; Wirksamkeit des Urteils für und gegen den **1** 326

Nachlaß, Pfändung des Anteils eines Miterben **1** 859; Zwangsvollstr. in **1** 747, 748, 778 bis 785

Nachlaßgericht, Aufgebot der Nachlaßgläubiger **1** 990

Nachlaßgläubiger, Aufgebot **1** 989 bis 1000; Gerichtsstand für Klagen der **1** 27

Nachlaßinsolvenzverfahren 1 782, 784; kein Aufgebot der Nachlaßgläubiger **1** 993; Aufnahme eines unterbrochenen Verf. **1** 243

Nachlaßpfleger bei Unterbrechung des Verf. infolge Todes der Partei **1** 243; Zwangsvollstr. **1** 779, 780

Nachlaßverwaltung, Anordnung während eines Rechtsstreits **1** 241, 784

Nachteil, Ausschluß der Vollstreckbarkeit bei nicht zu ersetzendem **1** 712

Nachträgliche Vernehmung von Zeugen **1** 398

Namenspapiere, Umschreibung **1** 822

Namensunterschrift, Erklärung über Echtheit **1** 439

Naturalleistungen als Arbeitseinkommen **1** 850 e

Nebenforderungen 1 4; Entscheidung nur auf Antrag **1** 308; Erweiterung oder Beschränkung des Klageantrags **1** 264; im Urteil übergegangene **1** 321; im Wechselprozeß **1** 605

Nebenintervenient, Beitritt **1** 70

Nebenintervention 1 66 bis 71, 265; Kosten **1** 101; als Wirkung der Streitverkündung **1** 74; Zulassung **1** 71; Zurückweisung **1** 71

Negative Feststellungsklage 1 256

Neue Tatsachen und Beweismittel im Beschwerdeverf. **1** 571

Nichterfüllung, Fristbestimmung für Schadensersatz **1** 255

Nichterscheinen der Partei im Aufgebotstermin **1** 954; des Sachverständigen **1** 409; im Verhandlungstermin **1** 330 bis 333

Nichtigkeit der Ehe, Prozeßkosten **1** 93 a

Nichtigkeitsklage und Restitutionsklage, Verwerfung **1** 589; Verf. **1** 585 bis 591, Wiederaufnahme **1** 578, 579; Zulässigkeit **1** 583, 584

Nichtrechtsfähige Vereine, Parteifähigkeit **1** 50

Nichtverhandeln 1 333

Nichtwissen, Erklärung mit **1** 138, 439

Niederlassung, Gerichtsstand **1** 21

Nießbrauch an Vermögen, Zwangsvollstr. **1** 737, 738

Nießbraucher, Zwangsvollstr. gegen **1** 750

Notar, vollstreckbare Urkunden des **1** 797; Vollstreckbarerklärung **1** 796 c

Notariatsurkunden, vollstreckbare **1** 797

Notfrist, Anfechtungsklage gegen Ausschlußurteil **1** 958; Berufung **1** 517; Einspruch **1** 339; Nichtigkeits- und Restitutionsklage **1** 586; Revision **1** 548; Ruhen des Verf. **1** 251; sofortige Beschwerde **1** 569; keine Verkürzung durch Vereinbarung **1** 224; keine Verlängerung durch Vereinbarung **1** 224; Wiedereinsetzung wegen Versäumung einer **1** 233 bis 238

Nutznießer eines Wirtschaftsgutes, Gerichtsstand **1** 21

Nutzung, -en als Nebenforderungen **1** 4; Wert bei Streit über wiederkehrende **1** 9

Oberlandesgericht 3 12, 115 bis 122; Anwaltszwang **1** 78; Besetzung **3** 122; sog. „Experimentierklausel" **3** 119; Vollstreckbarkeit der Urteile **1** 708, 717; Zivil- und Strafsenate **3** 116; Zuständigkeit **3** 119, 181, bei Rechtshilfe **3** 159, bei Schiedsverf. **1** 1062

Oberste Gerichtshöfe 3 12

Oberstes Landesgericht, Einlegung der Revision **2** 7

Obligatorischer Einzelrichter 1 348 a

Offenkundige Tatsachen im Prozeß **1** 291

Öffentlich bestellte Sachverständige 1 404, 407, 410

Öffentliche Aufforderung, gerichtl. **1** 1008

Öffentliche Urkunden, Beweiskraft **1** 415, 417, 418, 437, 438; Echtheit **1** 437, 438; Gegenbeweis **1** 415, 418; in der Zwangsvollstr. **1** 726, 751

Öffentliche Verhandlung 3 169; Ausschluß der Öffentlichkeit in Familien- und Kindschaftssachen **3** 170

Öffentliche Versteigerung gepfändeter Sachen **1** 814

Öffentliche Zustellung bei Forderungspfändung **1** 829

Öffentliches Recht, jur. Personen, Zwangsvollstr. gegen **1** 882 a; **2** 15

Öffentlichkeit, Ausschluß der **3** 172 ff.; der Gerichtsverhandlungen **3** 169 bis 175; der Urteilsverkündung **3** 169 bis 175

Öffentlich-rechtliche Sondervermögen, Gerichtsstandsvereinbarung **1** 38

Opferschutz 3 171 b, 172

Sachverzeichnis

Die fetten Zahlen bezeichnen die Gesetze,

Ordentliche Gerichtsbarkeit 3 12
Ordnung, Ausschluß der Öffentlichkeit wegen Gefährdung der **3** 172; in der Sitzung **1** 158
Ordnungsgeld gegen ausgebliebene Zeugen **1** 380; bei Nichtbefolgen der Anordnung persönl. Erscheinens **1** 141; gegen Sachverständige **1** 409; gegen Zeugen **1** 390
Ordnungshaft gegen ausgebliebene Zeugen **1** 380; wegen Ungebühr in Gerichtssitzungen **3** 177; gegen Zeugen **1** 390
Ordnungsmittel 1 890; Aufhebung gegen ausgebliebene Zeugen **1** 381; gegen Beschuldigte, Parteien, Sachverständige, Zeugen **3** 178 bis 182; Beschwerde gegen Verhängung **3** 181; gegen Sachverständige und Zeugen **1** 380, 390
Ordnungswidrigkeiten, Zeugnisverweigerungsrecht **1** 384
Orginärer Einzelrichter 1 348
Ort der Termine **1** 219; der Zustellung **1** 180

Pächter eines Wirtschaftsgutes, Gerichtsstand **1** 21
Pachtstreitigkeiten, Gerichtsstand **1** 29a
Pachtverhältnis, Streitwert **1** 8
Pachtzins, Aufhebung der Pfändung **1** 851b
Partei kraft Amtes, Prozeßkostenhilfe **1** 116; Angriffs- und Verteidigungsmittel **1** 282; Anhörung in Güteverhandlung **1** 278; Anordnung des persönl. Erscheinens **1** 278; Einigung über Sachverständige **1** 404; Erklärungsfrist **1** 283; Feststellung von P.-Erklärung im Protokoll **1** 510a; formlose Mitteilung von Beschlüssen und Verfügungen **1** 329; Fragen der **1** 397; Insolvenzverf. **1** 240; Ladung **1** 274; Ordnungsmittel **3** 178; Rechte neben Bevollmächtigtem oder Beistand **1** 90; Rüge der Klageunzulässigkeit **1** 532; Sitzungspolizei, Maßnahmen gegen **3** 177; Tod **1** 239, 243; Vereinbarung über Gerichtsstand **1** 38 bis 40; Verlust der Prozeßfähigkeit **1** 241; Verzicht auf Tatbestand und Entscheidungsgründe **1** 313a; Wiedereinsetzung bei Fristversäumnis **1** 233
Parteibetrieb, Beweisaufnahme durch Ersuchen einer ausländischen Behörde **1** 364
Parteifähige Vereinigung, Prozeßkostenhilfe **1** 116
Parteifähigkeit 1 50; Mangel **1** 56
Parteiherrschaft, Einschränkung **1** 617
Parteiprozeß 1 79; Ladungsfrist **1** 217
Parteivernehmung, Beweis durch **1** 359, 445 bis 455, 510a, 536, 581, 595, 605
Parteivorbringen 1 137 ff.; Beurteilung des Revisionsgerichts **1** 559; Beweis **1** 314

Personenstand, Beweiskraft **2** 16
Persönlicher Arrest 1 918, 933
Persönliches Erscheinen, Anordnung des p. E. des Sachverständigen **1** 411; in Ehesachen **1** 613
Pfandlokal, Wegschaffung von Sachen durch den Gerichtsvollzieher **1** 885
Pfandrecht Dritter **1** 805; Pfändungspfandrecht **1** 804, 832; Streitwert **1** 6; bei Zwangsvollstr. in übriges Vermögen des Schuldners **1** 777
Pfandsiegelmarke, Anbringung zur Pfändung **1** 808
Pfändung, Änderung des Betrages **1** 850, 851; Anschlußpfändung **1** 826, 827; eines Anspruchs **1** 803 bis 807, ein Schiff betreffend **1** 847a; des Arbeitseinkommens **1** 850 bis 850; Aufschub der Verwertung **1** 813a; eines Bankguthabens **1** 835; von bewegl. Vermögen **1** 720a; einer Forderung **1** 829 bis 834, 930; körperl. Sachen **1** 808 ff.; für mehrere Gläubiger **1** 853 bis 856; einer noch nicht pfändbaren Sache **1** 811d; einer Schiffshypothekenforderung **1** 830a; unzulässige **1** 811; von Vermögensrechten **1** 857; Vollziehung des Arrestes durch **1** 930; Vorpfändung **1** 845; von Wechseln und indossablen Papieren **1** 831
Pfändungsbeschluß, Änderung **1** 850g
Pfändungsfreigrenze 1 850c
Pfändungspfandrecht 1 804, 832, 930
Pfändungsschutz 1 811 ff.; für Arbeitseinkommen **1** 850 bis 850; Ausnahmefälle **1** 851; für Bankguthaben **1** 850k
Pfandverkauf in der Zwangsvollstr. **1** 814 bis 825
Pfandverwertung, Aussetzung **1** 813b
Pfleger, Vernehmung der vom Pfl. vertretenen Partei **1** 455
Pflicht, -en zur Vorlegung einer Urkunde **1** 432
Pflichtteilsanspruch, Gerichtsstand **1** 27; Pfändung **1** 852; Zwangsvollstr. wegen eines **1** 748
Polizei, Hilfe bei Zwangsvollstr. **1** 758, 759
Post, Übersendung von Vollstreckungsmitteilungen **1** 763; Zustellung **1** 193 bis 197, durch Aufgabe zur **1** 829
Postspareinlagen, Pfändung **1** Anm. zu 831
Präsentation des Wechsels zur Zahlung **1** 605
Präsident des Amtsgerichts **3** 22a; Aufsicht, Dienstaufsicht über Amtsgerichte **3** 22; des BGH **3** 124; des Landgerichts **3** 59; des OLG **3** 115
Präsidium des Amtsgerichts, Vorsitz **3** 22a

die mageren deren Artikel oder Paragraphen **Sachverzeichnis**

Prätendentenstreit 1 75
Privatsphäre, Ausschluß der Öffentlichkeit zum Schutz der **3** 171 b
Privaturkunden, Beweiskraft **1** 416; Echtheit **1** 439, 440
Protokoll, Abgabe der eidesstattlichen Versicherung **1** 883; Feststellungen von Parteierklärungen **1** 510 a; Notwendigkeit **3** 182, 183, 185; im Zivilprozeß **1** 159 bis 165; Zustellung des P. **1** 498; über Klageschrift **1** 498; über Zwangsvollstr. **1** 762, 763, 826
Provision bei Wechselansprüchen **1** 4
Prozeßagent, Zulassung **1** 157
Prozeßakten, Einforderung **1** 541, 565; Rücksendung **1** 541, 565; Wiedergabe auf Bildträgern **1** 299 a
Prozeßbevollmächtigter 1 78 bis 89; Klagen **1** 34; Zurückweisung **1** 157
Prozeßfähigkeit 1 51 bis 58, 79; bei Anfechtungsklagen in Kindschaftssachen **1** 640 b; in Ehesachen **1** 607; Mangel **1** 56; Nichtigkeitsklage wegen mangelnder **1** 586; Parteivernehmung des gesetzl. Vertreters **1** 455; Verlust während Prozeß **1** 241
Prozeßführung, Beanstandung **1** 140
Prozeßgericht, Beweisaufnahme **1** 355, 370, vor Mitglied des **1** 370; Streitigkeiten über Beweisaufnahme **1** 366; Tätigkeit **1** 376, 398, 887 bis 890, 893; Urkundsbeamter der Geschäftsstelle **1** 362; Zuständigkeit **1** 260, für Wiedereinsetzung **1** 237
Prozeßhandlungen, Befugnis der Prozeßbevollmächtigten zur Vornahme von **1** 81 bis 85; Versäumung von **1** 230, 231
Prozeßhindernde Rüge vor Amtsgericht **1** 504
Prozeßkosten 1 91 bis 107; Beschwerde gegen Entscheidungen über **1** 99; Entscheidung über P. ohne Antrag **1** 308; Festsetzung der zu erstattenden **1** 103 bis 107; Haftung, mehrerer für Erstattung **1** 100; Pflicht zur Erstattung **1** 91 bis 98, zur Tragung **1** 91 bis 98; bei Scheidung **1** 93 a; Sicherheitsleistung **1** 110 ff.
Prozeßkostenhilfe 1 114 bis 127; Entscheidungen **1** 127, Festsetzung von Ratenzahlungen **1** 120; Wirkung **1** 122
Prozeßkostenvorschuß in Ehesachen **1** 620; in Unterhaltssachen **1** 127 a
Prozeßleitung durch Vorsitzenden **1** 136; durch Gericht **1** 139 bis 158
Prozeßrechtliche Vorschriften der Landesgesetze **2** 14, 15
Prozeßunfähigkeit 1 53, 455
Prozeßverschleppung 1 530 ff.
Prozeßvollmacht 1 78 bis 89; Aufhebung **1** 86, 87; Beglaubigung **1** 80; besondere P. für Ehesachen **1** 609; Mangel der **1** 88, 89; Umfang **1** 81 bis 85; Vertretung ohne **1** 89
Prozeßvorschrift, Rüge der Verletzung einer **1** 295; Verletzung im Berufungsrechtszug **1** 534

Qualifiziertes Geständnis 1 289
Quittung, Beweiskraft **2** 17; des Schuldners **1** 757
Quoten der Prozeßkosten **1** 106

Radierungen in Urkunde **1** 419
Rangverhältnis für Pfändbarkeit von Unterhaltsansprüchen **1** 850
Räumung bewohnter Schiffe **1** 885; unbewegl. Sachen **1** 885; Vollstreckbarkeit eines Urteils auf **1** 708; von Wohnraum durch einstweilige Verfügung **1** 940 a; Zuständigkeit des Amtsgerichts für Klagen **3** 23
Räumungsfrist, Bestimmung im Urteil **1** 721; Verlängerung **1** 721
Räumungsklage 1 257; Kosten **1** 93 b
Reallasten, Aufgebot des Berechtigten **1** 988; Gerichtsstand für Klagen **1** 24, 25; Urteile über Ansprüche aus **1** 325
Rechnungsfehler im Urteil, Berichtigung **1** 319
Rechtsanwalt, Aufforderung zur Bestellung **1** 215; Beiordnung **1** 78 b, 78 c, 121; in Familien- und Folgesachen **1** 625; Bestellung **1** 271; Fragen des **1** 397; Mitteilung von Urkunden zwischen **1** 135; beim Obersten Landesgericht **2** 8; Prozeßkosten **1** 91; Tod während eines Prozesses **1** 244; Vollstreckerklärung durch **1** 796 a
Rechtsbehelfe gegen Kostenentscheidung **1** 91 a, 99; im Mahnverf. **1** 694 ff.; im Wiederaufnahmeverf. **1** 951; im Zivilprozeß, Berufung **1** 511 bis 541, Beschwerde **1** 567 bis 577, Revision **1** 542 bis 566
Rechtsberater, Gleichstellung **1** 25; **2** 25
Rechtsbeschwerde 1 574 bis 577; gegen Beschluß über Zulässigkeit der Berufung **1** 522; bei Schiedsverf. **1** 1065
Rechtshängigkeit, Einrede der **1** 261; Eintritt **1** 261; im Mahnverf. **1** 696, 697; nach Verweisung **3** 17 b; Wirkungen, prozessuale **1** 261, 262, 506
Rechtshilfe 3 156 bis 168; Ablehnung **3** 158; unter Behörden verschiedener deutscher Länder **3** 164
Rechtshilfeersuchen 3 158
Rechtskraft ausländischer Urteile **1** 328; formelle **1** 705; **2** 19; materielle **1** 322;

485

Sachverzeichnis

Die fetten Zahlen bezeichnen die Gesetze,

objektiver Umfang **1** 322; subjektiver Umfang **1** 325 ff.; von Urteilen in Kindschaftssachen **1** 640 h; Zeugnis **1** 706

Rechtsmittel, Berechnung des Streitwerts **1** 4; Berufung **1** 511 bis 541; Beschwerde **1** 567 bis 577; **3** 104, 133; gegen Entscheidung des Einzelrichters **1** 350, über Prozeßkostenhilfe **1** 127, des Schiedsgerichts **1** 1065, des Vorsitzenden für Handelssachen **1** 350; in Familiensachen **1** 629 a; Hemmung der Rechtskraft **1** 705; Kosten **1** 97; Revision **1** 542 bis 566; Verwerfung wegen mangelnder Sicherheitsleistung **1** 113; im Zivilprozeß **1** 511 bis 577; Zwischenurteil als Endurteil **1** 280

Rechtsnachfolge im Rechtsstreit **1** 265, 266, 325, 799, 800, Vollstreckungsklausel **1** 727 bis 730

Rechtsnachfolger, Aufnahme des Rechtsstreits **1** 239; Wirkung eines rechtskräftigen Urteils **1** 325

Rechtsnormen 2 12; Beweis im Prozeß **1** 293; Revision wegen Verletzung **1** 545, 546, 560, 563

Rechtspfleger, Kostenfestsetzung **1** 104 bis 107

Rechtsschutz, vorläufiger R. im Schiedsverf. **1** 1041

Rechtsstreit, Abgabe von Amts wegen **1** 700; Güteverhandlung **1** 278; Übernahme durch Urheber und mittelbaren Besitzer **1** 76; Übertragung auf Einzelrichter durch Kammer **1** 348 a

Rechtsverhältnis, Klage auf Feststellung **1** 506

Rechtsverletzung, Revision **1** 545, 546, 560, 563

Rechtsweg, Beschwerde gegen Beschluß bezüglich **3** 17 a; Bindung an Beschluß bezüglich **3** 17 a, an Entscheidung über Zulässigkeit des **3** 17; Kosten der Verweisung **3** 17 b; keine Überprüfung der Zulässigkeit bei Rechtsmittel **3** 17 a; Verweisung **3** 17 b, bei Unzulässigkeit **3** 17 a; Wahl **3** 17 a; Zulässigkeit **2** 4; **3** 17

Referendar, Anwesenheit bei Beratung des Gerichts **3** 193

Register, Eintragung in öffentl. R. auf Grund eines Urteils **1** 896

Reisekosten der Gegenpartei **1** 91; des Rechtsanwalts **1** 91

Rente, Anspruchspfändung wegen Unterhaltsr. **1** 850 d; Pfändungsschutz **1** 850

Rentenscheine, Aufgebot von Urkunden mit **1** 1010 bis 1013

Rentenschuld, Urkundenprozeß **1** 592; Urteil über Ansprüche aus **1** 325; Verurteilung zur Bestellung einer **1** 897

Rentenschuldgläubiger, Aufgebot zum Zwecke der Ausschließung **1** 982 bis 988

Restitutionsklage 1 957, 1059; nach Nichtigkeitsklage **1** 578; gegen Vaterschaftsurteil **1** 641 i; Verf. **1** 585 bis 591; Zulässigkeit **1** 580 bis 583

Revision 1 542 bis 566; Anschlußrevision **1** 554; Anträge **1** 551; Begründung **1** 545, 551; keine Begründung bei Rügen von Verfahrensmängeln **1** 564; Berechnung des Streitwerts **1** 4; Beschluß über Verwerfung **1** 552; Einlegung **1** 549; Einstellung der Vollstreckung nach Einlegung **1** 719; Kosten **1** 97; materielle Voraussetzungen **1** 545 ff.; beim Obersten Landesgericht **2** 7; Prüfung von Parteianträgen **1** 557; Sprungrevision **1** 566; Unzulässigkeit gegen vorzeitige Besitzeinweisung **1** 542; Verf. **1** 555 bis 565; Verwerfung wegen Unzulässigkeit **1** 552; Zulässigkeit **1** 542, 552; Zulassung, Bindung des Revisionsgerichtes **1** 543; Zuständigkeit des BGH **3** 133

Revisionsbegründungsfrist 1 551; Wiedereinsetzung **1** 233

Revisionsfrist im Zivilprozeß **1** 548

Revisionsgericht, Bindung an Zulassung **1** 543; Umfang der Nachprüfung **1** 557

Revisionsgründe 1 545 ff., 551

Revisionsschrift 1 549 ff.; Zustellung **1** 550

Richter, Ablehnung nach ZPO **1** 42 bis 48; am Amtsgericht als Einzelrichter **3** 22, Gültigkeit der Handlungen **3** 22 d, als Vorsitzender der Kammer für Handelssachen **3** 106; Amtshandlungen außerhalb der Sitzung **3** 180; Anwesenheit des erkennenden R. während der Verhandlung **1** 309; Ausschließung und Ablehnung im Zivilprozeß **1** 41 bis 48; Bereitschaftsdienst **3** 22 c; am Familiengericht **3** 23 b; gesetzl. **3** 16; als Sachverständige **1** 408; unaufschiebbare Amtshandlungen des abgelehnten **1** 47; Unterschrift auf Urteil **1** 315; Vernehmung als Zeuge **1** 376; Vertretung **3** 22 b, 70, 117

Richter auf Probe, Beiordnung **3** 70

Richter kraft Auftrags, Beiordnung **3** 70

Richterliche Fristen 1 224

Richterliche Gewalt 3 1

Richterwahlausschuß 3 125

Rücknahme der Klage **1** 269

Rüge, nachträgl. Vorbringen **1** 532; im Revisionsrechtszug **1** 565; der Verletzung des Anspruchs auf rechtliches Gehör **1** 321 a, einer Prozeßvorschrift **1** 295, 534, 556; verspätetes Vorbringen **1** 296

Ruhegehalt, Pfändung 1 850
Ruhen des Prozeßverf. 1 251, 251 a
Rundfunk, Aufnahme von Gerichtsverhandlungen 3 169

Sachen, unpfändbare bewegl. 1 811
Sachliche Zuständigkeit der Gerichte 1 1 bis 11; 3 23
Sachverständige, Ablehnung 1 406; Anordnung der Begutachtung 1 3, 144, 287; Auswahl 1 404, 405; Beeidigung 1 410; Benennung im Beweisbeschluß 1 359, 360; Beweis durch 1 402 bis 414; im Beweissicherungsverf. 1 485; Gebühren 1 413; landwirtschaftl. 1 813; Leitung der Tätigkeit 1 404a; Maßnahmen wegen Ungehorsams 3 177, 178; öffentl. bestellte 1 407; Pflichten 1 407a; Schätzung von gepfändeten Sachen 1 813, schriftl. Begutachtung durch 1 411; Schriftvergleichung 1 442; Verurteilung zu Ordnungsstrafen 1 411; Verweigerung des Gutachtens 1 407 ff.; Verzicht auf Beeidigung 1 402 mit 391; Zuziehung beim Augenschein 1 372
Sachverständige Zeugen 1 414
Sachverständigenbeweis 1 402 bis 414
Sachzusammenhang, Gerichtsstand 1 25
Satzung, Ermittlung im Prozeß 1 293
Schaden, Ermittlung 1 287
Schadensersatz wegen Nichterfüllung 1 255
Schadensersatzpflicht bei einstw. Anordnung in Kindschaftssachen 1 641g; des Gläubigers bei Arrest 1 945, bei einstweiliger Verfügung 1 945; für Vollstreckung von Urteilen 1 717
Schätzung des Schadens, Parteivernehmung 1 287; des Verkaufswerts gepfändeter Sachen 1 813
Scheckprozeß 1 605 a
Scheidung, abgewiesener Scheidungsantrag 1 629; einverständliche 1 630; der Eltern, elterl. Sorge 1 627; Prozeßkosten 1 93 a; Rücknahme des Antrags 1 626; Urteil vor Folgesachenentscheidung 1 628; Verbindung mit Folgesache 1 623; Verf. 1 622 ff.; Widerruf der Zustimmung 1 630; Wirksamwerden von Folgesachenentscheidung 1 629d; Zuständigkeit für Verf. 1 606
Scheidungsantrag, Aussetzung des Verf. 1 614
Scheidungsausspruch, Aufhebung 1 629 c; Rechtsmittelverzicht 1 629 a
Scheidungsverfahren, Anhörung über elterl. Sorge 1 613; Nichterscheinen der Partei 1 613

Schiedsgericht, außervertragl. 1 1066; Bildung 1 1034 bis 1039; Zuständigkeit 1 1040
Schiedsrichter, Ablehnung 1 1036; Ablehnungsverf. 1 1037; Bestellung 1 1035; Ende durch Untätigkeit oder Unmöglichkeit der Tätigkeit 1 1038; Ersatzschiedsrichter 1 1039
Schiedsrichterliches Verfahren 1 1025 bis 1066
Schiedsspruch 1 1051, 1056; Aufhebungsantrag 1 1059; Form und Inhalt 1 1054, 1058; Rechtsbehelf gegen 1 1059; durch Stimmenmehrheit 1 1052; Vergleich 1 1053; Vollstreckbarerklärung 1 1060, 1061, Vollstreckbarkeit 1 1064
Schiedsvereinbarung, Begriff 1 1029
Schiedsverfahren 1 1025 bis 1066; Beendigung 1 1052, 1056; Beweisaufnahme 1 1050; Durchführung 1 1042 bis 1050; Gleichbehandlung der Parteien 1 1042; Klage und Klagebeantwortung 1 1046; Kosten 1 1057; mündl. Verhandlung 1 1047; Ort 1 1043; rechtl. Gehör 1 1042; Rechtsmittel 1 1065; Sachverständige 1 1049; Säumnis 1 1048; schriftl. Verf. 1 1047; Vergleich 1 1053; Widerklage 1 1046
Schiedsvertrag 1 1029 bis 1033; prozeßhindernde Einrede 1 1032
Schiffe, Anspruch auf 1 855 a; Aufgebotsverf. 1 988; herrenlose, Zwangsvollstr. 1 787; Pfändung 1 931; Rechte an herrenlosen 1 58; Rechtsstreit über 1 266; Vollziehung des Arrestes in 1 931; Zwangsvollstr. 1 847a, 864, 870a, 885
Schiffer, Zuständigkeit des Gerichts 3 23
Schiffsbauwerke, Zwangsvollstr. 1 800a, 864, 870a
Schiffshypothek, Anspruch im Urkundenprozeß 1 592; Eintragung 1 720a, 870a; Pfändung 1 830a; Überweisung einer Forderung bei bestehender 1 837a; mit Unterwerfungsklausel 1 800a; Wirkung des Urteils gegen Erwerber des Schiffs 1 325; Zwangsvollstr. 1 864
Schiffshypothekengläubiger, Aufgebot 1 987a
Schiffspart, Zwangsvollstr. 1 858
Schiffsregister, Eintragung 1 895, 941, 942
Schöffen, Beratung und Abstimmung 3 192; Reihenfolge der Stimmabgabe 3 197; keine Verweigerung der Abstimmung 3 195
Schöffengericht, Abstimmung 3 197; erweitertes 3 196
Schreibfehler, Berichtigung im Urteil 1 319

Sachverzeichnis

Die fetten Zahlen bezeichnen die Gesetze,

Schriftliches Verfahren 1 128
Schriftsatz, Berufungs- und Revisionsbegründung durch Einreichung eines 1 519, 551; Einlegung eines Rechtsmittels durch Einreichung eines 1 516, 519; Verlesung der Anträge und Bezugnahme auf einen 1 297; vorbereitender 1 130, 130a, 131, 519; für Wiederaufnahmeverfahren 1 588; Zustellung 1 270
Schriftstücke, Bezugnahme auf Sch. bei mündl. Verhandlung und Vorlesung von 1 137
Schriftvergleichung, Echtheitsbeweis 1 441, 442
Schuldfrage, Entscheidung über 3 196
Schuldner, Abwendung der Zwangsvollstr. durch Sicherheitsleistung 1 711, 720 a; bei Geldinstitut gepfändetes Guthaben 1 835; Hafterneuerung 1 911; Pfändungsfreigrenze 1 850 c;
Schuldnerverzeichnis 1 915 bis 915
Schuldschein, Beweiskraft 2 17
Schuldtitel, vollstreckbarer 1 795, 801
Schuldverschreibungen, Aufgebotsverf. zwecks Kraftloserklärung 1 1004; Kraftloserklärung 1 1017
Schüler, Gerichtsstand 1 20
Schweigepflicht über gerichtl. Verhandlung 3 174
Seerechtliche Haftungsbeschränkung 1 786 a
Selbständige Angriffs- oder Verteidigungsmittel 1 146
Selbständiges Beweisverfahren 1 485 bis 494; Klagefrist 1 494 a
Senate beim BGH 3 130, Besetzung 3 139; der OLG 3 122
Senatsmitglieder, Vertretung 3 117
Sequester, Herausgabe unbewegl. Sachen an einen 1 848, 855
Sequestration, Anordnung 1 938
Sicherheitsarrest, dingl. 1 917; persönl. 1 918, 933
Sicherheitsleistung, Abwendung der Vollstreckung 1 720, 868; Arrest gegen 1 921, 922, 925; Art und Weise 1 108; Aufhebung des Arrestes gegen 1 923, 927, 934; Befreiung bei Prozeßkostenhilfe 1 122; vor Beginn der Zwangsvollstr. 1 751; Einstellung der Vollstreckung gegen 1 732, 769; bei einstweiliger Verfügung 1 939; Klage auf 1 324; für künftig entstehenden Schaden 1 890; wegen Prozeßkosten 1 110; für Prozeßkosten, Rückgabe 1 715; bei Teilbetrag 1 752; bei Verurteilung zur Zahlung einer Geldrente 1 324; vorläufige Vollstreckbarkeit von Urteilen 1 709; im Zivilprozeß 1 108 bis 113; bei Zwangsvollstr. aus Versäumnisurteil 1 719
Sicherstellung Wert bei Streit über 1 6
Sicherungshypothek, Eintragung 1 720 a; Entstehung 1 848; Pfändung 1 830; Zwangsvollstr. durch Eintragung einer 1 866, 867
Siegel, Anlegung von 1 808
Sittlichkeit, Ausschluß der Öffentlichkeit wegen Gefährdung der 3 172
Sitzungspolizei 3 176 bis 183
Sitzungsprotokoll 1 159 bis 165; Ausschluß der Öffentlichkeit 3 174; Feststellungen zum 1 297, 389, 510 a; Gegenbeweis gegen den Tatbestand 1 314; der Verhängung von Ordnungsmitteln 3 182
Sofortige Beschwerde 1 567 bis 573; Ablehnung des Sachverständigen 1 406; im Aufgebotsverf. 1 952; gegen Aufhebung des Arrestes 1 934, der Zahlungssperre 1 1022; gegen Aussetzung des Verfahrens 1 252; Berichtigung des Urteils 1 319; gegen Feststellungsbeschluß 1 649, 652; bei Klagerücknahme 1 269; gegen Kostenentscheidungen 1 91 a, 99; gegen Kostenfestsetzung 1 104; bei Prozeßkostenhilfe 1 127; Räumung von Wohnraum 1 721; gegen Rückgabe einer Sicherheitsleistung 1 109; gegen verhängte Ordnungsmittel 1 380, 390, 409; nach ZPO 1 569; gegen Zurückweisung des Antrags auf Versäumnisurteil 1 336, eines Mahnantrags 1 691; im Zwangsvollstreckungsverf. 1 793; gegen Zwischenurteile 1 71, 135, 387
Sofortige weitere Beschwerde im Zwangsvollstreckungsverf. 1 793
Sorgerecht, Zuständigkeit 3 23 b
Sprungrevision 1 566
Staatenlose, Ehesachen 1 606 a
Staatsanwaltschaft, Einrichtung einer Geschäftsstelle 3 153
Staatssicherheit, Ausschluß der Öffentlichkeit 3 172
Statut, Ermittlung 1 293
Stiftungen, Gerichtsstand 1 17; öffentl.-rechtl., Zwangsvollstr. 1 882 a
Stillstand der Rechtspflege 1 245
Stimmengleichheit 3 196
Stimmenmehrheit der Richter 3 196
Strafandrohung 1 890; gegen Sachverständige 1 411
Strafe, Festsetzung gegen Sachverständige 1 411
Straffrage, Entscheidung über 3 196
Strafgerichtliche Verfolgung, Zeugnisverweigerung 1 384
Strafkammern 3 60

Sachverzeichnis

die mageren deren Artikel oder Paragraphen

Strafsachen, Ausschließung der Gerichtsvollzieher 3 155; Gerichtsbarkeit 3 13; Rechtshilfe 3 156, 157
Strafsenate beim BGH 3 130; der OLG 3 116
Straftaten während Gerichtssitzung 3 183
Strafurteile, Restitutionsklage bei Aufhebung des dem Zivilurteil zugrundeliegenden 1 580
Strafverfahren, Aussetzung des Rechtsstreits bis zur Erledigung des 1 149
Strafvollstreckung durch Rechtshilfe 3 162, 163
Streitbefangenheit der Sache 1 265, 325
Streitgegenstand, Höhe des St. für Zuständigkeit der Amtsgerichte 3 23; Wert 1 2 bis 9, 107, 253
Streitgenossen 1 59 bis 63, 856; bei Drittwiderspruchsklage 1 771; Gerichtsstand 1 36; Haftung für Prozeßkosten 1 100; bei Klage auf vorzugsweise Befriedigung 1 805; notwendige 1 62; Vernehmung 1 449
Streitgenossenschaft 1 59 bis 63
Streitiges Verfahren nach Mahnverf. 1 696; bei Unterhalt 1 651
Streitverkündung 1 72 bis 77, 841; in Kindschaftssachen 1 640 e
Streitwert, Änderung, Kostenfestsetzung 1 107; Berechnung 1 2 bis 9;
Studierende, Gerichtsstand 1 20
Stufenklage 1 254
Stumme, Verhandlung mit 3 186
Summen, Abstimmung über 3 196

Tabelle für Lohnpfändung 1 Anl. nach 850 c
Tatbestand des Urteils 1 314, 559, Berichtigung 1 320
Tatsachen, nachträgliches Vorbringen 1 531; Parteivernehmung 1 445
Tatsächliche Feststellungen, Bindung des Revisionsgerichts 1 559
Taube, Verhandlung mit 3 186, 187
Teilleistungen, Aufrechnung an Gerichtsvollzieher 1 757
Teilung der Prozeßkosten 1 92, 106
Teilungsklage, Gerichtsstand 1 24
Teilungsplan, in der Zwangsvollstr. 1 874 bis 877, 878, 879
Teilurteil 1 301; Übertragung auf Einzelrichter 1 348 a; Zurückverweisung in ersten Rechtszug 1 538
Teilverhandeln, kein Versäumnisurteil 1 334
Termin, -ne, Abhaltung 1 219; im amtsgerichtl. Verf. 1 497; Aufhebung 1 227; vor beauftragtem und ersuchtem Richter 1 229; im Berufungsrechtszug 1 523; zur Beweisaufnahme 1 219; nach Einspruch gegen Versäumnisurteil 1 341 a; bei Entscheidung nach Lage der Akten 1 251 a; im Revisionsrechtszug 1 553; zur Verkündung einer Entscheidung 1 251 a; Verlegung 1 227; Versäumung 1 220; im Verteilungsverf. 1 875 ff.
Terminsbestimmung von Amts wegen 1 216, 366, 368, 370, 523, 553, 924; im amtsgerichtl. Verf. 1 497; in Ehesachen 1 612; im Mahnverf. 1 697
Terminvorbereitung 1 273
Testamentsvollstrecker, Rechtsstellung im Aufgebotsverf. 1 991; bei Unterbrechung des Verf. infolge Todes der Partei 1 243; Wirkung des Urteils gegenüber T. für und gegen Erben 1 327; bei Zwangsvollstr. in Nachlaß 1 728, 748, 749, 779, 780
Tiere, Unpfändbarkeit 1 811 c; Vollstreckungsschutz 1 765 a
Tod des gesetzl. Vertreters 1 241; der klagenden Partei im Anfechtungsverf. 1 640 g; der Partei 1 86, 239, 243; des Rechtsanwalts 1 244; des Schuldners nach Beginn der Vollstreckung 1 779
Tonaufnahme von Gerichtsverhandlungen 3 169
Trennung von Justiz und Verwaltung 3 13; der Verhandlung über Gegenansprüche 1 145
Treuhänder, Herausgabe eines Schiffes an 1 855 a

Überfahrtgelder, Streitigkeiten mit Reisenden, Zuständigkeit des Gerichts 3 23
Übergangsvorschriften zur Zivilprozeßreform 2 26
Übernahme des Rechtsstreits durch Rechtsnachfolger 1 265, 266
Übersetzung, Gerichtsverhandlung 3 185
Übertragung im ehel. Güterrecht, Zuständigkeit 1 621
Überweisung des Anspruchs auf Herausgabe körperl. Sachen 1 886; einer Forderung bei bestehender Schiffshypothek 1 837 a; von Geldforderungen 1 835 bis 840, 853; Verzicht auf Rechte aus 1 843
Überweisungsbeschluß 1 836, 837
Überzeugung, freie Ü. des Gerichts bei Entscheidungen 1 442, 446; richterl. 1 286, 287
Umgangsrecht als Folgesache 1 623; Zuständigkeit des Familiengerichts 1 621
Umlegungsverfahren, keine Revision 1 542
Umweltsachen, ausschließl. Gerichtsstand 1 32 a

489

Sachverzeichnis

Die fetten Zahlen bezeichnen die Gesetze,

Unbewegliche Sache, Arrest in **1** 923; Gerichtsstand **1** 24; Zwangsvollstr. **1** 810, 864 bis 871, Herausgabeansprüche **1** 848, 855, 885
Unehre, Fragen, die zur U. gereichen **1** 384
Unerlaubte Handlungen, Gerichtsstand **1** 32
Ungebühr in der Sitzung **3** 177
Unpfändbare Bezüge 1 850a
Unpfändbare Forderungen 1 850a, 851, 852, 859 bis 863
Unpfändbare Sachen, Pfändung **1** 811 mit Anm., 811 bis 811
Unrichtigkeit, offenbare U. im Urteil **1** 319, 320
Unterbrechung des Laufs der Fristen **1** 249; des Prozeßverf. **1** 239 bis 245, 249, 250
Unterhalt, Abänderung eines Vollstrekkungstitels **1** 655; Abänderungsklage gegen Festsetzung **1** 654; Anträge und Erklärungen vor Urkundsbeamten **1** 657; Auskunft für Bemessung **1** 643; Auskunftsrecht des Gerichts **1** 643; eines Ehegatten **1** 620; Antrag **1** 644; Gerichtsstand für Klagen **1** 35a, gegen Ausländer **1** 23a; Klage gegen Abänderungsbeschluß **1** 656; Kostenvorschuß in Unterhaltssachen **1** 127a; maschinelle Bearbeitung im vereinfachten Verf. **1** 658; bei Vaterschaftsfeststellung **1** 653; vereinfachtes Verf. für Minderjährige **1** 645 bis 660; Verf. **1** 642 bis 660; Vordrucke für vereinfachtes Verf. **1** 659
Unterhaltsanspruch, beschränkter Pfändungsschutz **1** 850d; des Kindes, Kosten der Klage **1** 93d; Pfändbarkeit des Arbeitseinkommens **1** 850d; Rangverhältnis für Pfändbarkeit **1** 850; Vollstreckbarkeit **1** 708; Zuständigkeit der Amtsgerichte **3** 23a
Unterhaltsgewährung, Einwendungsausschluß **1** 798a
Unterhaltspflicht, erweiterter Pfändungsschutz **1** 850c; besonders umfangreiche gesetzliche, Pfändungsschutz **1** 850f; bei Verwandtschaft, Zuständigkeit **1** 621; Vollstreckbarkeit von Urteilen **1** 708; Zuständigkeit **3** 23b, der Amtsgerichte bei Streitigkeiten **3** 23a, für Regelung **1** 621
Unterlassung, Zwangsvollstr. zur Erwirkung von **1** 890ff.
Unterlassungsklage, Urheberbenennung **1** 77
Untersuchung, Duldung zum Zwecke der Blutgruppenuntersuchung **1** 372a
Untersuchungsgrundsatz in Ehesachen **1** 616; in Kindschaftssachen **1** 640d
Unterwerfung unter sofortige Zwangsvollstr. **1** 799, 800
Unterwerfungsklausel in Urkunden **1** 799ff.
Unzulässigkeit der Beschwerde **1** 572; von Gerichtsstandvereinbarungen **1** 40
Unzumutbare Härte bei Maßnahme der Zwangsvollstr. **1** 765a
Unzuständigkeit in Berufungsinstanz **1** 513; Einrede der **1** 39; Erklärung der U. durch Gericht **1** 11, 36, 506; Verweisung wegen **1** 281, 506
Urheber, Benennung bei Besitz (laudatio auctoris) **1** 76
Urheberbenennung 1 76
Urkunden, Anordnung der Vorlegung **1** 142; Aufgebotsverf. zum Zweck der Kraftloserklärung **1** 1003 bis 1024; Beibringung einer U. über Beweisaufnahme **1** 364; Beweis durch **1** 415 bis 444; **2** 17; Echtheit **1** 437 ff.; Erklärung über **1** 510; Fälschung **1** 444; Herausgabe der U. über überwiesene Forderungen **1** 836; zur Klage im Wechselprozeß **1** 593, auf Wiederaufnahme **1** 588; Mitteilung der U. an Gegner **1** 135; Niederlegung auf Geschäftsstelle **1** 134, 364, 411; öffentl. **1** 415; über Schiedsvertrag **1** 1031; Unterdrückung **1** 444; Vernichtung **1** 444; Verwahrung auf Geschäftsstelle **1** 443; vollstreckbare **1** 797; Vorlagepflicht der Partei oder Dritter **1** 142; Vorlegung **1** 420 bis 436
Urkundenmahnbescheid 1 703a
Urkundenprozeß 1 592 bis 605; Abstandnahme **1** 596; Beweismittel **1** 592, 595; Klageabweisung **1** 597; Mahnverf. **1** 703a; Verf. im **1** 593 bis 598; Vollstreckbarkeit der Urteile **1** 708; Vorbehalt der Ausführung der Rechte des Unterliegenden **1** 599; Zulässigkeit **1** 592; Zurückverweisung in ersten Rechtszug **1** 538
Urkundsbeamter 3 153; Abgabe von Anträgen und Erklärungen **1** 129a; Ablehnung oder Ausschließung **1** 49; Anträge und Erklärungen bei Unterhalt **1** 657; kein Anwaltszwang vor **1** 78; als Dolmetscher **3** 190; Erinnerung gegen Entscheidungen des **1** 573; Erteilung der Vollstreckungsklausel **1** 724, 725; Protokollführung **1** 159; Verkündungsvermerk **1** 315
Urkundsperson, Aufnahme von Urkunden **1** 415, 418
Urschrift, öffentl. Urkunden, Vorlegung **1** 435
Urteil, Abfassung **1** 315; abgekürzte Form **1** 313b, im Mahnverf. **1** 697; des Amtsgerichts **1** 495a; Aufhebung durch Revi-

sionsgericht **1** 562; Ausfertigungen, Auszüge **1** 317; Berichtigung **1** 319, 320; im bürgerl. Rechtsstreit **1** 300 bis 328; Entwürfe **1** 299; Ergänzung **1** 321, 716; erkennende Richter **1** 309; Gründe **1** 313; Inhalt **1** 313; Rechtskraft **1** 322, 705; Tatbestand **1** 313, 314; über Teilungsplan **1** 880; Unterschriften der Richter **1** 315; Verf. bis zum **1** 253 bis 299; Verkündung **1** 310 ff.; **3** 173; Vollstreckungsabwendung durch Sicherheitsleistung **1** 711, 712; unter Vorbehalt der seerechtl. Haftungsbeschränkung **1** 305 a; vorläufige Vollstreckbarkeit ohne Sicherheitsleistung **1** 710; Zustellung **1** 618

Urteilsausfertigungen, Auszüge **1** 317

Urteilsergänzung 1 518

Urteilsformel in Vaterschaftssachen **1** 641 h

Urteilsgründe, Revision wegen unrichtiger **1** 561

Vater, Anfechtung der Vaterschaftsanerkennung **1** 640

Vaterschaft, Anerkennung **1** 641 c; Anfechtung der Anerkennung **1** 153; Anfechtungsklage **1** 640; gerichtl. Feststellung **1** 640

Vaterschaftsanerkennung, Feststellungsklage **1** 640

Vaterschaftsfeststellung und Unterhalt **1** 653

Veränderung des Streitgegenstandes **1** 264, 268

Veräußerung einer gepfändeten Sache, Gewährleistung **1** 806; eines Grundstücks während des Rechtsstreits **1** 266; des Streitgegenstandes **1** 265, 325

Veräußerungsverbot bei einstweiliger Verfügung **1** 938; Widerspruchsklage bei Zwangsvollstr. trotz **1** 772

Verbindung mehrerer Ansprüche in einem Prozeß **1** 60, 260, Aufgebote **1** 959, Berufungen **1** 518, Prozesse **1** 147; von Verf. in Ehesachen **1** 610

Vereidigung von Sachverständigen **1** 391

Vereine, Gerichtsstand **1** 17, 22; Parteifähigkeit **1** 50; Zwangsvollstr. gegen nicht rechtsfähige **1** 735

Vereinfachtes Verfahre, maschinelle Bearbeitung bei Unterhalt **1** 658; über den Unterhalt Minderj. **1** 645 bis 660; in Unterhaltssachen **1** 323; Zuständigkeit des Amtsgerichts bei Unterhalt **1** 660

Vereinigte Große Senate beim BGH **3** 132

Verfahren bei Abnahme von Eiden **1** 478 bis 484; vor Amtsgericht **1** 495 bis 510; zur Anfechtung der Vaterschaft **1** 640; zur Aufhebung einer Ehe **1** 632; Aufnahme des unterbrochenen oder ruhenden **1** 250, 251; Aussetzung **1** 246 bis 250, in Kindschaftssachen **1** 640 f; vor Berufungsgericht **1** 525 ff.; vor Beschwerdegericht **1** 572; der Bewilligung von Prozeßkostenhilfe **1** 118; in Ehesachen **1** 606 bis 620, Aussetzung **1** 614; bei einstweiliger Anordnung in Ehesachen **1** 620 a; im ersten Rechtszug **1** 253 bis 510, in Familiensachen, Anwendung des FGG **1** 621 a, in Familiensachen **1** 606 bis 660; in anderen Familiensachen **1** 621 bis 621; zur Feststellung eines Eltern-Kind-Verhältnisses **1** 640, der Vaterschaftsanerkennung **1** 640; gerichtl. V. bei Schiedsverf. **1** 1062 bis 1065; vor Großen Senaten beim BGH **3** 138; in Kindschaftssachen **1** 640 bis 641; vor Revisionsgericht **1** 555 bis 565; Ruhen **1** 251, 251 a; in Scheidungs- und Folgesachen **1** 622 ff.; streitiges V. bei Unterhalt **1** 651; Unterbrechung **1** 239 bis 245, 249, 250; über Unterhalt **1** 642 bis 660; im Urkunden- und Wechselprozeß **1** 602 bis 605; vereinfachtes V. über Unterhalt Minderjähriger **1** 645 bis 660; Verletzung einer Vorschrift **1** 534, 562, 563; nach Widerspruch gegen Mahnbescheid **1** 696; Wiederaufnahme **1** 578 bis 591

Verfügung, Entwürfe **1** 299; Verkündung der **1** 329

Vergleich, vor Gütestellen, Zwangsvollstr. **1** 797 a; Kosten **1** 98; sofort vollstreckbarer **1** 797; Vollmacht **1** 81, 141

Vergleichsverfahren, schwebendes **1** 251

Vergütung für unentgeltl. Leistungen eines Schuldners, Pfändung **1** 850 h

Verhaftung zur Abgabe einer eidesstattl. Versicherung **1** 909; in einem anderen Land des Bundes **3** 167

Verhandlung, mündl., Haupttermin **1** 272; Öffentlichkeit **1** 169; des Rechtsstreits vor Berufungsgericht **1** 529; durch Bild- und Tonübertragung **1** 128 a

Verhinderung der Zeugen am Erscheinen **1** 375

Verjährung, Unterbrechung der Anspruchsverjährung **1** 207, 270, 693

Verkaufswert, Schätzung von gepfändeten Sachen **1** 813

Verkündung von Entscheidungen **1** 136, 329; Termin zur V. nach Lage der Akten **1** 251 a, 331 a; von Terminen **1** 218; des Urteils, Öffentlichkeit **3** 169

Verkündungstermin 1 310

Verkündungsvermerk 1 315

Verlängerung der Fristen zur Revisionsbegründung **1** 551

Sachverzeichnis

Die fetten Zahlen bezeichnen die Gesetze,

Verletzung der Eidespflicht **1** 452; des Rechtes **1** 546; einer Prozeßvorschrift **1** 534, 538, 556, 562

Vermächtnis, Gerichtsstand für Klagen aus **1** 27

Vermittlung zur Zustellung **1** 166 bis 169

Vermögen, Gerichtsstand **1** 23; Übernahme **1** 729; Übertragung **1** 729; vollstreckbare Ausfertigung für und gegen Rechtsnachfolger **1** 729; Zwangsvollstr. in bewegl. **1** 803 bis 863, in unbewegl. **1** 864 bis 871

Vermögensmasse, Gerichtsstand **1** 17

Vermögensrechte, Zwangsvollstr. in **1** 857 bis 863

Vermögensrechtliche Ansprüche im Zivilprozeß **1** 20, 23, 511, 708

Vermögensverwaltung, Gerichtsstand **1** 31

Vermögensverzeichnis bei Pfändung, Angabe in **1** 807; Vorlegung mit eidesstattl. Versicherung **1** 807

Vermögensvorteil der Echtheit **1** 437, 440; der Einwilligung in Klageänderung **1** 267; gesetzl. V. einer Tatsache **1** 292; rechtl. **1** 440

Vernehmung des gesetzl. Vertreters **1** 455; eines Jugendl., Ausschluß der Öffentlichkeit **3** 172; der Partei im Zivilprozeß **1** 445 bis 455; wiederholte **1** 398; von Zeugen und Sachverständigen **1** 394 bis 400

Verpflichtung zur Streitverkündung **1** 841

Verpflichtungsscheine, Aufgebot **1** 1003 bis 1024

Versäumniskosten im Zivilprozeß **1** 344

Versäumnisurteil 1 330 bis 347, 539; abgekürzte Form **1** 313b; Aufhebung **1** 343; Aufrechterhaltung **1** 343; gegen Beklagten **1** 331; Berufung **1** 514; Einspruch **1** 338 bis 347; Gerichtsstandsvereinbarungen **1** 331; gegen Kläger **1** 330; im Mahnverf. **1** 697; Rechtsmittel **1** 336; Revision **1** 565; im Urkundenprozeß **1** 600; Verkündung **1** 311; Vertagung **1** 337; Vollstreckbarkeit **1** 708; bei Widerspruch gegen Teilungsplan **1** 881; Wiedereinsetzung bei Versäumung der Einspruchsfrist **1** 233; Zurückverweisung in ersten Rechtszug **1** 538; Zurückweisung des Antrags **1** 335; Zustellung **1** 339, statt Verkündung **1** 310; im Zwischenstreit **1** 347

Versäumnisverfahren im Berufungsrechtszug **1** 539; im ersten Rechtszug **1** 330 bis 337; im Revisionsrechtszug **1** 555

Versäumniszwischenurteil 1 347

Versäumung, Folgen **1** 230, 231; der Frist zur schriftl. Begutachtung durch Sachverständige **1** 411; des Termins im Zivilprozeß **1** 330 bis 347

Verschleiertes Arbeitseinkommen, Pfändung **1** 850h

Verschleppung, Maßnahmen gegen V. des Prozesses **1** 813b

Versicherung unter Berufung auf Diensteid **1** 386, auf geleisteten Eid **1** 386, 398; an Eides Statt zur Ablehnung von Sachverständigen **1** 406, zur Glaubhaftmachung **1** 294

Versorgungsausgleich 1 623; Zuständigkeit **1** 621; **3** 23b

Versorgungsbezüge, Pfändung **1** 850

Verspätetes Vorbringen von Angriffs- und Verteidigungsmitteln **1** 615, in Familiensachen **1** 621d

Versteigerung mit Arrest belegter Sachen **1** 930; der Früchte auf dem Halm **1** 824; gepfändeter Sachen **1** 814 bis 827

Vertagung beim Ausbleiben beider Parteien **1** 251a

Verteidigung, Vorbereitung für Hauptverhandlung **1** 282

Verteidigungsmittel, Kosten erfolgloser **1** 96; verspätetes Vorbringen **1** 296, 530, 615; Zulassung neuer V. in der Berufung **1** 531

Verteilungsstreitigkeiten in der Zwangsvollstr. **1** 879, 882

Verteilungsverfahren, Hinterlegung des Erlöses **1** 930; in der Zwangsvollstr. **1** 872 bis 882

Vertrag, schiedsfähiger **1** 1030

Vertretbare Handlungen, Zwangsvollstr. **1** 887

Vertretbare Sachen, Anspruch auf Leistung **1** 592, 884

Vertreter, Bestellung eines besonderen V. für herrenloses Grundstück **1** 58, für nicht prozeßfähige Partei **1** 57; im Beweissicherungsverf. **1** 494; Tod **1** 241

Vertretung, mangelnde V., Wiederaufnahme des Verf. **1** 586; der Parteien durch Rechtsanwalt **1** 78 ff.

Verurteilung in Verfahrenskosten **1** 91 ff.

Verwahrung von Urkunden auf Geschäftsstelle **1** 443

Verwaltung, Anordnung einer **1** 255; Gerichtsstand der geführten **1** 31, des Sitzes der **1** 17; Trennung der V. von Justiz **3** 13

Verwaltungsbehörden, Aussetzung des Rechtsstreits bis zur Entscheidung der **1** 148; Kompetenzkonflikte mit **2** 15; Zuständigkeit **3** 13

Verwaltungsgerichte, Kompetenzkonflikt **2** 15; Zuständigkeit **3** 13

Verwandte, Arbeit des Schuldners für **1** 850h

492

die mageren deren Artikel oder Paragraphen   **Sachverzeichnis**

Verweigerung der Aussage durch eine Partei **1** 536; des Eides **1** 536; der Herausgabe des Pfandes **1** 838; der Vorlegung von Urkunden durch Behörden **1** 432
Verweisung des Prozesses an andere Kammer **3** 96 bis 104, an zuständiges Gericht **1** 281, 506; bei Widerspruch gegen Mahnbescheid **1** 696
Verwertung von Forderungen **1** 844; gepfändeter Sachen, Aussetzung **1** 813 b; körperl. Sachen **1** 825, 847
Verzeichnis der Schuldner, die eine eidesstattl. Versicherung abgegeben haben **1** 915
Verzicht auf Anspruch **1** 306; auf Rechte aus Pfändung einer Geldforderung **1** 843; auf Revision **1** 565; auf Tatbestand und Entscheidungsgründe **1** 313 a; auf Urkunden als Beweismittel **1** 436; Urteile aufgrund eines **1** 311; Vollmacht zum **1** 81; auf Zeugen **1** 399
Verzichtsurteil, abgekürzte Form **1** 313 b
Vieh, Streitigkeiten **3** 23
Völkerrecht, Befreiung von diplomatischen Vertretern von deutscher Gerichtsbarkeit **3** 18
Vollmacht, Beschränkung **1** 83; besondere V. für Ehesachen **1** 609; für Mahnverf. **1** 703; im Prozeß **1** 78 ff.; vorläufige Zulassung ohne **1** 89
Vollstreckbare Ausfertigung 1 724 bis 750, 799, 894; Auslieferung an den Schuldner **1** 754; gerichtl. und notarieller Urkunden **1** 797; bei Gütergemeinschaft **1** 742, 744; Legitimation des Gerichtsvollziehers durch **1** 754, 755; Vermerk der Erteilung auf Urteil **1** 734; weitere **1** 733, 797
Vollstreckbare Urkunden 1 797
Vollstreckbarerklärung durch Berufungsgericht **1** 537; durch Notar **1** 796 c; durch Rechtsanwälte **1** 796 a; durch Revisionsgericht **1** 558; Zuständigkeit **1** 796 b
Vollstreckbarkeit, Aufhebung der V. gegen Sicherheitsleistung **1** 769; der Endurteile **1** 704; von Kostenentscheidungen **1** 708; Schadensersatzpflicht **1** 717; von Schiedssprüchen **1** 1064
Vollstreckung, Aussetzung **1** 570; von Ordnungsmitteln **3** 179; Rechtshilfe **3** 160
Vollstreckungsabwehrklage 1 767, 768, 785, 786
Vollstreckungsbeamte 1 753
Vollstreckungsbescheid 1 699 ff.; Aufhebung **1** 700; Wiederaufnahme gegen **1** 584; Wirkung **1** 700; Zustellung **1** 699; Zwangsvollstr. **1** 794, 796

Vollstreckungsgegenklage 1 767
Vollstreckungsgericht 1 813, 828; Amtsgericht **1** 764, 765, 858; Arrestvollziehung **1** 930; Austauschpfändung **1** 811 a; Entscheidung über Erinnerungen **1** 766
Vollstreckungshandlungen des Gerichtsvollziehers **1** 762
Vollstreckungsklausel 1 724, 725; der Arrestbefehle **1** 929; Einwendungen gegen Zulässigkeit **1** 732, 797, 797 a; Klage auf Erteilung **1** 731, 796, 797, wegen Unzulässigkeit **1** 768
Vollstreckungskosten 1 788
Vollstreckungsmaßnahmen, Aufhebung **1** 765 a; Einstellung **1** 765 a; Kosten **1** 788; Untersagung **1** 765 a
Vollstreckungsschutz 1 765 a, 811
Vollstreckungstitel 1 704, 794; Abänderung bei Unterhalt **1** 655
Vollstreckungsurteil für Urteil eines ausländischen Gerichts **1** 722, 723
Vorabentscheidung 1 304; Zurückverweisung in ersten Rechtszug **1** 538
Vorauszahlung der Kosten der Vornahme einer Handlung **1** 887
Vorbehalt des angemeldeten Rechts im Ausschlußurteil **1** 953
Vorbehaltsklausel für Anerkennung eines ausländischen Urteils **1** 328
Vorbehaltsurteil 1 302, 599, 953; Erbenhaftung **1** 780; Fortsetzung des Rechtsstreits nach Verkündung **1** 707; Übertragung auf Einzelrichter **1** 348 a
Vorbereitung der mündl. Verhandlung **1** 273, 282
Vorbereitungsdienst, Anwesenheit von Referendaren bei Beratung **3** 193
Vorerbe, Aufgebot der Nachlaßgläubiger **1** 998; vollstreckbare Ausfertigung für und gegen Nacherben **1** 728
Vorführung ausbleibender Zeugen **1** 380
Vorkaufsrecht, Aufgebotsverf. **1** 988
Vorläufige Austauschpfändung 1 811 b
Vorlagepflicht von Gegenständen **1** 144; von Urkunden **1** 142
Vorläufige Vollstreckbarkeit 1 704 ff.; Antrag auf **1** 714; Außerkraftsetzen **1** 717; im Berufungsrechtszug **1** 537, 718; im ordentl. Verf. **1** 708 bis 720; im Revisionsrechtszug **1** 558; gegen Sicherheitsleistung **1** 709; Zurückweisung eines Antrags **1** 712, 713
Vorlegung, Pflicht zur **1** 422, 423, 429, 432
Vormerkung, Aufgebotsverf. **1** 984, 988; Eintragung einer V., Zuständigkeit **1** 942; Verurteilung zur Bewilligung **1** 895

493

Sachverzeichnis

Die fetten Zahlen bezeichnen die Gesetze,

Vormundschaftsgericht in Ehesachen 1 607
Vorpfändung 1 845
Vorschuß der Kosten der Fortdauer des Arrestes **1** 934; für Zeugen und Sachverständige **1** 379
Vorsitzende Richter am BGH **3** 124
Vorsitzender, Bestimmung des schriftl. Vorverf. **1** 276; der Kammer, alleinige Entscheidung **1** 944, für Handelssachen **1** 349; **3** 105, 106, am OLG **3** 122; Leitung der Beratung **3** 194; Terminsbestimmung **1** 272; Veranlassung des schriftl. Vorverf. **1** 272, 276; Vollstreckung von Ordnungsmitteln durch Vorsitzenden **3** 179
Vorverfahren, schriftl. **1** 272, 276
Vorzugsrechte in der Zwangsvollstr. **1** 804, 805
Vorzugsweise Befriedigung, Klage auf **1** 805

Wahl des Gerichtsstandes **1** 35
Wahrheitspflicht im Zivilprozeß **1** 580
Wechsel, Aufgebot **1** 1003 bis 1024; Pfändung **1** 831
Wechselklagen, Zuständigkeit für **1** 603
Wechselprozeß 1 592; Klagefrist **1** 586; Mahnverf. **1** 703a; Verf. **1** 602 bis 605; Vollstreckbarkeit der Urteile **1** 708; Zurückverweisung in ersten Rechtszug **1** 538
Wechselsachen, keine Aussetzung der Pfandverwertung **1** 813b
Wegegeld für ehrenamtl. Richter **3** 107
Wegnahme bei Austauschpfändung **1** 811a
Weigerung des Gerichtsvollziehers **1** 766
Weihnachtsgratifikation, Pfändbarkeit **1** 850a
Wert des Beschwerdegegenstandes im Berufungsrechtszug **1** 520; des Gegenstandes der Verurteilung **1** 708
Wertberechnung des Streitgegenstandes **1** 4
Wertfestsetzung 1 3; bei Austauschpfändung **1** 811a
Wertgrenze für Zuständigkeit der Amtsgerichte **3** 23
Wertpapiere, Anspruch auf Leistung von **1** 884, 952; Kraftloserklärung **1** 1010 bis 1013; Pfändung **1** 808; Umschreibung auf den Namen lautender **1** 822; Unpfändbarkeit von in Hypotheken- und Dekkungsregister eingetragenen **1** Anm. zu 811; Verkauf gepfändeter **1** 821
Widerklage vor Amtsgericht **1** 506; Berechnung des Wertes **1** 5; in Berufungsinstanz **1** 533; in Ehesachen **1** 610; auf Feststellung **1** 256, 506; bei Feststellungsklage **1** 632; Gerichtsstand **1** 33; vor Kammer für Handelssachen **3** 97 bis 99; Rechtskraft **1** 322; Teilurteil **1** 301; Trennung der Verhandlung **1** 145; Unstatthaftigkeit bei Nebenintervention **1** 67; Unzulässigkeit in Kindschaftssachen **1** 640c; nicht im Urkundenprozeß **1** 595; Versäumnisverf. auf **1** 347; Vollmacht zur **1** 81
Widerruf der Erklärungen des Beistandes **1** 90; des Geständnisses **1** 290; der Prozeßvollmacht **1** 87; der Zustimmung zur Scheidung **1** 630
Widerspruch, Abschriften **1** 695; gegen Arrestbeschluß **1** 924 ff.; Berichtigung im Tatbestand **1** 320; Bewilligung der Eintragung **1** 895; Dritter gegen Zwangsvollstr. **1** 771, 773, 774; des Ehegatten **1** 774; als Einspruch **1** 694; gegen Mahnbescheid **1** 692, 694, 695; des Nacherben **1** 773; gegen Pfändung **1** 805, 810; gegen die Richtigkeit des Schiffsregisters **1** 942; des Schuldners gegen Zwangsvollstr. **1** 777; gegen Teilungsplan **1** 876 bis 881; Verf. nach **1** 696
Widerspruchsklage (Zwangsvollstr.) **1** 771 ff.
Widerstand, Brechen von W. gegen Gerichtsvollzieher **1** 892
Wiederaufnahme, Einstellung der Vollstreckung wegen beantragter **1** 707; der Verf. **1** 578 bis 591; als Hilfsklage **1** 582, Zulässigkeitsprüfung **1** 589, Zuständigkeit **1** 584
Wiedereinsetzung, Antrag auf **1** 236; Einstellung der Zwangsvollstr. wegen beantragter **1** 707; bei Fristversäumnis **1** 233 bis 238; Unanfechtbarkeit **1** 238;
Wiedereröffnung der Verhandlung **1** 156
Wiederkehrende Leistungen, Abänderungsklage **1** 323; Streitwert **1** 9
Wildschaden, Streitigkeiten **3** 23
Willenserklärung, Verurteilung zur Abgabe einer **1** 894 bis 898
Wirte, Streitigkeiten mit Reisenden **3** 23
Wohnraum, Kosten der Räumungsklage **1** 93b; Räumung durch einstweilige Verfügung **1** 940a
Wohnsitz, als Gerichtsstand **1** 13, 15, 16; letzter **1** 16
Wohnungseigentümergemeinschaft, Gerichtsstand **1** 29b
Würdigung, freie W. des Parteivorbringens **1** 446

Zahlung, Anspruch auf Z. einer Geldsumme **1** 592, Mahnverf. **1** 688; Verurteilung

494

die mageren deren Artikel oder Paragraphen **Sachverzeichnis**

zur Z. einer Entschädigung **1** 510 b
Zahlungs Statt, Überweisung an **1** 835, 849
Zahlungsort, Gerichtsstand **1** 603
Zahlungssperre beim Aufgebotsverf. **1** 1019 bis 1022
Zeitpunkt der Zwangsvollstr. gegen jur. Personen des öffentl. Rechts **1** 882 a
Zerrüttungsprinzip, Widerruf der Zustimmung zur Scheidung **1** 630
Zession, Prozeßkosten bei unterlassener Mitteilung **1** 94
Zeugen, Ausbleiben der **1** 380; Benennung im Beweisbeschluß **1** 359, 360; Beweis durch **1** 373 bis 401; Eid **1** 391 ff.; Gegenüberstellung **1** 394; kommissarische Vernehmung **1** 375; Ladung **1** 377; Ordnungsmittel **1** 380, 390; **3** 178 bis 182; sachverständige **1** 414; schriftl. Erklärung der Z. anstelle der Vernehmung **1** 377; unbeeidigt zu vernehmende **1** 393; Unterlagen zur Aussageerleichterung **1** 378; Vernehmung **1** 394 bis 400, im Ausland **1** 363; Zuziehung von Z. bei Zwangsvollstr. **1** 759
Zeugenbeweis 1 373 bis 401
Zeugengebühren 1 401
Zeugnispflicht trotz Zeugnisverweigerungsrecht **1** 385
Zeugnisverweigerungsrecht 1 383 bis 390
Zinsen als Nebenforderungen **1** 4; für Prozeßkosten **1** 104; Zubilligung von Z., Antrag **1** 308
Zinsscheine, Aufgebot von Urkunden mit **1** 1010 bis 1013
Zivilkammern 3 60, 71; Berufungs- und Beschwerdegericht **3** 72; Übertragung auf Einzelrichter **1** 348 a
Zivilprozeß, Angriffs- und Verteidigungsmittel **1** 282; Antragstellung **1** 297; Güteverhandlung **1** 278; Prozeßkostenhilfe **1** 114 bis 127; verspätetes Vorbringen von Angriffs- und Verteidigungsmitteln **1** 296, 296 a
Zivilprozeßordnung 1; EinführungsG **2**
Zivilprozeßreformgesetz, Übergangsvorschriften **2** 26
Zivilsenate beim BGH **3** 130; beim OLG **3** 116
Zubehör, keine Pfändung des Z. von Grundstücken **1** 865
Zug um Zug, Vollstreckung von Urteilen auf Leistung Zug um Zug **1** 756, 765; Vollstreckungsklausel **1** 726
Zugewinn, Pfändbarkeit des Anspruchs auf Ausgleich **1** 852
Zuhörer, Sitzungspolizei gegen **3** 177, 178

Zulässigkeit der Klage, Rüge **1** 282, Verhandlung über **1** 280, verspätete Rüge der **1** 296, Zurückverweisung bei Entscheidung über **1** 538; des Rechtswegs **3** 13; von verspätetem Vorbringen **1** 296
Zurückbehaltungsrecht des Gläubigers (Zwangsvollstr.) **1** 777; Zuständigkeit bei Streit über **3** 23
Zurücknahme des Antrags auf streitiges Verf. **1** 696; der Revision **1** 565
Zurückverweisung bei abgewiesenem Scheidungsantrag **1** 629 b; in ersten Rechtszug **1** 538; in zweiten Rechtszug **1** 563, 566
Zurückweisung von Angriffs- und Verteidigungsmitteln **1** 296, 296 a; der Berufung **1** 522
Zusammenhang des Anspruchs mit Gegenanspruch **1** 302
Zusammenrechnung des Werts mehrerer Ansprüche **1** 5
Zuständiges Gericht, Bestimmung **1** 36, **2** 9
Zuständigkeit des Amtsgerichts bei Unterhalt Minderjähriger **1** 660; in Ehesachenverf. **1** 606; für einstweilige Verfügung **1** 943; in Kindschaftssachen **1** 640 a; der ordentl. Gerichte **3** 13; Rechtsbehelfe wegen Fehlens der **1** 513; des Schiedsgerichts **1** 1040; bei Schiedsverf. **1** 1062
Zuständigkeitsvereinbarung 1 38 ff.
Zustellung von Amts wegen **1** 208 bis 213, 270, 693; des Anerkenntnisurteils **1** 310; im Ausland **1** 199 bis 202; der Berufungsschrift und -begründung **1** 521; von Beschlüssen **1** 329; auf Betreiben der Parteien **1** 166 bis 207; in Ehesachen **1** 618; durch Gerichtsvollzieher **1** 166 bis 192; der Klageschrift **1** 271, 274, 498; der Ladung **1** 274; öffentl. **1** 203 bis 207, 612, 829, 841, 875; durch Post **1** 193 bis 197, Rechtshilfe **3** 160; im Revisionsrechtszug **1** 550; des Urteils **1** 317, 517, 518; unter Vermittlung des Urkundsbeamten der Geschäftsstelle **1** 133, 166 bis 169, 829; des Versäumnisurteils **1** 310; im Zivilprozeß **1** 166 bis 213
Zustellungsbeamte 3 154, 155
Zustellungsbevollmächtigte, Klagen des **1** 34
Zustellungsort 1 180 bis 186
Zwangsgeld zur Erwirkung einer Handlung **1** 888
Zwangshaft zur Erwirkung einer Handlung **1** 888; zur Erzwingung des Zeugnisses **1** 390
Zwangsmittel 1 888
Zwangsversteigerung, Ersteher eines Grundstücks in der Z. als Rechtsnachfol-

Sachverzeichnis

ger **1** 325; von Schiffen und Schiffsbauwerken **1** 931; Zwangsvollstr. durch **1** 866, 869, 870 a

Zwangsverwaltung eines Grundstücks **1** 866, 869

Zwangsvollstreckung 1 704 bis 945; allg. Vorschriften **1** 704 bis 802; Beschränkungen **1** 765 a, 775, 811, 811 b, 811 d, 813 b, 851 a, 851 b; in bewegl. Vermögen, Beschränkung **1** 811; in Bruchteil eines Grundstücks oder Schiffs **1** 864; gegen jeweiligen Eigentümer des Grundstücks **1** 800, des Schiffes **1** 800 a; Einstellung **1** 707, 769, 775, 776; Einwendungen gegen Art und Weise **1** 766; zur Erwirkung der Herausgabe von Sachen und Handlungen oder Unterlassungen **1** 883 bis 898; in Forderungen und andere Vermögensrechte **1** 828 bis 863; bei fortgesetzter Eigentums- und Vermögensgemeinschaft **1** 744 a; Fortsetzung **1** 751; wegen Geldforderungen **1** 803 bis 882; Gerichtsstand **1** 802; in eine Heimstätte **1** Anm. zu 866; gegen jur. Personen des öffentl. Rechts **1** 882 a; **2** 15; in körperl. Sachen **1** 808 bis 827; Kosten und Gebühren **1** 788; bei Leistung Zug um Zug **1** 756; aus Räumungsvergleich **1** 794 a; in Schiffe **1** 847 a, 864, 870 a; in die Schiffspart **1** 858; ohne Sicherheit **1** 720 a; sofortige Beschwerde **1** 793; in unbewegl. Vermögen **1** 864 bis 871; zur Unzeit **1** 758 a; Verteilungsverf. **1** 872 bis 882; Vollstreckungsabwehrklage **1** 786 a; aus Vollstreckungsbescheid **1** 794; Vollstreckungsklausel **1** 724, 725; Voraussetzungen des Beginns **1** 750, 751; Wartefrist vor Beginn **1** 798; in Wohnraum **1** 721;

Zwischenstreit, bei der Beweisaufnahme **1** 366; Versäumnisurteil über **1** 347

Zwischenurteil 1 71, 135, 280, 303; Bindung des Gerichts **1** 318; über Grund **1** 304; Übertragung auf Einzelrichter **1** 348 a; über Zeugnisverweigerungsrecht **1** 387